Diogenes Taschenbuch 21459

de
te
be

Walter Nigg

Große Heilige

Franz von Assisi
Jeanne d'Arc
Niklaus von Flüe
Katharina von Genua
Theresia von Avila
Johannes vom Kreuz
Franz von Sales
Joseph von Copertino
Gerhard Tersteegen
Vianney, der Pfarrer von Ars
Therese von Lisieux

Diogenes

Umschlagillustration:
Fra Filippo Lippi
Der heilige Benedikt entsendet den heiligen Maurus zur Rettung des heiligen Placidus
1445 (Ausschnitt)

Veröffentlicht als Diogenes Taschenbuch, 1986
Lizenzausgabe mit freundlicher Genehmigung der
Artemis Verlags-AG Zürich

80/86/8/1
ISBN 3 257 21459 6

AN ISABEL

WEM SONST ALS DIR

Hölderlin an Diotima

Inhalt

EINLEITUNG

Die Erscheinung des Heiligen

Eine unbekannte Welt tut sich auf, wenn man den Heiligen begegnet. Neue Dimensionen setzen einen in maßloses Staunen. Der menschlichen Sprache fehlen die Worte, um deren Größe zu umschreiben. Das unmittelbare Verhältnis zum Göttlichen, die religiöse Tiefe ihrer Weisheit und das hintergründige Seelenverständnis der Heiligen findet in der Geistesgeschichte kaum eine Parallele. Mit ihrer außerordentlichen Existenz stehen sie über Königen und Philosophen. Für die Heiligen gelten andere Gesetze und andere Maßstäbe. Wenn sich ihr Leben auch im irdischen Raum abspielt, so steht es doch auf einer Ebene, welche alle anderen überschneidet. Bei den Heiligen widerfahren einem fortwährend die unerwartetsten Überraschungen. Um den Zugang zu ihnen, die noch dem magischen Weltgefühl angehören und noch ein Gespür für das Hintergründige der Erscheinungswelt besitzen, zu finden, bedarf es der inneren Bereitschaft, eine neue Wirklichkeit zu erleben, die mit der eigenen nicht übereinstimmt, und die aus diesem Grunde auch nicht nach der gewöhnlichen beurteilt werden darf.

Die Menschen, denen ein inneres Wissen um das verborgene Dasein der Heiligen geschenkt war, haben stets mit der höchsten Ehrfurcht von ihnen geredet. Als Pascal sich am Ende seines tragischen Lebens selbst der Sphäre der Heiligen näherte, flammte die Einsicht in ihm auf: «Die Heiligen haben ihr eigenes Reich, ihren Glanz, ihre Siege, ihre Herrlichkeit. Sie bedürfen weder der irdischen noch geistigen Größe und haben mit ihr, die ihnen weder etwas geben noch nehmen kann, nichts zu tun. Sie werden von Gott und den Engeln gesehen, nicht von Körpern und neugierigen Geistern; Gott genügt ihnen.»[1] Nach Pascal, der selbst im Feuer Gottes gestanden hatte, bilden die Heiligen ihre eigene, wunderbare Seins-Ordnung, die von den übrigen verschieden und die in ihrer religiösen Struktur zu erkennen nicht ohne Erleuchtung möglich ist. Der Verfasser der «Pensées» war nicht der Einzige, der mit intuitivem Spürsinn um das Mysterium der Heiligen wußte. Auch dem jungen Nietzsche, noch durch keine Machtphilosophie geblendet, tat sich in einer begnadeten Stunde der Ausblick auf: «Die Natur bedarf zuletzt des Heiligen, an dem das Ich ganz zusammengeschmolzen ist und dessen leidendes Leben nicht oder fast nicht mehr individuell empfunden wird, sondern als tiefstes Gleich-, Mit- und Eins-Gefühl in allem Lebendigen: des Heiligen, an dem jenes Wunder der Verwandlung eintritt, auf welches das Spiel des Werdens nie verfällt, jene endliche und höchste Menschwerdung, nach welcher alle Natur hindrängt und hintreibt, zu ihrer Erlösung von sich selbst.»[2] Mit seinem Instinkt für religiöse Werte besaß Nietzsche ein ahnendes Bewußtsein dessen, daß die Heiligen Entrückte sind, bei denen der glühende Feuerstrom noch nicht zur grauen Lava erstarrt ist. Aus diesem Grunde erwähnt er sie mit dem Künstler und Weisen zusammen.

Während das Mittelalter seine Heiligen noch auf dem Goldgrund der Ewigkeit zu malen vermochte, und auf diese Weise dem Betrachter wenigstens eine Vorstellung von ihrer Andersartigkeit vermittelt hat, ging den letzten Jahrhunderten diese Ahnung verloren. Die moderne Zeit besitzt kein durch Erfahrung gewonnenes Wissen mehr um die Heiligen. Sie entschwanden aus ihrem Gesichtskreis, und nicht ein Schimmer von deren Glanz drang noch in das aufgeklärte Bewußtsein des neuzeitlichen Menschen. Das Versinken der Heiligenwelt ist durch mannigfache Ursachen bedingt. Es hängt mit der mangelhaften Unterscheidung von Heiligenanrufung und Schätzung der Heiligen als menschliche Persönlichkeiten zusammen, indem die Betrachtung des Heiligen als religiöse Gestalt mit der anrufenden Heiligenverehrung gleichgesetzt wurde. Nicht weniger abträglich war der Welt der Heiligen die rationalistische Einstellung, die kein Verständnis mehr für die symbolische Weltauffassung besaß, in der diese Boten Gottes lebten, und die bestrebt war, alles rational verständlich zu machen, auch das, was seinem tiefsten Wesen nach irrational ist. Das Fehlen jeglichen Sensoriums für die Heiligen innerhalb des Rationalismus mußte zur Auflösung von deren Wirklichkeit führen. Zu der immer größer werdenden Unkenntnis des Heiligen in der Neuzeit hat auch die falsche Stilisierung desselben beigetragen, die alle in das gleiche Schema hineinpreßte, ohne zu fragen, ob die Schablone passe oder nicht. Durch diese unwahre Schönfärberei wurden die Heiligen zu unlebendigen Gestalten gemacht, die dem modernen Bewußtsein verdächtig vorkommen. Nur noch ausnahmsweise wurde in der Neuzeit von der überwältigenden Größe der Heiligen wirklich groß geredet.

Welchen von den erwähnten Gründen man als Hauptursache für das langsame Verblassen der Heiligenwelt namhaft machen will, eines läßt sich jedenfalls nicht bestreiten, daß dasselbe für die Christenheit sich als Verarmung ausgewirkt hat. Sie erlebte durch den Vorgang einen schweren Verlust, der nicht ausgeglichen werden konnte. Als ein tragisches Verhängnis ohnegleichen muß der Prozeß der Verdämmerung der grandiosen Heiligenwelt bezeichnet werden. Das Christentum büßte dadurch die Kenntnis von seinen überragendsten Vertretern ein. Es kam um das Salz, das seine Speise kräftig machte. Das Faszinierende in der Kirchengeschichte sind jene Gestalten, welche über die menschliche Kleinheit und Schwäche hinaus gingen, die das Evangelium auf eine kühne Art vertraten und von heiligem Wahnsinn ergriffen waren. Wenn diese lodernden Menschen unbekannt werden, muß sich dies für die gesamte Christenheit als Verfall auswirken. Sie erleidet damit eine katastrophale Einbuße und gibt etwas verloren, auf das unter keinen Umständen verzichtet werden kann.

Die Preisgabe der Heiligen wirkte sich dermaßen verhängnisvoll aus, weil sie zu den bedeutsamsten christlichen Erscheinungen gehören. Diese Wahrheit kann nicht genug betont werden. Daß der Heilige auch ein Phänomen der allgemeinen Religionsgeschichte ist, soll mit dieser Aussage nicht in Abrede gestellt werden. Im vorliegenden Zusammenhang geht es aber um die Sicht des Heiligen als einer der christlichen Ausprägungen, die man nicht zu einer bloß konfessionellen Angelegenheit absinken lassen darf. Zweifellos hat sich innerhalb des Christentums die katholische Kirche bis dahin als der fruchtbarste Nährboden für Heilige erwiesen. Die Heiligen sind das weitaus schönste Ruhmesblatt des Katholizismus, was vorbehaltlose Anerkennung verdient. Sie stellen die Lichtseite dieser Kirche dar. Aber die Anschauung, welche den Heiligen zu dem Sonderbesitz einer Kirche machen will, besteht trotzdem nicht zu Recht. Heilige gab es bereits in der alten und mittelalterlichen Kirche, als die Christenheit noch nicht gespalten war. Ebenso hat die Ostkirche große Heilige hervorgebracht, wie Sergius von Radonesch und Seraphim von Sarow, welche vom russischen Volk immer innig verehrt worden sind, und die in diesem Zusammenhang nicht dargestellt werden, weil ihre geistige Erfahrung leider keinen schriftlichen Niederschlag gefunden hat.[3] Auch die anglikanische Kirche ließ die Heiligen aus dem Volksbewußtsein nicht vollständig entschwinden und hat damit eine bedeutsame Überlieferung bewahrt.[4] Sogar im kontinentalen Protestantismus fehlt der Heilige nicht vollständig, wie in dieser Darstellung noch gezeigt werden soll. Gegenüber einer konfessionellen Betrachtungsweise ist die Tatsache festzuhalten, daß der echte Heilige mit seiner Seelengröße über den Raum seiner Kirche hinausragt, genau wie Joh. Seb. Bach mit seiner Musik weit über das Luthertum hinausschreitet und auch die Menschen zu ergreifen imstande ist, die nicht seiner protestantischen Konfession angehören. Der wahre Heilige ist der gesamten

Christenheit und nicht nur einer Konfession verständlich. Diese Betonung beabsichtigt in keiner Weise, die Heiligen aus dem kirchlichen Boden herauszunehmen, in welchem sie verwurzelt sind, wohl aber darauf hinzuweisen, daß ihre Zugehörigkeit zu einer sichtbaren Kirche vom Himmelszelt der unsichtbaren Kirche überwölbt wird. Von der Wahrheit des Heiligen als christliche Erscheinung sprach bereits das apostolische Glaubensbekenntnis mit seiner Formulierung von der «Gemeinschaft der Heiligen». Als die großen Bekenner des Evangeliums gehen sie alle Christen an, weil sie das verborgene Christentum repräsentieren, das dem neuen religiösen Bewußtsein nicht verlorengehen darf.

Der schwere Schaden, den die Christenheit durch die Verkennung dieser Wahrheit erlitten hat, kann nur durch eine neue Beschwörung der Heiligenwelt behoben werden. Dem heutigen Christen muß wieder zum Bewußtsein kommen, daß die Beschäftigung mit den Heiligen eine unermeßliche innere Bereicherung nach sich zieht. Der blinden Geringschätzung der Heiligen ist schon im letzten Jahrhundert der liberale Kirchenhistoriker Karl Hase entgegengetreten und hat der protestantischen Kirche empfohlen, sich «die Heiligen des Mittelalters getrost anzueignen».[5] Auch Ernst Troeltsch betrachtete «Augustin, die großen Heiligen, die Mystiker und vor allem die Reformatoren als die Erneuerer und Fortbildner der eigentlich christlichen Grundkräfte».[6] Freilich ist es mit der Empfehlung allein nicht getan. Man muß den «verborgenen Katholizismus der Heiligen», die nach Hermann Kutter «oft eine Sprache geführt haben, die, wenigstens dem Wortlaut nach, fast ganz mit der unsrigen übereinstimmt»[7], unter allerlei Geröll wieder ausgraben und deren unbekannte Welt in ihrer ganzen Gewalt vor die Augen des neuzeitlichen Menschen rücken. Für diese Bemühung bedeutet es jedoch kaum eine Hilfe, wenn man auf die Wandlung aufmerksam macht, welche die Gestalt des Heiligen im Laufe der Kirchengeschichte durchgemacht hat. Mit dem ideengeschichtlichen Hinweis, wie im Urchristentum alle Menschen, die an Christus glaubten, der

Bezeichnung Heilige gewürdigt wurden, über die frühkatholische Auffassung, wo die Benennung nur noch vereinzelten Christen vorbehalten blieb, die sich durch das Martyrium hervorgetan hatten, bis zum Mittelalter, da der Begriff des Heiligen eine abermalige Änderung erfuhr, indem er nur noch auf verstorbene Christen angewandt wurde, die einen langwierigen Kanonisationsprozeß durchgemacht haben, kommt es zu keiner neuen Sichtbarwerdung der Heiligenwelt. Vielmehr muß man versuchen, wieder zu der ursprünglichen Auffassung vom Heiligen als einer christlichen Gestalt vorzudringen.

Dazu ist als unumgängliches Erfordernis eine neue Schau der Heiligen notwendig. Das Wort Schau wurde gewählt, weil mit einer bloßen Begriffsbestimmung dem Heiligen nicht nahezukommen ist. Weder mit soziologischen noch mit religionsgeschichtlichen Begriffen ist sein wahres Wesen zu erfassen. Der Heilige muß geschaut werden, aber nicht im Sinne einer Abstraktion von Goethes Urpflanze. «Es gibt keine Heiligen an sich, sondern nur konkrete Heilige.»[8] Deswegen können seine Wesensmerkmale nur an einer Reihe von Gestalten verlebendigt werden. Aber auch bei dieser Art des Vorgehens spielt sich noch vieles in einer geheimnisvollen Atmosphäre ab und bleibt Wesentliches ungesagt. Jede Herausarbeitung des Heiligentypus, der sich auch bei gleichbleibender Grundlage verschieden manifestiert, hat mit jenen Schwierigkeiten zu kämpfen, die Georges Bernanos andeutet: «Die Heiligkeit ist auf keine Formel zu bringen, oder vielmehr auf alle. Sie umschließt und überhöht sämtliche Kräfte, sie verwirklicht die in eine einzige Ebene hinabgezwungene Verdichtung der allerhöchsten Fähigkeiten des Menschen. Um die Heiligkeit auch nur zu erkennen, bedarf es einer Anstrengung, einer Teilnahme gewissermaßen an ihrer Lebensform, an ihrem unsäglichen Aufschwung.»[9]

Die neue Schau erfaßt den Heiligen zuerst einmal als Ausnahmemenschen. Nicht er selbst ist aus der Reihe der gewöhnlichen Menschen herausgetreten, sondern Gott hat ihn herausgenommen und zu einer besonderen Aufgabe berufen. Das macht seine Größe aus, die von der Größe anderer Menschen wesentlich verschieden ist. Es ist die Größe der Heiligkeit, die nur Gott verleihen kann, und die mit dem Ruhm der Menschen nichts zu tun hat. Sie ist auch vorhanden bei gänzlicher Unbekanntheit. Durch seinen Ausnahmecharakter rückt der Heilige nicht in die Kategorie des interessanten Menschen, die als schleuderhafte Bezeichnung mit Heiligkeit nichts zu tun hat. Heilige sind außergewöhnliche Gestalten durch das Geheiligtsein des heiligen Gottes. Der Adel und auch die Gefahr des auserwählten Menschen fallen bei ihrer Betrachtung als erste Merkmale auf. Mit der Charakterisierung des Heiligen als einer von Gott gekennzeichneten Ausnahmeerscheinung ist zugleich gesagt, daß man ihn nicht als den Menschen schlechthin hinstellen darf. Es kann nicht nur Heilige geben, denn das menschliche Individuum hat Eigenschaften und Möglichkeiten in sich, die im Heiligen nicht zur Auswirkung gelangen.

Der Ausnahmecharakter des Heiligen wird gewöhnlich in seiner sittlichen Reinheit gesehen. Die traditionellen Heiligenbiographien lieben es, ihre Helden von Jugend an als Ausbund von Tugendhaftigkeit auszugeben; als Menschen, die für die Lockungen der Welt nie auch nur das geringste Gehör übrig hatten. Mit dieser Betonung des ethischen Momentes wird der Akzent auf eine falsche Stelle gelegt. Die großen Heiligen haben nichts von dem unwahrscheinlichen Anstrich von Idealmenschen an sich. Das Leben zahlreicher Heiliger zeigt, daß auch sie zuerst den Weg der Sünde gingen und sich durch schwere Kämpfe daraus befreien mußten. Margareta von Cortonas erschütterndes Leben ist eines der eindrucksvollsten Beispiele eines solch reuevollen Büßertums aus der Geschichte des Christentums. Die Überwindung der niederen Sphäre gehört freilich zum Wesen des Heiligen. Ein hervorragender Mensch, der jedoch nie über seine Fehler hinaus gekommen ist, kann nicht als Heiliger angesprochen werden. Trotzdem bedeutet Tugendhaftigkeit nicht dasselbe wie Heiligkeit, und es ist ein Mißverständnis, wenn man im Heiligen vor allem den moralischen Menschen sieht. Das Wesen des Heiligen kann man nur erfassen, wenn man sich über den prinzipiellen Unterschied zwischen Heiligkeit und Sittlichkeit im klaren ist. Wo die Heiligen es mit dem Sittlichen zu tun hatten, wurden dessen Forderungen von ihnen immer ins Heroische gewendet. Sie haben die gewöhnlichen Moralvorschriften stets überboten, und darin besteht eine ihrer Leistungen, welche zur Bewunderung hinreißt. Es ging ihnen um das, was mehr ist als Tugendausübung, und mit diesem «mehr» reichen sie in die Sphäre des Geheimnisses hinein.

Wie es Rudolf Otto in seinem Buche «Das Heilige» erstmals wieder ausführte, hat man in den Heiligen das Religiöse in seiner tiefsten Wesensart vor sich. Der Heilige muß in erster Linie als religiöser Mensch aufgefaßt werden. Das Religiöse tritt einem bei den Heiligen in solcher Dichte entgegen, daß es schlechterdings nicht mehr überboten werden kann. Alles kreist um diese innerste Flamme. Heilige sind nicht auch religiöse, sondern *nur* religiöse Menschen, und dies mit einer Ausschließlichkeit, die gleichsam wie ein Brand alles verzehrt. Gewiß gibt es neben ihnen noch andere Gestalten, die ebenfalls in die religiöse Kategorie eingereiht werden müssen, wie der Priester, der Prophet, der Apostel und der Reformator. In die Reihe dieser religiösen Erscheinungen ordnet sich auch der Heilige ein als ganz besonders bedeutsamer Typus. Wenn das Religiöse auch zu den tiefsten Urgefühlen im Menschen zu zählen ist, das bei keinem Individuum und Volk gänzlich fehlt, so ist es doch nicht überall gleich stark ausgeprägt. Während das religiöse Urgefühl bei vielen Menschen infolge mangelhafter Pflege verkümmert, ist es beim Heiligen als Veranlagung denkbar ausgeprägt, und er versucht zudem, diese Begabung noch mit allen Mitteln ins Maßlose zu steigern. Der Heilige ist der religiös begabte Mensch, auf diese Formel kann zunächst einmal sein Wesen gebracht werden. Mit diesem Satz wird allerdings ein religiöser Tatbestand profan ausgedrückt, der aber den Vorzug besitzt, nicht in der Weise abgegriffen zu sein wie der

Begriff «gnadenerfüllter Mensch». Die religiöse Begabung nimmt beim Heiligen geniale Formen an und läßt manchmal sogar versunkene Möglichkeiten des Menschen wieder zum Leuchten bringen. In seiner Religiosität besteht die eigentümliche Begabung im Gegensatz zum Wissenschaftler und Techniker, die auf Eroberung der Welt ausgehen, während der Heilige ausschließlich den inneren und jenseitigen Realitäten zugewandt ist. Wertvoller, als gegen die unfruchtbaren Vertreter des Religiösen in der Kirchengeschichte zu polemisieren — was nur zu einem negativen Resultat führt — ist es, seine Aufmerksamkeit auf den religiös begabten Menschen zu richten, der in der Wertskala als die christlich schöpferische Gestalt auf die oberste Stufe gestellt werden muß, und von dem Wesentliches zu lernen ist.

Die religiöse Begabung des Heiligen wirkt sich in seinem unermüdlichen Streben nach der Vollkommenheit aus. Jesu Ausspruch in der Bergpredigt: «Ihr sollt vollkommen sein, gleich wie euer Vater im Himmel vollkommen ist» (Mt. 5,48) umschreibt für ihn das höchste Ziel, um dessen Erreichung er sich mit der ganzen Kraft seiner Seele bemüht. Es gab Heilige, denen die Heiligkeit gleichsam schon in die Wiege gelegt wurde. Die große Mehrzahl von ihnen jedoch mußte um dieselbe mit zäher Ausdauer ringen, bis sie ihnen zuteil wurde. Heiligung ist immer ein religiös-seelischer Prozeß, der in diesem Leben keinen Abschluß findet. Nicht die Bemühung um Wahrheit als dem erkenntnismäßig Bedeutsamen steht bei diesen Erwählten Gottes an erster Stelle, sondern das Streben nach Heiligung, als dem religiös Vollkommenen. Mit Aufbietung aller geistigen Energie haben die Heiligen in brennender Weise am Aufstieg zu diesem Ziel gearbeitet, und eine ungeheure seelische Anstrengung vollbrachten sie, um dem neutestamentlichen Wort nachzukommen: «Das ist der Wille Gottes, eure Heiligung» (1. Thess. 4,3). Mit dieser Forderung, welche eine Umwandlung des Menschen bezweckt, haben die Heiligen in unerbittlicher Weise Ernst gemacht. Das Ringen nach der Heiligung läßt sich bei ihnen durch das ganze Leben verfolgen, und erst zuletzt erlangen sie Anteil an Gottes Heiligkeit. Nie kommt ihr Streben nach Vollkommenheit zum Stillstand. Unablässig arbeiten sie an sich, kämpfen mit sich selbst, versuchen sich zu überwinden und begehren, dem höchsten Ziel näher zu kommen. Heilige sind Menschen, die allezeit getrieben sind, innerlich vorwärts zu schreiten, und die sich nie mit dem Erreichten zufrieden geben, weil es in diesem Leben keine Vollendung gibt. Immer ruft das Ziel der Vollkommenheit sie weiter, und unaufhörlich strengen sie sich an, noch höher hinaufzusteigen, auch wenn sie bereits auf jenen schwindelerregenden Höhen sich befinden, um die der im Alltagsleben verhaftete Mensch nicht weiß. Von daher kommt der beispiellose innere Schwung, der ihrem Leben eigen ist. Alle Heiligen sind in einem übertragenen Sinne Kinder der Gotik, welche von dem unendlichen Streben nach oben erfüllt sind, und für die genug nie genug ist. Das verleiht ihrem Dasein jenen dynamischen Charakter, auf den das Religiöse nicht verzichten kann. Es ist das Ringen um die innere Form, welche den Heiligen charakterisiert und seinem Leben jenen sturmwindähnlichen Auftrieb gibt, der alle mitzureißen droht. Wenn es auch verschiedene Grade der Heiligung gibt, so findet man doch kaum eine Gestalt, bei der diese nie zur Ruhe kommende Bemühung um die bewußte Gestaltung des eigenen Lebens sich nicht feststellen läßt.

Es ist ein Mißverständnis, dieses unablässige Ringen um die Vollkommenheit als Verschiebung der Basis der Gottesgemeinschaft vom gerechtfertigten Sünder zur eigenen Verdienstlichkeit zu bewerten. Dieser Argwohn macht auch die neutestamentliche Forderung illusorisch, «der Heiligung nachzujagen, ohne die niemand den Herrn schauen wird» (Heb. 12, 14). Wahres Streben nach der inneren Form verführt den Menschen keineswegs zur Selbstgerechtigkeit. Je ernsthafter die Heiligen nach der Vollkommenheit gestrebt haben, um so mehr ist ihnen ihre eigene Unzulänglichkeit zum Bewußtsein gekommen. Kein Heiliger hat sich selbst als Heiligen betrachtet. Allezeit blieben sie eingedenk, daß

Heiligkeit vor allem eine Wesenseigentümlichkeit Gottes ist, mit der er seine Auserwählten beschenkt, und nie eine selbstherrliche Tat des Menschen. Die Heiligen besaßen infolge ihrer Gewissensverfeinerung ein ausgeprägtes Sündengefühl, hinter dem nicht nur vorgegebene Demut steckt. Das Gefühl der Ungenügendheit entspringt vielmehr der Erfahrung, daß der Mensch seine Unheiligkeit um so mehr spürt, je näher er der Heiligkeit Gottes kommt. Doch hebt die Aussage des Paulus «sie sind allzumal Sünder und mangeln des Ruhmes, den sie vor Gott haben sollten» (Röm. 3, 23) die Möglichkeit der Heiligung nicht auf. Wohl steht die Sünde im Gegensatz zur Heiligkeit, aber der Heilige wurde gleich Jesaja in seiner Tempelvision von einem Seraph mit einer glühenden Kohle entsühnt, und er ist der Mensch, dem die Vergebung der Sünden zuteil geworden ist.

Dem Streben nach religiöser Vollkommenheit liegt jenes Ziel zugrunde, das Kierkegaard auf dem Sterbebett in die Worte zusammenfaßte: «Es gilt, Gott so nahe zu kommen wie möglich.»[10] Es ist die Gottnähe, und weder die asketische Rekordleistung noch die Kraft, Wunder zu tun, oder gar die mystische Begnadigung, welche das abschließende Kennzeichen des Heiligen ist. Sie streben die höchste im diesseitigen Leben erreichbare Gottesnähe an, und alle ihre Bemühungen, an sich selbst zu arbeiten, sind nur Wege dazu, Gottes würdig zu werden und vor ihm bestehen zu können. Aus dieser erschaudernden Gottesnähe erwächst das Gefühl des Zunichtswerdens und Versinkens, aber auch jene überirdische Seligkeit, für die man keine Worte findet. Vor allem empfängt ihr Leben aus dieser Gottnähe jenen Sinn, den wahrzunehmen die Menschen sonst kaum fähig sind. Nicht nur ihr eigenes Leben wurde dadurch sinnerfüllt, sondern sie sind auch imstande, im Dasein anderer Menschen den verschleierten Sinn zu enthüllen. Er liegt in der Erfüllung der beiden Hauptgebote: Gott zu lieben von ganzem Herzen und den Nächsten wie sich selbst. Die Nähe Gottes wirkt sich bei den Heiligen in einer brennenden Gottesliebe aus, im Gegensatz zum Leben der gewöhnlichen

Christen, welche die Liebe zu Gott oft kaum noch dem Namen nach kennen. Diese Liebe macht den Heiligen heilig, weil er durch sie von Gott mit dem Unaussprechlichen begnadigt wird. Aus ihr fließt jene sich aufopfernde Liebe zum Mitmenschen, die im Leben keines Heiligen fehlt. Nur wenn man auf die Erfüllung dieses Doppelgebotes achtet, wird man seine tiefsten Bemühungen erkennen. Durch die Gottesliebe will der Heilige nicht nur in die Nähe Gottes kommen, sondern er ist es bereits. Ihm *ist* Gott begegnet, und er *hat* die Wirklichkeit Gottes erfahren. Dieses Erleben der Gottesrealität suche man beim Heiligen vor allem, und man wird bei ihm einen Menschen finden, der tiefer in Gott eingedrungen ist als andere. Dadurch fiel ein Strahl von Gottes Heiligkeit auf ihn, und in diesem Wunder besteht der unfaßliche Duft, der von ihm ausgeht. Die unwiderstehliche Anziehungskraft, welche der Heilige auf die Menschen ausübt, fließt aus diesem Mysterium seiner Gottnähe. Beinahe alle Leute, die sich ihm nähern, empfinden diese charismatische Atmosphäre, die mit göttlichen Kräften förmlich geladen ist. Noch bei der Lektüre ihrer Lebensgeschichte tritt einem die Gottnähe fühlbar entgegen, und sie kommt dem Leser oft überwältigend zum Bewußtsein, so daß sie in ihm den lebhaften Wunsch erweckt, dem Heiligen doch bei seinen Lebzeiten begegnet zu sein. Aus diesem einzigartigen Eindruck, den der Heilige allezeit auf die Menschen gemacht hat, ist der begreifliche Ausruf Bloy's hervorgegangen, daß es für den Christen nur einen Schmerz gebe, kein Heiliger zu sein.

Mit dieser Gottnähe hängt jenes magische Sein zusammen, welches für den heiligen Menschen bezeichnend ist. Heilige sind unablässig suchende Menschen, mit dem charakteristischen Merkmal, daß ihrem leidenschaftlich bewegten Suchen bereits ein religiöses Finden beschert war und ihr weiteres Suchen stets aus einem schon Gefundenhaben hervorgeht. Die Ehrenbezeichnung Heilige kommt ihnen zu, weil sie bereits in diesem Leben die groß gelebte, gläubige Existenz verkörpern, die ganz auf Gott hin ausgerichtet ist. Auf ihre

Verwirklichung des Christlichen muß man das Augenmerk richten, da ihr Leben nicht im gesetzlichen «du sollst» stecken blieb, sondern eine Illustration zu Jesu evangelischem Wort darstellt: Selig sind die... (Mt. 5, 3 f.). Natürlich gehört auch zu ihrem Leben der Werdeprozeß, der wie bei den meisten Menschen zum Verständnis für ihr Wesen unentbehrlich ist. Aber die Heiligen sind aus dem Sturm und Drang der Entwicklungsjahre herausgeschritten und zur Reife gelangt. Der Gärungsprozeß hat bei ihnen durch die Gottnähe einer ruhigen Abgeklärtheit Platz gemacht. Neben der gotischen Sehnsucht findet sich bei ihnen immer auch die romanische Ruhe in Gott. Wenn die Zeichen der Heiligkeit aufzuleuchten beginnen, nähert sich der Mensch dem Zustand seiner Vollendung. Das Werk des Heiligen ist deswegen in erster Linie sein Leben, in dem es völlig enthalten ist. Die Heiligen ruhen in einer göttlichen Seinsordnung, welche das undefinierbare Geheimnis ihres Lebens ausmacht und deren Wirkung letztlich auf etwas Unerklärlichem beruht. Sie sind dermaßen ins Licht eingetaucht, daß man nicht anders kann, als die Heiligen zu lieben.

Die neue Schau der Heiligen erschließt sich einem erst in ihrer letzten Tiefe, wenn man auf die Funktion dieser Boten Gottes achtet. Sie sind in der Wüste dieser Welt nicht bloß seltsam-schöne Blumen, die lediglich einen wunderbaren Duft ausströmen. Sie sind nicht nutzlose Menschen, weil sie sich vom Getriebe der Welt zurückgezogen haben. Obschon die Heiligen nicht unter Nützlichkeits-Gesichtspunkten betrachtet werden dürfen, haben sie alle doch eine bedeutsame Funktion zu erfüllen. Die menschliche Gesellschaft kann auf die Dauer der Existenz der Heiligen nicht entbehren. Sie bedarf ihrer so gut wie der andern Glieder. Nach der Auffassung, welche die Heiligen als christliche Gestalten versteht, kommt denselben eine mehrfache Sendung zu, die in diesem Zusammenhang nicht allseitig erörtert werden kann. Nur die hauptsächlichsten Aufgaben, die ihnen innerhalb der Christenheit aufgetragen sind, müssen um ihrer Bedeutung willen erwähnt werden.

Allezeit wurde den Heiligen die Funktion des Beispieles zugeschrieben. Da ihrem Leben vorbildlicher Wert zukommt, wurden sie als Exempel aufgefaßt, für die man Gott danken soll, und an denen man seinen Glauben stärken könne. Die Heiligen verkörpern ein Ideal, das den Menschen zugleich zeigt, mit welchen Mitteln es erreicht werden kann. Die Macht des Beispiels ist von enormer Wichtigkeit, denn das Christentum wächst aus der Begegnung mit lebendigen Christen. Es kann auf seine großen Vorbilder aus allen Jahrhunderten nicht verzichten, ohne sich selbst aufzugeben. Die Heiligen sind mit flammenden, lichtspendenden Symbolen zu vergleichen, welche den im Schlamm des Alltags versunkenen Menschen aufschrecken und ihn auf das Höchste hinweisen. Deswegen wurden sie schon «das lebende Evangelium» genannt, dessen Worte sie in Taten darstellen. Darin besteht der Sinn des Heiligenkalenders, wie ihn die unvergängliche «Legenda aurea» enthält: «Die Seele des Menschen ewig in Berührung zu halten mit dem großen Weltgeschehen, das sich von der Schöpfung an bis zum Jüngsten Gericht symbolisch in dem Reiche Gottes und des Teufels abgespielt hat und abspielen wird.»[11] Das Beispiel der Heiligen erhält jedoch die gesteigerte Bedeutung durch seine beständige Erneuerung in allen Jahrhunderten. Nicht nur einmal ereignet sich ein solch wunderbares Leben, sondern zu allen Zeiten bezeugt Gott sich in ihnen aufs neue, so daß von einer fortwährenden Bekundung Gottes durch die Heiligen die Rede ist, welche das Beispiel immer wieder den veränderten Zeitumständen entsprechend den Menschen vor Augen führen. Sie sind die beständig neue Verleiblichung des Christentums, gleichsam die Fleischwerdung der christlichen Idee und deren lebendige Denkmäler. Die Heiligen widerlegen unwidersprechlich die Auffassung, daß das Göttliche nur in vergangenen Zeiten Gestalt gewonnen habe und dann von der Erde verschwunden sei, eine Meinung, welche den Tod aller Religiosität bedeutet. Das Christliche muß immer wieder seine Verkörperung finden und den Menschen jedes Jahrhunderts gemäß seiner Art nahegebracht werden. Nur von dieser beständigen Erneuerung des Beispiels geht ein religiös lebendiger Einfluß aus. Heilige üben eine zündende Wirkung aus. Trotz seiner Ausnahmeerscheinung ist der Heilige der beispielhafte Mensch, dessen Dasein nicht sklavisch nachgeahmt werden kann, dem aber doch der Wert eines Urbildes zukommt. Die ernsthafte Beschäftigung mit den Heiligen dient letztlich immer der Weckung religiöser Substanz, da sie im Betrachter ein Feuer entfachen, das nicht mehr erlischt. Durch sie werden anspornende Kräfte und lebendige Impulse geweckt, welche den Menschen veranlassen, den Kampf um die Formung des eigenen Lebens auch aufzunehmen.

Mit der Erneuerung des Beispiels hängt eine weitere Funktion der Heiligen zusammen, die einem erst klar wird, wenn man in ihr Inneres einzudringen versucht. Es ist falsch, deren Äußerungen in den Mittelpunkt zu rücken. Heilige sind nicht in erster Linie religiöse Denker. Wer sie auf den philosophischen Gehalt hin prüft, betrachtet sie unter einem unrichtigen Gesichtspunkt. Gewiß finden sich auch bei den Heiligen unendlich kostbare Worte, die kein Gold der Welt aufwiegt. Aber es sind nicht in allem neue Gedanken, welche sie aussprechen, als vielmehr die glorreiche Art, wie sie einer religiösen Wahrheit durch ihre Lebenshaltung Ausdruck geben. Durch ihre Lebenshaltung gelang es ihnen oft, ein Bibelwort von einer bis dahin ganz unbekannten Seite her neu zu beleuchten und bei den Menschen den Eindruck zu erwecken, als hörten sie nun diese Wahrheit zum erstenmal. Heilige vertreten jedoch nicht nur gewöhnliche Ansichten, sondern göttliche Einsichten, und zwar in überirdische Zusammenhänge, welche andern Menschen verschlossen sind. Selbstverständlich handelt es sich auch bei ihren Äußerungen, wie bei allen religiösen Aussagen, um Umschreibungen des Göttlichen, die nicht buchstäblich genommen werden dürfen, hinter denen jedoch ein objektiver Wahrheitsgehalt steht. Auf religiösem Gebiet handelt es sich aber nicht in erster Linie um Erkenntnisse, sondern um die Heimat der Seele. Heiligung hängt mit der Seele zusammen und nicht mit dem Verstand. Um des seelischen Charakters willen finden sich unter den Heiligen so viele weibliche Vertreter, während sonst die Kirchengeschichte oft als reine Männergeschichte erscheint, was sicher nicht dem Christentum als solchem entspricht. Daß in der Welt der Heiligen Frauen einen solch breiten Raum einnehmen, zeigt, wie Heiligung ein Ausfluß jenes religiösen Herzens ist, das eine Berührung von Gott erlebt hat. Um dieses Zusammenhanges willen denken die Heiligen auch nicht mit der Vernunft, wie der naturwissenschaftliche und der geschäftstüchtige Mensch. Bei den Heiligen findet sich das bedeutsame Denken des Herzens, das allein dem Religiösen entspricht. Sie betätigen das symbolische Sinnen, das sich nach ganz anderen Gesetzen bewegt als das rationale Denken, welches nach Ursache und Wirkung fragt. Der innere Verfall des Christentums beruht nicht ausschließlich auf der Gottlosigkeit und dem Materialismus der Menschen in der Neuzeit, sondern auf dem Übergewicht des rationalen gegenüber dem symbolischen Denken in religiösen Fragen. Auf dieses Verhängnis muß man aufmerksam werden, will man die tiefer reichenden Gründe des christlichen Zusammenbruches in der modernen Zeit erfassen. Rationales Denken mit seiner zergliedernden Tendenz auf symbolisches Weltempfinden anzuwenden, kann nur eine auflösende Wirkung haben. Es ist einer der größten Dienste, welche die Heiligen dem neuzeitlichen Menschen leisten können, daß er durch einen längeren Umgang mit ihnen das verschüttete Denken des Herzens wieder lernen kann, das auch ein Denken ist, aber eines, das am Bild und nicht am Begriff orientiert ist, und welches der gewöhnlichen Logik, die Gegensätze nicht in sich zu vereinigen vermag, überlegen ist. Das Herz *schaut* gleichsam die Wahrheit, wenn es das intuitive Denken ausübt, welches auf eine bisher ganz unbekannte Art in die religiöse Wahrheit einzudringen vermag und sie liebend von innen erhellt. Das symbolische Denken ergeht sich keineswegs in bloßen Bilderreden und ist nicht weniger mit Realität gesättigt als die rationale Beweisführung. Es ist schwer verständlich, wie wenig auf diese Logik des Herzens, welche die verschiedenen Wahrheitsaspekte gleichzeitig zu umfassen imstande ist, geachtet wird, und die doch einzig dem religiösen Verständnis entspricht. Pascal war einer der letzten Christen, der auf die prinzipielle Verschiedenheit dieser Denkmethoden aufmerksam machte und über die enorme Bedeutung dieser Angelegenheit sich klar war, als er eindringlich sagte: «Daher kommt es, daß man, wenn es um die menschlichen Dinge geht, sagt, daß man sie erkennen müsse, bevor man sie liebe — was sprichwörtlich geworden ist —, daß hingegen die Heiligen, wenn sie von den göttlichen Dingen sprechen, sagen, daß man sie lieben müsse, um sie zu erkennen, und daß man nur durch die Liebe in die Wahrheit eingehe.»[12]

Noch eine bedeutsame Funktion hat der Heilige auszuüben, die ins Aktuelle führt. Man kann den Heiligen als den zeitlosen Menschen bezeichnen, dessen Haltung von ewiger Gültigkeit ist. Trotz dieser Zeitlosigkeit ist er oft auch jener Mensch, der mit gewaltiger Gebärde wider seine Zeit aufgestanden ist, die im Begriffe war, ins Nichtige abzugleiten. Manchmal hat er mit einem einzigen Wort betont, daß es gilt, sich auf das Eine, was not tut, zu konzentrieren und nach der inneren Einheit zu streben. Im Gegensatz zum Menschen, der sich durch hundert Ablenkungen zerstreuen läßt, kreist der Heilige unablässig um das Wesentliche und ist beständig bemüht, das menschliche Chaos zu überwinden. Es ist gewiß kein Zufall, daß Dostojewskij bei seiner Bemühung, den modernen Nihilismus niederzuringen, Ausschau nach geeigneten Helfern hielt und dabei folgerichtig auf die Heiligen kam. Dem nihilistischen Empörertum eines Iwan Karamasoff stellte er bewußt den Staretz Sossima als Heiligen gegenüber, der im karamasoffschen Wirrsal als das Licht erscheint, welches in der Finsternis leuchtet. Der Heilige ist der große Gegenspieler des Nihilisten, den es in irgendeiner Form zu allen Zeiten gab. Gegenüber jenem Menschen, der darauf ausgeht, das Ewige, Unentbehrliche und Urgegebene problematisch zu machen und es als das scheinbar Unmögliche hinzustellen, steht der Heilige für die absoluten Werte ein, die nicht der skeptischen Fäulnis verfallen dürfen. Mit seiner göttlichen Erleuchtung tritt er als der unbedingte Mensch dem Dämon der Zersetzung entgegen. Der Heilige besitzt ein tiefes Wissen sowohl um die Verderbnis des Menschen als auch um das, was er zu seiner Rettung bedarf, denn er lebt nicht, wie eine naive Betrachtungsweise annimmt, in ahnungsloser Unschuld dahin. Wie wenige weiß er hellsichtig um die Abgründigkeit des menschlichen Daseins, und er ist oft der einzige Sehende unter lauter Blinden. Als der schlechthin positive Mensch ist der Heilige zu bezeichnen, der an Stelle der niederreißenden Tendenzen die aufbauende Bestrebung setzt. Er tritt aus seiner religiösen Position heraus mit überlegenen Kräften den unterhöhlenden, zentrifugalen Strömungen seines Zeitalters entgegen. Religiös betrachtet ist er der Vertreter Gottes, der mit den Dienern des Teufels in einem Kampf auf Leben und Tod steht. Diese aufregende Tätigkeit war bereits die Funktion des mittelalterlichen Heiligen. Allerdings wäre es ein Irrtum zu glauben, dieser Kampf gehe auch heute noch in der gleichen Form vor sich wie damals. Dazu hat sich die Bewußtseinslage in der modernen Zeit zu stark geändert. Unsere Zeit braucht eine neue Heiligkeit, welche die unterminierenden Kräfte der Gegenwart überwinden hilft. Der Heilige der heutigen Zeit hat ein ganz anderes Aussehen als das traditionelle Schema ihn sich vorzustellen gewohnt ist. In den russischen Revolutionären des 19. Jahrhunderts sind schwache Ansätze einer modernen Heiligkeit sichtbar geworden, die aber infolge des theoretischen Atheismus seiner Vertreter wieder abdorren mußten. Der neue Typus des Heiligen wird sich inmitten des Strudels der Welt bewegen und vor allem an dem blutenden Schmerz der sozialen Not nicht unbeteiligt vorübergehen. Nur von einem Heiligen im modernen Gewand und weder von einer Partei noch Weltanschauung wird die ersehnte Umwandlung des Lebens ausgehen, die in kleinen Kreisen den Ausgang nimmt.

Um von den Heiligen ein eindrucksvolles Bild zeichnen zu können, bedarf es einer neuen Hagiographie, über deren Wesensmerkmale man sich Rechenschaft geben muß. Die neue Heiligengeschichtsschreibung baut auf den alten Darstellungen auf, mit dem entscheidenden Unterschied, daß sie das moderne Bewußtsein in ihre Arbeit mit hinein nimmt. Ihr erstes Erfordernis besteht deswegen in der Entfernung der rußigen Staubschicht, welche sich im Laufe der Zeit über die Gestalten der Heiligen gelegt hat, damit die ursprüngliche Farbe in ihrem eigentümlichen Glanz wieder zu leuchten beginnt. Diese bilderrestaurierende Arbeit, welche das echte Gemälde wieder hervorholen will, ist eine überaus seltsame Tätigkeit, die beinahe in das Gebiet der unheimlichen Totenbeschwörung hinüberreicht. Der Geschichtsschreiber muß zu diesem Zweck die Heiligen lange Zeit anschauen, ihr ungewöhnliches Tun immer wieder genau betrachten und mit großer Geduld warten können, bis sie ihn der Anrede würdigen. Nur wenn die Heiligen selbst zu ihm geredet haben — und sie tun es oft plötzlich —, können sie auf lebendige Art dargestellt werden. Sie müssen gleichsam auf einen zugeschritten sein und jene ewigen Worte sprechen, über die sonst die Menschen nicht verfügen, und die man auch in keinen andern Büchern findet.

Entsprechend diesem Erlebnis darf die Heiligendarstellung nicht gewöhnlicher Geschichtsschreibung gleichgesetzt werden. Die magische Welt der Heiligen kann nicht mit jener unbeteiligten Kühle beschrieben werden, wie man von einer Goldschmiedearbeit des 16. Jahrhunderts berichtet. Heiligenschilderung erfordert eine das Göttliche spürende Fähigkeit, die in einem mehr als nur menschlich einfühlenden Verständnis dieser Gestalten bestehen muß. Dem Heiligen kann allein eine religiöse Erfassung gerecht werden, weil nur sie dem gleichen Erdreich entstammt, aus dem diese heiligen Menschen hervorgegangen sind. Religiöses kann nur durch Religiöses erfaßt werden. Jede andere Darstellung bleibt an der Oberfläche haften. Die Welt der Heiligen kann einzig mit Gott und niemals ohne ihn begriffen werden. Jedem anderen Versuch erschließen sie ihr Geheimnis nicht, wenn es auch anderseits eine Übertreibung ist, zu sagen, es bedürfe eines Heiligen, um das Leben eines Heiligen zu schreiben. Heilige ohne ihre Heiligkeit darstellen zu wollen, vermag keine neue religiös verpflichtende Auffassung zu geben, welche den Christen aller Konfessionen wesentliche Erkenntnis zu vermitteln imstande ist.

Zu der Erfassung der Heiligen bedarf es vor allem andern der ehrfürchtigen Liebe, die weder mit beschönigender Verteidigung noch mit unverbindlicher Bewunderung zu verwechseln ist. Mit der Haltung der Ehrfurcht sieht man in den Heiligen die großen Liebenden der Kirchengeschichte, die nicht kleinliche Nörgelei verdienen, weil diese dem Erlebnis der Liebe nicht angepaßt ist. Das Geheimnis der Heiligen erschließt sich nur dem Geschichtsschreiber, der ihnen mit wirklicher Liebe begegnet, die sich auch hierin als der wahre Schlüssel zur Öffnung verschlossener Türen erweist. Nur wenn man eine Gestalt wahrhaft liebt, enthüllt sie einem ihr tiefstes Wesen. Um der Liebe willen scheut sich die neue Heiligendarstellung nicht, mit offenkundiger Begeisterung von ihren Helden zu schreiben, von denen sie selbst unauslöschliche Eindrücke empfangen hat. Ernst Hellos «Heiligengestalten» und Hugo Balls «Byzantinisches Christentum» sind erste Anzeichen dieses neuen Enthusiasmus für die Heiligen. Der Ton begeisterter Liebe gehört zur echten Hagiographie, die nie bloße Stoffvermittlung über ein wenig bekanntes Gebiet sein will, sondern immer auch Formung des Menschen erstrebt.

Keinen inneren Gegensatz zu dieser liebenden Ehrfurcht bildet der religiöse Realismus, zu dem sich die neue Heiligenschilderung im Unterschied zu der traditionellen Heiligengeschichtsschreibung bekennt. Jeder Heiligendarstellung droht die beständige Gefahr, das geschichtliche Bild unter dem Gesichtspunkt der Glorie zu verändern und die Gestalt völlig makellos zu schildern, indem das geringste Flecklein auf dem Charakter beseitigt wird. Daraus entsteht jedoch notwendig eine falsche Idealisierung, die den Eindruck der tendenziösen Propagandaliteratur erweckt und gegen die Wahrhaftigkeit verstößt. Nur schülerhaftes Verhalten glaubt jede Tat und jedes Wort rechtfertigen zu müssen. Auch Heilige sind Menschen, denen Gebrechen anhaften. Niemand hat dies stärker betont als sie selbst. Die Vertuschung der Schatten, die auch über ihrem Leben liegen, hat mit echter Liebe nichts zu tun, denn man kann eine tiefe Liebe zu einem Menschen empfinden und doch gewisse Handlungen von ihm für nicht richtig halten. Die Erwähnung ihrer Fehler hat nur nicht aus einer hämischen Absicht zu erfolgen, welche mit ihrer Entlarvung dartun will, daß auch die Heiligen nicht anders waren als die übrigen Menschen. Diese armselige Anschauung besteht ohnehin nicht zu Recht. Heilige sind größer als gewöhnliche Menschen. Die Hervorhebung negativer Seiten hat vielmehr einzig aus Liebe zur Wahrheit und aus einer realistischen Einstellung zu geschehen, welche gerade die oft besonders schwere Bedrohung des Heiligen aufzeigt. Die Überwindung von verwerflichen Eigenschaften, die ihnen in mühsamem Ringen gelungen ist, gereicht ihnen zur größeren Ehre als die unwahrscheinliche Annahme, daß ihnen alle Versuchungen unbekannt geblieben seien. Mit welcher Offenheit hat ein Augustin in seinen «Bekenntnissen» die Verflochtenheit mit der Sünde dargestellt. Diese realistische Ehrlichkeit muß auch die neue Geschichtsschreibung aufbringen. Nur wenn sie wahrheitsgetreu schildert, wie die Heiligen auch mit dunklen Mächten in sich zu kämpfen hatten und keineswegs immer Sieger blieben, erhebt sich die Darstellung zu einer ergreifenden Beschreibung ihrer Lebenswirklichkeit. Dieser religiöse Realismus, der das Göttliche in und nicht außerhalb der Wirklichkeit sieht, bildet das notwendige Gegengewicht zu der ekstatischen Lichtfülle, die dem Leben der Heiligen eigen ist.

Aus diesem Realismus ergibt sich auch die Anwendung der Kritik in der Heiligengeschichtsschreibung. Das Recht der kritischen Methode, deren Wahrheitsleidenschaft oft bis zum tragischen Zerbrechen ihrer Träger gegangen ist, steht außer Frage. Auch bei der Heiligendarstellung kommt ihr eine Aufgabe zu, das viele Schlinggewächs zu beseitigen, das oft die Gestalten überwuchert. Zahlreiche Ranken müssen zurückgeschnitten werden, wenn das wesentliche Bild wieder hervortreten soll. Doch sind der kritischen Methode auf diesem Gebiet bestimmte Grenzen gezogen, die man beachten muß. Heilige sind wie lyrische Gedichte, die analytisch nicht zergliedert werden können, ohne ihren Duft zu verlieren. Genau wie alle Polemik von ihnen fernzuhalten ist, vertragen sie auch kein destruktives Auseinandernehmen. Für die Nichtbeachtung dieser Wahrheit ist das kluge Buch von E. Busse-Wilson über «Das Leben der heiligen Elisabeth» ein überaus lehrreiches Paradigma, welches trotz seinem großartigen menschlichen Verständnis zu einer Zerstörung der Heiligengestalt gelangte. Die kritische Methode stammt aus der Welt des rationalen Denkens, das durch eine unüberbrückbare Kluft von der symbolischen Weltauffassung getrennt ist. Fast alle Heiligen-Überlieferungen sind mit Legenden durchwoben, die Glaubliches und Unglaubliches seltsam ineinander mischen. Man kann die Trennung von Legende und Geschichte bei den Heiligen nicht restlos durchführen. Die Legenden dürfen nicht zum voraus als minder wertvolles Gut ausgeschlossen werden, namentlich dann nicht, wenn sie aus dem gleichen Kreis stammen, in welchem der Heilige sich bewegte. Es bleibt das unvergängliche Verdienst von Herder, daß er als einer der ersten wieder für die Bedeutung der Legenden eingetreten ist. Es gilt zwischen Legenden und Legenden zu unterscheiden. Es gibt legendarische Schilderungen, welche die Bedeutung eines Heiligen gleichnishaft unübertrefflich wiedergeben und manchmal an innerer Wahrheit aller geschichtlichen Überlieferung weit überlegen sind. Für das symbolische Denken besitzen Legenden höchste Bedeutung. Auch an den vielen wunderbaren Begebenheiten, welche aus dem Leben der Heiligen berichtet werden, ist kein grundsätzlicher Anstoß zu nehmen. Gewiß tragen viele Wunder der Heiligenlegende den Stempel der erfundenen Ausschmückung auf der Stirn und sind oft auch religiös wertlos. Aber ebenso sicher gibt es keinen Heiligen, dessen Leben nicht ins Wunderbare reicht. Heilige ohne übernatürliches Geschehen sind keine Heilige. Sie ohne Unerklärliches darzustellen ist unmöglich. Schließlich ist Wunderangst ebenso töricht wie Wundersucht, weil beide nicht auf den Sinn der Überwirklichkeit achten.

Statt die Heiligen beständig mit dem eigenen weltanschaulichen Urteil zu schulmeistern, ist die echte Geschichtsschreibung von dem Willen zu neuen Einsichten erfüllt. Sie will sich vom Geschauten zu neuen Erkenntnissen führen lassen, wenn sie dabei auch ungewohnte Wege beschreiten muß. Nur diese seelische Aufgeschlossenheit bringt den Menschen innerlich weiter und verhindert seine Erstarrung im eigenen Gehäuse. In der Welt der Heiligen kommen höchst seltsame und nie gehörte Dinge vor, die einem zu neuem Begreifen veranlassen sollten. Es gilt zu versuchen, die befremdlichsten Ereignisse zu verstehen und auch vor den rätselhaftesten Dingen nicht vorschnell zu kapitulieren. Wie kaum anderswo entscheidet es sich in der Heiligenschilderung, wie weit man mit kühner Bereitschaft in religiöse Wirklichkeiten vorzudringen vermag, oder ob einem die Kraft zu neuen Entdeckungen versagt geblieben ist.

Doch wie lange die neue Hagiographie um die Heiligen kreisen mag, deren letztes Geheimnis wird auch sie nie ergründen. Es bleibt unauslotbar. Mit den Heiligen kommt man nie zu Ende, weil deren Tiefstes mit Worten nicht wiederzugeben ist. Wer über Heilige schreibt, wird immer die schmerzliche Erfahrung des Seelsorgers der Angela von Foligno machen, der ihre göttlichen Offenbarungen in der lichtvollen Sprache aufzeichnete, deren sie sich bei ihren Mitteilungen bediente, und der dann, als er das Nachgeschriebene ihr nochmals vorlas, die Klage zu hören bekam: «Ich verstehe nichts mehr davon; ihr schreibt ohne Kraft, es erinnert mich wohl an das Gesagte; allein es ist so dunkel und drückt die Sache lange nicht aus, wie ich sie erkenne; ihr habt eben das Schlechteste aufgeschrieben und das Beste ausgelassen!» Das ist nur scheinbar ungerecht geurteilt; es zeigt vielmehr auf anschauliche Weise, daß die Erscheinung des Heiligen in theoretischer Weise abschließend nicht erörtert werden kann. Was man über ihn auch sagen mag, es ist alles nur ein Stammeln, und das Wichtigste steht immer zwischen den Zeilen. Die Heiligkeit kann höchstens an Gestalten verdeutlicht werden, und zwar für modernes Empfinden besser an nicht-legendären Persönlichkeiten. Zur Vermittlung eines lebendigen Eindruckes genügt auch nicht *ein* heiliger Mensch, der im klaren Lichte der Geschichte steht. Kein Heiliger verkörpert die ganze Heiligkeit. Vielmehr bringt jeder Heilige nur eine wesentliche Seite zum Leuchten, weil auch er bloß ein Teil von Gottes Strahlen widerspiegelt. Es müssen aus der großen Zahl der Heiligen mehrere Gestalten mit jener Ausführlichkeit dargestellt werden, daß wenigstens ein schaubares und zu liebendes Bild entsteht. Die Heiligen sind wie ein Geläute. Jede Glocke hat ihren Klang, aber erst alle zusammen geben die ganze Tonfülle. Auf diese Musik der Ewigkeit muß man hören in einer Zeit, da die Menschen sich vom Evangelium immer offenkundiger abwenden. In dieser Nacht der Selbstzersetzung des Abendlandes wird das Christentum der Heiligen jenes Licht bedeuten, das dem Einzelnen auf seinem Wege vorausleuchtet und in ihm wieder jenes unstillbare Lechzen nach neuer Heiligkeit weckt, welches bereits Michael Baumgarten in die prophetischen Worte zusammenfaßte: «Es gibt Zeiten, in denen Reden und Schriften nicht mehr ausreichen, um die notwendige Wahrheit gemeinverständlich zu machen. In solchen Zeiten müssen Taten und Leiden der Heiligen ein neues Alphabet schaffen, um das Geheimnis der Wahrheit neu zu enthüllen. Unsere Gegenwart ist eine solche Zeit.»[13]

DAS CHRISTUSSYMBOL IM MITTELALTER

Franz von Assisi

1182—1226

I

Bruder Masseo trat einst vor Franziskus mit den Worten: «Warum dir, warum dir, warum dir?» Franziskus entgegnete auf die seltsame Frage: «Was willst du denn eigentlich sagen?» Bruder Masseo erwiderte ihm: «Ich frage, warum alle Welt dir nachläuft, warum jedermann dich sehen will und auf dich horchen und dir gehorchen. Du bist kein schöner Mann; du bist nicht sehr gelehrt, du bist nicht edel. Was ist es denn, daß alle Welt dir nachläuft?»[1] Von dieser legendären Begebenheit ist auszugehen, weil sie die Frage nach dem Geheimnis des Franziskus enthält. Warum ist der Mann von Assisi der größte Heilige, den das Christentum hervorgebracht hat? Was ist es, das noch heute an ihm so stark bedrängt und einfach nicht mehr losläßt? Wie hat man diesen merkwürdigen Menschen zu deuten, und worin besteht das neue Wort, das er gesprochen hat? Ja, warum gerade dir?

Die Frage des Bruders Masseo deutet das Rätsel an, welches Franziskus in sich schließt, der zunächst fremd, sogar ungeheuer fremdartig wirkt. Diese beängstigende Unsicherheit stellt sich sofort ein, wenn man Franziskus unvoreingenommen gegenübertritt. Seine Fremdheit, die auf eine viel tiefere Hintergründigkeit schließen läßt, als gemeinhin angenommen wird, ist nicht nur in der Andersartigkeit begründet, die der rationale Mensch der Neuzeit gegenüber dem symbolisch denkenden Menschen des Mittelalters spürt. Sie besteht vielmehr in Franziskus' Persönlichkeit, welche das Christentum auf die Spitze trieb. Man kann sagen, wer Thomas von Aquino oder wer Martin Luther war, aber man kann kaum sagen, wer Franz von Assisi war, der zu den Menschen gehört, die nicht definiert werden können. Sein Geheimnis läßt sich höchstens erahnen. Die Betonung seiner rätselhaften Fremdheit tastet keineswegs seine Größe an. Im Gegenteil. Durch den Hinweis auf seine Ferne wirkt Franziskus unergründlicher, als wenn man versuchte, ihn in die eigene Kleinheit hinein zu nehmen und ihn ohne Spürsinn für seine gefährliche Kühnheit der modernen Christlichkeit anpaßte. Franziskus selbst war nicht darauf bedacht, seine undurchdringliche Rätselhaftigkeit zu beseitigen, indem er sie eher steigerte als milderte. «Obschon er die Größe der himmlischen Liebe, die ihn erfüllte, nicht gänzlich verschweigen konnte, redete er doch vorsichtig und nur in Rätselsprache.»[2] Seltsam sind schon die sich widersprechenden Eigenschaften, die Franziskus in sich vereinigte, jene gütige Weichheit, welche alles mit letzter Liebe umfaßte, und gleichzeitig jene herbe Strenge, welche sich als erschrekkende Härte auswirkte. Es ist nötig, beide Seiten, sowohl die zartfühlende als auch die unerbittliche, zu unterstreichen, weil sie erst zusammen seine beunruhigende Erscheinung ausmachen. Die Herausarbeitung von nur einer Linie führt zu einer einseitigen Verzeichnung, während die Eigenart seiner nicht leicht zu erfassenden Persönlichkeit in der lebendigen Zusammenfassung dieser beiden Gegensätze besteht.

Diese fremdartige Rätselhaftigkeit empfanden schon die Zeitgenossen des Franziskus, die ihn deswegen mit sprachlosem Staunen betrachteten. Über das beinahe revolutionäre Auftreten des Heiligen gerieten sie in Bestürzung und vermochten es nicht in ihre mittelalterliche Lebensanschauung einzuordnen. Schaudern und Befremden erfüllten sie gegenüber dem Heiligen. «Oh wunderliche Sache, unserer Zeit unerhört. Wer starrt nicht in stummem Staunen ? Wer vernahm schon Ähnliches ?» rief bereits sein erster Biograph aus.[3] Auch die «Legende der drei Genossen» spricht vom «grenzenlosen Staunen», welches die Menschen über Franziskus erfaßte, und daß sie sich beeilen, «ihn zu sehen und zu hören als Menschen gleichsam eines andern Jahrhunderts.»[4] Trotz der Unmöglichkeit, sich dieses Rätsel verständlich zu machen, übte der «überkühne Franziskus» eine unwiderstehliche Anziehung aus. «Wenn er eine Stadt betrat, freute sich die Geistlichkeit, läuteten die Glocken, frohlockten die Männer, und mit ihnen freuten sich die Frauen, die Knaben klatschten fröhlich in die Hände, brachen Zweige von den Bäumen und zogen ihm singend entgegen.»[5] Als «einen neuen Menschen aus einer andern Welt» schildern ihn seine Begleiter. Den gleichen Eindruck gewann der Sultan, der mitten in den Kreuzzugskämpfen Franziskus «als einen Mann betrachtete, der allen andern ganz unähnlich war.»[6] Nach dem Tode von Franziskus nahm dieses Staunen eher noch zu. Nach Petrus Johannes Olivi ist «Franziskus wirklich der Engel, der das sechste Siegel öffnet»[7], und nach Dante «ward der Welt hier eine neue Sonne geboren».[8] Größere Worte kann man über einen Menschen kaum aussprechen, als es in diesen Urteilen geschah, die alle versuchten, den unaussprechlichen Eindruck in Worte zu fassen.

Dieses befremdliche Staunen der Zeitgenossen wird der Persönlichkeit des Franziskus mehr gerecht, als es die schöngeistige Betrachtung in der Neuzeit tut, die das rätselhafte Phänomen neutralisiert, statt es zu erhellen. Man hat den Mann aus Assisi in den letzten Jahrzehnten zu einseitig durch die «Blümlein des heiligen Franziskus» geschaut und sich am lieblichen Duft dieser Legendensammlung erfreut. Franziskus wurde dadurch zu einem poetischen Pantheisten gemacht, welcher das Entzücken aller Schöngeister bildete. Man betonte die Naivität des harmlosen Bruders «Immerfroh», der es verstanden habe, die Schwierigkeiten des Lebens spielend zu lösen. Franziskus wurde als eine höhere Art von Wandervogel aufgefaßt, der «die schönsten Träume, Menschenweh einzuwiegen, geträumt» habe.[9] Man hat vor allem Franziskus unbedenklich modernisiert, indem man sein mittelalterliches Gebaren bewußt übersah. Die ästhetisierende Auffassung entwirft zweifellos ein bezauberndes Bild von Franziskus, das sich mühelos in die Gefühle des modernen Menschen einschmeichelt, und von dem man sich so leicht nicht befreit, wenn man diese romantische Vorstellung einmal in sich aufgenommen hat. Trotzdem muß mit aller Schärfe gesagt werden, daß die moderne Betrachtung des Franziskus historisch in keiner Weise zu Recht besteht. Sie ist ein holder Irrtum und besitzt in den ältesten Überlieferungen nicht den geringsten Anhaltspunkt. Allein schon die rücksichtslose Leibfeindlichkeit des Heiligen macht dieser viel zu weichen Franziskus-Auffassung ein resolutes Ende. Auch seine Beziehung zur Natur beruht auf vollständig anderen Voraussetzungen als das moderne Naturverständnis. Die schöngeistige Deutung des Franziskus ist in jeder Beziehung falsch, sie kann in ernsthafter Weise nicht aufrechterhalten werden und geht an der gewaltigen Kraft, die in diesem Heiligen aufgebrochen ist, blind vorüber. Das Problem «warum gerade dir» vermag sie nicht im geringsten zu lösen.

Die Antwort auf diese Frage liegt vielmehr gerade in der entgegengesetzten Richtung und kann einzig in dem Hinweis auf seine Christus-Ähnlichkeit angedeutet werden. Das ist der Gesichtspunkt, unter den dieses Leben gestellt werden muß. Damit ist nicht gemeint, daß «Franziskus etlichen fast als ein anderer Christus, der Welt zum Heile gegeben» erschien, wie die Fioretti sich ausdrücken.[10] Eine solche Anschauung hätte der Poverello selbst aufs bestimmteste als Lästerung abgelehnt. Für sein Empfinden gab es keinen «zweiten Christus», und er hat sich nie als den wiedergekommenen Herrn ausgegeben. Aber seine mystische Verbundenheit mit Christus, den er «in der Verzückung in unaussprechlicher und unfaßbarer Herrlichkeit»[11] geschaut hatte, ließ sein Leben zu einem Christus-Symbol werden, aus dem allein sein Geheimnis erklärt werden kann. Ihm wurde die größte Christus-Ähnlichkeit zuteil. Franziskus hat das Bild des Lebens Jesu erneuert, was schon seinen Zeitgenossen aufgefallen ist. Die Christus-Ähnlichkeit wurde später in dem Werke «Über die Gleichförmigkeit des Lebens des hl. Franziskus mit dem Leben des Herrn Jesu» von Bartholomäus von Pisa leider in allzu schematischer Weise durchgeführt, so daß sie starr und gekünstelt wirkt. Aber eine richtige Ahnung liegt der unglücklich durchgeführten Parallele zugrunde, mochte sich Luther noch so sehr darüber aufregen und in seinem Unmut Franziskus als «groben Gesellen» schmähen. Der Heilige von Assisi war das Christus-Symbol des Mittelalters, und aus diesem Grunde kann er in kein Schema eingeordnet werden. «Vieles hatte er mit Jesus gemein; Jesus trug er im Herzen, führte ihn im Munde, hatte ihn in den Ohren, trug ihn in den Augen, in den Händen, ja in allen übrigen Gliedmaßen immerdar.»[12] Franziskus' Verwandtschaft mit Christus ist immer wieder festzustellen. Sie drängt sich dem Betrachter auf Schritt und Tritt auf. Franziskus lebte mit Jesus dermaßen gleichzeitig, als gehörte er seinem Gefolge an. Er befand sich fortwährend in seiner Nähe. Seine Weihnachtsfeier in Greccio ist nur ein Beispiel, wie er das evangelische Geschehen auf lebendige Weise zu vergegenwärtigen imstande war, so daß die Zeitgenossen es tatsächlich «mit körperlichen Augen zu schauen» bekamen.[13] Diesem anschaulichen Miterleben konnte sich kaum jemand entziehen, und sie sahen in Franziskus das vollkommene Abbild Christi. Franziskus' Leben war in das Leben Jesu verwandelt. Nach Guardini war es «das besondere Charisma des Franziskus, an Jesus zu erinnern», den Meister nicht nur wie die andern Heiligen zu übersetzen, sondern zu vergegenwärtigen, so daß «Christi Antlitz selbst aus dem seinen hervorblickt, Christi Gebärde in der seinen deutlich wird».[14] Franziskus verdeutlicht Christus mit einer nicht mehr überbietbaren Aktualität. Betrachtet man Franziskus, so denkt man an Christus, ob man will oder nicht. Das ist das größte Wunder dieses Lebens, das einem alle Maßstäbe aus den Händen schlägt.

Es ist klar, daß es sich nicht darum handeln kann, über dieses Christussymbol eine gelehrte Abhandlung zu schreiben. Das wäre eine unpassende Darstellung. Franziskus war wie ein Blitz, der die dunkle Nacht der Christenheit erhellte, und es muß etwas in einem zünden, will man ihm nahe kommen. Der Mann von Assisi fühlte sich berufen, ein neuer Narr in der Welt zu sein, und deswegen kann man von ihm nur in närrischer Liebe zeugen, will man ihm nicht untreu werden. Er war ein Troubadour Gottes, und deshalb muß man von ihm singen, wie es die Lerchen taten, die er so sehr liebte. Ist das lächerlich und töricht geredet? Was tut's! Franziskus war so und nicht anders. Gerade deswegen ist seinem Leben jener unnachahmliche Glanz eigen, den man so wenig wie die Sonnenstrahlen einfangen kann. Nur einzelne Bilder aus seinem einzigartigen Dasein kann man heraufbeschwören, die im Grunde alle immer dasselbe besagen. Wie fern ist dieses rätselhafte Christus-Symbol der heutigen Zeit, und wie nahe geht es sie doch an! Hat man diese absolute Andersartigkeit wahrgenommen, so erhebt sich ein unbekannter Franziskus, dessen Gestalt sich immer sowohl enthüllt als verschleiert, und der in einem rembrandthaften Helldunkel erscheint, um plötzlich wieder zu verschwinden.

II

Mit einem überraschenden Geständnis beginnt Franziskus die autobiographischen Ausführungen seines «Testamentes»: «Gott gab mir, dem Bruder Franziskus, diesen Anfang im Bußetun. Als ich nämlich noch in Sünden war, schien es mir gar bitter, Aussätzige zu sehen. Und der Herr selbst führte mich unter sie, und ich tat Barmherzigkeit an ihnen. Und beim Scheiden von ihnen wurde mir das, was mir bitter schien, in Süßigkeit des Geistes und des Körpers verwandelt. Und danach verzog ich nur noch ein wenig und ging aus der Weltlichkeit.»[15] Von dieser verhaltenen Selbstdeutung muß man Satz für Satz erwägen. In ihr klingt der Grundakkord, der im Leben des Heiligen so ernst beginnt und mit solch innerer Freude endet.
Ein hartes Urteil hat Franziskus mit den Worten «als ich noch in Sünden lebte» über seine Jugend ausgesprochen.

Von einem abenteuerlichen Traum von Ruhm und Ehre vernimmt man aus seinem Munde nichts, und keine Silbe von edlem Rittertum, dem er in jungen Jahren gehuldigt habe. Alle diese Darstellungen entspringen lediglich dem Bestreben, bereits Franziskus' Jugend in ein bengalisches Licht zu rücken und darzutun, daß er auch in seinen weltlichen Jahren sich nie etwas Ungebührliches habe zu schulden kommen lassen. Gegenüber dieser unwahren Glorifizierung von Franziskus' Jünglingszeit ist auf Celanos erste Lebensbeschreibung zu verweisen, nach welcher der Heilige «bis zum fünfundzwanzigsten Lebensjahr seine Zeit in beklagenswerter Weise verlor und vergeudete».[16] Diese älteste Auffassung von einer verpfuschten Jugend steht mit Franziskus' eigener Äußerung in Übereinstimmung. Der Heilige hat über die erste Hälfte seines Lebens rücksichtslos den Stab gebrochen, und es ist von nebensächlicher Bedeutung, ob er seine Jünglingsjahre mehr als üppiger Verschwender in wüsten Gelagen verpraßte, der es schlimmer trieb als alle andern, oder ob er sich mit kriegerischen Plänen trug, von denen er eine Erhöhung seines persönlichen Ansehens erwartete. Vom religiösen Gesichtspunkt aus betrachtet sind beide Einstellungen gleich eitel und ist der zügellose Ehrgeiz, es den andern zuvor zu tun, ebenso ein Laster wie die Völlerei. Für solche Unterscheidungen interessierte Franziskus sich nicht. Er betrachtete diese Zeit seines Lebens als verloren, als etwas, was er nur bereuen konnte, und für das er bloß das eine Wort fand, das sie auch einzig verdiente: Sünde. Es kann sich nicht darum handeln, Franziskus' Jugendzeit zu belasten, um sein späteres Leben um so mehr zu erhöhen, sondern um eine schlichte Feststellung der Wahrheit, daß nämlich auch der Sohn des Bernardone den Weg der Nichtigkeit gewandelt ist und keineswegs auf einer glatten Ebene zur Vollkommenheit gelangte.

Dieses Leben in Sünde wurde durch das unerwartete Eingreifen Gottes durchkreuzt. Mit den Worten «Gott gab mir» kündigt Franziskus die große Wende an. Eine solche Äußerung aus seinem Munde ist keine gedankenlose Floskel, sondern weist auf die jenseitigen Mächte hin, von denen aus allein Franziskus zu verstehen ist. Er konnte die einschneidende Änderung seines Lebens nicht aus innerweltlichen Ursachen begreifen. Ohne den offenkundigen Einbruch Gottes in das selbstgefällige Dasein des jungen Franziskus ist all das Ungewöhnliche, das sich im Leben dieses Menschen ereignete, schlechterdings nicht zu erklären. «Die Hand Gottes kam über ihn»[17] und bewirkte jene immer noch zu wenig erforschte Wandlung, die mit einer gewöhnlichen Bekehrung nicht gleichzusetzen ist. Wer nicht das Wort «Gott gab mir» an den Beginn von Franziskus' christförmigem Leben stellt, verfehlt zum voraus den richtigen Einsatzpunkt, mag er im übrigen auch noch so Geistreiches über den Poverello zusammentragen. Selbstverständlich war Franziskus ein typischer Italiener, der in seiner Lebhaftigkeit noch vor den Kardinälen seine Füße im tanzenden Schritt bewegte. Gleichwohl können die Taten seines Lebens nicht aus seinem völkischen Naturell oder aus der umbrischen Landschaft mit dem ewig blauen Himmel abgeleitet werden.[18] Es gab viele Menschen mit südländischem Temperament, aber es gab nur einen Franziskus in der Geschichte des Christentums. Der Tuchhändlerssohn hat seine italienische Herkunft nie unterstrichen, und seine Zeitgenossen haben in ihm auch nicht eine Widerspiegelung ihres nationalen Wesens gesehen. Auch der unsicher bezeugte Zusammenhang mit der französischen Provence, der er seinen Namen Franziskus verdanken soll, kann zur Erhellung so wenig herangezogen werden wie die vermuteten Einflüsse von seiten der Waldenser, über welche die Quellen schweigen. Alle diese natürlichen Erklärungen wollen das Übernatürliche nicht wahrnehmen, das in diesem Leben geschah. Sie argumentieren statt metaphysisch-hintergründig, wie Franziskus selbst dachte, empirisch-flächenhaft und stehen deswegen mit seiner Auffassung im Widerspruch. Für ihn hatte die Umkehr seines Lebens mit einem unfaßlichen Geben Gottes begonnen, das ihn aus seiner bisherigen

Bahn hinausgeworfen hatte. Das größte Gewicht legte der Heilige darauf, die entscheidende Wendung auf Gott selbst zurückzuführen und die Gestaltung seines Daseins mit einer direkten Gottesoffenbarung in Zusammenhang zu bringen. Nach Franziskus' Worten «gab Gott ihm diesen Anfang im Bußetun». Darnach hat der Poverello das Christentum stets als eine Existenzmitteilung und nicht als intellektuelles Problem erfaßt. Das ist die erste, bedeutsame Erkenntnis, die seinem Verständnis des Evangeliums die leuchtende Farbe verleiht, und es ist merkwürdig, daß man diese Selbsterklärung dermaßen überhören konnte. Franziskus war es nicht darum zu tun, ein ungezwungenes Leben im frisch-fröhlichen Stil zu führen. Diese lineare Auffassung führt zu einem fatalen Mißverständnis. Er hatte eine verlorene Jugend hinter sich, über die er schmerzliche Reue empfand. Ihm war es um Buße zu tun. Jesu Ruf «tut Buße, denn das Gottesreich ist nahe herbeigekommen» hatte auch ihn erreicht. Der scheinbar sonnige Mann aus Assisi gehört zu den großen Büßenden der christlichen Geistesgeschichte, die eine ganz neue Beachtung verdienen. Was es heißt, ein Büßer zu sein, wissen heutzutage nur noch wenige, und von dem Ungeheuren, das sich in der Tiefe von dessen leidvoller Seele abspielt, hat man fast jegliche Ahnung verloren. Dostojewskij war noch einer der Großen, der um diese Dinge wußte und deshalb auch von Staretz Ambrosij als Büßender erkannt wurde. Auch Franziskus' Leben stand unter dem Zeichen der unablässigen Wiedergutmachung seiner Schuld. Der Poverello faßte sein Dasein als ununterbrochene Buße auf, und zwar nicht nur in den ersten Monaten seines neuen Lebens. Die Botschaft, Buße zu tun, bildet einen bleibenden Bestandteil seines ganzen Lebens. Sie steht auch im Mittelpunkt seiner spätern Predigt. Um eine von Gott befohlene Buße ging es ihm in seiner Askese, der er fortan mit heiligem Ernst oblag, und die ihn auf jene Straße führte, von der kein Ende abzusehen ist.

Als erste Tat wirkte sich Franziskus' asketische Buße in seiner Begegnung mit den Aussätzigen aus. Die Leprosen hatten Franziskus von jeher Ekel und Grauen eingeflößt. Der Anblick ihrer verfaulten Glieder weckte in ihm einen solchen Widerwillen, daß es ihm bitter war, sie anzusehen, und noch schwerer ertrug der gepflegte junge Mann ihren stinkenden Geruch. Der Aussatz war für Franziskus in seinen Jünglingsjahren nicht wie für das Mittelalter eine «heilige Krankheit»; er empfand nur den denkbar größten Abscheu vor den von ihm betroffenen Menschen. Er ging den Aussätzigen grundsätzlich aus dem Weg. Auf zwei Meilen Entfernung hielt er sich mit der Hand die Nase zu, wenn er einem begegnete. Dieses Grauen ist durchaus begreiflich, denn den Anblick der furchtbar entstellten Gestalten kann man sich nicht schrecklich genug vorstellen. Da geschah es einst, daß Franziskus sich auf einem einsamen Spazierritt in der Nähe von Assisi unerwartet einem solch schauerlich zugerichteten Menschen gegenüber sah, sich bei ihm wieder spontan die heftigsten Ekelgefühle regten. Er war gerade im Begriffe umzukehren, als er unschlüssig noch ein wenig zauderte und sich dann überwindend entschloß, von seinem Pferde zu steigen. In eine neue Situation geraten, von der Franziskus das Gefühl bekam, «der Herr selbst habe ihn dahin geführt», gab er, von Mitleid übermannt, diesem von Gott geschlagenen Mann seine Geldbörse. Und nicht genug damit. Es geschah noch etwas ganz Unerwartetes. Sein ablehnendes Widerstreben niederkämpfend, umarmte er plötzlich den Aussätzigen und «küßte ihn» mit glühender Inbrunst.[19] Bei der Betrachtung dieses Vorganges wagt man kaum zu atmen. Mit einer beinahe übermenschlichen Selbstüberwindung hatte der noch im Weltleben befangene Franziskus den ersten Sieg über sich errungen, und er empfand ihn auch als eines seiner freudigsten Erlebnisse. Die mühsam erkämpfte Selbstverleugnung ausnutzend, begab er sich wenige Tage darauf ins Hospital der Aussätzigen, wusch mit eigener Hand den Eiter von den schwärenden Wunden und ließ sich wiederum ungeachtet der übelriechenden Fäulnis zuletzt nicht davon abhalten, ihnen «Hand und Mund zu küssen».[20] Dieses Berühren der Aussätzigen mit den Lippen, welches die alten Quellen ausdrücklich erwähnen, hat nichts mit einer krankhaften Neigung des Heiligen zu tun. Wohl aber zertrümmert sie die rührselige Franziskus-Schwärmerei mit einem Schlag. Gewiß förderte das Küssen die Anstekkung in unverantwortlicher Weise und trug zur Genesung der Kranken nichts bei. Aber mit dieser Absicht hat die Kuß-Handlung auch nichts zu tun. Vielmehr ist sie ein Ausdruck der Buße und seiner neuen religiösen Anschauung, nach welcher Franziskus fortan die Aussätzigen «unsere Brüder in Christus» nannte. Er sah in ihnen den verborgenen Herrn. Allein aus dieser Annahme ist sein sonst abstoßendes Küssen zu verstehen. Jedenfalls trat von diesem Zeitpunkt an die Gestalt des mit Lumpen umwickelten, an Gesicht und Gliedern zerfressenen Aussätzigen in das Leben des Franziskus und ist aus ihm nicht mehr wegzudenken. Sie bekam für ihn entscheidende Bedeutung, und noch später dachte er wieder «zum Dienst der Aussätzigen zurückzukehren».[21] Die erwähnte rätselvolle Fremdheit des Franziskus kommt einem bei dieser küssenden Gebärde überwältigend zum Bewußtsein. Der heutige Mensch kann sie mit seinem natürlichen Lebensgefühl kaum zusammenbringen. Und doch schaut man wie gebannt auf diese «Barmherzigkeit, die er an ihnen tat». Auf alle Fälle kommt man Franziskus innerlich nur nahe, wenn man geistig bereit ist, mit ihm den schweren Gang zu den ekelerregenden Aussätzigen anzutreten. Das ist der erste Engpaß, durch den jede ernsthafte Begegnung mit diesem Heiligen hindurchgehen muß, wenn sie erneuernde Kräfte entbinden will.

Aus dieser den Aussätzigen gewidmeten Bußübung ging jedoch eine einzigartige Frucht hervor, deren Unvergleichlichkeit Franziskus selbst in seiner Formulierung andeutet: «Beim Scheiden von ihnen wurde mir das, was mir bitter schien, in Süßigkeit des Geistes und des Körpers verwandelt.» Ewige Wahrheit, die sich immer wieder bestätigt. Keine wirkliche Selbstverleugnung bleibt ohne Entgelt. Im Moment, als Franziskus seine harte Selbstüberwindung vollbrachte, geschah auch bei ihm etwas, worauf man nicht gefaßt ist, und das einem das ganze Konzept durcheinanderbringt, etwas, das sich nur im Leben der Heiligen findet. Eine Umwandlung vollzog sich! Nicht durch ein Zaubermittel wie bei einem Gaukler, sondern auf die lichtvollste Art, die sich überhaupt denken läßt, wird bei ihm Bitteres in Süßes verwandelt. Franziskus ist der große Verwandler; was rechts steht, rückt bei ihm auf die linke Seite, und alles gewinnt ein neues Aussehen. Eine völlige Umkehrung seiner bisherigen Erlebnisfähigkeit, wie sie radikaler sich nicht ereignen kann, widerfuhr ihm. Diese Verwandlung von Bitterem in Süßigkeit ist ein wahres Wunder. Was er vorher als lieblich empfand, erschien ihm nun unerträglich, und was er bis anhin verabscheute, wurde ihm zur unermeßlichen Freude. Alles wurde von diesem göttlichen Umschmelzungsprozeß ergriffen, mittels welchem Franziskus wieder eines der tiefsten Wesensmerkmale des Evangeliums entdeckt hatte. Evangelium ist Verwandlung. Wenn man dieses beglückende Geheimnis erfaßt, begreift man auch das verborgene Gesetz von Franziskus' Leben. Durch diese wunderbare Verwandlung begann in seinem Dasein jene neue Melodie zu erklingen, die nicht mehr aus ihm verschwinden sollte, und die sich wie ein Refrain ständig wiederholt. Von Süßigkeit redet er und brachte damit eindeutig zum Ausdruck, daß er das Evangelium gleich zu Beginn als etwas Köstliches, Herrliches und Holdseliges erlebt hatte und nicht als etwas Griesgrämliches und Mürrisches. Was Franziskus «von der Welt und zu Gott hinzog, war jene Süßigkeit, die ihn von Anfang an so vollkommen übergoß, daß sie ihn zeitlebens nirgends verließ».[22] In dieser Umkehrung von Bitternis in Süßigkeit besteht das Neue an Franziskus, vor dem man nur staunen kann. Ohne Beachtung dieses unterirdischen Zusammenhangs bleibt sein Leben ein bloß psychologisch merkwürdiges Faktum, und nicht das mittelalterliche Christus-Symbol. Franziskus war ein Büßer, sogar ein ingrimmiger Büßer. Aber er wirkte nicht finster, weil durch seine asketische Buße hindurch wie ein himmlisches Licht die Verwandlung des Bittern in Süßigkeit leuchtet.

Diesem Ereignis entspringt die triumphale Heiterkeit, welche diese Gestalt ausstrahlt. Das hat viele neuzeitliche Betrachter dazu verführt, nur den helltönenden Jubel bei Franziskus wahrzunehmen, nicht aber die sühnende Bußübung, welche ihn bewirkt hat. Das aber ergibt ein falsches Bild, denn das Süße ist bei ihm durch eine Verwandlung des Bitteren zustande gekommen. Franziskus' Heiterkeit entspringt keiner natürlichen Veranlagung, sondern beruht auf einer geheimnisvollen Verwandlung und kann aus diesem Grunde auch mit keiner noch so raffinierten Methode nachgeahmt werden. Sie ist ein göttliches Mysterium, das sich allem Zugriff entzieht und sich nur dem religiösen Menschen offenbart. Franziskus kam mit dieser verwandelnden Kraft in Berührung, weil er den Rat Gottes befolgte: «Erfasse das Geistliche anstatt das Fleischliche und Eitle, das du geliebt hast, nimm das Bittere anstatt des Süßen, verachte dich selbst, wenn du mich erkennen willst; denn was ich dir sage, wird dich weise machen, wenn auch in ungewohnter Art.»[23] Die Heiterkeit des Heiligen von Assisi ist die Folge der schwersten Selbstbesiegung, die ein Mensch vollbringen kann, und deswegen, nur deswegen wurde ihm jenes unendlich köstliche Erlebnis zuteil, welches man mit keinen noch so überschwenglichen Worten genügend besingen kann, daß bei ihm «das Bittere in Süßigkeit des Geistes und des Körpers verwandelt» wurde.

Nach diesem grandiosen Vorspiel konnte Franziskus nicht länger in seinem bisherigen Zustand verharren. Er «verzog nur noch ein wenig und ging hierauf aus der Weltlichkeit», den Weg des Heiligen beschreitend, der ihn zu noch wunderbarerem Erleben führen sollte.

III

Das neue Leben hob Franziskus nicht «plötzlich zur höchsten Höhe, nein, allmählich sollte das Fleisch übergehen in den Geist».[24] In einem längeren Entwicklungsprozeß gelangte er «vom Kleineren zum Größeren».[25] Die schritt-

weise Erkämpfung der Vollkommenheit zeigt den stufenförmigen Aufstieg seines Lebens.
«Zunächst» — fährt Franziskus in seinem autobiographischen Testament weiter — «gab Gott mir solches Vertrauen in die Kirchen, daß ich ganz einfach betete und sprach: Wir beten dich an, Herr Jesus Christus, hier und in allen deinen Kirchen, die in der ganzen Welt sind, und benedeien dich, weil du durch dein heiliges Kreuz die Welt erlöst hast.»[26] Bei einem solchen Gebet wurde in dem halbzerfallenen Kirchlein von San Damian Franziskus eine Christus-Vision zuteil. Visionen sind geheimnisvolle Vorgänge, denen man mit dem neugierigen Blick des bloßen Zuschauers nicht auf den Grund sieht. Zu ihrer Erfassung bedarf es vielmehr eines sechsten Sinnes, der vor allem Visionen nicht als subjektive Sinnestäuschungen versteht, sondern als von Gott bewirkte Erscheinungen in der Seele des Menschen, denen objektive Substanz zukommt. Vor dem Bilde des Gekreuzigten niederkniend wurde der Poverello von «ungewohnten Geistesheimsuchungen heftig bewegt», in welchen er eine Stimme zu sich sagen hörte: «Franziskus, gehe hin, baue mein Haus auf, denn du siehst, es ist ganz zerfallen.»[27] Vor maßloser Verwunderung begann der Heilige zu zittern und fand in seinem religiösen Erschauern keine Worte, so daß es auch Celano für besser erachtete, über diese Christus-Erscheinung zu schweigen. Nur die Bemerkung fühlte sich der Biograph gedrungen anzubringen: «Seit jener Stunde ward sein Herz weich, weil der Geliebte mit ihm gesprochen hatte. Nun erwachte seine Seele zur Liebe, um der Wunden willen. Von da an konnte er deshalb das Weinen nicht verwinden, sondern beklagte das Leiden Christi mit lauter Stimme, gleich als ob er es immer vor Augen hätte.»[28] Es besteht kein Anlaß, diese Christus-Vision in Zweifel zu ziehen, weil sie nur die zweite, ergänzende Lebensbeschreibung des Celano und nicht schon die erste erzählt. Franziskus war Visionär, der auch später noch oft in Verzückungen geriet, und dessen Beziehung zu Jesus das gewöhnliche Glaubensverhältnis bei weitem überschreitet. Der Sinn dieser ersten Christus-

Vision besteht in dem Eintritt der Gestalt Jesu in sein Leben. Christus war in sein Dasein eingetreten, und zwar nicht bloß auf dem Weg der Kindertaufe, wie bei den übrigen Menschen. Jesus kam gleich einem Orkan, der mit Gewalt daherbraust, über sein Leben und veränderte alles von Grund auf. Wenn Franziskus fortan von Christus sprach, glichen seine Worte nicht abgegriffenen Münzen, die einen völlig gleichgültig lassen. Bei ihm wurde Jesu Unergründlichkeit spürbar, und *diese* Wahrnehmung enthält den Schlüssel zur Erfassung seiner Persönlichkeit. In dieser visionären Christus-Beziehung liegen seine Wurzeln. Wie alle Franziskus-Auffassungen, die nicht jenes mächtige «Gott gab mir» an den Anfang stellen, des Fundamentes entbehren, so sind auch alle jene Anschauungen unbegründet, welche die durch Christus bestimmte Richtung dieses Daseins übersehen oder sie als nebensächlich auf die Seite stellen. Der grundlegende Ausgangspunkt jeder Franziskus-Deutung lautet: der Heilige von Assisi ist nur von Jesus her zu verstehen. Das Leben dieses Menschen war auf die Gestalt Jesu hin gerichtet, und zwar in solch ausschließlicher Weise, daß keine Steigerung mehr möglich war. Von dort empfing er seinen Auftrag. Franziskus kann ohne die Gestalt Jesu nicht erfaßt werden, in dessen Wirklichkeit sein Leben verwandelt wurde. Er war der stärkste jesuszentrische Mensch, der in der Geschichte aufgetreten ist.

Im Christus-Verhältnis des Franziskus leuchtet eine verkannte Wahrheit auf. Auch für ihn war, wie für die Kirche, Christus der erhöhte Herr. Doch erschöpft diese Aussage den ganzen Tatbestand noch nicht. Franziskus war einer der wenigen Christen, der von seiner großen intuitiven Begabung geleitet, wieder mehr bei den Evangelien als bei den Paulinischen Briefen anknüpfte. Diese unscheinbare und deswegen wenig beachtete Bemühung war jedoch ein überaus bedeutungsvoller Vorgang, der größte Folgen nach sich zog. Denn daraus erwuchs für Franziskus wieder jene ursprüngliche Christus-Beziehung, die in der Christenheit beinahe der Vergessenheit anheimgefallen war. Wenn Paulus einst schrieb, «haben wir Christo auch dem Fleisch nach gekannt, so kennen wir ihn jetzt nicht mehr also» (2. Kor. 5, 16), so wollte Franziskus im Gegensatz zum Heidenapostel seinen Herrn bewußt auch dem Fleische nach kennen. Nicht nur der verklärte Jesus, auch der erniedrigte Herr wurde ihm wichtig. Was jahrhundertelang kaum noch geschehen war, ereignete sich bei Franziskus: der Jesus der Evangelien wurde bei ihm wieder lebendig. Etwas ganz Verschüttetes kam bei ihm erneut zum Vorschein. Das aber hatte zur Folge, daß bei Franziskus nicht mehr einseitig Tod und Auferstehung Jesu im Mittelpunkt standen. Vielmehr gewann bei ihm wieder das ganze Leben Jesu, wie die Evangelien es erzählen, Bedeutung. Der Heilige von Assisi grub das Leben Jesu unter Schutt und Asche aus, und durch diese nicht genug zu preisende Entdeckungstat bekam sein eigenes Dasein jenes hinreißende, evangelische Gepräge, das einen wie ein neuer Schöpfungstag anmutet. Man kann es tatsächlich nur mit visionären Vorstellungen veranschaulichen. Es ist, als ob der Christus am Kreuz während des inbrünstigen Gebetes des Franziskus herabgestiegen und in das Leben des Poverello eingegangen wäre! Das ist das Unfaßbare, für das man keine passenden Worte hat, denn was man auch sagen mag, es klingt alles armselig und gibt von diesem lodernden Feuer keine richtige Vorstellung. Für Franziskus war Jesus nicht eine vergangene Angelegenheit, sondern eine lebendige Realität, die ihn Tag und Nacht bedrängte. Er stand in einer mystischen Beziehung zu Jesus, und aus dieser Christus-Mystik, die bei ihm grandiose Formen annahm, sind auch alle seine Handlungen zu verstehen. Franziskus befand sich in einer mystischen Nähe zu Jesus, für die kein historischer Zwischenraum existiert. Der Jesus der Evangelien hatte in ihm wieder Gestalt gewonnen, und zwar auf eine solch intensive Art, wie es vor und nach Franziskus kaum der Fall war. Sogar Bernhard von Clairvaux' glühende Passionsmystik wurde überboten.

Den Inhalt seiner ersten Christus-Vision bezog Franziskus in seiner konkreten Denkweise auf das zerfallene Kirchlein, in dem er sich gerade befand. Er hat die Aufforderung nicht auf die gesamte Kirche gedeutet, die sich damals trotz des äußeren Glanzes in einem bedrohten Zustand befand. In wörtlicher Auslegung des visionären Befehls begann er das Kirchlein von San Damian wiederherzustellen, worin nach dem Besuch bei den Aussätzigen seine neue Tätigkeit bestand. Der Heilige von Assisi hat als Wiederhersteller von verfallenen Kirchen begonnen, indem er unermüdlich Steine zusammentrug und zu pflastern anfing, als wäre er ein richtiger Maurer. Weder Mühe noch zerrissene Kleider scheute er dabei. Mit einem wahren Feuereifer besserte er die Schäden der vom Einsturz bedrohten Kirche aus, vernachlässigte darob die Arbeit im väterlichen Tuchgeschäft und ließ sich schließlich in seinem elterlichen Haus überhaupt nicht mehr blicken.

Dieses anstößige Gebaren brachte den bereits schwelenden Konflikt zwischen ihm und dem empörten Vater zum offenen Ausbruch. Franziskus' Wendung zu Jesus ist durch eine peinliche Auseinandersetzung mit dem leiblichen Vater belastet. Das erbitterte Ringen zwischen Vater und Sohn erreichte seinen Höhepunkt vor dem bischöflichen Gericht von Assisi. Man muß sich nur ein wenig in jene Situation hineindenken, um ihre ganze Dramatik zu spüren. Sie erinnern an Virgils Wort: «die Dinge haben ihre Tränen.» Ist es doch eine der erschütterndsten Szenen aus dem Leben des Heiligen, wie Franziskus auf den väterlichen Vorwurf der Undankbarkeit «unverzüglich alle seine Kleider auszog und sie dem Vater zuwarf. Selbst die Hosen behielt er nicht an, sondern entblößte sich vor allen Anwesenden».[29] Der nackt auf dem Platze zu Assisi stehende Franziskus ist wie der die Aussätzigen Küssende ein ungewohntes Bild, das einen auf den ersten Blick erschreckt und zugleich seltsam anzieht. Es schließt eine tiefgründige Symbolik in sich, die man aber nicht erfaßt, wenn man sich über diese Nacktheit nur sittlich entrüstet. Ausdrücklich verzichtete Franziskus in dieser erregten Auseinandersetzung auf sein Erbe und zerschnitt schonungslos alle familiären Bande, die zwischen ihm und seinen nächsten Blutsverwandten bestanden hatten. Leicht ist ihm diese die natürlichen Gefühle mit Füßen tretende Lossagung vom eigenen Vater nicht geworden; er empfand sie als eine der schmerzvollsten Begebenheiten seines Lebens. Dieser unheilbare Bruch mit seinem Elternhaus war eine Handlung, die er nur unter schwersten inneren Kämpfen zu vollziehen imstande war und von der man auch nur in gedämpftem Ton reden kann. Kannte doch auch er das Gebot, Vater und Mutter zu ehren, und mußte es ihm quälend auf dem Gewissen liegen, seine Lebensführung mit einer offenkundigen Verletzung desselben zu beginnen. Aber Jesus war als bestimmende Macht in sein Leben eingetreten, der das furchtbare Wort gesprochen hatte: «Ich bin gekommen, den Menschen zu erregen wider seinen Vater... Wer Vater oder Mutter mehr liebt als mich, ist meiner nicht wert...» (Mt. 10, 35 f.). Worte, die das ganze Gewicht anzeigen, welches die Erscheinung Jesu besitzt, wenn sie nicht verharmlost wird. Daß Franziskus dieser grausamen Forderung gegenüber den Gehorsam nicht verweigerte, zeigt besser als alles andere, daß er nicht jener träumerische, sehnsüchtige Jüngling war, als der er oft hingestellt wird. Eine eiserne Entschlossenheit lebte in ihm, die, wenn es Jesus gebot, durch keine ängstlichen Überlegungen beeinträchtigt wurde. Von solcher Härte konnte der angeblich so weiche Franziskus sein, der als Mensch von letztem Ernst immer bis zum Äußersten ging.

Bei der Trennung vom Vater darf man am Einzelvorgang nicht hängen bleiben, sondern muß sich seine prinzipielle Bedeutung klar machen, die im Bruch mit der Gesellschaft besteht. Franziskus' Leben fällt in eine Zeit, die durch das Emporsteigen der städtischen Kultur gekennzeichnet ist. An der Lebensverschönerung und Farbigkeit dieser neuen Kultur nahm er keinen Anteil. Es war ein großer Irrtum, Franziskus als Schöpfer der Renaissance hinzustellen. Seine Bestrebungen kann man nicht in die sozialen Umwälzungen des Jahrhunderts einordnen. Stand er doch den materiellen Errungenschaften der italienischen Städte ablehnend gegenüber. Seine unmißverständliche Verachtung des kulturellen Lebens bezeugte Franziskus «in jener Zeit, da Kaiser Otto mit großem Lärm und Pomp durch jene Gegend zog, um sich die Krone der weltlichen Herrschaft aufs Haupt zu setzen. Der heilige Vater blieb mit den andern gerade bei der Straße, wo der Zug vorbeiging, in dem genannten Schopf und ging nicht hinaus, um zu sehen, gestattete auch keinem zu gehen, außer einem, der sollte dem Kaiser verkündigen, daß dieser Ruhm für ihn nur kurze Zeit dauern werde».[30] Größere Geringschätzung der Kultur kann man nicht bekunden, als Franziskus es in diesem eindrucksvollen Verhalten dem Kaiser gegenüber tat. Der Poverello kann in keiner Weise als Repräsentant seines Zeitalters angesehen, geschweige denn aus ihm erklärt werden. Auch mit Friedrich II., der glänzenden Kaisergestalt des Mittelalters, hat er nichts Gemeinsames. Vielmehr stellt er dessen äußersten Gegenspieler dar. Man kann nicht beide gleichzeitig umfassen, da sie sich gegenseitig ausschließen.[31] Seit der denkwürdigen Szene auf dem Marktplatz zu Assisi war Franziskus bewußt aus der Gesellschaft ausgeschieden. Es gab für ihn kein Zurück mehr, denn alle Brücken hatte er hinter sich abgebrochen. Von nun an war er eine unbürgerliche Gestalt, das Wort im zeitlosen Sinne verstanden. Franziskus hatte der Gesellschaft mit einer geradezu herausfordernden Geste den Fehdehandschuh hingeworfen. Die Voraussetzungen ihrer Ordnung in Frage stellend, ließ er sich zeitlebens auf keinen Kompromiß mehr mit ihr ein. Dieser aus der mittelalterlichen Gesellschaftsordnung herausgetretene Franziskus ist von einer eigentümlichen Größe. Mit dem Auszug aus der feudalen Geldaristokratie hat Franziskus nicht nur sein Jahrhundert verneint, sondern das Bündnis zwischen Christentum und Kultur überhaupt aufgelöst, das für das Mittelalter charakteristisch war. Bei ihm wandte sich das Christentum wieder gegen die Kultur, wie zur Zeit seiner Entstehung. Dies bildet den zweiten Engpaß, der für den heutigen Menschen zu durchschreiten nicht leicht ist, weil sich ihm die Frage hierin anders stellt und seine letzte Sehnsucht auf Erfüllung geht. Man muß wissen, was es heißt, Franziskus zu bejahen, dessen Leben einen vor die tiefsten Probleme stellt. Es ist nicht leicht, auf Kunst, Wissenschaft und Kultur zu verzichten. Doch würde man sich täuschen zu glauben, Franziskus sei einfach ins Leere hinausgeschritten, ist er doch eine der positivsten Gestalten der Weltgeschichte, der nie eine Verneinung bloß um der Verneinung willen ausgesprochen hatte. Er verzichtete sogar bewußt auf jegliche feindselige Auseinandersetzung, was nach Sabatier eine seiner Hauptstärken ausmachte.[32] Alles ging bei ihm immer von einer Position und nie von einer Negation aus. Wenn Franziskus sich etwas versagte, tat er es um eines Größeren willen. Was er durch den Verzicht auf die Bildungswerte einbüßte, gewann er an religiöser Geschlossenheit. Auch im Hinblick auf die Kultur bewahrheitete sich jenes Wort: «Wer sie verliert um meinetwillen, wird sie gewinnen...»

Mit dem Gesellschaftsbruch tat Franziskus den entscheidenden Schritt in die Armut. Das Armutsideal war der mittelalterlichen Frömmigkeit bekannt, aber der Poverello knüpfte nicht an das überlieferte Ideal an. Bei ihm war der Schritt in die Armut ein Erzeugnis seiner persönlichen Entwicklung und führte darum auch zu einer völlig neuen Haltung. Franziskus ging es um die Armut, doch schwärmte er nicht nur auf romantische Art von ihr als einem großen Glanz von innen. Auch mit der Lösung der sozialen Frage hat die Hinwendung zur Armut bei ihm nur insofern etwas zu tun, als sie den radikal christlichen Versuch darstellt, dieses schwere Problem in individueller Weise aus der Welt zu schaffen. Seine freiwillig auf sich genommene Armut, die gegen alle natürlichen Instinkte des Menschen verstößt, geht weit über die soziale Fragestellung hinaus und hat mit den modernen Lösungsversuchen, welche die Besitzverhältnisse anders zu verteilen trachten und deren Dämonie an sich nicht berühren, nichts zu tun. Sie stand im schärfsten Gegensatz zu den Bestrebungen des gierig zusammenraffenden Menschen, dessen Illusionen Franziskus bis auf den Grund durchschaut hatte. Sein Schritt in die Armut ist allein aus religiö-

sen Motiven zu verstehen. Schon lange hatte es der arme Mensch, dem er kein Almosen verweigerte, dem mitleidsvollen Herzen des Franziskus angetan. Jetzt aber ging es Franziskus darum, selber dieser arme Mensch zu werden, der aus freiem Willen auf alles verzichtet. Den Armen betrachtete Franziskus, wie den Aussätzigen, als Christusträger, der das edle Zeichen des Herrn an sich hat: «Wenn du einen Armen siehst, dann mußt du in ihm den sehen, in dessen Namen er kommt, nämlich Christus, der unsere Armut und Schwäche auf sich genommen hat. Denn die Schwäche und Armut jenes Menschen sind für uns ein Spiegel, in welchem wir in Frömmigkeit die Schwäche und Armut unseres Herrn Jesus Christus schauen und betrachten sollen, die er an seinem Leibe für unser Heil erduldet hat.»[33] Aus diesem Grunde wollte Franziskus selbst zu den Armen gezählt werden, weil auch Jesus arm war und nicht hatte, wo er sein Haupt hinlegen konnte.
Franziskus' brennende Armutsliebe war eine religiöse Angelegenheit. Er redet von der heiligen Armut. Die als Fülle empfundene Armut gehört bei Franziskus der mystischen Sphäre an. Deswegen verwandelte sich für ihn der abstrakte Begriff Armut auf eine übervernünftige Weise in eine weibliche Gestalt, mit der er eine Vermählung einging! «Er erstrebte die höchste Stufe der Vollkommenheit und umfing daher in glühender Liebe die Armut. War doch der Sohn Gottes selber arm gewesen, so wollte er sich mit ihr, die man überall floh, in immerwährender Liebe verloben. Dieweil er sie nun so sehr liebte, daß er ihr stärker anhing als einer Gattin, daß er mit ihr im Geiste vollkommen eins war, verließ er nicht nur Vater und Mutter, sondern sagte auch allem übrigen ab. Dann umfing er sie in keuscher Umarmung und wollte keine Stunde anders sein als ihr getreuer Gatte.»[34]
Der moderne Mensch steht zunächst sprachlos vor diesem eroshaften Vorgang, der zeigt, wie Franziskus aus der mystischen Armut nicht ein neues Gesetz machte, welches gegen das Evangelium verstoßen hätte. Die Eros-Beziehung des Franziskus zur Armut war von einer an Sinnlichkeit

grenzenden Intensität, die zugleich in ihrer Vergeistigung kaum eine Parallele in der Geschichte des Christentums hat. Mit glühenderer Liebe konnte kein Gatte die Gattin umfangen, als Franziskus seine geliebte Braut Armut in die Arme schloß. Er redete von ihr so zärtlich und so innig, als könnte er sich an eine holde Gestalt von Fleisch und Blut schmiegen, mit der er inmitten aller Entbehrungen unbeschreibliche Wonnen verlebte. Franziskus und die Armut sind ein eng verschlungenes Liebespaar. Wer vor diesem Mysterium nicht ehrfürchtig stille steht, dem bleibt immer Wesentliches an dieser Gestalt unverständlich. Aus der mystischen Vermählung mit der Frau Armut ist auch die sonst falschen Deutungen ausgesetzte Nacktheit im Leben des Franziskus zu verstehen, über die bis dahin einzig Mereschkowskij eingehender reflektiert hat.[35] Bei der Gerichtsverhandlung mit dem Vater vor dem Bischof zog Franziskus sich nackt aus; er begehrte bei seinem Sterben nackt auf den Erdboden gelegt zu werden. Es sind dies alles Symbolhandlungen, die dartun, wie die Vermählung mit der Armut einer wirklichen Hochzeit gleichkommt, bei der die letzten Hüllen fallen. Da Franziskus mit seiner hohen Herrin in ehelicher Liebe verbunden war, konnte er auch seine Liebe mit niemandem teilen und wachte mit wahrer Eifersucht darüber, daß niemand ärmer war als er.

Man steht vor einem Phänomen, das sich kaum in Worte fassen läßt. Ein vermählter Mensch, der nichts besaß, der nichts mehr sein eigen nannte, und der aller Lasten ledig war! Wie leicht war es ihm zumute, und wie anders als die andern mußte er sich fühlen. Er war den Vögeln ähnlich geworden, von denen Jesus im Evangelium redet, die nicht säen und nicht ernten und doch erhalten werden. Zu dieser Freiheit des Evangeliums war Franziskus gelangt, aus der heraus Jesus sein «Sorget euch nicht um euer Leben» gesprochen hat. Der Poverello hatte die Fesseln gesprengt, mit welchen das Besitztum alle Menschen umklammert hält, und das Reich der herrlichen Freiheit erreicht. «In sich und außer sich war er frei von allem»[36] berichten seine Gefährten. In der Tat atmete er paradiesische Luft und war als einer der Ersten in die Atmosphäre der Seligkeit eingegangen. Man muß unwillkürlich an Buddha denken, der auf ähnlicher Höhe dahinschritt. Jegliche Lebensangst, welche die Menschen so oft terrorisiert, war von ihm abgefallen. Kein Stäubchen belastete ihn noch. Er hatte alles von sich geworfen und damit auch alles gewonnen. Armut war für ihn keine harte Bitternis, unter deren würgendem Griff er stöhnte, sondern ein überglückliches Dürfen, welches ihn aufjauchzen machte. Nie war ein Mensch freier und reicher als dieser Habenichts in dem Moment, da er ganz arm wurde. Deswegen zählt Franziskus, was gewöhnlich übersehen wird, zu den größten Helden der religiösen Freiheit. Es ist eine andere Freiheit als die Geistesfreiheit, welche dem modernen Menschen so teuer ist. Die Freiheit vom Besitzgötzen aber, die der Heilige errungen hat, ist nicht weniger wichtig und der Glaubens- und Gewissensfreiheit ebenbürtig. Das Losgelöstsein von allen Eigentumsbanden erleben nur jene Menschen als eine Seligkeit, die durch das Bittere zur Süßigkeit hindurchgegangen sind. Nicht umsonst zog dieser wirklich freie Mensch nach der bischöflichen Gerichtsverhandlung singend seines Weges. Als er in einer geradezu gehobenen Stimmung, in der seine ganze Persönlichkeit zu tönen begann, von Wegelagerern angehalten wurde, gab er freudestrahlend zur Antwort: «Ich bin der Herold eines großen Königs.»[37] Diese erste Selbstbezeichnung des Franziskus ist nichts Zufälliges. Er ist tatsächlich ein neuer Herold Gottes, der die frohe Botschaft von der wahren Freiheit, welche in der religiösen Armut begründet ist, der verblendeten Welt zu bringen hatte. Die Botschaft wirkte auf sie trotz aller Besitzesknechtschaft wie ein lockendes Ziel. Dieses köstliche Bewußtsein wohnte dem Poverello nicht nur in jener verzückten Verklärungsstunde inne, als er die Freiheit vom Besitz erwirkte. Das beschwingte Gefühl ließ ihn sein ganzes Leben gleich einer überfließenden Schale verschenken.

IV

Auf die andern Menschen, welche dieses Geschehen nur von außen und nicht von innen sahen, machte Franziskus' Handeln den Eindruck eines Narren. Sie betrachteten ihn als «un pazzo», den sie verlachten. «Alles, was er tat, schauten sie für Wahnsinn und Verrücktheit an.»[38] In ihren Augen war Franziskus ein Unsinniger, der selbst noch diese Meinung förderte. Absichtlich gebärdete er sich wie ein Tor in der Welt und erneuerte auch damit eines der tiefsten urchristlichen Geheimnisse. Er hielt sich über ihren Spott nicht im geringsten auf und fand es ganz in Ordnung, wenn die andern ihn einen Narren schalten. Hatte ihm doch Gott ausdrücklich befohlen, «ein Tor in dieser Welt zu sein».[39] Diesen Auftrag wollte er auch durchführen.

Das heilige Gottesnarrentum besaß die Eigentümlichkeit, ansteckend zu wirken. Trotz der Einfalt übte Franziskus mit seiner in jeder Beziehung ungewohnten Existenz auf viele Menschen eine unwiderstehliche Anziehungskraft aus. Zuerst war es ein Mann, und dann kamen mehrere, die sich mit ihm in Verbindung setzten und wünschten, seine arme, freie Lebensweise zu teilen. Franziskus verlangte stets als Bedingung den Verkauf ihrer Güter und die Verschenkung des Erlöses an die Armen. Sein Dasein fing an, sich als gemeinschaftsbildendes Erleben auszuwirken, es wuchs, ohne daß er es beabsichtigte, ins Überpersönliche hinein. Der Poverello freute sich über diesen Anschluß, obwohl er ihm zunächst Verlegenheit bereitete. Das Problem des Nächsten begann für ihn eine dringliche Form anzunehmen, indem es ihm vorerst nur eine drückende Verantwortung auf seine Schultern legte. Er wußte nicht, was er mit seinen Anhängern anfangen sollte. In seinem «Testament» gesteht er: «Nachdem mir der Herr Brüder zugesandt hatte, zeigte mir niemand den Weg, den ich hätte einschlagen sollen.»[40] Niemand — also auch nicht die Kirche. Katholiken ist es immer aufgefallen, daß Franziskus «in seinen religiösen Ideen am wenigsten von der Seite geleitet wurde, von welcher man sich eine solche Einwirkung erwartete, von der Geistlichkeit».[41] Die klerikale Beratung fehlt in den entscheidenden Anfängen des Franziskus. Er war ganz auf sich selbst angewiesen und mußte sehen, wie er mit seinem Brüderproblem fertig wurde. Mit einer auffallenden Unabhängigkeit ging Franziskus seinen Weg. In seiner neuen Freiheit vertraute er sich keiner menschlichen Führung an und unterstellte sich nur der Anweisung Gottes.

Es war im Jahre 1209, als Franziskus sich wiederum in einer Kirche befand. Der Priester verlas die Aussendungsrede, in der Jesus zu seinen Jüngern sagte: «Gehet und predigt, das Gottesreich ist nahe herbeigekommen. Machet die Kranken gesund, reiniget die Aussätzigen, wecket die Toten auf, treibet die Teufel aus. Umsonst habt ihr's empfangen, umsonst gebet es auch. Ihr sollt nicht Gold noch Silber noch Erz in euren Gürteln haben. Auch keine Tasche zur Wegfahrt, auch nicht zwei Röcke, keine Schuhe, auch keinen Stecken usw.» (Mt. 10, 7f.). Diese Sätze trafen den hörenden Franziskus wie ein Blitz. Nach Beendigung des Gottesdienstes bat er den Priester, ihm das Kapitel näher zu erklären. Zweimal hörte Franziskus schweigend diese inhaltsreiche Aussendungsrede, und Wort für Wort fiel bedeutungsschwer in seine Seele, bis plötzlich in ihm ein Sturm von Freude losbrach: «Das ist's, was ich will, das ist's, was ich suche, das wünsche ich aus Herzensgrund zu tun.»[42] Franziskus war ganz außer sich vor Begeisterung, weil die Aufgabe des Jüngers Jesu in reinster Prägung vor seinem Geiste aufgeflammt war. Unter einer jahrhundertealten Staubschicht hatte der Poverello wieder die ursprüngliche Anweisung Jesu entdeckt. Über die apostolische Gemeinde hinaus war er bis zu den Worten des Herrn selbst zurückgegangen. Es war einer der größten Augenblicke im Leben Franziskus' und er bekam für das ganze Mittelalter Bedeutung, als diese Lichtfülle des Evangeliums in sein Inneres drang und der Heilige fortan mit größter Bestimmtheit wußte, was er wollte. Allezeit ist es eine dreimal gesegnete Stunde, wenn dem Menschen nach langem Suchen und Irren endlich das glückliche Finden beschert wird und er sich mit der ganzen

Leidenschaft seiner Seele auf dieses eine Ziel werfen kann. Als eine Gnade sondergleichen hat Franziskus dieses Erlebnis empfunden, das ihn noch in seinem «Testament» sagen ließ: «Der Allerhöchste selbst gab mir zu verstehen, daß ich ein Leben nach den Vorschriften des heiligen Evangeliums führen sollte.»[43] Da sein Unternehmen durch eine Offenbarung Gottes ins Leben gerufen worden war, stand es für Franziskus außerhalb jeder Diskussion und konnte auch von keinem Zweifel unterhöhlt werden.

Die Aussendungsrede Jesu schenkte Franziskus vor allem die gesuchte Klarheit über die konkrete Form der Nachfolge, die er seit seiner Christus-Vision als die erste Aufgabe seines Lebens betrachtete. Nach dem Zeugnis seiner Schüler wollte er «nichts anderes als die vollkommene Nachfolge des Evangeliums».[44] Von diesem Ziel ist bei Franziskus alles abzuleiten. Bußetun, Aussätzigenpflege, Vermählung mit der Armut, alles meinte immer Nachfolge und nichts anderes als Nachfolge. Die getreue Verwirklichung des evangelischen Lebens erschöpfte sich für Franziskus nicht in der landesüblichen Frömmigkeit, über die er längst hinausgeschritten war. Bei ihm gewinnt man den Eindruck, als hätte zum erstenmal ein Mensch Jesu viel genannte Aufforderung «Folge mir nach» in ihrer ganzen Tragweite auch wirklich verstanden. Diese Nachfolge ist das Größte, was der Christ sich vornehmen kann, und bei der er allen Anlaß hat, es sich auch zu überlegen, ob er die Kraft habe, «es hinauszuführen». Sein weiteres Leben brachte Franziskus nur damit zu, diesen Ruf Jesu auf eine immer neue Art zu befolgen. Was Nachfolge Jesu heißt, wird erst bei Franziskus klar, und zwar auf eine bis dahin ganz unbekannte Weise. Seine Verwirklichung von Jesu Befehl stellt alles in den Schatten, was die Menschen über dieses Thema ausgeführt hatten. Es wirkt lächerlich unbedeutsam neben ihm. Hinreißende Gewalt, die einen die Fassung verlieren läßt, gewinnt die großangelegte Nachfolge erst im Leben dieses neuen Gottesnarren, welcher alles aufs Spiel setzte und es wagte, ein kompromißfreies Evangelium zu leben, das allein noch Eindruck macht. Franziskus übte die Nachfolge mit einer solch unüberbietbaren Wucht aus, daß er tatsächlich mit Christus gleichzeitig wurde, den 1200jährigen Zwischenraum mit einer Handbewegung zur Seite schob und noch einmal von vorne begann, als hätte es noch keine belastete Kirchengeschichte gegeben. Die Situation der Gleichzeitigkeit, von der Kierkegaard so Eindringliches zu schreiben wußte — bei Franziskus war sie wieder hergestellt. Dank ihr wurde er zu einem der großen Erwecker des Mittelalters. Er hat mit seiner neuen Befolgung von Jesu Aussendungsrede die mittelalterliche Seele in ihrer Tiefe aufgewühlt und dadurch eine Bewegung ins Leben gerufen, von deren innerer Kraft sich der heutige Mensch gar keine Vorstellung mehr machen kann.[45]

Franziskus versuchte mit dem Ziel der Nachfolge das ihn hart bedrängende Brüderproblem zu bewältigen. Als ihm von bischöflicher Seite nahegelegt wurde, sich für das Mönchs- oder Eremitenleben zu entscheiden, «wies Franziskus diesen Vorschlag zwar demütig, jedoch so entschieden wie möglich zurück».[46] Franziskus wollte sich nicht dem überlieferten Mönchtum anschließen. Ausdrücklich erklärte er: «Daher will ich nicht, daß ihr mir irgendeine Regel nennt, weder die des heiligen Benedikt noch die des heiligen Augustin noch die des heiligen Bernhard, noch irgendeine andere Weise und Form zu leben, außer der, welche der Herr mir in seiner Barmherzigkeit gezeigt und übergeben hat.»[47]

Ihm schwebte eine völlig neue Gemeinschaft vor, welche es bis dahin in der Christenheit noch nicht gegeben hatte. Die Christen hatten in der ersten Gemeinde zu Jerusalem den Versuch zu einer neuen Gemeinschaftsbildung unternommen, aber als es ihnen im ersten Anhieb nicht gelungen war, verzichteten sie vorschnell auf die ihnen entsprechende Form, indem sie sich einfach die heidnischen Organisationen zum Vorbild nahmen und in der Kirche in sehr abgeschwächter Weise ein spezifisch christliches Gemeinschaftsleben verwirklichten. Franziskus dagegen fühlte sich zu der gewaltigen Aufgabe berufen, «ein neues und geringes Volk zu sammeln, das unterschieden ist von allen, die vorausgegangen sind».[48] Diese Aussage der alten Berichterstattung läßt wie wenige Franziskus mitten ins Herz schauen. Mit aller wünschenswerten Deutlichkeit wird in ihr der Poverello nicht als Mann des Bestehenden hingestellt. Er wollte bewußt etwas Neues, das es noch nie gegeben hatte. Wie einst das Neue Testament verstand er seine Brüder als ein neues Volk, eine Wahrheit, die der Christenheit seit langem abhanden gekommen war. Für dieses neue Volk versuchte er auch eine neue Gemeinschaft zu gestalten. Daß er das Brüderproblem auf eine neue Art lösen wollte, ist allein schon groß, ganz abgesehen von seiner Durchführung. Er verfaßte für sie eine Richtschnur, die wahrscheinlich aus lauter Jesus-Worten bestand, und die verlorengegangen ist. Mit nichts Geringerem als der Bergpredigt, welche eine abgefallene Christenheit als «evangelische Räte» unwirksam gemacht hatte, versuchte Franziskus das christliche Brüderproblem neu zu regeln. Als bei der Zusammenstellung die Worte vorkamen, «sie sollen gering sein», erklärte er: «Ich will, daß diese Brüderschaft Orden der geringen Brüder genannt werde.»[49] Er hatte das Wort Minder-Brüder nicht selbst ersonnen, es war ihm vom Evangelium gleichsam zugeflüstert worden, da in ihm von den «Geringsten unter den Brüdern» die Rede ist (Mt. 25, 40).

Entsprechend dem Namen des neuen Volkes sollten die Minder-Brüder sich vor allem der Haltung der Demut befleißigen. Es ist etwas vom rätselvollsten bei Franziskus, wie eine an sich längst bekannte Sache unter der Einwirkung seiner zauberhaften Persönlichkeit sich in die ungewöhnlichste Angelegenheit der Welt verwandeln konnte. So nimmt auch die Demut bei ihm durch die restlose Durchführung ein Ausmaß an, daß sie zu einer Einstellung wird, von der man noch nie gehört hatte. Immer wieder stößt man im Leben des Poverello auf jene ungewöhnliche Liebe zur Verdemütigung, die nach dem Johannesevangelium auch Jesus in der Fußwaschung ausgeübt hat. Gemäß dem Vorbild seines Herrn war auch Franziskus bestrebt, in den Abgrund der Demut hinunterzusteigen, und zwar als Büßer so tief hinabzusteigen, wie es noch nie jemand getan hatte. Der Mann aus Assisi verkörpert die Niedrigkeit in einem Maße, daß alles vor ihr verblaßt. Er machte sie als eines der tiefsten Geheimnisse des Evangeliums offenbar. Nicht nur im Anfang seines Bußetuns vollzog er mit seinem Küssen der Aussätzigen jene erstaunliche Gebärde der Selbsterniedrigung, sondern allezeit war er darauf bedacht, in Niedrigkeit zu dienen und sich als Geringsten zu fühlen. Wenn man über dieses demütige Hinabsteigen des Franziskus lange genug nachdenkt, enthüllt sich plötzlich die franziskanische Seele. Für den Poverello war Demut nicht bloß eine Tugend wie Bescheidenheit. Sie bildete für sein neues Volk die christliche Haltung, der das ganze Sein zugeordnet war, und die er als große Gabe empfand, die einem Menschen von Gott geschenkt wird. Dieser bewußte Verzicht auf Hoheit hat mit kriecherischer Gesinnung nicht das geringste zu tun. Es ist reinste Begnadigung. In seiner grenzenlosen Demut ist Franziskus anders als alle andern Christen. Denn in diesem Manne begegnet einem, wie sonst kaum in der ganzen Kirchengeschichte, eine Gestalt, bei der das Religiöse auch nicht von einem einzigen Schatten verkappter Herrschsucht getrübt war. Für ihn existierte das Problem «Religion und Macht» nicht, welches immer wieder alle christliche Gestaltung zu Fall gebracht. Er hat das ehrgeizige Machtbewußtsein als das tödliche Gift aller Frömmigkeit erkannt. Jede herrische Befehlsgewalt schließt stets eine schwere Gefahr für die Seele in sich, und es ist ihr auch kaum ein Mensch gewachsen. Allezeit hat sich Franziskus darum nicht nur neben, sondern stets unter seine Mitmenschen gestellt. Deswegen wollte er ursprünglich auch nichts von einem Kloster wissen; er fürchtete den Abt, der herrschen müsse. Er war bedacht, dieses Übel von seinem neuen Volk fern zu halten. Der unendlich demütige Mensch ist das selten erkannte franziskanische Mysterium, das freilich nicht einmal in getragener Sprache besungen werden kann, wenn es nicht durch Übersteigerung in sein Gegenteil verkehrt werden soll.

Ebenso bezeichnend war die Besitzlosigkeit für die Minder-Brüder. Den Klosterreichtum, der im Mittelalter einzelne Orden zu den größten Kapitalmächten ihrer Zeit werden ließ, wollte Franziskus ausgeschlossen haben. Der Heilige von Assisi überbot noch den religiösen Kommunismus der klösterlichen Gemeinschaft durch seine völlige Besitzlosigkeit und war auch hierin viel radikaler als die großen Mönchsväter. Die heilige Armut sollte vom gesamten neuen Volk strikte beobachtet werden. Nichts, aber auch gar nichts sollten die Brüder besitzen. Keine Zelle und kein Haus. Alles mußte von der Fremde und der Pilgerschaft zeugen. Als der Bischof von Assisi diese besitzlose Lebensweise beschwerlich nannte, erwiderte ihm der Poverello: «Mein Herr, wenn wir Eigentum hätten, so wären uns Waffen nötig zu unserm Schutz. Denn aus ihm erwachsen Rechtsstreit und Händel, und hierdurch pflegt die Liebe Gottes und des Nächsten vielfältigen Abbruch zu leiden. Darum wollen wir in dieser Welt durchaus kein zeitliches Eigentum haben.»[50] In diesem unscheinbaren Satz deckt Franziskus das Verhängnis der Menschheit mit einer föhnartigen Klarheit auf, wie es in der christlichen Geistesgeschichte sonst nirgends geschehen ist. Scharfsichtig hat dieser Tor erkannt, daß mit dem Besitz auch unablösbar alle kriegerischen Auseinandersetzungen zusammenhängen, und daß eines das andere gebiert. Darin aber besteht der Kreislauf jener Lebensentwicklungen, welche die Menschen immer wieder ins Unglück geführt haben, und deren unseligen Bann Franziskus durchbrechen wollte. In der Aufdeckung dieser Zusammenhänge liegt eine der größten Taten des Poverello, hat er damit doch die Axt an die Wurzel gelegt. Mit einem einzigen Griff zerriß er den täuschenden Schleier, der alle Menschen in dieser Beziehung umgarnt hält, und gibt den Blick frei auf den Grund der Welt. Nicht als Überschwenglichkeit dürfen seine Ausführungen über den Besitz gewertet werden, sondern als sachlich notwendige Folge seiner Christus-Beziehung. Die Ablehnung allen Eigentums spitzte sich beim Poverello konsequenterweise in einen Kampf gegen das Geld zu, der gleißnerischen Verkörperung aller Macht. Er schärfte es seinen Brüdern unzweideutig ein, «kein Geld anzunehmen».[51] An diesem Punkt ließ Franziskus mit sich nicht im geringsten spaßen. Einen Bruder, der gegen diese Anordnung sich verfehlt hatte, bestrafte er mit solch furchtbarer Strenge, daß die andern über die Härte, deren Franziskus fähig war, in Schrecken versetzt wurden. Er betrachtete das Geld als die Verkörperung des Bösen und gab den Seinen den Rat: «Messet dem Mist und dem Geld denselben Wert bei.»[52] Der Poverello hat mit untrüglichem Blick die seelenmörderische Wirkung des Mammons erfaßt. Niemand wird ihn als Kapitalisten mit umgekehrtem Vorzeichen schmähen können, denn wie kein anderer Heiliger der christlichen Kirche hat er die satanische Magie des Geldes durchschaut. Die unerbittliche Schroffheit, mit der er die kleinste Berührung von Geld ablehnte, zeigt besser als alles andere, wie verfehlt jede ästhetisierende Deutung des Franziskus ist, der in dieser Hinsicht von einem geradezu revolutionären Willen erfüllt war. Die Verfluchung des Geldes bringt einem die Entfernung des Poverello von all dem, was der gewöhnliche Mensch so heiß begehrt, deutlich zum Bewußtsein. Zugleich zeigt sie aber auch seine einzigartige Nähe zu Jesus, aus dessen Munde ebenfalls jene scharfen Worte gegen den Mammon geflossen sind. Die unerklärliche Gottesfreude, welche in Franziskus lebte, wird nur erreicht, wenn man mit der sündhaften Welt des Geldes keine Gemeinschaft, auch nicht in der verfeinerten Form, sucht.

Damit die Brüder gleichwohl leben konnten, verordnete ihnen Franziskus Arbeit und Bettel. Ursprünglich war die Arbeit das Reguläre und der Bettel ein Notfall. Allmählich änderte sich die Reihenfolge. Die positive Schätzung, welcher sich der Bettler beim Poverello erfreute, stellt einen erneuten Engpaß dar, durch den das echte Franziskus-Verständnis hindurch muß. Franziskus kannte keine aristokratischen Instinkte, die sich von der zerlumpten Bettlergestalt abgestoßen fühlen. In der Bitte nach einer Gabe sah er nichts Verächtliches. «Das Almosen ist ein Erbe, das rechtmäßig den Armen zusteht, und das unser Herr Jesus Christus uns erworben hat»[53], sagte er. Seit dem Bruch mit seiner Familie lag Franziskus selbst dieser Tätigkeit ob. Celano erzählte, wie den Heiligen, als er «den Topf voll verschiedener Gerichte erblickte, zuerst der Ekel schüttelte; aber er dachte an Gott, besiegte sich selbst und aß mit der Freude der Selbstüberwindung».[54] Mit Franziskus gewinnt die verkannte Gestalt des Bettlers in der Geschichte des Christentums eine neue Verleiblichung. Nicht alle Jahrhunderte bewiesen jene Verständnislosigkeit für den Bettler, wie sie unsere Gegenwart kennzeichnet, die mit ihren seelenlosen Armenvereinen an die Haustüre die Aufschrift anzubringen pflegt: Betteln und Hausieren verboten! Franziskus sah im Bettler nicht den arbeitsscheuen Müßiggänger, der als ärgerliche Landplage gilt. Vielmehr tritt bei ihm der Bettler aus einem geheimnisvollen Hintergrund hervor. Er ist der arme Mensch, der sich selbst erniedrigt, und in welchem, wie im Aussätzigen, Christus verborgen sein kann. Für das mittelalterliche Empfinden war der Bettler eine religiöse Erscheinung, ähnlich wie im alten Rußland, wo Gogol noch sagen konnte: «Der Bettlerstand ist eine Seligkeit, die die Welt noch nicht begriffen hat.»[55] In diesen Stand ordnete Franziskus sein neues Volk ein und wurde damit zum wahren Schöpfer der Bettlerordensbewegung, ohne welche die zweite Hälfte des Mittelalters in kirchengeschichtlicher Beziehung nicht zu denken ist. Die Bettelordensbewegung war im Grunde viel radikaler als die damalige Ketzerbewegung. Die Kritik der letzteren richtete sich ausschließlich gegen die reich gewordene Kirche, während der Bettelorden die neue Geldwirtschaft überhaupt bekämpfte und mit seinem «Versuch zur Beseitigung sozialer Notstände im Dienste eines großangelegten Programmes stand: der ganzen Menschheit soll geholfen werden.»[56]

Um dieser Aufgabe nachzukommen, legte Franziskus den Brüdern die Pflicht zur Predigttätigkeit auf, welche denn auch den hauptsächlichsten Inhalt der Aussendungsrede Jesu bildet. Die franziskanische Predigt kann man sich nicht einfach genug vorstellen. Es waren keine studierten Reden, sie entbehrten jeglicher Effekthascherei und Tiefsinnigkeit. Vielmehr waren es schlichte Ansprachen, die öfters den gleichen Gedanken wiederholten. Aber sie enthielten etwas, was alle gelehrten Predigten nicht besitzen: ein inneres Feuer, das zündete, eine Kraft, welche die Menschen mit sich riß und sie sowohl Zeit als Ort vergessen ließ, eine geheimnisvolle Macht, die mit Worten nicht wiederzugeben ist. Ein Augenzeuge gestand, auch wenn er seine Sätze zu behalten versuche, so sei es ihm doch immer, als wären es andere Worte gewesen, die er aus dem Munde dieses Predigers vernommen habe. Franziskus' Predigten kreisten vornehmlich um drei Themata, auf die er immer wieder zu sprechen kam. Zunächst die Aufforderung zur Buße. Diese Ermahnung ging durch all seine Ausführungen hindurch. Mit Buße hatte Franziskus selbst begonnen, und auf das radikale Umdenken kam es diesem Erneuerer der urchristlichen Botschaft an. Der zweite Gedanke galt dem Frieden. Gott hatte ihm «geoffenbart, daß wir als Gruß sprechen sollen: Der Herr gebe dir den Frieden».[57] Franziskus war einer der wenigen Menschen, der mit der christlichen Friedensliebe völlig Ernst machte. In dem von ununterbrochenen Kriegen zerklüfteten Italien des 13. Jahrhunderts war nichts so notwendig als die Erinnerung daran, daß dem Christen die Verpflichtung zum Frieden auferlegt ist. Auf Franziskus' Veranlassung wurde in Assisi «ewiger Frieden zwischen den Reichen und Armen» geschlossen. Auch in der Gegenwart haben die Worte des Poverello eine dringende Mission zu erfüllen:

«Sei gelobt, mein Herr, durch jene, die verzeihen aus Liebe
zu dir
Und Elend tragen und Mühsal.
Selig jene, die dulden im Frieden,
Weil sie von dir, o Höchster, die Krone empfangen.»

Nach Chestertons Biographie über Franziskus ging der Heilige «wie die Verzeihung Gottes durch die Welt, welche alle zur Versöhnung ermahnte.»[58] Den zündenden Funken erhielten Bußaufforderung und Friedensmahnung durch den dritten Gedanken, welcher das Kommen des Gottesreiches umfaßte. Franziskus glaubte sich in der Weltendstunde lebend, in der «das ewige Reich» anbrechen werde, das er endgeschichtlich als eine kommende Größe auffaßte.[59] Zur Ausrichtung dieser Botschaft sind «in dieser letzten Stunde die Minderbrüder der Welt geliehen worden».[60] Nur von dieser Voraussetzung aus ist bei Franziskus, genau wie bei Jesus, die Kulturablehnung verständlich.

Die erste Zeit der Minderbrüder war von einem beispiellosen Enthusiasmus erfüllt, der gleich einem Pfingststurm durch Italien brauste. Eine hinreißende Beschwingtheit und eine Reinheit der Absicht war dieser Epoche eigen, wie man sie tatsächlich immer nur in den ersten Anfängen einer Bewegung feststellen kann. Ihre Wucht und ihren Zauber kann man sich nicht groß genug denken. Ein ganz eigenartiger Glanz liegt über dieser Entstehungszeit. Mit dem Strohfeuer der üblichen Erweckungsbewegungen hat diese wie ein tosender Wildbach daherbrausende Franziskusbewegung keine Ähnlichkeit. Franziskus' erste Brüder können nicht zu den mittelmäßigen Köpfen gezählt werden, waren es doch lauter ungewöhnliche Naturen, eine religiöse Elite, die zum letzten Einsatz entschlossen war. Von ihr stammt die Stoßkraft dieser Bewegung, das Expansive und Intensive, welches sie in der ersten Zeit auszeichnete. Noch war sie nicht in feste Formen hineingezwängt, und doch befand sich alles bei ihr in dem verheißungsvollen Zustand des Werdens. Die große Jugendlichkeit der ersten Minder-Brüder wird von verschiedenen Chronisten tadelnd hervorgehoben. Nach dieser aufschlußreichen Bemerkung war es die ewige Jugend, die sich in diesem neuen Volk zum Worte meldete und die sich in der Geschichte nur in ganz seltenen Momenten in solch lebendiger Religiosität erhoben hat. Doch darf man diese Frühlingszeit nicht nur mit rosigen Farben schildern. Sie war vor allem hart und schwer. Viel Spott und Verfolgung mußten die ersten Brüder über sich ergehen lassen.

«Manche Menschen bewarfen sie mit Unrat, andere legten Klötzchen in ihre Hände und fragten, ob sie nicht spielen wollten. Wiederum andere ergriffen sie von hinten an den Kapuzen und trugen sie schwebend auf ihrem Rücken. Dieses und Ähnliches tat man ihnen, denn man hielt sie für so gering, daß man sie ganz ohne Scheu und mit Willkür mißhandelte.»[61] Obschon sie viele Leiden durchmachen mußten, oft in bittere Not kamen und nirgends Obdach fanden, vermochte dies alles den hochgehenden Wogen ihres Enthusiasmus nicht den geringsten Abbruch zu tun. Im Gegenteil, der Widerstand der dumpfen Masse steigerte nur noch ihre mutige Opferbereitschaft. Die ersten Franziskaner waren von einer seraphischen Glut erfüllt, die auch viele Wasser nicht zu löschen imstande waren. Ungeachtet aller Entbehrungen führten die Brüder in ihren Anfängen ein «herrlich strahlendes, engelgleiches Leben», indem zu «jener Zeit im Kreise des Franziskus und seiner Genossen ein mächtiges Frohlocken und eine ganz einmalige Freude herrschte».[62] Die Worte, die einem zur Verfügung stehen, reichen bei weitem nicht aus, auch nur eine schwache Anschauung von der überschäumenden Seligkeit und der pfingstlichen Geistesfülle zu geben, aus der heraus die ersten Minder-Brüder handelten. «Mit innerster Liebe dienten sie sich gegenseitig und sorgten für einander, wie die Mutter für ihren einzigen geliebten Sohn.»[63] Von mütterlicher Wärme war dies erste Zusammenleben durchpulst, und Franziskus verglich die Stellung der Brüder ausdrücklich mit derjenigen von «Müttern».[64] Diese kleine Bemerkung weist darauf hin, wie die franziskanische Bewegung in ihren Anfängen von einer viel weicheren, gütigeren, fast möchte man sagen weiblicheren Herzens-Auffassung getragen war. Diese hat in der Geschichte der Kirche in gewissen Zeitabständen immer wieder an ihre Türe gepocht, aber sie wurde bis dahin stets von den brutalen Herrschernaturen am Durchbruch verhindert.

Franziskus' neues Volk hatte ursprünglich nichts Mönchisches an sich, und «ihre gottselige Gemeinschaft wurde auch nicht Orden genannt».[65] Die «büßenden Männer aus Assisi» fühlten sich vor allem als eine Bruderschaft.[66] Sie waren in ihren Anfängen etwas viel Lebendigeres und Unmittelbareres, als es ein Orden mit seinen Regeln sein kann. Franziskus war nicht gewillt, den neuen Geist in organisatorischen Einrichtungen erstarren zu lassen. Nicht wie im benediktinischen Mönchtum sollten die Brüder vom Weltgetriebe ferngehalten werden, um im stillen Kloster der Beschaulichkeit pflegen zu können. Diese geheiligte Mönchsordnung zerbrach der Poverello. Wie schon gesagt wurde, verstreute er, was der ehrwürdige Benedikt von Nursia in mühsamer Arbeit gesammelt hatte. Franziskus nannte seine «Männer vom Walde»[67] nicht Mönche und wollte sie von der Berührung mit den übrigen Menschen nicht abhalten. Auch Katholiken sehen sich zu der Feststellung genötigt: «Er hat wohl ursprünglich nicht einen Orden gewollt, in dem Sinne wie ein Benedikt oder Bernhard. Was er eigentlich gemeint hat, ist ein lebendiger Zustand der Christenheit gewesen... Die Begriffe des ersten, zweiten und dritten Ordens waren Hilfsvorstellungen, mit denen etwas Neues gemeint wurde.»[68] Sofern man dieses Neue doch als Mönchtum bezeichnen will, war es jedenfalls ein völlig neues Mönchtum, das sich von der Ordenstradition scharf unterschied. Innerlich vom Weltgeist gelöst, sollten die Brüder doch inmitten der Welt wirken und sie mit ihren religiösen Kräften durchdringen. Wahrscheinlich schwebte Franziskus etwas Ähnliches vor, was Dostojewskij mit der Gestalt des Aljoscha ausdrücken wollte, und das man am ehesten noch als Mönchtum in der Welt bezeichnen kann. Das ist die gewaltigste Idee des Franziskus, die in ihrer kühnen Neuheit von der damaligen Christenheit gar nicht begriffen wurde. Im Tertiarenorden vermochte Franziskus nur noch einen kläglichen Rest dieser tief christlichen Bestrebung zu retten, der als Ersatz für seine ursprüngliche Absicht zu bewerten ist. Dieses neue Mönchtum befand sich nicht mehr im Rückzug, sondern im Angriff auf die Welt und stellt deswegen etwas grundsätzlich anderes dar, als was bis dahin auf einsiedlerischem und klösterlichem Gebiet versucht worden war. Obschon so vieles über Franziskus geschrieben wurde, diese schöpferische Leistung wurde in ihrer Bedeutung kaum richtig erfaßt, und doch stellt sie etwas dar, von dem man nicht groß genug denken kann. Franziskus' neue Heiligkeit, welche die Angst vor dem Weltgetriebe verloren hatte, beschritt einen unbekannten Weg, für den seine Zeit noch nicht reif war, und die heute noch eine größere Zukunft hat als damals.

V

«Gehe hin, mein Bruder, und suche die Schweine, denn mit diesen scheinst du mehr gemein zu haben als mit Menschen, wälze dich mit ihnen im Kot, übergib ihnen deine Regel und übe an ihnen dein Predigtamt.» Diese Worte soll Innozenz III. zu Franziskus gesprochen haben, als er für sein neues Volk, welches inzwischen auf ein Dutzend Brüder angewachsen war, die päpstliche Genehmigung erbat. Franziskus verneigte sich und ging hinaus, wälzte sich mit den Schweinen im Kot und kehrte voll Schmutz zum Papst zurück mit den Worten: «Herr, ich habe getan, was du geboten hast, erfülle du nun mein Flehen.»[69] Entwaffnet von solch demütigem Gehorsam habe der große Papst seinem Wunsche willfahrt. Nach einer andern Überlieferung soll Innozenz III. den mit langem Bart und ungekämmtem Haar abstoßend aussehenden Franziskus zuerst barsch weggewiesen und erst nach einem Traume, in welchem er einen unbekannten Mönch die zusammenbrechende Laterankirche stützen sah, dem Gesuch des Franziskus entsprochen haben. Über den tatsächlichen Verlauf der ersten Begegnung zwischen Franziskus und Innozenz III. ist historisch nichts Eindeutiges mehr auszusagen. Unstreitig war es einer der monumentalsten Augenblicke der mittelalterlichen Kirchengeschichte, als die beiden Männer sich Aug in Aug gegenüberstanden, nur vergleichbar jener Szene aus dem Johannes-Evangelium, da Jesus vor Pilatus stand und vom Landpfleger gefragt wurde: Was ist Wahrheit? Es ist eine Unmöglichkeit, daß sich Franziskus und Innozenz III. lange angeblickt und dann stillschweigend sich gegenseitig verstanden haben, wie es von dichterischer Seite ausgemalt wurde. Innozenz III. war ein Papst von großartigem Format, der die stolzen Weltherrschaftspläne eines Gregor VII. der Vollendung entgegenführte und gerade deswegen die neue Seele, die in Franziskus erwacht war, nicht begreifen konnte. Schneidend scharf stand in diesen beiden Männern Katholizismus gegen Katholizismus. Zwei völlig verschiedene Welten begegneten sich in dem titanischen Vertreter des kirchlichen Imperialismus und dem auf alles verzichtenden, unendlich demütigen Poverello. Zwischen ihnen bestand eine abgrundtiefe Kluft, die wohl äußerlich, aber innerlich niemals überbrückt werden konnte. Man muß diesem einmaligen Auftritt seine Tragik lassen und darf ihn durch kein Harmonisierungsbedürfnis abschwächen. Die unüberbrückbare Verschiedenheit ist denn auch aus dem mageren Ergebnis des Gespräches zu ersehen. Der imposante Papst, gewitzigt durch die unerfreulichen Erfahrungen mit den abgewiesenen Waldensern, schlug Franziskus nicht rundweg alles ab, gab ihm aber auch nicht die gewünschte Bestätigung. Er vertröstete ihn mit allgemeinen Redensarten auf später und erteilte ihm nur eine mündliche Erlaubnis zur Predigttätigkeit, die für den juristisch denkenden Papst in keiner Weise bindend war. Franziskus war aber in seiner grenzenlosen Demut mit dem Geringsten zufrieden und verließ rasch die Ewige Stadt, deren üppiger Prunk nicht zu seiner Armutsliebe paßte.

Franziskus' neues Volk machte in den nächsten Jahren eine unerwartete Entwicklung durch. Eine erste Änderung erfolgte mit der Zuwendung Claras zu Franziskus, die aus dem elterlichen Haus entflohen war und vom Poverello zuerst bei den Benediktinerinnen untergebracht werden mußte, bis er für sie ein geeignetes Wirkungsfeld gefunden hatte. Den weiblichen Mitgliedern der neuen Gemeinschaft konnte er nicht die gleiche Tätigkeit der Wanderpredigt gestatten und wurde so gezwungen, auf frühere Klostermöglichkeiten zurückzugreifen. Damit war eine erste Verschiebung eingetreten. Noch schwerer wog die feste Organisation, die sich durch das rasche Wachstum der Brüder als eine unumgängliche Notwendigkeit erwies. Das Organisieren war jedoch nicht Franziskus' Stärke. Der Heilige hatte aber hierin keine freie Wahl; die Entwicklung drängte ihn automatisch auf diese Bahn. Das Werk wuchs bereits über seine Person hinaus, und er hatte die Bewegung nicht mehr völlig in der Hand. Die neue Gemeinschaft erfuhr eine tiefgreifende Wandlung, die sie zu einem Orden mit fester Regel machte. Vom Dominikanerorden, mit dem Franziskus einst ausdrücklich seine Sache nicht hatte zusammenlegen wollen, unterschied sie sich nun nicht mehr prinzipiell. Durch die bald an die Tausende zählenden Mitglieder trat eine Vermassung der Bewegung ein, die ihrem hinreißenden Schwung sichtlichen Abbruch tat. Unter dieser rasch wachsenden Zahl von Anhängern gab es bald verschiedene Köpfe, die nicht mehr alle von einem Willen erfüllt waren. Wenn auch jeder Eintretende zunächst eine Berührung vom Geist der neuen Bewegung an sich erfahren hatte, war diese oft nur momentane Begeisterung doch nicht allen Anforderungen gewachsen. Nicht alle Brüder waren von der gleichen Bereitschaft zum Unbedingten erfüllt. Franziskus blickte mit steigender Besorgtheit auf diese Vermassung und äußerte den vielsagenden Wunsch, daß die Welt ganz selten Minder-Brüder sehen und sich über ihre geringe Anzahl wundern sollte. Er strebte nie eine große Menge an, weil die Brüder dann nicht mehr das Salz der Erde sein konnten. Ebenso störend machte sich der Eintritt von Gelehrten in den Orden geltend. Franziskus hatte eine Ehrfurcht vor der Wissenschaft als einer Gabe Gottes, wie aus seiner Äußerung zu ersehen ist: «Wo ich an unpassenden Orten Blätter mit Gottes heiligen Namen und Worten finde, will ich sie aufheben und bitte auch andere, das zu tun und sie an bevorzugte Orte zu legen.»[70] Sogar heidnische Schriften schloß er von dieser ehrfürchtigen Gewohnheit nicht aus, womit er zugleich seiner weitherzigen Gesinnung ein schönes Zeugnis ausstellte. Aber für seine Gemeinschaft wünschte er die

Gelehrsamkeit ausdrücklich nicht: «Jene, die keine wissenschaftlichen Kenntnisse haben, sollen auch nicht trachten, sie zu erlangen, sondern es soll ihr ganzes Streben sein, den Geist des Herrn zu besitzen.»[71] Seine Kulturablehnung konnte hierin keine andere Haltung einnehmen. Ihm kam es nicht auf wissenschaftliche Bemühungen an, und er fürchtete deren aufblähenden Hochmut. Deswegen sollte man nach Franziskus «nur wenige Bücher haben», und er war imstande, sogar das erste Neue Testament, welches die Brüderschaft besaß, aus Nächstenliebe zu veräußern.[72] Von einem Gelehrten, der in seine Gemeinschaft eintreten wollte, forderte er auch den Verzicht auf seine Gelehrsamkeit. In dieser Erwartung wurde Franziskus jedoch grausam enttäuscht. Das wissenschaftliche Interesse, das aus einer andern Welt stammt als derjenigen, in welcher Franziskus lebte, hielt ungebrochen Einzug in seine Bruderschaft und veränderte dieselbe noch mehr, als es bereits durch die Vermassung geschehen war. Mit ihren andersartigen Gedanken lenkten die eingetretenen Gelehrten das neue Volk immer mehr in die Richtung jenes geistig fruchtbaren Franziskanerordens, der im Laufe der Geschichte überaus verdienstvolle Leistungen hervorgebracht hat, aber sich mit dem ursprünglichen Wollen des Gründers nicht deckt.[73]

Die skizzierte Wandlung der Schöpfung Franziskus' machte es notwendig, daß er mit der Kurie aufs neue in Verhandlung treten mußte. Sie wurde mit dem Kardinal Ugolino geführt, dem späteren Papst Gregor IX., und kann an dieser Stelle nur in summarischer und nicht detaillierter Weise geschildert werden. Ihren wirklichen Gang zu erfassen ist schwierig, weil sachliche Probleme sich mit psychologischen Fügungen unauflöslich verquicken. Es ist Voreingenommenheit, wenn Ugolino einfach als der Wolf im Schafspelz, dem Franziskus zum Opfer gefallen sei, dargestellt wird. Der Kardinal war dem Heiligen herzlich zugetan, und derselbe stand in einem Vertrauensverhältnis zu ihm.[74] Ugolino war ein Freund der Musik, ein Liebhaber der versöhnten Gegensätze — aber zugleich auch der herrschgewaltige

Kirchenfürst, der nicht über seinen Schatten springen konnte. Für die Kurie brachte der Aufbruch der franziskanischen Bewegung eine gewisse Verlegenheit. Die Hüterin der Tradition konnte in dem neuen Volk keine willkommene Erscheinung sehen. Von ihm wurde der Kirche ein Spiegel vor Augen gehalten, in den sie zur Zeit der großen Machtprobe zwischen Papsttum und Kaisertum nicht gerne hineinblickte. Zudem stand der Heilige in lebendiger Existenz statt in Form einer Reliquie vor ihr. Das war aber etwas fundamental anderes. Seine Bestrebung wirkte sich als revolutionärer Sturmwind aus und erschütterte wider seinen Willen die Kirche in ihren Grundfesten, wenn auch in anderer Art als später die Reformation. Viele kirchliche Voraussetzungen stellte Franziskus mit seiner neutestamentlichen Nachfolge in Frage und drohte mit seinem besitzlosen Mönchtum in der Welt beinahe die ganze Kirche aus den Angeln zu heben. Da er eine wirkliche und nicht bloß geistliche Armut verkörperte, wirkte schon seine bloße Erscheinung wie ein unausgesprochener Vorwurf gegenüber der satten und reich gewordenen Kirche. Das spürte der Vatikan mit seinem feinen Witterungsvermögen auf der Stelle und versuchte Franziskus mit seiner klugen Diplomatie einzufangen. Mit seiner gesteigerten Religiosität grenzte der Poverello für das ausgewogene Empfinden der Kurie an Schwärmerei, und sie bemühte sich, sachte zu «verbessern». Der Lateran stand dem Heiligen jedenfalls mit Vorbehalten gegenüber. Der innere Widerspruch, den die welterfahrene Kurie wesensgemäß gegenüber dem Gottesnarren empfinden mußte, ist deutlich zu spüren. Die Kirche hat in diesen Verhandlungen nur nach ihrer Gesetzlichkeit gehandelt, woraus ihr kein Vorwurf gemacht werden kann.

Zunächst knüpfte Ugolino an die starke Strömung innerhalb des Ordens selbst an, die sich seit 1217 gegen die unbedingte Verwerfung des Besitzes und gegen die Fernhaltung der Studien aussprach. Diese vom gebildeten Bruder Elias von Cortona geführte Richtung unterstützte die Kurie in jeder Beziehung. In diesen gemäßigten Mitgliedern des Ordens hat Ugolino Geist von seinem Geist erkannt, und es war daher naheliegend, daß der Kardinal die ihm verwandte Einstellung mit allen Mitteln zu fördern suchte. Er begünstigte die Strömungen im Orden, welche eine Angleichung an die Welt suchten, glaubte doch die Kurie im Grunde nicht an die Durchführung von Franziskus' Bestrebung. Mit der realistischen Einstellung, welche alle politischen Päpste auszeichnete, war Ugolino auf die Erreichung des Möglichen bedacht. Dieser hohe Kirchenfürst hat den Orden nicht von außen her in eine ihm genehme Form gepreßt — das ist eine unhistorische Auffassung — sondern lediglich den gemäßigten Elementen im Orden selbst zum Sieg verholfen und ihnen mit Hilfe von Privilegien alles erdenkliche Entgegenkommen bewiesen. Für die Kirche war das Franziskanertum wichtiger als Franziskus. Das Ergebnis dieser kurialistischen Beeinflussung war eine offensichtliche Umbiegung der Bestrebungen des Franziskus. Sie war an dieser Verunstaltung nicht allein beteiligt. Die berüchtigte Eigengesetzlichkeit der Dinge hat zu dieser Veränderung das ihre beigetragen, welcher Ugolino nur noch den päpstlichen Segen erteilte. Franziskus' Schöpfung hat durch diese Verhandlung mit der Kurie keine prinzipielle Verfälschung, wohl aber eine tiefgreifende Abschwächung erfahren. Das ist keine tendenziöse Feststellung, wenn sie auch gelegentlich übertrieben worden sein mag. Aber ihr Kern beruht auf einer historischen Wahrnehmung, die ernsthaft nicht bestritten werden kann. Auch katholische Darstellungen können die herbeigeführte Wendung nicht gänzlich in Abrede stellen.[75] Das Werturteil über diesen Vorgang braucht deswegen nicht einseitig negativ auszufallen. Man kann auch mit Henry Thode sagen, daß die Kurie durch ihr Vorgehen Franziskus' Werk gerettet und ihm eine dauernde Wirksamkeit gesichert habe. Diese Auffassung entbehrt nicht jeglicher Berechtigung, denn die Tatsache kann nicht außer acht gelassen werden, daß für die Anhänger des Franziskus, die nicht seine geistesgewaltige Größe besaßen, andere Gesetze galten als für ihn selbst.

Von größter Bedeutung war die Einstellung Franziskus' zu dieser Entwicklung, eine Frage, welche in den Darstellungen von Jörgensen und Cuthbert entschieden zu kurz kommt. Sie zeigt den Heiligen in einer ganz konkreten Situation, befand er sich doch in der Zwangslage, neuen Wein in alte Schläuche gießen zu müssen. Die Schwierigkeit bestand nicht nur im Widerspruch, einen Orden zu gründen, ohne selbst im tiefsten Wesen ein Ordensmann zu sein. Seine Qual liegt noch tiefer. Es ist irrig anzunehmen, daß er diese Dinge gar nicht gesehen und die Spannung nicht empfunden habe. Der innere Konflikt ist beim Poverello sogar sehr deutlich wahrzunehmen, und der schwere Schatten, der über seinem Leben liegt, kann nicht übersehen werden. Der Mann aus Assisi wandelte nicht nur im Sonnenschein. Man kennt die Seele Franziskus' nicht, wenn man nicht um die verborgene Tragödie weiß, die sich zwischen ihm und der Kirche seiner Zeit abgespielt hat.

Die katholische Gesinnung des Franziskus steht hiebei außer jeder Diskussion. Er hat von seiner Ergebenheit gegenüber der Kirche mannigfache Proben abgelegt. Noch in seinem «Testament» bekundet er seine unwandelbare Treue gegenüber der Kirche. «Der Herr gab mir — und er gibt mir immer noch — zu den Priestern, die nach der Vorschrift der heiligen Kirche in Rom leben, wegen ihrer Weihe ein unbegrenztes Vertrauen.»[76] Franziskus besaß eine positive Stellung zum katholischen Glauben, und er fühlte sich auch in dieser Beziehung wie sein Herr «nicht gekommen, um aufzulösen, sondern zu erfüllen» (Mt. 5, 17). Auch wo ihm eine antikirchliche Haltung nahegelegt worden war, hat er sie vermieden. In seinem Traum von der Henne mit den zahllosen Kücklein, die «doch nicht alle unter den Flügeln Raum finden konnten»[77], machte er von der sich aufdrängenden ketzerischen Deutung keinen Gebrauch. Daß er bei längerer Lebensdauer auf dem Scheiterhaufen hätte enden können, ist eine bloß geistreiche Vermutung, die auf keiner realen Beobachtung gegründet ist. Seine Betonung der Katholizität richtet sich gegen die ketzerischen Waldenser und Katharer.

Trotz seines unangekränkelten Katholizismus war Franziskus doch der Kirche gegenüber nicht blind, und nichts ist oberflächlicher, als vom naiven Poverello zu reden. Der Heilige von Assisi war in dieser Beziehung kein großes unwissendes Kind. Die Andersartigkeit zwischen seinem Geist und dem Geist der Kirche hat er gefühlt. Ohne es zu wollen, befand er sich in einem Gegensatz zur Kirche. Mit seinem neuen Mönchtum in der Welt ist er weit über den priesterlichen Horizont hinausgewachsen. Es haftet Franziskus' Religiosität etwas tief Unklerikales an, weil er ein Schüler Gottes und nicht so sehr ein Schüler der Kirche war. Am deutlichsten tritt der tiefgreifende Unterschied zwischen Franziskus und der sichtbaren Kirche in der prinzipiell verschiedenen Einstellung zu den Kreuzzügen zu Tage. Während die Kirche auf gewaltsame Eroberung des Heiligen Landes ausging, war Franziskus der einzig wehrlose Kreuzfahrer, der allein die friedliche Bekehrung der Sarazenen dem Evangelium entsprechend fand. Auch in dem umstrittenen Portiuncula-Ablaß erstrebte er eine Schrankenlosigkeit der Vergebung, bei der die Kirche Halt gebot. Gegen das Kirchenrecht hat Franziskus sich öfters verstoßen. Die Schwächen der Geistlichkeit hat er deutlich gesehen, sonst hätte er nicht sagen können: «Zum Heile der Seelen sind wir den Klerikern zu Hilfe gesandt, damit wir einspringen, wo jene versagen.»[78] Bewußt wollte er «über ihre Sünden hinwegsehen».[79] Franziskus wußte um das Ungenügen der Geistlichkeit, aber er bemühte sich, im Frieden und nicht in Uneinigkeit mit den Klerikern ans Ziel zu kommen. Es war seine Absicht, «zuerst durch heilige Demut und Ehrfurcht die Kirchenfürsten zu bekehren»[80], womit er deutlich zu verstehen gab, daß er ihre Besserung für nötig erachtete. Franziskus hat bestimmt die Mängel der Kirche gesehen und sie vielleicht schärfer beobachtet, als er es aussprach. Aber er hatte begriffen, daß man mit liebloser Kritik nicht viel ausrichtet, weil dieselbe gewöhnlich nur aus der moralischen Entrüstung stammt und das evangelische Mittragen der Sünde nicht kennt.

Bei aller Unterwürfigkeit gegenüber der Kirche versuchte Franziskus gleichwohl gegen die von der Kurie gelenkte Entwicklung des Ordens Widerstand zu leisten. Davon reden die alten Berichterstatter in vorsichtiger, aber nicht zu verkennender Weise. Nach Celano äußerte Franziskus in heftiger Erregung: «Mein Sohn, die Brüder liebe ich, soviel ich nur kann, doch wenn sie in meine Fußstapfen treten wollten, würde ich sie immerhin noch mehr lieben und mich ihnen nicht entfremden; denn es sind einige aus der Zahl der Vorgesetzten, die sie andere Wege führen.»[81] Noch ergreifender klingt die Klage über abwegige Entwicklung des Ordens im «Spiegel der Vollkommenheit», nach welcher «viele Brüder, vor allem die Oberen und unsere Gelehrten, in Widerspruch zu ihm geraten» waren und dadurch den «Verfall des Ordens» verursacht haben.[82] Franziskus hat darüber nicht nur Worte des Unmutes gesprochen. Diese Auffassung drückt den Tatbestand viel zu harmlos aus. In seiner Verzweiflung hat der Heilige vielmehr laut aufgeschrien über Untreue und Verrat: «Wer sind die, die meinen und der Brüder Orden aus meinen Händen gerissen haben?»[83] Unsägliche Qualen durchwühlten darob sein Inneres. Man muß das unterdrückte Stöhnen und Schluchzen hören, das sich dem Munde des Poverello entrang. Dieses Seelendrama des Franziskus, das noch schmerzvoller als die Trennung vom Vater war, darf nicht mit einigen salbungsvollen Reden überkleistert werden. Auch wenn kein Blut floß, diese lautlose Tragödie gehört zum Bild des unbekannten Franziskus. Bei der Darstellung dieser Tragik handelt es sich keineswegs um ein künstliches Hineindeuten. Auch dem Jesuitenpater Lippert entschlüpfen die Worte: «Freilich, hier beginnt nun die Tragik für Franziskus, hier beginnt sein Schmerzensweg von ungeahnter Bitterkeit. Es ist noch viel zu wenig versucht worden, in die seelichen Leiden dieses aufrichtigen und lauteren Menschen in seinen letzten Lebensjahren einzudringen.»[84] Daß die alten Quellen — mit Ausnahme der Überlieferung von Bruder Leo und seinen Gefährten — die erschütternde Passion des Franziskus nur leise andeuten und nicht ausführlich darstellen, ist einer ihrer schwersten Mängel. Es besteht kein Zweifel, daß Franziskus' Augen vom vielen Weinen über dieses Leiden geschwächt wurden. Zuletzt hat Franziskus die Leitung des Ordens niedergelegt. Sein «Testament» stellt den letzten Versuch dar, eine Schutzwehr gegen diese verhängnisvolle Entwicklung aufzurichten. Es wurde freilich von der Kirche nach seinem Tode kurzerhand außer Kraft gesetzt. In dieser Willenserklärung, welche Gehorsam gegen die Kirche und Behauptung seiner Selbständigkeit zu vereinigen sucht, unterstreicht Franziskus noch einmal die direkte Offenbarung Gottes, welche sein Werk ins Leben gerufen hat. Diese Tatsache allein sollte die Brüder davon abhalten, mutwillige Änderungen vorzunehmen. Mit beschwörender Geste verbietet Franziskus, seinen «Worten etwas beizufügen oder etwas davon zu streichen. Sie sollen dieses Schreiben vielmehr neben der Regel immer bei sich haben... Allen meinen Brüdern, Geistlichen und Laien, verbiete ich auch streng kraft des Gehorsames, zu der Regel und diesen Worten Bemerkungen zu machen und zu sagen, das muß man so verstehen. Der Herr ließ mich die Regel und diese Worte in schlichten und einfachen Ausdrücken niederschreiben, und ebenso schlicht und einfach sollt ihr sie in heiligem Wandel halten bis ans Ende.»[85] In seinem namenlosen Schmerz nahm Franziskus sogar zur erstarrenden Buchstabengläubigkeit seine Zuflucht, indem er alles «auf den Buchstaben, ohne Deutelei»[86] abstellte und dabei vergaß, daß der Geist lebendig macht, der Buchstabe aber tötet. In seiner verhärmten Qual, die er über die abwegige Entwicklung des Ordens empfand, geriet er schließlich auf die Forderung des Kadavergehorsams, welcher die Würde der Kinder Gottes antastet, und der sich noch stets schlimm ausgewirkt hat, wo immer er durchgeführt wurde. Die seelische Zerrissenheit, die Franziskus über diese Angelegenheit empfand, war so groß, daß sie ihn zu verschlingen drohte. Jedenfalls hat sie an ihm selbst diese bedauernswerten Spuren hinterlassen, die man bei aller Ehrfurcht vor dem Heiligen nicht verschweigen darf.

Als dieses grausame Schwert durch die Seele des Franziskus drang, machte er jedoch plötzlich eine gänzlich unerwartete Wendung. Er verstummte und protestierte von nun an nicht mehr gegen die unabwendbare Verweltlichung des Ordens. Franziskus beugte sich unter den Willen der Kurie, die ihn sachte auf die Seite schob, und führte keine Gebärde der Rebellion aus. Was Beugung in sich schließt, erfuhr Franziskus erst in dem Moment, als er dieses herbe Schicksal als die letzte Prüfung auf sich nahm und damit seine Entsagungsfähigkeit noch einmal auf die Probe stellte. Die Demut gebot ihm, sich dem Unverständlichen zu beugen, dem Bösen nicht weiter zu widerstehen, wie Jesus es in den schwerverständlichen Sätzen der Bergpredigt gefordert hatte. Nicht erst Tolstoi wurde auf diese unergründliche Weisheit der Bergpredigt aufmerksam, schon Franziskus hat um sie gewußt. Unkämpferisch stand der Demütige da, ausgeliefert allen rohen Gewalten, die mit ihm doch nichts anderes machen durften, als was Gott zuließ. Franziskus ist der große Wehrlose in der Geschichte des Christentums, der nie auf Selbstbehauptung bedacht war. Dieser Verzicht auf jede Gegenwehr ist alles andere als Schwäche. Ob man diese Ergebung sinnlos findet oder nicht, entscheidet über das wahre Verständnis der franziskanischen Seele. Denn mit dieser demütigenden Beugung unter die unselige Entwicklung des Ordens enthüllte Franziskus seine größte Heiligkeit. Nie war er mehr Heiliger als in diesem Moment. Franziskus fand nicht richtig, was geschah, aber er unterzog sich den Anordnungen der Kirche, auch wenn er sie nicht verstand. Diese sich selbst aufgebende Unterwerfung gegenüber den päpstlichen Verfügungen ist die echte Einstellung des heiligen Menschen, welche in eine unergründliche Tiefe hinabreicht. Sie bedarf mehr innerer Kraft, als es Mut zur äußeren Auflehnung fordert. Gerade in dieser beugenden Haltung liegt wahrhafte religiöse Größe. Mit ihr entwaffnete Franziskus den Argwohn der Kirche ihm gegenüber und verhielt sich in diesem Geschehen christlicher als sein päpstlicher Gegenspieler. Deswegen gab «diese demütige und selbstlose Unterwerfung unter eine unvollkommene und sündhafte Kirchenbehörde dem Armen von Assisi eine Autorität in der römischen Kirche, die größer war als die des weltbeherrschenden Innozenz III.»[87]

VI

Nach dieser schmerzvollen Erfahrung zog Franziskus sich ganz zurück. Er tat es nicht als verbitterter Mensch, der in seinem Herzen Groll bewahrte. Die trübe Stimmung des Verzichtenden kannte der Poverello nicht. Aber er suchte wieder mehr die Einsamkeit auf. Franziskus schritt entschlossener als je auf dem Weg des Heiligen, indem er die kompromißlose Nachfolge, die sich im Orden als Gesamtheit undurchführbar erwies, in seiner Person um so getreuer verwirklichen wollte. Bei sich selbst erreichte der Heilige von Assisi eine lückenlose Übereinstimmung von Theorie und Praxis, und es läßt sich hierin bei ihm nicht die geringste Kluft wahrnehmen. Er sprach nie von Dingen, die er nur intellektuell erkannt hatte, aber bei denen er erfahrungsgemäß noch nicht angelangt war. Was sich seinem Geiste als das Gute auftat, setzte er alsogleich in die Tat um. Und zwar immer zuerst bei sich selbst. Er befahl nie etwas, das er nicht vorher selbst ausgeführt hatte. Eine hinreißende Einheit von Gedanken und Tat war Franziskus eigen. Daraus ging seine unwiderstehliche Macht des Beispiels hervor. Es scheint diese fugenlose Übereinstimmung von Theorie und Praxis eine Kleinigkeit zu sein und ist doch das Seltenste, was es auf religiösem Gebiet gibt. Wie wenigen Christen war es doch beschieden, all das, was sich in ihren Seelen zum Licht drängte, in ihrer Lebenshaltung auch zu verkörpern. Franziskus war dieses wunderbare Gnadengeschenk gegeben worden. Er konnte, wie er wollte. Nie litt er in dieser Beziehung unter einem Zwiespalt. Größeres läßt sich von einem Menschen wohl kaum sagen.

Je mehr im Orden die Verweichlichung überhandnahm, um so rücksichtsloser steigerte Franziskus die eigene Entsagung. Auf jede Nachlässigkeit antwortete er mit einer Verdoppelung der Anforderung an sich selbst. Daraus ist seine zunehmende asketische Lebensführung zu verstehen. Er huldigte ihr seit Beginn seines Büßerlebens und blieb immer einer finsteren Askese zugetan, deren blutiger Ernst einen erschaudern läßt. Er unterdrückte nicht nur die Sünden, sondern auch die äußeren Sinne, weil durch sie der Tod in die Seele eintrete. «Kaum oder gar selten gestattete er den Genuß von gekochter Speise, und wenn er es zuließ, so verdarb er sie durch Asche oder nahm ihr den guten Würzgeschmack durch kaltes Wasser.»[88] Franziskus war ein Feind aller Annehmlichkeiten des Lebens. Am schärfsten richtete sich der asketische Kampf gegen seinen Leib, den Bruder Esel, wie er ihn höhnend nannte. «Niemals schonte der eifrige Kämpfer Christi den Körper, sondern er stellte ihn wie etwas Fremdes außer sich hin und tat ihm alles Schlimme mit Worten und Werken an.»[89] Franziskus mißhandelte seinen Leib rücksichtslos, so daß später die Ärzte entsetzt waren, als sie ihn als abgemagertes Gerippe sahen. Seine asketische Neigung wirkte sich auch gegenüber dem andern Geschlecht als schroffe Ablehnung aus: «Das Weib war ihm dermaßen widerwärtig, daß man glauben konnte, er meide es nicht nur aus Vorsicht und Beispiel, sondern aus Schrekken und Abscheu.»[90] Vielleicht spricht Celano mit dieser Aussage seine eigene Vermönchung allzu unverblümt aus. Jedenfalls hat Jesus keine solche Haltung eingenommen, und Franziskus würde mit ihm hierin nicht in Einklang stehen, falls es Wahrheit ist, daß er die Frauen grundsätzlich nicht angeblickt hat. Hat der Poverello, dessen Beziehung zur Schwester Clara von einem hauchzarten Eros umspielt ist, wirklich in der Weise gehandelt? Wie dem auch sei, sicher hat Franziskus sich stets im Versagen geübt. Die leidenschaftliche Askese des Heiligen von Assisi darf nicht als mittelalterliche Befangenheit gewertet und von ihm abgelöst werden. Vielmehr gehört sie unweigerlich zu seinem Bilde. Ein Franziskus ohne Askese wäre nicht mehr Franziskus. Alle Darstellungen, die diese Seite an ihm verwischen, machen sich einer Verzeichnung seiner Gestalt schuldig. Seine asketische Betätigung kann nicht scharf genug betont werden, da sie für ihn wesentlich ist. Sie schützt seine Gestalt vor dem schöngeistigen Mißbrauch. Die rigorose Askese dient als Abstoßung gegenüber allen Unberufenen, welche sich Franziskus nähern wollen, um mit ihm ein unverbindliches Spiel zu treiben. Wer zum wirklichen Franziskus gelangen will, der muß durch diese enge Pforte der Askese hindurch, deren Wert der moderne Mensch ohnehin zu unterschätzen geneigt ist.

Das Erstaunlichste an Franziskus' asketischer Lebensführung ist jedoch seine Freiheit von aller Griesgrämlichkeit. In wörtlicher Befolgung von Jesu Wort, daß man beim Fasten «nicht sauer sehen» dürfe, war Franziskus tatsächlich inmitten seiner düsteren Bußübungen von einer sonnigen Heiterkeit erfüllt. Das bildet eine der größten Überraschungen seines Lebens. In dieser unerschöpflichen Freude liegt eines der tiefsten Geheimnisse des Franziskus, dem man sich nur mit größter Scheu nähern darf. Nichts wurde aber aus dessen Dasein dermaßen platt gewalzt wie seine außerordentliche Fröhlichkeit, indem man ihn als Bruder Leichtfuß hinstellte, der in seiner angeblichen Gutmütigkeit immer zu lachenden Späßen aufgelegt gewesen sei. Mit einem oberflächlichen Optimismus hat sein unnachahmlicher Himmelshumor selbstverständlich nichts zu tun, und man tut gut, vom Lächeln des Franziskus nur sehr vorsichtig zu reden. Es läßt sich aus seiner Anlage nicht erklären und ist ganz in seine Askese eingebettet. Franziskus' Freude stammt aus einer religiösen Quelle, deren Ursprung in seiner Christus-Verbundenheit zu suchen ist. Schon als er vor seinem Vater in eine finstere Grube flüchtete, «überströmte ihn eine unsagbare, bis dahin gänzlich unbekannte Freude».[91] Dieser Jubel läßt sich durch sein ganzes weiteres Leben verfolgen. «Von nun an war er von so gewaltiger Freude erfüllt, daß er sich nicht fassen konnte vor Frohlocken und wider seinen Willen einiges von jenem Geheimnis den Ohren der Menschen preisgab.»[92] Diese überquellende Freude ist kein Widerspruch zu Franziskus' Büßertum, denn für ihn war

Bußetun der Beginn eines neuen Lebens und keine Kopfhängerei. Aus seiner Erlösungsgewißheit floß seine unaussprechliche Fröhlichkeit, die er mit genialem Scharfsinn als eine der besten Waffen gegen die Listen des Teufels betrachtete. In seiner «Regel» befahl er den Brüdern ausdrücklich: «Sie sollen sich hüten, daß sie sich in ihrem Äußern traurig und wie trübe Heuchler geben, sondern sie sollen sich im Herrn frisch und froh und entsprechend gefällig benehmen.»[93] Die alten Berichterstatter unterstreichen diese «unsagbare und unermeßliche Freude» des Franziskus sehr stark[94], welche oft die «überaus süße Melodie seines Geistes überschäumen» ließ. «Es war immer die höchste und vorzüglichste Sorge des seligen Franziskus, auch außerhalb des Gebetes und der heiligen Messe ohne Unterlaß von innerer und äußerer Heiterkeit des Geistes erfüllt zu sein.»[95] Er tadelte sogar die Brüder, welche ihrer schwermütigen Stimmung nicht Herr wurden, und gestand von sich selbst: «Sooft die Versuchung der Schwermut über mich kommt, betrachte ich die Heiterkeit meines Begleiters, und seine Heiterkeit befreit mich sogleich von der Versuchung der Schwermut, und ich werde innerlich und äußerlich froh.»[96] Die strahlende Freude des Franziskus ist ein unwidersprechliches Zeugnis für die Tatsache, daß er das Evangelium in seinem tiefsten Wesen als Freude über das Kommen des Reiches verstanden hat, etwas, was in der Christenheit schon früh vergessen worden war. Wenige Schriften der Kirchenväter lassen noch etwas von jener «großen Freude» verspüren, die nach dem Engelsgesang an Weihnachten «allem Volk widerfahren» ist. Man kann in den theologischen Büchern oft lange lesen, bis man nur einem Fünklein dieser religiösen Freude begegnet. Und doch ist die Freude das Herzblatt des Evangeliums. Bei Franziskus tritt die Gottesfreude gleich einem Vulkanausbruch hervor, daß man wie gebannt vor diesem Schauspiel steht. Sabatier hat darauf aufmerksam gemacht, daß das Wort Freude im franziskanischen Schrifttum am häufigsten vorkomme. Durch diese Tatsache hat sein Christentum jene wohltuende Helligkeit bekommen, daß man mit Petrus sprechen möchte:

Hier ist gut sein, laßt uns Hütten bauen. In Franziskus hat diese vollkommene Freude, von der das Johannes-Evangelium jene zum Aufhorchen gemahnenden Worte raunte, wieder Gestalt gewonnen. In den «Fioretti» ist über diese göttliche Glückseligkeit eine nur mit der ewigen Schönheit des Evangeliums zu vergleichende Erzählung überliefert, die gewiß dichterisch bearbeitet, aber doch von echt franziskanischem Geist ist.[97] Diese freudvolle Trunkenheit bildet das eigentliche Wesen des Poverello, das heute noch auf den Menschen übergeht, der mit Franziskus mystische Zwiesprache hält. Ekstatische Freude ist der Kern des franziskanischen Lebensgefühls, das von der Voraussetzung einer neuen Freudenzeit auf Erden getragen war.

Diese begeisterte Freude wirkte sich in Franziskus' Verhältnis zur Natur aus, was freilich oft mißverstanden wurde. Es ist frei von jeglicher Sentimentalität, wie Franziskus' erschreckende Verfluchung jenes Schweines zeigt, das ein Lämmlein anfiel. Wenn der Poverello mit einer beispiellosen Aufgeschlossenheit die gesamte Schöpfung Gottes umfaßte, ohne zwischen organischer und anorganischer Natur zu unterscheiden, so floß dieser Versuch, alles zu heiligen, aus seiner Religiosität.

Als mittelalterlicher Christ betrachtete auch Franziskus vorerst die Natur als ein Gleichnis Gottes. Er liebte die Tiere und Pflanzen, weil sie Geschöpfe seines himmlischen Vaters waren und sie in ihm religiöse Gedankenverbindungen wachriefen. Der Poverello freute sich über die Blumen, denn sie gemahnten ihn an die Blume aus der Wurzel Jesse, deren Duft Tausende vom Tode erweckt. Das Würmlein auf der Straße trug er zur Seite, eingedenk des Psalmwortes: Ich bin ein Wurm und kein Mensch. Das Lämmlein liebte er, weil auch Christus das Lamm Gottes ist, das der Welt Sünde trägt und sich wie ein Lamm zur Schlachtbank führen ließ. Ausdrücklich heißt es beim Anblick eines toten Schäfchens: «Und er dachte an ein anderes Lämmlein, das auch getötet worden war.»[98] Der Heilige folgte überall «in den Spuren, die der Natur eingeprägt sind, dem geliebten Herrn, aus allem fertigte er sich eine Treppe, die zum Thron Gottes führt. In unerhörter frommer Liebe umfing er alle Geschöpfe, redete zu ihnen vom Herrn und forderte sie zu seinem Lobe auf. Keine Leuchte, Lampe oder Licht löschte er aus, weil seine Hand nicht den Schimmer stören wollte, der eine Andeutung des ewigen Lichtes gibt.»[99] Im Unterschied zur modernen Betrachtung, nach welcher die Natur das Ziel und nicht der Weg ist, sah Franziskus wie Jesus in den Evangelien in allen Lebewesen ein Sinnbild Gottes. Deswegen wurde diesem großen Symboliker die ganze Natur zu einer Leiter, auf deren Sprossen er zum Schöpfer aufstieg. Franziskus' Beziehung erschöpfte sich jedoch nicht in der symbolischen Natur-Auffassung. Mit seiner brüderlichen Einstellung ging er über diese im Mittelalter allgemein geübte Betrachtung weit hinaus. Wiederum ist es Celano, der von allen Biographen auf diese ganz neue Art des Sehens und Fühlens mit der Natur am meisten hinweist. «Wo er eine Blumenwiese fand, predigte er ihr und rief sie zum Lobe des Herrn auf, gleich als ob sie Vernunft besäße. So auch die Saatfelder und Weinberge, die Steine und Wälder, alle die herrlichen Auen, die rieselnden Brunnen, die grünenden Gärten, Erde, Feuer, Luft und Wind — alles, alles ermahnte er in aufrichtiger Herzensreinheit, Gott zu lieben und ihm freudig zu folgen. Alle Geschöpfe nannte er Brüder, und auf ungewohnte, den andern ganz verschlossene Art und Weise drang sein Scharfblick jeglicher Kreatur bis ins Innerste, gleich als ob er schon eingegangen wäre in die herrliche Freiheit der Kinder Gottes.»[100] Mit dieser gottähnlichen Liebe hat Franziskus die stumme Pflanzenwelt und unvernünftigen Tiere, alles was kreucht und fleucht, umfaßt und die gesamte fühlende und fühllose Schöpfung zu einem Bestandteil seines religiösen Verhältnisses gemacht. Da er mit seinem Herzen die Geheimnisse aller Geschöpfe erriet, führte ihn seine religiöse Einstellung dazu, sogar den Vögeln zu predigen. Franziskus sprach die Tiere, den Wind, die Gesteine mit Bruder- und Schwesternamen an, wodurch er sein zärtlich-kosendes Verhältnis zu ihnen auf eine so innige Weise bezeugte, als wären es Wesen vom gleichen Rang. Franziskus' grandiose Verschwisterung mit der gesamten Kreatur findet in der Geschichte des Christentums nicht ihresgleichen. Noch nie hatte ein Christ je das gleiche getan. Mit einer Kühnheit ohnegleichen durchstieß er die trennende Schranke, die hochmütiger Unverstand zwischen Mensch und Tier errichtet hatte.

Den nachhaltigsten Ausdruck dieses kaum richtig gewürdigten Naturverhältnisses hat Franziskus in dem berühmten Sonnengesang gegeben. Er ist als Beispiel für diese Welt-Heiligung zu werten, und das Gold seiner Worte vermochten auch Jahrhunderte nicht zu vermindern, weil der Glanz Gottes auf ihnen liegt:

Höchster, allmächtiger, gütiger Herr!
Dein ist der Preis, der Ruhm, die Ehre und jegliche Segnung.
Dir allein, Höchster, gebühren sie,
und kein Mensch ist würdig, dich zu nennen.

Preis dir, o Herr, mit allen deinen Geschöpfen,
vornehmlich unserer edlen Schwester, der Sonne;
sie schafft den Tag, und du erleuchtest uns in ihr.
Schön ist sie und strahlend im großen Glanze,
ein Sinnbild von dir, o Allerhöchster!

Preis dir, o Gott, durch unsere Geschwister, den Mond und die Sterne,
du hast sie am Himmel gebildet, so klar, so köstlich, so schön.

Preis dir, o Gott, durch unsern Bruder, den Wind,
durch die Luft, durch wolkiges, heitres und jegliches Wetter,
wodurch du deinen Geschöpfen Erhaltung gewährst.

Preis dir, o Herr, durch unsere Schwester, das Wasser,
sehr nützlich ist es, bescheiden, köstlich und rein.

Preis dir, o Gott, durch unseren Bruder, das Feuer,
durch welches du die Nacht erhellst,
schön ist es und freudebringend, kraftvoll und mächtig.

Preis dir, o Gott, durch unsere Schwester, die Allmutter Erde, die uns erhält und heget
und allerlei Früchte hervorbringt, nebst bunten Blumen und Kräutern...

Eine Deutung von Franziskus' Naturverhältnis, das im Sonnengesang nur am ersichtlichsten zu Tag tritt, darf zunächst mit Josef Görres den dichterischen Einschlag hervorheben.[101] Franziskus war ein Troubadour Gottes, der es liebte, in «französischer Sprache Gott Loblieder zu singen»[102], obwohl er sie nicht vollkommen beherrschte. Sein religiöses Sängertum stellt eine Parallelerscheinung zur weltlichen Troubadourbewegung dar. Bezeichnete er sich und seine Brüder doch selbst als «Spielleute Gottes», welche die Aufgabe haben, «an die Herzen der Menschen zu rühren und sie mit der Heiterkeit des Geistes zu erfüllen».[103] Franziskus' Persönlichkeit hat etwas von einem Künstler an sich. Dieser «Jongleur de Dieu» hat echte christliche Dichtung geschaffen, ähnlich den berauschend süßen Lauden des Franziskaners Jacopone da Todi. In Franziskus' Poesie liegt eine Naturbeseligung, ja eine grandiose Verklärung der Welt vor, die mit pantheistischem Lebensgefühl nichts zu tun hat, und die einzig noch im russischen Christentum versucht wurde, mit dem Franziskus mannigfache Berührungspunkte aufweist.[104] Das Kreaturgefühl wurde in diesem hymnologischen Sonnenpsalm zum erstenmal von einem Christen voll erfaßt und bis zu seinem Ende dargestellt.
Will man den innersten Kern von Franziskus' Einstellung zur Natur verstehen, darf man dieselbe nicht mit dem mittelalterlichen Naturgefühl verwechseln, in welchem Franziskus keineswegs befangen blieb, wie in neuerer Zeit behauptet wurde.[105] Die ängstliche Scheu, mit der das Mittelalter allen Vorgängen der Natur gegenüberstand, hat Franziskus über-

wunden. Er kannte eine gotterfüllte Schöpfung; bei ihm jubiliert die ganze Kreatur. Ebensowenig darf Franziskus' Naturbeziehung, ungeachtet der vielen Anregungen, die von ihm ausgehen, als ein Vorwegnehmen des Lebensgefühles der Renaissance bezeichnet werden. Denn jenes bewegte sich in ganz anderen Bahnen.[106] Die große Kunst Giottos hat mehr das Äußere als die Seele von Franziskus erfaßt, und Dantes Göttliche Komödie ist vom thomistischen und nicht vom franziskanischen Geist bestimmt. Franziskus' Naturbeziehung ist vielmehr eine Haltung, die nur bei ihm zu finden ist. Ihre Wurzeln — nach denen seltsamerweise nie gefragt wurde — liegen in seiner Demut, die ihm verbot, sich irgendeiner Kreatur überzuordnen. Die neue Naturfreude, die Franziskus für die gesamte Schöpfung empfand, quoll aus seiner spezifischen Religiosität. Sie ließ ihn den Unterschied zwischen Mensch und Tier nicht prinzipiell, sondern nur graduell verstehen. Damit hat er freilich an einen Fragenkomplex gerührt, der beinahe unlösbare Probleme in sich schließt.[107] Doch fällt gegenüber seiner Einstellung der Vorwurf Gandhis gegen das Christentum dahin. In Franziskus' Naturverhältnis, das von göttlicher Liebe erfüllt war, wurde ein falscher Trennungsstrich korrigiert und zugleich etwas nachgeholt, was die Christenheit jahrhundertelang vernachlässigt hatte. Aber es wurde nicht nur nachgeholt, bei Franziskus ist zugleich auch etwas vorweggenommen, indem bei ihm die Tierbeziehung des messianischen Reiches aufleuchtet. Jene bestialische Vergewaltigung der Natur, mit welcher der Mensch, verführt durch das Wort «machet sie euch untertan und herrschet über sie», sich so schwer vergangen hatte, war beim Mann von Assisi einer grenzenlosen Hingabe gewichen, die eine liebende Verantwortung für die gesamte Kreatur empfindet. Seine Anrede aller Wesen mit dem Brudernamen stellt einen ganz unbekannten Kontakt mit den Tieren dar, die angezogen von seiner magischen Gotteskraft dieselbe mit einer bis dahin unbekannten Zutraulichkeit erwiderten. Noch heute ist diese kosmische Brüderlichkeit etwas Unfaßliches, wirkt doch Franziskus'

Tierfriede unsagbar beglückend. Man spürt, wie bei dem Heiligen in dieser Beziehung eine Decke weggezogen und ihm ein ganz neuer Blick geschenkt worden war. Die Heiligung aller Geschöpfe war vollzogen und die große Heimkehr der gesamten Schöpfung zu Gott in die Wege geleitet. Da Franziskus «zum Stand der ersten Unschuld zurückgekehrt»[108] war, liegt bei ihm nichts Geringeres vor als die Wiederherstellung der paradiesischen Beziehung zur Kreatur. Dieses Wunder hatte eine Umwandlung der ganzen Natur zur Folge. Solange Franziskus lebte, waren «alle Felder voll Fruchtbarkeit», und kaum war er gestorben, wurde «die ganze Ordnung umgedreht» und «die Schrecken der Hungersnot ergossen sich weit über die Lande.»[109] Größer kann eine Gestalt nicht mehr geschaut werden, als Celano es mit diesen Worten tat. Dieses Naturverhältnis, das mit seiner Einführung bis zur solidarischen Leidensgenossenschaft aller Dinge fortschreitet, enthält tatsächlich das neue religiöse Weltgefühl, welchem dieser seraphische Mensch zum erstenmal Ausdruck gegeben hat.[110] Es ist unangebracht, dieses mit gewöhnlichem Mitleid nichts zu tun habende Verhältnis zur Natur als Ketzerei des Herzens zu verdächtigen. Vielmehr ist darin der Versuch des Heiligen zu sehen, die göttliche Geschöpflichkeit der Natur von innen her zu erfassen. Diese Tat bildet eines der vornehmsten neuen Worte, die Franziskus der Christenheit zu sagen hatte. Die unerhörte Naturnähe des Franziskus ist nicht als modern anzusprechen, sie ist mehr, nämlich zukunftsweisend. Denn wenn die Kirche diese eroshafte Einsfühlung mit der Natur auch in ihrer Gesamtheit nicht zu übernehmen vermochte, gänzlich verloren ging sie seither nicht mehr. In gewissen Momenten wurde sie in der weiteren Geschichte des Christentums immer wieder sichtbar. Von Zeit zu Zeit gab es einzelne begnadete Menschen, die zu einer solch mystischen Fühlung mit der gesamten Kreatur kamen. Daß Franziskus' neues Wort nicht völlig unbeachtet zu Boden fiel, zeigt die viel zu wenig bekannte Mystikerin Rosa von Lima (1586 bis 1617), die in den trübsten Verhältnissen mit einer unfaßlichen Heiterkeit Duette mit den Mücken sang.[111] Diese Vorboten eines neuen Weltgefühls bilden die größte Hoffnung der Menschheit.

Franziskus' neue Naturbeziehung verliert sich in der Tiefe der Mystik. Bereits sein Jesus-Verhältnis wurde als Christus-Mystik bezeichnet, und auch seine Vermählung mit der Frau Armut war eine mystische Hochzeit. Bei Franziskus ist alles aus seiner spezifisch christlichen Mystik herausgewachsen, eine Tatsache, der man zu wenig Beachtung schenkte. Gewiß, er dozierte keine Mystik. Bei ihm finden sich keine gelehrten Unterscheidungen über die Reinigung, Erleuchtung und Vollendung, er weiß nichts von der Unterscheidung innerhalb der Beschauung. Als abgesagter Feind der Scholastik war er gar nicht in der Lage, solche schwierige Spekulationen aufzustellen. Aber echte Mystik ist verborgenes Leben mit Gott und nicht theologische Lehre. Deswegen war Franziskus, auch wenn er keine mystischen Systeme aufstellte, nichtsdestoweniger ein Mystiker und zählt unstreitbar zu deren größten Vertretern aller Zeiten. Der Poverello lebte die Mystik auf eine solch unmittelbare Art, daß sie einem bei ihm aufs anschaulichste entgegentritt. Sein ganzes Wesen ist nichts anderes als Mystik. Franziskus ist die Verkörperung der christlichen Mystik; in ihm ist sie menschliche Person geworden. Gar oft geriet Franziskus in Verzückung, und in solchen Stunden umfing ihn überirdisches Licht. «Dann war der ganze Mensch ein Gebet, nicht nur ein Betender»[112], schreibt Celano, und Bonaventura fügt hinzu: «Einer feurigen Kohle gleich schien er von der Flamme der göttlichen Liebe ganz verzehrt zu sein.»[113] Der bezaubernde Duft seiner Legende stammt aus der christlichen Mystik. Auch erklärt sich daraus sein bildhaftes Denken, durch das er zum Schöpfer der Krippenandacht wurde. Es ist das Denken mit dem Herzen und nicht mit dem Verstand, das Franziskus betätigte. Er huldigt nie der Meinung, die Leute würden anders, wenn sie etwas mit der Vernunft eingesehen hätten. Bei ihm findet sich keine Spur von ausdörrendem Intellektualismus. Obwohl die Scholastik damals im Zenit stand und der verkirchlichte Aristotelismus den Augustinismus ablöste, berührten diese Vorgänge den mystischen Franziskus nicht, der das intellektuelle Bewußtsein als «eine beschränkte, unvollkommene Lebensform» betrachtete.[114] Im ekstatischen Spürsinn des Franziskus — der mit gewöhnlichem Gefühl nicht gleichzusetzen ist, da dieses den Menschen unter Umständen auch in die Irre führen kann — hat für einen kurzen Moment wieder das weiße Christentum in der Kirchengeschichte aufgeleuchtet, das sonst so stark vom schwarzen Christentum verdunkelt wird.

Den Höhepunkt von Franziskus' mystischem Erleben stellt das Ereignis auf dem Alvernaberg dar. Was im einzelnen auf dem Monte Alverna im September 1224 vor sich ging, kann heute nicht mehr gesagt werden. Franziskus war allein, und es gab keinen neugierigen Zeugen dieses geheimnisvollen Geschehens. Er hat darüber niemandem nähere Auskunft gegeben. Das Erlebnis muß von erschreckender Art gewesen sein, und es fehlt jegliche Vergleichsmöglichkeit aus der Geschichte. Der Gekreuzigte ist — vermutlich in der Gestalt eines Seraph — Franziskus erschienen und hat ihm mit sengenden Strahlen die Wundmale an Händen, Füßen und an der Seite beigebracht. Eine ausmalende Schilderung dieses Vorganges verbietet sich. Nach der Ekstase trug Franziskus die gleichen Leidensmerkmale an sich wie Jesus. Das Christus-Symbol hatte seine größte Ähnlichkeit gefunden, so daß es leiblich sichtbar wurde. An der Stigmatisation ist, trotz den kritischen Stimmen, die gegen sie vorgebracht wurden, nicht zu zweifeln. Das Zeugnis des Elias von Cortona «ist angesichts der Leiche geschrieben».[115] Die Stigmata sind aus einer brennenden Christus-Beziehung hervorgegangen, mit der Franziskus sich restlos verausgabte und nicht die geringste Reserve für sich behielt. Eine mystische Überformung bildet den krönenden Abschluß von Franziskus' glühender Beschäftigung mit Jesus, die sich zuletzt im Körperlichen auswirkte. Dieses rätselhafte Charisma, mit dem der Poverello über alle früheren Heiligen erhöht wurde, kann man nicht erklären. Der Verzicht auf eine solche Erklärung bedeutet kein Ausweichen, denn bildhafte Wahrheit kann kaum in begriffliche Sprache umgesetzt werden, ohne eine Verfälschung zu erleiden. Monte Alverna ist so wenig ein wissenschaftliches Problem wie Gethsemane. Vor diesem erhabenen Mysterium, welches schon das 13. Jahrhundert als unerhörte Neuheit nicht fassen konnte, ist das ehrfürchtige sich Verneigen die einzig angebrachte Haltung. Dieses Verstummen kann man bereits bei seinem ersten Biographen wahrnehmen: «Obgleich wir etwas davon in uns nachfühlen können, so reichen doch keine Worte aus, um auszudrücken, weil sie von den Dingen des Alltags abgegriffen und beschmutzt sind, und vielleicht mußte es deswegen an seinem Fleische erscheinen, weil es in Worten nicht hätte ausgedrückt werden können. Darum muß das Schweigen sprechen, wo es an Worten gebricht.»[116]

Bald nachdem Franziskus die Wundmale empfangen hatte, erblindete er. Das innere Licht löschte das äußere aus; nebeneinander konnten sie nicht bestehen. Der Heilige war ohnehin schon seit längerer Zeit infolge seiner strengen Askese ein kranker Mann. Seit seiner Abkehr von der Weltlichkeit ließ seine Gesundheit zu wünschen übrig. Es wird von einer Magenkrankheit berichtet, die ihn Blut brechen ließ, von einem schmerzhaften Augenleiden, das die Ärzte auf unmenschliche Weise behandelten, und von Wassersucht, die ihm große Beschwerden verursachte. Sein Zustand verschlimmerte sich zusehends, und der Poverello war nicht der Mensch, der sich über sein Befinden einer Täuschung hingab. Franziskus fühlte sich so innig mit Gott vereinigt, daß «er mit dem Tod und mit dem Leben gleich zufrieden war».[117]

Ohne die geringste Furcht blickte der erst Vierundvierzigjährige dem Tode entgegen. Bei dessen Herannahen sprach er noch ein Wort, bei dem man im ersten Moment nicht recht zu hören glaubt, und das doch so echt franziskanisch ist, wie es nur dieser Heilige aussprechen konnte: «Willkommen, mein Bruder Tod.»[118] Der gewaltigste Sieg, den ein Mensch erringen kann, liegt in diesem kurzen Satz beschlossen. Damit hatte Franziskus noch eine letzte Höhe erklommen. Franziskus hing keiner phantastischen Spekulation über die Aufhebung des Todes nach. Auf eine unfaßliche Art hat er den dürren Knochenmann, vor dem sonst alle Menschen ein lähmendes Entsetzen überkommt, in sein Bruderverhältnis einbezogen und damit das schwere Todesproblem nicht gelöst — das kann kein Mensch —, aber aus seiner Religiosität heraus beantwortet. Statt einer inneren Abwehr drückte er auch noch den Tod liebend an seine Brust. Welche Überlegenheit liegt in dieser heiligen Gebärde! Nur mit zitternder Freude kann man Zeuge dieses lichtvollen Sterbens sein. Franziskus verlangte, nackt ausgezogen auf die bloße Erde gelegt zu werden, «damit er in seiner letzten Stunde nackt mit dem Nackten kämpfe».[119] Hierauf befahl er den Brüdern, das Lied vom Bruder Tod anzustimmen, obschon Elias von Cortona in einer falschen Feierlichkeit meinte, solches Singen schicke sich nicht in der Stunde des Abscheidens. Doch die Brüder stimmten den letzten Vers aus dem Sonnengesang an:

Preis dir, o Herr, durch unsern Bruder, den zeitlichen Tod,
dem kein Lebendiger entrinnen kann.
Weh denen, welche in Todsünde sterben!
Selig die, welche er in dem heiligen Willen ruhend findet;
denn der zweite Tod wird ihnen kein Übel antun.

Am 3. Oktober 1226 «empfing Franziskus den Tod mit Singen»[120], damit den christlichen Triumph über das Sterben erringend.

VII

Die religiöse Aneignung von Franziskus' Leben erfordert eine andere Art des Lesens, als sie der moderne Mensch gewohnt ist, der mit flüchtigem Blick die neuesten Sensationsmeldungen überfliegt. Es bedarf dazu einer wiederholten inneren Versenkung, ähnlich wie der Heilige selbst sie auszuüben pflegte, der nicht weiterlas, wenn er auf eine Stelle stieß, die ihn anregte, vielmehr das Buch schloß und über die Ausführung nachdachte, um ja nichts von ihrem kostbaren Gehalt zu verlieren. «Diese Art zu lesen und zu lernen nannte er fruchtbringend, nicht aber in tausend Abhandlungen herumzustöbern.»[121] Ein neues Buchstabieren mit dem Herzen fordert diese Einübung, welche immer wieder versucht, das Gelesene für das eigene innere Leben fruchtbar zu machen.

Franziskus sprach einmal von Menschen, die «nur durch Vorlesung und Verkündigung der Werke, welche die Heiligen vollbrachten, Ehre und Lob zu empfangen wünschen».[122] Wenn man sich nicht dieser Einstellung schuldig machen will, dann darf man den Poverello nicht bloß als den Mann preisen, welcher das gewöhnliche Christentum wieder auf ungewöhnliche Weise gelebt habe. Franziskus ist keine Erscheinung der Vergangenheit, zur bloßen Bewunderung hingestellt. Es gibt heute noch die franziskanische Möglichkeit, wenn auch nicht für die breiten Massen, wohl aber für Einzelne. Die franziskanische Möglichkeit taucht von Zeit zu Zeit in der Geschichte auf, pocht an die Tore der Christenheit, um Einlaß zu begehren, und wenn ihr nicht geöffnet wird, verschwindet sie wieder für einige Zeit, bis ihre Stunde aufs neue anbricht. Sie ist weder reaktionär noch revolutionär, sie segnet weder das Bestehende noch errichtet sie Barrikaden, sondern geht quer durch alles hindurch und verwandelt das Bittere in Süßes, ruft den Menschen zu der Freiheit auf, die in der religiösen Armut besteht, und schenkt jene unbeschreibliche Freude, die aus der ewigen Nachfolge Jesu Christi erwächst. Ohne die Welt anzugreifen, hebt sie dieselbe auf lautlose Weise aus den Angeln, entwertet sie durch eine höhere Wirklichkeit, die sie an ihre Stelle rückt. Sie bildet in ihrer ursprünglichen Form eine der radikalsten Haltungen, die es gibt, und enthält viel mehr sprengende Kräfte als alle Umsturzbewegungen, weil sie keine Gegenaktion auf den Plan ruft. Die franziskanische Möglichkeit ist eine Spielart des Urchristentums, die in der Geschichte immer wieder aufleuchtet. Vielleicht wird gerade das in Ruinen darniederliegende Abendland diese Möglichkeit nicht mehr als etwas Unmögliches betrachten, denn auf dieser scheinbaren Unmöglichkeit gründet sich das ganze Evangelium.

Jeanne d'Arc

1412—1431

I

Das 15. Jahrhundert traf Frankreich im Zustand tiefster Erniedrigung. Der 100jährige Krieg drohte das ganze Königreich zu vernichten. Bereits hatten die englischen Heere große Gebiete des Landes erobert, und die vollständige Besetzung schien nur noch eine Frage der Zeit zu sein. Die lange Dauer des Krieges hatte eine furchtbare, zersetzende Wirkung auf die Menschen. Die Äcker blieben unbestellt, und ganze Gegenden verödeten. Schreckliche Hungersnöte und Seuchen, denen niemand Herr zu werden vermochte, breiteten sich aus. Das Leben in diesem von verwilderten Kriegshorden heimgesuchten Land war trostlos. Frankreich stöhnte schwer unter der Geißel dieses nicht endenwollenden Krieges. Auch in den nicht direkt in der Kampfzone gelegenen Dörfern mußte manchmal die gesamte Bevölkerung vor dem anrückenden Feind fliehen und fand nach der Rückkehr oft ihre Wohnstätten nur noch als rauchende Trümmerhaufen vor. Am unheilvollsten wirkte sich die innere Uneinigkeit für das Land aus. Die französische Nation war zu jener Stunde in zahlreiche Gegensätze zerrissen. Burgund stand offen auf der Seite des Feindes. Der König war nicht einmal gekrönt, und seine legitime Geburt wurde von seiner nächsten Umgebung angezweifelt. Die Zeit schien gekommen, da Frankreich zu einem Vasallenstaat Englands werden sollte. In einem solch traurigen Ende drohte der farbige Herbst des Mittelalters für das Land Ludwigs des Heiligen auszuklingen.

Aus diesem zeitgeschichtlichen Hintergrund ist Jeanne d'Arc hervorgetreten. Sie ist nicht aus dem Nichts emporgetaucht, sondern wurde durch geschichtliche Ereignisse veranlaßt, aufzustehen. Ihr Erscheinen bildet eine der merkwürdigsten Begebenheiten der französischen Geschichte. Mit dem Moment ihres Auftretens verschwindet mit einem Schlag alles Interesse, das man bis dahin am politischen Geschehen des spätgotischen Jahrhunderts nahm. Nur noch die Gestalt Johannas steht im Mittelpunkt. Sie beherrscht das geschichtliche Bühnenbild in einem solch überragenden Maße, daß einem jedes Wort dieses rätselhaften Mädchens bedeutsam wird und man die kleinste Einzelheit aus ihrem Leben wissen möchte. Alle andern Ereignisse werden überschattet durch ihre einzigartige Persönlichkeit, die rasch ins Ungewöhnliche wuchs, alle üblichen Vorstellungen weit hinter sich lassend. Johanna zieht in dieser ausschließenden Weise die Aufmerksamkeit auf sich, weil sie die Antwort des Himmels auf den Verzweiflungsschrei ihrer Nation darstellt. Das ist keine nachträgliche Deutung, denn sie selbst hat ihr Leben unter diesem Gesichtspunkt betrachtet. Schon zu ihren Lebzeiten wurde Johanna von ihren Gegnern der Vorwurf gemacht, «daß in ihrer Gegenwart viele sie wie eine Heilige verehren».[1] Ob dieser Anspruch, als Himmelsbotin das befreiende Wort für ihre Zeit und ihr Land gesprochen zu haben, zu Recht besteht oder nicht, muß sich vor allem der Historiker klar werden. Die meisten Darstellungen der unübersehbaren Literatur über die Jungfrau kranken — mit wenigen Ausnahmen einiger neuerer französischer Dichter — an der Unklarheit über diese entscheidende Vorfrage. Sie wissen nicht, ob Johanna als überirdische Heilige, als kriegerische Amazone, als vorgeschobene Strohpuppe usw. aufzufassen ist. In ihrer Verworrenheit schwanken sie zwischen diesen verschiedenen, sich gegenseitig ausschließenden Gesichtspunkten unentschieden hin und her und vermengen schließlich alle Gesichtspunkte miteinander. Dadurch bekommt das Bild Johannas jene uneinheitliche Linie, welche dazu führt, die zahlreichen Monographien über die Jungfrau mit einem unbefriedigten Gefühl aus der Hand zu legen. Gerade dieses Unklare aber paßt nicht zu ihr. Wenn ein Mensch in seinem Leben gewußt hat, wer er war und was er wollte, dann sicher Johanna. Sie ist aus einem Guß. Das religiöse und das soldatische Leben zerfällt bei ihr nicht in zwei Teile. Es gehört vielmehr zusammen und bildet eine unauflösliche Einheit. Die kriegerische Phase ist aus der heiligen hervorgegangen wie die Frucht aus der Blüte. Bei Johanna ist alles einem großen Ziel unterstellt. Sie ist als heilige Gestalt zu verstehen. Darüber kann es, ernsthaft betrachtet, nicht den geringsten Zweifel geben. Nur eine Auffassung, die sie einheitlich als Heilige sieht, gewinnt jene religiöse Geschlossenheit, die ihrer Persönlichkeit gerecht zu werden vermag. «Mit ihr ist das vollkommene Reine in die Geschichte eingetreten.»[2] Freilich entspricht ihre Heiligkeit nicht dem traditionellen Schema, sondern sprengt mit einer Gewalt ohnegleichen alle üblichen Vorstellungen von Heiligen.

Johanna unterscheidet sich schon dadurch von den übrigen Heiligen, daß bei ihr kein inneres Wachstum wahrzunehmen ist. Mit dem Zeitpunkt ihres öffentlichen Auftretens ist sie innerlich fertig und bleibt sich immer gleich bis zu ihrem letzten Moment. Eine Entwicklung konnte es auch wegen der Kürze der Zeit kaum geben. Wohl geschah im Leben Johannas so viel, wie andere Menschen in mehreren Jahrzehnten nicht erleben. Aber wenn man sich frägt, in welchem Zeitraum sich dieses ganze Farbenspiel, das flutendes Licht und schwarze Nacht enthält, ereignet hat, so wird man gewahr, daß es kaum ein paar Monate sind. Diese kurze Frist trägt wesentlich zur Dramatisierung ihres Lebens bei. Wie in einem russischen Roman überstürzen sich bei ihr die Ereignisse, sind die bedeutendsten Dinge auf den kürzesten Zeitraum zusammengedrängt, und schon ist alles vorbei. Zurück bleibt einzig der unbeschreibliche Eindruck, den man nur in die staunenden Worte zusammenfassen kann: Wieder einmal hat eine Heilige den bedrängten Menschen die Antwort des Himmels überbracht, die allein der namenlosen Not ein Ende machen konnte.

II

Man kann sich über die Jugendzeit der in Domremy geborenen Johanna nur ein unvollständiges Bild machen. Es sind wenige zuverlässige Tatsachen bekannt. Wie es auf dem Lande Sitte ist, mußte sie von frühester Kindheit an mitarbeiten. Wenn ihre Familie sich auch in geachteten Verhältnissen befand, so war ihr häusliches Dasein dennoch hart und karg. Sie selbst hat gesagt: «Ich arbeitete im Haushalt und ging nicht mit den Schafen und den andern Haustieren aufs Feld.»[3] Johanna hat nie eine Schule besucht und war zeitlebens außerstande, auch nur A und B zu unterscheiden. Ihre starke religiöse Veranlagung bewegte sich durchaus im Rahmen der dörflichen Frömmigkeit und wurde von ihrer Mutter betreut. Wegen ihrer guten Sitten war Johanna allgemein beliebt. Als eifrige Kirchenbesucherin pflegte sie beim Läuten der Glocken auf freiem Feld niederkniend ihre Gebete zu verrichten. Ihrer frischen Natürlichkeit war alles überspannt-feierliche Wesen fremd. Wahrscheinlich war sie kein sanftes Kind, sondern entsprechend ihrem Temperament ein heftiges Mädchen, dessen Leidenschaftlichkeit gelegentlich hervorbrechen konnte. In aller Arglosigkeit nahm sie auch an den heidnischen Bräuchen teil, welche die Dorfbewohner, wie alle Bauern, noch ausübten, und erfreute sich an den bescheidenen Dorffestlichkeiten, die bei der Buche stattfanden. «Sicher habe ich dort mehr gesungen als getanzt», bemerkte sie einmal dazu.[4] Alles in allem führte Johanna das typische Dasein eines Bauernmädchens. Doch hat es keinen Wert, bei dieser Vorgeschichte sich lange aufzuhalten, da sie an das Wesentliche nicht rührt.

Auch über Johannas Äußeres existieren keine näheren Aussagen. Die Zeitgenossen reden von einem bäuerlichen Antlitz und einer gedrungenen Gestalt. Von großer Schönheit scheint sie nicht gewesen zu sein. Frauen wurden auf sie nie eifersüchtig. Leider besitzt die Nachwelt kein echtes Bild von ihr. Doch würde es zur Aufklärung der Jungfrau wenig beitragen. Was Johanna aus ihrer bäuerlichen Umgebung heraushebt und sie zu einem der fesselnden Menschen der

Weltgeschichte macht, ließe sich in keiner Weise porträtieren, kann es doch auch kaum mit Worten angedeutet werden, weil es sich in einem Raum abspielt, der aller historischen Darstellungskunst entzogen ist.

Die entscheidende Stunde im Leben Johannas war zweifelsohne jenes Vorkommnis, als das dreizehnjährige Mädchen an einem sommerlichen Mittag im Garten ihres elterlichen Hauses stand und plötzlich zu ihrer Rechten eine helltönende Stimme vernahm. Zugleich strahlte ihr ein Lichtglanz entgegen, blendender als die Sonne. Johanna sah die Gestalt eines überirdischen Wesens, das «von vielen Engeln aus dem Himmel begleitet war».[5] Ein geheimnisvoller Schrecken durchfuhr sie, denn sie wußte nicht, wie ihr geschah. Die Himmelsgestalt offenbarte sich dem angsterfüllten Mädchen als jener gewaltige Erzengel Michael, der nach der Offenbarung Johannes' mit dem Drachen gestritten und der nach dem Buch Daniel am Ende aller Tage, zur Zeit der größten Bedrängnisse, sich wieder zum Schutze seines Volkes erheben werde. Sankt Michael verhieß ihr die Erscheinung der heiligen Katharina und der heiligen Margaretha, die als altkirchliche Märtyrergestalten zu den vierzehn Nothelfern gezählt werden und im Glauben des spätmittelalterlichen Menschen einen breiten Raum einnahmen. Das bebende Furchtgefühl verwandelte sich bei Johanna in eine unbeschreibliche Glücksempfindung, und überwältigt von jubilierender Freude «küßte sie den Boden»[6], auf dem der Engelfürst gestanden hatte. «Als sie von mir weggingen, habe ich geweint, und es wäre mir lieb gewesen, wenn sie mich mitgenommen hätten.»[7] Bald darauf ging das Versprechen des Erzengels in Erfüllung; die beiden gekrönten Heiligen erschienen dem einfachen Dorfmädchen und taten ihm ihre Namen kund. Nicht nur einmal wurde Johanna des Besuchs der beiden Heiligen gewürdigt, sondern öfters, manchmal mehrfach am gleichen Tage. Sie führten mit ihr ein Gespräch, für das alle Vergleichsmöglichkeiten fehlen, da es sich in einer unvorstellbaren Atmosphäre vollzog.

Dieses religiöse Erlebnis am Beginn der Laufbahn Johannas

ist in ein undurchdringliches Geheimnis gehüllt. Wie Jeremia wurde diesem Bauernmädchen eine göttliche Auserwählung zuteil, welche ihrem Leben den himmlischen Adel verlieh. Ähnlich wie der alttestamentliche Prophet wurde sie von den ewigen Mächten angesprochen. Von dieser heiligen Berufung her ist Johannas Leben allein zu verstehen. Wer dies verkennt, hat sich zum voraus die Möglichkeit verbaut, die Gestalt richtig zu erfassen. Sie selbst besaß das deutliche Gefühl, durch den Besuch der beiden Heiligen aus dem gewöhnlichen Leben herausgenommen zu sein. Das richtige Verständnis für ihre Auserwählung bewies sie mit ihrem Schweigen darüber, denn sie war nicht von dem Verlangen geplagt, alle Welt sofort mit ihrem Berufungs-Erlebnis bekanntzumachen und behielt trotz ihrem jugendlichen Alter das ungewöhnliche Ereignis als ihr heiliges Geheimnis ganz für sich. Weder ihre Mutter noch ihren Beichtvater zog sie ins Vertrauen. Sie begehrte hiefür keinen priesterlichen Beistand. Ganz allein suchte das junge Mädchen mit seiner Berufung fertig zu werden. Bereits diese Verschwiegenheit ist beachtenswert, denn es zeigt sich in diesem Verhalten schon früh ihre religiöse Selbständigkeit, die bei ihr immer wieder festzustellen ist. Auch später pflegte sie nur einsilbig über die große Stunde ihres Lebens Auskunft zu geben und paßte sich in ihren Aussagen dem Verständnis der andern an.

Aus diesem Berufungserlebnis ging Großes hervor. Ihr unwiderstehliches Sendungsbewußtsein, das Zeichen der wahrhaft prophetischen Natur. Johanna glaubte, eine Mission erfüllen zu müssen, zu der sie und niemand anderer sonst gesendet sei. Nicht aus eitlem Ehrgeiz hatte sie sich diese Sendung angemaßt, wie aus dem tiefen Ernst zu ersehen ist, mit dem sie dieselbe auffaßte. Sie war ihr von Gott aufgetragen worden. Der Allmächtige hatte sie eigens dazu erschaffen, und in seinem Auftrag handelte sie. «Lieber wollte ich von Rossen zerrissen werden, als ohne Erlaubnis von Gott nach Frankreich gekommen sein.»[8] In ihrem Munde findet sich kein Ausspruch häufiger als der Hinweis auf ihre überirdische Sendung. Es war kein Sendungsbewußtsein ohne Sendung, welches sie erfüllte, vielmehr erschien sie gleich einem Meteor und verschwand wieder. Das königliche Gefühl des Gesendetseins trieb sie vorwärts, aus ihm heraus floß ihr sieghafter Glaube und auch die Fähigkeit, diesen Glauben andern mitteilen zu können. Es war für Johanna von untergeordneter Bedeutung, ob die andern Menschen auch von diesem Sendungsbewußtsein überzeugt waren. «Ich weiß nicht, ob die von unserer Partei das glauben und überlasse das ihrem Herzen. Aber auch wenn sie es nicht glauben, so bin ich halt doch von Gott gesandt.»[9] Alles Ungewöhnliche in diesem Leben ist nur aus diesem ebenso großartigen als gefährlichen Auftrag zu erklären, in welchem sie gerade nicht nachgeahmt werden darf. Von dem widerlichen Geltungsdrang eines Psychopathen ist diese herrlichste aller herrlichen Überzeugungen nur durch eine schmale Linie getrennt, die in dem entscheidenden Unterschied von echt und unecht besteht.

Johannas Sendung besaß einen konkreten Inhalt. Die Heiligen führten keine albernen Reden mit ihr, wie sie etwa bei spiritistischen Gesprächen der Okkultisten zum Vorschein kommen. Weder war es eine Unterhaltung, die sich um persönliche Angelegenheiten drehte, noch sagten die himmlischen Heiligen Dinge, von denen man annehmen konnte, daß sich ihr Unbewußtes es wünschte. Es war vielmehr ein sinnvolles, überpersönliches Gespräch, aus dem sie auch die Klarheit ihres Geistes empfing, und von welchem unübersehbare Wirkungen ausgegangen sind. Unablässig forderten die Himmelsmächte sie auf, dem König von Frankreich zu Hilfe zu eilen und das schwer bedrängte Vaterland zu retten. Um das heilige Frankreich, wie Ludwig es gesehen hatte, um das große, unsterbliche Frankreich, das niemand vergessen kann, der es einmal erkannt hat, drehte sich dieses ungewöhnliche Zwiegespräch. Es steht nicht zur Frage, ob es dieses von Gott besonders geliebte Frankreich tatsächlich auch gibt. Für Johanna stand das allerchristlichste Frankreich jedenfalls außer Diskussion, und in diese Vorstellung mußte sich auch das Bild des Königs einfügen, so wenig demselben die Wirklichkeit entsprach. Die bedrängte Heimat zu retten, diese nationale Aufgabe wurde ihr aufgetragen, und die Frage, ob Religion oder Vaterlandsliebe ihr Anliegen sei, hätte sie nicht verstanden. Für Johanna waren Frömmigkeit und Patriotismus keine getrennten Haltungen, da sie in der Vorstellungswelt einer religiös fundierten Heimatliebe lebte, die eine von Gott gesetzte Ordnung bildet. Die Rettung des vom Untergang bedrohten Vaterlandes war eine ungeheure Aufgabe für ein unwissendes, halbwüchsiges Landmädchen, vor der auch Johanna naturgemäß zurückbebte. Es ist ein Zeichen für die Echtheit ihrer Berufung, daß sie zunächst die an Wahnsinn grenzende Zumutung erschreckt ablehnte. «Ich bin ja nur ein armes Mädchen und verstehe nichts vom Reiten und vom Kriegführen.»[10] Dieses anfängliche Zurückschaudern vor dem Auftrag des Himmels teilt sie mit den alttestamentlichen Propheten, mit Moses, Jeremia und Jonas. Es beweist mehr als alles andere, daß Johanna wirklich nicht von sich aus auf diese Gedanken verfallen ist. Sie müssen ihr von höheren Mächten aufgedrängt worden sein. Denn sie selbst war nicht ohne weiteres zur Erfüllung dieser phantastischen Aufgabe, an deren Bewältigung bis dahin die besten Männer Frankreichs gescheitert waren, bereit. Größe und Schwierigkeiten ihres Auftrages hat sie sofort ermessen. Die himmlischen Räte ließen jedoch ihre Einwendungen nicht gelten. Immer eindringlicher und immer gebieterischer gemahnten sie die Magd Gottes an die ihr aufgetragene Pflicht. Es wäre Ungehorsam und Versündigung gegen einen Befehl des Himmels gewesen, wenn Johanna sich noch länger geweigert hätte. Endlich entschloß sich das lothringische Mädchen, dem Auftrag nachzukommen und das riesengroße Werk im Glauben in Angriff zu nehmen. Johanna gehört zu den großen Glaubenden, von denen eine Berge versetzende Kraft ausgeht, und die verstanden haben, was die entscheidende Stunde von ihnen verlangt.

Begreiflicherweise haben die Visionen der Jeanne d'Arc stets die größte Aufmerksamkeit auf sich gezogen und eine nicht zur Ruhe kommende Diskussion zur Folge gehabt.

Viele psychologische Erklärungsversuche, die sich dem modernen Bewußtsein förmlich aufdrängten, wurden vorgebracht. Sie sind nicht zum voraus als Entheiligung abzulehnen. Die Deutungen, welche von Autosuggestion und Halluzination reden, haben etwas Einleuchtendes an sich, weil sie das Problem ohne Metaphysik zu lösen versuchen. Aber diese unreligiöse Aufhellung ist doch nur eine Scheinlösung. Vor dem letzten Begreifen versagt sie und gleitet ins Flächenhafte ab. Johannas beunruhigende Erscheinung wird dadurch nur mit einer Etiquette versehen, die letzten Endes zum tieferen Verständnis nichts beiträgt. Nach allen zeitgenössischen Berichten war Johanna aber ein gesundes Bauernmädchen, das keinerlei asketische Bußübungen pflegte. Es fehlen jegliche Anzeichen dafür, daß sie an nervösen Störungen gelitten hat. Wachträume passen nicht zu ihrer eher kühlen Überlegungsfähigkeit, und gegenüber visionären Betrügerinnen war sie selbst äußerst mißtrauisch, wie ihr kritisches Verhalten gegenüber Catherine de la Rochelle bewies. Mit Krankheiten haben Johannas Visionen nichts zu tun, denn das Pathologische ist der Gesundheit feindlich. Dies waren aber die Heiligenerscheinungen nicht, auch wenn sie die Norm sprengen.[11] Ebensowenig ist mit dem Hinweis auf Johannas ungewöhnliche religiöse Vorstellungskraft, die von dichterischer Stärke gewesen und ein Phantasiegebilde nicht von der tatsächlichen Welt habe unterscheiden lassen, etwas gewonnen. Allen diesen Erklärungen wohnt die Tendenz inne, daß sie letztlich zu einer Zerstörung der Gestalt führen. Ungewollt gelangen sie zu der gleichen Ansicht, der jene Männer huldigten, die sie einst verurteilt haben, indem auch sie Johanna als eine vom Wahn erfüllte Phantastin hinstellen. Das aber muß doch sehr nachdenklich stimmen, zumal auch diese Erklärungen beständig mit willkürlichen Hypothesen argumentieren, deren Spuren nach Anatole France leider «auf immer verlorengegangen sind»![12] Allen diesen Deutungen liegt eine bloß rationalistische Einstellung zugrunde, die zu kläglichen Verzeichnungen führen muß. Sie bewegen sich auf einer anderen

Ebene als derjenigen, auf welcher Johanna lebte. Deswegen haben sie sich trotz allem Scharfsinn als wenig fruchtbar erwiesen und vermochten von der Jungfrau kein neues, großes Bild zu schaffen, das sich der Menschheit einprägte.[13]
Die englische Schriftstellerin Sackville-West meint in ihrer trockenen Biographie über Johanna, der zauberische Reiz von Frankreichs Nationalheiliger bestehe darin, daß sie «einige der zutiefst verwurzelten Grundsätze dessen, was wir glauben oder nicht glauben, in Frage stellt», und wie man hinzufügen darf, sogar über den Haufen wirft.[14] Diese ungewöhnliche Wirkung hatte sie schon in ihrem Jahrhundert, das keineswegs nur leichtgläubig war, ausgeübt, und sie tut dies auch heute noch, wenn es einem um eine ernsthafte Begegnung mit Johanna geht. Es ist kein Zufall, daß sie immer wieder Ungläubige zur Auseinandersetzung mit ihr gezwungen hat und ihnen dabei stets zwischen den Fingern hindurchgeschlüpft ist. Johanna stellt die Menschen immer vor neue Situationen. Man kommt ihr nicht nahe, betrachtet man sie von einem dogmatischen oder rationalistischen Gehäuse aus. Nur in der Seele dessen, der ihr unvoreingenommen entgegentritt, wird durch die Beschäftigung mit dieser Heiligen etwas Neues geboren. Denn durch sie sieht er sich genötigt, seine weltanschaulichen Hefte über das, was möglich und was nicht möglich ist, in mehr als einem Punkt zu revidieren. In der Auflockerung von festgefahrenen Denkgeleisen liegt der Dienst, den sie auch dem heutigen Menschen leisten kann.
Es ist ratsamer, Johannas Visionen in ihrer ganzen Rätselhaftigkeit stehenzulassen und sie nicht anders zu deuten, als sie selbst es tat. Es ist stets ein gewagtes Unternehmen, eine historische Gestalt besser verstehen zu wollen, als sie selber es tat. In der Geistesgeschichte gibt es zahlreiche Erscheinungen, die zwar umschrieben, aber nie restlos erklärt werden können. Auch Sokrates' rätselhaftes Dämonium ist rational nicht verstehbar. Vorgänge wie Paulus' Damaskus-Erlebnis darf man nicht zu grell beleuchten, soll ihre Lebensatmosphäre nicht zerstört werden. So paradox es klingen

mag, man kommt ihrem Verständnis näher, wenn sie in dem ihnen entsprechenden Halbdunkel belassen werden und das Geheimnis, das sie umschwebt, gewahrt bleibt. Mit welcher Scheu und Zurückhaltung hat Johanna selbst davon gesprochen! Nur als man sie preßte, gab sie widerwillig einige Andeutungen, in dem deutlichen Bewußtsein, daß sie ihr Geheimnis den Menschen doch nicht erklären könne. Das wenige, das sie Erlaubnis hatte mitzuteilen, weist auf ein überrationales, unausdrückbares Geschehen hin. Schlichter kann man über seine Gesichte nicht reden, als Johanna es getan hat. Natürlich war die Form ihrer inneren Schau an das Vorstellungsmaterial ihrer religiösen Erziehung gebunden. Die Visionen Johannas erscheinen in einem seltsamen Lichte durch ihre Häufigkeit, die Mehrzahl der ihr erscheinenden himmlischen Wesen, und vor allem durch den Begriff «Stimmen», der dafür verwendet wurde. Es ist jedoch nicht an die verhängnisvolle Belastung dieses Begriffes zu denken, sondern auf neutestamentliche Situationen hinzuweisen (Mt. 3, 17). Johanna gebrauchte den Ausdruck «son conseil», von dem sie sich nicht zu trennen gewillt war.[15] Bei ihren Visionen geriet die Jungfrau nicht in Verzückung, und deswegen merkte ihre Umgebung nichts, woraus sich auch die Zeugenlosigkeit des Vorganges erklärt. Es spielte sich bei ihr alles lautlos ab, was sie aber nicht hinderte, sich unablässig mit ihren Visionen zu beschäftigen und ihnen mit großem Ernst alles zum Opfer zu bringen. Zwischen Erscheinungsform und Inhalt der «Räte», die Johanna zuteil wurden, darf unterschieden werden. Eine allzu buchstäbliche Auffassung des unerforschlichen Ereignisses verstößt nur gegen die Welt des symbolischen Denkens, der Johanna angehörte. Das Erfordernis ist allerdings unabweisbar, daß man von Johannas Visionen mit jener Ehrfurcht redet, die man gegenüber allem Religiösen wieder neu lernen muß, und auf welche vor allem eine von Engelswesen angesprochene Gestalt Anrecht hat.[16]

Von ausschlaggebender Bedeutung ist die Art, wie Johanna sich selbst in diesen inneren Gesichten verstand. In einer grandiosen Unmittelbarkeit war dieses Bauernkind fortan mit den himmlischen Mächten verbunden, woraus ihre unnachahmliche Hoheit hervorging. Johannas Beziehung zur heiligen Katharina und heiligen Margaretha ließ die übliche Heiligenverehrung weit hinter sich. Sie rief die beiden Heiligen nicht nur an, sie lebte mit ihnen beinahe auf gleichem Fuß, wurde sie von ihnen doch beständig beraten und geleitet. Die Jungfrau stand in einem direkten Verhältnis zur Engelwelt, und aus diesem gesteigerten Erleben floß ihr eine Gewißheit des Göttlichen, wie man sie stärker kaum erleben kann. Die Heiligen waren für sie eine Realität, die wirklicher war als die sie umgebende Wirklichkeit. Mehrfach hat sie gesagt: «Ich habe sie mit den Augen meines Leibes gesehen, gerade so gut, wie ich euch jetzt vor mir sehe!»[17] Johanna atmete deren Wohlgerüche ein, und einmal war ihr sogar beschieden — welch seliges Erlebnis! — die Heiligen zu umarmen und zu küssen.[18] Nach solcher Begnadigung begreift man die unaussprechliche Freude, die jeweils ihr Gesicht verklärte, und die Flut von Licht, die sie umleuchtete. Dank dieser unerschütterlichen Gewißheit, welche ihr die visionäre Schau vermittelte, gab es für sie nicht den geringsten Zweifel. In ihrer unmittelbaren Beziehung zum Göttlichen kannte Johanna keine seelische Unsicherheit. «Ich weiß es durch Offenbarung und so sicher, wie ich weiß, daß ihr da vor mir sitzt.»[19] Sie fühlte sich als Offenbarungsträgerin, wie Paulus es war (Gal. 1, 12). In diesem Angesprochenwerden vom Göttlichen, in dieser Unmittelbarkeit, in dieser religiösen Gewißheit liegt ihre Heiligkeit begründet und nicht so sehr in ihrer Selbstformung, obschon sie auch da der Meinung war, «man kann das Gewissen nie genug reinwaschen».[20] Die unnahbare Heiligkeit Johannas beruht auf der Nähe des Göttlichen, welche sie die über das Menschenmögliche weit hinausgehenden Taten vollbringen ließ.

Nach jahrelangen Besprechungen mit den Engelsmächten über die Ausführung ihrer Sendung erachtete Johanna den Zeitpunkt endlich als gekommen. Auch in diesem Moment verriet sie ihren Angehörigen keine Silbe von den gewaltigen

Plänen, die sie in ihrem Innern wälzte. Jede Äußerung zu ihren Eltern über ihre Absichten hätte natürlich alles sofort zunichte gemacht. Johannas Haltung zeigt, daß sie in keinem Taumel handelte, sondern die echt französiche Besonnenheit beibehielt, die alle ihre Handlungen begleitete. Ihr Wesen besteht denn auch aus einer seltsamen Mischung von hinreißender Begeisterung und gallischer Klarheit. Mit realistischer Begabung schätzte sie ihre häusliche Umgebung richtig ein. Ihr Vater muß dunkel gespürt haben, daß sich seine Tochter mit etwas Ungeheuerlichem trug, und wurde von ahnungsvollen Träumen heimgesucht, nach welchen sie mit Bewaffneten fortgezogen sei. Er hielt sie deswegen unter strenger Aufsicht und versuchte auch, sie zu verheiraten. Aber Johanna wies alle Vermählungsgedanken zurück. Sie hat vor Gericht eidlich bezeugen müssen, nie einem Manne ein Eheversprechen gegeben zu haben. Johanna fühlte sich ihres Bleibens nicht mehr sicher. Sie mußte noch einen letzten Gewissenskonflikt ihren Eltern gegenüber durchkämpfen und verließ Anfang des Jahres 1429, ohne Abschied zu nehmen, ihre Familie für immer. «Gott hatte ja Befehl dazu gegeben. So war es nicht mehr als recht, daß ich es tat. Weil Gott es befohlen hatte, wäre ich gegangen, auch wenn ich hundert Väter und hundert Mütter gehabt hätte und eine Königstochter gewesen wäre»[21], beteuerte später Johanna, die sich nur dieses Mal eines offenkundigen Ungehorsams schuldig gemacht hatte. Unter dem mächtigen Druck ihrer Visionen fühlte sie sich aber gedrungen, Gott mehr zu gehorchen als den Menschen. Mit dieser heimlichen Flucht aus dem Elternhaus endigt der erste Akt von Johannas Drama.

III

Die Ausführung ihrer Sendung beginnt wie eine alte Ballade, die von einer Schönheit ist, daß man nie müde wird, sie anzuhören. Ein zauberischer Glanz liegt auf diesem Geschehen, das jedoch nicht losgelöst von ihrem Auftrag des Himmels betrachtet werden darf.

Johanna lenkte ihre Schritte zu einem älteren Vetter, den sie Oheim nannte und der ganz nahe bei Vaucouleur wohnte. Ihm machte sie zuerst von ihrem Vorhaben Mitteilung und wünschte durch ihn mit dem Ritter Baudricourt bekannt zu werden, von dem sie ein Empfehlungsschreiben an den König brauchte. Sie trug noch ihr bäuerliches Gewand, den bekannten roten Rock, und war in ihrem ganzen Benehmen das einfache Landmädchen. Baudricourt wollte jedoch von diesem phantastischen Plan nichts wissen und riet, das entlaufene Mädchen mit einer Tracht Prügel wieder nach Hause zu schicken. Es war der erste Widerstand, auf den Johanna in ihrer öffentlichen Laufbahn stieß. Doch machte sie die Drohung, heimgeschickt zu werden, nicht im geringsten irre, sondern sie beharrte auf dem Verlangen nach einer Unterredung mit dem Ritter. Als sie zustande kam, sprach sie auf eine solch feurige Weise von ihrer hohen Mission, daß Baudricourt betroffen stutzte. Er konnte sich ganz gegen seinen Willen des Eindruckes einer überirdischen Kraft, welche ihm aus diesem Bauernmädchen entgegentrat, nicht entziehen. Am Ende des Gespräches gab sich der stämmige Mann geschlagen und willfahrte dem Wunsch der Gottesmagd.

Nach der Zustimmung Baudricourts vertauschte Johanna den roten Rock mit einem kniekurzen, dunkelfarbigen Kriegsgewand und trug ihr schwarzes Haar rund verschnitten nach Pagenart. Dieser Kleiderwechsel war im 15. Jahrhundert etwas Unerhörtes, der ihr später auch schlimm ausgelegt wurde. Ein Mädchen mit kurzer Frisur, auf der eine gezackte Kappe saß, und dazu noch in Männerkleidung, stand mit dem Gebot des Alten Testaments in offenkundigem Widerspruch (5. Mos. 22, 5). Das ärgerliche Kopfschütteln der damaligen Menschen über die Männerhosen tragende Himmelstochter ist nicht unbegreiflich. Doch hat Johanna selbst mit ihrem feinen Instinkt für Wesentliches und Unwesentliches dazu die treffsichere Antwort gegeben: «Die Sache mit den Kleidern ist kaum der Rede wert, das ist das wenigste. Ich habe die Männerkleider nicht auf den Rat eines Menschen von dieser Welt angelegt. Dies und alles, was ich tat, geschah auf Gottes und der Engel Geheiß.»[22] Da sie das männliche Kleid im Auftrag Gottes trug, war ihr Gewissen beruhigt, was immer auch im 5. Buch Moses stehen mochte. Sie selbst fand es anständiger, ihr kriegerisches Tun in Soldatenkleidern auszuführen, weil es sich unter Männern abspielte und sich die Notwendigkeit ergab, sich deren Lebensweise anzupassen. Diese Angleichung bewahrte Johanna vor aller zudringlichen Belästigung. Nie bekam sie eine sexuelle Anspielung zu hören, wenn sie nachts auf freiem Feld Seite an Seite mit ihren Kriegsleuten übernachtete. Dabei hatte Johanna auch im Kriegsgewand nichts von einem robusten Mannweib an sich. Sie war nicht aller weiblichen Züge bar, wie ihre mehrfach hervorgehobene frauenhafte Stimme und ihre reichlich fließenden Tränen bezeugen. Aber alle empfanden es als eine Unmöglichkeit, sie in sinnlicher Weise zu begehren. Der Liebeskonflikt, den Schiller in seinem Unverständnis für die wahre Johanna ihr angedichtet hat, ist völlig unhistorisch und taucht in der Literatur über die Heilige erstmals im 17. Jahrhundert auf. Vor der unerklärlichen Hoheit ihrer heiligen Erscheinung verstummte jede geschlechtliche Begierde. Das majestätische Sendungsbewußtsein ließ keinen unehrerbietigen Gedanken in ihrer Nähe entstehen und verbreitete eine große Scheu um sie. Das Heilige schimmerte auch durch das kriegerische Gewand hindurch und ließ sie jene religiösen Kräfte ausstrahlen, aus denen allein ihre große Wirkung zu verstehen ist.

Mit zwei Begleitern brach Johanna zu Pferd nach Chinon auf. Dieses abenteuerliche mehrtägige Unternehmen führte sie mitten durch das vom Feinde besetzte Land. Doch zeigte sie sich gleich bei dieser ersten Probe allen Strapazen gewachsen. Nie klagte sie über Müdigkeit und erwies sich von soldatischer Ausdauer. Ihren Begleitern lag sie nur des öftern mit dem Verlangen in den Ohren, eine Messe zu hören, womit sie wiederum ihre unauflösliche Verbindung mit der religiösen Welt dokumentierte. Unerkannt entging sie den

Engländern und langte nach elftägigem Ritt in Chinon an. In dieser Stadt residierte Karl VII., der damalige Dauphin von Frankreich. Nach dem Gemälde von Jean Fouquet scheint er ein an Leib und Seele müder König gewesen zu sein, mit einer häßlichen Nase und blöden Augen, der Typus des gelangweilten Menschen. Er war ein unfähiger Fürst, der nichts Königliches an sich hatte. An Frankreich war ihm offenbar weniger gelegen als an einem geruhsamen Dasein. Seine Ansprüche vertrat er lässig und konnte sich nie aus seiner Gleichgültigkeit aufraffen. Über Johannas Kommen empfand er in seiner dumpfen Trägheit alles andere als Freude und war nur darauf bedacht, sie bald wieder los zu werden. Zwei völlig verschiedene Menschentypen begegneten sich in diesen beiden Persönlichkeiten. «Johanna bewegte sich immer auf der großen Linie, obwohl sie nur ein Bauernmädchen war, Karl VII., obgleich er ein Fürst war, immer auf der kleinen.»[23]

Bei Karl VII. stieß Johanna auf noch schwereren Widerstand als bei Baudricourt. Ungeachtet der brennenden Ungeduld, ihre aufgetragene Sendung zu erfüllen, verzögerte der König die Audienz um zwei Tage. Nicht daß Karl ihr mit kritischer Reserve entgegentrat, ist ihm zum Vorwurf zu machen, das war sogar seine Pflicht angesichts des ungeheuerlichen Anspruches, den dieses Mädchen erhob. Sein Bild wird vielmehr geschändet durch die unehrliche Gesinnung, die er ihr gegenüber bekundete. Gleich bei der ersten Begegnung griff er zu einer List, um sie zu täuschen. Ein Edler mußte sich auf den Thron setzen, und Karl selbst mischte sich unter die Höflinge. Johanna wurde beim Schein von fünfzig Fackeln in den Saal geführt. Eine erwartungsvolle Spannung hatte sich der dreihundert Anwesenden bemächtigt. Das Bauernmädchen zeigte auch angesichts dieser fürstlichen Umgebung nicht die geringste Befangenheit. Vom ersten Moment an beherrschte sie die nicht leichte Situation vollständig. Sie ging direkt auf Karl zu, verbeugte sich vor ihm und stellte sich ihm mit jenem Namen vor, der ihr seither geblieben ist: «Gentil Dauphin, j'ai nom Johanne la Pucelle.» Karl versuchte sie weiterzutäuschen, indem er zu dem auf dem Thron sitzenden Edlen hinwies. Johanna ließ sich aber nicht irreführen und erwiderte mit größter Bestimmtheit: «Im Namen Gottes, edler Prinz, Ihr seid es und kein anderer.» Eine allgemeine Überraschung ging über diese Erkennung auf den ersten Blick durch den Saal. Auch der Dauphin war betroffen, wenn auch noch keineswegs überzeugt. Als sie ihm sogar allein eine vertrauliche Mitteilung machte, die nur er wissen konnte, und worüber er noch mehr stutzig werden mußte, stand er ihr gleichwohl mit einer bedrückenden Verständnislosigkeit gegenüber. Ihren Anspruch, eine Botin des Himmels zu sein, die von Gott gesandt sei, um Frankreich zu helfen, hat er nicht anerkennen wollen. Noch weniger zugänglich war ihm ihr religiöser Nationalismus, nach welchem er sein Königreich Gott darbringen und es lediglich als Statthalter des Heilands verwalten sollte. Daß Frankreich ein «heiliges Königreich» sein müsse, begriff Karl nicht. Dagegen geht aus Johannas Darlegung erneut hervor, wie sehr die religiöse Betrachtung die einzige Grundlage all ihrer Worte und Taten bildete. Statt sich über die Retterin, die ihm in größter Not unerwartet gesandt worden war, zu freuen, hatte Karl nur tausend Bedenken vorzuschützen und hielt die Jungfrau noch wochenlang hin.

Zuerst wollte er durch eine Prüfung sich vergewissern, mit wem er es eigentlich zu tun habe. Die Frage mußte abgeklärt werden, ob Johanna tatsächlich die vorgegebene Botin des Himmels war und nicht am Ende eine Abgesandte der Hölle. Zwei Hofdamen bekamen den Auftrag, die Jungfräulichkeit Johannas festzustellen, weil nach dem mittelalterlichen Glauben der Teufel sich einer reinen Jungfrau nicht als Hexe bedienen könne. Die Jungfrau ließ diese intime Prozedur über sich ergehen, um dann freilich noch einer zweiten unangenehmen Untersuchung unterworfen zu werden. Die Geistlichkeit sollte darüber Klarheit schaffen, ob sie wirklich eine getreue Tochter der Kirche war. Johanna wurde von hohen geistlichen Würdenträgern ins Kreuzfeuer genommen und einem richtigen theologischen Examen unterzogen. Ihre Laufbahn ging auf nichts weniger als geebnetem Boden vor sich. Sie hatte Mißtrauen über Mißtrauen zu überwinden und ihre Mission gegen den Willen der Menschen durchzusetzen. Das ungebildete Landmädchen besaß natürlich von all den theologischen Spitzfindigkeiten, mit welchen die Prälaten ihr zusetzten, keine Ahnung. In dieser Situation kam die natürliche Klugheit ihr sehr zustatten, die sie in keines der Netze ihrer scholastischen Fragesteller sich verfangen ließ. Leider ist das Protokoll dieser Prüfung bis zum heutigen Tag unauffindbar geblieben. Nur aus Berichten zweier Zeugen kann man sich ein notdürftiges Bild von diesem Vorgang machen. Mit furchtloser Zuversicht trat Johanna auf, beantwortete in unerschrockener Weise die oft absurden Fragen dieser gelehrten Herren. Als einer der Fragesteller, der ein arg mit Dialektismen durchsetztes Französisch sprach, wissen wollte, welcher Sprache sich denn ihre Engel bedient hätten, antwortete sie mit bäuerlicher Schlagfertigkeit «einer besseren als die Eurige»! Als der Bloßgestellte gereizt fortfuhr, ob sie eigentlich an Gott glaube, gab sie ihm in munterem Tone noch einen zweiten Nasenstüber: «Ja, mehr als Ihr!» Es gab auch heikle Situationen, in denen Johanna beinahe trozig am Ende der Bank sitzen blieb und nichts mehr antwortete. Gefährlich wurde die Lage, als sie ihre eigene Erleuchtung den Lehren der Kirche entgegensetzte und den Geistlichen den tief in Johannas Seele hinableuchtenden Satz an den Kopf warf: «Im Buche unseres Herrn steht mehr als in den Euren.»[24] Mit diesem prachtvollen Wort wurde für einen Augenblick die tiefe Kluft, welche zwischen Johanna und der geistlichen Prüfungsbehörde bestand, offenbar. Kein Zweifel, mit der Gegenüberstellung von göttlichen und kirchlichen Büchern roch es verdächtig nach Ketzerei, und es zeugt für die Gutmütigkeit der Doktoren von Poitiers, daß sie über diesen heiklen Punkt zur Tagesordnung hinweggegangen sind. Schließlich verlor die tatendurstige Johanna nach drei Wochen die Geduld und erklärte, nicht zum Diskutieren hieher gekommen zu sein. Sie verlangte, zu den kämpfenden Soldaten geführt zu werden, und versprach, dort das von ihr geforderte «Zeichen» zu tun. Die Doktoren der Theologie gestanden, nichts Verdächtiges an ihr gefunden zu haben. Johanna behielt diese theologische Prüfung in unangenehmer Erinnerung, wie sie sich denn überhaupt trotz ihrer kirchlichen Gesinnung mit der Geistlichkeit nie gut verstand. «Ich danke unserem Herrn, daß er mich befreite von den Quälereien der Kleriker aus unserer Partei.»[25]

Endlich wurde Johanna eine kleine Truppe zur Verfügung gestellt. Sie selbst legte sich ein neues Schwert zu, das sie aus der Katharinenkirche zu Fierbois holen ließ, wo es nach ihrer Angabe neben dem Altar im Boden vergraben in verrostetem Zustand gefunden wurde. Diese Erfüllung ihrer Aussage steigerte ihr Ansehen erneut. Doch noch wichtiger als das Schwert war für Johanna das aus grobem Leinen angefertigte Banner. «Viel lieber, vierzigmal lieber als das Schwert war mir die Fahne», versicherte sie.[26] Als sie bei der Truppe angelangt war, befahl sie die fluchenden und zechenden Kriegsleute zuerst zum Gang zur Beichte, denn Gott könne nur einem frommen Heer den Sieg geben. Auch die die Truppen begleitenden Dirnen mußten entlassen werden, und noch später schlug Johanna einmal eigenhändig mit dem flachen Schwert auf den Rücken eines Freudenmädchens ein, bis die Klinge zersprang. Wie Oliver Cromwell und Gustav Adolf faßte sie das soldatische Leben religiös auf und vergaß auch im Lagerleben keinen Augenblick, daß sie eine von Engelsmächten angesprochene Gestalt war.

Als bei der Ankunft Johannas vor Orléans der Wind plötzlich umschlug und die Truppen mit ihren Booten über die Loire setzen konnten, wurde darin das erste «Zeichen» gesehen, von dem sie gesprochen hatte. Mit unbeschreiblichem Jubel wurde Johanna von der Einwohnerschaft Orléans empfangen. In voller Rüstung, auf einem weißen Pferd sitzend, zog sie am Abend in die bedrängte Stadt ein. Tagelang befanden sich die Leute von Orléans in einem wahren Begeisterungstaumel und drückten vor Freude beinahe die

Türe des Hauses ein, in welchem sie wohnte. Immer wieder mußte die Jungfrau sich zeigen und konnte bei ihren Ausgängen in der Stadt jeweils wegen der sie umgebenden Volksmenge kaum vorwärts kommen. Seit ihrem Einzug in Orléans begann in Johannas Leben ein neuer Faktor zu spielen, und das war ihre Behandlung der Massen. Sicher ging die Jungfrau in dieser Beziehung nicht von bewußten Überlegungen aus und betrieb alles andere als aufwiegelnde Massensuggestion. Aber unbewußt verstand sie sich doch ausgezeichnet auf dem Gebiet der Massenpsychologie. Das Verhältnis war ein gegenseitiges: Johanna hat etwas aus der Masse zu machen gewußt, indem sie aus dem toten Stein den zündenden Funken herausschlug. Aber die Masse hat auch auf Johanna zurückgewirkt, die auf ihren Wogen hochgetragen wurde. Man muß die gegenseitigen Wechselströme sehen, ohne die sonst vieles unverständlich bleibt.

Von Johannas militärischer Stellung in Orléans darf man sich kein übertriebenes Bild machen. Weder hatte sie einer Armee zu befehlen, noch besaß sie ein amtliches Kommando. Die französischen Feldherren begegneten ihr mit sichtlicher Zurückhaltung. Kaum daß sie von den militärischen Leitern zu Besprechungen zugezogen wurde. Ob sie von strategischen Überlegungen etwas verstand, ist fraglich, wenn sie auch von ihrem besten Waffenkameraden, dem Herzog von Alençon, als im Kriegswesen sehr erfahren bezeichnet wurde, und sie es wagte, geschulten Kriegsleuten zu widersprechen. Von militärischen Dingen begriff sie wohl nur das, was ihrem gesunden Menschenverstand bei natürlicher Überlegung zusagte. An den von ihr getroffenen Maßnahmen wird mehr ihre Intuition als ihre Logik beteiligt gewesen sein. Mit dieser Feststellung wird der übernatürliche Charakter ihrer Sendung eher unterstrichen als angetastet. Ohne strategische Kenntnis und ohne leitende Stellung brachte Johanna ihre gewaltige Tat zustande. Diese Wahrnehmung erhöht das Unfaßliche ihrer Leistung. Für die Jungfrau ging es in diesem Kampf stets um eine religiöse Angelegenheit, für ihr politisch-theologisches Denken war es ein heiliger Krieg, der im Auftrag des Höchsten unternommen wurde. Darum sollte an einem Sonntag nicht gekämpft werden, es sei denn, man würde angegriffen. Johanna weckte eine neue, auf religiösen Voraussetzungen beruhende Begeisterung im französischen Heer, und dies war mindestens ebenso wichtig wie taktische Überlegungen. Das religiöse Sendungsbewußtsein hinderte die Jungfrau jedoch nicht, unter Umständen recht derb zu reden und eine Sprache zu führen, welche die Soldaten auch verstanden. Nicht daß sie ihre Würde vergaß, aber sie konnte doch einem Widerspenstigen drohen, ihm den Kopf vor die Füße zu legen, wenn er ihren Anweisungen nicht nachkomme. Bei aller Heiligkeit hatte sie nichts Zimperliches an sich. Allezeit stand sie «mit zwei Welten in gleich lebhaftem Verkehr, und als Sendbotin der einen in der anderen zu wirken berufen, mußte sie zu zweifachem Berufe auch zweifach ausgestattet sein».[27] Wie es nur wenig andern Menschen beschieden ist, vermochte sie Entgegengesetztes zu einer Einheit zu verbinden. Das Unerklärliche ihrer kriegerischen Laufbahn ist in ihrem Engelsgespräch begründet. Deren «Räte» waren immer bei ihr und gingen im Trommelwirbel des soldatischen Lebens nicht unter.

In Orléans ließ sie einen Brief an die Engländer absenden mit der Aufforderung abzuziehen, sonst «werden wir ein so gewaltiges Hahay erheben, wie man es seit tausend Jahren in Frankreich nicht gehört hat».[28] Johanna war von dem aufrichtigen Bestreben erfüllt, möglichst wenig Blut zu vergießen, darum sandte sie ihren kriegerischen Aktionen eine Aufforderung zur Räumung des Landes voraus. Die Engländer lehnten dieses Ansinnen hohnvoll ab und überschütteten sie mit Schimpfnamen, wie Kuhmagd, Dirne, Hexe, worüber die Seherin von Domremy in einen Strom von Tränen ausbrach. Hierauf befahl Johanna, daß ihr jegliche Truppenänderung des Feindes zu melden sei. Eines Nachmittags war sie etwas eingeschlafen und wurde plötzlich vom Gefühl durchzuckt, daß es vor den Toren der Stadt zu einem Kampfgetümmel gekommen sei. Rasch angekleidet, stürzte sie aus dem Hause und erlebte nun zum erstenmal in ihrem Dasein eine Schlacht. Als sie das Blut ihrer Landsleute fließen sah, geriet sie in höchste Erregung; ihr natürlicher Mut steigerte sich ins Unermeßliche. «Auf zum Sturm», ertönte der Ruf Johannas, und als erste bestieg sie die Leiter. Der Anblick dieser zum Kampfe anfeuernden Jungfrau war etwas Ungewöhnliches und blieb denn auch nicht ohne Wirkung. Die Franzosen, durch die unzähligen Niederlagen bereits ganz entmutigt, hatten sich fast nicht mehr in die Schlacht getraut. Entflammt durch die in ihren Reihen auf solch ungestüme Weise kämpfende Jungfrau erhoben sie nun ein großes Kriegsgeschrei. Ihre Niedergeschlagenheit vergessend, warfen sie sich mit neuem Mut dem Feind entgegen. Und was seit undenklicher Zeit nicht mehr geschehen war, ereignete sich gleichsam über Nacht, die Franzosen blieben siegreich und konnten zum erstenmal ein Festungswerk einnehmen. Auch in den Gefechten der nachfolgenden Tage behaupteten die Franzosen das Feld. Johanna war unter ihnen und wich nicht mehr von ihrer Seite, auch nicht, als ein Pfeil in ihre Schulter drang. Sie weinte zwar im ersten Schrecken wieder zahlreiche Tränen, aber tapfer, wie sie war, zog sie den Bolzen mit eigener Hand heraus und mied deswegen das Schlachtgetümmel nicht. Der Kampf wurde fortgeführt, bis die Engländer nach einer Woche die sechsmonatige Belagerung von Orléans aufgaben und sich fluchtartig zurückziehen mußten. Die Stadt war vom Feinde befreit. Die erste Prophezeiung Johannas hatte sich erfüllt. Zum Dank für ihre große Tat, diese ans Wunderbare grenzende Leistung, ging sie mit dem Namen «Jungfrau von Orléans» in die Geschichte ein.

Johanna war eine viel zu aktive Natur, als daß sie sich mit dem ersten Erfolg hätte zufrieden geben können. Sie fühlte sich zu stark getrieben, ihre innere Veranlagung hetzte sie förmlich von Tat zu Tat, solange nicht ihre ganze vom Himmel aufgetragene Sendung erfüllt war. Unaufhaltsam drängte sie vorwärts, und man kann, modern ausgedrückt, von einem Blitzkrieg reden, den sie geführt hat. Der Raum gestattet es nicht, all die weiteren Feldzüge in allen Einzelheiten anzuführen, die rasch aufeinanderfolgten und zum Teil von abenteuerlicher Kühnheit waren. Über diesen Feldzügen wehte das Banner mit der Aufschrift «Jesus Maria», das zeigt, in welchem Namen sie geführt wurden. Sie waren alle erfolgreich, obwohl Johanna durch den ihr nur widerwillig folgenden König bloß mangelhafte Unterstützung empfing. Etwas Unwiderstehliches war über die Jungfrau gekommen, und fast täglich konnte sie einen neuen Sieg melden. Wie die Mauern von Jericho beim Posaunenschall einstürzten, so ergaben sich die Städte oft schon beim bloßen Herannahen der Jungfrau. Festung um Festung fiel. Die gefürchteten englischen Bogenschützen, die Sieger von Poitiers und Azincourt, ergriff lähmendes Entsetzen, und in ihren Reihen ereigneten sich Massendesertionen. Unbeschreiblich war sowohl der Schrecken als auch das Erstaunen, welches die gottbegnadete Jungfrau um sich verbreitete. Was das siebzehnjährige Landmädchen in wenigen Wochen zustande brachte, dafür fehlt jede Vergleichsmöglichkeit aus der Geschichte. Die paar Monate, während denen Johanna ihre Truppen von der Loire gegen den nördlichen Teil Frankreichs führte, gehören zu den ruhmreichsten der französischen Waffen im ganzen hundertjährigen Krieg. Diese glänzenden Erfolge der zweideutigen Politik Trémoïlles zuzuschreiben, verrät ein ebenso groteskes Mißverständnis des historischen Geschehens wie der Versuch, Johanna zur bloßen Strohfigur in der Hand berechnender Menschen zu machen. Die Wende in jenem langjährigen Krieg geht einzig auf Johanna zurück; sie gehört zu den schöpferischen Gestalten der Weltgeschichte.

Im raschen Siegeslauf führte Johanna ihren König nach Reims, um ihn dort krönen zu lassen. Das war ihr zweites Hauptziel nach der Entsetzung von Orléans, das sie auch erreichte. Beim Krönungsakt stand das ehemalige Bauernmädchen unmittelbar neben dem König, hielt die Standarte in der Hand und lenkte alle Blicke auf sich. Sie war mit einem prächtigen Kleid angetan, wie sie denn eine sichtliche Liebe zu schönen Gewändern besaß, was ihr menschliches Bild sympathisch abrundet. Der Krönungstag bildet den Höhepunkt in der öffentlichen Laufbahn Johannas, gab er ihr doch die Genugtuung, den Willen Gottes erfüllt zu haben. Keinerlei Überheblichkeit, die doch so naheliegend gewesen wäre, tat ihrem Werk Abbruch, sondern sie blieb auch in dieser Zeit eingedenk: «Ich bin zum Trost der Armen und Darbenden gesandt.»[29]

Die Entsetzung Orléans, die Befreiung eines ansehnlichen Teiles Frankreichs und die Krönung des Königs sind gewiß bedeutsame Geschehnisse, die niemand unterschätzen wird. Aber noch viel wesentlicher als diese äußeren Ereignisse ist die seelische Wandlung, die sich in all diesen Taten vollzog, und die nicht leicht namhaft zu machen ist. Bei dem Nachdenken über die soldatische Phase der Johanna wird man zunächst auf die Fragen gestoßen: Hat sie nicht um die Sündhaftigkeit des Krieges gewußt? Um das namenlose Leid, welches er in sich schließt? Empfand sie die Unvereinbarkeit von Christentum und Krieg nicht? Kann Schlachtgetümmel mit Heiligkeit übereinstimmen? Diesen schwerwiegenden Fragen gegenüber ist darauf hinzuweisen, daß bei Johanna das Problem auf einer andern Ebene liegt. Ihr Vaterland befand sich in Not, sogar in höchster Gefahr. In diesem besorgniserregenden Moment sprang die Jungfrau im Auftrag Gottes ein und bewirkte im zertretenen Frankreich eine Wiedergeburt. Diese Tat ist etwas grundsätzlich anderes als die Unterstützung einer siegreichen Nation in ihren Angriffen. Allerdings wurde Johanna dadurch vorwiegend eine nationale Heilige. Durch ihre Heiligkeit verklärte sie jedoch die naturgegebene Heimatliebe, welche an sich eine göttliche Gabe ist, die aber durch den Fanatismus und Egoismus der Menschen oft verdorben wird. Inmitten ihrer leidenschaftlichen Vaterlandsliebe wurde Johanna keineswegs zu einer überhitzten Patriotin, die nur Frankreich gelten ließ. Nie flehte sie Gottes Zorn auf ihre Feinde herab. Unmißverständlich sagte sie: «Von Liebe oder Haß Gottes gegenüber den Engländern, oder was er mit ihren Seelen vorhat, davon weiß ich nichts.»[30] Johanna kann in keiner Weise als Befürworterin des Krieges bezeichnet werden; ihr haftet nichts von einer blutrünstigen Seele an. Nach eigenem Geständnis hat sie nie einen Menschen getötet. Das im Kriege vergossene Blut machte auch ihr das Herz schwer. Sie weinte Ströme von Tränen über die Toten, die ohne Sakrament gestorben waren. Auch mit den Seelen der Engländer hatte sie großes Mitleid. Ein verwundeter Engländer starb von ihr getröstet, das Haupt in ihrem Schoß. Es war nicht im geringsten die Lust am Soldatenspiel, die Johanna in den Kampf ziehen ließ. Wenn sie nur von diesem Motiv bewegt gewesen wäre, würde es sich nicht lohnen, über sie nur ein Wort zu verlieren. Den Krieg hat sie nicht um des Krieges willen geliebt — wenn er auch in dieser Phase ihr Denken stark in Anspruch nahm — sondern nur, weil er zur Befreiung ihres besetzten Vaterlandes nicht zu vermeiden war und ihr diese Aufgabe vom Himmel gestellt wurde. In keiner Situation vergaß sie die Worte ihrer Heiligen, wie sie denn auch ohne deren Rückhalt ihr Werk nicht hätte ausführen können. Ihre kriegerische Leistung ist eine Frucht jener Visionen.

Freilich hat Johanna sich dieser soldatischen Aufgabe mit einer alttestamentlichen Selbstverständlichkeit gewidmet. Mit einer Hingabe, wie sie nur einer jugendlichen Seele innewohnen kann, übte sie diese kriegerische Tätigkeit aus. Wie alle echte Jugend liebte Johanna die Natur und die Gefahr, das Reiten mit den Soldaten und die Freiheit der lebendigen Seele. Wie geschmeidig und bewegt saß sie auf ihrem Pferd! Welch vibrierender Drang nach dem Ungewöhnlichen lebte in ihr! Im Kampfe dachte sie nicht im geringsten daran, sich zu schützen, sondern stürzte sich in den dichtesten Pfeilhagel. Spontan waren ihre Worte und natürlich ihre Gebärden, mit einem fröhlich lachenden Antlitz ritt sie mit ihrer Truppe, wie die Zeitgenossen sie schildern. Eine Helligkeit ohnegleichen liegt über dieser Phase, die etwas von einem strahlenden Sommermorgen an sich hat. Johanna war eine herrliche Gestalt von prächtigem Mut. Über sie könnte man vor

Freuden jauchzen, so ungewöhnlich war die Spannkraft ihrer Seele, das Feuer ihres Herzens und die Glut ihres Geistes. Das schöne Wort Schillers «Dich schuf das Herz» besagt noch zu wenig, da die Jungfrau aus einer Begegnung mit dem Göttlichen hervorgegangen ist. Ihr Wollen hatte die Fesseln der Überlieferung gesprengt; eine taufrische Unmittelbarkeit war ihr eigen. Immer blieb ihre Seele von Unternehmungslust erfüllt, jegliche Müdigkeit und Alltäglichkeit war ihr fremd, und es war wohl unmöglich, sich auf die Dauer ihren ausstrahlenden Kräften zu entziehen. Ihr Tun zu verfolgen ist eine Freude, und auch dem eintönigsten, schläfrigsten Gesellen muß bei der Betrachtung dieser Heiligen das dicke Blut in Wallung geraten. Sogar der Prediger Salomo wird durch sie ins Unrecht versetzt, wenn er behauptet: «Unter Tausenden habe ich einen Mann gefunden, aber ein Weib unter diesen allen fand ich nicht» (Pred. Sal. 7, 29). Denn diesem Mädchen wohnte etwas inne, was man unter Millionen Männern vergeblich sucht. Sie ist eine der höchsten Blüten ihres Geschlechtes, bei der sich Größe des Geistes und Größe des Herzens die Waage halten. Kein Wunder, daß Johanna bereits von der zeitgenössischen Dichterin Christine de Pisan mit den überschwenglichen Worten begrüßt worden ist: «Im Jahre 1429 begann die Sonne wieder zu scheinen, aus Trauer wurde Freude, aus Winter Frühling, und alles das durch ein Mädchen, das Esther, Judith und Deborah in den Schatten stellte!»[31]

Von Johanna ging ein beispielloser Schwung aus, der die Gemüter in Spannung versetzte und die Phantasie der Menschen beschäftigte. Man hat mit dieser Eigentümlichkeit die große Begeisterung zu erklären versucht, die sie in ihrer beweglichen Nation ausgelöst habe. Aber Begeisterung ist etwas Menschliches und verflackert in der Regel schnell wieder. Bei Johanna lag etwas Übernatürliches vor, das verpflichtet von Enthusiasmus zu reden, was etwas grundsätzlich anderes ist als bloße Begeisterung. Wie einst bei Bernhard von Clairvaux ist bei der Jungfrau religiöser Enthusiasmus aufgebrochen, der ungeahnte Kräfte entband. Enthusiasmus kann in keiner Weise mit künstlichen Reizmitteln hervorgelockt werden; er kommt mit elementarer Gewalt über eine Zeit, oder er kommt nicht, und ist als etwas Göttliches zu betrachten. Mit Johanna brach er in seiner geheimnisvollen Unberechenbarkeit gleich einer Sturmflut herein und bewirkte jenes unfaßliche Wunder der Wiederaufrichtung des am Boden liegenden Frankreich. Der echte Enthusiasmus ist immer etwas Großes in der Geschichte, er ist eine von Gott selbst bewirkte Macht. Durch seine mitreißende Kraft ist er ein eindeutiger Beweis für Johanna. Aus diesem göttlichen Enthusiasmus ging eine religiöse Tat von größter Bedeutung hervor. Mit ihm hat dieses knabenhafte Mädchen das heldische Element im Christentum wieder belebt. Johanna verstand das Christliche nie nur als «Milch der frommen Denkungsart». Diese Auffassung, welche das Religiöse mit einer philisterhaften Moralität verwechselt und so zu dessen Verächtlichmachung beiträgt, ist eine Verfallserscheinung. Nach Johanna verlangt das Göttliche vom Menschen etwas Außergewöhnliches, etwas Großes, ja das Größte. Zu einer kühnen Tat hat sie aufgerufen und sie an ihrem eigenen Beispiel vorgelebt. Sie hat dem Christentum die Seele des Heroismus zurückgegeben, und darin liegt der unwiderstehliche Zauber, den sie bis zum heutigen Tag ausstrahlt. Daß das Heroische in den letzten Jahren als Schlagwort viel mißbraucht wurde, ist zu bedauern, doch im letzten Grunde belanglos, da der Mensch des Unbedingten niemals auf diese Haltung verzichten kann. Das Heilige steht nicht im Gegensatz zum Heldischen, wie eine schwächliche Auffassung argwöhnte. Vielmehr verlangt der heilige Mensch nach ihm, wie die ritterlichen Heiligen Mauritius, Georg u. a. zeigen. Er verkörpert mit seinem Wesen ein neues Heldentum, das man den christlichen Heroismus nennt, der von letztem Mut getragen ist, und der im Unterliegen seine wahre Größe beweist. Diese Verbindung von Religiosität und Heldentum hat Johanna der spätmittelalterlichen Christenheit neu geschenkt, und durch diese Errungenschaft ragt sie weit über ihr Verfallszeitalter hinaus. Für einen Moment hat dadurch in der Kirchengeschichte jenes Christentum aufgeleuchtet, das wieder das Höchste zu wagen entschlossen ist.

Dieser enthusiastische Heroismus hat nicht nur eine tiefgreifende Erneuerung des in den letzten Zügen liegenden Frankreich zur Folge gehabt, sondern zeigte Gott wieder inmitten des historischen Geschehens. Nicht nur die Bibel kennt ein göttliches Eingreifen, auch die spätere christliche Geistesgeschichte ist von dem lebendigen Atem Gottes durchweht. Noch heute offenbart sich Gott im Drama der Geschichte. Daß man dieses Erleben Gottes in der Jetztzeit bemerkt, darauf kommt es an. Es entscheidet über tote oder lebendige Religiosität. Johanna hat die Antwort des Heiligen auf die Not ihrer Zeit gegeben, die zu der Aussage nötigt: Durch sie hindurch hat Gott gehandelt! Diesen Eindruck äußerte schon der Reformkonzilientheologe Gerson bei Johannas Auftreten: «Das hat der Herr getan. Es ist eine Sache des Glaubens, sich für diese Jungfrau zu erklären.»[32]

IV

Von Gott zu einer Sendung auserwählt zu werden, bedeutet nicht, dessen Lieblingskind zu sein. Vielmehr schließt es immer schwerstes Schicksal in sich. Der Sendbote ist «ein Spiel für die Vorsehung», die ihn für ihre Zwecke gebraucht, wie Kierkegaard es auf dem Sterbebett ausdrückte: «Am Tage ging es in Arbeit und Anspannung, und am Abend wurde ich beiseite gelegt, das war die Ausnahme.»[33] Grausam pflegt Gott oft mit seinen Werkzeugen umzugehen, denn nicht sie selbst sind wichtig, sondern die Pläne Gottes, die durch sie verwirklicht werden. Zum Bilde der heiligen Botin gehört deswegen das Leiden, das in ihrem Leben noch weniger fehlen kann als im Dasein des gewöhnlichen Menschen.

Sollte tatsächlich auch diese Heldin dem «Gesetz der Schwere» verfallen sein und erfahren müssen, wie der Enthusiasmus nachläßt und langsam in Gewöhnlichkeit absinkt? Nein, sie selbst erlebte diese trübseligste aller trüben

Erfahrungen nicht. Johanna blieb stets von der gleichen Trunkenheit erfüllt. Nie verlor die Jungfrau die heroische Bereitschaft, sich für das Ewige mit letzter Kraft einzusetzen. Aber in ihrer nächsten Umgebung löste eine traurige Jämmerlichkeit den Enthusiasmus immer stärker ab. Aus diesem Grunde folgte auf ihren märchenhaften Aufstieg ein ebenso rascher Niedergang, der sie zuletzt unter sich begrub. Es war kein langsames Abgleiten, sondern ein jäher Sturz. Im steilen Bogen senkte sich ihre Lebenskurve, ein Vorgang, der bis ins Innerste erschütternd wirkt.

Gleich nach der Krönungsfeier in Reims begann ihre Sonne niederzugehen. Sie selbst muß es mit ihrer ahnungsvollen Begabung gefühlt haben, da ihre Äußerung überliefert ist, ein Jahr werde sie dauern und nicht länger. Am liebsten wäre sie in ihr Heimatdorf zurückgekehrt, um wieder bei ihrer Mutter zu spinnen. Aber sie mußte ihre Sendung zu Ende führen, und diese bestand in der Vertreibung des letzten Engländers aus ihrem geliebten Frankreich. Bereits war Johanna mit neuen Plänen beschäftigt, die zur Eroberung von Paris führen sollten. Doch fanden ihre Unternehmungen von der königlichen Partei nicht die notwendige Unterstützung. Karl VII. war mit seiner Krönung in Reims vollauf zufrieden und zeigte an der weiteren Kriegführung kein Interesse mehr. Ihm ging es nicht, wie Johanna, um das heilige Frankreich. Er vereitelte denn auch die weiteren Vorstöße der Jungfrau, die unter diesen Verzögerungen fortwährend zu leiden hatte. Der Zug gegen Paris endigte mit einem Mißerfolg. Das Heer wurde nachher infolge Geldmangels kurzerhand aufgelöst.

Die ihr feindlich gesinnte Partei am Hofe brachte es zustande, daß Johanna schließlich nur noch über ein kleines Fähnlein zu befehlen hatte. Trotzdem stand die Unermüdliche bald wieder im Feld und gönnte sich keine Rast. Zunächst eilte sie dem kleinen Städtchen Compiègne, das vom Feinde arg bedroht wurde, zu Hilfe. In einem Gefecht wurden die Franzosen von der gegnerischen Übermacht zurückgedrängt. Schon war Johanna am Graben der Festung angelangt, als die Soldaten aus Angst die Brücke hochzogen, so daß die Jungfrau abgeschnitten war. Von den Feinden umzingelt, wurde sie von einem Bogenschützen an den Gewändern vom Pferd gerissen und geriet als Gefangene in die Hände der Burgunder. Dies geschah nicht ohne Warnung ihrer «Räte», denn diese hatten ihr das Ereignis vorausgesagt. Die Engelwelt fehlt auch in dieser Phase ihres Lebens nicht.

Die Gefangenschaft der Jungfrau ist unsagbar dunkel, und das erschütternde Bild der Heiligen im Kerker legt sich einem wie ein Alb auf die Seele. Die Szene ist so düster, weil sich keine einzige Hand erhob, um der Heiligen zu helfen. Der undankbare Karl VII. unternahm nicht den leisesten Versuch, sie zu befreien, sondern überließ sie schmählich ihrem Schicksal. Als Johanna ihre Auslieferung an die Engländer erfuhr, wurde sie von einer Art Raserei ergriffen. In ihrer Verzweiflung machte sie einen Fluchtversuch und sprang von der Zinne eines zwanzig Meter hohen Turmes hinunter, merkwürdigerweise ohne sich bei diesem tollkühnen Sprung im geringsten zu verletzen. Sie blieb bewußtlos am Boden liegen. Von den Engländern wurde sie in Rouen in einen Eisenkäfig geworfen und an Hals, Füßen und Händen an einen schweren Block angekettet. Ununterbrochen bewachten sie fünf englische Kriegsknechte, die auf roheste Art mit ihr umgingen. Alle Tröstungen der Kirche versagte man ihr. Finstere Nacht, wie sie schwärzer nicht sein kann, senkte sich auf diese lichtvolle Gestalt herab, und eine grenzenlose Einsamkeit überschattete ihre letzten Monate. Die Retterin Frankreichs war von allen Menschen verlassen, und während der monatelangen Gefangenschaft, in der sie aufs schmachvollste behandelt wurde, drang auch nicht ein Zeichen menschlicher Teilnahme zu ihr. Nur ihre tapfere Seele blieb bis zum letzten Augenblick gleich, und die Art, wie sie ihre schwersten Leiden als eine echte Heilige trug, ist das einzig Erhellende in diesem dunklen Geschehen.

Der berühmte Prozeß, welcher den Abschluß von Johannas außergewöhnlicher Laufbahn bildet, war zur Verunglimpfung Karls VII. bestimmt, darf aber deswegen nicht als bloßes Anhängsel, das mit ihrem Dasein als Heilige nichts zu tun habe, betrachtet werden. Er gehört unablöslich zu ihrem Leben, wie die Szene Jesus vor dem Hohenpriester nicht aus den Evangelien wegzudenken ist. Wie der Prozeß des Sokrates in Athen wird Johannas Verhör die Menschen immer wieder beschäftigen.[34] Da es die Sendung der Johanna auf ihre Echtheit prüfte, bleiben die Augen der ganzen Christenheit darauf gerichtet. In diesem letzten Akt hat die Jungfrau ihre Biographie auf eine unvergleichliche Art geschrieben. Kein Mensch kann über Johanna etwas Wesentlicheres aussagen, als sie selbst es in diesen Prozeßakten getan hat. In den düsteren Blättern ihrer Verurteilung hat sie sich selbst ein Denkmal von so erhabener Größe errichtet, wie es bisher noch kein Dichter und kein Historiker zu setzen vermochte. Ihr ewiges Monument ist eingekleidet in die erregende Spannung eines Prozesses, aus dem einem der Zauber ihres Wesens in solch unmittelbarer Lebendigkeit entgegentritt, daß man das Schlagen ihres tapferen Herzens zu hören vermeint. Wie dieses ungeschulte Mädchen sowohl mit ihren mutigen Antworten als auch ihrem beredten Schweigen den feindlichen Richtern begegnete, das ist groß, wie es größer nicht sein könnte. Wie oft man sich auch in diese qualvollen Verhöre vertieft, stets wird man aufs neue überwältigt von der souveränen Haltung, mit der Johanna ihre religiöse Mission erzählt.

Obschon Johanna in einem weltlichen Kerker gefangen gehalten wurde, machte ihr die kirchliche Behörde den Prozeß. Es war das Inquisitionsgericht, vor das sie gestellt wurde. Dies besagt genug, wenn man weiß, was das im ausgehenden Mittelalter bedeutete.[35] Das Prozeßverfahren der Inquisition, welches Verteidiger nicht kannte, und in welchem dieselbe Person Ankläger und Richter war, ist dem heutigen Rechtsempfinden dermaßen entgegengesetzt, daß es schwer ist, nur das geringste Verständnis dafür aufzubringen. Es hat etwas Abstoßendes, wie hohe kirchliche Würdenträger den Namen Gottes zur Vernichtung eines heiligen Menschen verwendeten und sich bereitwillig zu einem Justizmord hergaben.

Aber schließlich ist es Pflicht, sich doch auch bei diesem Prozeß vor einer einlinigen Schwarz-Weiß-Malerei zu hüten. Die Inquisitoren standen als Pfrundinhaber im Dienste Englands und waren daher in ihrem Urteil nicht frei. Für die Engländer aber war Johanna eine verhängnisvolle Erscheinung, deren Beseitigung für sie eine politisch-militärische Notwendigkeit darstellte. Die bloße Entrüstung über das dunkle Mittelalter macht sich daher das Problem zu leicht. Wer das nicht einsieht, begreift nach Shaw nie, «warum Johanna verbrannt wurde, und noch viel weniger wirst du fühlen, daß du vielleicht selbst für ihre Verbrennung gestimmt hättest, wenn du ein Mitglied jenes Gerichtshofes gewesen wärest, der ihr den Prozeß machte. Und solange du das nicht fühlst, wirst du nichts Wesentliches über sie wissen.»[36] In der Tat: auch den Inquisitoren muß man Gerechtigkeit widerfahren lassen. Sie befanden sich in keiner beneidenswerten Lage und wurden teilweise zum Richteramt gezwungen. Gerade weil ein relatives Recht auf englischer Seite bestand, steigert sich Johannas Prozeß zu einer wahrhaften Tragödie. Der tragische Konflikt besteht nicht im Kampf zwischen einem Gerechten und einem Schurken, sondern zwischen Recht und Recht. Daß man dem unter englischem Druck stehenden kirchlichen Prozeßverfahren nicht jede Berechtigung absprechen kann, schnürt einem die Kehle zu und läßt eine seelische Erschütterung erleben. Doch darf die Anschauung des relativen Rechts nicht zu einem Hinken auf beiden Seiten werden, welches den Wertunterschied der Parteien übersieht. Das ewige Recht darf durch das zeitliche nicht verdunkelt werden, und wo ersteres steht, kann nicht fraglich sein, wenn man sich die Situation konkret vorzustellen sucht.

Auf der einen Seite befand sich der Gerichtshof unter dem Vorsitz des gelehrten Bischofs Pierre Cauchon. Das Inquisitionstribunal war ungewöhnlich stark besetzt. Über vierzig Theologen und Juristen saßen mit ihren glatten, eunuchenartigen Gesichtern da, blickten die Angeklagte scharf an und streckten die Krallen nach ihr aus. Diese feisten «Teigfratzen», wie sie ein katholischer Schriftsteller nannte, waren nicht alle Schufte im Priestergewand. Unter ihnen gab es vom Papst und der Universität Paris hochgeachtete Persönlichkeiten. Aber sie waren Gefangene ihres Systems, und darob wurden sie zu Mördern an einer Prophetin. Persönlich machten sie sich die Sache nicht leicht. Es war kein oberflächliches, überstürztes Verfahren; das Gericht ging mit Gründlichkeit vor, umgeben von dem ganzen eindrucksvollen Pomp und der feierlichen Gelehrsamkeit, deren sich die Kirche zu allen Zeiten zu bedienen wußte. Eingehende Verhöre wurden angestellt und verschiedene Gutachten eingeholt. Nichts sollte unversucht gelassen werden, und man gab sich den Anschein, bei dem aufgezogenen Schauprozeß den Dingen auf den Grund zu gehen. Mit einer gespielten Güte und Liebe begegnete man zuweilen der Angeklagten, angeblich besorgt um ihr Seelenheil, dem die Kirche nie gleichgültig gegenüberstehe. Gerade diese verlogene Freundlichkeit der dickbäuchigen Richter entlockte Bernanos den Ausruf: «Wir sähen sie lieber von Wölfen zerrissen als von den Zähnen dieser schulmeisterlichen Füchse und Ratten zermürbt.»[37] Ein solches Urteil wird verständlich, wenn man bedenkt, daß während des ganzen Prozesses kein einziger Zeuge einvernommen wurde, der abgefeimte Staatsanwalt sich als verkleideter Gefangener zu ihr schlich, mit kalter Doppelzüngigkeit Protokollfälschungen vorgenommen wurden und die Verurteilung zum voraus feststand. «Ernsthafte Geschichtsschreibung wird nur zu einer Disqualifizierung der Richter kommen können», schreibt auch Huizinga[38].

Diesem Gerichtstribunal gegenüber stand die neunzehnjährige Johanna. Menschlich gesehen war sie allein, wie sie immer allein gewesen war. Ungebrochenen Mutes, mit beinahe stolzem Blick und hellen Augen war dieses Mädchen mit seinen Kurzhosen und hohen Stiefeln eine an Herausforderung grenzende Erscheinung, die sich aber in diesen schwersten Stunden ihres Lebens am größten zeigte. Mit einer geistigen Freiheit und überlegenen Ironie ohnegleichen ist sie in hoffnungsloser Lage diesen gelehrten Doktoren entgegengetreten und keinen Zoll zurückgewichen. Ungebeugt von der schweren Kerkerhaft war sie entschlossen, ihr Sendungsbewußtsein bis zum Äußersten zu verteidigen. In dieser dunklen Situation wuchs sie noch über ihr Heldentum auf den Schlachtfeldern hinaus. Freilich, ein Helfer stand ihr in dieser bedrängten Lage zur Seite, und das waren ihre göttlichen «Räte», die ihr mehr bedeuteten als rechtskundige Verteidiger. Die himmlischen Heiligen ließen sie nicht im Stich: «Es vergeht kein Tag, ohne daß ich die Stimme höre, und ich habe sie auch bitter nötig.»[39] Sie ermahnten sie unablässig, «alles willig anzunehmen, es müsse so kommen»[40], und versicherten sie: «Mach dir keine Sorgen wegen deines Martyriums. Du wirst schließlich ins Reich des Paradieses gelangen.»[41]

In diesem Gerichtssaal, da die Atmosphäre zum Bersten geladen war, entspann sich ein leidenschaftliches Ringen zwischen den Inquisitoren und Johanna, das man unmöglich mit objektiver Kühle betrachten kann, will man sich nicht einer sträflichen Teilnahmslosigkeit schuldig machen. Unter der Oberfläche langwieriger Verhöre schwelte ein abgrundtiefer Haß, der das Opfer immer enger und enger einkreiste. Das juristische Turnier nahm bald einen dramatischen Verlauf. Gleich bei der ersten Ermahnung, den erforderlichen Eid zu schwören, machte Johanna den Vorbehalt: «Ich weiß ja nicht, was ihr mich fragen werdet. Kann sein, daß ihr von mir etwas haben wollt, was ich euch nicht sagen werde.»[42] Immer wieder kommt es zu scharfen Zusammenstößen, da Johanna sich nicht wie ein verschüchtertes Mägdlein benahm, mit dem man machen konnte, was man wollte. Sie war von einer wilden Widersetzlichkeit, welche auf die Richter aufreizend wirkte. Dem Vorwurf, daß sie entfliehen wollte, hielt sie die Antwort entgegen: «Freilich wollte ich früher entkommen und will es auch jetzt. Jeder Gefangene hat das Recht dazu.»[43] Auf spitzfindige Fragen, mit denen man sie nur verwirren wollte, pflegte sie einfach zu sagen: «Geht auf etwas anderes über!» Wiederum kommt man aus dem Staunen nicht heraus über die mutige Haltung und den klugen

Verstand, mit dem sie alle Fechterstreiche zurückschlug und in keine der noch so schlau gelegten Fallen ging. Gegenüber aller Verdächtigung reagierte sie mit dem stolzen Selbstbewußtsein: «Ich komme von seiten Gottes und habe hier nichts zu schaffen. Entlaßt mich zu Gott, von dem ich gekommen bin.»[44] Johanna ließ sich durch keine scholastische Gelehrsamkeit imponieren und blieb in ihrer kecken Schlagfertigkeit keine Antwort schuldig. «Ihr müßt nicht meinen, ihr hättet alles Licht gepachtet», ruft sie ihren theologischen Richtern mit einer Miene zu, welche deutlich die Verachtung verrät, die sie für diese geistlichen Herren empfand.[45] Als der Vorsitzende ihr auf massive Weise vorhält, welche Befugnisse er als Inquisitor über sie habe, flammt Johanna in prachtvollem Zorn auf und schleudert ihm mit blitzenden Augen die Antwort entgegen: «Ihr wollt mein Richter sein, Herr Bischof; nehmt euch in acht, was ihr tut, denn ich bin in Wahrheit von seiten Gottes gesandt, und ihr begebt euch in große Gefahr.»[46]

Johanna ist vor das kirchliche Gericht geführt worden, weil man sie der Hexerei verdächtigte. Im Lichte einer mit dem Teufel im Bündnis stehenden Frauensperson betrachteten die Richter die Jungfrau, und nur wenn man dieses Vergehen im Auge behält, begreift man das Grauen, das diese mittelalterlichen Kirchenmänner vor ihr empfanden. In ihrer Verblendung sahen sie nichts von Johannas verborgenem Heiligenschein. Die «Stimmen» wurden von ihnen dämonischen Ursprungs bezichtigt, für die sie denn auch eine widerliche Neugierde bekundeten. Doch war Johanna nicht der Mensch, der Unbefugte in ihr Inneres blicken ließ, und sie setzte sich mit äußerster Wachsamkeit gegen die schnüffelnde Zudringlichkeit zur Wehr. Auf die Frage, was ihr die Stimme in den letzten Tagen gesagt habe, erwiderte sie: «Sie hat gesagt, ich soll nur herzhaft Rede und Antwort stehen.»[47] Sie scheute sich nicht, den Glaubensrichtern direkt zu antworten: «Ich werde auch nicht gar alles sagen, was ich weiß. Ich habe mehr Angst, dadurch zu fehlen, daß ich etwas sage, was den Stimmen mißfällt, als ich Angst habe, euch Antwort zu geben.»[48] Lieber ließe sie sich den Hals abschneiden, anstatt ihnen ihr göttliches Geheimnis zu verraten. Es ist den Richtern mit allen zweideutigen Kunstkniffen nicht gelungen, Johanna auf das Gebiet des Dämonischen abzudrängen. «Nichts von dem, was ich tat, hatte etwas zu tun mit Zauberei und bösen Künsten», erklärte sie mit gutem Gewissen.[49] Der Teufelsglaube spielt im Leben Johannas keine Rolle. Diese reine Tochter Gottes darf mit den dunklen Mächten der heidnischen Zeit nicht in Verbindung gebracht werden, da sie mit ihnen nichts Gemeinsames hat.

Mit ihren stumpfen Begriffen kamen die Inquisitoren, trotz den verwirrenden Kreuzverhören, die sie anstellten, dem übernatürlichen Geheimnis der Johanna nicht bei. Zuletzt jedoch spitzte sich der langsam dahinschleppende Prozeß in dramatischer Weise auf die *eine* Frage zu, ob sie bereit sei, sich mit ihren Offenbarungen dem Urteil der Kirche zu unterwerfen: «Werdet ihr euch dem Entscheid der Kirche unterziehen?» Mit dieser Frage bedrängte der Verhörende auf dem Höhepunkt der Verhandlungen Johanna.[50] Dieser entscheidenden Frage gegenüber aber blieb das in die Enge getriebene Mädchen fest wie Eisen: «Ich berufe mich auf unsern Herrn, der mich gesandt hat, auf unsere liebe Frau und auf alle gebenedeiten Heiligen des Paradieses. Ich meine halt, unser Herr und die Kirche sind ganz eins, und man soll mir von daher keine Schwierigkeiten machen. Warum macht ihr mir da Schwierigkeiten, wo doch alles eins ist?»[51] Man hielt ihr den Unterschied zwischen der streitenden und der triumphierenden Kirche entgegen, den sie jedoch nicht begriff, wie es überhaupt nicht gelang, ihr Theologie beizubringen. Unerschüttert gab Johanna auf die Frage, ob sie sich dem Entscheid der streitenden Kirche auf Erden unterwerfe, zur Antwort: «Ich bin zum König von Frankreich gekommen im Namen Gottes, der seligen Jungfrau Maria, aller Heiligen des Paradieses und der sieghaften Kirche da droben und auf deren Befehl. *Dieser* Kirche unterwerfe ich alle meine guten Taten sowie alles, was ich getan habe oder noch tun werde. Wenn ihr mich fragt, ob ich mich der streitenden Kirche unterwerfe, so werde ich darauf jetzt weiter nichts sagen.»[52] Nach dieser kristallklaren Antwort war nichts mehr aus ihr herauszubringen. Trotz allen Druckmitteln beharrte Johanna unnachgiebig auf dieser Position. Sie blieb fest bei der Aussage: «Was mich betrifft, so unterwerfe ich mich in dem, was ich getan habe, einzig der Kirche des Himmels, das heißt Gott, der Jungfrau Maria und den Heiligen des Paradieses.»[53] Die große Frage «Autorität der Kirche oder Freiheit des an Gott gebundenen Gewissens», die später ebenso zum schweren Konflikt Pascals, der andern religiösen Potenz Frankreichs, werden sollte, mußte auch Johanna durchkämpfen. Sie hat nicht in unmöglicher Polarität beide zu umfassen versucht, sondern sich mit vorbildlicher Klarheit für die Überordnung ihrer himmlischen «Räte» über die sichtbare Kirche ausgesprochen.

Mit dieser Antwort war für die Inquisition die Entscheidung gefallen. Vom Standpunkt einer kirchlichen Amtsstelle betrachtet, ist dieses Urteil nicht unbegründet, und man kann darin den Richtern nicht leicht widersprechen. Johanna stand mit ihrer hartnäckigen Verweigerung, sich zu unterwerfen, in einem schwierigen Verhältnis zur Kirche. Gewiß war sie keine Kirchenstürmerin und konnte als Heilige auch keine sein. Sie hat die Kirche geliebt und besaß das Verlangen, ihr nach bestem Können als Stütze zu dienen. Die «Räte» haben sie dazu auch aufgefordert. Während des Prozesses bat sie wiederholt, vor den Papst geführt zu werden, und erklärte sich bereit, vor dem Konzil in Basel zu erscheinen. Eine Auflehnung gegen die Kirche lag bestimmt nicht in ihrer ursprünglichen Absicht. Vom Geist eines Wiclifs und Huß' hatte sie nichts in sich. Sie zu einer Protestantin vor dem Protestantismus machen zu wollen, würde eine fatale Verzeichnung bedeuten, hat sie doch von dessen Lehren nichts vorweggenommen. Aber der Glaube an die «katholische Kirche, die allezeit vom Heiligen Geist geleitet wird und niemals irrt oder versagt» wurde bei ihr auf die schwerste Probe gestellt.[54] Gegenüber der «unfehlbaren Richtschnur» der «Mutter Kirche» erdreistete sie sich nach den

Prozeßakten zu behaupten, «sie sei einzig und allein Gott selber unterstellt».[55] Gemäß dieser Aussage befand sich Johanna im Geheimnis der Gottunmittelbarkeit, das in ganz andere Tiefen hinabreicht als die landläufige Kirchenfrömmigkeit, und das sie bereits bei ihrer Berufung aus der Reihe der gewöhnlichen Menschen heraushob. Der Gottunmittelbarkeit gegenüber mußte die priesterliche Vermittlung zurücktreten, wenn Johanna auch — wie die mittelalterlichen Mystiker — die kirchlichen Institutionen keineswegs ablehnte, solange dieselben sich ihrer Sendung nicht in den Weg stellten. Die Jungfrau hatte ein lebhaftes Verlangen nach der Messe, aber noch über der Kommunion standen ihr die göttlichen Visionen. Im Gewissenskonflikt, den sie zwischen Besuch der Messe und Treue gegenüber den «Räten» auszufechten hatte, entschied sie sich eindeutig für die «Räte». «Wenn die Kirche etwas von mir getan wissen möchte, was gegen den Befehl Gottes ist, so werde ich es um keinen Preis tun», sagte sie und fügte hinzu: «Meine Stimmen befehlen nicht, ich solle der Kirche nicht gehorchen, aber zuallererst muß ich Gott gehorchen.»[56] Johanna ist bereit, der Kirche zu glauben, aber für ihre Taten verließ sie sich auf Gott allein und auf niemanden sonst. Mit den jenseitigen Mächten verkehrte sie direkt und auf solch ungewöhnliche Art, daß die damaligen Kirchenmänner mit ihrer scholastischen Dogmatik dies nicht zu fassen vermochten. Die grandiose Gottunmittelbarkeit geht aus ihrem Prozeß mit leuchtender Klarheit hervor. Dies allein war der Grund, weshalb sie niemanden, auch die Kirche nicht, um Rat fragen wollte, ob sie ihren Offenbarungen glauben solle oder nicht.

Der ungewöhnliche Anspruch, Gott direkt und sonst niemandem unterstellt zu sein, war von jeher die Losung der Ketzer. Aber diese Wahrheit war auch stets das größte Charisma, mit dem Gott seine Heiligen begnadete. Wie kaum bei einer andern Frage berühren sich die beiden entgegengesetzten Pole, Ketzer und Heiliger, in dieser Haltung in unheimlich naher Weise. Zum Verwechseln ähnlich sind ihre Einstellungen in der Frage nach dem tiefsten Gottesverhältnis. Man kann den entscheidenden Trennungsstrich, der den Anspruch der Heiligen hierin von der Ketzerin trennt, oft kaum feststellen. Nur wer in das Innere der Gestalt einzudringen versucht, nimmt wahr, wie Johanna keine Neigung zur Überheblichkeit besaß, und ihr nicht das geringste Empörertum im Blute lag. Ihre kühne Gottunmittelbarkeit ist vielmehr in einer ganz anderen Tiefe begründet. Das in Gott gefangene Gewissen verbot ihr, die von den himmlischen Heiligen aufgetragene Sendung zu verraten, und aus diesem heiligen Motiv kam sie dazu, die Autorität der Kirche der höheren Autorität Gottes unterzuordnen. Mit der subjektiven Einstellung des neuzeitlichen Menschen hat diese neutestamentliche Rangordnung gar nichts zu tun. Die scheinbare Subjektivität der Johanna in dieser ernstesten aller ernsten Fragen war eine reine Gott-Gebundenheit, und das ist etwas grundsätzlich Verschiedenes von der modernen Selbstherrlichkeit. Die Jungfrau war auch in ihrem bekennerhaften Verhalten während des Prozesses, genau wie in ihrem soldatischen Leben, eine Heilige und nichts anderes. Keinen Augenblick verleugnete sie diese einheitliche Linie, die durch ihr ganzes Dasein hindurchgeht. Man darf nicht aus moderner Freude am Ketzertum sich dazu verleiten lassen, sie plötzlich in ihrer Endphase aus einer Heiligen zu einer religiösen Revolutionärin zu machen, was sie in keiner Weise war. Um der Gottunmittelbarkeit willen nahm diese Heilige es auch auf sich, im Prozeß mehrfach als schändliche Ketzerin gescholten zu werden, ohne sich durch diesen in den Ohren der damaligen Menschen schauerlich klingenden Vorwurf im geringsten irre machen zu lassen. Wenn es sein mußte, war sie bereit, für die unvergängliche Wahrheit der Gottunmittelbarkeit mit ihrem Leben einzutreten und eine jener ruhmvollen Wahrheitszeugen zu werden.

Die Inquisitoren aber zogen die Möglichkeit, daß der Anspruch, Gott direkt unterstellt zu sein, auch die höchste Gnade einer Heiligen sein könnte, gar nicht in Erwägung. Daß in dieser scheinbar ketzerischen Hülle ihnen eine Heilige entgegentrete, diese seltsame Vorstellung schien ihnen eine allzu unmögliche Zumutung zu sein, die sie der Diskussion nicht für wert hielten. In einer furchtbaren Verblendung übersahen sie, daß es sich bei Johannas Aussagen nicht um die Bestreitung einer Glaubenswahrheit handelte, sondern lediglich um die standhafte Weigerung gegenüber einer unannehmbaren Forderung eines kirchlichen Gerichtes. Der Gehorsam gegenüber einer bestimmten Gewissensüberzeugung ist nach katholischen Prinzipien jedoch geboten, wenn auch dieser Grundsatz in der praktischen Anwendung für den nach ihm handelnden Menschen ungeheure Konflikte zur Folge haben kann und oft beinahe nicht durchführbar ist. Die Befangenheit der Richter gegenüber Johanna war aber so groß, daß ihre Voreingenommenheit ihnen alle Einsicht raubte. Sie machten sich in ihrem skrupellosen Vorgehen der größten Ungerechtigkeit schuldig und behandelten die Heilige wie eine gottlose Ketzerin. Offenbar ist es auch für die Kirche nicht leicht, den heiligen Menschen zu erkennen. Namentlich dann nicht, wenn er wie bei Johanna in einer neuen Form auftritt, die gegen alle traditionellen Anschauungen verstößt. Dann kann auch einer kirchlichen Amtsstelle die schwere Sünde widerfahren, eine gottgesandte Heilige wie eine mit dem Teufel im Bunde stehende Ketzerin zu verdammen. Auch für die Kirche bedarf es des zeitlichen Abstandes, um das ewige Gold der Heiligen durch das Gewand der als Ketzerin Verurteilten hindurchschimmern zu sehen. Aber es verdient hervorgehoben zu werden, daß sich die Kirche in jahrhundertelangem Ringen zu der notwendigen Korrektur hindurchgekämpft hat, was sie mit ihrem scharfen Blick auf diesem Gebiet gewiß nicht getan hätte, wenn Johanna tatsächlich eine Ketzerin gewesen wäre. Die Kirche scheute sich nicht, das Urteil eines früheren kirchlichen Gerichtes — dessen Entscheidungen sie nie Unfehlbarkeit zuerkannt hatte — vor aller Welt umzustoßen, und die von einem Inquisitionsgericht als Ketzerin verurteilte Johanna schließlich feierlich als Heilige in ihr Verzeichnis einzutragen. Die Heiligkeit Johannas war von solcher Kraft, daß sie allen Widerständen zum Trotz zu diesem Ziele gelangte.

Für die damalige Zeit allerdings hatte Johanna mit ihrem Eintreten für die Freiheit des an Gott gebundenen Gewissens gegen die Autorität der Kirche sich selbst das Urteil gesprochen. Das Vergehen, unentwegt auf dem Grundsatz des eigenen Urteils zu beharren und sich nicht im Gehorsam der Kirche zu unterziehen, war unentschuldbar, denn eine Auffassung, die sich auf Gott im Gegensatz zur Kirche beruft, war nach dem Urteil der Inquisitoren für die christliche Religion verderblich. «Wenn die Prälaten der Kirche nicht Vorsorge treffen», heißt es in den Prozeßakten, «so kann es die ganze kirchliche Autorität umstürzen, und es werden von allen Seiten Männer und Frauen aufstehen, die vorgeben, sie hätten Offenbarungen von Gott und den Heiligen, während sie Lügen und Irrtümer aussäen, wie man es schon bei vielen erfahren hat, seitdem diese Frau sich erhoben hat und anfing, dem christlichen Volk Ärgernis zu geben.»[57] Tatsächlich geriet durch die Auffassung Johannas die geltende Autorität in höchste Gefahr; die Ordnung der Dinge drohte auseinanderzufallen. Das Gefüge des Mittelalters bekam einen fühlbaren Riß, beruhte es doch auf dieser Voraussetzung von Autoritätsglauben. Die Inquisitoren schritten daher zur Abfassung der Anklageschrift, nach der Johanna «als Hexe und Zauberin, Wahrsagerin, falsche Prophetin, böse Geister anrufend und mit ihnen im Bunde, abergläubisch, in schwarze Künste verwickelt und darauf bestehend, in Sachen unseres katholischen Glaubens falsch denkend, schismatisch, am Artikel ‚Eine heilige' usw. und vielen andern Glaubensartikeln zweifelnd und davon abirrend, Gotteslästerin, Apostatin vom Glauben» usw. hingestellt wurde.[58] In siebzig Artikeln wird Johanna der Reihe nach vorgeworfen, welcher Freveltaten sie sich schuldig gemacht habe. Sie wurden von der Jungfrau freilich bestritten, die ihnen gegenüber stets «Berufung auf Gott einlegte». Da die Beschuldigungen teilweise auf recht schwachen Füßen standen, wurde die Anklage schließlich auf zwölf Artikel reduziert. Das eingeholte Gutachten der Universität Paris forderte die Verurteilung ebenfalls, die Wissenschaft der damaligen Zeit deckte die Kirche

vollauf. Was fehlte, war das Geständnis der Angeklagten. Es war auch nicht zu erlangen, als man Johanna in die Folterkammer führte und ihr all die schauerlichen Marterwerkzeuge vor Augen führte. Angesichts dieser äußersten Situation erwiderte sie voll Standhaftigkeit: «Wahrhaftig, auch wenn ihr mir die Glieder auseinanderreißen und die Seele vom Leib trennen läßt, ich werde euch trotzdem nichts anderes sagen. Und sollte ich daraufhin euch etwas sagen, so werde ich immer erklären, ihr habet es gewaltsam aus mir herausgepreßt... Ich habe von den Stimmen auch Rat erbeten, ob ich mich der Kirche unterwerfen solle, die Kirchenmänner drängten mich so heftig dazu. Die Stimmen erklärten mir, wenn ich wolle, daß Gott mir helfe, so müsse ich mich wegen all meiner Taten auf ihn verlassen.»[19]
Nach sichtlichem Zögern führten die Inquisitoren Johanna schließlich auf den Richtplatz. Im Anblick des drohenden Flammentodes verlor Johanna plötzlich die Fassung. Sie erlitt einen Nervenzusammenbruch. Wie die Geschehnisse sich abgerollt haben, läßt sich mit Sicherheit nicht mehr feststellen, da auf dem Platz ein Tumult entstand und die Prozeßakten gerade an dieser Stelle offenkundige Lücken aufweisen. Sie selbst konnte hernach nicht genau sagen, wie alles gekommen war. Man las ihr in aller Eile ein bereitgehaltenes Blatt mit einem Widerruf vor, den sie unterzeichnete, ohne eigentlich zu wissen, was er enthielt. Für diese Unterschrift wurde sie zu ewiger Kerkerhaft bei Schmerzensbrot und Sorgenwasser begnadigt. Die Frage ist berechtigt, ob dieses Schwachwerden angesichts des Scheiterhaufens eine Trübung des Bildes von Johanna darstellt. Ihr Zittern bringt einem jedoch die Heilige menschlich näher. Es zeigt, daß auch sie nicht über dem Leben, sondern in ihm stand. Unwillkürlich wird man an den Garten von Gethsemane erinnert, wo ein noch Größerer bebend die Worte gesprochen hat: «Wenn es möglich ist, so gehe dieser Kelch an mir vorüber.»
Doch war mit diesem Fallen Johanna auf ihrem Passionsweg noch nicht zur letzten Station gelangt. Schwerste Gewissens-

skrupeln über ihr Abschwören stellten sich bei der Jungfrau ein. Voller Bitterkeit bezichtigte sie sich der Untreue gegenüber ihrer Mission. Nachdem sie in den Kerker zurückgeführt worden war und zum erstenmal wieder weibliche Kleidung angelegt hatte, kam sie sich wie verraten vor. Welch grauenhafte innere Tragödie sich unmittelbar nach dem Widerruf in ihrer Zelle abgespielt hat, wird wohl nie ganz ans Tageslicht kommen. Bereits drei Tage später verbreitete sich in der Stadt das Gerücht vom Rückfall Johannas, indem sie wieder Männerkleider angezogen habe. Auf die Frage, warum sie dies getan habe, antwortete sie, «weil man das ihr gegebene Versprechen nicht gehalten hätte, sie nämlich in die Messe gehen und den Heiland empfangen zu lassen und ihr die Fußeisen abzunehmen».[60] Johanna hatte sich selbst wieder in die Gewalt bekommen und erklärte, was ihren Widerruf anbelange, «das, was auf dem Zettel mit der Abschwörung stand, gar nicht verstanden zu haben».[61] Auch habe ihr Gott durch die himmlischen Heiligen sagen lassen, wie sehr er den Verrat bedaure, den sie dadurch beging, daß sie, um ihr Leben zu retten, abschwor. Mit dieser Erklärung war Johannas Schicksal endgültig besiegelt. Eine Woche nach ihrem Widerruf wurde sie von allen Teilnehmern des Gerichtes als schuldig befunden.

Für eine rückfällige Ketzerin gab es kein Erbarmen, und man schritt alsogleich zur Vollstreckung des Urteils. Am 30. Mai 1431 um 7 Uhr morgens traten zwei Priester mit der Mitteilung zu ihr, daß sie in zwei Stunden durch das Feuer sterben müsse. Als man Johanna dies kundtat, schrie sie über das Unabwendbare entsetzt auf. Sie fand es schrecklich, daß ihr reiner, jungfräulicher Leib durch Feuer zerstört werden sollte, und sie machte ihrer Verzweiflung durch laute Klagen Luft. Dann aber fand sie die Kraft, sich zu sammeln, und bat um die Kommunion, die man inkonsequenterweise einer als Ketzerin verurteilten Person reichte. Ein langes, schwarzes Gewand wurde ihr angezogen und statt einer Dornenkrone eine spitze Papiermütze auf den geschorenen Kopf gestülpt, welche die Aufschrift trug «Häretikerin, Rückfällige, Apostatin, Götzendienerin». Unter starker Bedeckung englischer Soldaten wurde sie auf den Richtplatz geführt, der mit einer großen Volksmenge angefüllt war. Ein Priester hielt — unter Mißbrauch der Bibel — eine Predigt über den Text: «Wenn ein Glied leidet, so leiden alle andern mit ihm» (1. Kor. 12, 26). Hierauf wurde das Urteil verlesen, wonach sie niemals ernstlich bereut habe, sondern zu ihren Sünden zurückgekehrt sei, wie der Hund zu seinem Gespielen, und deswegen als toter Zweig vom Baume der Kirche abgeschnitten und dem weltlichen Arme übergeben werde. Johanna rang sich mit der letzten Kraft, die ihr verblieben war, zu dem Wort der Vergebung an ihre Feinde durch. Sie hat es ausdrücklich ausgesprochen, und damit wohl den schwersten Sieg ihres Lebens vollbracht. Niederkniend betete sie eine halbe Stunde lang. Tränen strömten aus ihren Augen, aber kein Zeichen der Schwäche trübte die Größe ihres bitteren Sterbens. Mit traurigen Augen blickte sie auf die Stadt und sagte noch: «Rouen, Rouen, du meine letzte Wohnung!» Angesichts dieser Haltung kamen auch den feindseligen Richtern die Tränen. Doch die Engländer drängten den Henker, seines Amtes zu walten. Johannas letzter Wunsch war ein Kreuz, das ihr ein englischer Soldat rasch aus zwei Holzstäben verfertigte. Sie küßte es und verbarg es an ihrer Brust. Dann bestieg sie den Scheiterhaufen und wurde an den Pfahl gebunden. Lichterloh loderten die Flammen auf, und mit einem letzten Schrei «Jesus, Jesus» fand ihr Golgatha das Ende, das offenbar zu ihrem Leben so gehört wie der Karfreitag zum Leben Christi. Ihr Martyrium drückte ihrer Sendung das göttliche Siegel auf. Johanna hat ihre Mission mit ihrem Leben bezahlt, und mehr zu tun ist niemandem möglich. Man kann nur noch mit dem Dichter fragen: «O Gott, der du diese wundervolle Erde geschaffen hast, wie lange wird es dauern, bis sie bereit sein wird, deine Heiligen zu empfangen, wie lange, o Gott, wie lange?»[62]

V

Auch bei Johanna konnte man wohl den Leib, nicht aber die Seele töten. Der Henker wurde noch am gleichen Nachmittag von Reue erfaßt. Der Sekretär des englischen Königs sprach nach der Hinrichtung der Ketzerin die Worte: «Wir sind alle verloren, denn wir haben eine Heilige verbrannt.» Vor allem aber kam das französische Volk über den Tod der Johanna innerlich nicht zur Ruhe. Frankreich konnte nicht glauben, es einer Hexe verdanken zu müssen, daß es aus der Liste der selbständigen Nationen nicht gestrichen worden war. Zwanzig Jahre nach ihrem Hinschied kam auf französischer Seite ein Revisionsprozeß zustande und führte zur Aufhebung des erstinstanzlichen Urteils. Der Schimpf, eine Hexe zu sein, wurde von Johanna genommen. Aber damit war dem Sühnebedürfnis des französischen Volkes über die schwere Schuld, welche es durch diese Verbrennung auf sich geladen hatte, noch nicht Genüge getan. Die Beschäftigung mit der als Ketzerin verurteilten Heiligen ging weiter und wuchs sich zu einem großen Verehrungsprozeß aus, der sich über Jahrhunderte erstreckte. Nicht die Kirche befahl diese Verehrung, sondern spontan aus der unergründlichen Tiefe der Volksseele wurde an ihr unablässig gearbeitet, bis sie jene Form gefunden hatte, welche dem Glauben der französischen Nation entsprach. Dabei trug man nicht fremde Anschauungen in Johanna hinein, die mit ihr nichts zu tun hatten. Der steigenden Verherrlichung Johannas liegt ein Glaube zugrunde, nach welcher kein Volk so hoffnungslos darnieder liegt, daß es sich nicht wieder erheben könnte. Aber wenn diese Beschäftigung nach fünfhundert Jahren sogar zur kirchlichen Kanonisation führte — im Herzen des Volkes hatte Johanna lange vorher schon als Heilige gelebt — so bleibt ihre Gestalt trotzdem in ein ewiges Geheimnis gehüllt. Der Jungfrau in ihrer kühnen Haltung haftet etwas Unwirkliches an, und zugleich ist sie eine Verkörperung jener Wirklichkeit, welche das menschliche Dasein bestimmt. Eine fremdartige, überirdische Kraft ging von ihr aus, die auf keine Formel gebracht werden kann. Durch alle

Jahrhunderte hindurch entstanden deswegen immer neue Versuche, diese einzigartige Erscheinung zu deuten, sie, die die tiefste Gläubigkeit des Mittelalters noch einmal zusammengefaßt und mit ihrer Gottunmittelbarkeit zugleich das Wort gesprochen hatte, das darüber hinausging.

Diesem Verherrlichungsprozeß gegenüber kommt jene Auffassung nicht mehr in Frage, welche Johanna lediglich als Dämonin zeigt, der die Unterwelt zu Hilfe kam, wie sie in dem Shakespeare zugeschriebenen Drama «Heinrich VI.» erscheint. Ebensowenig vermochte Voltaire mit seinem Spottgedicht über Johanna ihn aufzuhalten, er hat sich damit nur selbst ein verächtliches Zeugnis ausgestellt. Auch die moderne Auffassung, welche Johanna nur als «großen Menschen» zu verstehen sucht, fällt dagegen ab.[63] Zwar scheint die letztere Anschauung der Wahrheit im ersten Moment näherzukommen als jene stilisierten Legenden, nach denen Johanna die Geschosse unverletzt auffing, Tote auferwecken konnte usw. Doch erweist sich letztlich die rein menschliche Auffassung der Johanna als unzulänglich, wie die neueren Werke deutlich zeigen. Der modernen Johanna-Forschung ist viel zur Abklärung des Tatsachenmaterials zu verdanken, aber die bloß psychologische Deutung führt im besten Fall nur zu einem unlösbaren Rätsel, das sich zu keinem neuen Bild rundet.

Dem gewaltigen Mythisierungsprozeß entspricht einzig Péguy's Gesichtspunkt des Mysteriendramas, in welchem eine Heilige sich für ihr Volk aufopfert. Mit ihrer schöpferischen Kraft hat Johanna dem französischen Volk aufs neue seine Bestimmung als Nation zum Bewußtsein gebracht. Die große Not Frankreichs schmerzlich fühlend, kämpfte sie für die nationale Erneuerung des Landes bis zum Letzten. Diese patriotische Tat wuchs bei ihr aus einer rein religiösen Einstellung heraus und ließ sie zur Bringerin der Gnade werden. Diese große Kriegsheilige des christlichen Kalenders stellt eine einzigartige Verbindung von nationaler und religiöser Wahrheit dar, die sie mit ihrer entsühnenden Weiblichkeit zu einer höheren Einheit verschmolz. Deshalb vermochte sie für

Frankreich, in einem ganz anderen Sinn als Birgitta für Schweden, die Nationalheilige zu werden, wird sie doch von allen Parteien anerkannt als das Zeichen der Einheit aller Franzosen. Was es für ein Volk bedeutet, ein solches Symbol zu besitzen, ist mit Worten nicht auszudrücken. Als Erfüllerin des französischen Passionsgedankens ging Johanna durch das Feuer der Läuterung hindurch und stellt in ihrem Opfergang die wahre Seele Frankreichs dar.

Zur Erfassung dieser Heiligen als der religiösen Verleiblichung des französischen Genius bedarf es jedoch noch der Einführung eines letzten Gesichtspunktes. Im Leben Johannas spielen Engel eine große Rolle. Das Außergewöhnliche ihres Daseins begann mit der Erscheinung des Erzengels Michael. Engel lassen sich aus ihrem Dasein nicht wegdenken. Sie lebte in deren Atmosphäre und sah gleich Jakob die Engel auf der Himmelsleiter auf- und niedersteigen. Mit ihnen stand sie in einem ehrfürchtigen Vertrauensverhältnis, das sie Dinge sehen ließ, welche den Menschen sonst verborgen bleiben. «Sie kommen oft zu den Christenmenschen, man sieht sie nur nicht. Ich selber habe sie oft bei ihnen gesehen.»[64] Die Engel-Auffassung Johannas hat noch nichts von der nachmittelalterlichen Entartung an sich, welche diese Mächte nur noch als süßliche, pausbäckige Wesen kennt, von denen man den kleinen Kindern erzählt. Für Johanna waren, wie für Dionysios Areopagita, Engel hehre Gestalten, denen eine heilige Gewalt innewohnt und die mit ihrer schrecklichen Größe menschliches Maß überschreiten, wie es die byzantinischen Mosaiken darstellen. Das lothringische Mädchen betrachtete die Engel, wie die Bibel, noch als wirkliche Boten Gottes, die zu den Menschen gesandt sind und gegen gottfeindliche Mächte kämpfen. Mit dieser Engel-Auffassung — die der Neuzeit verlorengegangen ist und die erst einige Dichter wie Hölderlin und Rilke wieder mühsam zurückzugewinnen suchten — rückt sie selbst in eine neue Sicht, die freilich nicht dem rationalen, sondern nur dem symbolischen Denken zugänglich ist. Nach der Anklageschrift der Inquisitoren «hat Johanna sich das Amt von Engeln angemaßt, indem sie fest behauptete, sie sei im Namen Gottes gesandt».[65] Die Beschuldigung kommt in dem gegen sie geführten Prozeßverfahren mehrfach vor: «In aller Öffentlichkeit verkündet man, sie sei eine Botin Gottes und eigentlich mehr ein Engel als eine Frau.»[66] Dieser Anklagesatz enthüllt ihr inneres Antlitz. Johanna ist wirklich wie ein geflügelter Engel durch Frankreich geeilt. Nicht die Natur der Engel besaß sie, aber deren Dienste hat sie geleistet. Sie selbst hat diese Auffassung angedeutet, als sie jene Geschichte von dem Engel erzählte, der dem König von Frankreich eine Krone überreicht habe, und die Allegorie zuletzt mit den Worten schloß: «Der Engel war ich!»[67] Mit dieser Aussage hat Johanna ihr tiefstes Geheimnis offenbar gemacht. In dieser Funktion liegt der religiöse Sinn ihres Mysteriums: sie war der Engel Frankreichs.

DER SCHWEIZERISCHE STARETZ

Niklaus von Flüe

1417—1487

I

Noch kein Eidgenosse wurde «ein heiliger und seliger Mann», höhnte im Jahre 1471 in der Stadt Bern der schwäbische Schreiber Heinrich Morgenstern und fügte zugleich eine schwere Verleumdung des Bruders Klaus hinzu. Diese Äußerung war zweifellos eine Beleidigung für schweizerische Ohren. Die erbosten Berner warfen denn auch den Ausländer kurzerhand ins Gefängnis und verbannten ihn nachher aus dem Gebiet der Eidgenossenschaft. Aber ein Körnchen Wahrheit steckt doch in der frechen Behauptung des Schwaben. Tatsächlich hatte die Eidgenossenschaft seit der Schließung des Bundes keinen einzigen Heiligen hervorgebracht.[1] Gottfried Kellers Bezeichnung der Schweiz als eines Holzbodens für künstlerische Bestrebungen kann mit noch größerer Berechtigung auf das Gebiet der Heiligen angewendet werden. Die Eidgenossenschaft bietet, verglichen mit den romanischen Ländern, keine günstige Voraussetzung für heilige Menschen. Offenbar ist das schweizerische Naturell mit seiner nüchternen und trockenen Veranlagung jeglicher religiöser Hochspannung und Übersteigerung allzu abhold, um das Werden von Heiligen zu ermöglichen.

Und doch besteht der böse Hohn des schwäbischen Schreibers nicht zu Recht, und zwar gerade nicht im Hinblick auf den Mann, den er mit seinem Schimpf treffen wollte. Niklaus von Flüe schreitet auf eine seltsame ferne und zugleich nahe Art bereits zu seinen Lebzeiten und in allen nachfolgenden Jahrhunderten durch die vom Anliegen der Freiheit bewegte

Schweizergeschichte. Schon früh steht er im Ruf, ein «lebender Heiliger» zu sein, ein Ruhm, den niemand ihm ernstlich streitig zu machen vermochte. Freilich, wie unähnlich ist er allen andern schweizerischen Gestalten! Niklaus von Flüe ist im eidgenössischen Geschehen eine einzigartige Erscheinung. Er läßt sich weder mit Waldmann, Schinner noch mit Zwingli vergleichen. Der Mann im Ranft ist anders als alle andern Männer, und zwischen ihm und ihnen läßt sich keine Parallele herstellen. Trotz seinem Anderssein aber ist er in seiner Bedächtigkeit und seinem kernigen Wesen eine echt schweizerische Gestalt, welche wie kaum eine andere die Söhne Helvetiens heimatlich berühren muß. Es ist wie bei den großen Erzählungen Jeremias Gotthelfs, die mit ihrer Sprachgewalt und innersten Bauernfrömmigkeit nur einem Schweizer, der mit dieser bodenständigen Atmosphäre von Jugend an vertraut ist, restlos verständlich sind. Ähnlich ist das Erlebnis bei Niklaus von Flüe, bei dem das herb Eidgenössische religiösen Charakter annimmt, frei von jeder Sentimentalität, wie es diesem urdemokratischen Land entspricht. Durch ihn tritt die Welt der Heiligen dem schweizerischen Lebensgefühl aufs unmittelbarste nahe und läßt einen in ernster Weise spüren, was in christlicher Beziehung Heimat dem Menschen bedeutet. Warm wird es einem im Innern gegenüber diesem Bauernheiligen, dem Jauchegeruch anhaftete und dessen Hände von harter Arbeit schwielig waren. Seine Verbundenheit mit dem heimatlichen Erdboden reicht bei ihm ins Religiöse hinein, und deshalb wurde er von den Eidgenossen allezeit geliebt als zum Besten gehörend, was aus ihrer Mitte hervorgegangen ist.

Allerdings vermochten auch die Schweizer Niklaus von Flüe nicht in seinem ursprünglichen Wesen festzuhalten. Einer seiner besten Kenner sah sich zu der Klage genötigt, daß «die erbauliche Literatur und Kunst schon rasch vom Grabe weg den seligen Mann seiner Rasse und seinem Boden etwas entfremdet und nach und nach in eine beinahe hausbackene, fromme, allerweltsgültige Schablone gebracht hat», in die er im Grunde gar nicht hineinpaßt.[2] Namentlich war es das heute im Chor zu Sachseln sich befindende Gemälde — es trägt die Initialen des Donators Hans Ludwig Pfyffer von Altishofen —, welches die Anschauung von Bruder Klaus in der Vorstellung des Schweizervolkes bestimmte. Aber die Auffassung, die aus diesem der Mitte des 17. Jahrhunderts angehörenden Bilde spricht, ist diejenige des Barockzeitalters. Zudem wurde das Gemälde von Kunstmaler Deschwanden zum Teil sehr stark übermalt, und namentlich die Kopfpartie zeigt nichts mehr vom ursprünglichen Bilde. Dieser gebräuchlich gewordene Bruder-Klaus-Typus stellt eine Mischung von barocker und moderner Auffassung dar und wird weder der obwaldnerischen Herkunft noch seiner visionären Entrücktheit gerecht. Es ist eine viel zu unbäuerliche, um nicht zu sagen geleckte Auffassung, die wenig vom wirklichen Geheimnis dieses ergreifenden Menschen eingefangen hat. Von dieser populären Bruder-Klaus-Vorstellung muß man sich bewußt befreien, will man den wirklichen Spannungsbereich dieses Heiligen umfassen.

Niklaus von Flüe ist eindeutig eine Erscheinung des ausgehenden Mittelalters. Als spätgotische Gestalt ist er in jener religiösen Kultur verwurzelt, deren inneren Reichtum Walter Muschg in seinem Buch «Die Mystik in der Schweiz» heraufzubeschwören versuchte. Bruder Klaus' mittelalterliche Gläubigkeit kommt in jener Holzstatuette aus der untern Ranftkapelle (1504), im Gemälde von Hans Fries (1517) und in demjenigen aus der Porträtsammlung des Erzherzogs Ferdinand von Tirol (1578) deutlich zum Ausdruck. Auch diese Plastik und die beiden Gemälde geben keine Gewißheit über das wirkliche Aussehen des Niklaus von Flüe, aber dessen ungeachtet sind sie aus dem spätmittelalterlichen Lebensgefühl heraus geschaffen worden, welches in ihm selbst lebte. Diese alten Darstellungen zeigen ein Antlitz von unheimlicher Wildheit, die mit ihrer erschreckenden Wirkung der inneren Wahrheit der Gestalt bedeutend näherkommt. Sie entsprechen dem realistischen und glaubwürdigen Bild, das sich auch aus dem monumentalen Quellenwerk von Robert Durrer, auf den jede Bruder-Klaus-Anschauung aufbauen muß, ergibt. Als spätgotischer Mensch war Niklaus herber und aufgewühlter, aber auch viel entrückter und gottgebundener, als man sich ihn gewöhnlich vorstellt. Die Meinung, auf ein solch «abstoßendes Lebewesen» könnte man nicht mehr «stolz sein», ist eine rein propagandistische Befürchtung, der nicht der geringste religiöse Wert zukommt. Auch bei Bruder Klaus muß der moderne Mensch zunächst ehrlicherweise die seltsame Fremdheit hervorheben und darf ihn nicht verfälschend zu einer allzu freundlichen Gestalt — einem weichen «Pfiffikus Gottes» — wie «unsereiner» machen. Die zerklüftetere, sehnsüchtigere und doch erfülltere Gestalt des Spätgotikers Niklaus von Flüe wirkt gewaltiger als alle Modernisierungsversuche, die ungewollt darauf hinauslaufen, diesen Heiligen verkleinernd dem heutigen Bewußtsein anzupassen. Nur wer in das erschütternde asketische Antlitz des Bruders Klaus unvoreingenommen schaut und seinem ergreifenden Blick nicht ausweicht, bekommt diese selten prächtige Gestalt auch zu sehen, welche in dem kirchengeschichtlichen Niedergang des 15. Jahrhunderts in einsamer Größe alles überragt.

II

Von den sieben Jahrzehnten, die Niklaus von Flüe zu leben beschieden waren, hat er fünf wie alle andern Menschen zugebracht. Rein äußerlich gesehen nimmt das Weltleben, das er zuerst durchschritten hat, in seinem Dasein den breitesten Raum ein.

In einem innerschweizerischen Bauernhaus wuchs Niklaus auf, inmitten einer ansprechenden Landschaft, mit einem stillen See und nicht bedrückenden Bergen. Seine Eltern stammten aus «niedrigem Geschlecht», wenn sie sich auch eines ordentlichen Wohlstandes erfreuten. Niklaus wurde in einfachen Verhältnissen erzogen, wie er denn auch in seinem Wesen der echt bäuerliche Mensch war. Eine Schulbildung hat er nicht genossen, und aller Wahrscheinlichkeit nach hat er das Schreiben nie erlernt. Von Jugend an half er im väterlichen Heimwesen. «Es gab keine Arbeit in dieser Zeit, die er nicht gebückten Leibes unternommen hätte.»[3] Viele Jahre seines Lebens verblieb Niklaus in dieser bäuerlichen Welt, aus der die Langsamkeit seines Denkens und Handelns, das Schwerfällige seines Wesens zu erklären ist. Als Bauer, der die Kühe molk und die Mistgabel in der Hand hielt, war Niklaus ein Mensch, der mit beiden Füßen im Leben gestanden hat, und der der Erde Glück und Weh aus eigener Erfahrung kannte. Man muß sich Niklaus in seinen besten Mannesjahren in einem rauhen Bauernkittel vorstellen, noch urchiger als die bärtigen Bauerntypen der heutigen Innerschweiz. Ländliche Alltäglichkeit war in jenen Jahren die vorherrschende Stimmung, aus der heraus er auch wie andere Sterbliche in den Ehestand trat und sich mit Dorothea Wiß verheiratete, die als hübsche Frau mit einem «säuberlichen Angesicht und einem glatten Fell» geschildert wird. Sicher hat er diesen Schritt nicht nur getan, um dem Wunsch seines Vaters nachzukommen, sondern aus dem gesunden Verlangen nach dem ehelichen Leben. Es war auch alles andere als eine Josefsehe, welche die beiden miteinander führten. Die natürliche Sinnlichkeit Niklaus' zeigt sich in den fünf Söhnen und fünf Töchtern, die aus seiner Familiengründung hervorgegangen sind.

Neben seiner Tätigkeit als Bauersmann beteiligte Niklaus sich aktiv an dem kriegerischen Geschehen, in das die Eidgenossenschaft zu jener Zeit stark verwickelt war. Als er das zwanzigste Altersjahr eben recht überschritten hatte, nahm er vermutlich am Bürgerkrieg teil, der zwischen Zürich und Schwyz ausgebrochen war. Später stand er noch öfters im Feld. Niklaus brachte es bis zum Fähnrich und Hauptmann, in welcher Eigenschaft er auch den eidgenössischen Raubzug in den Thurgau mitgemacht hat. Es ist ein befremdliches Bild, sich den Heiligen als Rottmeister vorstellen zu müssen, und doch ist sein Militärdienst bezeugt, so daß kein Zweifel darüber bestehen kann. Aber ein rauflustiger Geselle, wie viele Eidgenossen von damals, war er nicht. Außerordentliche Kriegstaten sind von ihm keine erwähnt. Wahrscheinlich war seine Begeisterung für das Soldatenleben nicht groß. Aus Pflichtbewußtsein und nicht aus Söldnerfreude ist er dem militärischen Aufgebot entsprechend eingerückt. Diese Auffassung stellt keine neuzeitliche Deutung dar. Schon in Wölflins Biographie ist zu lesen: «Niklaus nahm nie ohne auf obrigkeitlichen Befehl an Kriegen teil. Er war der größte Freund des Friedens; doch wo es fürs Vaterland zu streiten galt, wollte er nicht, daß die Feinde wegen seiner Untätigkeit unverschämt großtun könnten; sobald deren Kräfte aber zusammengebrochen und überwunden waren, mahnte er nachdrücklich zur Schonung.»[4] Er war nicht nur gegen die vandalische Kriegsführung, sondern trat immer auch für die milde Behandlung der Besiegten ein.

Niklaus kannte auch das politische Leben mit seiner Amtstätigkeit. Er wurde sowohl in den Rat als in das Gericht des kleinen Ländchens gewählt. Die genauen Jahre seiner öffentlichen Wirksamkeit sind zwar nicht mehr feststellbar. Verbürgt aber ist, daß er im Auftrag seiner Mitbürger gegen den eigenen Pfarrer der Gemeinde einen Prozeß um den nassen Zehnten führte. Auch diese Nachricht fügt sich nicht harmonisch in das allzu kirchliche Bild des Niklaus ein, das man heute aus ihm zu machen für ratsam hält. Die Behauptung jenes Predigermönchs, Niklaus habe gesagt, «sooft ich einen Priester sah, es mir schien, ich sähe einen Engel Gottes», paßt schlecht zu der Vorstellung des gegen seinen Pfarrer prozessierenden Vierzigjährigen. Niklaus war kein frömmelnder Mann, der von Jugend an mit zur Seite geneigtem Haupt einherging. Er half auch mit, dem Kloster Engelberg das Recht zu entziehen, die Pfarrei von Stans ohne Anhören der Kirchgenossen zu besetzen und schreckte in dieser Angelegenheit nicht vor einem offenkundigen Übergriff der weltlichen Gewalt in die kirchliche Rechtssphäre zurück, weil es ihn richtig dünkte. Niklaus war tatsächlich «mächtig in Gericht und Rat, und in den Regierungsgeschäften dieses meines Vaterlandes», und durfte hinzufügen: «dennoch erinnere ich mich nicht, mich jemandes so angenommen zu haben, daß ich vom Pfade der Gerechtigkeit abgewichen wäre.»[5] Gerade aus diesem Sinn für Gerechtigkeit erwuchsen dem großen Sohn Obwaldens viele bittere Enttäuschungen. Denn nicht alle Richter glühten auf die gleiche Weise für die Gerechtigkeit, sondern ließen sich durch Geschenke dazu verleiten, wider besseres Wissen Recht zu sprechen. Als Niklaus in seiner nächsten Nähe empörende Ungerechtigkeiten wahrnahm, wurde er vom Amtsekel erfaßt und war zu keiner weiteren Mitarbeit mehr zu bewegen. Er lehnte nicht nur das ihm angetragene höchste Amt des Landammanns ab, sondern legte plötzlich auch seine Rats- und Richterstelle nieder.

Die mannigfache Wirksamkeit Niklaus' in der Welt wurde schon oft ausführlich erzählt. Dichterhand hat ihr eine künstlerische Schilderung gewidmet, die kaum noch überboten werden kann.[6] Doch scheint es angebracht, über Niklaus' Weltleben nur in gedrängter Weise zu berichten. Wenn diese Zeit für Niklaus auch keineswegs verlorene Jahre waren, da er in ihnen reichliche Erfahrungen gesammelt hat, die ihm später von Nutzen wurden, und eine Geringschätzung darüber nicht am Platze ist, rechtfertigt sich eine absichtlich kürzere Darstellung der ersten fünf Jahrzehnte aus einem andern Grund.

Über Niklaus' weltliche Jahre stehen nur einige dürftige Quellen zur Verfügung. Es finden sich wenige historisch bezeugte Nachrichten für seine zwanzigjährige Amtszeit. In den Obwaldner Urkunden fehlen die Ratslisten für die Zeit seiner Wirksamkeit. Auch seine Teilnahme als Tagsatzungsabgeordneter ist nicht dokumentarisch verbürgt. Überall klaffen Lücken, und man ist genötigt, sie durch Nachkonstruktionen zu überbrücken. Will man sich jedoch nicht einfach der blühenden historischen Phantasie überlassen, ist betonte Zurückhaltung der einzige Ausweg.

Niklaus lebte in dieser Periode nicht anders als die andern Menschen. Gewiß zeichnete sich, wie die ersten Biographien berichten, sein Bauern-, Soldaten- und Amtsleben durch vorbildliche Redlichkeit aus. An ihr zu zweifeln, besteht nicht der geringste Anlaß. Aber diese Rechtschaffenheit teilt Niklaus noch mit vielen andern unbekannten Menschen seiner Zeit. Er war nicht der einzige Mann im 15. Jahrhundert, der die Wahrheit liebte. In seinem Weltleben bildet Niklaus keine Ausnahme-Erscheinung. Um seiner wenig plastisch hervortretenden Amtstätigkeit willen würde man heute nicht mehr von ihm reden. Religiös gesehen besitzen diese Jahrzehnte in seinem Leben nur vorbereitenden Charakter, so daß es sich nicht rechtfertigt, allzu ausführlich bei ihnen zu verweilen. Niklaus mußte in diesem rechtschaffenen Leben noch eine scharfe Wendung vollziehen, bis er zu jener überragenden Gestalt wurde, welche ihre Vorbildlichkeit durch alle Jahrhunderte behalten hat.

Eine Bedeutung verbleibt diesem in keiner Weise herabzusetzenden Weltleben, und das ist seine starke Volks- und Bodenverbundenheit. Der große Obwaldner war ein Mann des Volkes, er war aus der Volksmitte hervorgegangen, und allen seinen Äußerungen haftet das echt Volkshafte an. Nicht minder zäh hing er an seiner Ackerscholle, die er im Schweiße seines Angesichts mühsam bebaute. In seinen mittleren Mannesjahren war Niklaus eine erdenschwere Gestalt, die nichts Schwebendes an sich hatte. Schwer und bedächtig war sein Wesen; mit dem Boden verwachsen, von den Mächten des Himmels abhängig, war diesem wortkargen Menschen nichts Lichtvolles eigen. Er war von einer ländlichen Primitivität, deren Spuren deutlich festzustellen sind. Das Natürliche überwog in den ersten Jahrzehnten das Geistliche und wurde von letzterem nicht so durchdrungen, daß bei Niklaus die sinnliche und himmlische Liebe einen reinen Einklang gefunden und sich zu froher Harmonie verschmolzen hätten. Sie befanden sich bei Niklaus zeitlich nicht nebeneinander, sondern deutlich nacheinander. Das scheint aus den Quellen hervorzugehen. Die Verbundenheit mit dem obwaldnerischen Volk und dem heimatlichen Boden darf aber nicht als nebensächlich hingestellt werden. Sie ist nicht nur für das Verständnis des Lokalkolorits und jener Zeit wichtig. Seine Verflochtenheit weist vielmehr auf die Wurzeln dieses Heiligen hin, die tief, tief ins Erdreich hinabreichten. Aus ihnen erwuchs sein festes Gegründetsein, welches den Menschen nicht von jedem Windstoß hinwegblasen läßt. Niklaus war ein im volklichen Nährboden verwurzelter Mann. Das ist von größter Bedeutung, weil nur daraus jene urwüchsigen Kräfte fließen, die durch nichts anderes ersetzt werden können. Allerdings blieb Niklaus bei dieser dumpfen Verbundenheit mit der Scholle nicht stehen, wie es der größte Teil der Bauern tut. Vielmehr sollte gerade aus seiner Verwurzelung in Volk und Heimat das Problem seines Lebens entstehen, an dem er zur zeitlosen Größe emporstieg.

III

Wie viele bäuerliche Menschen war Niklaus schon von Jugend an eine religiöse Natur. Ob diese Veranlagung mütterliches Erbe war, wie schon vermutet wurde, kann mit Bestimmtheit nicht entschieden werden. Seine Frömmigkeit besaß eine dunkle Tönung und verstärkte seine depressive Anlage. Niklaus' Gestalt weist einen melancholischen Zug auf. In den Biographien über ihn ist von diesem gedrückten Wesen seltsamerweise kaum die Rede. Aber der schwerblütige Charakter seiner Religiosität geht aus den alten Zeugnissen eindeutig hervor und will beachtet sein, da er für seine Entwicklung ausschlaggebend wurde. Niklaus war der aufgeschreckte Mensch der Gotik, der erst durch die Unruhe zur Ruhe gelangte.

Die krankhafte Komponente machte sich zuerst in seinem Hang zur Isolierung geltend. Sein eigener Sohn gestand: «Solange er gedenke, habe sein Vater immer die Welt geflohen und ein einsiedlerisches Wesen gehabt und allezeit gesucht.»[7] Auch andere Eintragungen im «Kirchenbuch von Sachseln» betonen sein «eingezogenes Wesen», und wie er nach der Heimkehr von der Arbeit sich «stets entfernte allein hinter einem Gaden oder sonst einem einsamen Ort»[8]. Dieser merkwürdige Hang zur Absonderung steigerte sich mit den Jahren, statt sich zu verlieren. Er nahm immer stärkere Formen an, und sein eigenbrötlerisches Wesen, wie im Volksmund diese Neigung genannt wird, veranlaßte ihn, in der Religion Trost zu suchen. Für seine bedrückenden Gefühle suchte er im Gebet Hilfe. Wiederum bezeugt sein Sohn, wie der Vater «am Abend stets mit seinem Hausvolke zur Ruhe gegangen, aber jede Nacht, wenn immer er erwachte, so hörte er, daß sein Vater wieder aufgestanden war und in der Stube bei dem Ofen betete.»[9] Solch nächtliches Beten pflegt der bäuerliche Durchschnittschrist sonst nicht auszuüben; es läßt sich bei Niklaus nur aus seinen depressiven Anwandlungen erklären.

Der schwere Druck, der auf ihm lastete, machte sich auch bemerkbar in den Teufelskämpfen, die er zu bestehen hatte. In den meisten Niklaus-Biographien werden sie mit vornehmem Stillschweigen übergangen, wahrscheinlich um dem aufgeklärten Zeitgenossen keine Angriffsfläche zu bieten. Tatsächlich nahmen sie bei Niklaus aber einen solch breiten Raum ein, daß die Berichte hierüber ernsthaft nicht übersehen werden können. Sein Nachbar bezeugt von Niklaus, «wie ihm der Teufel täglich viel zu leid täte»[10], und auch sein Kamerad berichtet: «Darin habe ihm der Teufel viel Ungemach zugefügt, besonders einmal, als er im Melchtal in der Bergmatt Dornen abhauen wollte, hatte ihn der Teufel solchermaßen einen Rain hinunter in ein großes Gestrüpp geworfen, daß er ohnmächtig und auch sonst übel zugerichtet ward, wie auch er, Erny an der Halten, davon an seinem Leibe wirklich gesehen habe.»[11] Von diesen handgreiflichen Teufelskämpfen will auch sein Sohn Zeuge gewesen sein, der die gleiche Begebenheit ausfürhlicher erzählt.[12] Auch später, als Niklaus bereits im Ranft war, wird von dem bösen Feind berichtet, der ihn mit Schlägen hart peinigte, wie weiland Antonius von Ägypten in der Wüste.[13] Will man Niklaus' innere Entwicklung verstehen, so dürfen diese Berichte nicht als dunkler Aberglaube mit einer Handbewegung auf die Seite geschoben werden. Sie sind im Hinblick auf eine gedrückte Seelenverfassung höchst aufschlußreich. Auf gegenständliche Weise und nicht nur «geistlich» hatte Niklaus es mit dem Teufel zu tun, der im Glauben des spätmittelalterlichen Menschen ohnehin eine große Rolle spielte. Gerade die massive Art der unheimlichen Teufelskämpfe muß unterstrichen werden, da nicht im geringsten Anlaß besteht, sie schamhaft zu verschweigen, sind sie doch ein Zeugnis für die ungebrochene Kraft seines religiösen Lebens.

Zu diesen niederdrückenden Erlebnissen gesellten sich Visionen, welche den nüchtern denkenden Bauern heimsuchten. Wie einst dem Propheten Amos begegneten sie ihm mitten in seiner Alltäglichkeit. Niklaus wurde von ihnen betroffen, als er zum Mähen gehen wollte. Er vernahm aus einer Wolke am Himmel eine Stimme, daß er «ein törichter Mann sei und sich in den Willen Gottes ergeben sollte», wie sein Sohn Walter von Flüe bezeugt.[14] Offenbar sträubte er sich gegen den göttlichen Willen, was seine seelische Gedrücktheit wiederum vermehren mußte. Deswegen bedrängten ihn die Visionen aufs neue und ließen ihm keine Ruhe. «Als er nämlich zu anderer Zeit, um das Vieh zu besehen, auf die Wiese kam, setzte er sich auf die Erde und begann nach seiner Weise aus innerstem Herzen zu beten und sich himmlischen Betrachtungen hinzugeben, und plötzlich sah er aus seinem eigenen Munde eine weiße Lilie von wunderbarem Wohlgeruch emporwachsen, bis daß sie den Himmel berührte. Als aber bald darauf das Vieh (aus dessen Ertrag er seine ganze Familie erhielt) vorüberkam und er ein Weilchen den Blick senkte und sein Auge auf ein Pferd heftete, das schöner als die andern war, sah er, wie die Lilie aus seinem Munde über jenem Pferde sich niederneigte und von dem Tier im Vorübergehen verschlungen wurde.»[15] In dieser Vision sah er sein Schicksal wie in einem Spiegel vor sich, so daß er über den Sinn nicht im Zweifel sein konnte. Sie wies ihn mit beängstigender Deutlichkeit auf die schwere Gefahr hin, welche ihm drohte: des himmlischen Schatzes verlustig zu gehen! Dieses Erlebnis mußte seine innere Erregung wesentlich steigern.

Alle diese Vorkommnisse verstärkten Niklaus' gedrückte Lebensstimmung und ließen ihn seines Daseins nicht mehr froh werden. Er redet selbst von seiner «Beängstigung und Beschwernis», mit welchen Worten er seine heftigen Anfechtungen andeutet. Sie sind keine nachträgliche Konstruktion. Nach eigenem Geständnis «wandte Gott die reinigende Feile und den antreibenden Sporn an, d. h. eine schwere Versuchung, so daß er weder tags noch nachts duldete, daß ich ruhig war, sondern ich war so tief niedergedrückt, daß mir selbst die liebe Frau und die Gesellschaft der Kinder lästig ward».[16] Unmißverständlicher kann man die Steigerung der seelischen Krisis nicht bezeugen, als Niklaus es in diesem Bekenntnis selbst getan hat, welches seine schwermütige Überdrüssigkeit mit nackten Worten ausspricht. Von diesem gleichen Gefühl berichtet auch die Lebensbeschreibung: «Er fing an, die häuslichen Interessen, auf die er bisher große Mühe verwendete, zu verachten.»[17] Es wäre wenig einsichtsvoll, das Krankhafte in diesen verschiedenen Äußerungen zu bestreiten. Das Vorhandensein einer gemütsleidenden Neigung kann nicht geleugnet werden und ist bei ihm wie bei vielen großen Christen festzustellen. Nicht auf die Verkleinerung dieser melancholischen Veranlagung, sondern auf das, was Niklaus aus ihr gemacht hat, muß die Aufmerksamkeit gerichtet werden. Während bei unzähligen Menschen sich eine solche gefährliche Seelenstimmung in unfruchtbarer Selbstzerfleischung auswirkt, vermochte der größte Sohn Obwaldens aus ihr in einem gewaltigen Ringen sein eigentliches Werk zu schaffen. Alle Neigungen, ins Krankhafte abzugleiten, verbrannte er in einem großen Läuterungsprozeß, aus dem ein aufbauendes Lebenswerk hervorging, vor dem nur restlose Bewunderung am Platze ist. Die schweren Depressionen abgerungene Heiligkeit ist das Große an Niklaus, und ihr kommt vorbildlicher Wert zu.

In der Verarbeitung seiner schwerblütigen Veranlagung tat sich vor Niklaus' Geist die große Aufgabe seines Lebens auf. Er fand das harmonische Verhältnis von Gott, Heimat und Familie nicht. Statt die Dinge in Gott lieben zu können, schoben sie sich immer störend zwischen Gott und ihn. Die Dinge konnte er nicht lassen — wie die Mystik es mit ihrem Ideal der Gelassenheit fordert — sondern mußte fliehen. «Wer nicht absagt allem, was er hat, kann nicht mein Jünger sein» (Lk. 14, 33), dieses Wort Jesu bildet gleichsam den Kommentar zu Niklaus' Leben. Wenn er es auch nicht mit diesen neutestamentlichen Worten ausgesprochen hat, so enthalten sie doch die Lebensfrage, um die es bei diesem Heiligen geht. Es ist das Problem des Alles-Verlassens, welches ihn beschäftigte, und mit dem allein er glaubte, seine innere Bedrängnis meistern zu können. Er fühlte die Pflicht, sich von der ihm engverbundenen Heimat und Familie zu lösen. Nur um diesen hohen Preis schien das himmlische Erbe ihm nicht verlorenzugehen. Es war für Niklaus ein erschreckender Moment, als diese harte Notwendigkeit mit ihrem ganzen fordernden Charakter vor seine Seele trat. Das Opfer muß ihm schwer, ungeheuer schwer vorgekommen sein, denn nach den alten Quellen rang er über zwei Jahre lang mit diesem unmenschlichen Entschluß.[18] Es haftet diesem Gedanken nichts Übereiltes an, da bei der Bedächtigkeit von Niklaus' schwerfälligem Naturell ein überstürztes Vorgehen ausgeschlossen war. Es war ein langsames, ganz langsames Reifen. Die Loslösung von Heimat und Familie war für den seßhaften Bauern keine selbstausgeheckte Grille, sondern ein Ruf Gottes, dem er Gehorsam schuldig war.

Als sich in Niklaus der Plan endlich formte, «ins Ausland sich zu begeben und als Waldbruder von einer heiligen Stätte zur andern zu wandern»[19], war dies für seine Familie ein unannehmbares Ansinnen. Wenn sie sich auch in gesicherten ökonomischen Verhältnissen befand, darf man ihr aus ihrem Widerstreben keinen Vorwurf machen. Es war für sie nicht leicht, ein solches Oberhaupt zu haben, und für den Sonderling besaß gerade sie am wenigsten Verständnis. Die Familie konnte in seinem Vorhaben nicht wie Niklaus und die Nachwelt eine Aufgabe Gottes sehen; für sie war dieser Vorschlag lediglich ein Produkt seiner absonderlichen Lebenseinstellung, und sie befürchtete, daß aus ihm nichts anderes als ein Familienskandal hervorgehe. Die beiden älteren Söhne, von denen der eine vor der Vermählung stand und der andere im Begriff war, in die ersten öffentlichen Ämter einzurücken, mußten diesen Schritt des Vaters als ihrer Laufbahn höchst abträglich empfinden und setzten ihm denn auch stärksten häuslichen Widerstand entgegen. Noch später hatte sich der Groll seiner männlichen Blutsverwandten nicht gelegt. Daß es bei diesen familiären Auseinandersetzungen idyllisch zu- und hergegangen sei, wie eine schönfärberische Darstellung im Interesse der Erbaulichkeit zu erzählen beliebt, ist nicht anzunehmen. Es spielten sich vielmehr heftige Szenen ab. Bei allem Respekt vor der väterlichen Autorität pflegen Bauernsöhne in diesem Alter ihre Meinung nicht gerade sanft auszudrücken. Vor allem aber erbleichte seine Gattin, die vor der Geburt des zehnten Kindes stand. Mit aller Entschiedenheit sprach Dorothea sich gegen den ungewöhnlichen Waldbruderplan aus, denn sie sah darin nichts anderes als eine Bedrohung ihres häuslichen Glückes. Leidenschaftlich kämpfte sie um die Erhaltung ihrer Ehe, die sie nicht preiszugeben gewillt war. Es würde gegen die seelische Verbundenheit der beiden Gatten sprechen, wenn Dorothea dem Projekt gleichgültig gegenübergestanden wäre. Für sie bestand nicht die gleiche innere Nötigung wie für Niklaus; sie konnte darin nur die Vernichtung ihrer ehelichen Liebe sehen. Gegen diese Gefahr aber wehrte Dorothea sich mit der ganzen Kraft eines Weibes, und man begreift ihre Einstellung, sobald man die ganze Begebenheit einmal von ihrem Gesichtspunkt aus betrachtet. Daß die Auseinandersetzung eine dramatische Note besaß, bezeugen auch die Quellen. Da Niklaus nach kirchlicher Vorschrift seinen Plan nicht ohne Einwilligung seiner Frau ausführen durfte, «gab er sich größte Mühe, sie zu überreden, was aber lange, weil mit den häuslichen Sorgen enge verknüpft, umsonst war... Als er sie immer wieder drängte, gab sie schließlich, widerstrebend und unter vergeblichem Flehen, ihre Zustimmung», berichtet Wölflin.[20] Wieviel Tränen und seelische Schmerzen stehen hinter diesen dürren Sätzen! Man muß dieses herbe Geschehen mitfühlen, um es in seiner ganzen Tragik zu verstehen. Niklaus hat die Einwilligung seiner Frau abgerungen, da sie seinem seelischen Frieden nicht im Wege stehen wollte, und sie hat ihn schließlich freigegeben, damit er ziehen konnte. Er empfand es als große Gnade, endlich die Zustimmung seiner Gattin erlangt zu haben, und wurde nie mehr von dem Verlangen ergriffen, zu Weib und Kindern zurückzukehren. Für Dorothea aber war es der schwerste Verzicht, unter dem sie stets gelitten hat. Das ungewöhnliche Opfer dieser einfachen Bauernfrau, zu dem gewiß nicht viele andere fähig gewesen wären, erheischt Bewunderung. Ohne ihre heroische Selbstverleugnung ist das spätere Lebenswerk Niklaus' nicht denkbar.

Die Trennungsstunde, da Niklaus von seiner Familie schied, hat sich allen Beteiligten unauslöschlich eingeprägt. Dies geht aus der präzisen Bemerkung seiner Frau zu einem Besucher hervor, daß am Gallustag — dem 16. Oktober 1467 — das Unvermeidliche geschah. Keiner der alten Berichterstatter hat sich in einer Schilderung dieser Abschiedsszene ergangen, in welcher das Herz der Zurückgebliebenen sich in unermeßlichem Schmerz zusammenkrampfte. Eine ehrfürchtige Scheu ließ sie einen Schleier über die tränenschwere Trauer dieser harten Trennung legen, zumal es innerschweizerischer Bauernart entspricht, das tiefste Leid still in sich hinabzuwürgen. Nur die Gestalt Niklaus' muß beleuchtet werden, der, in eine lange Kutte aus grobem Stoff gehüllt, ohne Kopfbedeckung und barfüßig, mit dem Stab in der Hand, das Leben eines Pilgers beginnen wollte. Als ewiger Wanderer riß er sich mühsam von den Seinen los und schritt hinaus, fort von seiner Familie, fort von der angestammten Scholle, fort von seiner Heimat ins Ungewisse, gleich einem zweiten Abraham in ein Land, das Gott ihm zeigen werde.

Der große Aufbruch Niklaus' gab zu allen Zeiten viel zu reden. Noch zu seinen Lebzeiten erschien eine ausführliche scholastische Untersuchung über die religiöse Berechtigung Niklaus', Weib und Kind zu verlassen, von Petrus Nurmagen.[21] Bis zum heutigen Tag ist die Diskussion über diesen Punkt nicht zur Ruhe gekommen. Die Verehrer Niklaus' wollten keinen Makel auf seinem Charakter sitzenlassen und sahen in der Trennung von den Seinen keine Vernachlässigung der Familienpflichten, da sie mit dem Einverständnis seiner Gattin geschehen sei. Diese gutgemeinten Verteidigungsreden verraten jedoch die gleiche Ahnungslosigkeit für das Schicksalhafte dieses Vorganges wie die geringschätzigen Schmähungen, die ihm von lieberaler Seite zuteil geworden sind.[22] Beide Auffassungen beweisen, nur in entgegengesetzter Richtung, die gleiche Unfähigkeit zur Erkenntnis einer wirklich tragischen Situation, in welcher ein Mensch, er mag handeln, wie er will, schuldig werden muß. Vom Standpunkt des bürgerlichen Lebens aus, dem die Familie das höchste Gut bedeutet, wird Niklaus' Gang von der Heimat in die Heimatlosigkeit immer etwas Anstößiges behalten. Sein Vorgehen wird in keiner Weise zur Nachahmung empfohlen werden können. Das Ärgernis, das er Bestrebungen des Familienschutzes bereitet, kann im Ernste nicht bestritten werden. Der Schritt von der Häuslichkeit in die Hauslosigkeit ist überhaupt nur von einem radikal überbürgerlichen Gesichtspunkt aus zu verstehen. Um eine ungewöhnliche Gewissens-Handlung, welche gebieterischen Gehorsam dem Rufe Gottes gegenüber verlangte, handelt es sich bei dieser qualvollen Trennung von Weib und Heimat. Allein dieser göttliche Anruf verleiht dem Menschen das höhere Recht, aus der traditionellen Lebenshaltung herauszutreten und den kühnen Schritt ins Unbekannte zu tun. Mit dem Pilgerleben näherte sich Niklaus dem Heiligkeitsideal, welches noch immer die bürgerlichen Lebensformen gesprengt hat und andere Maßstäbe zur Beurteilung verlangt. Niklaus hat sein Waldbruderdasein ohne jede theatralische Geste mit einer Schlichtheit begonnen, die von ergreifender Größe ist und die man in den Gedanken zusammenfassen kann: Fünfzig Jahre habe ich den Mitmenschen gedient und bin durch die Dinge des Lebens hindurchgegangen, der Rest meines Daseins soll allein dem Ewigen gehören. Es ist dies zweifelsohne eine tief religiöse Überlegung, der gegenüber man nur verstummen kann.

Um die Heimat zu opfern, wollte Bruder Klaus, wie er fortan genannt wird, sich ins Ausland begeben. Diese Absicht ist durch die Aussage seiner Frau bezeugt. Er lenkte denn auch seine Schritte in die Richtung nach dem Elsaß. Für die Wahl dieses Ortes hatte Bruder Klaus gute Gründe. Das Elsaß war damals der Ausgangspunkt der Gottesfreundbewegung. Von ihr muß Bruder Klaus schon früh gehört haben, wahrscheinlich durch den Einsiedler Matthias Hattinger in Wolfenschießen, dem Heimatort seiner Mutter. Auch im nahegelegenen Entlebuch hatten die Gottesfreunde ihre Vertreter, und ebenso bestanden nachgewiesene Beziehungen zwischen Straßburg und dem Kloster Engelberg. Es ist kein Zufall, daß später die ersten Besucher zu Bruder Klaus aus dem Elsaß kamen. Wenn auch «der Gottesfreund im Oberland» eine Wunschfigur von Rulman Merswin war, die Gottesfreunde selbst existierten wirklich, und von ihnen ist eine belebende Wirkung auf das im 15. Jahrhundert arg darniederliegende kirchliche Leben ausgegangen. Da die Reformkonzilien sich gegenüber der Unsittlichkeit des Klerus als machtlos erwiesen hatten, waren die Gläubigen genötigt, in dieser kirchlichen Notlage ihre eigenen Wege zu suchen. Die Lebendigsten von ihnen fühlten sich von der Gottesfreundbewegung, die sich wie eine Quelle in der Wüste auswirkte, angezogen. Die Gottesfreunde waren in der Regel Laien, die sich nicht in Auflehnung gegen das Dogma befanden, von der entarteten Kirche aber gleichwohl mißtrauisch betrachtet wurden, weil sie sich mit ihrer individuellen Frömmigkeit von der priesterlichen Leitung zwar nicht schlechthin gelöst hatten, sich aber doch zu einer vorsichtigen Zurückhaltung und Unterscheidung nach Personen veranlaßt fanden. Deswegen kamen einzelne Gottesfreunde mit der Inquisition in Konflikt. Bruder Klaus stand mit dieser gelegentlich der Ketzerei verdächtigten Gottesfreundbewegung in Verbindung und war in seinem Vorhaben, sich in die Einsamkeit zurückzuziehen, entscheidend von ihr beeinflußt.[23] Auf seiner Pilgerwanderung ins Elsaß schwebte ihm das Ideal, ein Gottesfreund zu werden, vor Augen. Dieses Ziel hat er schließlich auch auf eine solch vorbildliche Art erreicht, daß er den abschließenden Höhepunkt dieser mystischen Laienbewegung bildet. Bruder Klaus hat die im 13. Jahrhundert von der Mystik ausgebildete Lehre von der Gottesfreundschaft in seinem Leben aufs wundersamste verkörpert und sie zu einer der tiefsten religiösen Haltungen gemacht, die ein Mensch einnehmen kann. Durch ihn erhielt das Ideal der Gottesfreundschaft eine überzeitliche Vorbildlichkeit, weil sie, das Knechtschaftsverhältnis zwischen Gott und Mensch überwindend, die einzigartige sohnliche Beziehung Jesu nicht antastet. In der Gottesfreundschaft steckt eine Fülle von nicht ausdeutbaren Möglichkeiten, die man sich nicht durch unangebrachte Beargwöhnungen verdächtig machen lassen darf. Daß der laienhafte Gottesfreund nicht in die Ketzerei abgleiten muß, beweist gerade Bruder Klaus, dem die alten Quellen mit Recht mehrfach diese edle Benennung zuteil werden lassen.

Als Bruder Klaus dem Elsaß zustrebte, legte sich ihm jedoch unerwartet ein Hindernis in den Weg. Vor dem Städtchen Liestal widerfuhr ihm ein Erlebnis, das die alten Berichterstatter leider nur notdürftig andeuten. Er kam mit einem Bauern ins Gespräch, dem er sein Vorhaben schließlich gestand und der ihm in ziemlich grober Weise sagte, «er solle wieder heimgehen zu den Seinen und daselbst Gott dienen. Das würde Gott angenehmer sein, als wenn er andern, fremden Leuten zur Last falle».[24] Der Bauer machte ihn auch darauf aufmerksam, daß die Eidgenossen infolge ihrer Kriegslust bei den fremden Nationen verhaßt seien. Trotz dem polternden Tone wurde Bruder Klaus stutzig und hielt auf seinem Pilgerweg inne. Da es Abend wurde, legte er sich unter eine Hecke. Es sollte die entscheidende Nacht seines Lebens werden. Ihre Bedeutung zeigt sich darin, daß ihm abermals eine Vision zuteil wurde, in der ihm das Städtchen Liestal ganz rot vorkam, als ob es brenne. «Ein Strahl vom Himmel» — berichtet Wölflin, welcher das Geschehnis mehr ahnt als versteht — «umleuchtete den Mann, der dabei einen Schmerz empfand, nicht anders, als ob ihm mit einem Messer der Leib aufgeschnitten wäre, und wie von einem Seil gezogen, mahnte es ihn, in die Heimat zurückzukehren».[25] Nach diesen unbeholfenen Worten zu schließen, war es eine schmerzvolle Geburt, die Bruder Klaus in jener Nacht durchgemacht hat, und er kroch am frühen Morgen als ein anderer Mann unter dem Zaun hervor. Das erschreckende Heckenerlebnis vor Liestal kann für den Gottesfreund nicht überschätzt werden und wurde bis dahin in seinen Folgen zu wenig gewürdigt. Niklaus deutete es als ein Zeichen des Himmels, nicht außer Landes zu gehen. Die Liebe zur Heimat siegte über die Sehnsucht nach den Geistesverwandten in der Ferne. Man sagt nicht zuviel, wenn man behauptet, unter dem Zaun bei Liestal wurde der nationale Heilige geboren. Dort und nirgends anders hat sich das große Ereignis entschieden. Ohne das Liestaler Heckenerlebnis wäre Bruder Klaus für die Schweiz verlorengegangen und hätte es auch kein Versöhnungswerk zu Stans gegeben. Das Problem, mit dem Bruder Klaus keuchend rang, war die Heimat. Er fühlte sich gedrungen, sich von ihr zu lösen, und konnte die Trennung innerlich doch nicht vollziehen. Niklaus wollte ein Heiliger werden, aber daran hinderte ihn zunächst die eidgenössische Heimat. Es blieb ihm keine andere Möglichkeit, als die beiden Gegensätze miteinander zu verbinden und — der Heilige der Eidgenossenschaft zu werden!

Nachdem bei Liestal die lang gesuchte Klarheit über ihn gekommen war, wich die gotische Unruhe von ihm. Auch die depressive Zerrissenheit konnte er wie ein genug getragenes Kleid abstreifen. Gehorsam der Vision, die ihn auf seiner Pilgerfahrt in die Fremde an die Heimat verwiesen hatte, zögerte er nicht länger umzukehren. Bruder Klaus gehörte sonst nicht zu denen, welche die Hand an den Pflug legen und zurückschauen. Aber auf des Himmels Befehl wanderte er den gleichen Weg zurück, unbekümmert um den Spott, der seiner in Obwalden wartete. Ohne die Seinen zu begrüßen, begab er sich in eines der benachbarten Alpentäler. Der hereinbrechende Winter mit seinen Schneemassen nötigte ihn jedoch, die Klüsteralp zu verlassen und sich talwärts zu begeben. Er wählte den Ranfttobel zu seinem Aufenthaltsort, der fortan für immer mit seinem Namen verbunden bleiben sollte.

IV

«Bis an den Ranft ist mir der gütige Leser vielleicht mehr oder minder willig gefolgt. Wird er es wagen, mit mir auch in den Ranft hinunterzusteigen?»[26] Mit diesen Worten schließt Heinrich Federer seine leider unvollendete Monographie über Niklaus von Flüe. Sein letzter Satz verrät ein deutliches Gefühl, daß nun im Leben des Bruder Klaus ein völlig neuer Abschnitt beginnt, der mit seinem früheren Dasein nur noch wenig Gemeinsames hat. Das Große im Leben des Bruder Klaus fängt mit dem Moment an, wo er in die wilde Schlucht hinuntergestiegen ist. Was ist im tannenumsäumten Ranfttobel unten vor sich gegangen? Das läßt sich kaum mit Worten schildern. Wer davon eine Ahnung bekommen will, muß diesen Abstieg in den Tobel mitmachen, und das erfordert eine seelische Umstellung. Die horizontale Betrachtungsweise, die flächenhaft über das Geschehen hinweggleitet, ist mit einer vertikalen zu vertauschen, welche ihm allein gerecht zu werden vermag. Mit der bloßen Neugier des historischen Zuschauers kann das Leben im Ranft nicht erfaßt werden. Man muß vielmehr mit Bruder Klaus in die Schlucht hinuntersteigen, immer tiefer und tiefer hinab, bis man ganz unten angelangt ist. Dieses innere Mitgehen ist tatsächlich ein Wagnis, und es ist schon angebracht, mit dem Dichter an den Leser die Frage zu richten, ob er dazu auch willens sei; könnte er dadurch doch leicht den Anstoß zu einer Bewegung erhalten, die ihn selbst auf eine neue Bahn führt...

In einem kleinen Holzhäuschen und später in einer Kapelle mit angebauter Zelle, «welche ihm die Talschaft im Widerspruche zu den Blutsverwandten» errichtete, lebte fortan Bruder Klaus. Eigenartig bleibt die kaum viertelstündige Entfernung seiner Klause von seinem bisherigen Wohnhaus.

Trotz dieser Nähe hauste Bruder Klaus dort wie ein neuer Elias als ein Eremit an der rauschenden Melchaa. Der Vergleich mit Antonius von Ägypten, dem Begründer des Einsiedlerwesens, hat sich schon dem ältesten Biographen Gundelfingen aufgedrängt. In der Tat gehört Bruder Klaus in die Reihe der großen Eremiten, die durch die ganze christliche Kirchengeschichte hindurch auftreten, und die nur modernes Unverständnis als müßiggängerische Eigenbrötler auffassen kann. Sie weisen in Wirklichkeit auf viel tiefere Hintergründe hin. In diese Einsiedler-Tradition muß der obwaldnerische Klausner eingeordnet werden. Es ist immer aufgefallen, daß Niklaus, nachdem er seine Familie verlassen hatte, nicht in ein Kloster eingetreten ist. Möglicherweise hat ihn die damalige Verderbnis des klösterlichen Lebens abgehalten, diesen Weg einzuschlagen. Bruder Klaus wollte Einsiedler werden, wie seine Angehörigen sagten, Waldbruder. Es war die Einsamkeit, die er im stillen Ranfttobel mit seiner feierlichen Ruhe suchte, und die auch eine überaus wichtige Angelegenheit ist. Nicht alle Einsamkeit ist gleich zu beurteilen. Die Einsamkeit aus Weltschmerz, welche als seelische Erkrankung des Menschen zu bewerten ist, oder jene, die aus treulosem Verlassen entsteht, in welcher der Mensch über seine Hilflosigkeit weint, haben mit der gesuchten Einsamkeit des Bruder Klaus sowenig zu tun wie die Einsamkeit, die man gegenüber dem Aufstand der Massen postuliert, das Lied von der «siebenten Einsamkeit» singend. Von all diesen Einsamkeiten, die letztlich immer in einer Unfähigkeit zur echten Gemeinschaft begründet sind, unterscheidet sich Bruder Klaus' Einsiedlertum in grundsätzlicher Weise. Sein Eremitentum hat Niklaus nie als Vergewaltigung seiner Seele empfunden. Für ihn war das ehrfürchtige Schweigen, das ihn beständig umgab, ein großes Geschenk. Bruder Klaus war im Ranfttobel allein, aber mit Gott allein, und das ist etwas prinzipiell anderes. Nur diese religiöse Einsamkeit, welche aus einer überseligen Gottesfreundschaft floß, kann der Mensch ertragen, ohne Schaden zu nehmen an seinem Innenleben.

Gleichwohl darf man sich Bruder Klaus' Gottes-Einsamkeit nicht idyllisch vorstellen. Er lebte nicht wie «Hieronymus im Gehäuse», den Dürer so wohltuend gezeichnet hat. Vor dieser Meinung bewahrt einen schon ein Blick in seine armselige, niedrige Klause. Der hochgewachsene Mann konnte in ihr nicht aufrecht stehen. Es war ein leerer Raum, in welchem es weder Tisch noch Bett noch Kochgeschirr gab. Zum Schlafen legte er sich auf den Boden oder lehnte sich in halb stehender Stellung mit dem Rücken an die Wand. Und doch ist diese heute noch erhaltene Zelle vielleicht der geschichtlich eindrucksvollste Ort, den man in der Schweiz sehen kann, wenn man sich dabei vergegenwärtigt, was der bedürfnislose Einsiedler in den dunklen Nächten und langen Wintermonaten in diesen vier Wänden durchgemacht hat. Ein heiliger Schauer, für den es keine Worte gibt, durchströmt einen beim längeren Anblick dieses martervollen Raumes. In dieser kleinen, dunklen Zelle bekommt man unwillkürlich das seltene Bewußtsein, auf heiligem Boden zu stehen. Manchmal verließ Bruder Klaus seine Zelle und begab sich in den «wilden Wald». Am Sonntag besuchte er die Messe in Sachseln — solange er keinen eigenen Kaplan hatte — und beteiligte sich auch jährlich als Pilger unerkannterweise an drei Wallfahrten. Er führte ein strenges Heiligenleben in seiner Schlucht. Viele Stunden des Tages widmete er, ohne zu ermüden, dem Gebet. Bruder Klaus war ein großer Beter, der sich immer tiefer in Gott hineinarbeitete. Das berühmte Visionenbild von der Dreieinigkeit, dessen «Rätsel bis heute noch nicht restlos gelöst sind»[27], diente ihm bei seiner Beschauung. Den spekulativen Deutungen, welche diesem Bild schon gewidmet wurden, kommt freilich nur hypothetischer Wert zu. Daß das Visionenbild über die Dreifaltigkeit «nicht allein die Frucht seiner geistlichen Betrachtung und seiner künstlerischen Phantasie sein kann», sondern auf Vorlagen zurückgeht, hat Pater Alban Stöckli bis zur Gewißheit erhärtet.[28] Bedeutsam an Bruder Klaus' visionären Betrachtungen ist vor allem die Tatsache, daß auch er Mystiker war.[29] Ohne die mystische Versenkung hätte er das Leben in der Einsamkeit nicht ausgehalten. Der beständige Umgang mit Gott ist die Quelle seiner Weisheit. Mit ihrer Hilfe wurde er auch Herr über die teuflischen Versuchungen, welche ihm noch im Ranft zu schaffen machten, bis er die ruhige Abgeklärtheit erlangte. Wenn man Bruder Klaus' immerwährende Unterredung mit Gott bedenkt, ahnt man etwas von dem, was in seiner Seele vor sich gegangen ist, wenn er auch das letzte Geheimnis seines mystischen Erlebens mit sich ins Grab genommen hat. Man darf nicht ergründen wollen, was er selbst nicht für fremde Augen bestimmt hielt.

Der mystischen Atmosphäre gehört auch die seltsame Nahrungslosigkeit an, welche die breitere Öffentlichkeit zuerst auf Bruder Klaus aufmerksam gemacht hat. Als er sich im Ranft niederließ, genoß er «dürre Birnen und Bohnen, Kräuter und Wurzeln mit Wasser aus dem Bach, der dort vorbeifließt».[30] Da er aber begehrte, von den Bedürfnissen der Welt unabhängiger zu sein, versuchte er allmählich seine Nahrungsaufnahme immer kleiner zu gestalten. Bei diesem Vorhaben kam ihm zustatten, daß er schon früher ein großer Faster gewesen war. Bereits in seinem Weltleben «fastete er lange Zeit alle Freitage, hernach alle Wochen vier Tage und die ganzen Fasten hindurch, so daß er nichts aß, als täglich ein kleines Stücklein Brot oder ein wenig dürre Birnen».[31] Im Ranft dehnte er nun seinen Nahrungsverzicht noch viel länger aus. Sein Fasten nahm ungewöhnliche Formen an und überstieg bald alle Vorstellungen. Das Gerücht von seiner völligen Nahrungslosigkeit entstand, verbreitete sich rasch und wurde zur großen Sensation seiner Zeit.

Wie es bei solchen Ereignissen immer zu geschehen pflegt, staunten und frohlockten die einen, während die andern argwöhnten und sogar von Betrügerei munkelten. Das 15. Jahrhundert huldigte einerseits einem krausen Aberglauben, war aber zugleich von einer starken Zweifelsucht angesteckt, die nicht alles einfach hinnahm. Die politische Behörde ließ den Klausner überwachen, weil sie selbst an der Abklärung dieser Frage interessiert war. «Durch Ratsbeschluß wurden Wächter aufgestellt, die die ganze Ranftschlucht ringsum sorgfältig beobachteten, damit kein Mensch weder zu noch von dem Diener Gottes gelangen konnte. Als sie diese Bewachung einen ganzen Monat lang mit größter Strenge durchgeführt hatten, fanden sie gar nichts, was religiöse Heuchelei aus eitler Prahlsucht verriet.»[32] Von gleichem Argwohn war die geistliche Behörde erfüllt, und der Vertreter des Bischofs von Konstanz stellt Bruder Klaus selbst auf die Probe mit der Frage, was in der Christenheit das Verdienstvollste sei. Als Bruder Klaus erwiderte, der heilige Gehorsam, befahl er ihm, kraft des Gehorsams drei Bissen Brot zu essen, was aber dem Faster sehr schlecht bekam.[33] Ein Geistlicher fragte ihn direkt: «Fürchtet ihr nicht, daß ihr irrt oder fehlt ?», worauf ihm Bruder Klaus antwortete: «Wenn ich Demut und Glauben habe, so kann ich nicht fehlen.»[34] Alle Verdächtigungen besiegte der schlichte Ernst des Gottesfreundes; es konnte ihm keinerlei Betrug nachgewiesen werden. Die staunende Mitwelt beugte sich vor dem Wunder der Nahrungslosigkeit von Bruder Klaus. Von ihrem Glauben daran gibt der Quellenbefund überwältigende Kunde. Auch auf reformierter Seite wurde später kein Zweifel geäußert. Bullinger, Myconius, Vadian und Flacius erwähnen den Einsiedler, der «mehr als zwanzig Jahre, wie sicher feststeht, ohne alle Speise lebte».[35]

Der gesunde Menschenverstand freilich sträubt sich aufs stärkste gegen diese Annahme und betrachtet sie als Unmöglichkeit. Lieber ist man bereit, an jenen Wurzeln zu kauen, die Bruder Klaus, wie eine Generation später Stumpfs Chronik berichtet, gegessen haben soll, als an die völlige Nahrungslosigkeit zu glauben.[36] Aber hat der angeblich gesunde Menschenverstand je einmal ein Wunder anerkannt ? Immer war er darauf erpicht, wunderbare Geschehnisse aus natürlichen Ursachen zu erklären, und schon damals gab es reine Rationalisten, die auf die fette Luft hinwiesen, die der Klausner eingeatmet habe! Aber wie lächerlich wirkt im Grunde eine solche Auffassung, die in ihrer Kleinlichkeit das Große nicht wahrhaben will. Die Meinung, die Nahrungslosigkeit des Bruder Klaus könne natürlich nicht Tatsache gewesen sein, ist weltanschaulich und nicht quellenmäßig bedingt. Auf dieses schulmeisterliche Halbwissen sich etwas einzubilden, besteht allerdings kaum Veranlassung. Wenn es auch viele falsche Wunderberichte gibt, die glatte Vernünftigkeit mit ihrer konsequenten Leugnung macht das Problem nicht leichter. Man muß sich klar werden, Bruder Klaus' Ansehen in seiner Zeit beruht auf dem Fastenwunder. Er ist der Einsiedler, «der als heilig gilt, weil er nichts ißt», wie Bernardino Imperiali an den Herzog von Mailand meldete.[37] Ohne dieses auf dem Wunderfasten begründete Ansehen wäre es wahrscheinlich auch nicht zu dem großen Vertrauen gekommen, das die Zeitgenossen seinen politischen Ratschlägen entgegenbrachten. Diese Wirksamkeit hat jenes Geschehen zur Voraussetzung. Daß Bruder Klaus selber wenig von diesem Fastenwunder sprach und neugierigen Fragern mit der zurückhaltenden Antwort begegnete: «Gott weiß»[38], ist kein Argument dagegen. Seine Erwiderung an den Abt Georg von St. Stephan: «Guter Vater, ich habe nie gesagt, und sage nicht, daß ich nichts esse», besagt ebenfalls nicht, daß er Nahrung zu sich nahm.[39] Keineswegs hat sich aber Bruder Klaus mit dieser Antwort jener Zweideutigkeit schuldig gemacht, mit der viele Darsteller des Einsiedlers diese Frage offen lassen. Vielmehr mußte er in der Weise antworten, wollte er das Geheimnis, das nur ihn allein anging, nicht preisgeben. Die Welt der Heiligen bezeugt aufs eindrücklichste, daß die Wunder der Menschenseele größer sind, als es das materialistisch eingestellte Denken der Moderne zu erfassen vermag.

Statt über Möglichkeit und Unmöglichkeit einer solchen Begebenheit zu vernünfteln, wäre es wohl angebrachter, über den Sinn dieses Wunderfastens nachzudenken. Das ist die primäre Aufgabe, und nicht das Ergehen in Mutmaßungen, die heute nicht mehr entschieden werden können. Dabei führt die Aussage seines Beichtvaters Oswald Yssner auf die richtige Fährte, zu dem einmal Bruder Klaus «in großem Vertrauen gesagt habe, wenn er bei der Messe sei und der

Priester das Sakrament genieße, dann empfange er davon eine Stärkung, daß er ohne Essen und Trinken sein möge, sonst möchte er das nicht erleiden».[40] Diese Andeutung bringt Bruder Klaus' Nahrungslosigkeit mit einem mystischen Erleben zusammen, woraus sie allein auch zu verstehen ist. Das sakramentale Essen befreite diesen Erwählten Gottes von dem gewöhnlichen Essen. Eine Begnadigung des Himmels und kein Bravourstück eigener Kraft ereignete sich in der Tiefe des Ranfttobels. Diese religiöse Betrachtungsweise wird im Wunderfasten vor allem ein eindringliches Zeichen sehen, das aufgerichtet war gegen die der Freß-Sucht verfallene Welt. Die Zeit, da Bruder Klaus lebte, huldigte einer unbeherrschten Gefräßigkeit, und die Menschen stopften sich bei ihren Mahlzeiten jeweils den Wanst so voll, daß es an tierische Mast grenzte. Dieser ungezügelten Gier gegenüber illustrierte die wunderbare Nahrungslosigkeit des Klausners aufs lebendigste das Bibelwort: «Der Mensch lebt nicht vom Brot allein, sondern von einem jeglichen Wort, das aus dem Munde Gottes geht» (5. Mos. 8, 3). In dieser Richtung muß sich eine Meditation über das seltene Zeichen von Bruder Klaus' Fasten im Ranft bewegen; alle anderen Erwägungen führen ins religiös Unfruchtbare.

Wie nicht anders zu erwarten, hat das Wunderfasten Bruder Klaus verschiedene Unannehmlichkeiten eingetragen. Je ferner die Menschen innerlich solchem Erleben standen, um so mehr wollten die Zuschauer in das persönliche Geheimnis des Gottesfreundes eindringen. Namentlich wurde ihm von theologischer Seite arg zugesetzt. Zu allen Zeiten gab es unter den Theologen solche Sachwalter Gottes, die sich das Recht zusprachen, zu entscheiden, was im großen Haushalt Gottes stattfinden dürfe und was nicht. Sie wollten wissen, ob bei diesem Manne nicht dämonische Kräfte im Spiele seien und hielten es für nötig, sich ihn genauer anzusehen. Es wird berichtet, wie Theologen ihm «verschiedene Streitfragen aus der Heiligen Schrift» vorlegten, nur um ihn in eine Falle zu locken.[41] Der Höhepunkt der theologischen Anfeindung zeigt sich im beredten Hilferuf der Obwaldner Regierung an die Luzerner Regierung, ihr beizustehen, Bruder Klaus vor diesen Unannehmlichkeiten zu schützen. Voll Aufregung berichtet die Landesregierung in ihrem Schreiben vom Jahre 1482, «daß unlängst ein fremder Priester bei ihm gewesen sei, der ihn nachdrücklich und stark über die heilige Dreifaltigkeit, über den heiligen Christenglauben und andere christliche Satzungen angelassen, versucht und getadelt habe und ihn, wie wir begreifen, in derselben Versuchung nicht anders befunden habe denn als handfest, gerecht und vollkommen. Aber wegen solcher Dinge, worin er ihn nicht hat überwinden können, hat der Fremde ihm gedroht und gesprochen, er wolle ihm einen andern auf den Hals schicken und senden, der ihn dann besser erproben oder versuchen müsse».[42] Die Bitte der obwaldnerischen Behörde ging dahin, die Luzerner Regierung möchte Sorge tragen, daß durch ihr Gebiet keine solchen Theologen durchgelassen würden, da «von solchen fremden Schelmen Roheit dem guten Bruder Klaus angetan werden könnte, womit wir noch in größere Unruhe kämen».[43] Nach Eduard Herzogs sorgfältiger Auslegung dieses Briefes hat man in den angedrohten Theologen, welche Bruder Klaus Roheit antun könnten, Inquisitoren zu sehen.[44] Angesichts dieser Möglichkeit begreift man den Schrecken der Obwaldner Regierung, war doch die Inquisition eine furchtbare Geißel der Christenheit, die unbeschreibliche Leiden über sie gebracht hat, und aus deren Klauen man so leicht nicht wieder loskam. Das regierungsrätliche Schreiben ist ein schwerwiegendes Dokument, das die Gefahr, die zeitweise über Bruder Klaus schwebte, erhellt. Offenbar wurde der Einsiedler im Ranft zu seinen Lebzeiten nicht von allen Theologen im selben Licht betrachtet, wie es heute der Fall ist, da man die Gebeine des Heiligen unter einer Silbermaske im Kristallsarg vor dem Altar aufgebahrt hat. Sicher war der inquisitorische Verdacht ungerechtfertigt. Wenn Bruder Klaus auch mit den Pfarrern seiner Gemeinde Sachseln in all den Jahren keine näheren Beziehungen pflegte, so kann dies sowohl im

Sittenverfall des damaligen Klerus als auch in seiner unabhängigen Natur begründet sein. Niemals aber befand der Gottesfreund sich in einem wirklichen Gegensatz zur Kirche, da er zu ihr allezeit in einem Ehrfurchtsverhältnis stand. Die ernsten Vertreter der Kirche schätzte er sehr, wie seine langjährige Freundschaft mit dem Krienser Pfarrer Heino am Grund und seinem gebildeten Beichtvater Oswald Yssner beweist, denen er mannigfache Anregungen zu verdanken hatte. Die gelegentlichen Verdächtigungen vermochten den großen Ruhm des Bruder Klaus, der vorwiegend mit seinem Wunderfasten zusammenhing, nicht zu trüben. Nicht erst in der Gegenwart wurde die Bedeutung des Bruder Klaus erkannt oder gar aufgebauscht. Das große Ansehen dieses Mannes bestand schon zu seinen Lebzeiten und ging bereits damals weit über die Landesgrenzen hinaus. Man macht sich gewöhnlich keine genügende Vorstellung davon oder meint, dasselbe sei lediglich patriotisch bedingt gewesen. Im Jahre 1473 wurde auf dem Jahrmarkt zu Halle in Sachsen das unbegreifliche Fastenwunder verhandelt[45], und 1486 konnte Trithemius sagen: «Ich glaube, es lebt kein Mensch in Deutschland, der die Kunde dieses Wunders nicht vernommen.»[46] Auch in Österreich und Italien beschäftigte man sich mit ihm. Das Zeichen hatte jedenfalls seine Wirkung getan, indem es die Menschen aufmerksam machte. Gleichwohl darf man auf das Wunderfasten nicht das Hauptgewicht legen. Diese Einstellung ist bei der wundererpichten Veranlagung der Menschen begreiflich, liegt jedoch nicht im Sinne Bruder Klaus'. Er selbst hat davon keinerlei Aufsehen gemacht, und er darf auch nicht vorwiegend unter diesem Gesichtspunkt betrachtet werden. Sonst rückt das Zeichen an die Stelle der Sache, und der Hinweis wird illusorisch.

Das tiefste Wesen des Bruder Klaus wird vielmehr am besten mit dem Begriff Staretz angedeutet. Das scheint eine weithergeholte Erklärung zu sein. Aber was sich hinter diesem fremdartigen Wort verbirgt, ist mit dem Einsiedler vom Ranft viel näher verwandt, als die räumliche Entfernung im

Gebrauch der Worte vermuten läßt. Der Name Staretz heißt in der Ostkirche soviel wie Altvater oder Greis. Der Staretz gehörte gewöhnlich einem Klosterverband an, nahm aber in demselben doch eine ganz besondere Stellung ein. Er übte mit seiner geistigen Erfülltheit im Kloster keine administrativen Funktionen aus und überschritt mit seiner seelsorgerlichen Tätigkeit deren Bezirk weit, obschon er oft nicht einmal Priester war. Seine gnadenvollen Gaben sind nicht in einer äußerlich sichtbaren amtlichen Stellung wahrzunehmen. Die Ernennung zum Staretz geschah stets in spontaner Weise aus der Mitte des Volkes, oft im Gegensatz zum Bischof. Er war kein gewöhnlicher Mönch, sondern er strebte darnach, mit seinem Heiligkeitsideal die großen Gestalten der frühchristlichen Zeit aufs neue zu verkörpern. Diese christlichen Weisen waren wunderbare Männer, von seltener Seelengröße und erhabener Ausgeglichenheit. Man spürte es ihnen an, daß sie im Leben etwas Feststehendes kannten und von einer inneren Schönheit erfüllt waren. Der Staretz war einig mit Gott und zugleich voll mitleidiger Liebe zu den Menschen, denen er helfen wollte, von ihren Fehlern frei zu werden. Nicht Heilung von körperlichen Gebrechen war die Hauptsache des Staretz, wenn er auch immer wieder darum angegangen wurde. Er übte vielmehr an den im religiösen Leben unerfahrenen Menschen die Seelenführung aus, besaß oft auch die Gabe der Voraussagung, lehrte die Menschen das Wesentliche vom Unwesentlichen unterscheiden und zeigte ihnen sowohl die Bedingtheit als die Herrlichkeit des menschlichen Lebens. Die Voraussetzung dieser seelischen Betreuung war, daß man ihm mit völliger Aufrichtigkeit entgegenkam, obschon er nur Weisungen und keine Absolutionen erteilte. Dabei versetzte er sich ganz in die Seele der gequälten Menschen, nahm sie gleichsam in seine Seele auf. Mit ihrer Gläubigkeit vermochten die Staretzen in allem verwickelten Geschehen einen inneren Sinn zu finden. Da sie die komplizierten Fragen des Lebens vom höheren Standpunkt des Stehens vor Gott aus beurteilten, besaßen sie eine außerordentliche seelsorgerische Fähigkeit, wie sie nur aus einem hintergründigen Wissen um die Dunkelheit der menschlichen Seele hervorgehen kann.

Man braucht das Wesen des Staretz nur mit diesen wenigen Worten zu skizzieren, um sofort zu erkennen, wie auch Bruder Klaus vor allem diese Funktion ausübte. Es wird kaum einen Begriff geben, der auf den Klausner im Ranfttobel besser zutrifft als diese Bezeichnung. Bruder Klaus ist der schweizerische Staretz, der, um die Geschehnisse Gottes wissend, die Seele seines Volkes betreute. Jedenfalls empfanden ihn die Menschen zu seiner Zeit als eine solche Gestalt, wenn ihnen dieses Wort auch nicht zur Verfügung stand. Aber sie spürten es instinktiv, und deswegen kamen zu dem Gottesfreund im Ranft viele Besucher, wie im alten Rußland zu den Staretzen. Bruder Klaus hatte sich von seinem Volk weder hochmütig abgesondert, noch war ihm die Trennung von der Heimat gelungen. Beiden blieb er innerlich zugetan, denn ohne diese seelische Verbundenheit dorrt auch der religiöse Mensch ab. Welche Wärme spricht allein aus dem Gruß des Bruder Klaus: «Gott gebe euch einen guten seligen Morgen, ihr lieben Freunde und ihr liebes Volk.»[47] Diese ungeheuchelte Liebe zum Volk bei gleichzeitiger Verwurzelung in Gott spürten die Menschen, und von diesem Gefühl wurden sie angezogen. Selbstverständlich kamen auch manche aus bloßer Neugierde, aber diese «Wundrigen» wurden von ihm mit scharfem Blick erkannt und entlarvt. Mit der Zeit war es auch nicht mehr so leicht, zu ihm zu gelangen. Später stellte er sich nur noch zu bestimmten Stunden zur Verfügung. Aber es kamen viele, der Zulauf war «sehr groß», nach einem alten Zeugnis «mehr als hunderttausend Menschen».[48] Aus fernen Gegenden strömten sie zu ihm, hoch und niedrig, alt und jung, getrieben von einem ruhelosen Verlangen nach Buße und nach Erhellung ihres Lebensweges, die ihnen allein dieser heilige Gottesmann geben konnte.

Freilich mochten sie im ersten Moment unwillkürlich zurückweichen, wenn der Einsiedler im Ranft sie begrüßte.

Zwar gibt es auch Berichte, welche sein «wohlgebildetes, gut aussehendes Angesicht» erwähnen.[49] Aber auf die meisten Besucher machte das furchtbar ernste Antlitz des Bruder Klaus einen unheimlichen Eindruck. Den Jüngling aus Burgdorf «erfaßte Verwirrung vor seinem Anblick»[50], und auch Bonstetten bemerkt: «Wir dankten ihm alle erschrokken, und wahrlich, mir stiegen die Haare zu Berge, und die Stimme versagte mir.»[51] Die groß gewachsene wettergebräunte Gestalt mit dem ungekämmten Haar muß echt gotisch ausgesehen haben, wie aus der Schilderung Petrus Schotts deutlich hervorgeht: «Es war ein Mensch mit ungepflegtem Haarwuchs, jedoch einem edlen, von Magerkeit verrunzelten und erdfahlen, wie von Staub bestreuten Angesichte, der seine langen, hageren Glieder mit einem einzigen Gewande bedeckte.»[52] Der struppige, beinahe finster aussehende Waldbruder besaß ein ähnlich bäurisches Antlitz, wie es die Bilder der russischen Staretzen zeigen. Daß Bruder Klaus «grusam anzusehen» war, daß man «von Angst erschüttert wurde», ist keine nachträgliche Übertreibung.[53] Sie wird von den Zeitgenossen übereinstimmend bestätigt, am eindrucksvollsten in dem bedeutsamen Bericht Wölflins, dem alle Aufmerksamkeit geschenkt werden muß: «So viele auch zu ihm kamen, alle wurden beim ersten Anblick von großem Schrecken befallen. Er selber gab als Grund dieser Schrecknis an, daß er einst einen riesigen Lichtglanz gesehen, der ein menschliches Antlitz umgab, bei dessen Anblick sein Herz in kleine Stücke zerspringend, vor Schreck erschauerte. Völlig betäubt und instinktiv den Blick abwendend sei er zur Erde gestürzt. Aus diesem Grunde komme sein eigener Anblick andern Leuten schreckbar vor.»[54] Ungewöhnliche Visionen haben diesen Menschen geprägt, wenn man nur an das schmerzvolle Heckenerlebnis in Liestal denkt. Der Einsiedler im Ranft war von der Gewalt Gottes getroffen worden, und sie ließ die Menschen vor ihm zurückbeben. Bruder Klaus war volksnah, aber er war auch entrückt, und man muß beide Seiten an ihm beachten. Auf alle Fälle entscheidet noch heute die Wahrnehmung dieses schauerlichen Schreckens darüber, ob man das echte Antlitz des Bruder Klaus zu Gesicht bekommt oder ein zurechtgemachtes Bild des 19. Jahrhunderts, das mit seiner harmlosen Unbedeutendheit nichts zu sagen hat. Der wahre, unbekanntere Bruder Klaus, der in der Tiefe der Schlucht lebte, war von unheimlichem Aussehen, und es gilt, seinem schauerlich-schaudernden Anblick standzuhalten, will man etwas von seiner seligbeseligenden Gotteswirklichkeit erleben.

Durch diese Schauer hindurch übte der Gottesfreund eine mächtige Anziehungskraft aus. Als ein Mensch, der das Leben kannte, der fünfzig Jahre in der Welt zugebracht und an sich selbst die Unruhe erfahren hatte, war er zur seelsorgerischen Tätigkeit förmlich disponiert. «Nit redrich und Unbekannten gegenüber zurückhaltend», heißt es zwar in einem Bericht.[55] Tatsächlich tat der bedächtige Einsiedler im Ranft seinen Mund nicht schnell auf. Er schlug mit Bibelworten nicht um sich, und der wortgetreuen Sätze von ihm sind verhältnismäßig wenige. Gerade daß er nicht viel sprach, ist bedeutsam. Als Mystiker wußte er, daß das Göttliche lieber schweigt als spricht und es besser ist, zu Gott anstatt von Gott zu reden. Aber wenn Bruder Klaus ein Wort sprach, nimmt sich sein Gespräch nicht «harmlos und trocken genug aus», wie schon behauptet wurde. Vielmehr kam dann jene Weisheit zum Vorschein, die nach den Sprüchen Salomons auf der Gasse klagt, daß die Menschen nicht auf sie hören. Ein einziges Wort von Bruder Klaus vermochte einen Menschen oft mehr zu erleuchten, als es lange philosophisch-theologische Abhandlungen imstande waren. Nie kommt es auf geistreiche Äußerungen an, sondern auf jene undefinierbare Erleuchtung des Seelsorgers, welche den Menschen das Herz aufschließt. Nach den alten Berichten besaß der heilige Bauer eine «weit über seine Bildung hinausgehende Unterscheidungsgabe», die den Besuchern sofort auffiel.[56] Unnachahmliche Szenen haben sich deswegen im Ranfttobel abgespielt, und mehr als einer sah sich in seiner aufgeblasenen Hohlheit bis auf den Grund durchschaut. Wie schonungslos hat er einst einem geizigen Abt dessen am Gelde klebende Seele enthüllt! Bruder Klaus war ein scharfsichtiger und sicherer Berater. Mit seinem nüchternen Realismus erteilte er keine unausführbaren Ratschläge, gab seinen Besuchern vielmehr klare und handfeste Anweisungen. Blieb er doch selbst bis in seine Visionen hinein von allen Verstiegenheiten frei, da man nach ihm nur durch den Aufstieg der zehn Gebote zu irgendwelcher Kenntnis Gottes gelange. Ihm war auch die feine Gabe geschenkt, «nicht nur einfache Seelen zu ermahnen, sondern auch die Trauernden und Schwermütigen zu trösten».[57] Diese Tätigkeit ist stets eines der sichersten Merkmale eines begnadeten Seelsorgers. Der Klausner wurde auch von vielen körperlich Leidenden aufgesucht, die sich seiner Fürbitte empfahlen und durch ihn Heilung fanden. Das «Kirchenbuch zu Sachseln», das unmittelbar nach seinem Tode angelegt wurde, enthält viele Eintragungen, die in diese Richtung weisen. Kaum einer verließ den schweizerischen Staretz, ohne von ihm jenes Wort mit auf den Lebensweg bekommen zu haben, dessen er gerade bedurfte. Dem Burgdorfer Jüngling gab er die Anweisung: «Wenn du Gott dienen willst, so mußt du dich um niemanden kümmern.»[58] Wäre von Bruder Klaus nur dieses eine Wort überliefert, man wüßte, wessen Geistes Kind er war. Ohne die in diesem Satz ausgesprochene Einsicht wäre er selbst nicht in den Ranft gegangen; enthält es doch die Richtschnur, an die sich der Gott suchende Mensch allzeit halten muß, wenn er nicht steckenbleiben will. Doch ist es nicht das einzige Wort von Bruder Klaus, welches wie Sternenglanz über die Christenheit leuchtet. Nicht weniger wahr ist sein seelsorgerlicher Ausspruch: «Gott weiß es zu machen, daß dem Menschen eine Betrachtung so schmeckt, als ob er zum Tanze ginge, und umgekehrt weiß er ihn eine Betrachtung so empfinden zu lassen, als ob er im Kampfe streite.»[59] Auch diese Äußerung ist wie wenige als Grundlage für eine eingehende Meditation geeignet. Obschon solche Worte viel von ihrem wunderbaren Zauber verlieren, löst man sie aus ihrer Umgebung, aus der sie hervorgegangen sind, so zeigen sie doch unwiderleglich, welch tiefe Einsichten vom Göttlichen der Klausner besaß. Woher er die überlegene Weisheit nur hatte? Sie stammt weder aus Büchern, da er nicht lesen konnte, noch aus der Schule, die er nie besucht hatte. Sie läßt sich einzig aus der beständigen Arbeit an sich selbst und aus dem unablässigen Denken an Gott erklären.

Die Bedeutung einer amtlich zwar nicht anerkannten, wohl aber von Gott legitimierten Seelenführung kann nicht hoch genug angeschlagen werden, gehört sie doch zum Wesentlichsten, was es gibt. Ein solcher Staretz ist für ein Land unersetzlich. Man kann es in Worte nicht fassen, was es für eine Nation bedeutet, solch lebende Gottesorakel in ihrer Mitte zu haben. Diese Gottesmänner sind die eigentlichen Kraftzentren eines Volkes, wirken sie doch den Mächten des Bösen sichtbar entgegen. Wie in einem Brennpunkt sammeln sie das Gute und stellen ein lebendiges Volksheiligtum dar. Durch sie wird einem erst der oft verworrene Sinn der Geschichte eines Volkes klar. Inmitten des historischen Geschehens brennen sie wie helle Fackeln in dunkler Nacht. Sie stellen ein neues Phänomen dar, das auf künstliche Weise nicht gemacht werden kann. Wenn sie auch als reines Geschenk Gottes betrachtet werden müssen, das ein Land unverdienterweise empfängt, haben die Menschen einer Nation es doch in der Hand, ob sie einem solchen Staretz glauben wollen oder nicht.

Es gereicht den alten Eidgenossen, die keine so braven Tugendhelden waren, als die sie oft hingestellt werden, zur Ehre, daß sie nicht in Gleichgültigkeit am Volksheiligtum im Ranft vorbeigegangen sind. Sie haben das große Geschenk, das ihnen mit Bruder Klaus gegeben worden war, erkannt, und zwar zu seinen Lebzeiten, und nicht, wie es gewöhnlich zu geschehen pflegt, erst nach seinem Tode. Der Einsiedler wurde von ihnen auch in politischen Angelegenheiten häufig aufgesucht und um Rat gefragt. Das Sprichwort, daß der Prophet im eigenen Vaterland nichts gelte, ist bei Bruder Klaus nicht wahr. Die Regierungen von Bern, von Luzern, von Solothurn, von Konstanz, ja sogar die

Herzöge von Österreich und Mailand, sie alle haben Bruder Klaus mehrfach als politischen Berater in Anspruch genommen. Dieser Tatbestand wird aus den Quellen eindeutig erhärtet. Er nahm schließlich solche Formen an, daß der Gottesfreund sich ein eigenes Siegel zulegen mußte. Nach Trithemius' Bericht «stand bei den Schweizern dieser Bruder Klaus in großen Ehren, sie nahmen in allen Zweifeln und verzwickten Fragen zu jeder Zeit ihre sichere Zuflucht zu ihm, und die Ratschläge und Mahnungen dieses Mannes galten ihnen nichts anderes als einst ein Orakel des pythischen Apollo».[60] Diese ungewöhnliche Beanspruchung in politischen Fragen war nur möglich, weil der Klausner sich nie auf die unglückselige Ebene des Kampfes zwischen Religion und Staat begab. In all den politischen Beratungen war Bruder Klaus doch kein Politiker im gewöhnlichen Sinn des Wortes. Der Relativismus des politischen Menschen blieb ihm gänzlich fremd. Von Ehrgeiz und Machtgelüsten, Leidenschaften, die beinahe alle politisch sich betätigenden Menschen vergiften, war bei diesem losgelösten Einsiedler keine Spur zu entdecken. Bruder Klaus ist eines jener ganz seltenen Beispiele für die Möglichkeit, wie ein Mensch inmitten der politischen Fragen seine Reinheit behalten kann. Als einer, der über den Dingen stand, kannte er mehr als bloße Diplomatie und stieß mit seinen Ratschlägen beständig ins Überpolitische vor. Seine Politik war religiös begründet und nicht nur religiös verbrämt, wie bei vielen christlich angehauchten Berufs-Politikern.

Da die Jahre von Bruder Klaus' Eremitenleben zu den stürmischsten der Schweizer Geschichte gehören, wurde er in gar vielen Angelegenheiten von seinen Mitbürgern konsultiert. Ihre Probleme waren ihm nie zu irdisch. Aus seinem tief verwurzelten Heimatgefühl heraus verstand er wie wenige mit innerster Anteilnahme zu wägen und zu raten. Der Inhalt seiner schlichten Ratschläge, die Bruder Klaus den Eidgenossen gab, denen er zum unentbehrlichen Berater wurde, verdient beachtet zu werden. Schon 1474 ermahnte er sie, «die fremden Herren und deren Geld zu meiden, ihr Land und seine Freiheiten getreulich und einhellig zu warten und der Gerechtigkeit fromm anzuhangen».[61] Mit unbestechlichem Blick hat er frühzeitig die Reisläuferei und das Pensionenwesen als eines der schwersten Krebsübel erkannt, das am Leibe der Eidgenossenschaft zehrte. Der Wert dieser Warnung vermindert sich nicht im geringsten dadurch, daß sie nicht befolgt wurde und seine eigenen Söhne sich dieses Lasters schuldig machten. Die Eidgenossen mußten letzten Endes doch auf diese Mahnung zurückkommen. Daß seine Ablehnung der Reisläuferei später zuerst von den reformierten Eidgenossen aufgenommen wurde, trug viel zur Erhaltung seines hohen Ansehens auch bei den Protestanten bei. Bruder Klaus warnte vor der schweizerischen Expansionspolitik, wie sie durch die Burgunderkriege in Sicht rückte, und sagte zu den Eidgenossen: «Wenn ihr in euren Grenzen bleibt, so kann euch niemand überwinden, sondern ihr werdet euren Feinden zu jeder Zeit überlegen und Sieger sein. Wenn ihr aber, von Habsucht und Herrschbegier verführt, euer Regiment nach außen zu verbreiten anfängt, wird eure Kraft nicht lange währen.»[62] Den alten Eidgenossen wären viel Blut und Tränen erspart geblieben, wenn sie sich an seinen Ratschlag, den «Zaun nit zuo wit» zu machen, gehalten hätten. Mit seiner Warnung vor fremden Händeln und auswärtigen Bündnissen hat Bruder Klaus den Grundstein zur schweizerischen Neutralität gelegt. Keineswegs wollte er die Schweiz damit von der europäischen Entwicklung fernhalten, wohl aber sah er mit Scharfblick die Stärke der Eidgenossenschaft in ihrer Kleinheit, und daß ihre alte Sucht, es den Großen nachzumachen, ihr zum Verhängnis gereichen müsse. Seine Mahnungen wurden denn auch nach den bösen Erfahrungen von Marignano für die eidgenössische Politik richtunggebend. Sie ließen den Glauben entstehen, Bruder Klaus besitze «den Geist der Prophezeiung und habe seinem Volk vieles Zukünftige vorausgesagt, das nachher eintraf».[63] Bereits in den zwanziger Jahren des 16. Jahrhunderts wurden seine Weissagungen auf die Gegenwart bezogen.

Am meisten aber lag dem Einsiedler im Ranft die Erhaltung des Friedens am Herzen. «Er lobt sehr den Gehorsam und den Frieden, welchen Frieden zu halten er die Eidgenossen immer ermahnte und auch alle, die zu ihm kommen.»[64] Seine religiös begründete Friedensliebe war in ihrer Echtheit unveränderlich und wurde auch durch keinen für die Eidgenossenschaft günstig verlaufenen Krieg beeinflußt. In dem Brief an die Regierung von Bern hielt Bruder Klaus es für angebracht, diesen Ton anzuschlagen, indem er die hohen Herren an die unvergängliche Wahrheit erinnerte: «Friede ist allerwege in Gott; denn Gott ist der Friede. Friede kann nicht zerstört werden, Unfrieden aber wird zerstört. Darum sehet zu, daß ihr auf Frieden ausgehet und Witwen und Waisen beschirmet, wie ihr das bisher getan habt.»[65] Mit seiner unermüdlichen Friedensmahnung fällt der Heilige aus seiner Zeit heraus und ist damit gegen den Strom geschwommen. Den Eidgenossen saß damals das Schwert locker in der Scheide, und diese eindringliche Mahnung zum Frieden war sicher nicht das, was sie zu hören begehrten. Während die Pazifisten aber in unserer Zeit mit ihren schönen Programmen in lästiger Weise sich den Regierungen stets aufzudrängen versuchen und von ihnen in aller Form abgeschüttelt werden, wurde Bruder Klaus gerade umgekehrt von den Staatsmännern immer wieder in seiner abgelegenen Ranftschlucht aufgesucht, obschon er ihnen nicht das sagte, was ihnen Freude bereitete. Aus dieser Verschiedenheit kann geschlossen werden, daß er mit seiner Bitte zu «Gott, daß er Frieden machen möge»[66], nicht jenen menschlichen Pazifismus meinte, der bei aller Wohlgemeintheit doch allezeit ein schwächliches Gebilde ist, sondern jenen wunderbaren Gottesfrieden, der gleich der ewigen Sabbatruhe sich vom Himmel auf die Erde herabsenken muß.

Den Höhepunkt dieser Friedensbemühung des Heiligen im Ranft bildet die Zeit nach dem Burgunderkrieg, da die Eidgenossenschaft ihrem ruhmreichen Sieg innerlich nicht gewachsen war. In mehreren Tagsatzungen gelang es ihr nicht, die strittigen Fragen zu lösen. Die Gegensätze prallten mit unverminderter Heftigkeit aufeinander, und die Situation wurde immer zerfahrener. Die Gemüter erhitzten sich dermaßen gegeneinander, daß zuletzt alle Auswege verrammelt waren. Zwar schaute das ganze Schweizervolk mit großer Spannung auf die Tagsatzung zu Stans, welche den tiefgehenden Konflikt zwischen den Ländern und den Städten endlich schlichten sollte. Aber die Stiernacken der Schweizer machten sich unheilvoll geltend; statt sich zu finden, kamen die starrsinnigen Abgeordneten immer weiter auseinander. Die Tagsatzung drohte zu scheitern, und die siegreiche Eidgenossenschaft stand am Vorabend des Bürgerkrieges. In dieser höchsten Gefahr, in welcher der Weiterbestand des Landes auf des Messers Schneide stand, eilte der vor einem halben Jahr von Kriens nach Stans gewählte Pfarrer Heino am Grund zu Bruder Klaus, der wahrscheinlich schon die Vorverhandlungen gelegentlich beeinflußt hatte. Es war ein über vierstündiger, beschwerlicher Weg, den Heino am Grund mitten im Winter über vereiste Stege zurücklegte, um mit dem Einsiedler im Ranft die ganze Nacht hindurch die Angelegenheit zu besprechen. Bei der Morgendämmerung trat der Priester den Rückweg an. Ob er nicht zu spät kam? Waren die Herren nicht bereits voller Zorn auseinandergegangen? Gegen die Mittagszeit kam Heino am Grund schweißtriefend in Stans wieder an, in letzter Minute, denn eben waren die Tagsatzungsabgeordneten im Begriffe, ihre Pferde zur Abfahrt zu satteln, um den gordischen Knoten mit des Schwertes Gewalt zu durchschneiden. Mit Tränen in den Augen flehte der Stanser Pfarrer sie an, sich noch ein letztes Mal zu versammeln, da er ihnen eine Botschaft von Bruder Klaus zu übermitteln habe. Was er ihnen mitzuteilen habe, sagte er ihnen nicht vorher, da Bruder Klaus ihm ausdrücklich verboten hatte, dies außerhalb der Tagsatzung kundzutun. Aber es müssen gewaltige und brennende Worte gewesen sein, die ihm aufgetragen waren, denn umsonst war der Mann im Priesterrock nicht so atemlos des Weges gerannt.

Als die erbitterten Herren sich nochmals versammelt hatten

und der erregte Pfarrer ihnen die Antwort des Einsiedlers darlegte, geschah das Unerwartete. Ein Neues war hinzugekommen. Bruder Klaus weilte unter ihnen! Nicht in Leibesgestalt, aber dem Geiste nach schritt er durch die Reihen der gegeneinander aufgebrachten Tagsatzungsabgeordneten und verbreitete mit seiner einzigartigen Autorität eine Atmosphäre des Vertrauens. Die unsichtbare Anwesenheit des Klausners erwies sich als eine geistige Kraft, welche dem verbohrten Eigensinn der rechthaberischen Haudegen überlegen war. Der Schatten Bruder Klaus' bewirkte auf der Stelle eine sichtliche Verwandlung, durch welche die Beratung eine unerwartete Wendung nahm. An Stelle der trotzigen Verhärtung trat die Bereitschaft zum gegenseitigen Verstehen. Worüber man so viele Tage lang vergeblich gestritten hatte, das war nun in einer Stunde geregelt. Bruder Klaus' Botschaft erging sich nicht in allgemeinen Redensarten, etwa nur in der Ermahnung: Seid einig, einig, einig! Die Lage war so ernst, daß sie ins Konkrete gehende Vorschläge zu ihrer Überwindung erheischte, wie dies allein dem praktischen Naturell des Schweizers entspricht. Bruder Klaus aber als Urschweizer war fähig, sich ganz in die eidgenössische Situation hineinzudenken und zugleich über sie hinauszusehen. Er zwang den Abgeordneten nichts Fremdes auf, unterbreitete keine Vorschläge, die nicht zu ihrer Eigenart paßten. Noch viel weniger aber versuchte er sich in einem feilschenden Kompromiß, der da etwas abhandelte und dort etwas zugab. Vielmehr war es eine von einer überragenden Idee getragene Lösung, die er empfahl. Nach seinem Vorschlag wurde das Burgrecht zwischen den Städten aufgelöst und die Gleichberechtigung der Länder damit anerkannt. Die acht alten Orte schlossen erstmals ein gemeinsames Bündnis, so daß an Stelle der bisherigen Einzelbünde der eidgenössische Bund trat, welcher die Einheit gewaltig stärkte. Diese Gemeinschaft der acht Orte nahm Freiburg und Solothurn, die im Burgunderkrieg mitgekämpft hatten, in den Bund auf, wodurch die Eidgenossenschaft ins Zweisprachige erweitert wurde. Mit diesem Antrag hatte der

Klausner den Ausschlag gegeben, indem die aus seinem Geiste geprägte Neuordnung der Dinge beschlossen wurde. Das alles geschah, ohne daß Bruder Klaus persönlich anwesend war. Nur sein Name geisterte durch die Reihen der Versammlung. Sein Ansehen muß bei den Eidgenossen in der Tat gewaltig groß gewesen sein. Niemand anderer als er hätte es vermocht, daß die uneinige Tagsatzung sich auf ein bloßes Wort hin beugte. Das durch ihn inspirierte «Stanser Verkommnis» legte die Grundlage zur alten eidgenössischen Verfassung, welche die Spaltung der Reformation überdauerte und bis zur Französischen Revolution Bestand hatte. In einer ihrer kritischsten Stunden hat der Eremit im Ranft die Schweiz vor dem zerstörenden Bruderkrieg gerettet und ein wahres Wunder der Versöhnung vollbracht, das vielleicht gewaltiger ist als das Fastenwunder. Mit Recht trug schon das Protokoll den Tagsatzungsabgeordneten auf, zu Hause zu erzählen «die Treu, Müh und Arbeit, so der fromme Mann Bruder Klaus in diesen Dingen getan hat; ihm dessen treulich zu danken».[67] Ein tiefes Aufatmen ging durch die Täler der Schweiz, als am 22. Dezember 1481 im ganzen Land Glockengeläute die glückliche Einigung verkündete und sich unmittelbar vor Weihnachten deren gnadenreiche Botschaft «Friede auf Erden» aufs neue erfüllt hatte.

Mit dieser Tat, die nur ein Heiliger vollbringen konnte, der in den Streit der Parteien nicht verwickelt und in seiner Selbstlosigkeit auch auf keinen Vorteil bedacht war, hat sich Bruder Klaus für alle Zeiten in das Gedächtnis der Eidgenossen eingegraben. Er hat damit eine dauernde Bedeutung für die ganze Schweiz erlangt, und es ist nicht zuviel gesagt, wenn man von einer wahrhaft staatsmännischen Begabung des Heiligen redet. Es war eine große nationale Tat, die er vollbrachte, und der doch nicht der geringste nationalistische Geruch anhaftet. Diese patriotische Haltung ist in der Welt selten genug anzutreffen. Beinahe immer artet die an sich berechtigte Heimatliebe in überreizten Nationalismus aus, unter dem dann andere Völker zu leiden haben. Das nationale Bewußtsein Bruder Klaus' ist völlig frei von dieser Krankheit. Er half seinem Vaterland in dessen größter Gefahr, ohne gegen das Gebot der Nächstenliebe zu verstoßen. Durch diese Haltung wurde seine Gestalt zu einem Symbol für die Schweiz, welches den Sinn der Eidgenossenschaft viel tiefer zum Ausdruck bringt, als es die ethischen Bedenken unterliegende Tellerzählung tut.

V

Eine schwerverständliche Tragik machte auch den großen Friedensmann aus dem Ranft zeitweise zum Zankapfel der Konfessionen. Für diesen Mißbrauch kann er jedoch in keiner Weise verantwortlich gemacht werden; denn an den konfessionellen Streitigkeiten ist er selbst ohne Anteil. Bruder Klaus gehört dem vorreformatorischen Geschichtsraum an, und welche Haltung er bei der Glaubensspaltung eingenommen hätte, ist nicht auszumalen. Man muß ihn in seinem Erdreich belassen, denn er ist eine viel zu ernste und einmalige Erscheinung, um mit den Schlagworten der verschiedenen christlichen Richtungen verquickt zu werden. Ihm gegenüber sollte die Frage verstummen, «was er uns bedeutet, und was er uns nicht bedeuten kann.»[68] Der Gottesfreund darf nicht zum Sonderbesitz einer Partei werden, würde es sich doch als sehr nachteilig auswirken, wenn er der einen Hälfte der Eidgenossenschaft verlustig ginge. Alle Konfessionen werden von diesem Manne sagen müssen: «Da wäre noch ein reiches Erbe anzutreten.»[69]

Vom religiösen Gesichtspunkt aus muß Bruder Klaus als ein Heiliger im christlichen Sinne bezeichnet werden. Alle Darstellungen, die ihn als bloß nationalen Mann feiern wollen, sprechen nur die halbe Wahrheit aus. Der schweizerische Staretz war heilig, weil er heiligmäßig lebte. Aus diesem Grunde hat ihn bereits zu seinen Lebzeiten das Volk als den «lebenden Heiligen» empfunden.[70] Schon Trithemius sagt: «In aller Mund wird ihm heute der Titel eines Heiligen beigelegt.»[71] Mit dem Einsiedler im Ranft geschah eines der seltenen Vorkommnisse, daß ein Heiliger zu seinen Lebzeiten als solcher anerkannt wurde und nicht erst zu einer Zeit, da man nichts Sicheres mehr von ihm wußte. Die Verehrung ging vom Volke selbst aus, das hiefür ein untrügliches Gefühl besitzt, und das ihm Altäre errichtet, als dies noch kirchenrechtlich unerlaubt war.[72] Seine Propheten pflegt das Volk zuerst zu steinigen, um sie erst hernach anzuerkennen. Aber seine Staretzen liebt es aus vollem Herzen und beugt sich vor ihnen im Gefühl, daß um solcher Gerechten willen Gott ein Land erhalte und nicht verderben lasse. Noch heute wird von dieser spätgotischen Gestalt aufs mächtigste ergriffen, wer sich mit ihr näher beschäftigt, und darüber eine unaussprechliche Freude fühlen, daß es ein solches Phänomen inmitten der alten, lärmigen Schweizer Geschichte gab. Je tiefer man in diesen Heiligen eindringt, um so mehr steigert sich die Bedeutung Bruder Klaus', und «wer seine Erscheinung ganz durchdenkt, versteht ihn als ewigen Mahner.»[73]

Worin bestand das eigentümliche Wesen dieses Heiligen, das heute noch Gültigkeit hat? Das ist so leicht nicht zu sagen, und darüber wurde auch verhältnismäßig wenig nachgedacht. Die Antwort auf die Frage findet man am ehesten durch die Wahrnehmung, daß dieser christliche Heilige allezeit mit einem der schönsten Worte der menschlichen Sprache benannt wurde: Bruder Klaus. Sein Ziel war, ein Gottesfreund zu werden, und durch diese Bestrebung wurde er zum Bruder der Eidgenossen, der ihre Not und ihre Freude mittragend empfand und sie durch dunkle und heitere Tage getreulich begleitete. Wie keine andere Persönlichkeit hat er in der Schweizergeschichte dem Brudernamen einen neuen, tieferen Klang verliehen. Obschon er abseits von seinen Menschen wohnte, fühlte er sich allen Christen verbunden, und ihm erschloß sich aufs neue in unnachahmlicher Weise das Geheimnis der ewigen Brüderlichkeit. Der Name Bruder Klaus wird deswegen immer die ehrwürdigste Bezeichnung dieses Heiligen bleiben, der zuletzt Gott und Heimat auf eine Weise in sich zu vereinigen vermochte, die die Volksphantasie der Eidgenossen immer aufs neue beschäftigen wird.

DIE GLUT DES SERAPHEN

Katharina von Genua

1447—1510

I

Es ist nicht mit Sicherheit zu bestimmen, wer Katharina von Genuas Gemälde gemalt hat. Vermutlich schuf ihre Cousine, Tomasina Fiesca, das zeitgenössische Porträt. Von welcher Hand es auch stammen mag, es ist, obwohl von keinem überragenden Künstler entworfen, ein sich dem Betrachter einprägendes Bildnis.

Katharina besaß offensichtlich ein eindrucksvolles, reines Antlitz. Nichts Grobes oder gar Verführerisches lag in ihrer Physiognomie. Das Gesicht war länglich und oval, die Stirn hoch und breit, die Nase gut geformt und der Mund zart geschwungen. Die feingeschnittenen Gesichtszüge zeigen Ebenmaß und Liebreiz. Zwei schwarze Augen, von dichten Wimpern beschattet, blicken dem Betrachter eindringlich entgegen. Das von frischer Farbe belebte Antlitz ist von sophianischer Weiblichkeit und verrät eine innere Schönheit und eine ausgeprägte Mütterlichkeit.

Obwohl Katharina mitten in der Hochblüte des italienischen Humanismus lebte, hat das Porträt merkwürdigerweise absolut nichts von einem Renaissancebild an sich; der Stolz des «Bildnisses einer jungen Frau» von Pietro di Cosima ist nicht darin und auch nicht das vieldeutige Lächeln der «Mona Lisa» von Leonardo da Vinci. Weder die Ichbezogenheit noch die Kälte so vieler Renaissancemenschen ist wahrzunehmen. Kein hochmütiges Selbstbewußtsein wird zur Schau getragen, keine weibliche Eitelkeit treibt ihr gefallsüchtiges Spiel und keine hoffärtige Kleiderpracht wird entfaltet. Katharina hatte keinen Anteil daran, sie lebte wie außerhalb ihres spektakulösen Jahrhunderts, weil sie ganz in den Innenraum ihrer Seele vertieft war.

Wenn wir von physiognomischen Hypothesen bewußt absehen, ist die eine Feststellung am Platze: Katharinas Porträt ist das Bildnis einer innerlichen Frau; das Verschwiegene ihrer Natur hat alles Vorlaute und Schmeichelnde verbannt. Durch ihre adelige Schönheit hindurch schimmert die Seele und verleiht ihren Gesichtszügen die fühlbare Wärme, Güte und Helligkeit. Katharina war als geistiger Mensch in der oberen Welt beheimatet und in der göttlichen Liebe verwurzelt. Was sich in der Außenwelt ereignete, das streifte sie höchstens, wenn es nicht gar unbemerkt an ihr vorüberglitt. Das Erregende geschah in ihrem Innern. Katharinas Leben konnte sich nicht in den üblichen Bahnen bewegen. Weder Sensationen noch Abenteuer lockten sie, und das Urteil der Welt war ohne Einfluß auf sie. Ihre Anlage drängte nach der inneren Form. Die Seele erlebte eine reichhaltige Geschichte, die sich auf einer höheren Ebene abspielte. In der Mitte ihres Daseins schlug Katharina einen Pfad ein, der in völlig unbekannte Regionen führte. Der heutige Mensch muß sich aufschwingen, um ihren Weg nur von ferne zu verfolgen. Aber die Mühe lohnt sich; denn einer Heiligen zu begegnen, ist immer ein seltenes Ereignis, sofern es eine wirkliche Begegnung und nicht nur eine flüchtige Kenntnisnahme ist. Katharina gehört zu den stärksten Gestalten christlicher Existenz, ihre Ausstrahlungskraft vermag durchaus einen innerlich beteiligten Gesprächspartner aus seiner Gleichgültigkeit herauszureißen.

Der Lebenslauf Katharinas wurde schon erbaulich und wissenschaftlich dargestellt. Beide Methoden haben Ergebnisse gezeitigt und sind trotzdem, tiefer gesehen, unzulänglich, weil sie dem Objekt nicht adäquat sind. Es bedarf eines andern Zuganges: eigentlich müßten Heilige durch Heilige interpretiert werden. Dieses neue Prinzip würde sich deshalb am fruchtbarsten erweisen, weil allein Heilige zu einer kongenialen Deutung imstande sind. Der heilige Franz von Sales wirft die entscheidende Frage auf: «Wer hat Gott mehr geliebt: Okkam, den einige den scharfsinnigsten der Sterblichen nannten, oder die einfache Frau, die Sankt Katharina von Genua war? Jener kannte ihn aus seinem Wissen, diese aber durch ihre Erfahrung, und diese Erfahrung führte sie so tief in die seraphische Liebe hinein, während jener bei all seinem Wissen von dieser erhabenen Vollkommenheit weit entfernt blieb.»[1] In dieser Antwort Franz von Sales' grüßt seine Seele die Seele der Heiligen von Genua und wird der Sinn aller Heiligkeit sichtbar: die ewige Liebe zu erleben.

II

Katharina hatte berühmte Ahnen, sowohl von ihrem Vater als von ihrer Mutter her. Sie wußte, daß Ahnen verpflichten, und sie hat sich zu dem Gesetz ihrer Familie allezeit bekannt, indem sie bestrebt war, die Kette in würdiger Form fortzusetzen. Unmöglich können jetzt all die Namen ihrer Vorfahren erwähnt werden, die in ihrem Bewußtsein lebendig waren. Das Geschlecht der Fiesco gehörte uraltem Adel an und unterhielt mächtige Handelsbeziehungen. Die Familie hatte angesehene Gestalten hervorgebracht, zwei Päpste und viele kirchliche Würdenträger zählten zu ihrem Geschlecht, das Verbindungen pflegte und in deren Kreis bedeutende Männer verkehrten. Katharinas Vater selbst war für den König René von Anjou Vizekönig von Neapel und spielte im politischen Leben der Stadt Genua eine führende Rolle.

Katharinas Geburtstag ist unbekannt, und auch über die Reihenfolge ihrer Lebensereignisse besteht keine Sicherheit. Den Vornamen Katharina erhielt sie wahrscheinlich im Hinblick auf Katharina von Siena. Man weiß wenig von ihrer Kindheit; sie war die Jüngste von fünf Geschwistern und stand besonders ihrer älteren Schwester Simbania nahe. Katharina hatte ein frommes Gemüt; der älteste Biograph berichtet über sie: «Von zarten Jahren her begann sie den

Stolz des Adels zu zertreten und die angenehmen Genüsse zu verabscheuen.»[2] Sie war in religiöser Hinsicht ein frühreifes Mädchen, das sich einem Gebetsleben voll Innigkeit ergab. In ihrer Wohnung hing eine Pietà, deren Anblick in ihr den Geist der Askese weckte. Das achtjährige Mädchen gab sich Abtötungen hin, schlief auf einem Brett und legte sich zeitweise Stillschweigen auf. «Sie wußte mit dreizehn Jahren, was den Menschen sonst ihr ganzes Leben lang unbekannt bleibt»[3]. Damals wünschte sie gleich ihrer älteren Schwester, den Schleier zu nehmen, aber die Priorin fand sie zu jung für einen so entscheidenden Schritt, obwohl sie die Gabe des Gebetes besaß.

In der Stadt Genua spielten sich zu jener Zeit heftige Parteikämpfe ab. Schiller hat im Drama «Die Verschwörung des Fiesco» einen Ausschnitt aus der politisch aufgewühlten Geschichte Genuas dichterisch gestaltet. An diesen Parteikämpfen hatte die Familie Fiesco, die streng zu der Partei der Welfen hielt und die Familie Adorno, die gibellinisch gesinnt war, regen Anteil. Die beiden Familien waren miteinander verfeindet, bis es endlich gelang, zwischen ihnen eine Versöhnung zustande zu bringen. Sie sollte durch eine eheliche Verbindung der beiden Häuser besiegelt werden. Dazu wurden Katharina Fiesca und Giuliano Adorno ausersehen, die jedoch vorher keine Romeo-und-Julia-Liebe miteinander erlebt hatten. Katharina war damals sechzehnjährig; sie wurde nicht einmal um ihre Zustimmung gefragt, der Familienrat faßte über ihren Kopf hinweg den Beschluß. Die gehorsame Tochter wagte nicht, den Familieninteressen zuwider zu handeln, obwohl die geplante Heirat nicht ihren religiösen Absichten entsprach. Das Mädchen fügte sich ohne Widerrede der Vereinbarung und schritt mit Giuliano Adorno zum Traualtar.

Katharina war von schlanker, hochgewachsener Gestalt; sie hatte aristokratische Hände und besaß einen weiblichen Charme. Beide Häuser waren wohlhabend, so daß Katharina sich in ihrem geräumigen Palazzo keine Sorgen machen mußte. Äußerlich gesehen war alles zu einer glücklichen

Verbindung gegeben, und trotzdem stand die Vermählung unter keinem günstigen Stern. Sie war das große Unglück in Katharinas Leben. Ihre Verehelichung wurde schon unter dem schrecklichen Bild einer von Gott «zubereiteten Schlachtbank» dargestellt, «auf der sie für Stadt und Haus büßen sollte»[4].

Der Schatten von Katharinas Ehe war nicht durch ihre Kinderlosigkeit bedingt, wenn sie auch der mütterlich empfindenden Frau eine herbe Enttäuschung bereitete. Das Unheilvolle ihrer Verbindung lag in der charakterlichen Verschiedenheit der beiden Gatten. Vornehm, wie Katharina war, nannte sie das Naturell ihres Lebensgefährten «einigermaßen sonderbar». Das war überaus gelinde ausgedrückt; in Wirklichkeit war er ein aufbrausender, unbeherrschter Mensch, mit dem ein Zusammenleben nicht leicht war. Giuliano war eine typische Renaissancefigur, voll Vitalität und Lebensgier, nach den alten Quellen ein Mann «von bösartiger und harter Gemütsart». Er war ein gewissenloser Mann, der keine ernsten Begriffe von Recht und Sitte kannte, ein Buhler, dem es die Frauen angetan hatten. Sein Sinn war auf großartiges Auftreten gerichtet, er schätzte die äußere Pracht und liebte die Verschwendung. Ein Vergnügen löste das andere ab, er bedurfte stets neuer Lustbarkeiten. Giuliano wußte in seinem protzigen Gebaren nicht, wie liebevoll man sich einer noch jugendlichen Gattin anzunehmen hat und mit welchem Zartsinn sie in die Welt des Eros einzuführen ist. Seiner oberflächlichen Veranlagung wegen kam es zu keiner gemeinsamen Basis zwischen den beiden Eheleuten; die Liebe verflüchtigte sich, ehe sie sich verfestigen konnte. Was Giuliano anzog, das stieß Katharina ab, was ihren Geist erfreute, das existierte für ihn nicht. Die Wege führten von Anfang an auseinander und nicht zusammen. Das Sakrament der Ehe hinderte Giuliano nicht, Katharina unbeachtet auf der Seite stehen zu lassen, und bald kümmerte er sich überhaupt nicht mehr um sie. «Wir wissen nur, daß Katharina grausam und hoffnungslos gelitten haben muß. Giuliano war untreu. Aus seinem Testament ist ersichtlich, daß er eine uneheliche Tochter besaß, die den Namen seiner Mutter Thobia führte. Giuliano hat ihr eine größere Summe Geldes hinterlassen, und Katharina hat den Betrag getreulich ausbezahlt und des Mädchens mit besonderer Liebe in ihrem eigenen Testament wiederholt bedacht».[5] Die eheliche Enttäuschung nagte schwer an Katharinas Herzen; Tränen und ein Würgen im Hals waren das einzige, was davon übrig blieb. Statt in ihrer Ehe aufzublühen, welkte sie wie eine Blume dahin, sie verlor ihre Farbe und ihre Schönheit; in kurzer Zeit veränderte sie sich so ungünstig, daß ihre Freundinnen sie kaum wiedererkannten. In ihrem Unglück hatte sie gegen jene schwarze Traurigkeit anzukämpfen, deren sich viele Frauen erwehren müssen, die sich um das Glück ihres Lebens betrogen sehen und keinen Ausweg aus ihrer aussichtslosen Lage wissen.

Nach fünf Jahren kam Katharina auf einen naheliegenden Gedanken: War sie nicht selbst am Unglück ihrer Ehe schuld? Kam es zu keiner seelischen Harmonie, weil sie an den Interessen ihres Mannes nicht teilnahm? Mußte es sich nicht ungünstig auswirken, wenn sie sich kopfschüttelnd von seinem Treiben distanzierte? War es nicht ihre Pflicht, Giuliano auf seinen Wegen getreulich zu begleiten? Katharina verschloß sich der Berechtigung dieser Überlegungen nicht und nahm eine Änderung ihrer Lebensgewohnheiten vor. Sie gab ihr zurückgezogenes Dasein auf, begann sich hübsch zu kleiden und zu schmücken. Es war dies leicht für Katharina, denn sie war eine sympathische, die Menschen für sich einnehmende Erscheinung. Von nun an verkehrte sie in Gesellschaften, empfing und machte Besuche und nahm an allen Anlässen ihrer Welt teil. Die Heilige führte das Dasein einer vornehmen Weltdame. Sie war es ja auch ihrer Herkunft nach und maßte sich nicht etwas an, das ihr nicht zukam. Volle fünf Jahre lang versuchte sie, auf mondänem Weg ihren Gatten zu sich zurückzuführen.

Allen Anstrengungen zum Trotz mißlang der Versuch; er war zu gekünstelt und entsprach ihrem Wesen nicht. Um das Leben einer Dame der vornehmen Gesellschaft zu führen, bedurfte es einer tändelnden Oberflächlichkeit. Auch in den Häusern der adeligen Familien, und bei ihnen erst recht, ist das Dasein auf Schein eingestellt, man täuscht und wird getäuscht. Katharina war anlagemäßig eine viel zu tiefe Natur, um an den gesellschaftlichen Amüsements Gefallen zu finden. Es schien ihr, als hätte sie ihre Substanz verloren, denn alle Genüsse des Lebens stillten ihren seelischen Hunger nicht; sie fühlte sich unbefriedigt und war selbst mit ihrem Gatten nicht eins geworden. Was Katharina tat, war ein Verrat an ihrer Seele, der sich rächen mußte. Er wirkte sich für ihre Person höchst nachteilig aus. Früher, da sie sich am hoffärtigen Leben der reichen Gesellschaft nicht beteiligt hatte, besaß sie wenigstens ihr Innenleben, das sie von Jugend an gepflegt hatte. Jetzt aber, da sie sich dem Geist der Welt angepaßt hatte, entschwand ihr das Frömmigkeitsbewußtsein unmerklich. Das religiöse Leben trocknete ein, sie stand nicht mehr im Austausch mit dem Ewigen. Katharina hatte nichts gewonnen und das übrige noch verloren. Verwirrt in ihrem Wesen, unsicher gemacht in ihrem Instinkt, geriet sie in eine Ratlosigkeit ohnegleichen. Bald wußte sie überhaupt nicht mehr ein und aus. Den inneren Frieden verlierend, mit sich selbst und der Welt zerfallen, fiel sie einem Trübsinn anheim und versank in eine schwarze Melancholie. Ein Schleier der Schwermut hüllte sie ein: die zweite Enttäuschung war noch bitterer zu ertragen als die erste.

Viel später kam es in ihrer Ehe doch zu einer Änderung. Der Verschwendungssucht ihres Mannes war auch das große Vermögen nicht gewachsen. Er geriet in Schulden, der Bankrott brach über ihn herein, er mußte den Palazzo räumen und zog mit seiner Frau in ein kleines Haus, das im Handwerkerquartier lag und wo ihm nur noch ein Leben in bescheidenem Rahmen gestattet war. Katharina machte ihm keine Vorwürfe, zeigte ihm aber doch die Verkehrtheit seines Lebenswandels. Es gelang ihr, Giuliano zur Einsicht zu bringen; er versprach, mit seiner Gattin eine Josephsehe zu führen und trat dem Dritten Orden bei. Einst hatte

Katharina geglaubt, Giuliano in seinem weltlichen Treiben nachahmen zu müssen; nun war es dazu gekommen, daß ihr Gatte sich ihrem religiösen Lebensweg näherte. Nicht daß sich der aufbrausende Mann nun in ein sanftes Lämmlein verwandelt hätte, er blieb ein schwieriger Charakter bis zu seinem Lebensende, doch war zwischen ihnen nicht mehr die abgrundtiefe Diskrepanz der ersten Hälfte ihrer Ehejahre vorhanden. Schließlich überfiel Giuliano eine schmerzhafte Krankheit, mit der er sich nicht abzufinden vermochte. Er wurde äußerst ungehalten, haderte in übler Laune mit seinem Schicksal und erschwerte damit sich selbst und seiner Umgebung die ohnehin schwere Situation. Katharina flehte um seine Seele zu Gott, bis ihr Gebet erhört wurde. Von dieser Stunde an war Giuliano verwandelt; er ergab sich in den Willen Gottes und starb in ruhiger Stimmung.

Katharina hat gewiß keine angstneurotische Abneigung gegen die Ehe gespürt, und es ist eine nicht zu Recht bestehende Behauptung, daß sie «wohl kaum eine für die Ehe bestimmte Persönlichkeit war»[6]. Sie wußte um die Schöpfungsordnung der Ehe, wußte um ihren sakramentalen Charakter und daß Mann und Frau einander zugeordnet sind. In der Ehe erfährt der Mensch die notwendige Ergänzung durch den Lebensgefährten und erlebt eine der tiefsten Kommunikationen mit dem Menschen. Das Glück der Ehe vermittelt dem Menschen ungeahnte Seligkeit, in ihr empfindet namentlich die Frau das Gefühl der Geborgenheit. Dies alles trat jedoch nicht in den Lebenskreis Katharinas, das Schönste am ehelichen Erlebnis blieb ihr vorenthalten. Sie war an einen Mann gekettet, der der echten Liebe gar nicht fähig war, und dies bedeutet für jeden Menschen die Hölle auf Erden. Es gibt nichts Trostloseres, als von seinem Gatten in kalter Gleichgültigkeit betrachtet zu werden, wenn das wortlose Verstehen sich nie einstellt und die beiden Partner durch eine unüberbrückbare Sprachverschiedenheit voneinander getrennt bleiben. Katharina stand vor dem unendlich bedrückenden Problem: Wie wird man mit einer unglücklichen Ehe fertig? Die schwere Frage tat sich nicht nur vor ihr auf, sie ist ungezählten Menschen im Leben gestellt. Katharina fand dafür eine der gültigsten Antworten: Statt zu hadern und zu klagen, nahm sie das schwere Los ohne jede Auflehnung als die ihr bestimmte Lebensbürde aus der Hand Gottes entgegen und trug ihr Ehekreuz, und zwar in vorbildlicher Haltung! Wahrhaftig, auch Katharina hatte ein Eheschicksal, und sie hat es bestanden!

III

Der an Leib und Seele todmüden Katharina entrang sich einmal angesichts einer Statue Benedikts der Seufzer: «Bitte du Gott, daß er mich drei Monate lang krank zu Bett liegen lassen möge.» Die Bitte verrät das ganze Elendsgefühl der sechsundzwanzigjährigen Frau. Während sonst jedermann nur gesund sein möchte, fleht die Unglückliche um Krankheit. Der seltsame Wunsch ist nur aus ihrer tief deprimierten Situation heraus verständlich. Katharina war zehn Jahre verheiratet, sie war zermürbt und des Daseins so sehr überdrüssig, daß sie nur noch das eine Verlangen kannte, von allem Leben nichts mehr zu sehen. Dazu schien ihr ein Krankenlager die erwünschte Gelegenheit zu sein; man konnte sich unter eine Decke verkriechen und brauchte, wie weiland König Ahab, nur noch an die Wand zu schauen. Noch willkommener als die Flucht in die Krankheit wäre ihr der Tod gewesen, aber ihn für sich zu erbitten, verbot ihr das christliche Gefühl.

Als einmal ihr Leid sie allzusehr bedrückte, klagte sie es ihrer im Kloster weilenden Schwester Simbania, die ihr riet, sich dem Beichtvater der Nonnen anzuvertrauen. Obwohl Katharina nicht das geringste Bedürfnis nach einer Beichte verspürte, befolgte sie in ihrer Traurigkeit den schwesterlichen Rat. Sie war schon in der Kirche, war im Beichtstuhl bereits niedergekniet, da widerfuhr ihr ein ganz unerwartetes Erlebnis. Katharina konnte nicht sagen wie, aber sie fühlte sich urplötzlich von einem ihr Herz durchdringenden

Strahl der Liebe getroffen. Die Erleuchtung erhellte mit einem Schlag ihre verhängte Seele und verwandelte sie von Grund auf. Während alles in ihr bis zu diesem Zeitpunkt trübe und dunkel aussah, war sie jetzt von einem einzigen Licht erfüllt. Katharina spürte sich in ihrer Verzückung Gott ganz nahe, und eine glutvolle Liebe zur ewigen Schönheit flammte jäh in ihr auf. Noch hatte sie kein Wort gesprochen, als der Priester aus dem Beichtstuhl gerufen wurde. Katharina nahm weder sein Weggehen noch sein Wiederkommen wahr. Sie war entsunken, nicht anwesend, entrückt und fühlte einzig, daß ein Strom von oben sich über sie ergoß. Als sie wieder zu sich gekommen war, stammelte sie die Worte zum Beichtvater: «Vater, wenn es Ihnen gefällig wäre, so möchte ich diese Beichte gerne verschieben auf ein anderes Mal.» Nach Hause zurückgekehrt, schloß sie sich in ein entlegenes Zimmer des Palazzo ein, warf den umgehängten Schmuck weit von sich weg, sank zu Boden und brach in einen Strom von Tränen aus. Überglücklich seufzte sie: «O ewige Liebe, ist es möglich, daß du mich mit so viel Liebe gerufen hast und mir in einem einzigen Augenblick alles vorhergesagt und enthüllt hast, was kein Mensch durch Worte erklären kann.»[7] Eros, den sie in ihrer freudlosen Ehe schmerzlich vermißte, war in der höheren Form der Agape über sie gekommen. Katharina konnte den Gruß Gottes an ihre Seele nicht fassen, die Sprache war ihr genommen, und sie war wie außer sich.

Katharinas Erlebnis im Beichtstuhl nannte man ihre Bekehrung, weil sie in der Stunde ihrer Erschütterung den Entschluß faßte: Wenn man ihr tausend Welten schenkte, sie würde alle zusammen wegwerfen angesichts der sie durchflutenden Liebe. Der Begriff Bekehrung ist jedoch zu verbraucht, zu zahm und zu schematisch, als daß er eine Anschauung vom Übermaß ihrer Erleuchtung vermittelte. Über Katharina hatte sich der Strom der göttlichen Liebe mit elementarer Gewalt ergossen; wie ein Platzregen nach der zehnjährigen Dürre ihrer stumpfen Ehe durchbrach er alle Wälle, so daß sie sich des Ansturmes nicht zu erwehren vermochte. Die unberechenbare Plötzlichkeit ist das charakteristische Merkmal des Vorganges. Der Sprache des Göttlichen entspricht das Unerwartete des Ereignisses, das kein Mensch voraussah und das alles blitzartig veränderte, während die menschliche Logik immer sachte, Punkt für Punkt, vorgehen will. Das völlig Unerwartete war Anlaß, Katharinas Entrückung mit dem Erlebnis des Saulus vor den Toren von Damaskus zu vergleichen, wo ein vor Feindseligkeit schnaubender Mensch in wenigen Sekunden ins Gegenteil verwandelt wurde; aber Katharina selbst hat demütig ihre Wende ein Magdalenen-Schicksal genannt. Sie stieg nicht in einer langen, mühsamen Entwicklung vom Niederen zum Höheren empor, ihr war in einem Nu alles verändert worden. Am Morgen war Katharina noch namenlos bedrückt aufgestanden, war die Unglücklichste aller unglücklichen Frauen, beherrscht von dem Gefühl eines verfehlten Lebens, und am Abend legte sie sich nieder als ein vom Lichte Gottes durchflossener Mensch, beschwingt von innerer Seligkeit. Die Erleuchtung hatte alles mit Blitzesschnelle von Grund aus verklärt. Ihr ganzes Dasein war ins Gegenteil gewendet worden, wie eine Ackerscholle, die im Frühling umgepflügt wird. Es war kein Sträuben möglich, Katharina sank ob dem Übermaß der Last erschöpft, zu Tode verwundet der göttlichen Liebe mit einer letzten Hingabe entgegen. Die Macht der ewigen Liebe verwandelte ihr Leben durch und durch, sie war vorher und nachher nicht mehr der gleiche Mensch. Eine Erklärung des Vorganges kann man nicht geben, er entzieht sich in seiner Überrationalität aller Deutung. Die religionspsychologischen Erläuterungen tasten lediglich ein wenig an der Außenseite herum, sie reden vom Göttlichen, wie der Blinde von der Farbe und «kommen weiter von dem Ziel». Der Strahl der Liebe ist das Geheimnis in Katharinas Leben, er ist *das* Unergründliche, das für uns, trotz allen Bemühungen, es zu verstehen, immer unergründlich bleiben wird.

Kurze Zeit nach ihrer Erleuchtung hatte Katharina eine Vision. Sie sah Christus, beladen mit dem Kreuz, triefend von Blut, das in Strömen von ihm niederfloß, so daß das ganze Haus davon überschwemmt wurde. Der Herr schaute sie mit eindringlichem Blick an und sprach zu ihr die Worte: «Siehe, meine Tochter, all dies Blut wurde auf dem Kalvarienberge aus Liebe zu dir, zur Sühnung deiner Fehltritte vergossen.»[8] Vom Anblick aufs tiefste betroffen, durchwühlte eine grenzenlose Reue ihr Herz, und es drängte sie, für ihre verlorenen Jahre Genugtuung zu leisten: «O Liebe, wenn es nötig ist, bin ich bereit, meine Sünden öffentlich zu bekennen.» Katharina vertraute sich mit ihrer Vision keiner Freundin an, noch begehrte sie eine priesterliche Leitung. Sie hat bei keinem Manne der Kirche Rat und Hilfe gesucht. Diese Einstellung schließt keine Geringschätzung der kirchlichen Institutionen in sich. Gewiß konnten die bloßen Zeremonien ihren innerlichen Geist nicht befriedigen, und von den Ablässen machte sie keinen Gebrauch, aber sie hatte ein lebhaftes Bedürfnis nach der täglichen Kommunion, dem in ihrer Zeit ganz selten nachgelebt wurde. Katharina bedurfte der seelsorgerlichen Führung nicht, weil sie sich unmittelbar der göttlichen Liebe unterstellt hatte. Von ihr allein empfing sie Anweisung und Lenkung, sie bedurfte keiner Vermittlungsinstanz. Katharina war ein selbständiger Mensch und eine in seltenem Maße unabhängige Christin, die das Unmittelbare erlebt hatte. Von der göttlichen Liebe empfing sie auch die drei Lebensregeln, von denen die erste hieß: «Sage niemals »ich will« oder »ich will nicht«; die zweite, sage niemals »mein«, sondern stets »unser«, die dritte, entschuldige dich niemals, sondern sei immer bereit, dich anzuklagen.»[9] Damit hatte Katharina gegenüber Gott Gehorsam, Armut und Demut gelobt, sie hatte außerhalb des Klosters das innere Kloster gefunden und es zu der Grundlage ihrer Lebensführung gemacht.

Die Erleuchtung bedingte eine Umkehr, vor der der Mensch immer wieder steht und sie doch so selten vollzieht. Katharinas Umkehr führte zunächst zu einem Leben der Buße, das sich über viele Jahre erstreckte und nicht nur einige flüchtige Tage dauerte. Auf dem Weg der Zerknirschung fing sie zunächst gegen sich selbst zu wüten an; beinahe ist man genötigt, von jenem Ich zu reden, das nach Pascal hassenswert ist. Auch die früheren Biographien schreiben von «übertriebenen Bußübungen». Katharina trug ein rauhes Bußhemd, aß weder Fleisch noch andere schmackhafte Speisen, nicht einmal Obst nahm sie zu sich. Um sich selbst zu überwinden, beschäftigte sie sich mit ekelerregenden Dingen. Auf ihre Umgebung machte sie den Eindruck eines sinnenverlorenen Menschen, der nicht mehr richtig bei Verstande ist. Sie antwortete ausweichend auf die Frage, warum sie so viele Abtötungen vornehme: «Ich weiß es nicht, aber ich fühle mich innerlich gezogen, es zu tun, ohne irgendein Sträuben, und ich glaube, Gott will es so; aber er will nicht, daß ich Etwas einwende dagegen.»[10] Ihr Bemühen, die Weltdame in sich auszulöschen, erweckt zunächst den Anschein, als sei sie in ein negatives Stadium hineingeraten. Die Buße aber gehört zum christlichen Leben, sie darf nur nicht Selbstzweck werden. Katharina vergaß nicht, daß die dem Leib auferlegten Kasteiungen zu nichts nütze sind, wenn sie nicht im Geist der Selbstverleugnung vollbracht werden. Sie gehört zu den großen Büßerinnen der Christenheit, wobei ihre innerste Natur, eine zum Heroismus hindrängende Seele, zum Vorschein kam. Sie lechzte nach dem Absoluten und das Unbedingte war ihr geistige Heimat, sie verlangte das Letzte von sich, und nie gab sie sich mit dem Halben zufrieden.

Nach vier Jahren der ununterbrochenen Buße ging einst die Julisonne über Genua unter. Katharina schaute sinnend dem Versinken nach, und plötzlich bedeutete ihr ein geheimnisvolles Licht, daß sie für ihre Sünden Buße getan und die Jahre der Zerknirschung ihr Ende erreicht haben. Das höhere Vergessen über die vergeudeten Weltjahre kam über sie, und von dieser Stunde an verlor sie jede Erinnerung an die nutzlos vertane Zeit. Sie quälte sich nicht länger mit ihrer leeren Vergangenheit, sie war mit der untergehenden Sonne versunken, alle Selbstvorwürfe verstummten, waren ausgelöscht und nicht mehr da. Auch das Erlöschen der Erinnerung daran war ein Geschenk, es zeigt, wie erlösend der göttliche Strahl selbst in dieser Hinsicht sich auf Katharinas Leben auswirkte.

Das Büßerleben und das Vergessen bilden den Auftakt zu Katharinas mystischem Leben. Namentlich beim Gebet erlebte Katharina Entsinkungen, die bis zu sechs Stunden dauerten, und dies häufig, oft sogar jeden Tag. Wie tot sank sie hin und war in den Gebetsekstasen nicht ansprechbar. Schon zu ihren Lebzeiten begegnete man diesen Liebesverzückungen mit Mißtrauen und Unverständnis, man nannte sie «Kopfschwindel», und Katharina stimmte in ihrer Demut dieser Bezeichnung freudig zu. Selbst in unserer Gegenwart diskutierte man darüber, ob Katharinas Entsinkungen dem genauen Wortsinn nach Visionen genannt werden können oder ob sie eine andere Benennung erfordern. Dies aber sind Streitigkeiten um bloße Worte und verfehlen das wahre Problem. Katharina redete in einer ganz anderen Sprache von der unaussprechlichen Berührung Gottes mit ihrer Seele: «Ich sehe ohne Augen, verstehe ohne Verstand, fühle ohne Empfinden und koste ohne Geschmack; ich habe nicht Gestalt noch Maß, da ich, ohne zu sehen, ein solches Wirken sehe, solche göttliche Kraft, daß all die Worte von Vollkommenheit, Lauterkeit, Reinheit, die ich früher gesagt habe, mir jetzt wie lauter Lügen, wie Fabeln vor der Wahrheit und Wahrhaftigkeit erscheinen. Die Sonne, die mir vorher so hell schien, scheint mir jetzt dunkel; was mir süß schien, scheint mir jetzt bitter... Schließlich kann ich nicht mehr sagen: Mein Gott, ganz mein, alles ist mein, weil alles, was Gottes ist, mir mein zu sein scheint; solche Worte, solche Dinge kann ich jetzt weder im Himmel noch auf Erden mehr aussprechen, und so bin ich ganz verstummt und in Gott verloren.»[11] In diesen unaussprechlichen Worten knistert und zischt es von dem Kusse, den Katharinas Seele empfing. Von einem «Feuer ohne Feuer» zu reden, das ist die Sprache des Ekstatikers, wahrhaftig, anders wurde echte Mystik nie erlebt. Katharinas Aufschrei, «ich kann nicht mehr leben», offenbart ihre Unmöglichkeit, sich fernerhin der Welt einzufügen, deren Brauchtum sie fortan bloßem Rauch gleichsetzte. Die Mystikerin war an den Rand des Daseins gelangt, dort, wo alle Worte aufhören und die Entrückung beginnt.

Die Echtheit von Katharinas mystischem Leben zeigt sich darin, daß sie die Gebetsentsinkungen nicht suchte, im Gegenteil, sie floh, indem sie beteuerte: «O Liebe, willst du mich etwa mit diesen Süßigkeiten an dich ziehen? Ich begehre sie nicht, denn ich begehre nur dich und dich ganz und völlig.»[12] Nicht die Einkleidung des Erlebnisses war ihr wichtig, sondern was es in sich barg, die geistige Vereinigung ihrer Seele mit Gott begehrte sie. Von ihrem glühenden Verlangen, Gott und Gott allein zu erleben, vermochte auch sie nicht in der würdigen Sprache zu reden und stets hat sie unter ihrem Ungenügen gelitten. «Solange der Mensch noch von den göttlichen Dingen sprechen und sie noch genießen und erfassen, sie im Gedächtnis oder im Verstand behalten kann, ist er noch nicht im Hafen angelangt; das sind nur Mittel und Wege uns hinzuführen»[13]. In ihrem mystischen Leben war sie auf den höchsten Gipfel gelangt, hier vollendete sich ihre Heiligkeit.

Eine Frucht dieses mystischen Lebens war das Wunderfasten, dem Katharina auf höheren Befehl oblag. In einer inneren Einsprechung vernahm sie den Willen Gottes, daß sie die vierzig Tage von Christi Fasten mit ihm in der Wüste verbringen solle. Während der Passions- und der Adventszeit enthielt sie sich der Nahrung und lebte einzig von der täglichen Kommunion und von einem Becher Wasser, das mit Salz und Essig gemischt war. Wenn sie das Wasser trank, war es, als gösse man es auf einen glühenden Stein, auf dem es augenblicklich zischend verdampfte, «vermöge des großen Feuers, das in ihr brannte». Von einer Gesellschaft von Verwandten genötigt, aß sie doch einmal während der Fastenzeit eine Kleinigkeit; sie mußte es aber sofort wieder erbrechen. Dabei quälte sie nicht das geringste Hungergefühl, im Gegenteil, sie spürte im ganzen Körper eine erquickende Süßigkeit, so daß sie darunter nicht im geringsten litt. Die mystische Begnadung und nicht etwa eine strafende Bußübung ist daraus ersichtlich. War die Fastenzeit beendet, nahm sie jedesmal wieder die übliche Speise zu sich, als wäre nichts geschehen. Das Wunderfasten wiederholte sich während dreiundzwanzig Jahren immer in den Wochen vor Ostern und Weihnachten. Katharina unternahm nie den törichten Versuch, es den Leuten rational zu erklären, denn es war eine Wirkung Gottes, ganz unabhängig von ihrem Willen, ein höheres Zeichen, gleichsam ein Lied der eucharistischen Mystik, das mit ihrer täglichen Kommunion in Zusammenhang stand.

IV

Einmal sprach Katharina zu Gott: «Du befiehlst mir, ich solle den Nächsten lieben, und ich kann doch nur dich allein lieben und keine andere Beimengung mit dir zulassen. Was soll ich also tun?» Offensichtlich fühlte die Mystikerin eine Kollision in sich, auf die ihr die Antwort zuteil wurde: «Wer mich liebt, der liebt auch alles, was ich liebe. Es ist genug, daß du stets bereit bist, für das Wohl des Nächsten, Leib und Seele, zu tun, was not ist. Diese Liebe ist gesichert vor sinnlicher Anhänglichkeit, weil der Nächste dabei nicht in sich, sondern in Gott geliebt wird.»[14]

Die Antwort bewahrte die Heilige vor einer egozentrischen Lebenshaltung, und nun begann sie eine charitative Tätigkeit auf dem Gebiet der Krankenpflege auszuüben. Der Hospitaldienst war für die mittelalterliche Christenheit eine religiöse Angelegenheit, und Kranke zu pflegen gehörte zu einem der acht Werke der Barmherzigkeit. Viele Christen beteiligten sich an diesem Werk, und auch Katharina stellte sich zunächst schlicht dem Verein der «Damen von der Barmherzigkeit» zur Verfügung. Die Frauen machten von ihrem Anerbieten Gebrauch und setzten Katharina in dem noch heute existierenden Hospital Pammatone ein. Katharina wurde dadurch nicht etwa eine Wohltätigkeitsdame — das ist eine bürgerliche und keine christliche Qualifikation

—, sie hatte nichts mit organisierter Mildtätigkeit zu tun, die eine Gabe spendet, ohne das Opfer zu spüren. Sie war vom Strahl der Liebe getroffen und schritt deshalb auch in der Caritas ganz ins Ungewöhnliche hinein.

Eine Welt des Elends hatte sich im großen Spital von Genua angesammelt: Krüppel und Lahme, Blinde und Taube, Geisteskranke und Aussätzige. Manche der Kranken waren ungeduldig und verbittert, andere verzweifelt und deprimiert ob ihrer nicht endenwollenden Schmerzen. Ein Meer von Not und Leid brandete hier an die Ufer der menschlichen Gesellschaft, aber Katharina wagte sich mutig in diese grauenhaften Wasser hinein. Sie nahm sich der schmutzigsten Krankheiten an, nichts schreckte sie zurück, mochten die Wunden noch so übel riechen, sie legte überall tatkräftig Hand an. Sie reinigte Stuben, ordnete Betten, wusch Kleider, bereitete das Essen, kurz, sie verrichtete alle Arbeiten, und zwar mit einem Eifer «wie eine Ameise». Sie hüllte sich in bescheidene Kleider, denn sie wollte sich nicht von den Armen unterscheiden, sondern ihnen gleichgestellt sein. Alle Arbeit tat sie umsonst; sie bezog nie die geringste Entschädigung, nicht einmal das Essen nahm sie vom Hospital an.

Nach etlichen Jahren selbstlosen Dienstes wurde Katharina die Leitung des Krankenhauses angetragen. Sie übernahm den Auftrag, ohne damit den Gedanken eines sozialen Aufstieges zu verbinden. Nun besorgte sie den Einkauf der Lebensmittel und der übrigen Materialien, hatte den Verkehr mit den Ärzten unter sich, pflegte die Korrespondenz mit den Verwandten der Kranken und führte die Buchhaltung des Spitals. Alles war ihr unterstellt, und mit peinlicher Sorgfalt kam sie den verschiedenen Verpflichtungen nach. Nie hat Katharina auch nur das Kleinste vergessen, und ihre Abrechnungen stimmten stets bis auf den letzten Denar. Die Mystikerin erwies sich auch im wirtschaftlichen Leben als eine überaus praktische Natur und war der Wirklichkeit in jeder Beziehung gewachsen. Die Kommission war des Lobes voll über ihre Umsicht und ihre Leitung des Hospitals.

Nie hatte Katharina eine bessere Gelegenheit, die Mütterlichkeit ihrer Natur stärker zu entfalten als in dieser Arbeit.
Die neuzeitlichen Biographen bedauern es mit Recht, daß nicht mehr Einzelzüge aus ihrer Liebestätigkeit überliefert sind, denn sie würden das herrliche Bild Katharinas wesentlich bereichern. Doch besteht über das Ethos ihrer caritativen Arbeit nicht der geringste Zweifel. Katharina ist nicht kühl und unbeteiligt ihrer Krankenpflege nachgegangen; sie hat die Kranken und Armen geliebt. Mehr als einmal hat sie dabei das «gesunde Maß» der Vernünftigkeit mit ihrem liebeerfüllten Herzen überschritten. Sie war imstande, einer Pestkranken, die nicht einmal mehr den Namen Jesu aussprechen konnte, die Lippen «voll von Jesus» zu küssen, und zwar mit dem feurigsten Affekt der Liebe. Dies war wohl eine unbesonnene Tat, die jede Gefahr der Ansteckung außer acht ließ, sie zeugt aber von einem der Sinne nicht mehr mächtigen Menschen. Sie hatte sich mit ihrem Tun angesteckt; die Krankheit brachte sie an den Rand des Grabes, doch genas sie und nahm die Arbeit erneut auf. Katharinas Liebe war nicht durch subjektive Sympathie gefärbt, sie blieb auch nicht innerhalb der Grenzen der bloßen Vernunft und kann deshalb mit keinem menschlichen Maß gemessen werden. Sie floß vielmehr aus ihrer glühenden Gottesliebe, und von ihr empfing sie die Kraft, ihre Seele so tief in die Arbeit hineinzutragen, daß sie eine katharinenhafte Gestalt annahm.
Es gab in der Welt schon viele organisatorisch begabte Frauen, die eine umfassende Lebensaufgabe zu bewältigen vermochten. Erstaunlich war bei Katharina, daß sie eine mystische, viele Entsinkungen erlebende Frau war, die eine solche caritative Leistung vollbrachte und damit einen Glauben lebte, der in der Liebe tätig war. Sie hat damit das vielbesprochene Problem von Martha und Maria einer neuen Einheit entgegengeführt. Katharina spielte nicht die eine Gestalt gegen die andere aus, sie ordnete nicht die eine der andern über. Die Heilige wußte, daß das Sitzen zu Jesu Füßen das bessere Teil ist und hat mit ihren Gebetsversen-

kungen gezeigt, wie wichtig es ihr war. Aber der Herr mußte auch bedient werden, und darum zögerte sie nicht, sich der Armen und Kranken anzunehmen, in denen sie Christus sah. Auf den Herrn hörend, diente sie ihm und ihm dienend hörte sie, Martha und Maria in sich vereinigend, und verstand, die vita contemplativa und die vita activa als die beiden Achsen des geistlichen Lebens vorbildlich in einer Synthese miteinander zu verbinden.

V

Julien Green notierte sich in sein «Tagebuch»: «So fiel mir im Januar 1939 der »Traktat vom Purgatorium« der heiligen Katharina von Genua in die Hände, der auf mich den tiefsten Eindruck machte. Dieses Buch beantwortete viele Fragen, die ich mir gestellt hatte, und entzog vielen Meinungen den Boden, die ich fest in mir verankert wähnte. Es öffnete in mir einem neuen Gedankenstrom über die religiöse Bestimmung des Menschen die Schleusen.»[15] Julien Green hat sich damals stark mit den Problemen der östlichen Religionsphilosophie beschäftigt, die er für sich nicht befriedigend zu lösen vermochte. Katharinas wenig umfangreiche Schrift beantwortete ihm viele Fragen. Diese Wahrnehmung gilt nicht nur für den Dichter, sondern für alle Leser, die einen Entschlafenen bis an die Schwelle des Grabes begleiten, nicht aber mit ihm hinabsteigen und doch von der Frage bewegt werden: Was geht jetzt mit dem Verstorbenen vor und wie wird ein Toter im Grabe unten ein Himmelsbewohner? Es wurde schon behauptet, Katharinas kleine Abhandlung sei eines der merkwürdigsten Dokumente des Mittelalters, und tatsächlich vermag der vom mystischen Brennen erfüllte Traktat die Dunkelheit zu erhellen, die sich über diesem, dem menschlichen Geist immer wieder aufdrängenden Thema lagert. Das «leider weithin noch unbekannte Juwel des geistlichen Schrifttums»[16] enthält eine tiefsinnige, der Trostlosigkeit der indischen Seelenwanderungslehre weit überlegene, christliche Jenseitssicht, es ist geeignet, dem Menschen in einer schwierigen Frage

Führung und Geleit zu vermitteln. Nur wenige Linien sind in diesem kleinen Büchlein ausgezogen, sie sind aber von edler Schlichtheit und fern von allem geistreichen Geflunker, erfüllt von der Klarheit des Heiligen Geistes.

Bei der Lektüre von Katharinas Schrift schleichen sich leicht einige Mißverständnisse ein. Das Buch heißt: «Traktat vom Purgatorium.» Das Wort Traktat, das nichts von dem Geschmack eines sektiererischen Traktätchens im heutigen Sinn an sich hat, ist gleich verwendet worden, wie es Spinoza für seinen freilich ganz anders gerichteten «Theologisch-politischen Traktat» gebraucht hat. Nicht der geringste Geruch von einem frömmelnden Blättchen haftet ihm an. Ebenso ist das zweite Hauptwort des Titels zu beachten: Purgatorium. In der deutschen Sprache wird dieser Begriff stets mit »Fegfeuer« übersetzt. Diese ungeschickte Bezeichnung erweckt zum voraus eine schreckliche Vorstellung von lodernden Flammen und grausamen Schmerzen. Katharina hat sie nicht geteilt. Die Heilige sprach vom Purgatorium, was sachgemäß mit Reinigungsort übersetzt wird. Das Purgatorium ist eine Läuterung, der der Mensch immer bedarf, denn er kann sich nie genug läutern, namentlich wenn er Gott nahe kommen will. Wenige Seelen sind bei ihrem Tod innerlich so reif, daß sie würdig sind, in den Himmel einzugehen. Katharina eröffnete mit ihrer Purgatoriumsvorstellung, die frei ist vom kleinsten Quentchen Sadismus, eine Perspektive, die nicht nur das Problem neu beleuchtet, sondern dem suchenden Menschen auch wirklich viele Fragen beantwortet. Und darauf kommt es an: Büchern zu begegnen, die Antworten geben und nach deren Lektüre man einen Schritt weiter gekommen ist.

Katharina war eine reflektierende Heilige, aber sie war keine Theologin. Sie hat nicht mit logischem Scharfsinn eine Lehre entwickelt; dies war nach ihrer Ansicht das Amt der Doktoren. Ihre Ausführungen über das Purgatorium enthalten keine Irrlehre. Lili Sertorius hat in ihrer gehaltvollen Einleitung zu Katharinas Werken deren Übereinstimmung mit dem Dogma nachgewiesen[17]. Nach der Kanonisationsbulle sind ihre Worte «durchaus heilsam»: «Eine Weisheit, wie sie hier zutage tritt, kann weder durch Worte noch durch menschliche Übung, nicht durch Hören und nicht durch Lesen erworben sein, sondern sie zeigt sich überall als vom Geiste Gottes der Heiligen eingegossen mittels einer ganz besonderen Erleuchtung ihres Innern.»[18] Tatsächlich trägt Katharina kein Fündlein vor, in ihrem Traktat flammt Licht vom unerschaffenen Lichte auf, und um dieser übernatürlichen Herkunft willen sollte man ihre Sätze nicht dogmatisch pressen oder sie zu einem kunstgerechten System zusammenstellen. Damit würde ihre Intention verkannt, abgebogen und unwirksam gemacht. Die Heilige war Visionärin, was sie sagte, hatte sie in einer Schau empfangen, war eine geistige Mitteilung und will auch geistig verstanden sein. Katharina wünschte über ihre Vision des Purgatoriums einen «so gewaltigen Schrei» auszustoßen, daß alle Menschen über die ganze Erde ihn hören, und darob aus ihrer Gleichgültigkeit erwachen müßten. Es blieb nicht nur beim Wunsch, sie hat den Schrei im «Traktat» auch ausgestoßen, wenn er auch, der mütterlichen Heiligen entsprechend, nicht gellend und erschreckend ertönte. Im Schrei und nicht in der wohlüberlegten Rede offenbart sich die Seele eines Menschen, in diesem Moment kommt emotional sein Innerstes zum Vorschein. Stets stand Höchstes auf dem Spiel, wenn in der Geistesgeschichte ein christlicher Schrei ausgestoßen wurde, man denke nur an die Schreie Hiobs und selbst an den letzten Aufschrei auf Golgatha.

Katharina geht vom Gedanken der Ordnung Gottes aus. Der Begriff ist für sie wesentlich. Bei aller Aufgewühltheit war sie kein chaotischer, in sich zerrissener Mensch. Eine Seele muß sich in der Ordnung Gottes befinden, soll es um sie gut bestellt sein. Ist sie nicht von der Ordnung Gottes getragen, dann kann sie innerlich nur unglücklich sein, mag sie ihre Leere nach außen mit einer noch so berauschenden Gebärde verdecken. Katharina wußte: Denken heißt ordnen, und seitdem sie der Strahl der Liebe plötzlich erleuchtet hatte, war sie ein seelisch geordneter Mensch. Der Ordnungsgedanke hat nichts mit Pedanterie zu tun, und nur Unverständnis kann ihn als bürokratische Spießigkeit verspotten. Ordnung ist etwas Großes. Auch nach dem Neuen Testament ist Gott ein Gott der Ordnung und nicht der Unordnung. Die Neuzeit glitt ins Chaos ab, als sie die Vorstellung von der Ordnung Gottes aufgab. Mit dieser Preisgabe begann das geistige Durcheinander, das zuletzt bei der Falschmünzerei endete. Katharina dagegen war kein konfuser und verwirrter Mensch, sie war in ihren Visionen keiner wilden und zügellosen Phantasie ausgeliefert, denn sie stand in der Ordnung. Alles, was sie sagte, ist aus der Ordnung Gottes herausgesprochen, und von dorther empfing sie auch Klarheit, Richtung und Helligkeit.

Die Ordnung Gottes wird durch die Sünde gestört. Sie hängt mit dem Bösen zusammen, ein Problem, das Katharina nachhaltig beschäftigt hat und das für den gottsuchenden Geist so schwer zu verstehen ist. Katharina verabscheute die Sünde tief, weil sie den Menschen von Gott trennt. «Meine Vision von der häßlichen Sünde hat nur einen Augenblick gedauert», sagt Katharina, «aber sie hatte genügt, um einen Diamanten in Staub zu zermalmen, wenn sie länger gedauert hätte. Wie muß es aber erst mit der Todsünde sein? Wer versteht, was Sünde und Gnade ist, kann nichts anderes mehr fürchten und lieben.»[19] Auch das kleinste Splitterchen «Unvollkommenheit» stört die Beziehung der Seele zu Gott. Die Störung hängt von der Freiheit des Willens ab; wenn der mit dem freien Willen begabte Mensch einen falschen Weg einschlägt, lädt er Schuld auf sich.

Damit die Seele von der Sünde völlig frei werde, kommt sie in das Purgatorium. Für Katharina ist der Läuterungsort kein grauenhafter, Entsetzen einflößender Aufenthalt; es lag ihr ferne, ihn mit furchtbaren Farben zu schildern und den Menschen das Heulen und Zähneklappern beizubringen. Das Purgatorium ist vielmehr dadurch gekennzeichnet, daß in ihm die Seele Freude und Schmerz empfindet und beides mit der stärksten Intensität, ohne Aufhebung des einen durch das andere. Darin besteht der Unterschied des Purgatoriums von Himmel und Hölle. Sowohl in der Seligkeit als in der Verdammnis fühlt die Seele nur eine der beiden Empfindungen, nämlich Freude oder Schmerz, im Purgatorium aber beide. Über das angenehme Gefühl sagt Katharina: «Ich glaube nicht, daß man eine Freude finden kann, die sich mit der einer Seele im Purgatorium vergleichen ließe.»[20] Die Bemerkung verrät, daß Katharina den Läuterungsort lichtvoll gesehen hat. Auch die Schmerzen der Seele im Purgatorium gleichen nicht den üblichen Schmerzen, weil sie mit der Ordnung Gottes übereinstimmen. Die Heilige betrachtete das Purgatorium unter dem Aspekt der Liebe; um der Liebe willen hat es Gott erschaffen und alles, was aus der ewigen Liebe hervorging, gereicht dem Christen zum unendlichen Trost.

Mit dem Purgatorium hat Katharina ein Thema aufgegriffen, über das man in der gewöhnlichen Sprache kaum reden kann. Es ist zu subtil und zu transzendent. Die Zunge vermag davon nicht zu sprechen und auch der Geist begreift es nicht. Das Purgatorium ist für das menschliche Verständnis zu übergewaltig, es erfordert eine surrealistische Darstellungskunst. «Ich bin immer noch verwirrt, weil ich keine mächtigen Worte dafür finden kann»[21], klagt Katharina. Nach Hello hat sie von der Purgatoriums-Schau nur gestammelt, die Ausführungen der Heiligen «sind Aussprüche, Ausrufe, es ist Schluchzen und Schweigen, und jedes dieser Dinge ruft die andern herbei, als wollte es mit ihrer Hilfe die eigene Schwäche besiegen»[22].

Trotz des fragmentarischen Charakters von Katharinas Andeutungen über das Purgatorium ist ihre Schrift in sich völlig geschlossen. Sie ist von kristallener Klarheit und von einer religiösen Bedeutung, die nach verschiedenen Seiten ein Licht ausstrahlt.

Die Heilige hat das Purgatorium nicht etwa mit massiven und grobklotzigen Begriffen geschildert. Gar oft haben es sich die Christen im Laufe der Geschichte in allzu dinglicher Weise vorgestellt, was der metaphysischen Wirklichkeit nicht würdig ist. Sie sind damit nur in kindische und läppische Anschauungen hineingeraten und haben den Läuterungsort dadurch der Lächerlichkeit preisgegeben. Die Folge davon ist, daß der Mensch, in die Phase des kritischen Denkens gekommen, mit dem Bilde auch die Sache ablehnt und die ganze Vorstellung über Bord wirft. Katharina dagegen hat das Purgatorium geistig aufgefaßt; für sie waren Hölle, Läuterung und Himmel drei ontologische Seelenzustände, ohne daß sie deswegen einem bloß psychologisierenden Spiritualismus verfallen wäre. Von daher kam Katharina zu ihrer Lieblingslehre, der Himmel beginne bereits hier unten auf Erden. Mit ihrer Ablehnung der Feuerqualen im materiellen Sinne hat Katharina das Mysterium nicht angetastet, sondern die mystische Betrachtung des Staretz Sossima vorweggenommen: «Mein Vater und Lehrer, was ist die Hölle? Ich denke, sie ist der Schmerz darüber, daß man nicht mehr zu lieben vermag.»[23]

Die Purgatoriumsvorstellung hat im Volk von jeher große Angstgefühle ausgelöst. Leider gab es viele Theologen, die bewußt mit der Furchtvorstellung arbeiteten. Sie wollten mit der Höllenangst die Gläubigen und Ungläubigen in den Himmel hineinjagen. Zahlreiche Menschen haben um der Höllenfurcht willen auf dem Sterbebett peinvolle Angstzustände erlebt und in Schweiß gebadet vor dem kommenden Gericht gebebt. Katharina hat es entschieden abgelehnt, mit Angstvorstellungen zu arbeiten, dies waren für sie keine religiös brauchbaren und erlaubten Mittel. Sie sind auch nicht evangeliumsgemäß. Die Heilige hat nichts zur Verängstigung der Seelen und nichts zur Verdüsterung der Christenheit beigetragen. Im Gegenteil, sie hat das dunkle Thema lichtvoll gestaltet und eine überaus tröstliche Botschaft darüber verbreitet. Bei ihr ist indirekt das gewichtige Problem «das Christentum und die Angst» vorbildlich gelöst. Ihr tiefsinniger «Traktat vom Purgatorium» ist eine einzige Erläuterung zum Johanneswort: «Furcht ist nicht in der Liebe, sondern die vollkommene Liebe treibt die Furcht aus; denn die Furcht hat Pein; wer sich aber fürchtet, ist nicht zur Vollkommenheit in der Liebe gelangt.»

Überaus ermutigend ist es, daß Katharina mit ihren Ausführungen die Himmelstore nicht vor der Nase der Menschen zugeschlagen hat. Sie wurde nicht müde zu betonen: «Ich sehe die Pforten des Paradieses offen für alle, die eintreten wollen, soweit es Gott anbetrifft; denn er ist die höchste Barmherzigkeit und steht mit offenen Armen da, uns in seine Gesellschaft aufzunehmen.»[24] Ihre Worte vom geöffneten Paradies stammen weder aus Leichtsinn noch aus Sentimentalität. Davon kann bei einem Geist vom Range Katharinas und bei ihrem ausgeprägten Sinn für die Ordnung Gottes keine Rede sein. Die Heilige hat mit Hesekiel begriffen, daß Gott nicht den Tod des Sünders will, er will daß er sich bekehre und lebe. Sie brachte nicht die gefühllose Bereitwilligkeit auf, die armen Seelen einfach der Hölle zu überlassen, sondern sie hat sie zu ihrer ewigen Bestimmung zurückgerufen und auf das geöffnete Paradies hingewiesen. Ihr Traktat redet von Hilfe und Barmherzigkeit, die sich über das Grab hinaus erstrecken. Katharina gehört zu den auf Rettung bedachten Heiligen; bei allem Ernst streckt sie den Menschen immer die helfende Hand entgegen.

Das alles ist rühmenswert und erfreulich; sie selbst aber hat, und das ist wohl das Schönste, ein Leben der Läuterung auf dieser Erde geführt und mit ihrer Person die offenen Paradiesestore verkörpert. Was sie die Menschen lehrte, das lebte sie auch.

VI

Katharina war von einem kleinen Kreis von Schülern und Schülerinnen umgeben, von denen sie mit «Madonna Caterinetta» angesprochen wurde. Der Kreis unterschied sich von der aristokratischen Gesellschaft durch seine religiöse Zielrichtung und durch die Leitung Katharinas als geistliche Mutter. «Von allen, die zu ihr kamen, ging keiner ohne Nutzen und Trost hinweg, die er aus der Unterredung mit ihr geschöpft hatte. Durch die ausnehmende Holdseligkeit ihres Wesens befriedigte sie jedermann, ermutigte die einen in ihren Betrübnissen, gab den andern in Zweifeln Rat, flößte allen die Lehren der göttlichen Liebe und des ewigen Lebens ein.»[25]

Einige Mitglieder des Kreises standen Katharina näher als die andern. Zu diesen näheren Freunden zählte Ettore Vernazza, der dreiundzwanzig Jahre jünger war als Katharina und den Beruf eines Notars ausübte. Die älteste seiner drei Töchter war Katharinas Patenkind, mit dem sie sich auch geistig sehr verbunden fühlte. Vernazza selbst förderte leidenschaftlich den Hospitaldienst, er hat auf diesem Gebiet Außerordentliches geleistet und Katharinas Wesen tief erfaßt. Erwähnenswert ist ebenfalls der Priester Cattaneo Marabotto, der in den letzten Jahren Katharinas Beichtvater war und über den leider keine weiteren Nachrichten erhalten geblieben sind. Katharinas erste Beichte begann mit den Worten: «Vater, ich weiß nicht, wo ich bin, weder dem Leibe noch der Seele nach. Ich möchte beichten, aber ich kann keine Beleidigung Gottes entdecken, die ich begangen hätte.»[26] Katharina und Marabotto brauchten sich oft nur anzusehen; ohne ein Wort zu sprechen, verstanden sie sich schon, derart vertraulich war ihre Seelenfreundschaft. Einmal kam es auch zu einer Krise in ihrer Beziehung. Katharina schloß sich vor ihm in ein Zimmer ein, «weil es ihr schien, als bohre er zu viel mit ihr in ihren Aussprüchen und Handlungen herum»[27]. Auch ihre Dienerin, Argentina del Sale, die Katharina nach dem Tode von deren Gatten zu sich genommen hatte, war ihr treu ergeben. Der von gleichen religiösen Interessen zusammengehaltene Kreis gruppierte sich um Katharina, dem geistigen Mittelpunkt.

Der Kreis hat sich seiner literarischen Tätigkeit wegen verdient gemacht. Die älteste Vita stammt aus ihm, denn einer von Katharinas vertrautesten Freunde hat sie verfaßt und hat ein zuverlässiges Bild der Heiligen gezeichnet. Natürlich entspricht diese Lebensbeschreibung nicht den Erwartungen, die man heutzutage an eine Biographie stellt. Gewisse Zeitabschnitte von Katharinas Leben, namentlich die ersten dreißig Jahre ihres Daseins, werden summarisch behandelt.

Vieles bleibt unerwähnt und anderes ist chronologisch nicht geordnet. Aber es ist die einzige Vita, auf die man sich stützen kann, da der Verfasser offensichtlich nichts dazugedichtet hat. Er berichtet, was er aus dem Munde der Heiligen gehört hat, und was er nicht mehr erwähnenswert fand, wie ihr weltliches Leben, darüber sagt er wenig oder nichts. Doch ist das Gedankengut Katharinas darin enthalten und viele Gespräche der Heiligen mit ihren vertrauten Freunden haben darin ihren Niederschlag gefunden. Diese Vita hat einen bleibenden Wert und ist auch durch die modernen Darstellungen nicht überholt.
Auch Katharinas Schrifttum ist aus diesem Kreis hervorgegangen. Sowohl der schon erwähnte «Traktat vom Purgatorium» als auch der berühmte «Dialog» wurden von ihm herausgegeben. Von Katharina selbst wird nirgends berichtet, daß sie zur Feder gegriffen habe, weswegen sie auch oft nicht als Verfasserin im genauen Sinn des Wortes betrachtet wird. Ihr Schrifttum ist erst einige Jahre nach ihrem Tode erschienen, wahrscheinlich haben es Marabotto und Vernazza herausgegeben. Aus diesem Grunde ist vor einigen Jahren um dieses Schrifttum eine Diskussion entstanden. Der edle Friedrich von Hügel, ein ebenso tief religiöser als achtunggebietender Gelehrter, hat sich in seinem monumentalen Werk über Katharina von Genua eingehend über diese Fragen verbreitet und das echte vom unechten Schrifttum geschieden, indem er den «Dialog» der Heiligen absprach und ihn ihrer Patentochter Battista Vernazza zuschrieb. Diese hat ihn viel später frei zusammengefügt und sich dabei auf die authentischen Aussagen Katharinas gestützt. Hügel ist hierin mit aller Behutsamkeit vorgegangen, wie es seiner vornehmen Geistigkeit entsprach, und seine Resultate wurden auch von den seitherigen Biographen Katharinas als zu Recht bestehend anerkannt. Einzig der Kapuzinerpater Gabriele da Pantasina hat von der «zerstörerischen Bemühung» Hügels gesprochen. Unvoreingenommen betrachtet, sind gegenüber Hügels kritischer Arbeit selbst einige kritische Bemerkungen vorzubringen. Was gewinnen wir,

wenn wir Katharinas Schrifttum kritisch torpedieren? Nichts als einen leeren Wahrheitsbegriff. Hügels Werk stammt aus der Epoche des Modernismus, und diese geistesgeschichtliche Bedingtheit seiner Forschung ist nicht zu übersehen. Sein Versuch mußte einmal unternommen werden, und der ehrliche Wahrheitsmut verdient Anerkennung, wenn er auch nicht mit der Wahrheit selbst identifiziert werden darf. Die historisch-kritische Methode Hügels räumt der subjektiven Meinung des Forschers großen Spielraum ein, sie wendet rationale Überlegungen auf einen transrationalen Stoff an und nimmt Quellenscheidungen vor, die in ihrer Willkür immer fragwürdig bleiben. Gegenüber diesen prinzipiellen Einwendungen sind auch Hügels Untersuchungen nicht gesichert, man hat es bei ihm mit scharfsinnigen Hypothesen und nicht über alle Zweifel gesicherten Ergebnissen zu tun. Daß einzelne Gedanken des «Dialoges» dem «Traktate» widersprechen, ist kein durchschlagendes Argument gegen die Echtheit des Dialoges, denn ein Mensch kann zu verschiedenen Zeiten verschieden denken und er kann durchaus auch widerspruchsvolle Gedanken hegen. Hügels Methode auf neutestamentlichem Gebiet angewendet, hat dazu geführt, das Johannesevangelium als unecht auszuscheiden und ihm für die Erfassung der Gestalt Jesu keinerlei Wert zuzuschreiben. Mögen Katharinas Schreiber sich in der Gestaltung des Textes auch gewisse Freiheiten herausgenommen haben und gelegentlichen Erinnerungstäuschungen unterlegen sein, das Gedankengut dieser Schriften geht im Wesentlichen unstreitig auf die Heilige zurück. Auch vom «Dialog» scheint mir das dritte Buch mit seinen glühenden Ausführungen über die göttliche Liebe katharinisch zu sein. Es ist Geist von ihrem Geist. Jedenfalls hat dieses Schrifttum im Laufe der Zeit als Geistesgut von ihr gewirkt. In der Geistesgeschichte kommt es jedoch mindestens ebenso stark auf das an, was gewirkt hat und nicht nur auf den historisch genauen Tatbestand. Wer heute noch Katharina begegnen will, der vertiefe sich ruhig in das unter ihrem Namen erschienene

Schrifttum und lasse sich die Freude daran nicht durch kritisch-philologische Echtheitsfragen vergällen.

Katharina wurde in den letzten Jahren ihres Lebens von einer rätselhaften Krankheit befallen. Nachdem sie mit ihrer heroischen Seele das Leiden geradezu willkommen geheißen hatte, nahm es schließlich Formen an, denen ihre Kraft kaum noch gewachsen war. Die Heilige erlitt heftige Anfälle und die Krankheit verlief äußerst wechselvoll. Die Heilige wurde von schrecklichen Schmerzen heimgesucht, die Nerven zuckten und die Gebeine zitterten. Es waren Konvulsionen stärkster Art; die Kranke krümmte sich und gab laute Schreie von sich, weil sie ihrer selbst nicht mehr mächtig war. In diesem leidvollen Zustand hörte man sie beten: «Fünfunddreißig Jahre ungefähr sind es, daß ich dich, o mein Herr, niemals mehr um etwas für mich gebeten habe; jetzt aber bitte ich dich aus allen Kräften, du wollest mich doch nicht von dir trennen.»[28] Dann gab es wieder ruhigere Tage, in denen Katharina sogar zu lachen vermochte. Die Krankheit hatte eine psychische Komponente, und sie übte auch eine Wirkung auf ihr seelisches Befinden aus. Katharina litt an Depressionen und bittere Klagen kamen über ihre Lippen: «Herr, was willst du, daß ich noch auf dieser Welt soll? Ich sehe nicht, ich höre nicht, ich esse nicht, ich schlafe nicht, ich weiß nicht, was ich tue und was ich sage. Alle äußeren und inneren Empfindungen sind verloren; ich finde nichts in mir, wie doch die anderen tun. Alle finden irgend etwas zu tun, zu sagen oder zu denken, und ich sehe, wie sie sich an irgend etwas innerlich oder äußerlich erfreuen. Aber ich bin wie etwas Totes und lebe nur, weil ich wie mit Gewalt im Leben gehalten werde. Kein Wesen versteht mich; ich bin allein, arm, unbekannt, nackt, fremd und im Widerspruch mit aller Welt, und ich weiß nicht mehr, was die Welt ist; ich kann nicht mehr mit den Geschöpfen auf der Erde leben.»[29] Die Ärzte vermochten das Leiden nicht zu diagnostizieren, ja, sie konnten «keine Spur einer körperlichen Krankheit» entdecken, und demzufolge waren sie auch nicht imstande, Katharina die geeignete Medizin zu verabreichen. Es war eine aus einem inneren Brand hervorgehende Krankheit, die sich bis ins Äußere erstreckte: «Man brachte eine silberne Schale mit frischem Wasser, um ihre Hitze zu kühlen. Als sie die Hände eintauchte, teilte sich dem Wasser eine solche Hitze mit, daß es zu sieden anfing.»[30] Endlich nahte die Stunde ihrer Auflösung. Ihre Freunde waren abwesend, als Katharina am 10. September 1510 ihre Seele dem Schöpfer zurückgab.

Die Leiche nahm eine gelbliche Färbung an. Bei Lebzeiten hatte Katharina gewünscht, in einer kleinen Kirche außerhalb Genuas beigesetzt zu werden, aber die Spitalverwaltung wußte Wege zu finden, um den Leichnam der Spitalkirche zu erhalten. Die Verehrung Katharinas als Heilige begann mit ihrem Tode. Achtzehn Monate später wurde der Sarg nochmals geöffnet: die Leiche war unverwest und strömte einen Wohlgeruch aus. Viele Jahrzehnte blieb er erhalten und erst viel später trocknete er zu einer Mumie ein, die noch heute im gläsernen Sarg in Genua liegt.

VII

In der an individuellen Zügen nicht reichhaltigen alten Vita wird eine für Katharina aufschlußreiche Szene berichtet. Sie kam einst mit dem Franziskaner Dominikus di Pongo über das Thema der Gottesliebe ins Gespräch. Der Ordensmann, nicht gerade von franziskanischer Demut erfüllt, sagte zu ihr, er sei vermöge seines Standes, durch den er allem entsagt und sich vollkommen Gott übergeben habe, mehr befähigt und tauglich als sie, Gott zu lieben. Er versuchte dies mit allerlei Argumenten zu beweisen und scheute sich nicht, den Umstand hervorzuheben, daß sie nicht nur noch in der Welt, sondern sogar im Ehestand lebe, während er das heilige Kleid des Ordens trage. Katharina hörte ihn geduldig an, es war nicht ihre Art, die Leute in der Rede zu unterbrechen. Als er aber ausgeredet hatte, da loderte hoch auf das Feuer der Liebe zu Gott, das stets in ihr brannte, und glutentflammt sagte sie: «Wenn ich glauben könnte, daß Ihr Kleid die Liebe in mir nur einen Funken mehren könnte, so würde ich es Ihnen geradezu vom Leibe reißen, im Falle ich es auf andere Weise nicht bekommen könnte. Daß Sie hernach durch die Entsagung, die Sie für Gott gemacht und durch die Weihe des Ordensstandes, die Ihnen fortwährend Gelegenheit zu Verdiensten gibt, mehr verdienen als ich, das gebe ich Ihnen ohne weitere Frage zu, diese Dinge gehören Ihnen unbestritten an. Allein, daß ich nicht so sehr sollte lieben können, als Sie, das werden Sie mir niemals auf irgend eine Art erklären und beweisen können.»[31] Diese Worte sprach Katharina mit solchem Eifer und Nachdruck, daß sich ihr Haarknoten löste und ihre Haare über die Schultern fielen. Es muß ein einzigartiger Anblick gewesen sein, als Katharina mit glühendem Antlitz und offenen Haaren dem Mönch entgegentrat — die Heftigkeit ihres Disputes verrät die geistige Leidenschaft dieser Frau. Sie schien wie außer sich zu sein, bewahrte aber dennoch eine solche Anmut und Würde, daß alle Umstehenden mit Ehrfurcht auf sie blickten. Sie sagte: «Die Liebe kann nicht gehindert werden, und wenn sie gehindert wird, so ist es nicht Liebe jenes ganz Reinen und ganz Lautern.»[32] Das war die christliche Antwort eines Laien gegenüber dem Anspruch klerikaler Überheblichkeit. Man muß Katharina in einem solchen Momente der Entgegnung beobachten, weil hier das Innerste der Heiligen sichtbar wird. In einem solchen Augenblick sieht man die Seele Katharinas glänzen. Es gibt eine feine Charakterisierung von Katharinas spiritueller Persönlichkeit: «Ganz besondere Schwierigkeiten sind mit dem Studium unserer Heiligen verbunden. Ihrem Charakter fehlt in auffallender Weise der Humor, der scharfe Mutterwitz, der ein hervortretender Zug bei einigen großen spanischen Mystikern, besonders bei der hl. Teresa, ist, und der noch nicht einmal bei dem weniger vielseitigen und sehr asketischen hl. Johannes vom Kreuz ganz fehlt. Um diese Frau aus Genua liegt im Gegenteil eine gewisse Einförmigkeit und eine fast ermüdende Unbedingtheit. Gerade die Alltäglichkeit ihres äußeren Loses — eine einfache Frau und

Witwe, die niemals einem Orden oder einer Kongregation angehört hat; der anscheinend vollständige Mißerfolg ihres irdischen Lebens, der Anlaß zur inneren Geburt des himmlischen Lebens wird; der Gegensatz ihrer fürstlichen Herkunft und gesellschaftlichen Stellung mit der niederen häuslichen Tätigkeit und der äußeren Arbeit durch vierzig aufopferungsvolle Jahre hindurch; die ungewöhnliche vollkommene Verbindung einer großen Tätigkeit und organisatorischen Begabung mit erhabener Beschauung: — all dies, selbst wenn es alles wäre, trägt dazu bei, ihrem Leben einen ungewöhnlichen Reichtum und eine außerordentliche Beispielhaftigkeit zu geben.»[33] Hügel hat die «ganz ungewöhnliche Tiefe, Weite, Ausgewogenheit, Vornehmheit und Feinheit» Katharinas gerühmt und hervorgehoben: «Es gibt bei ihr nichts Gemachtes, nichts Künstliches oder Bühnenmäßiges.»[34] Diese vortreffliche Deutung verbleibt jedoch im Psychologischen, und diese Betrachtung genügt bei aller Verfeinerung nicht. Die Psychologie, auch die Tiefenpsychologie, schaut den Heiligen nie auf den Grund ihrer Seelen, weil ihre Neugierde immer in einem gewissen äußeren Bezirk verbleibt und das Innerste nicht analysiert werden kann. Von der Psychologie der Heiligen zu reden, ist zwar in der Gegenwart modern, aber das Zeitgemäße entspricht nicht ihrem Anliegen. Zum allermindesten müßte ihr beständig die Metaphysik der Heiligen gegenübergestellt werden, denn alles, was die Gottesfreunde erleben, darf nicht nur auf den seelischen Innenraum bezogen werden, sondern tendiert in eine transrationale, objektive Welt. Im Metaphysischen liegt das Wesentliche und Zentrale Katharinas, von oben wird ihr Antlitz beleuchtet.

Viel adäquater ist Katharina der Aspekt, unter dem Peter Poiret sich ihr genähert hat. Er gab am Ende des 17. Jahrhunderts ihre Schriften unter dem Titel «Theologie der Liebe» heraus. Mit dieser Überschrift deutet Poiret die Sicht an, die der Heiligen entspricht und die vor ihm schon Franz von Sales eröffnet hat. Sie beide waren auf der richtigen Spur, denn dieser Pfad allein führt zu einer wirklichen Begegnung mit Katharina. Freilich ist auch der Begriff «Theologie» in diesem Zusammenhang mißverständlich. Katharina war keine Theologin, sie hätte sich entschieden gewehrt, als systematische Denkerin angesprochen zu werden. Theologie ist eine gedankliche Lehre, die zudem gerne abstrakten Charakter annimmt. Katharinas Ausführungen berichten jedoch von einem Erleben, sie erzählen von einer seelischen Erfahrung und sind von der ersten bis zur letzten Zeile von einer persönlichen Wärme durchpulst.

Sachgemäßer ist es, von einer Frömmigkeit, von einer Mystik der Liebe zu reden. Das ist der Terminus, der ihr tiefstes Anliegen wiedergibt. Katharina war eine Mystikerin und gehört zu den großen Mystikerinnen Italiens; sie hat die Sprache der Liebe gesprochen und hat mit ihrer verzehrenden Liebe zum Himmel gelodert. Allerdings hat sie selbst die Schwierigkeit gespürt, die sich hier auftut. Es ist schwer, ja beinahe unmöglich, von der Mystik in würdigem Ton zu sprechen. Niemand hat dies stärker gefühlt, als Katharina selbst: «Was soll ich so viele Worte von einem so maßlosen und unerklärlichen Geschehen machen, dessen Größe und Außerordentlichkeit mich im Sprechen verwirrt, da es weder für mich möglich ist, es in Worten auszudrücken, noch für den, der es nicht erlebt hat, es zu verstehen?»[35] Die Unmöglichkeit, über die Mystik der Liebe in der ihr allein entsprechenden Weise zu reden, wird gerade im dritten Buch des «Dialoges» mehrfach betont: «O Zunge, warum sprichst du, da du doch keine angemessenen Worte finden kannst für die Liebe, die das Herz erfüllt.»[36]

Die mystische Liebe ist eine Empfindung des Herzens, aber sie ist niemals eine Gefühlsangelegenheit. «Darum sage ich, daß ich geschaffene Liebe nicht will, Liebe, die man genießen, begreifen, kosten könnte; ich will keine Liebe, die durch Verstand, Gedächtnis und Willen ginge. Die reine Liebe aber geht durch dies alles und geht darüber hinaus.»[37] Katharina ist in die Liebe untergetaucht, sie hat sie als Ursprung, als Weg und Ziel erlebt. Sie wurde von ihr überflutet, die Wasser der Liebe erfüllten sie bis zum Rand und zuletzt war sie trunken von Liebe. Vieles ist schon über die Liebe gesagt worden, bei Katharina aber wurde die Liebe aus einem Wort zu einer Gestalt; sie ist sichtbar geworden und hat sich in ihrer Person inkarniert. Die Heilige hat über die Liebe eine Hymne angestimmt: «O Liebe, du machst, daß die Weisen töricht erscheinen; den Gelehrten nimmst du ihre Wissenschaft und schenkst ihnen eine Einsicht, die alle andere Einsicht überstrahlt! O Liebe, du verjagst aus dem Herzen alle Schwermut, alle Härte, alle Selbstsucht und alle weltlichen Ergötzungen. O Liebe, dein Name ist so süß, daß er alle Dinge versüßt! Süß ist der Mund, der dich ausspricht, zumal wenn die Worte aus dem Herzen dringen, das voll deines süßesten Wohlgeschmacks ist. Du machst den Menschen gütig, mild, anmutig, fröhlich und frei, bereit, jedem zu dienen, wo immer er kann.»[38] Die hymnische, dichterische Aussage entspricht dem Wesen der Liebe am besten, und Katharina hat sich in diesen innerlichen, ekstatischen Jubelrufen ergangen, weil sie sonst keine passenden Worte gefunden hätte: «Nur wer sie spürt, versteht sie einigermaßen. Alles, was man über die Liebe sagen kann, ist ein Nichts. Denn je weiter du darin fortschreitest, desto weniger weißt du davon. Doch Gott allein ist es, der diese Worte versteht; das Herz fühlt sie, aber versteht sie nicht, und so ist das ganze Werk in Gott, beim Menschen aber der Nutzen. Jene innige Liebesweise, die Gott mit dem Herzen unterhält, bleibt ein Geheimnis zwischen beiden, zwischen Gott und dem Herzen.»[39] Katharina war der vom Pfeil der Gottesliebe getroffene Mensch, dessen Seele in helle Glut versetzt war und wie eine einzige Flamme zum Himmel brannte. Sie hat das Hohelied der Liebe, das Paulus anstimmte, buchstäblich erlitten, und die Bezeichnung «reine Liebe» war dafür nur ihre Chiffre, die in der späteren Auseinandersetzung über dieses Wort in Frankreich nur noch halb verstanden wurde.

Das «Fünklein der reinen Liebe», das Katharina erhalten hatte, führte sie zu einer mystischen Praxis. Sie liebte nicht umsonst die Lauden des Jacapone da Todi, ihre Liebe erstreckte sich wie bei diesem Dichter von Gottes Gnaden auch auf die stumme Kreatur. Sie fühlte sich mit allem seelisch verbunden, es war ihr unmöglich, ein Tier schlachten und einen Baum fällen zu sehen. Wenn sie in den Garten ging, redete sie mit den Bäumen, Pflanzen und Blumen wie mit ihresgleichen. Voll Zärtlichkeit sprach sie zu ihnen: «Seid ihr nicht Geschöpfe, von meinem Gott geschaffen? Seid ihr ihm nicht gehorsam?»[40] Es gab überhaupt nichts, das sie von ihrer Liebe ausschloß, sie umfaßte alles, hoch und niedrig, Mensch und Tier.

In der Vita über Katharina findet sich ein aufschlußreiches Geständnis ihres Freundes Marabottos: «Man konnte dieses Geschöpf nicht kennen, auch wenn man sich mit ihr unterhielt und mit ihr verkehrte. Du konntest sie lachen sehen und wußtest doch nicht, welchen Geschmack dies ihr Lachen habe.»[41] Der Biograph war offensichtlich nicht imstande, das Geheimnis von Katharinas Person zu lüften, er spürte ganz deutlich, daß sie anders war als andere. Auch die Ausführungen über die Mystik der Liebe enthüllten sie nicht, sie weisen nur auf die innige und gelöste Ekstatik hin. Diese vom mystischen Brennen erglühte Frau war ihrer «Natur nach Flamme, die brennt, ohne zu verzehren»[42], es ist licht geworden in ihr, ihr Antlitz leuchtet, und man kann sich des Eindruckes nicht erwehren: sie ist ein Mensch gewordener Seraph! Diese Bezeichnung hat schon Joseph Görres mehrfach auf sie angewendet, er nannte sie einen «in Liebe glühenden Seraph», der einen so hohen Flug unternommen habe, daß ihm das gesamte Altertum nichts Vergleichbares entgegenzustellen habe[43]. Später schrieb Görres: «So oft sie nun in oder außer der Ekstase von der Liebe Gottes redete, blühte ihr leuchtendes und rosiges Angesicht, gleich dem eines Seraphen; während die Worte hoher Weisheit, die sie redete, eines in Himmelslicht strahlenden Cherubs zu sein schienen.»[44] Das war nicht etwa eine Übersteigerung, die Bezeichnung «Glut des Seraphen» drängt sich einfach auf, man kann sie gar nicht vermeiden. Man nannte die Heilige schon bei Lebzeiten «Caterina Serafina» und auch später gebrauchte man den Ausdruck «die seraphische Genueserin»[45]. Das Wort Seraph darf nicht als bloße Metapher verstanden werden, es drückt ihre innere Wahrheit aus. Das Wesen des Seraphs besteht darin, immer vor Gott zu stehen, und Katharina sah überall Gott, sie ruhte in Gott in allen Stürmen, sie war mehr in Gott als in sich. Die Heilige betrachtete es als ihre tiefste Begnadung, daß sie die Gegenwart Gottes in keinem Augenblick ihres Lebens mehr vergaß, und damit war sie schon in diesem Dasein zu jenem Seraphen geworden, an dessen Feuer sich auch der heutige Mensch noch entzünden kann.

DAS GROSSE GESPRÄCH

Theresia von Avila

1515—1582

I

Am westlichen Rande des Abendlandes liegt ein Land, das zu Europa gehört und doch anders ist. Wenn Spanien auch nicht als Einheit genommen werden darf, ist es doch sehr verschieden vom übrigen Abendland. Die Andersartigkeit, die man schon in seiner Kunst spürt, ist unter anderem durch die Nähe Afrikas bedingt.[1] Der heiße Atem des schwarzen Erdteils weht dieser brennenden Landschaft entgegen. Auf dem Wege über Gibraltar sind die Mauren in Spanien eingedrungen und haben das Land jahrhundertelang besetzt. Arabische Einflüsse durchdrangen das spanische Geistesleben, unauslöschbare Spuren hinterlassend. Nicht weniger bestimmend für Spanien war sein unerwarteter Aufstieg zur Weltmacht am Ausgang des Mittelalters und das darauffolgende Absinken in eine «dumpfe Verblödung und Selbstsucht», in der die iberische Halbinsel nach Ortega y Gasset in den letzten drei Jahrhunderten verharrte.[2] Durch diese Schicksale wurde das Land Philipps II. neben Rußland zum seltsamsten Land Europas, weswegen es auch abendländischem Verstehen schwer zugänglich ist. Man empfindet gegenüber diesem südlichen Land von merkwürdiger Phantastik eine beunruhigende Fremdheit. Nur wenn Spanien mit den ihm entsprechenden Maßstäben gemessen wird, sieht man im Idealismus und Realismus die Grundzüge eines Volkscharakters, welche das «zwiespältige Doppelgesicht der spanischen Seele» bilden.[3]

Dem nordischen Verständnis am schwersten zugänglich ist

die spanische Christlichkeit. Da sie die Führung der Gegenreformation innehatte, kam sie als finsterer Fanatismus in Verruf. Von Spaniens Religiosität weiß man gewöhnlich nur, daß sie die Heimat der Inquisition bildet, die mit ihren Marterwerkzeugen alle Geistesfreiheit im Keime erstickte. Doch wenn man von Spanien nichts anderes als nur die Herkunft des Jesuitismus anführen kann, kennt man dessen Gläubigkeit nicht. Diese populäre Auffassung übersieht den jahrhundertelangen Kampf, den das Land zur Verteidigung der christlichen Religion gegen die Sarazenen zu führen gezwungen war, und woraus sich auch ein bewußter Glaubensstolz ergeben mußte. Gewiß kann man über Spaniens Christlichkeit viel Negatives sagen; aber neben den Schattenseiten darf man die Lichtseiten nicht übersehen. Eines ist jedenfalls der spanischen Religiosität nicht abzusprechen: Größe und Wucht. Seine Ordensstifter sind fleischgewordene Metaphysik, und seine Könige opferten Weltreiche für ihren Katholizismus. Spanien war befähigt, Heilige von größtem Ausmaß hervorzubringen. Man darf über das Christentum nicht reden, ohne seine spanische Ausprägung zu berücksichtigen. Die Nichtbeachtung Spaniens und der spanischen Religiosität wurde schon als einer der wesentlichsten Mängel von Nietzsches Kritik am Christentum empfunden.[4] Es geht nicht an, die spanische Christlichkeit länger zu übersehen, denn es gibt keine innere Erneuerung des Christentums ohne Berücksichtigung von deren Wesenselementen. Eines der unvergänglichsten Denkmäler der spanischen Religiosität liegt im «Don Quichote» von Cervantes vor, des Mannes, der am tiefsten in die Seele seines Volkes eingedrungen ist, und dessen Hauptwerk nur oberflächliche Denkweise als Verspottung des Rittertums auffassen kann. Der donquichotische Mensch kreist mit seiner Ekstatik um überirdische Fragen, und in seinen Worten flackert der himmlische Wahnsinn auf, der auch aus dem Munde der spanischen Heiligen spricht. In diesem religiösen Sinn hat Unamuno den hageren Ritter gedeutet. Das Würdigste über ihn hat Dostojewskij gesagt: «Es gibt in der ganzen Welt nichts

Tieferes und Stärkeres als diese Dichtung. Es ist bisher das letzte und größte Wort des menschlichen Gedankens, es ist die bitterste Ironie, die ein Mensch auszudrücken vermochte, und wenn die Erde heute zugrunde ginge, und man die Menschen dort irgendwo fragte: Habt ihr euer Leben auf Erden verstanden, und was habt ihr daraus für einen Schluß gezogen? — so könnte der Mensch schweigend auf Don Quichote hinweisen: Das ist der Schluß, den ich aus dem Leben gezogen habe; könnt ihr mich seinetwegen verurteilen.»[5]

Die schönste Blüte der spanischen Religiosität stellt ihre Mystik dar, die seltsamerweise von der Forschung «über Gebühr vernachlässigt» (Holl) wurde. Daß die spanische Mystik mit Ausnahme der Erfassung des Seelenlebens keine neuen Erkenntnisse zu Tage gefördert und keinen klaren Blick für die Wirklichkeit habe, ist eine der vielen Verkennungen, die sie über sich ergehen lassen mußte.[6] In Tat und Wahrheit ist sie eine der großartigsten Erscheinungen der christlichen Geistesgeschichte. Wenn man erfahren will, was glühende Inbrunst des Glaubens ist, die sich um das Heil der Seele verzehrt, muß man die spanischen Mystiker lesen.[7] Sie sind die gewaltigsten Erwecker der Seele, für die sie die wesenhaftesten Worte gesprochen haben. Aus der romanischen Mystik ist die eindringliche Erhabenheit Spaniens hervorgegangen. Durch sie hat dieses Land der Welt sein tiefstes Wort gesagt. Freilich kommt diese strenge Mystik für breite Massen nicht in Frage. Dazu ist sie zu entrückt und stellt mit ihrer rücksichtslosen Verachtung der Welt allzu hohe Anforderungen. Die spanischen Mystiker besaßen den Mut, bis zum Äußersten zu gehen, und schreckten vor den letzten Folgerungen nicht zurück. Sie sind der stärkste Gegensatz zu aller Mittelmäßigkeit. Mit ihrer lodernden Glut bilden sie eine Verlängerung, ja eine Steigerung der deutschen Mystik des Mittelalters. Ihr heiliger Ernst war von solcher Kühnheit, daß er in den Augen der Vernünftigen als Wahnsinn erscheinen mußte.

Den Höhepunkt der spanischen Mystik stellt Theresia von

Avila dar, eine der großen Frauen der Weltgeschichte. Es ist nicht leicht, über Theresia zu schreiben, und von denen, die es versuchten, war es wenigen beschieden, dies in ihrem Geiste zu tun. Was man auch sagen mag, es reicht alles nicht an sie heran, denn es gibt kaum einen Vergleich, den sie nicht aushält. Sie erscheint in der größten Stunde der spanischen Geschichte, da ihrem Land Weltruhm zulächelte. Mit ihrem Ehrbegriff und ihrem Stolz, der sie keine Behandlung ertragen ließ, welche sie als Geringschätzung betrachtete, ist sie eine echt spanische Gestalt, in der ihr Land den tiefsten Ausdruck seines Wesens erkannte. Nicht umsonst wurde sie zur Nationalheiligen Spaniens neben den Apostel Jakobus gestellt. Um ihr Wesen zu erfassen, darf man nicht von ihrem Bilde ausgehen, welches ein schlechter Maler mit starren Zügen versah und über das Theresias Worte überliefert sind: «Bruder Juan, Gott vergebe dir, daß du mich überhaupt gemalt hast, aber du hast mich häßlich gemalt.» Da sie ihre weibliche Natur unverhüllt hervortreten läßt, hat man sie schon die erste moderne Heilige genannt. Von einer «Fürstin der spanischen Mystik» wurde gesprochen, die mit ihrer genialen Veranlagung ans Übermenschliche grenze. Aber mehr als alle Titel besagt der Seufzer Pascals über «die Größe Theresias»! Mit ihrer leidenschaftlichen Seele hat sie wie wenige Menschen nach den «großen Dingen» gedürstet. In ihrem brennenden Verlangen «kein Maß zu haben im Dienste Gottes» und in ihrer kühnen Losung «entweder sterben oder leiden»[8], kommt die ganze Ungewöhnlichkeit ihrer Seele zum Vorschein. An Theresia darf nicht das Normalmaß gelegt werden. Sie ist ein Phänomen, wie es nicht in jedem Jahrhundert vorkommt. Welch ungewöhnlicher Mensch enthüllt sich in den Worten: «Dabei kommt mir alles, was ich sehe, wie ein Traum vor, und ich möchte nur Kranke der nämlichen Art sehen, wie ich es jetzt bin. Ich bitte Euer Gnaden, lassen Sie uns doch alle Toren werden aus Liebe zu dem, der unsretwegen sich so nennen ließ.»[9] Diese große Liebende der Kirchengeschichte hat Sätze gesprochen, die den Leser im ersten Augenblick wie betäuben, und die doch unablässig in ihm weitertönen. Eine geistige Gewalt ist ihr eigen, der man sich nur schwer entziehen kann. Die spanische Sonne, die über ihr leuchtet, gibt ein anderes Licht und macht sie selbst zur flammenden Gestalt. Theresia ist katholisch vom Scheitel bis zur Sohle, aber sie vertritt einen umfassenden, gesteigerten Katholizismus. Man muß lange suchen, bis man einem ähnlichen begegnet.

Theresia war eine reichbegabte Natur, die viele Möglichkeiten in sich barg. Man bekommt immer wieder aufs unangenehmste zu spüren, wieviel größer sie ist als alle Versuche, sie darzustellen. Aber ungeachtet der verwirrenden Vielseitigkeit ihrer Veranlagung ist sie im letzten Grunde wesentlich doch nur um *ein* Problem gekreist, das bei ihr im Mittelpunkt steht und das einem den Zugang zu ihr erschließt. Theresias Anliegen war die würdige Anredbarkeit Gottes. Für sie als Christin war Gott keine unpersönliche Macht, so wie der Pantheist das Göttliche auffaßt, Gott war für Theresia eine Persönlichkeit, mit der der Mensch ins Gespräch kommen kann. Die Fähigkeit zum Beten unterscheidet den Menschen vom Tier. Theresia wollte mit Gott reden, wie es von Hiob erzählt wird. Um dieses Reden führte sie einen jahrelangen Kampf. Er enthält den eigentlichen Sinn ihres Lebens. Was ihrem Dasein die aufwühlende Eigenart verleiht, so daß es ergreift und mitreißt, ist die Art, wie sie dieses Anliegen auffaßt. Darin unterscheidet sie sich am tiefsten von den übrigen Christen. Bei Theresia ist das Reden mit Gott keine bloße Selbstverständlichkeit. Sie hat es nicht zu etwas Gleichgültigem, Formelhaftem gemacht. Der Inhalt ihrer Gebete hat nicht nur Bitte und Dank zum Gegenstand. Ihr liegt nichts an der Erhörung persönlicher Wünsche. Die geheimnisvolle Berührung, welche im Gebet zwischen Gott und Mensch stattfindet, hat sie als das Gewaltigste empfunden, welches mit nichts anderem verglichen werden kann und den Menschen in Ehrfurcht verharren läßt. Aus dieser Einsicht sind ihre warnenden Worte geflossen: «Wenn ihr mit Gott reden wollt, so müßt ihr auch so mit ihm reden, wie es sich einem so großen Herrn gegenüber geziemt, und da ist es gut, daß ihr bedenkt, wer der ist, mit dem ihr redet, und wer ihr seid, damit ihr wenigstens mit Anstand redet.»[10] Einem Gebet, bei welchem der Mensch vom Unerhörten seines Tuns nicht wie von einem Blitz zu Boden gestreckt wird, wollte Theresia diesen Namen gar nicht geben, wie geschäftig man dabei auch die Lippen bewege. Bei dieser spanischen Heiligen hat man das Gefühl, daß endlich wieder einmal ein Mensch mit Gott wirkliche Zwiesprache suche, der das Waghalsige dieses Versuches fühle, den es bis in die letzte Faser durchdringe, was es heiße, als kleiner nichtswürdiger Mensch sich zu erkühnen, den Ewigen anzureden. Schon allein die Wahrnehmung, daß Theresia vom Allmächtigen als von «Seiner Majestät» spricht, zeigt ihren Abstand von der abgeschmackten Gedankenlosigkeit der meisten Christen, die mit unangebrachter Vertraulichkeit Gott unablässig duzen, als wäre er ein Wesen ihresgleichen. Theresia hat lange Zeit um die würdige Form der persönlichen Fühlungnahme mit Gott gerungen. Sie hat gespürt, wie gerade auf diesem intimsten Gebiet das Allerschwerste vom Menschen gefordert wird, wie leicht hiebei das Höchste einer unausstehlichen Lächerlichkeit verfalle. Mit letztem Einsatz hat sie um die entsprechende Rede mit Gott gekämpft, bis es ihr schmerzlich zum Bewußtsein kam, daß der Mensch nicht aus eigener Kraft imstande sei, das ewige Du anzureden, so wie es sich gebühre. Nur geschenkt könne diese Gnade dem Menschen werden. Ihr wurde sie nach qualvollem Suchen zuteil, und sie hat zuletzt das Gebet als die geheimnisvolle Pforte zum Eingang in die Seelenburg erfaßt. Wenn es Theresia begreiflicherweise auch nicht angenehm war, «daß mich jemand hörte, wenn ich mit Gott redete»[11], so lassen ihre Werke doch einen unvergleichlichen Einblick in dieses wundersame Tun gewinnen, dem gegenüber fast alle Gebete der Menschen als schales Geplapper anmuten, ja einen wegen des ungeziemenden Tones oft abstoßen. Unter den Gesichtspunkt des großen Gesprächs muß das Leben Theresias gerückt werden, das in eine unbekannte Richtung führte, die alles Vorstellbare überschreitet. Theresias Dasein ist «ein im Dunkel geführter Dialog, der unter höchster Anspannung aller Seelenkräfte bald rauschend und überschäumend, bald stockend und mühsam verläuft.»[12] Gleich einem sechsflügligen Cherub hat Theresia ihr «heilig, heilig, heilig ist der Herr der Heerscharen» gesungen, würdig zur Seite zu stellen dem «Sanctus» in der h-moll-Messe des großen Bach.

II

Theresia hat im Auftrag des Beichtvaters ihre eigene Lebensgeschichte geschrieben. Man hat dieses großartige Seelengemälde schon einen «verführerischen und zärtlichen Roman» genannt, aber mit dieser Bezeichnung kaum die richtige Charakterisierung gefunden. Jeanne Galzy ist in ihrem Theresia-Roman glücklicherweise nicht dieser Fährte gefolgt. Die Größe der aufregenden Seelengeschichte der Nonne von Avila liegt auf einer anderen Ebene. Theresia bemerkt in ihrem Vorwort, daß man ihr große Freiheiten eingeräumt habe, ihre Begnadigung zu schreiben, dagegen sie «sehr gebunden» habe, in gleicher Weise auch ihr «böses Leben» zu schildern.[13] Welch ein kontrastvolles Bild wäre entstanden, wenn sie auch hierin nach ihrem großzügigen Geiste hätte verfahren dürfen, und der Leser nicht darauf angewiesen wäre, zwischen den Zeilen zu lesen, weil so vieles nur angedeutet wurde. Wie schade, daß ihr von ängstlichen Auftraggebern dieser Zaum angelegt wurde. Dessen ungeachtet gibt diese Lebensbeschreibung, die zu den denkwürdigsten Memoiren aller Zeiten gehört, eine deutliche Ahnung vom wahren Sachverhalt ihrer ersten Lebensperiode, der viel hintergründiger ist, als er gewöhnlich dargestellt wird. Gegenstand von Theresias Selbstbiographie bildet die Geschichte einer Seele, die leidenschaftlich um ihren Aufstieg rang, der zunächst aber mißglückte. Die ersten Jahrzehnte von Theresias Leben verlaufen mit ihrem vergeblichen Mühen tragisch, was bis dahin fälschlicherweise oft einfach zugedeckt wurde. Ihre Lebensgeschichte zeigt keine gerade aufsteigende Linie; es ging vielmehr um scharfe Biegungen. Von diesen gescheiterten Bemühungen um das große Gespräch empfängt die erste Phase von Theresias Dasein ihre dramatische Note, die einem viel mehr zu sagen hat als die traditionelle Schablone, in die auch diese Heilige hineingezwängt wurde. Während Theresia gewöhnliche Menschen sonst weit überragt, kommt sie einem durch das Versagen in ihrer ersten Lebensepoche menschlich näher, und plötzlich spürt man, wie auch sie eine Gestalt von Fleisch und Blut war.

Es ist keine legendäre Ausschmückung, wenn Theresia als ein frommes Kind bezeichnet wird. Sie stammte aus den streng katholischen, altadeligen Familien de Cepeda und Ahumada. Ihre religiöse Neigung wurde schon in frühester Jugend sichtbar. Starken Eindruck machte auf ihr lebhaftes Gemüt die ewige Dauer von Pein und Glorie im Jenseits. Als Theresia noch nicht sieben Jahre alt war, faßte sie den abenteuerlichen Plan, mit ihrem Bruder bettelnd in das Land der Mauren zu ziehen, damit sie dort den Märtyrertod erleide und auf diesem Weg rasch ins Paradies gelange. Es blieb nicht nur bei diesem phantastischen Gedanken; die beiden Kinder entflohen auch wirklich aus dem elterlichen Hause und mußten gewaltsam zurückgeholt werden. Einige Zeit später errichtete Theresia im Garten kleine Einsiedeleien und begann mit andern Mädchen Nonne zu spielen. Wenn man diesen Kinderspielen auch nicht allzu große Bedeutung beimessen darf, lassen sie doch eindeutig auf eine religiöse Veranlagung schließen.

Als junges Mädchen kam Theresia von diesen frommen Anwandlungen ab. Eine Entwicklung, die ins Oberflächliche ging, durchkreuzte ihre religiösen Interessen und brachte den ersten Bruch in ihr Leben. Im Backfischalter fielen Theresia Ritterromane in die Hände, die sie mit Heißhunger verschlang, da sie ihrem romantischen Naturell entgegenkamen. Sie lebte so intensiv in dieser Phantasiewelt, daß sie begann, selbst einen Roman zu schreiben. Zugleich erwachte auch die natürliche Eitelkeit in ihr. «Nunmehr fing ich an, schön gekleidet zu erscheinen und durch ein wohlgepflegtes Äußeres mich der Gefallsucht hinzugeben. Zu diesem Zwecke pflegte ich mit besonderer Sorgfalt Hände und Haupthaar und bediente mich wohlriechender Salben sowie aller möglichen eitlen Dinge, die ich mir verschaffen konnte; und diese waren nicht wenige, da ich sehr putzsüchtig war.»[14] Diese Anstrengungen wurden noch durch ihr liebreizendes Wesen unterstützt, denn Theresia waren ein natürlicher Charme und die angenehme Eigenschaft verliehen, «überall beliebt zu sein.»[15] Wenn sie auf den Stadtbummel ging und mit südländischem Gebärdenspiel durch die Straßen Avilas spazierte, war es nur zu begreiflich, daß diesem hübschen, großgewachsenen Mädchen im orangefarbenen Kleide, mit seinen vollen Formen, dem blütenweißen Teint, dem gelockten Haar und den schwarzen Augen viel nachgeblickt wurde. Nach den überlieferten Berichten war Theresia eine Schönheit.[16] Von verschiedenen Seiten wurde das Mädchen angeschwärmt, und mit ihrem älteren Vetter hat sie vielleicht auch eine kleine Jugendliebe erlebt. Eine Neigung für alles Glänzende, für schimmernde Edelsteine, prächtige Gewebe, schön geschnitzte Reliquienschreine behielt sie durch ihr ganzes Leben hindurch. Auch Bertrand muß gestehen: «Ein wenig Sinnlichkeit ist an ihr unverkennbar: sie liebt die Wohlgerüche und alle Verfeinerung persönlicher Reinlichkeit, in die man damals seinen Stolz setzte.»[17] Diese Jungmädchenphase darf nicht bloß als harmlos betrachtet werden. Theresia war damals bedroht. Man bekommt unwillkürlich das Gefühl, sie hätte ebensogut auf die abschüssige Bahn geraten können. Viel gefehlt hat tatsächlich nicht. In Theresia waren Tendenzen, die sie ins Nichtige zogen. Wie bei fast allen Menschen lebten beide Möglichkeiten in ihr. Die Gefahr, ein verkommenes Genie zu werden, bestand für sie in ganz besonderem Maße.

Die tiefere Seite ihrer Natur sträubte sich gegen diese schleuderhafte Entwicklung. Das ernste religiöse Bedürfnis meldete sich wieder und gab ihrem Leben eine neue Wendung. Nachdem sie widerwillig eine Zeitlang als Pensionärin in einem Augustinerinnenkloster zugebracht und eine schwere Krankheit durchgemacht hatte, gewannen die religiösen Eindrücke wieder die Oberhand. Schrecken ergriff ihre Seele bei dem Gedanken, sich auf dem Weg zur Hölle zu befinden. Die heftige Abneigung gegen den Ordensberuf, die sie in ihren Entwicklungsjahren empfunden hatte, flaute allmählich ab. Gleichwohl hatte sie noch starke seelische Widerstände in sich zu überwinden, bis sie ihrer klösterlichen Berufung folgte. Nach ihren eigenen Worten mußte sie eine wahre Schlacht durchkämpfen, welche nicht weniger als drei Monate in ihr tobte. Sie bekam Fieber und Ohnmachten. Es war kein religiöses Erlebnis, das sie zum Orden drängte, und Theresia schritt ihren Klosterweg keineswegs gleich einem Held zum Siege. Sie selbst verglich den Vorgang mit einem schmerzvollen Todeskampfe. Aber ihre religiöse Anlage wies sie hartnäckig in diese Richtung. Endlich hatte Theresia sich zu dem schweren Entschluß hindurchgerungen, von dem sie ehrlich zugibt: «Jedoch scheint mich bei dieser Anregung zum Eintritt in den Ordensstand mehr knechtische Furcht als Liebe geleitet zu haben.»[18] Ihr Vater weigerte sich jedoch aufs bestimmteste, seine Einwilligung zu geben. Es blieb Theresia nichts anderes übrig, als gegen den Willen des Vaters zu handeln. Die aufsteigenden Bedenken beschwichtigte sie mit der Erwägung, daß es nur Gott sein könne, der ihr diesen Gedanken eingegeben habe. Eines Morgens — der große Augenblick blieb ihr zeitlebens unvergeßlich im Gedächtnis haften — floh die noch nicht ganz zwanzigjährige Theresia aus dem Vaterhaus und klopfte bebenden Herzens an die Türe des Karmeliterinnenklosters. Sie erlebte im Kloster zunächst viel Freude und empfand dies als jene Belohnung, mit der Gott die Menschen zu überhäufen pflege, die sich in seinem Dienste Gewalt antun. Theresia war eine eifrige Nonne, die es mit ihren Pflichten genau nahm und gerne die niedrigsten Arbeiten verrichtete. Schon damals war sie von der Größe Gottes durchdrungen und betrachtete es als die Aufgabe einer Klosterfrau, nur an die Verherrlichung Gottes zu denken. Bereits ein Jahr nach ihrem Klostereintritt begann sie mit der Übung des innerlichen Gebetes, das als die Einleitung zum großen Gespräch zu betrachten ist.

Aber nochmals erfuhr der Lebensweg Theresias eine unerwartete Wendung, die sie an der ersten Erreichung ihres Zieles hinderte. Nach einiger Zeit verflüchtigte sich ihr religiöser Ernst spürbar, und der erste Eifer, mit dem sie sich ihrem klösterlichen Leben hingegeben hatte, kühlte sich ab. Auch Theresia mußte die schmerzliche Erfahrung machen, daß man der Welt nicht entfliehen kann, hat man sie innerlich nicht überwunden. Wenn die Klosterpforte auch schmal ist, im damaligen Spanien war sie doch nicht eng genug, um das Mitschleppen von großem Ballast eitlen Wesens in das Kloster zu verunmöglichen. Theresia redet selbst von denen, welche die Welt verlassen, um ferne von ihren Gefahren Gott zu dienen, und dann im Kloster «sich in zehn Welten auf einmal befinden.»[19] Ihre Jugend hat sie damals veranlaßt, Dingen nachzugehen, mit denen sie doch wegen ihres Klostereintrittes nichts mehr zu tun haben sollte. Sie besaß ein zu lebhaftes Temperament, um alsogleich eine beschauliche Braut Christi zu werden. Dazu kam, daß der damalige Zustand der Klöster zur Erreichung dieses Zieles wenig geeignet war, bestand doch nicht einmal eine Klausur. Die Nonnen gingen gleich Bienen im Kloster ein und aus, wie es ihnen gefiel. Während des Tages empfingen sie im Sprechzimmer Besuche, mit denen sie sich stundenlang aufs eifrigste unterhielten. Theresia beteiligte sich gedankenlos an diesen amüsierenden Gewohnheiten. Es war kein böser Klatsch, dem sie huldigte, da sie sich schon damals «den Grundsatz eingeprägt hatte, über keinen Menschen etwas erfahren zu wollen oder zu sagen, wovon ich nicht wollte, daß man es von mir sage.»[20] Nicht um üble Nachrede im gewöhnlichen Sinn handelte es sich. Bei Theresia ist alles von Anfang an viel kultivierter und feinnerviger. Ungeachtet dieser Feinheiten waren die Verstrickungen für sie nicht weniger gefährlich. Im Gegenteil, die Abwegigkeit war nur viel schwerer zu erkennen. Unvermerkt geriet sie in eine liebenswürdige Plauderei, welche allem religiösen Ernst feindlich ist, und die sie schließlich ihr ganzes Dasein in den Satz zusammenfassen ließ: «Ich kann nichts als schwatzen.» Dieser einfache Satz ist für Theresias damaligen Zustand sehr aufschlußreich; der verbreitete Hang nach Zerstreuung hatte sie erfaßt und hinderte sie an der innern Sammlung. Diese letztere aber ist für den ernsthaften Verkehr mit Gott eine unumgängliche Notwendigkeit. «Ich fing an, mich von einem Zeitvertreib in den andern, von einer Eitelkeit in die andere und von einer Gelegenheit in die andere zu werfen.»[21] Trotz der scheinbaren Harmlosigkeit dieses unterhaltsamen Daseins war sie mit der Zeit von tausend Abhaltungen gefangen, die sie mit feinen Fäden umgarnt hielten und aus denen sie sich nicht lösen konnte. Mit ihrem unaufhörlichen Plaudern war eine Zeitverschwendung verbunden, die bei einem gewöhnlichen Menschen kaum zu beanstanden ist, bei der von Gott zu Höherem berufenen Theresia aber eindeutig als Sünde bezeichnet werden muß.

Dieses unklösterliche Leben einer Klosterfrau konnte nur zu einer qualvollen Situation führen, und es hat sich in einem peinlichen Zwiespalt ausgewirkt. Einerseits waren Theresia während der ersten Klosterzeit bedeutsame religiöse Erlebnisse zuteil geworden. Sie hatte die kostbare Tränengabe empfangen, «die ihr bis dahin so hartes Herz schmolz». Mit den «Augen der Seele» erlebte sie eine Christus-Begegnung, aus der sie den Eindruck seiner «überaus großen Schönheit» erhalten hatte. Ebenso machte sie im Gebetsleben Fortschritte, wenn auch nur in vorübergehender Art. Diesen göttlichen Lockungen als dem Größten, was es gibt, sich restlos hinzugeben, verhinderten sie anderseits zahlreiche Kleinigkeiten, auf die sie sich nicht weniger eifrig stürzte. Die geschwätzigen Unterhaltungen im Sprechzimmer, die vielen Besuche bei den Verwandten, eine allzu interessante Priesterfreundschaft bedeuteten Theresia ebenfalls viel. Sie war nicht bereit, auf diese vergnüglichen Abwechslungen zu verzichten, an die sie doch wie an eine Kette angeschmiedet war. Verkauft an lauter Nichtigkeiten, wurde sie unmerklich immer tiefer in den Jahrmarkt des Lebens verstrickt, der sie mit seinen Fangarmen umklammert hielt. «Ich führte darum ein höchst qualvolles Leben... Auf der einen Seite rief mich Gott, auf der andern folgte ich der Welt; während ich große Freude an allen göttlichen Dingen hatte, fesselten mich die weltlichen. Ich schien damals zwei so entgegengesetzte und sich so feindlich gegenüberstehende Dinge wie das geistliche Leben und die sinnlichen Freuden, Genüsse und Unterhaltungen miteinander vereinigen zu wollen.»[22] Natürlich war Theresia schon damals eine Liebende, aber ihre Leidenschaft ging in die falsche Richtung, sie hatte zu diesem Zeitpunkt das tiefste Wesen der göttlichen Minne noch nicht begriffen, deren innerstes Gesetz es ist, nur *Eines* zu umfangen, dies Eine aber ohne Maß und Ziel. Da sie die Kraft nicht aufbrachte, nur eines zu wollen, blieb sie beständig in sich gespalten. Aus dieser Geteiltheit konnte nichts anderes hervorgehen als eine unfruchtbare Zerrissenheit, in der sie mit der einen Bewegung die andere aufhob und deswegen innerlich keinen Schritt vorwärtskam. Nicht nur ein paar Wochen dauerte dieses widerspruchsvolle Leben, in welchem sie Feuer und Wasser miteinander versöhnen wollte, sondern beinahe zwanzig Jahre! Bereits näherte sich Theresia dem vierzigsten Lebensjahr, und noch immer war sie in Irrungen und Wirrungen verstrickt. «Ich fand keinen Genuß in Gott und hatte auch keine Freude an der Welt. Gab ich mich weltlichen Vergnügungen hin, so peinigte mich die Erinnerung an das, was ich Gott schuldig wäre; beschäftigte ich mich mit Gott, so ließen mir die weltlichen Neigungen keine Ruhe.»[23] Zwischen Gott und der Welt, unfähig, auf eines von beiden zu verzichten, war Theresia eingeklemmt. Sie besaß noch nicht die Kraft, dem göttlichen Ruf zu folgen, obwohl er so vernehmlich an ihren Ohren klang. Sobald sie im Sprechzimmer das Rauschen der Welt hörte, waren alle heiligen Entschlüsse wie ausgelöscht aus ihrem Gesichtskreis. Sie konnte sich damals nicht entscheiden, zumal sie noch nicht wußte, wie schwer der Mensch in seinem dunklen Drang sich selbst versteht.

Ihr schmerzliches Ringen vermochte dem Hin- und Hergerissenwerden zwischen diesen beiden Polen kein Ende zu machen. Theresias ergreifende Ausführungen über diesen verzweifelten Kampf lesen sich wie ein erschütterndes Klagelied. Auf einem «ungestümen Meer» sich herumtreibend, «beständig fallend und mich wieder erhebend, leider aber nur, um darnach aufs neue zu fallen», so fühlte sie sich Tag für Tag.[24] Von einem unaufhörlichen «Fallen und Wiederaufstehen» stöhnt ihr gepreßtes Herz, das Schauspiel menschlicher Ohnmacht gebend.[25] Man hat Theresia deswegen schon mit Augustin verglichen, in dessen «Konfessionen» sie sich verräterischerweise selbst geschildert fand. Aber der Vergleich besteht nicht ganz zu Recht. Bei Augustin handelt es sich um seine vorchristliche Odyssee, die ihn erst nach langen Irrfahrten den heimatlichen Hafen finden ließ. Theresia dagegen wußte schon von frühester Jugend an, wohin sie ihrer religiösen Natur nach gehörte. Aber der Aufstieg, um den sie wie eine Ertrinkende kämpfte, gelang ihr trotz allen verzweifelten Bemühungen nicht. Äußere und innere Schwierigkeiten warfen sie immer wieder zurück. Es war eine Sisyphus-Arbeit, an der ihre Seele sich blutig rieb. Damals hat Theresia, wie schon von ihr gesagt wurde, die Gesetze der Schwerkraft der Seele entdeckt, so wie ihr Zeitgenosse Kepler jene des Körpers gefunden hat. Kaum einer andern Heiligen wurde der Aufstieg so schwergemacht wie ihr. Mit unendlicher Mühseligkeit hat sie um ihn gekämpft. Immer wieder versuchte sie, die senkrechte Mauer hinaufzuklettern, und allezeit glitt sie aufs neue hinab. Die übliche Stilisierung, welche die Heiligen schon in den Windeln ein gottgefälliges Dasein führen läßt, wird bei Theresia restlos zuschanden; sie paßt schlecht zu dem gequälten Aufschrei der Verzweiflung: «O langwieriges und peinliches Leben! O Leben, in dem man nicht lebt, in dem lauter Verlassenheit und nirgends Hilfe sich findet. Wann also, o Herr, wann? Wie lange noch? Was soll ich tun, o mein höchstes Gut, was soll ich tun? Soll ich verlangen, kein Verlangen mehr nach dir zu haben?»[26] Um der unsäglichen Beschwerlichkeit ihres religiösen Wachstums willen ist von Theresia zunächst in negativer Weise sehr viel zu lernen. Sie macht deutlich, daß der Aufbruch einer Seele das Schwerste ist, was es in diesem Leben geben kann, und über dessen Durchführbarkeit man sich viel zu wenig Rechenschaft gibt. Nur unbeteiligte Zuschauer können in ihm ein leichtes Unternehmen sehen. Theresia verschleiert weder die Schwierigkeiten noch ihre Niederlagen: «Daß ich gefangen war, erkannte ich wohl, aber worin, dies war mir nicht recht klar... Ich verlangte nach Leben; denn ich sah wohl ein, daß ich nicht lebte, sondern mit einer Art Todesschatten rang, aber ich fand niemand, der mir das Leben gegeben hätte.[27]»

Der qualvolle Zwiespalt nahm bei Theresia eine solche Form an, daß er sich in einer ernsthaften Krankheit auswirkte. Sie fing an Blut zu spucken; Nervenstörungen traten auf, die sich unangenehm auf Herz und Magen auswirkten. Die herbeigerufenen Ärzte erkannten das rätselhafte Leiden nicht. Theresia wurde von einem starrkrampfähnlichen Zustand befallen, der vier Tage dauerte. Im Klosterhof wurde bereits ihr Grab geschaufelt, und man begann an ihrem Lager Kerzen anzuzünden. Im letzten Augenblick erwachte sie wieder und entging mit knapper Not dem Schicksal des Lebendig-begraben-werdens. Drei Jahre war sie wie gelähmt, und ihr Vater mußte sie vorübergehend aus dem Kloster nehmen. Über die Krankheiten im Leben Theresias wurde schon viel geredet. Der Jesuitenpater Hahn hat sie der Hysterie bezichtigt, und andere wiederum sprachen von Epilepsie. Schließlich wurde auch das Wort Pascals auf sie angewandt: «Die Krankheit ist der dem Christen naturgemäße Zustand.» Aber diese Erklärungen gehen am wirklichen Tatbestand vorbei. Sie decken eine betrübliche Situation mit einem schönen Wort zu. Theresia selbst hat ihre Krankheit anders gedeutet: «Weil ich selbst keine Buße übte, darum hat mir Gott vielleicht so viele Krankheiten geschickt und mir dadurch selbst eine Buße auflegen wollen.»[28] Ihre Leiden entsprangen der religiös unbefriedigten Lage, in der sie sich befand. Die langwierige Krankheit hängt mit ihrem mißglückten Aufstieg zusammen. Es war wie eine Selbstbestrafung, welche ihre Seele am Körper vornahm. Als eine Natur, die seelische Konflikte stets körperlich auslebte, wurde Theresia krank, weil sie ihrer Bestimmung nicht nachkam. Daß Theresia auch in der zweiten und dritten Phase ihres Lebens oft krank war, bildet keinen Einwand gegen diese Auffassung. Ihre späteren Krankheiten waren Folgen der falschen medizinischen Behandlung, die sie erhielt, indem man lange Zeit bei ihr körperlich behandelte, was seelische Ursachen hatte.

Mit dieser langjährigen Nachlässigkeit im Kloster ist auch das lebhafte Sündenbewußtsein in Verbindung zu bringen, das aus den Blättern ihrer Lebensgeschichte spricht. Sie schreibt von ihren «großen Sünden», die «recht ausführlich zu schildern»[29] ihr nicht gestattet wurde, nennt sich selbst «ein böses Weib».[30] Sie hält keinen Reueschmerz für zu groß und «jammert über sich selbst», und «am meisten jammere ich über die Zeit, in der ich keinen Jammer hatte über mein Leben.»[31] Stark fühlt sie sich aus diesem Grunde zu Maria Magdalena hingezogen, bei der sie verwandte Züge wahrnimmt. Noch die sterbende Theresia hielt sich für die «größte Sünderin von der Welt», welche die Ordenssatzungen «am wenigsten gehalten habe.»[32] Diese Geständnisse sind den Herausgebern ihrer Werke nicht angenehm, und sie beschuldigen Theresia hierin der Übertreibung.[33] Es ergibt sich daraus aber eine beinahe komische Situation. Das Christentum betont stark die Sündhaftigkeit des Menschen; wenn nun aber einmal eine Gestalt mit dieser Sündenanklage Ernst macht, dann beeilen sich seine Vertreter zu versichern, daß sie mit dieser Selbstbezichtigung dem Leser ihrer Schriften «gewissermaßen eine Falle» gestellt habe![34] Diese falsche Einstellung zweifelt zudem Theresias Sachlichkeit an. Sollte sie bei ihrem Sündenbewußtsein wirklich übertrieben haben, so liegt der Gedanke nahe, daß sie auch in den übrigen Schilderungen über das Ziel hinausgeschossen hat. Doch ist der Argwohn in dieser und jener Form unangebracht. Die spanische Nonne war eine selten wahrheitsliebende Natur, und ihr Sündenbewußtsein basiert nicht auf eingebildeten Skrupeln.

Theresia war tatsächlich eine große Sünderin. Man darf bei diesem Wort nicht nur an sittliche Verfehlungen denken, da dies ein zu primitives Sünden-Verständnis darstellt. Es wurde schon darauf hingewiesen, daß sich bei Theresia alles auf einer höheren Ebene abspielte. Die Sünde der Theresia war das Nichtbefolgen des Rufes Gottes. Mit ihrer äußerst talentierten Natur war sie von Gott zu Großem bestimmt. Aber immer wieder zögerte sie mit ihrer reichen Begabung, vollständig in seinen Dienst zu treten. In der ersten Hälfte ihres Lebens ist Theresia ein Schulbeispiel für den vielseitig begabten, aber seelisch ungeordneten Menschen, der tausend Interessen besitzt, und doch keine genügend starken, der sich immer wieder ablenken läßt und keine Fähigkeit zur Sammlung aufbringt, so daß zuletzt alles im Nichts zerrinnt. Aus ihrer religiösen Begnadigung machte Theresia nichts, und das ihr geschenkte Pfund vergrub sie im Schweißtuch. Bei diesem genial veranlagten Menschen drohte alles im Schlamm des Alltagslebens unterzugehen. Damit bringt Theresia eine viel verbreitete, aber wenig erkannte Gefahr des religiös suchenden Menschen zur plastischen Anschauung: Infolge Mangel an Zielsicherheit fallen alle Anfänge schließlich ins Leere! Bereits hatte sie die Mitte ihres Lebens überschritten, und noch immer fehlte ihr die entsprechende Form ihres Daseins. Trotzdem sie nun schon viele Jahre den Schleier trug, war sie Gott um nichts nähergekommen. Theresia ging haarscharf an ihrer Bestimmung vorbei; beinahe hätte sie alles verpaßt. Die Vergrabung des von Gott geschenkten Talentes aber ist eine der größten Sünden, die ein Mensch begehen kann. Ja sie wiegt wohl schwerer als jede andere Entgleisung. Sie kann, wenn die Vergrabung endgültig ist, durch nichts wieder gutgemacht werden. Es ist das schwerste Schicksal, sagen zu müssen: zu spät, für immer zu spät! Deshalb ist der tränenreiche Reueschmerz, der Theresias Seele durchwühlte, durchaus begreiflich. Ihr Leben drohte zur Tragödie zu werden, und wenn in einem solchen Stück im letzten Akt auch kein Blut fließt, so schließt dieses Drama nichtsdestoweniger eine seelische Erschütterung in sich. Doch ist der Begriff Tragödie in diesem Zusammenhang trotzdem nicht am Platze. Er schließt die heidnische Vorstellung eines Schicksals in sich, das blind über den Menschen hereinbricht. Über Theresia aber wölbte sich der christliche Himmel, und der wendete das äußerste Verhängnis ab und ließ es zuletzt zu einem glorreichen Sieg über die unteren Mächte kommen.

Wahrscheinlich hätte Theresia die Sünde jenes Menschen, der sein Pfund unbenutzt läßt, von sich aus überhaupt nicht mehr zu überwinden vermocht. Sie hatte sich bereits an das Schaukelspiel des Fallens und Wiederaufstehens gewöhnt, trotzdem sie wußte, «von der Beharrlichkeit hängt unser ganzes Heil ab.»[35] Aber Gott kam ihr zu Hilfe und machte dem beschämenden Schauspiel ein Ende. Sie hat selbst deutlich betont, daß nicht sie selbst die Änderung herbeigeführt habe. Gott ließ ihr jenen Beistand zuteil werden, der ihren lang umkämpften Aufstieg zum Ziele führte, so daß sie ihre Lebensgeschichte «Das Buch der Erbarmungen des Herrn» nannte. Als Theresia einst in ihr Privatoratorium eintrat, fiel ihr Blick auf ein dort aufgestelltes Bild, welches Christus an der Säule darstellte. Es war eine echt spanische Auffassung von Christi Geißelung, welche mit aufpeitschendem Realismus Jesus mit vielen bluttriefenden Wunden bedeckt zeigte. Den Schmerzen des Herrn war solch brennender Ausdruck gegeben, daß man von seinem zerschlagenen Anblick unwillkürlich bewegt wurde. Obschon Theresia viele Bilder über Christi Leidensstationen gesehen hatte, machte ihr dieser Christus an der Martersäule plötzlich einen ganz neuen Eindruck. Sie hatte die grauenhafte Wirklichkeit jener Geißelung zum erstenmal in ihre Seele aufgenommen und wurde bei dieser Betrachtung «darüber ganz bestürzt, den Heiland so zugerichtet zu erblicken.»[36] Ein Strom von Tränen ergoß sich aus ihren Augen, und ihr Herz schien von diesem Stoß beinahe zu brechen. Von stärkstem Mitgefühl getroffen, warf sie sich vor dem Bilde nieder und bat Gott, ihr endlich einmal die Kraft zu schenken, nicht immer wieder neue Beleidigungen Gottes zu begehen. Dieses Oratoriumserlebnis angesichts der Christus-Darstellung war die entscheidende Wendung im Leben Theresias. An Bedeutung kann es kaum überschätzt werden. Mit diesem Zusammenbruch vor dem Christus an der Säule hatte Theresias mühseliger Zickzackweg, der Gott sich näherte und zugleich sich wieder von ihm entfernte, sein Ende gefunden. Es begann die zweite Hälfte ihres Lebens, in der sich die Szenerie vollständig veränderte.

III

«Es ist dies ein anderes, neues Buch, oder vielmehr ein neues Leben. Jenes, welches ich bis dahin beschrieben habe, war mein eigenes Leben; das aber, welches ich von der Zeit an gelebt, in welchem ich die erklärten Gebetszustände erfahren, ist das Leben Gottes in mir.»[37] Mit diesen Worten hat Theresia selbst deutlich den tiefen Einschnitt ihres Lebens markiert. Zwischen den beiden Phasen liegen Welten, und oft scheint es nicht der gleiche Mensch zu sein, der hier und dort spricht. Theresia hatte inzwischen Unermeßliches gelitten, und erst nach dem Durchbruch wurden ihr die gewaltigen Erlebnisse zuteil, welche klar machen, daß Heiligkeit immer Erwählung ist, und zwar trotz starken eigenen Wünschen reine Gotteserwählung. Was Theresia widerfuhr, kann niemand selbst bewerkstelligen. Es kommt über einen oder es kommt nicht. Nur um dessetwillen, was Theresia fortan erlebte, ist sie in die Geschichte eingegangen und wurde zu jener Gestalt, die etwas Überwältigendes an sich hat. Nicht um Fortschritt, um einen Aufstieg handelt es sich, mit dem das Große im Leben Theresias begann, und das bald eine solch unerhörte Steigerung erfuhr, daß ihm gegenüber jede Darstellung zu einem unfähigen Stammeln wird.[38]
Das neue Gottesverhältnis ist als das große Gespräch zu bezeichnen, das Theresia nun führte, und welches sich ganz in ihrer Seele vollzog. Höchst eigenartig ist es, daß gerade sie mit diesem Geschenke begnadigt wurde, sie, welche sich bis dahin sooft nach dem Glockenschlag, der das Ende der Ge-

betsstunde anzeigte, gesehnt hatte. Dann aber fiel «von dem Feuer der glühenden Pfanne», als die sie Gott empfand, ein Fünklein in ihre Seele und entfachte in ihr einen solch ungeheuren Brand, den sie nicht zu meistern vermochte. Bei ihren Reden mit Gott benützte Theresia fortan das große Abc, das von letzter Ehrfurcht vor der ewigen Majestät getragen war. Zwar fand sie nicht vom ersten Tag ihrer Wendung an schon die entsprechenden Worte. Aber sie verstand sich fortan als «auf dem Wege des Gebetes» sich befindend[39], auf dem sie unermüdlich vorwärts schritt, wobei «die größte Schwierigkeit ganz in den Anfängen liege.»[40] Dieses große Gespräch darf nicht mit dem mündlichen Gebet, das der Mensch von Kindheit an erlernt, und welches selbstverständlich auch Theresia kannte, verwechselt werden. Wenn sie selbst auch ein verstandesmäßiges Bitten nicht als vollgültiges Gebet anerkannte, hatte sie gegen dieses doch nichts einzuwenden. Es war für sie klar, daß viele Christen nie über diesen unzulänglichen Verkehr mit Gott hinaus gelangen. Aber ihrer religiösen Leidenschaft konnte es nicht genügen, laut betend die Kugeln des Rosenkranzes durch die Hände gleiten zu lassen. Ihre Seele verlangte nach mehr. Theresia wollte über diesen niedrigen Zustand hinaus, weg von geisttötenden Formeln, wo der Mensch nichts denkt oder Gott nur als Ablagerungsplatz und Erfüller seiner egoistischen Wünsche betrachtet. Wenn auch das mündliche Gebet seine Berechtigung hat, so wird doch immer, wer sich mit dem mechanischen Abhaspeln von Gebetsformeln begnügt, in religiöser Beziehung Zwerg bleiben und nie zu jener höheren Gebetsweise gelangen, die sich ohne Worte vollzieht.

Mit dieser Einsicht begann Theresia das innere Gebet. Zu seiner Übung suchte die Nonne die Einsamkeit auf, sammelte ihre Sinne — was bei ihrer Lebhaftigkeit viel Willenskraft erforderte — und bemühte sich, weder etwas zu sehen noch zu hören. Heftige Gemütserregungen brachte sie zum Abklingen, weil nur das ertragende Stillehalten des Menschen das mächtige Eingreifen Gottes ermöglicht. Theresia verstand unter dem inneren Gebet kein geheimnisvolles Tun, sondern vor allem ein ehrfürchtiges Bewußtwerden desjenigen, mit dem der Mensch es wagt, im Gebet zu reden.[41] Während ihres innerlichen Betens machte sich Theresia vor allem klar, daß der Ewige sie immer sehe und versuchte, dieses Gefühl der Gegenwart Gottes fortwährend bei sich zu behalten. Auch während der Arbeiten des Tages bemühte sie sich, in beständiger Verbindung mit Gott zu bleiben und keinen Moment mehr dies köstliche Bewußtsein zu verlieren. Nach Theresia kann es in diesem Leben kein größeres Gut geben als diese «Übung»[42], und sie rät all denen, die das innere Gebet einmal angefangen haben, es unter keinen Umständen, soviel Böses sie auch getan haben, je wieder aufzugeben. «Meiner Ansicht nach ist nämlich das innerliche Gebet nichts anderes als ein Freundschaftsverkehr»[43] mit Gott, es ist die Türe zum Schloß der Seele, die Pforte, durch welche Gott dem Menschen seine Gunstbezeugungen kund werden läßt. In diesem Gebet des Herzens, in welchem Gott im Geist und in der Wahrheit verehrt wird, nähert sich der Mensch seiner tiefsten Bestimmung, der Anbetung des Allmächtigen. Die kleinlichen Aufregungen des Lebens, mit denen Theresia sich bis dahin abgegeben hatte, versanken mit einem Male und blieben fortan weit hinter ihr, da sie im inneren Gebet nicht mehr nach Gottes Gaben verlangte — um Irdisches zu bitten, erschien ihr ein Greuel —, sondern nur noch nach Gott selbst!

Die erste göttliche Gunstbezeugung, die Theresia auf dieser Treppe zum Ewigen erlebte, war eine plötzliche Entrückung, die sie außer sich versetzte. Noch nie war ihr bis dahin eine Verzückung widerfahren. Jetzt aber hörte sie in einer Vision die Worte zu sich sprechen: «Ich will, daß du fortan nicht mehr mit Menschen, sondern mit Engeln verkehrst.»[44] Theresia wurde beim Anhören dieser Worte von einem «großen Schrecken» betroffen. Ein solcher Befehl Gottes war ihr noch nie zu Ohr gekommen. Um nur noch mit Engeln statt mit Menschen zu reden, mußte man doch selbst ein Engel sein, und Theresia fühlte sich mit ihrer Selbsterkenntnis alles andere als in engelhaftem Zustand. «Es ist

Torheit, uns selbst zu Engeln machen zu wollen, während wir noch auf Erden und noch so tief in diese versunken sind, wie ich es war.»[45] Aber wenn sie auch zurückschreckte, der Befehl der ewigen Majestät war an sie ergangen, und man kann darüber nur wie sie selbst in Staunen geraten. Die meisten Biographen verrieten bis dahin ein geringes Gefühl für das Grandiose dieser Aussage. Sie behandeln sie in gleicher Weise wie die Äußerung eines Landpfarrers. Dabei liegt aber die berückende Herrlichkeit dieser Aufforderung Gottes offen da. Das Leben Theresias hat damit eine Höhe erreicht, wie sie nur wenigen Menschen zu erklimmen beschieden ist. Sie, die bis dahin unentschieden zwischen Gott und Welt hin und her gependelt war, soll nun nur noch mit seraphischen Engelsmächten reden! Was das menschliche Gespräch enthält, weiß man zur Genüge; es ist ihm in den meisten Fällen eine niederdrückende Banalität eigen. Die meisten Worte der Menschen besagen nichts anderes als Belangloses. Wie aber ist das Gespräch mit den Engeln, mit jenen himmlischen Wesen, die Gottes Thron umstehen? Das läßt sich infolge der Armseligkeit der menschlichen Sprache nicht richtig ausdrücken. Auch Theresia konnte es nicht. Bei aller fast ungestümen Beredsamkeit, über die sie verfügte, sind es im Grunde doch undeutliche Laute, die sich darüber ihrem selig verzückten Munde entrangen. Man spürt nur deutlich, daß in diesem Leben auf wunderbare Weise die Engel sichtbar eingetreten sind, die sonst dem dumpfen Blick der Menschen verborgen bleiben. Das Engelsgespräch rückt auch die Frage nach den Wurzeln von Theresias Mystik in ein neues Licht. Ihre mystische Bildung verdankt sie ausschließlich spanischen Autoren, vorab Francisco de Osuna und Bernardino de Laredo, die ihrerseits auf neuplatonisches Schrifttum und christliche Mystiker des Mittelalters zurückgingen. Der Hinweis auf diese Tradition erklärt einiges, aber nicht alles. Das Geheimnis von Theresias Mystik erschließt sich nur, wenn man auf dieses Engelsgespräch achtet, durch das Theresia in ein unmittelbares Verhältnis zur überirdischen Wirklichkeit trat.

Der Engelverkehr äußerte sich in einem visionären Erleben ohnegleichen, das nun in Theresias Dasein einsetzt. Das große Gespräch findet nicht in der gewöhnlichen Atmosphäre, sondern auf einer prinzipiell anderen Ebene statt. Theresia wurde von Ekstase zu Ekstase geführt. Ob sie wollte oder nicht, ihre Seele wurde jeweils überwältigt und in steilem Geistesflug davongetragen. In solchen Momenten schien nichts den Körper mehr zu beleben, der Leib lag wie tot da, so daß sich seine natürliche Wärme verflüchtigte und er sich nicht mehr rühren konnte, die Augen schlossen sich oder sahen nichts mehr, auch wenn sie offen blieben. Das Bewußtsein wurde außer Tätigkeit gesetzt und die Seele unter dem Ansturm Gottes beinahe völlig vernichtet. Von einer Freude, die an Schmerz grenzt, redet Theresia, und doch meint sie mit ihrer «wonniglichen Pein» nicht eine Mischung von beiden. Um das Unerklärliche zu erklären, weist die Heilige auf jene seltsame Ähnlichkeit zwischen Ekstase und Tod hin, wo in beiden Vorgängen der von ihnen betroffene Mensch den Eindruck eines Zusammenstürzens der Welt bekommt. Aber mitten in diesem Erleben erfährt Theresia zugleich auch ein tiefes Gefühl des Glückes, des reinen Friedens und der vollkommenen Zufriedenheit. So eng berühren sich die entferntesten Pole im ekstatischen Erleben. Wie die Nonne von Avila schreibt, «übertrifft der Glanz einer solchen Vision alles, was man sich auf Erden vorstellen kann... Es ist dies ein Licht, welches von dem, das man auf Erden sieht, ganz verschieden ist. Im Vergleich mit diesem Lichte erscheint selbst die Klarheit der Sonne, welche wir sehen, so dunkel, daß man ihretwegen nicht einmal die Augen mehr öffnen möchte.»[46] Diese Visionen sind nach Theresia nicht ein Produkt der seelischen Kräfte des Menschen; sie sind von Gott bewirkt, da «in der Ekstase die wahren Offenbarungen und die großen Gnadenerweisungen stattfinden.»[47] Nichts weist eindringlicher auf den Niedergang der Christenheit hin als das langsame Versinken des visionär-ekstatischen Erlebens in der Neuzeit.

In ihrer Lebensbeschreibung spricht Theresia eingehend davon, wie sie einmal in einer Vision einen Engel sah mit «einem langen goldenen Pfeil, und an der Spitze des Eisens schien mir ein wenig Feuer zu sein. Es kam mir vor, als durchbohrte er mit dem Pfeil einige Male mein Herz bis aufs Innerste, und wenn er ihn wieder herauszog, so war es mir, als zöge er diesen innersten Herzteil mit heraus. Endlich verließ er mich ganz entzündet von feuriger Liebe zu Gott. Der Schmerz dieser Verwundung war so groß, daß er mir die erwähnten Klageseufzer ausspreßte; aber auch die Wonne, welche dieser ungemeine Schmerz verursachte, war so überschwenglich, daß ich unmöglich von ihm frei zu werden verlangen, noch mit etwas Geringerem mich begnügen konnte als mit Gott.»[48] Alle erläuternden Bemerkungen reichen nicht an dieses Erlebnis heran. Am ehesten vermag seinem Wahrheitsgehalt noch ein Künstler gerecht zu werden. Bernini hat in seinem berühmten Monument in der Kirche S. Maria della Vittoria zu Rom versucht, diese Szene darzustellen. Sein Denkmal zeigt mit plastischer Anschaulichkeit, wie Theresia die Sinne schwinden, wie sie in süßer Hingebung hinsinkt und ihre Persönlichkeit nur noch *eine* große Empfindung ist, welche sie so ausfüllt, daß nichts anderes mehr daneben Platz hat. Man hat den Künstler wegen der kühnen Mischung von Wollust und Religiosität oft getadelt und sein Werk als typisches Barock-Erzeugnis bewertet. Wenn auch zugegeben werden muß, daß Bernini mit seiner Versinnlichung bis an die Grenze des Zulässigen gegangen ist, so besaß er doch das Bewußtsein von dem Außerordentlichen, das sich in dieser Pfeil-Vision ereignete. Wie anders sollte er das unfaßliche Engel-Erlebnis darstellen, als indem er zum Vergleich griff und die vom übermächtigen Schauer aufstöhnende Theresia im Zustand seligster Trunkenheit zeigte. Nur als Andeutung ist dieses bis zur Auflösung verklärte Gesicht gemeint, welches die höchste Empfindung erleidet.

Es waren nur Stunden, in denen Theresia diese unbeschreiblichen Ekstasen erlebte. Aber um dieser Stunden willen lohnte es sich für sie zu leben, wogen sie doch ganze

Jahre auf. Alles auf solch außerordentliche Momente abzustellen, ist eines der bezeichnendsten Merkmale der spanischen Mystik. Die wundersamste Süßigkeit durchströmte Theresias Inneres während dieser Verzückungen. Damit bekundet die Heilige, daß sie das innerste Wesen des Evangeliums als jene Freude empfunden hat, die im Menschen eine unendliche Beglückung auslöst und höher ist als alle Vernunft. Spanisches Christentum nur als Düsternis und Weltabkehr hinzustellen, ist unrichtig. Gewiß enthält es asketische Elemente, doch bilden diese nur die äußere Schale. In seinem innersten Kern enthält es einen überströmenden Jubel, der in Worte nicht zu fassen ist. Theresias Ausführungen sind hiefür ein anschauliches Beispiel. Bei der Lektüre ihrer Schriften stellen sich keinerlei niederdrückende Gefühle ein, man kommt vielmehr in eine gehobene Stimmung. Es teilt sich einem etwas von der hinreißenden Trunkenheit der Seele mit, die sie selbst als «glorreiche Verrücktheit»[49] bezeichnet hat. Sie schämte sich ihrer «himmlischen Torheit» nicht und gestand freimütig: «Schon oft war ich wie von Sinnen und berauscht von göttlicher Liebe.»[50] Welche Frau, die direkt dazu auffordert, aus Liebe zu Gott wahnsinnig zu werden! Eine ekstatisch glühendere Losung läßt sich nicht denken. Mit Recht wird Theresia seither im kirchlichen Sprachgebrauch seraphische Jungfrau genannt. Durch dieses Erleben wurde für sie Gott zu einer Wirklichkeit, die unumstößlicher war als die sie umgebende Alltagswirklichkeit. Das Göttliche bekam durch das große Gespräch eine bedrängende Realität, der gegenüber alles andere verblaßte. Theresia hatte eine religiöse Gewißheit erlangt, die das höchste metaphysische Sicherheitsgefühl verlieh. Für ihr weiteres Leben war diese Pfeil-Vision von größter Bedeutung. Sie bildete für sie keinen Anlaß, nur in freudigen Gefühlen zu schwelgen. «Große Tat gab davon Kunde», sang Theresia in einem Lied[51] und legte das heldenhafte Gelübde ab, von nun an in allem das zu tun, was sie als das Vollkommene betrachtete, ein Versprechen, das nach Liguori selbst heilige Männer mit Entsetzen erfülle.

Der Sinn der Aufforderung, nur noch mit Engeln zu reden, war in erster Linie der, Theresia von dem nichtigen Gerede im Sprechzimmer zu lösen, das sie so lange an ihrem Aufstieg gehindert hatte. Sie sollte von dem Leerlauf der geschwätzigen Unterhaltung, die den Menschen seelisch nur auslaugt, frei werden und eine höhere Stufe erreichen. Durch die visionäre Begnadigung wurde sie diesem Ziel entgegengeführt. Ihre Ekstasen nahmen immer ungewöhnlichere Formen an und sind als nochmalige Steigerung zu bewerten. Die Verzückungen kamen mit solcher Gewalt über sie, daß sie sich umsonst zur Wehr setzte. Dabei erhob sich ihr Körper von selbst vom Boden und schwebte frei in der Luft über der Erde, während ihr Antlitz eigenartig zu leuchten begann.[52] Ihren Ausführungen hierüber würde man wohl größeres Mißtrauen entgegenbringen, wenn sie nicht von echter Demut begleitet wären und die Heilige nicht jene Offenheit besäße, das unbedingtes Vertrauen erheischt. Theresia selbst waren die wunderbaren Erhebungen sehr unliebsam, erfaßte sie doch mit ihrer Klugheit sofort, daß das Schweben über dem Erdboden ein zu außerordentliches Phänomen war und naturgemäß großes Aufsehen erregen mußte. Sie versuchte es deshalb zu verheimlichen, so gut sie konnte. Es gelang ihr dies allerdings nicht vollständig, da sie in den Verzückungsmomenten, in welchen allein diese Schwebezustände sich ereigneten, keine Macht über ihren Körper besaß. Die Erhebungen kamen zwar selten vor, aber doch mehrfach in ihrem Leben. Nicht nur Nonnen sahen dieses Schweben, auch Damen der Gesellschaft waren einmal Zeugen, als dies ihr während einer Predigt widerfuhr, was ihrem fraulichen Schamgefühl peinlich war. In diesem freien Schweben über dem Erdboden bekundet sie ihre Überwindung der gewöhnlichen Sphäre und ihr einzigartiges Streben nach oben am sichtbarsten. Die Gesetze der Schwerkraft waren durchbrochen und gaben der mit den himmlischen Wesen redenden Theresia bereits ein Vorgefühl der Engelnatur. Wenn man sich das mehrfach bezeugte Vorkommnis konkret vorzustellen sucht, fehlen einem allerdings alle Maßstäbe zur Beurteilung dieses rätselhaften Phänomens. Nur eine befangene Gesinnung kann aber das Grandiose dieses Erlebnisses übersehen, in welchem sich ein Sieg des Geistes über die Materie manifestiert, wie er einzig in der Welt der Heiligen vorkommt. Das Schwebe-Ereignis kann in helle Begeisterung versetzen, und das Ärgernis, welches es dem rationalistischen Argwohn des modernen Menschen bereitet, ist tiefer gesehen etwas Herrliches, weil nur von ihm eine aufschreckende Wirkung ausgeht. In der scheinbaren Unmöglichkeit solcher Geschehnisse liegt eine religiöse Kraft beschlossen. Wer sie aber nicht in dieser Perspektive zu sehen vermag, wird auch den tiefen Symbolgehalt nicht zu erkennen imstande sein.

Den Höhepunkt von Theresias großem Zwiegespräch bildet die Vereinigung, von der man um ihrer Erhabenheit willen nur leise reden darf. Nur in einer unzugänglichen Einsamkeit kommt es zu dieser mystischen Ehe, die aller bildhaften Vorstellung widerstrebt. Theresia kommt mehrfach auf dieses Mysterium zu reden, am eindrucksvollsten in jenen nachgelassenen Zusätzen zu ihrer Autobiographie, in welchen sie schreibt, wie ihr der Herr die rechte Hand mit den Worten reichte: «Sieh an diesen Nagel; er ist ein Zeichen, daß du von heute an meine Braut sein wirst. Bis jetzt hattest du es noch nicht verdient; in Zukunft wirst du für meine Ehre eifern, nicht bloß, weil ich dein Schöpfer, dein König und dein Gott bin, sondern auch insofern du in einem wahrhaft bräutlichen Verhältnis zu mir stehst. Von nun an ist deine Ehre die Meinige und meine Ehre die Deinige.»[53] Dieses Erleben, das als mystische Vereinigung zu bezeichnen ist, stellt die letzte Steigerung in Theresias Beziehung zu Gott dar. Man steht auch unwillkürlich betroffen vor der ungeheuren Maßlosigkeit, die sich in diesen Worten kundgibt. Hat Theresia hier nicht eine Grenze, die dem Christen gesetzt ist, überschritten? Kam sie nicht dem Feuer zu nahe? Geht doch ihre Aussage bis zur Gleichsetzung: «Oftmals spricht Seine Majestät, wobei er mir seine große Liebe offenbart, die Worte zu mir: ‚Du bist jetzt mein und ich bin dein.'»[54] Aber diese Bedenken werden wieder zerstreut vor der Gewalt dieses Erlebens, das einem Menschen widerfuhr, dem jede Überheblichkeit unbekannt geblieben ist, und dem stets die Demut wichtig war. Freilich besteht ein eigenartiger Widerspruch darin, daß gerade Theresia, die gegenüber der Majestät Gottes die größte Ehrfurcht forderte, mit demselben Gott eine Vereinigung erlebte, welche bis zur Aufhebung ihrer Existenz ging. Die religiösen Hochgefühle, welche sie erfüllten, waren schlechterdings nicht mehr zu überbieten. Die spanische Mystik feiert im Erlebnis der Verschmelzung ihre höchsten Triumphe. Was hätte wohl Nietzsche angesichts einer solchen Äußerung der Religiosität gesagt, der es nicht aushalten wollte, kein Gott zu sein, wenn es Götter gäbe, und gerade darin ein Argument gegen das Christentum erblickte? Theresia ist nicht Gott geworden, aber ihre Seele ist gleichsam in Gott hineingeflogen. Dieser ungewöhnliche Vermählungsvorgang im Leben dieser Frau fand bis dahin nur selten die ihm gebührende Wertschätzung, stellt er doch allzu große Anforderungen an das menschliche Verständnis. Nur ein Mensch scheint von diesem «Glück der Blitze»[55] etwas geahnt zu haben, und das war der unergründliche El Greco, den seine Zeitgenossen in Toledo den Geisterseher nannten. In seinen von magischen Farben leuchtenden Bildern hat er die ekstatische Seele der spanischen Mystik festzuhalten versucht, über deren «wilde Größe und erhabene Zerrissenheit» trotz ihrer traumhaften Schönheit die Kunsthistoriker noch heute vor Verlegenheit die Köpfe schütteln.[56] Von einem unbekannten, völlig irrationalen Lebensgefühl sind die von Greco gemalten Heiligen mit ihren allzu langen Gestalten und nervösen Gebärden erfüllt, deren überflutende Hingebung nur die innere Welt als einzige Realität gelten läßt.

Für Theresia war es schwer, nach solchen Erlebnissen wieder im gewöhnlichen Alltag weiterzuleben. Es liegt im Wesen des großen Gesprächs der Ekstase, daß es in diesem irdischen Leben nicht unbeschränkt dauern kann, sondern nach einiger Zeit wieder aufhören muß. Die Erhabenheit der

Gottes-Vereinigung kann nach Theresia in diesem Leben «nie zur gänzlichen Vollendung gelangen.»[57] Das traurige Gefühl aber, das nach dem Abbruch in Theresia zurückblieb, war kaum zu ertragen. Wie eine grausame Ausstoßung aus dem Paradies kam ihr das Ende der Ekstase vor, und die Rückkehr ins gewöhnliche Leben empfand sie als Verbannung. «Noch am folgenden Tage fühle ich den Schmerz an den Pulsen und im ganzen Körper, so daß es mir vorkommt, als wären alle meine Glieder verrenkt.»[58] Die erlebte Hochspannung kann sich nachher nur in einem niederdrückenden Erschöpfungszustand äußern. Öde und leer, freudlos und uninteressant erschien ihr nachher das menschliche Dasein; von der «traurigen Komödie dieses Lebens» redete sie, die dann wieder beginne. Sie wünschte nach diesem Vorgeschmack des Himmels sehnlichst zu sterben, sprach vom «süßen Tod» und dichtete jenes eigenartige Lied, in welchem der Gedanke

«denn ich sterbe fast vor Schmerzen
weil ich doch nicht sterben kann»[59]

auf alle Arten abgewandelt wird, und dessen inhaltliche Tiefe man noch nicht ganz auszuschöpfen versucht hat. Ergreifende Seufzer entrangen sich ihrer Brust, und eine verzehrende Sehnsucht nach neuem Erleben nagte an ihrer Seele, obwohl sie wußte, daß eine ekstatische Vereinigung «niemals einer Seele gegeben werde, die darnach verlangt.»[60] Dieser Höhenflug auf Erden war nicht erreichbar ohne diesen nachträglichen Schmerz, und Theresia hat ihn in erschütternder Weise gefühlt. Von diesen aufreibenden Qualen der Trockenheit ahnt der gewöhnliche Christ nichts. Sie bleiben jenen Heiligen vorbehalten, die mit ihren Füßen diese Erde kaum berühren.

Das ekstatische Erleben hinterläßt jedoch in der Seele einen bleibenden Besitz. Theresia wurde diese Gabe erst gewahr, als sie auch die peinliche Trockenheit noch als eine köstliche Gnade empfand und zur Einsicht gelangte, daß sie sich gegen diese nicht auflehnen dürfe. In diesem Moment wurde ihr die Erkenntnis geschenkt: «Der höchste Grad der Vollkommenheit besteht offenbar nicht in innerlichen Tröstungen und erhabenen Verzückungen, auch nicht in Visionen und im Geiste der Weissagung, sondern nur in einer solchen Gleichförmigkeit unseres Willens mit dem göttlichen Willen, daß wir alles, was wir als seinen Willen erkennen, mit unserm ganzen Willen umfassen, und daß wir das Bittere und Schmerzliche, wenn wir erkennen, daß Seine Majestät es will, ebenso freudig hinnehmen wie das Angenehme.»[61] Kein größeres Mißverständnis wäre möglich, als diese überlegene Haltung müder Verzichteinstellung gleichzusetzen. Die unerschütterliche Gleichförmigkeit mit dem göttlichen Willen ist vielmehr ein Geschenk, das die Seele in der Ekstase empfängt. Die siebente Wohnung, von der Theresia in ihrer «Seelenburg» redet, besteht in diesem «Selbstvergessen der Seele, daß es scheint, sie hätte aufgehört zu sein; denn sie ist völlig verändert, daß sie sich selbst nicht mehr kennt. Sie denkt nicht daran, daß es für sie noch einen Himmel oder ein Leben oder eine Ehre gebe; ihr ganzes Streben geht jetzt vielmehr dahin, die Ehre Gottes zu fördern.»[62] Jegliches Hadern mit dem Schicksal wie auch jede Hoffnung auf seine Änderung ist verschwunden. Der Prozeß der Losschälung von allem Geschaffenen — «Wenn wir traurig sind, so bedeutet das, daß wir uns nicht vollständig von allem losgelöst haben», schrieb Theresia in einem ihrer Briefe[63] — ließ sie auch über alle zeitlichen Wonnen hinausgelangen. Mit ihrem Entschluß, das Heil nur noch in der Gleichförmigkeit mit dem Willen Gottes zu sehen, hat Theresia im Grunde den ganzen Quietismus in seinem echten Gehalt — eine der tiefsten Bewegungen der Kirchengeschichte — vorweggenommen. Es ist die überrationale Ruhe Gottes, in die sie eingekehrt war, und sie hat sie als die höchste Glückseligkeit, die man in diesem Leben erreichen kann, bezeichnet, weil die Seele in ihr nichts mehr wünscht und nichts mehr fürchtet. Diese abgeklärte, weltüberwindende Einstellung hat Theresia in jene denkwürdigen Worte zusammengefaßt, welche man auf einem Zettelchen geschrieben nach ihrem Tode in ihrem Brevier fand — Worte, die man nicht genug wiederholen kann:

> Nichts verwirre dich,
> Nichts erschrecke dich,
> Alles geht vorüber,
> Gott ändert sich nicht.
> Die Geduld erreicht alles.
> Wer Gott besitzt, dem mangelt nichts;
> Gott allein genügt.[64]

Ist dieses Erleben, angefangen von dem Befehl, nur noch mit Engeln zu verkehren, bis zur Vereinigung, nicht eine bloße Einbildung? Besitzt die Schilderung, die Theresia von ihren Ekstasen gibt, nicht eine frappierende Ähnlichkeit mit den Ausführungen, die Dostojewskij seinen «Idioten» über dessen epileptische Anfälle machen läßt, die «mir als höchste Harmonie und Schönheit erscheint, in mir bis dahin ungeahnte Gefühle erweckt, Größe, Fülle und Ewigkeit mich fühlen läßt und mich mit allem aussöhnt, wie in einem begeisterten, gottschauenden Zusammenfließen mit der höchsten Synthese des Lebens?»[65] Zum Verwechseln ähnlich redet dieser Fürst Myschkin vom unbeschreiblichen, nie dagewesenen Licht, das in seinem Innern erstrahlt, und meint: «Was tut denn das, daß es Krankheit und Unmoral ist?»[66] Haben diese Dinge tatsächlich nichts miteinander zu tun? Oder ist es gar unstatthaft, so zu fragen? Theresia selbst wäre über diese Frage nicht entrüstet gewesen und hätte nicht alsogleich von der «bequemen Auskunft Kurzsichtiger» gesprochen. War sie doch ungeachtet ihrer großen religiösen Begabung zugleich eine äußerst kritische Natur, die für ernsthafte Fragen Verständnis besaß. Wenn die Heilige auch nicht in dieser modernen Formulierung das Problem zur Diskussion gestellt hat, so tat sie es doch mit ihrer Sprache in ähnlicher Weise. Sie mißtraute sich selbst sehr stark und fragte sich immer wieder, ob sie nicht von ihrer Einbildungskraft getäuscht werde. Sie wußte von den Scheinverzückungen und der Tatsache, daß diejenigen, welche sie haben, nicht so sehr andere täuschen wollen, als selbst getäuscht werden. Mit verblüffendem psychologischem Scharfblick betrachtete sie sich unaufhörlich selbst und betrieb eine geradezu neuzeitlich anmutende Selbstprüfung, die leicht hätte tödlich verlaufen können. Die Nonne von Avila wollte gewiß sein, daß es sich um wirkliche Ekstasen handelte und nicht um «bloße Weiberohnmachten, wie sie bei uns vorkommen, und die man mit genügend Schlaf und Essen leicht beseitigen könne.»[67] Machte doch zu ihren Lebzeiten eine der größten Betrügerinnen auf diesem Gebiet in Spanien viel von sich reden. Scharfe Selbstkontrolle empfand sie als unumgängliche Pflicht, zumal sie um den rätselvollen Charakter der weiblichen Seele Bescheid wußte und in einem ihrer Briefe bemerkte: «Bei uns Frauenspersonen kennt man sich nicht so leicht aus.»[68] Während sonst Frauen ekstatische Erlebnisse gerne in der Gefühlssphäre belassen, war Theresia von dem beinahe männlichen Bedürfnis erfüllt, sich darüber gleichsam wissenschaftliche Klarheit zu verschaffen. Es muß dies als eine Kühnheit ohnegleichen bezeichnet werden. In dem kritischen Verlangen, das sich sowohl auf Verstand als Gefühl erstreckte — ein sehr beachtenswerter Zug von Theresia! — wurde sie sogar dem göttlichen Befehl, nur noch mit Engeln und nicht mehr mit Menschen zu reden, ungehorsam und besprach die Visionen mit ihrem Beichtvater. Es hat sich dies allerdings zu einem der betrüblichsten Kapitel ihres Lebens ausgewachsen.

Wenn im Leben der meisten Nonnen der Beichtvater als eine der letzten menschlichen Beziehungen, die ihnen verblieben ist, eine große Rolle spielt, läßt sich bei Theresia nichts von einer ungesunden Schwärmerei für den «Herrn Spiritual» feststellen. Zwar suchte sie lange Zeit nach dem ihr entsprechenden Beichtvater — und fand ihn nicht! Andererseits war sie auch kein bequemes Beichtkind, stellte sie doch ihrem Seelenführer nicht nur sehr schwierige Fragen, sondern konnte ihm auch sagen, daß sie von einem Strahl des Lichtes mehr Wahrheit empfangen habe, als wenn sie tausend Jahre bei den größten Theologen in die Schule gegangen wäre! Mit ihrer Intelligenz fühlte sie sich stark zu gelehrten Männern hingezogen, bei denen sie ein tieferes Verständnis erwarten konnte als bei jenen halbgebildeten Priestern, die das religiöse Sehnen ihrer ungewöhnlichen Seele zu verstehen nicht imstande waren und ihr daher nur Schaden zufügten. Theresia hat schwer gelitten unter den Beichtvätern, welche visionäre Zustände nicht kannten und überhaupt nicht um die Größe der Aufgabe wußten, eine Seele zu verstehen. Dem ersten Menschen, dem sie von ihrem großen Gespräch Mitteilung machte, wurde es unbehaglich zu Mute. Es kam zu langwierigen Verhandlungen mit andern Theologen, deren Ergebnis für Theresia niederschmetternd war. Ihre Visionen wurden als das Werk von Dämonen hingestellt. Diese Erklärung stürzte sie begreiflicherweise in die größte Seelennot. Der Auftrag, zukünftig ihre Visionen als Blendwerk des Teufels zu verhöhnen, hat ihr furchtbare Qualen bereitet. Trotzdem kam sie aus Gehorsam gegenüber dem Beichtvater eine Zeitlang diesem grotesken Befehl nach. Auch als sie ihren Beichtvater wechselte, blieb ihr die bittere Erfahrung nicht erspart, jahrelang um die Echtheit ihrer Offenbarungen zu kämpfen. Es erhob sich ein tadelndes Gerede wider sie, und man beschuldigte sie, «für eine Heilige gelten zu wollen und Neuerungen aufzubringen, während sie doch noch lange nicht ihre Regel vollkommen halte.»[69] Sie empfand es als drückend, in ihrem Kreise nicht verstanden zu werden. Daß ihr Dialog mit dem Ewigen nur Menschen des Geistes — die nicht Schultheologen gleichzusetzen sind — begriffen, wußte sie zuerst selbst nicht. Eine wahre Verfolgung erhob sich gegen sie, und Theresia stand ganz allein. «Ich hatte auch nicht einen Menschen, zu dem ich meine Zuflucht nehmen konnte, denn alle waren wider mich.»[70] Nur ihre innere Gewißheit hielt sie aufrecht und die Einsicht, auf das große Gespräch nicht verzichten zu können, ohne ihre Seele zu verlieren. Theresia besaß eine heldenmütige Seele, die bereit war, mit der ganzen Hölle den Kampf aufzunehmen. Erst als sie den Franziskaner Peter von Alcantara kennenlernte, erleichterte sich ihr Herz, da dieser ihre Ekstasen als göttliche Erleuchtung beurteilte. Der Dominikaner Ludwig Bertrand billigte diese Meinung, und auch die Väter der Gesellschaft Jesu erklärten, daß Theresia nicht vom Teufel getäuscht sei. Wenn die Nonne von Avila bis zu diesem Zeitpunkt, da man ihr endlich Anerkennung zollte, viel Schmerzliches erlitten hat, besaß dieser Leidensweg doch auch sein Gutes. Ihre Visionen mußten die schärfste kritische Prüfung über sich ergehen lassen. Von der Kirche wurden sie nicht auf leichtgläubige Art einfach hingenommen. Sie haben aber in diesem Prozeß ihre Echtheit unwiderleglich bewiesen.

In nicht geringere Schwierigkeiten als durch die Beichtväter geriet Theresia durch ihre Versuche, das große Gespräch zu erklären. Mehrfach unternahm sie das Wagnis, den Mitschwestern den wundervollen Stufenbau ihres Gebetes nahezubringen. Nun verfügte Theresia über eine erstaunliche psychologische Fähigkeit, innere Wirklichkeiten auf faßbare Weise auszudrücken. Mit ihrem scharfsinnigen Geist unterschied sie zwischen aktivem und passivem Gebet, wandte ihre Aufmerksamkeit vor allem letzterem zu, welches sie in vier Stufen einteilte: Das Gebet der Ruhe, das der Vereinigung, das der Verzückung und das der geistigen Vermählung. Ein anderes Mal stellte sie den Aufstieg der Seele unter dem Bild einer Seelenburg dar, in der es viele Wohnungen gibt, welche die betende Seele durchschreiten muß, oder versuchte das Ganze durch ein Gleichnis von der Bewässerung des Gartens zu verdeutlichen, die auf mannigfache Weise vor sich gehen könne. Trotz der großen Begabung Theresias, mystische Probleme zu behandeln, vermochte sie nicht, das Unerklärliche zu erklären. Das große Gespräch kann mit den Begriffen der menschlichen Sprache nicht entsprechend ausgedrückt werden, weil es sich in anderen Welten bewegt als diejenigen, die der verstandesmäßigen Erfassung zugänglich sind. Das hat auch Theresia erfahren, als sie nach unzähligen Anstrengungen die Unaussprechlichkeit der mystischen Beziehung zu Gott feststellte: «Es muß dies etwas sein, was wir, solange wir auf Erden leben, nicht verstehen.»[71]

Obschon das, was in Theresias Innerem vor sich gegangen war nicht lehrbar ist, haben ihre ergreifenden Versuche hierüber doch eine wundervolle Frucht gezeitigt, welche die Nachwelt nicht hoch genug einschätzen kann. Es sind das ihre Schriften, die unbedeckt vom Staub der Jahrhunderte vor uns liegen, an denen die Zeit so spurlos vorübergegangen ist wie an Platos Dialogen. Die Heilige von Avila hat sie fast alle im Auftrag ihrer späteren Beichtväter verfaßt; doch ist ihnen gleichwohl eine große Unmittelbarkeit eigen. Die schöne Sprache dieser mit festen Schriftzügen bedeckten Manuskripte wurde von jeher gerühmt. Noch in der Übersetzung lesen sich ihre Ausführungen sehr angenehm und reihen sich würdig an das größte Schrifttum. Zwar sind alle Werke Theresias, wie sie selbst klagt, in eiliger Hast geschrieben worden, hatte sie doch ihr Pflichten als Nonne in gleicher Weise wie die andern zu erfüllen. Die Heilige mußte sich die Zeit zum Schreiben abringen und wurde oft unterbrochen. Das Niedergeschriebene konnte sie nicht nochmals durchlesen, geschweige denn an ihm feilen. Aus dieser Arbeitsweise und aus ihrem leidenden Zustand lassen sich die Mängel ihrer Werke erklären, die hauptsächlich in der Ungeordnetheit bestehen, mit der manches gesagt ist. Der Faden der Erzählung geht oft verloren, und Theresia unterbricht ihre Ausführungen plötzlich mit dem Einwurf: «Ich bin weit abgeschweift.»[72] Aber diese geringen Unzulänglichkeiten werden durch glänzende Vorzüge mehr als aufgewogen. Auch von Theresias Werken kann man sagen, daß alle ihre Schriften ein einziges großes Bekenntnis sind. Nicht nur von ihrer Autobiographie, die sie teilweise in Ekstase schrieb[73], gilt dieses Urteil, sondern auch von ihrer «Seelenburg» und ihrem «Weg zur Vollkommenheit». Ernste Männer betrachteten diese Bücher «wie eine heilige Schrift»[74], und Theresia selbst fühlte sich beim Schreiben inspiriert.[75] Kein Satz floß aus ihrer Feder, den sie nicht selbst erlebt hat, und von dem sie nicht mächtig ergriffen ist. Dieses Erleben aber kreiste unablässig um das große Gespräch. Allezeit schreibt sie sachlich, und die Ehre, «doctora mystica» genannt zu werden, kommt ihr vollauf zu. In der lebendigen Art, mit der sie zu erzählen weiß, ist es immer wesentlich, was sie berichtet, und man spürt die wenn auch nicht aufdringliche Absicht, den Leser innerlich weiter zu bringen und ihn nicht nur zu unterhalten. Darin liegt der große Gewinn, der aus der Lektüre dieser Schriften zu schöpfen ist. Sie sind mit Theresias Herzblut geschrieben. Mit ihrer unvergänglichen Bedeutung wenden sie sich jedoch nicht an die breiten Massen — das Gesinde der Fürstin Eboli hat schon zu Lebzeiten Theresias in seinem Unverständnis mit ihrer Autobiographie ein Gespött getrieben — sie sind vielmehr für Menschen bestimmt, die sich um die Vollkommenheit bemühen. Solchen vermitteln sie eine Fülle von Anweisungen, die sie immer wieder zu diesen Schriften greifen läßt. Der Leser, welchem sie ihr Geheimnis erschlossen haben, wird den Werken Theresias auf seinem Bücherregal einen besonderen Platz einräumen. Das letzte Ziel, das sie verfolgen, besteht darin, den Menschen zu einer größeren Liebe anzuspornen: «Nur daran möchte ich noch erinnern, daß es, um auf diesem Wege weit voranzuschreiten und zu den ersehnten Wohnungen zu gelangen, nicht darauf ankommt, daß wir viel denken, sondern darauf, daß wir viel lieben, und darum sollt ihr das tun, was euch mehr zum Lieben anregt. Vielleicht wissen wir nicht, was Lieben ist, und ich würde mich auch nicht sonderlich darüber wundern. Die Liebe besteht nämlich nicht in wonnigen Gefühlen der Andacht, sondern in dem festen Entschluß, in allen Stücken Gott gefallen zu wollen.»[76]

Was in Theresias Schriften immer wieder in Staunen versetzt, ist die ungeheure Kenntnis der inneren Wirklichkeit. Es grenzt beinahe ans Unwirkliche, was diese Nonne über die menschliche Seele mit ihren geheimnisvollen Tiefen zu sagen weiß. Deren unterirdische Gewölbe waren ihr so genau vertraut wie die Stufen, auf denen sie nach oben aufsteigen kann. Sowohl über die Seelenmitte als die Seelenspitzen wußte sie genau Bescheid, wie auch um das Verhängnis, daß «viele Seelen auf Irrwege kommen, weil sie fliegen wollen, bevor Gott ihnen Flügel gibt.»[77] Sie hielt es für wichtig, «die Seele nicht wie ein in einem engen Raum eingeschlossenes Ding zu betrachten, sondern wie eine innere Welt, die so viele und so stattliche Wohnungen in sich begreift.»[78] Sie empfiehlt ihren Klosterschwestern, «das, was die Seele angeht, immer als eine Fülle, eine Weite und Größe zu denken; denn nichts davon ist übertrieben, weil die Seele viel mehr zu fassen imstande ist, als wir uns denken können.»[79] Theresia war eine ausgezeichnete Kennerin der menschlichen Seele, da sie ihr eigenes Innere stets beobachtete. Sie kannte die Seelenkräfte wie wenige Menschen und wußte auch, was es heißt, sie zum Stillstand zu bringen oder sie zu fördern. Unablässig war sie bestrebt, aus dem aufgewühlten Zustand das Bild der schönen Seele zu formen, deren Begriff nicht sie erfunden hat, der aber bei ihr vorkommt.[80] Leider wurde dieser Ausdruck seit Goethes sinniger Verwendung in «Dichtung und Wahrheit» allzu häufig gebraucht und so zur abgegriffenen Münze. Aber mag mit der Kultur der liebenden Seele zuweilen auch ein unerwünschter Feminismus gepflegt worden sein, bei Theresia selbst findet sich nichts von einer unangebrachten Verweiblichung der Seele. Die innere Schönheit ist ein bedeutsames Anliegen und letztlich im Neuplatonismus verwurzelt. Wenn es Theresia selbst auch nicht bewußt war, ihre verklärte Schönheitsschau geht doch auf diesen Ursprung zurück. Auch im neuplatonischen Christentum erfüllt sich die tiefste Gottessehnsucht in der Anschauung der absoluten, ganz auf die Seele gerichteten Schönheit. Als Ausdruck der reinsten Form von Schönheitsbegeisterung muß das Ideal der schönen Seele bezeichnet werden, ist sie doch mit ihrer unergründlichen Innerlichkeit dem bloßen äußerlich-hübschen Gesicht weit überlegen. Gegenüber der unvergänglichen Seelenschönheit verblaßt das zurechtgemachte Äußere im Wesenlosen. Wenn dereinst die Menschen dessen nichtssagende Leere erkannt haben werden, wird die schöne Seele mit ihrem ewigen Geheimnis erneut ihre unwiderstehliche Anziehungskraft ausüben.

IV

Das ekstatische Erleben der spanischen Mystikerin allein würde schon genügen, um von der «großen Theresia» zu reden. Und doch kennt man diese Heilige nicht ganz, wenn man nur von ihren visionären Zuständen weiß. Überraschenderweise besitzt Theresia noch eine andere Seite, die im ersten Augenblick nur schwer mit ihrem mystischen Gebetsleben in Zusammenhang gebracht werden kann und die doch als eine Folge ihres großen Gespräches zu betrachten ist. Diese neue Seite nahm in der dritten Phase von Theresias Leben ein solches Ausmaß an, daß erst sie das Bild der größten Spanierin vollständig macht. Durch diese unerwartete Entfaltung schlug ihr Leben nochmals eine neue Richtung ein, welche den Reichtum ihrer Begabung zum Abschluß brachte. Die Geschichte des Christentums kennt viele in Gott versunkene Mystiker. Sie bilden jenes Salz, welches die Kirche vor Fäulnis bewahrte. Daß die Nonne von Avila zu ihnen gehörte, heißt jedoch nicht, daß sich bei ihr ein ichsüchtiges, ethisch gleichgültiges Sichselbst-Genießen feststellen läßt, als was die Mystik schon hingestellt wurde. Nach ihrer Auffassung war der Sinn des Gebetes, Taten hervorzubringen. Theresias praktische Tätigkeit ist eine Frucht ihrer Zwiegespräche mit Gott. In der Verzückung und nirgends sonst hat sie jene Aufgabe empfangen, der sie in der letzten Epoche ihres Daseins alle Kräfte widmete.

Die Taten, zu denen Theresia sich gedrängt sah, hatten es mit den Mitmenschen zu tun. Theresias brennende Gottesliebe wäre nicht echt ohne die mit ihr verbundene Nächstenliebe. Je mehr der Mensch in der Liebe zum Nächsten voranschreitet, um so mehr nimmt nach der Überzeugung dieser Heiligen auch die Liebe zu Gott zu. «Darum mache dir, wenn du siehst, daß du einer Kranken irgendeine Linderung verschaffen kannst, nichts daraus, deine Andacht aufzugeben, um ihr diese Linderung zu bringen. Bezeige ihr dein Mitleid, nimm teil an ihren Schmerzen, und wenn du selbst dir eine Speise, deren sie bedarf, versagen müßtest, so tue es, doch nicht so fast um ihretwillen als vielmehr, weil du weißt, daß dein Herr es haben will.»[81] Das visionär-ekstatische Erleben machte Theresia für die Welt keineswegs unbrauchbar. Die große Mystikerin Spaniens sah nicht starr gen Himmel, so daß ihr darob alles andere aus den Augen entschwand. Mit ihrer Mystik vermochte sie ein selten praktisches Talent zu verbinden, welches den konkreten Aufgaben des Lebens vollauf gewachsen war. Sie war eine außergewöhnliche Organisatorin, eine Begabung, die sich gerade bei Frauen nicht allzu häufig findet, und die auch Franziskus versagt geblieben war. Theresia aber gelang beides, Mystik und Organisation, zu umfassen. Was sich so oft sonst ausschließt, war bei ihr beieinander, das beschauliche und das tätige Leben befanden sich in einer harmonischen Einheit. Diese verschiedensten Gaben befehdeten sich nicht, sondern waren organisch miteinander verbunden. «Glaubt mir», ruft sie aus, «Maria und Martha müssen beisammen sein, um den Herrn zu beherbergen und immer bei sich zu behalten, wenn man ihn nicht schlecht bewirten und nicht ungespeist lassen will.»[82] Daß sie selbst diese beiden Gestalten in sich zu vereinigen vermochte, macht ihre eigentliche Größe aus. Sie gleicht hierin Katharina von Siena, die ebenfalls von der mystischen Beschaulichkeit zur tätigen Wirksamkeit schritt. Diesem Tätigkeitsdrang stand zu jener Zeit freilich ihre Fraulichkeit hemmend im Wege. Theresia hat es lebhaft bedauert, bloß ein «schwaches Weiblein» zu sein statt ein Mann, der aktiv kämpfen könne. Auch von ihren Töchtern wünschte sie, daß sie sich in keiner Hinsicht weibisch zeigen möchten, sondern vielmehr wie starke Männer. Sie selbst besaß eine tapfere Seele und war von einer heiligen Kühnheit erfüllt, ohne darüber ihre warme Mütterlichkeit, die sie gegenüber ihren Nonnen immer wieder bewies, zu verlieren.

Obschon von echter Fraulichkeit erfüllt, glaubte sie sich doch berufen, tatkräftig zu handeln. Das Wort des Apostels: «Das Weib schweige in der Gemeinde», hinderte sie auf die Dauer nicht, ihren Vorsatz auszuführen. Sie überwand diese Hemmung durch eine Vision, in welcher Gott ihr mitteilte: «Sage ihnen, sie sollten sich nicht bloß auf *einen* Ausspruch der Heiligen Schrift berufen, sondern auch die andern Stellen einsehen, ob sie mir dann die Hand binden können.»[83]

Die Situation der Zeit verbot Theresia, als stille Klosterfrau ein gottseliges Leben in aller Geruhsamkeit zu führen. Wenn sie ihr Leben auch hinter Klostermauern zubrachte, so war sie doch ein viel zu aufgeschlossener Mensch, um nicht zu wissen, welch bedeutsame Geschehnisse sich in ihrem Jahrhundert ereigneten. «Die Welt steht in Flammen», sagte sie und hat mit diesem einen Satz die Lage des 16. Jahrhunderts unübertrefflich zusammengefaßt.[84] Ihrem Auge entging weder der unaufhaltsame Rückgang des Katholizismus noch der beständige Vormarsch des Protestantismus. Die Spanierin war vom Norden zu weit entfernt, als daß man von ihr erwarten dürfte, eine sachgemäße Vorstellung von dem zu haben, was die Reformation wollte. Von den schweren Seelenkämpfen, die ein Luther in seiner Klosterzelle durchgemacht hatte, wußte sie nichts. Für sie war das bloße Wort Luthertum die Formel für Ketzerei. Und von dieser empfand sie als getreue «Tochter der Kirche», als die sie sich noch auf dem Sterbebett bezeichnete, den denkbar stärksten Abscheu. «Man will Christus sozusagen aufs neue verurteilen, da man tausend falsche Zeugnisse wider ihn erhebt; man will seine Kirche vernichten.»[85] In diesem Lichte betrachtete Theresia den Protestantismus. Was sie sah, war nur das Wüten der Ketzerei, die Schändung der Sakramente, und daß ein ungeheurer Brand die Christenheit verzehrte. Mit ihrem Scharfblick erkannte sie aber, daß die Ketzerei diese Ausbreitung nie hätte finden können, wenn es im Gebäude des Katholizismus nicht viele schadhafte Stellen gäbe. Nur weil die Katholiken ihrer Pflicht nicht mehr nachkamen, war der große Abfall möglich geworden. «Das Schlimmste aber ist, daß sie äußerlich als Freunde des Herrn sich ausgeben, insgeheim aber ihn verraten, so daß er fast niemand mehr findet, auf den er sich verlassen kann.»[86] Als große Schuld am Niedergang der katholischen Kirche sah sie vor allem den Verfall der Klosterzucht. «O schreckliches Übel, schreckliches Übel, wenn in den Ordenshäusern — der Männer nicht mehr als der Frauen — die Ordenszucht nicht beobachtet wird, wenn in einem Kloster zwei Wege sind, der Weg der Tugend und der klösterlichen Zucht und der Weg der Erschlaffung dieser Zucht, und wenn beide Wege fast gleichmäßig betreten werden![87]» Über diesen selbstverschuldeten Zustand war Theresia aufs tiefste erschrocken, und sie fühlte sich berufen, dieser bedrohlichen Situation entgegenzutreten. In ihrem merkwürdigen und fast unheimlich tönenden Kampflied ruft sie gleich einer prophetischen Sibylle in die sturmgepeitschte Nacht der Christenheit hinaus:

«Laßt euch nicht zum Schlaf verleiten,
Die ihr unterm Kreuzesbanner
Habt erwählt für Gott zu streiten;
Denn kein Frieden ist hienieden.»[88]

Eine Kreuzfahrer-Stimmung klingt aus diesem lodernden Lied, das mit seinem Kehrreim, daß es keinen Frieden auf Erden gebe, wie «eine spanische Umkehrung der Heilsbotschaft» anmutet.[89]

Wie alle echten Christen empfand Theresia die Notwendigkeit, mit dem Gericht beim Hause Gottes selbst anzufangen. Es schien ihr Pflicht der Klosterfrauen zu sein, für den großen Abfall in der Welt Sühne zu leisten. In dieser dunklen Zeit betrachtete die Heilige von Avila es als unangebracht, mit Gott noch über geringfügige Dinge zu verhandeln. Jetzt ging es um das Letzte. Nur ein ganz neuer Klosterernst konnte das hereinbrechende Übel noch aufhalten. «Denn was würde sonst aus der Welt werden, wenn er ihrer um der Ordensleute willen nicht schonte»[90], fragte die aufgewühlte

Theresia. Damit die Klöster ihren wahren Zweck erfüllen konnten, bedurften sie aber dringend einer Erneuerung. Die innere Front, zu der vor allem die Klöster gehören, galt es zu stärken. Die Ordenshäuser sollten nach Theresias neuem Plan zu «göttlichen Burgen» unmittelbar hinter der Kampfzone werden. Und dieser hohen Bestimmung wollte sie die Klöster des Karmeliterordens entgegenführen, die einst aus dem Orient nach dem Abendland gekommen waren, bis dahin aber auf keine ähnlich große Tradition wie die Bettelorden zurückblicken konnten. Theresia muß es wie eine Lenkung der Vorsehung empfunden haben, als sie in Toledo die Nonne Maria von Jesu kennen lernte, von der sie erfuhr, daß die ursprüngliche Karmelregel anders gelautet habe als diejenige, welche jetzt in den Klöstern ausgeübt werde.[91] Die Begegnung dieser beiden Nonnen war für Theresia entscheidend, denn vom Moment dieser Mitteilung an war ihr Plan gefaßt.

Ohne zu zögern, machte sie sich an das große Werk der Klosterreform. Der Orden sollte zur ursprünglichen Satzung zurückgeführt werden, und der heroische Eifer des Propheten Elias, den die Nonnen als Gründer ihrer Gemeinschaft verehrten, den Ausschlag geben. Der ursprüngliche Stiftergeist, der ein Christentum ohne Kompromiß vertrat, wurde heraufbeschworen. Die Kleider sollten wieder aus grobem Tuch, die Füße unbekleidet, die Fasten ohne Milderung durchgeführt und als Schlafstätte der Strohsack verwendet werden. Alle gegenseitigen Zärtlichkeiten wurden verpönt. Rasch entschlossen wie diese Frau war, getrieben von einer unermüdlichen Energie, setzte sie diese Erkenntnis sofort in Wirklichkeit um. Sie war für diese Aufgabe aber auch geschaffen. Theresia besaß eine seltene Fähigkeit zur Leitung. Als eine zum Befehlen geborene Natur verstand sie es, durch ihre Klugheit mit den Untergebenen freundlich und doch hoheitsvoll zu verkehren. «Ich glaube nicht, daß es in der Welt etwas gibt, das einem Oberen so sehr schaden könnte, als wenn er nicht gefürchtet wird.»[92] Nie traute sie sich die Fähigkeit zu, alle Seelen sogleich zu durchschauen, was nach ihr nur Gott allein kann. Nonnen, welche an Melancholie litten, wußte sie mit Überlegenheit zu behandeln, wenn ihre Art auch dem modernen Empfinden als hart erscheinen mag.[93] Liest man ihre Abhandlung «Art und Weise, die Nonnenklöster zu visitieren», ist man immer wieder von neuem über den realistischen Sinn erstaunt, den diese ekstatische Natur besaß. Den Rechnungsbüchern schenkte sie eine ebenso sorgfältige Aufmerksamkeit wie den doppelten Gittern im Sprechzimmer, die nach ihrer Anweisung so ausgeführt sein müssen, daß durch keines eine Hand hindurchreichen kann. Um alles kümmerte sie sich, und ihrem scharfen Blick entging keine noch so geringe Kleinigkeit. Auch Geldgeschäfte — dieser stärkste Gegensatz zur Mystik — meisterte sie vortrefflich und besaß diplomatische Fähigkeiten, ohne je auf Schleichwege zu verfallen. Entschlossen schaffte sie die vielen Besuche im Kloster ab und führte die Schwestern zur Klausur zurück. Jegliche Lauheit wurde verbannt und der eingerissene Schlendrian beseitigt. Das Kloster sollte wieder zu dem werden, was es einst war, eine Stätte, wo mit dem Weg zur Vollkommenheit Ernst gemacht wurde. Es war Theresias Meinung, daß es nur so die verlorene Achtung der Welt wieder zurückgewinnen könne. Die Zahl der Insassen eines Klosters dürfe dreizehn nicht überschreiten, damit das familiäre Zusammenleben gewahrt bleibe. Die Klöster sollen «entweder ganz arm oder mit Einkünften derart versehen sein, daß die Schwestern sich nicht genötigt sehen, jemand bezüglich ihres Lebensunterhaltes lästig zu fallen.»[94] Theresia schwebte das neue Ziel deutlich vor Augen, und sie ließ sich durch nichts davon abbringen. Was ihr Geist einmal als richtig erkannt hatte, führte sie auch folgerichtig durch.

Das Überraschende und schlechthin Großartige an dieser Klosterreform ist doch, daß mit ihr keine neue Verdüsterung verbunden war. Gab Theresia doch ihren Schwestern den Rat, ihre Seelen, welche die ganze Welt umfassen sollten, nicht in einen Winkel ihrer Zellen einzuzwängen. Keineswegs lehnte sie die Askese ab, aber von allzu häufigen Geißelungen versprach sie sich nicht viel. Übermäßige Bußwerke waren nicht nach ihrem Sinn, da sie meistens einem jugendlichen Überschwang entstammten. Als Theresia die Klosterreform an die Hand nahm, war sie bereits eine reife, abgeklärte Frau, die Ernst nicht mehr mit Trübsinn verwechselte. Längst hatte sie den Gegensatz ihrer klösterlichen Jugend, der Gott und Welt nicht hatte zusammenbringen können, überwunden. Ihr war die entscheidende Erkenntnis aufgegangen, daß «Gott in allen Dingen ist»[95] und es sich für den Christen darum handelt, die rechtmäßige Beziehung zwischen Gott und Welt herzustellen. Ihren «schwachen Nönnchen», wie sie sich einmal ausdrückte, gab sie zu bedenken, «daß der Herr, wenn ihr in der Küche beschäftigt seid, inmitten der Töpfe euch nahe ist»[96], und betrachtete dagegen geistliche Tagebücher als bloße Zeitverschwendung. Wenn sie selbst auch gerne mit philosophisch geschulten Beichtvätern sprach, wünschte sie doch keine theologische Halbbildung unter den Schwestern. Offen gestand sie, kein Latein zu verstehen und von den Assyrern nichts zu wissen. Theresia besaß einen offenen Sinn für die Natur, und die Betrachtung der Dinge des Feldes, der Blumen, des Wassers diente ihr als Buch und zur Sammlung. Mit Ehrfurcht blickte sie auf die Schöpfung und glaubte, «daß in jedem auch noch so kleinen Dinge, welches Gott schuf, und sei es auch nur eine Ameise, mehr verborgen liegt, als man davon versteht.»[97] Sie wünschte auch von ihren Mitschwestern diese aufgeschlossene Einstellung. Als universale Gestalt, die Theresia war, deren Herz Gott erweitert hatte, wie sie mehrfach ausführt, lebte sie nach dem Prinzip, «immer großmütige Entschlüsse zu fassen, denn davon hängt alles ab.»[98] In ihrem Kloster wollte sie keine griesgrämliche Stimmung dulden. «Gott bewahre mich vor Heiligen mit verdrießlichen Mienen», sagte sie.[99] Sie selbst war von heiterer Gemütsart und besaß viel Sinn für Humor. Mit ihrem köstlichen Lachen hat sie mehr als eine ungemütliche Situation gemeistert. Als die Schwestern bei Anlaß einer Reise in einer Herberge in eine wüste Gesellschaft gerieten, suchten sie bei Theresia

Schutz. «Sie, die zuvor beim Anhören der Flüche und Lästerworte tief betrübt war, fing an herzlich zu lachen. Dies tröstete uns, denn wir glaubten wirklich, daß unsere letzte Stunde gekommen sei. Sie erkannte, daß die bösen Geister diesen Tumult verursachten, um uns zu quälen. Tatsächlich hörte er plötzlich auf.»[100] Die Überlegenheit Theresias, wie sie aus solchen Begebenheiten ersichtlich wird, ist keine bloß legendäre Überlieferung. Das Bild einer außergewöhnlichen Frau, der nichts zu groß und nichts zu klein war, ergibt sich aus ihren zahlreichen Briefen, in welchen sie sich ganz natürlich ausdrückt und die ihre großartige Persönlichkeit überwältigend hervortreten lassen. Ihre Briefe sind an mannigfache Adressen gerichtet und berühren die verschiedensten Angelegenheiten, ohne sich nur einmal von der Lebensnähe zu entfernen. Es sind keine Briefe, die im Hinblick auf spätere Veröffentlichungen geschrieben wurden; sie zeigen Theresia, wie sie wirklich war, und nicht, wie sie heute oft hingestellt wird. Ungeniert konnte sie nach verzuckerten Orangenblüten verlangen, «kosten sie, was sie wollen.»[101] Welche Seele spricht aus dem einen Satz: «Ich muß über mich selbst lachen, daß ich Ihnen für die Sendung von Backwerk, Geld und anderen Geschenken nichts zu geben weiß als einen Bußgürtel.»[102] Die Klosterfrau von Avila konnte ebensogut lange Fasten halten wie auch wiederum gerne geröstete Speckschnitten essen. Als bei einem Besuche ihre Lieblingsspeise aufgetragen wurde und darob eine Laienschwester eine geringschätzige Bemerkung über diese heilige Person machte, welche solchen Genüssen zugetan sei, gab sie ihr lachend die prachtvolle Antwort: «Lobe lieber die Freundlichkeit deines Herrn und merke dir: wenn Rebhuhn, dann Rebhuhn, wenn Buße, dann Buße.»[103] Diese schlagfertige Äußerung ist mehr als nur eine witzige Bemerkung; in ihr steckt eine Weisheit, die man sich unbedenklich zum Vorbild nehmen darf. Nur eine Frau vom geistigen Format der Theresia konnte eine solch großzügige Losung aufstellen. Auch ihren Schwestern wünschte sie einen fröhlichen Geist. «In den Erholungsstunden nahm Theresia das Tamburin, tanzte und sang, improvisierte Verse, und ihre Töchter nahmen teil an Sang und Tanz.»[104] Man hätte die Ordensreformatorin in einem solchen Moment sehen mögen, die tanzende Theresia muß ein einzigartiger Anblick gewesen sein. Vielleicht ist man überrascht, diesen Geist der Freude in den reformierten Klöstern der unbeschuhten Karmeliter Spaniens zu finden. Aber nach einem Ausspruch Theresias hielt sie «dies alles für notwendig, um das Leben ertragen zu können.»[105] Stets war sie bestrebt, eine angenehme Atmosphäre um sich zu verbreiten. Diese Haltung steht nicht im Widerspruch zu ihrem großen Gespräch. Im Gegenteil, so konnte nur eine Klosterreformatorin reden, welche vom größten Erlebnis herkam. Mit ihrer Einstellung hat sie eine Verbindung von neuem Ernst und neuer Freude geschaffen, die allein es vermochte, das darniederliegende Klosterleben wieder aufzurichten. Freude allein genügt sowenig wie Ernst allein. Beide gehören zusammen, soll das echt christliche Leben entstehen. Bei den unbeschuhten Karmeliterinnen war es vorhanden, und aus diesem Sachverhalt heraus ist das Urteil des protestantischen Tersteegen entstanden: «Ich sage es frei heraus, wären die Klöster so beschaffen gewesen wie diejenigen, so die Theresia zur Zeit der Reformation aufgerichtet, niemand würde sie ohne schwere Beleidigung Gottes abgeschafft haben.»[106]

Theresia begnügte sich nicht damit, in ihrem Kloster die ursprüngliche Ordnung wieder herzustellen. Sie fühlte sich auch gedrungen, neue Ordensniederlassungen zu gründen. Neben die Klosterreformatorin tritt die Klosterstifterin, welche auch auf diesem Gebiet ein großes Werk vollbrachte. In ihrem Buch «Von den Klosterstiftungen» hat Theresia diese Tätigkeit selbst anschaulich geschildert und erzählt, welche Mühe und Arbeit damit verbunden waren. Von selbst entstanden sie nicht, diese kleinen Klösterchen in ganz Spanien. Alle mußten sie gegründet werden, und das erforderte eine Unsumme von Überlegungen. Es mußten Häuser gekauft und eingerichtet werden, es bedurfte der Herbeischaffung des nötigen Geldes und der Auswahl der geeigneten Persönlichkeiten. Die umfangreiche Korrespondenz Theresias vermittelt eine kleine Vorstellung, was sie hierin geleistet hat. Dieses Werk konnte sie jedoch nicht nur von ihrer Zelle aus diktieren; sie mußte vielmehr selbst Hand anlegen. Daher war es notwendig, daß sie in eigener Person von Stadt zu Stadt reiste, Gebäulichkeiten besichtigte und die erforderlichen Anordnungen traf. In einem verhängten Wagen, begleitet von zwei Schwestern — gleichsam ein fahrendes Kloster — reiste Theresia zu allen Jahreszeiten, bei glühender Hitze und erstarrender Kälte, durch halb Spanien und rief ein Kloster nach dem anderen ins Leben. Man muß sich diese Tätigkeit konkret vorstellen, um ihre Leistung richtig zu würdigen. Die gefährlichen Reisewege befanden sich zu jener Zeit noch in primitivstem Zustande, auch kam es oft vor, daß die Nonnen in zweifelhaften Wirtshäusern oder auf freiem Felde übernachteten. Dabei hatte Theresia viel unter ihrer schlechten Gesundheit zu leiden, wurde sie doch häufig von Fieber, Gicht und Kopfschmerzen gequält. Aber nie verlor sie ihre gute Stimmung; in einem Briefe konnte sie schreiben: «Er verschaffte uns recht viel Gelegenheit zu leiden, und sei es auch nur durch Plagen von Flöhen, von Poltergeistern und Reisebeschwerden.»[107] Ihre Maultiere konnten oft nicht weiter, weil alles Volk sie zu sehen begehrte. Überall wünschten Menschen sie zu sprechen, denen sie manchmal nichts anderes sagen konnte, als daß sie schlimmer als Bestien seien und den Adel ihrer Seele mit Füßen träten. Ohne Klage nahm sie alle Fährnisse auf sich. Sie durfte von sich selbst sagen: «Niemals habe ich, soviel ich mich jetzt erinnern kann, aus Furcht vor Schwierigkeiten eine Stiftung unterlassen, obwohl ich gegen Reisen, besonders wenn sie lange dauerten, eine starke Abneigung in mir fühlte.»[108] Sie scheute keine Anstrengung, noch als alternde Frau ging sie unermüdlich ans Werk. Dabei verlor sie sich nie in eine leer laufende Betriebsamkeit, die sie als Feindin der Seele erkannte. Es muß als ein gewaltiges Werk bezeichnet werden, was sie in dieser Beziehung geleistet hat. Noch größer wird aber die Bewunderung, wenn man bedenkt, daß dies alles eine Mystikerin vollbrachte, welche daneben beständig die höchsten Verzückungen erlebte! Allerdings sollte Theresia, die schon neben Ignatius von Loyola als die stärkste Persönlichkeit der Gegenreformation betrachtet wurde, hierin noch die unerfreulichsten Erfahrungen machen. Sowohl Klosterreform als Klostergründungen stießen auf starken Widerstand. Die Nonnen des Karmeliterordens, die nicht gewillt waren, auf ihre Plauderstunden im Sprechzimmer und ihre freien Ausgänge zu verzichten, suchten die Bemühungen Theresias mit allen Mitteln zu vereiteln. Heftigste Formen nahm der Widerspruch an, als Theresia mit Hilfe von Johannes vom Kreuz versuchte, die Reform auch auf die Männerklöster auszudehnen. In dieser Phase wurde sie noch weniger verstanden, als man in Spanien den Protestantismus begriffen hat. Man redete von ihr in Ausdrücken, die man sonst nur auf Luther anwandte. Ihre Gegner, welche sie bezichtigten, verdächtige Lehren einzuführen, waren alle rechtgläubige Katholiken. Es kam zu schweren Kämpfen innerhalb des Ordens, und Theresia mußte einen Strom von Verleumdungen über sich ergehen lassen. Der Vertreter des Papstes nannte sie «ein unruhiges, umherschweifendes Weib, welches unter dem Vorwand gottseliger Unternehmungen an Albernheiten ihr Gefallen finde.»[109] Sie wurde bei der Inquisition angezeigt, und diese hat denn auch mehrmals ihre Schriften nach anfechtbaren Stellen durchstöbert und sie lange Zeit nicht freigegeben. Theresias Versicherung, daß sie ihre Bücher allezeit der Kirche unterworfen habe, vermochte sie nicht zu schützen. Der Konflikt steigerte sich noch, als der Nuntius offen auf die Seite der Gegner der Kloster-Reformation trat. Theresia bekam seine ganze Ungnade zu fühlen. Man ging scharf gegen sie vor, indem man sie zur Selbsteinsperrung in ein Kloster verurteilte und ihr jegliche Neugründung untersagte. Aus den Briefen an ihre Vertrauten, mit denen sie nur noch unter Decknamen korrespondieren konnte, gewinnt man ein lebendiges Bild von den Leiden, welche auch dieser Heiligen von ihren Mitchristen widerfuhren. Nicht umsonst schrie sie über das katholische Spanien auf: «Es ist etwas Entsetzliches um die Ungerechtigkeiten, die hierzulande gang und gäbe sind, wenig Wahrheit, lauter Falschheit.»[110] Im Kanonisationsprozeß hat man für diese Geschehnisse die beschönigende Formel gefunden, daß sie durch das Ertragen der Verfolgung von seiten guter Menschen die Tugend der Geduld in heroischem Grade bewiesen habe. Eine schwächere, empfindsamere Natur wäre diesen Schlägen wohl erlegen, aber Theresia wich vor keiner Drohung zurück und kämpfte mit einem wahren Heldenmut für ihre große Sache. Inmitten des spanischen Inquisitionszeitalters erklärte diese Frau gegenüber allen Einschüchterungsversuchen: «Es ist etwas Großes um die Sicherheit des Gewissens und um die Freiheit des Geistes.»[111] Unter diesen schweren Verfolgungen hatte Theresia jahrelang zu leiden. Ihre geistlichen Gegner kämpften mit den verwerflichsten Mitteln, sie schreckten nicht vor Lug und Trug zurück. Aber Theresia blieb unerschütterlich fest, auch als die Geschehnisse für sie einen ungünstigen Verlauf nahmen. Nie verlor sie ihre Haltung. «Ich will Ihnen sagen, daß ich mich nicht durch diese Ereignisse niederdrücken lasse. Ich erkenne, daß sie Gott gewollt hat, und daß Seine Majestät mit größerer Sorgfalt über sie wacht als wir.»[112] Sie freute sich sogar, für die Wahrheit leiden zu dürfen. Als sie keinen Ausweg mehr sah und die Reform vor dem Ruin zu stehen schien, raffte sie ihren letzten Mut zusammen und wagte es, an König Philipp II. zu schreiben, indem sie ihn um Eingreifen bat. Dieser kühne Schritt hatte unerwarteten Erfolg. Der König stellte sich auf ihre Seite, und die Verfolgungen wurden abgeblasen. Theresia durfte es erleben, wie ihr Werk, statt der Zerstörung anheimzufallen, sich weiter ausdehnte, wenn es auch die Zeitströmung nicht aufzuhalten vermochte. Aber ihr bleibt der Ruhm, für die seelische Erneuerung des Katholizismus im Zeitalter der Gegenreformation den größten Beitrag geleistet zu haben.

Die aufregenden Kämpfe untergruben freilich ihre Kräfte noch vollends. Eine Krankheit ergriff Theresia, und sie mußte sich hinlegen. Als sie merkte, welche Wendung ihr Leiden nahm, war sie darob hocherfreut und sprach: «So ist sie denn gekommen, die so oft und so heiß ersehnte Stunde, o mein Herr und Bräutigam! So ist denn die Zeit da, daß wir einander sehen werden.»[113] Nach der Meinung ihrer Mitschwestern ist Theresia keiner natürlichen Krankheit erlegen; es sei «der unerträgliche Brand der göttlichen Liebe die Ursache ihres Todes gewesen.»[114] Diese Auffassung gibt deutlich den Eindruck wieder, den ihre Umgebung von ihr besaß. Theresia war tatsächlich keine gewöhnliche Nonne. Sie hatte etwas von einem Cherub an sich, der in seinem flammenden Ausdruck nicht zu fassen ist, und bei dessen näherem Anblick man zu erschaudern beginnt.

DER DICHTER DER MYSTIK

Johannes vom Kreuz

1542—1591

I

Johannes vom Kreuz unterhielt sich einst mit Theresia von Jesu über die Dreieinigkeit. Mitten in der Unterhaltung fühlte er, wie seine Seele von einer göttlichen Entrückung überwältigt wurde. Er versuchte, sich noch schnell am Stuhl festzuklammern, aber die Gewalt der Ekstase war zu stark, und er schwebte samt dem Stuhl in die Höhe. Zu gleicher Zeit wurde auch Theresia von der Verzückung ergriffen und schwebte innerhalb des Gitters knieend in die Luft. Eine daherkommende Nonne sah bestürzt das wunderbare Ereignis, das wohl die ungewöhnlichste Begegnung zweier Menschen in der ganzen christlichen Literatur genannt werden kann. Über ein solches phantastisches Vorkommnis schüttelt man unwillkürlich den Kopf, mutet es doch dem modernen Betrachter allzuviel zu. Was war dies für ein Mensch, von dem solche Begebenheiten überliefert werden? Wer die Antwort auf diese Frage sucht, wird gewahr, daß Johannes vom Kreuz tatsächlich eine der unzugänglichsten Gestalten der christlichen Geistesgeschichte ist. Zwar wurde er im Jahre 1926 in Rom zum Lehrer der gesamten Kirche erhoben, eine Würde, die nur wenige Heilige erhielten. Gleichwohl bleibt Johannes vom Kreuz ein Unnahbarer. Auch die schöne fünfbändige Ausgabe, die nach dem ersten Weltkrieg in deutscher Sprache erschienen ist, war nicht imstande, ihn zum geistigen Besitz der Gebildeten zu machen, geschweige denn seine Volkstümlichkeit zu begründen. Wohl wird der Name Johannes vom Kreuz öfters genannt und immer mit dem Respekt, der ihm gebührt; aber es trifft auch auf ihn zu, was Lessing von sich sagte, der weniger gelobt und mehr gelesen zu werden wünschte. Viele werden es nicht sein, die alle seine Schriften durchgelesen haben. Es ist dies durchaus begreiflich, da er nichts von einem Mode-Mystiker an sich hat. Johannes vom Kreuz ist eine verschlossene Natur, die nicht leicht zu verstehen ist. Er kommt nicht entgegen, sondern verhält sich beinahe abweisend. Er ist ein von Geheimnissen umwitterter Mensch, und das Unzugängliche gehört zu seinem Wesen. Das bildet den eigentlichen Reiz seiner Gestalt. Wenn eine Darstellung dies beseitigen wollte, würde sie etwas Wesentliches an ihm zerstören. Um seine Verschlossenheit zu durchbrechen, muß man ihn geistig erobern, was bis dahin erst wenigen gelungen ist.

Als kleine Hilfe auf diesem Weg mag der Hinweis dienen, daß Johannes vom Kreuz im Zeitalter der spanischen Eroberer lebte. Es war jenes Jahrhundert, das auf Columbus' Entdeckung Amerikas folgte, und das durch die Besetzung von Mexiko und Peru gekennzeichnet ist. Mochten es auch abenteuerliche Naturen gewesen sein, die übers Meer fuhren, um den neuen Erdteil ihrem Lande nutzbar zu machen, ihre Tat bildet doch eine der größten Leistungen Spaniens. Mit diesen Fahrten haben jene Menschen ein neues Kapitel mit weitreichenden Folgen im Buch der Weltgeschichte eröffnet. Als eine Parallelerscheinung zu diesen Männern, als ein geistlicher Eroberer ist Johannes vom Kreuz zu bezeichnen. Seine Entdeckungsfahrt vollzog sich nicht im äußeren Raum; sie spielte sich im Reiche der Seele ab. Aber auch er ist in unbekannte Gegenden vorgestoßen, und seine Entdeckungen stehen dem nichts nach, was die spanischen Eroberer vollbrachten. Es ist durchaus angebracht, die beiden Vorgänge miteinander zu vergleichen, von dem der eine nach außen zielte und der andere die große Expansion des inneren Lebens darstellt. Wer bereit ist, Johannes vom Kreuz dabei zu folgen, der tritt die größte Entdeckungsfahrt an, die es im menschlichen Dasein gibt, auf deren vielfache Überraschungen man in keiner Weise gefaßt ist.

II

Die Familie Johannes de Yepes war völlig verarmt, so daß der Knabe frühzeitig zu einem Handwerker in die Lehre gegeben wurde, damit er zum Unterhalt der Seinigen etwas beitragen könne. Aber der Jüngling erwies sich ungeachtet seines guten Willens gleich beim ersten Meister als unbrauchbar. Obschon versucht wurde, ihn nacheinander bei einem Schreiner, Schneider, Bildhauer und Maler unterzubringen, scheiterte die Lehre immer an der gleichen Unfähigkeit des Knaben. Mochte sich der junge Johannes auch noch so Mühe geben, er war nicht imstande, seine Arbeit zur Zufriedenheit seines Lehrmeisters zu verrichten. Zum Schmerz seiner Mutter mußte er immer wieder entlassen werden. Das Vorkommnis wird wegen seiner Unrühmlichkeit in den meisten Biographien über Johannes nur mit einem kurzen Satze erwähnt. Zu Unrecht, denn es ist trotz seiner Unscheinbarkeit für dessen Wesen aufschlußreich. Die Unverwendbarkeit des jungen Johannes kann nicht nur mit der Ungeschicklichkeit des Knaben erklärt werden, sie hat vielmehr tiefere Gründe. Der traumverlorene Jüngling war für das handwerkliche Dasein nicht zu gebrauchen, und es ließ sich aus ihm kein tüchtiger Berufsmann machen, weil sein seelisches Sein dem geschäftigen Leben dieser Welt überhaupt nicht angehörte. Sein rätselhafter Seelenzustand drängte bereits damals in eine Richtung, die quer zum bürgerlichen Dasein stand, und die sich zunächst nur als störender Faktor geltend machte, indem sich sein Unbewußtes gegen die Einspannung ins Erwerbsleben zur Wehr setzte. Statt diese Begebenheit als beschämendes Faktum zu vertuschen, verdient dieselbe vielmehr an den Anfang gestellt zu werden, bildet sie doch das früheste Merkmal seiner Andersartigkeit, welche ihn in das gewöhnliche Leben sich nicht einordnen ließ.

Der geplagten Mutter blieb nichts anderes übrig, als den vierzehnjährigen Johannes einem Hospital zu übergeben, wo er lediglich für das Einsammeln von Almosen verwendet werden konnte. Für die Familie war es der gegebene Ausweg, den unbrauchbaren Jüngling auf die unauffälligste

Art abzuschieben. Von diesem Hospitaldienst fand der für das berufliche Leben untaugliche junge Mann einige Jahre später den Weg zum Orden der Karmeliter. Im damaligen Spanien hatte der Eintritt ins Kloster nichts Ungewöhnliches an sich. Der mönchische Weg wurde von unzähligen Menschen fortwährend beschritten. Die intellektuelle Begabung des jungen Mannes wurde vom Orden bald erkannt, und man sandte ihn auf die Universität zu Salamanca. Die Namen der Lehrer, welche auf seine Studien Einfluß gewonnen haben, sind nicht bekannt. Doch erwarb Johannes sich eine ansehnliche Kenntnis der Kirchenväter und der mittelalterlichen Theologen. Mit besonderem Eifer las er die Schriften von Dionysios Areopagita und der ersten Mönchsväter. Diese Vorliebe verrät sowohl die geistige Neigung des jungen Mönches wie die Quelle, aus der seine spätere Mystik gespeist wurde. Auch eine souveräne Beherrschung der Bibel eignete er sich an, von der er später zahlreiche Proben ablegte. Seine Studien schloß er mit der Priesterweihe ab. Obwohl die geistliche Laufbahn den inneren Wünschen von Johannes entsprach, war er in seinem Kloster alles andere als glücklich. Zwar sehnte er sich nicht wieder in die Welt zurück. Aber die Verwahrlosung des klösterlichen Lebens machte ihm viel zu schaffen. Um die Mitte des 16. Jahrhunderts befanden sich auch die spanischen Klöster noch immer im Verfallsstadium, das sich vor allem in einer äußerst bequemen Handhabung der Regel äußerte. Von dem behaglichen Leben, das diese angeblich aus der Welt ausgetretenen Mönche innerhalb der klösterlichen Mauern führten, fühlte Johannes sich abgestoßen. Eine schwere Enttäuschung kam über ihn, wie sie sich gerne bei edlen Naturen einzustellen pflegt, die mit den höchsten Erwartungen ins Kloster eintreten und in ihm nur gewöhnliche Alltäglichkeit antreffen. Um sie zu überwinden, trug er sich mit dem Gedanken, von den Karmelitern zu den Kartäusern überzutreten, deren viel strengere Regel seinem asketischen Eifer mehr zu entsprechen schien.

In diese Zeit der seelischen Krise fällt die unerwartete Begegnung Johannes' mit Theresia von Jesu, die für den fünfundzwanzigjährigen Mönch von schicksalshafter Bedeutung wurde. Zwei Menschen traten einander gegenüber, die in individueller Beziehung sehr verschieden veranlagt waren. Theresia als energische Natur war mit ihrem heftigen Temperament die typische Spanierin, die sich ihre heilige Formung mühsam hatte abringen müssen, während Johannes von schwächlicher Leibesbeschaffenheit mit seiner Büßerneigung ganz nach innen schaute. In ihm waren, außer in seinen Gesichtszügen, die nationalen Charaktereigenschaften nur schwach ausgeprägt. In sachlicher Beziehung haben sich die beiden Heiligen jedoch sofort angesprochen. Theresia hatte damals ihre suchende Zeit bereits hinter sich, während Johannes unmittelbar vor der großen Wendung seines Lebens stand. Die Klostergründerin wußte genau, was sie wollte, und sie beschäftigte sich zu jenem Zeitpunkt mit der Absicht, ihre begonnene Reform auch auf die Männerklöster des Karmeliterordens auszudehnen. Sie war auf der Suche nach dem geeigneten Pater, der ihr dabei behilflich sein konnte. Man hatte ihr von dem in sich gekehrten Wandel des Johannes erzählt. Sie wünschte den jungen Mann zu sehen und war von ihm gleich entzückt, wenn auch nicht von seinem Äußeren, obschon Johannes' «Gesichtsausdruck ernst und ehrwürdig, die Gesichtsfarbe dunkelbraun und die Gesichtszüge einnehmend» waren.[1] Auf Theresia machte Johannes' körperliche Erscheinung eher einen unbedeutenden Eindruck. In ihrer spaßigen Art sagte sie später, sie habe die Reform mit «eineinhalb Religiosen» begonnen, da sie Johannes wegen seiner kleinen Gestalt nur als «halben Menschen» rechnete. Was die Verfasserin der «Seelenburg» an Johannes fesselte, war dessen geistige Haltung, in der sie mit ihrem genialen Spürsinn sofort die ihr seelisch verwandte Natur witterte. Für Johannes aber war es ein Ereignis, daß er in verhältnismäßig jungen Jahren dem entscheidenden Menschen seines Lebens begegnete, der bereits jenes Sein verkörperte, nach welchem er noch suchte, und dessen religiöse Haltung ihm völlig ebenbürtig war.

Nach diesem ersten Zusammentreffen entwickelte sich zwischen den zwei Menschen eine geistige Freundschaft, die für beide von großer Wichtigkeit wurde. Obgleich der Verkehr immer nur durch das Sprechgitter stattfinden konnte, kamen sich die beiden Menschen beständig näher, und mit ihrer religiösen Glut entzündeten sie sich gegenseitig unaufhörlich. Das Wesen dieser Beziehung wird gewöhnlich in einem falschen Licht gesehen, indem Johannes einseitig in den Schatten der Theresia gerückt wird. Die Abhängigkeit Johannes' darf jedoch nicht zu stark betont werden. Es war kein bloßes Schülerverhältnis, was Johannes mit Theresia verband. Gewiß empfing Johannes viele Anregungen von der älteren Theresia, und seine Hochachtung hat er selbst mit dem freilich einzigen Hinweis auf die «wunderbaren Schriften von Theresia» bezeugt, der sich in seinen Werken findet.[2] Aber Johannes hat das Empfangene selbständig verarbeitet, und der freundschaftliche Geistesaustausch mit Theresia hinderte ihn nicht, sein eigenes Selbst zu finden. Durch seine theologische Bildung war er Theresia in manchen Fragen überlegen und kam bald auch in die Lage, der Gebende zu sein. Theresia hat ausdrücklich bezeugt: «Er war so fromm, daß ich wenigstens mehr von ihm lernen konnte, als er von mir»,[3] und einmal äußerte sie, daß sie alles, was die Gelehrten ihr sagten, in ihrem «kleinen Seneca» finde, wie sie Johannes zu nennen pflegte. Sie betrachtete ihn als gotterleuchteten Geistesmann und nannte ihn «in Wahrheit den Vater meiner Seele», der zu denen gehöre, «die durch Worte meine Seele am meisten gefördert haben.»[4] In ihrem denkwürdigen Brief an Philipp II. hat Theresia es gewagt, Johannes schon bei dessen Lebzeiten nachdrücklich als «Heiligen» zu bezeichnen.[5] Leider muß das Tiefste dieser seltenen Geistesfreundschaft unausgesprochen bleiben, da der Briefwechsel zwischen Theresia und Johannes der Vernichtung anheimfiel. Ihre Beziehung blieb stets ohne die geringste Trübung, weil sie einander immer durchsichtig und zugleich selbständig gegenüberstanden. In der Sache, für die sie kämpften, waren sie bis auf den Grund eins. Im

Vergleich mit Meister Eckhart und dessen Schule weist ihre Mystik die größtmögliche Ähnlichkeit auf, da ihr die gleichen Erlebnisse zugrunde lagen.

Als Theresia zum ersten Male am Gitter des Sprechzimmers Johannes gegenüberstand, ging es ihr darum, ihn für die Reform der unbeschuhten Karmeliter zu gewinnen. Sie brauchte zu diesem Zwecke weder langen Widerstand zu überwinden noch große Überredungskünste anzuwenden. Ihre Pläne kamen den Neigungen Johannes' aufs stärkste entgegen, und er war mit ihren Ausführungen alsogleich einverstanden. Nach der Unterredung mit Theresia erkannte er, daß ein Wechsel von den Karmelitern zu den Kartäusern nicht mehr nötig war, um ein strenges Leben zu führen. Es bot sich ihm Gelegenheit, dieses Vorhaben innerhalb seines Ordens auszuführen. Mit dem hingebungsvollen Eifer, dessen seine glühende Seele fähig war, machte Johannes sich an die neue Aufgabe.

In Durvelo gründete er das erste Kloster der unbeschuhten Karmeliter, in welchem nach den ursprünglichen Bestimmungen des Gründers mit dem Entschluß der asketischen Bußübung restlos ernst gemacht wurde. Ein baufälliges Haus, durch das der Wind blies und der Regen eindrang, wurde zu diesem Zwecke erworben. Es befand sich in einem solch vernachlässigten Zustand, daß niemandem zugemutet werden konnte, sich in diesem stallähnlichen Raume niederzulassen. Aber gerade diese bis ins Letzte gehende Armseligkeit übte auf Johannes eine unwiderstehliche Anziehungskraft aus. Im Flur dieser bis dahin als Getreidebehälter verwendeten Gebäulichkeit richtete er eine Kirche ein. An die Wände hing er aus bloßen Baumästen verfertigte Kreuze und setzte dem Gottesacker entnommene Totenköpfe darunter. Das bildete den ganzen Schmuck. Jegliche Bequemlichkeit wurde ausgeschlossen. Ein Stein diente als Kopfkissen und ein Strohbündel als Decke für den auf wenige Stunden eingeschränkten Schlaf. Brot und Wasser waren die Nahrung, der nur selten etwas Gemüse beigegeben wurde. Vollständige Stille und gänzliche Abgeschiedenheit von der

Welt sollten verwirklicht werden. Diese Mönche nahmen die härtesten Anforderungen auf sich, und ihre Lebensregel faßten sie in die erschauernden Worte zusammen: leiden und dann sterben. Als Johannes dieses Klösterchen begründete, legte er auch seinen Familiennamen Yepes ab und nannte sich nach dem von Theresia eingeführten Brauch fortan mit dem geistlichen Namen Johannes vom Kreuz.

Es wird ein zu harmloser Ausdruck verwendet, wenn man Johannes' vom Kreuz Klosterleben in Durvelo mit dem Namen Reform bezeichnet. Will man ihn doch gebrauchen, so ist an die Äußerung Kierkegaards zu erinnern, daß es das Zeichen des echten Reformators ist, die Sache schwerer und nicht leichter zu machen. Für Johannes vom Kreuz erschöpfte sich die Reformbestrebung nicht in einigen kleinen Änderungen der Kleider und Gebäulichkeit. Es ging ihm um mehr: um einen neuen Geist. Und wenn man diesen neuen Geist näher betrachtet, erschrickt man beinahe. Denn nichts Geringeres versuchte er wieder zu beschwören als den religiös bedeutsamen Geist der Wüste. Jenen Geist, der Johannes dem Täufer befahl, sich von Heuschrecken zu ernähren, und der auch in den altchristlichen Mönchsvätern lebte, wollte er auferwecken. Die Kenntnis von deren Schriften zeitigte ihre Früchte. Auf dem Höhepunkt von Spaniens glänzendster Kulturepoche nahm Johannes vom Kreuz die Tradition des ältesten Mönchtums auf. Diese gewaltige Idee verwirklichte er auf eine solch kühne Weise, die man nicht mehr für möglich gehalten hätte und wie sie nur echter Religiosität entstammen kann. Aus der ersten Schöpfung Johannes' vom Kreuz weht einem tatsächlich ein heißer Hauch der Wüste entgegen, der mit seinen Gluten alles zu versengen droht. Etwas vom alten Jahve-Geist, der Elias durch die Wüste trieb, braust durch dessen heroische Anfänge. Das ist spanische Heiligkeit, und wer immer über die Religiosität des Zeitalters Philipp II. urteilen will, muß auch diese Vorgänge einbeziehen. Die Bedeutung von Johannes' vom Kreuz erster Lebensepoche besteht in der Erneuerung der unheimlichen Wüstenfrömmigkeit, die mit ihrer asketischen Zucht die unumgängliche Voraussetzung für den Aufstieg seiner Seele bildet. Man macht sich einer Ungerechtigkeit schuldig, will man die Größe dieses Unternehmens nicht anerkennen, nur weil sie das moderne Bewußtsein fremd anmutet.

Dieses nie mehr gesehene Schauspiel machte auf eine Anzahl Zeitgenossen einen tiefen Eindruck. Bald scharten sich auch einige Gleichgesinnte um ihn, mit denen er seinem Ziel entgegenstrebte. Johannes war die leitende Persönlichkeit, dem die Neueintretenden als ihrem Führer folgten. Seine Begabung für geistige Leitung bezeugen seine Ausführungen über das Klosterleben, die das neue Wüstenideal von innen erhellen. Johannes' vom Kreuz geistliche Leitsätze, die von der maximalen Losung ausgehen, «eher sterben und vergehen als sündigen», gehören der höchsten Sphäre an. In die Sprache des Allerwelts-Christentums lassen sie sich nicht übersetzen, sind sie doch nur für Menschen geschrieben, welche die Tore der Welt hinter sich zugemacht und den Gang in die Wüste angetreten haben. Die Ausführungen Johannes' vom Kreuz stoßen zunächst vor den Kopf, da sie sich in widersprechenden Formulierungen bewegen. Seine «Verhaltungsmaßregeln für Ordensleute» erteilen den Klosterinsassen die scheinbar widerspruchsvolle Ermahnung, «die Menschen in gleicher Weise zu lieben und zu vergessen.»[6] Der Klostergründer von Durvelo mutet ihnen zu, weder Anstoß zu nehmen, noch sich zu verwundern über das Leben der übrigen Mönche, sondern sich «über das Gute, das andere tun, ebenso zu freuen, als ob sie es selbst getan» hätten.[7] Für das enge Zusammenleben in der Klausur, in der so leicht Reibungen entstehen, ordnete Johannes vom Kreuz an: «Beurteile einen Menschen nicht nach dem Mangel der Tugenden, die nach deiner Meinung an ihm zu Tage treten; vielleicht ist er Gott höchst wohlgefällig aus andern Motiven, an die du nicht denkst.»[8] Was immer auch den Mönchen begegnen mag, es sei Gutes oder Schlimmes, sie müßten es ohne Murren von Gott kommend entgegennehmen. Vor allem schärfte er ihnen den Grundsatz ein: «Tu nie etwas, noch sage irgendein Wort, das nicht auch Christus tun, beziehungsweise sagen würde, wenn er in deinem Stande lebte, dein Alter und deine Gesundheit besäße.»[9] Alle Ausführungen Johannes' vom Kreuz haben die Arbeit an der eigenen Vervollkommnung im Auge, der das neue Klosterleben dienen sollte. Am unverhülltesten tritt das steile Wüstenideal dieses Heiligen in dem übermenschlichen Satz hervor: «Verlange nichts anderes als das Kreuz, und zwar ohne Trost; denn das ist vollkommen.»[10] Ungeheure seelische Anstrengungen werden von dem Menschen, der diesem hohen Heiligkeitsideal nachstreben will, verlangt. Johannes' vom Kreuz «geistliche Leitsätze» bewegen sich nie in Selbstverständlichkeiten. Sie weisen den über sie nachdenkenden Menschen in unendliche Tiefen. «Verzichte auf deine Wünsche, und du wirst erlangen, was dein Herz begehrt»,[11] ist einer der ungewöhnlichsten Ratschläge, die man erteilen kann, und der doch die seltsame Fähigkeit in sich schließt, die unerwartetsten Früchte zu zeitigen. Das Geheimnis dieser mönchischen Wüstentheologie ersteht neu, wenn man diese erhabenen Leitsätze nicht schnell nacheinander liest, sondern jeden einzelnen zum Gegenstand einer eingehenden Betrachtung macht. Die hinreißende Kraft dieser heldischen Worte war in der Persönlichkeit des Johannes vom Kreuz begründet, welcher das neue Ideal selbst verkörperte.

Daß es wirklich der alte Wüstengeist war, den Johannes wieder zum Auflodern brachte, zeigte sich in der Wirkung, die er auf den ganzen Karmeliterorden ausübte. Im damaligen Spanien mit seinen verfeinerten Lebensgewohnheiten war man bereits zu weit vom alten Mönchtum entfernt, um nicht gegen dieses erneuerte Wüstenideal instinktiv eine große Abneigung zu verspüren. Von Johannes' vom Kreuz Bemühung mußten sich alle diejenigen Mönche betroffen fühlen, die an der bisherigen bequemen Handhabung der Ordensregel festhielten. Für sie bedeutete Johannes' Radikalismus ein beständiger Vorwurf. Darum stellten sie sich seinen Reformbestrebungen entschlossen entgegen und versuchten, sie als unmögliche Übertreibungen zu bezeichnen und zu vereiteln. Zwischen beschuhten und unbeschuhten

Karmelitern kam es zu heftigen Auseinandersetzungen, wie sie nur geführt werden, wenn letzte Wahrheiten auf dem Spiele stehen. Diese ausbrechenden Kämpfe waren unausweichlich. Die alte Ordens-Richtung konnte sich auf ein gewisses Gewohnheitsrecht berufen und fühlte sich durch die neue Wüstenfrömmigkeit in ihrem Bestand bedroht. Gegen den Urheber der neuen Bewegung erwachte ein elementarer Haß. Ins Unrecht versetzten sich die beschuhten Karmeliter erst durch die verwerflichen Mittel, mit denen sie gegen die neue Richtung vorgingen. Da sie an religiöser Kraft den Unbeschuhten weit unterlegen waren, versuchten sie ihren Nachteil durch ein hinterlistiges Vorgehen wettzumachen. Sie gebärdeten sich schließlich auf eine Weise, die aller christlichen Nächstenliebe Hohn spricht. Gegen die junge Reform entfesselten sie einen wahren Sturm, in welchem sich die unerfreulichsten Eigenschaften von Klosterinsassen austobten. Keine Verleumdung war ihnen zu schlecht, wenn sie nur dazu diente, das Werk des Johannes vom Kreuz zu untergraben. Was man an Ruchlosigkeiten ersinnen konnte, wurde gegen dasselbe angewandt.

Die größte Wut mußte Johannes vom Kreuz als Vater der männlichen Reformbewegung über sich ergehen lassen. Er wurde als der eigentliche Verschwörer gegen die bisherige Ordensauffassung hingestellt. Da die Gegner ihm nicht beizukommen vermochten, überfielen ihn kurzerhand Bewaffnete in einer Dezembernacht des Jahres 1577. Sie erbrachen ohne Schwierigkeiten die schwache Türe seiner Zelle, banden und entführten ihn auf gewaltsame Art. Die Schergen, die Johannes vom Kreuz mit sich schleppten, brachten ihn nach Toledo und warfen ihn in einen Kerker.

Die schwere Passion, die seine Gefangenschaft darstellt, begann mit der zwangsweisen Anziehung von Schuhen und Kleidern der alten Ordensrichtung. Man sperrte ihn in ein enges, muffiges Loch, das ohne Licht war und in welchem er kaum aufrecht stehen konnte. Um seine Widerspenstigkeit zu brechen, behandelte man ihn mit ausgesprochener Brutalität. In seelischer Beziehung wurde er auf alle mögliche

Weise gequält, indem man unmittelbar vor seiner Kerkertür die schrecklichsten Gerüchte erzählte, z. B. der Papst habe die Reformbestrebungen der Theresia ausdrücklich verworfen. Während der ganzen Gefangenschaft wurde ihm die Kommunion verweigert, und es durfte ihn niemand besuchen. «Der Prior nannte ihn einen Empörer, einen Heuchler, einen Hoffärtigen, der nach dem Ruhm eines Reformators des Ordens strebe.»[12] Nicht genug der spottenden Schimpfreden, die er von seinen harten Wächtern über sich ergehen lassen mußte, wurde er von ihnen auch körperlich gezüchtigt. Nie wechselte man ihm seine Kleider, und des Ungeziefers konnte er sich kaum erwehren. Er bekam nur verdorbene Nahrung zu essen, die zudem übermäßig gewürzt war, und sie gaben ihm absichtlich kein Wasser zu trinken. Appetit- und Schlaflosigkeit stellten sich in der Folge ein, und seine Kräfte nahmen zusehends ab. Zeitweise war er so schwach, daß er kaum noch gehen konnte. Mit Füßen wurde er getreten und jeden Mittwoch und Freitag vor der ganzen Mönchsgemeinde mit Rutenhieben aufs grausamste gegeißelt. Die Spuren dieser Mißhandlung waren bis an sein Lebensende an seinem Körper wahrzunehmen. Diese furchtbarsten Qualen bereiteten seine eigenen Ordensbrüder dem Heiligen. Theresia regte sich über diese rohen Züchtigungen dermaßen auf, daß sie es in ihrem Brief an Philipp II. «für besser hielte, er wäre in die Hände der Mauren gefallen, da diese vielleicht mehr Mitleid mit ihm hätten».[13] Es gehört diese dämonische Grausamkeit innerhalb der Kirche zu jenen erschütternden Wahrnehmungen, denen man mehr als einmal in der Welt der Heiligen begegnet, und die einem vor die schwersten Rätsel stellen. «Ich begreife nicht, wie Gott so etwas zuläßt», stöhnte auch Theresia im Hinblick auf Johannes' vom Kreuz Kerkeraufenthalt, an den sie unablässig denken mußte.[14] Doch gilt es trotz des Unverständlichen, diese Ruchlosigkeiten wahrheitsgemäß darzustellen. Nur dann macht man sich keiner falschen Schönfärberei schuldig, und es tritt das Bild des Heiligen in seiner ergreifenden Größe hervor.

Der englische Erzbischof Alban Goodier glaubt in dieser schmachvollen Behandlung den Grund gefunden zu haben, warum es keine auf der Höhe der Zeit stehende Biographie über Johannes vom Kreuz gebe. Der Verfasser hätte auf katholische Menschen, die er gerne mit Ehrfurcht behandeln möchte, schwere Schatten fallen lassen müssen, und das tue niemand gern.[15] Der urwüchsige Johannes Mumbauer dagegen meinte trotz seines Priestertums, «dieses Ärgernis, das sich wie ein Roman anhört, verdiente zum abschreckenden Beispiel für die pharisäischen Fanatiker aller Zeiten innerhalb und außerhalb der Kirche ein wenig ausführlicher dargestellt zu werden.»[16] So naheliegend es ist, aus diesem unentschuldbaren Verhalten der Karmeliter eine flammende Anklage zu schmieden, darf man sich doch nicht auf diese Fährte des Protestes verlocken lassen. Man würde damit eine Richtung einschlagen, die nicht im Sinne des Johannes vom Kreuz liegt, und die an der Oberfläche verbleibt. Es gilt vielmehr, tiefer zu blicken und zu sehen, was hinter diesem schrecklichen Leiden steht, und zu dem vorzudringen, wofür es gut war.

III

Trotz der Düsternis der schweren Kerkermonate, die Johannes vom Kreuz in Toledo durchmachen mußte, ist dieser Aufenthalt in seinem Dasein doch neben der Begegnung mit Theresia als das zweite entscheidende Ereignis seines Lebens zu betrachten. Auch Johannes konnte von «Toledo im Gewitter» reden, wie El Greco es in seinem gewaltigen Gemälde tat, nur daß es beim Heiligen ein inneres Gewitter war, das sich im Hell-Dunkel seiner Seele abspielte, und in welchem Zustände tiefster Gottverlassenheit mit Stunden höchster Lichtbegnadigung abwechselten. Er war in jene Tiefe hinabgestoßen, da der Mensch entweder zerbricht oder aufersteht. Man kann nur ahnen, was in der Seele Johannes' vom Kreuz in diesen Monaten vor sich gegangen ist. In diesen martervollen Stunden, da er innerhalb seiner Kerkerwände schmachtete, wurde in ihm der mystische Dichter geboren. Als er jeglichen menschlichen Trostes beraubt war und niemand ihm nur ein gutes Wort gönnte, als er sich so verlassen vorkam, wie nur eine Seele in Einsamkeit sich vergessen fühlen kann, und die finsteren Schatten der Schwermut sich auf sein Gemüt niederzusenken begannen, als die Verzweiflung sich seiner zu bemächtigen drohte — da entrangen sich seiner gequälten Brust die ersten süßen Laute des Dichters. In dieser äußersten Not gab auch ihm ein Gott zu sagen, was er leide. Selten wurde in einer solch dunklen Situation ein solch heller Jubel angestimmt. Gleich «einer geblendeten Nachtigall im engen Käfig» ließ er ein Lied von unvergänglicher Schönheit ertönen.[17] Zwar hatte der Gefangene nicht einmal eine Feder zur Hand, um den ewigen Gesang aufzuzeichnen, der sich ihm plötzlich auf die Lippen legte. Nur in seiner Seele stieg die wundersame Klage auf, die er unaufhörlich vor sich hinsagte, und die nur in einem Kerker entstehen konnte:

> Wo ist der Ort, wo mein Geliebter weilet?
> Warum hat seufzend er mich hier verlassen? —
> Dem Hirsche gleich ist flüchtig er enteilet
> Und hat verwundet mich zurückgelassen.
> Ich lief ihm nach und konnt' ihn nicht mehr fassen.[18]

Es bleibt eine erstaunliche Wahrnehmung, daß der Mann, der sich die Auferweckung des alten Wüstengeistes im Karmeliterorden zum Lebensziel stellte, zugleich ein Dichter war. Von seiner grimmigen Askese erwartet man eine schroffe Ablehnung aller Poesie. Um so überraschender ist es, in Johannes vom Kreuz, der in Durvelo nur Totenkopf und Kruzifixus duldete, auch einen Künstler zu entdecken. Wohl niemand wäre auf den Gedanken gekommen, in ihm einen leidenschaftlichen Liebhaber der Musik zu vermuten, der auch gerne zeichnete. Johannes vom Kreuz war wie die meisten verschlossenen Naturen ein mehrschichtiger Mensch, den man nicht auf einlinige Weise erklären kann. Sein Dichtertum befindet sich zu seinem asketischen Wüstenideal keineswegs in unauflöslichem Widerspruch. Es bildet die Schale, welche diesen süßen Kern umschließt. Daß der Heilige von Fontiberos ein Dichter war, hat man schon früher gespürt. Aber dieses Ereignis wurde nicht richtig gewertet; man verstand es lediglich als Begleitmusik statt als Grundmelodie. Es gilt, sein Dichtertum ganz anders als bisher in den Mittelpunkt seines Daseins zu rücken. Johannes vom Kreuz ist der Dichter unter den Heiligen und der Heilige unter den Dichtern. Sein Urerlebnis ist ein dichterisches. Freilich gehört er nicht zu den Dichtern, bei denen die Fabulierlust im Vordergrund steht, vielmehr zu jenen, die wie Hölderlin «heilige Gefäße» sind, welche «Gottes Gewitter mit entblößtem Haupte» über sich ergehen lassen. Johannes vom Kreuz ist ein ausgesprochen religiöser Dichter, für den das Lied ein sakrales Tun war, und der sich als Hüter der heiligen Flamme fühlte. Darin besteht das Tröstliche seiner Erscheinung und zugleich auch seine schwere Zugänglichkeit. Dem literarisch Sachverständigen fehlt gewöhnlich das religiöse Organ, um ihn zu verstehen, während dem religiösen Menschen oft die künstlerische Vorliebe abgeht. Als Dichter der Mystik hat Johannes vom Kreuz kein umfangreiches Werk hinterlassen, dafür aber einige auserlesene Verse von zauberhafter Schönheit, von dunkler Gewalt und heller Einsicht. Seine Zuflucht zur Poesie beruht auf keiner Zufälligkeit. Diesem Vorgang lag der Gefühlsaufschwung zugrunde, daß die heilige Seele singen und nicht reden sollte. Die Dichtung ist — außer der Ekstase — die einzige würdige Form, in welcher das Göttliche erlebt werden kann. Die übliche Sprache genügt nicht; die gebundene gibt schon durch den Rhythmus ihre Gehobenheit kund. Das Höchste läßt sich nur im Gesange ausdrücken, wie es schon Mechthild von Magdeburg und Jacopone da Todi erfahren haben. Welch sehnsüchtige Töne hören wir bei Johannes vom Kreuz:

> Alle Schönheit auf der Welt
> Wird mein Herz niemals gewinnen,
> Sondern nur — ich weiß nicht was,
> Das sich wohl noch einmal findet.[19]

Die Überraschung über Johannes' vom Kreuz Dichtertum steigert sich noch, wenn auf den Inhalt seiner heiligen Poesie geachtet wird. Seine kostbaren Verse enthalten eine Musik der Worte, die mit ihrer süßen Trunkenheit sich einzig mit dem Hohenlied Salomons vergleichen läßt. Dieselbe Glut, die in Salomons Wechselgesang mit der Sulamit auflodert, findet sich bei Johannes vom Kreuz. Die Situation dieses alttestamentlichen Buches ist, ohne dieses einfach nachzuahmen, wiederhergestellt bis zu der «literarischen Landschaft des Hohenliedes, welche mit der wirklich halb-orientalischen Landschaft Andalusiens verschmilzt».[20] Die dunkel rauschende Liebeslyrik des Johannes vom Kreuz sprengt alles Hergebrachte und überwältigt den Menschen mit geistiger Macht. Das hoheliedhafte Wesen seiner liebesglühenden Dichtung verrät reinste Brautmystik. Nur prüdes Unverständnis kann an diesen sinnlichen Bildern Anstoß nehmen, da sie das geistigste Erlebnis zum Ausdruck bringen. Der religiöse Dichter besaß jedoch kaum eine andere Möglichkeit, als sich der erotischen Sprache zu bedienen, wenn er bezeugen sollte, wie die Beziehung des Menschen zu Gott nicht eine Sache des formalen Rechtes, sondern der gesteigerten Liebe ist, und diese allein dem tiefsten Gottesverhältnis entspricht. Liebe als das beste Erkenntnismittel des Göttlichen ließ Johannes vom Kreuz das leidenschaftliche Hohelied als eines der tiefsinnigsten Bücher der Bibel schätzen. Die erotische Symbolsprache dieses alttestamentlichen Buches tastet sich nach dem Dichter der Mystik noch immer am nächsten an die wahre Gottesbeziehung heran, und aus dieser Überzeugung heraus floß sein Lied:

An meiner sel'gen Brust,
Die ihm allein zu eigen,
Ruht er in süßer Lust.
Und ich, ich darf in Lieb' mich zu ihm neigen,
Ihm Kühlung wehn gelind mit Zederzweigen.

Als schon der Morgenwind
Begann, sein Haar zu spreiten
Um meinen Nacken lind,
Ließ er die Rechte gleiten;
Mir schmolz das Herz in Seligkeiten.

Ich gab, ergab mich ganz
Das Haupt am Lieb geborgen.
Es schwand der Dinge Glanz,
Vergessen war mein Sorgen,
Da ich in Lilienduft geborgen.[21]

Wie alle Gedichte büßen auch diejenigen von Johannes vom Kreuz beträchtlich an Formschönheit durch die Übersetzung ein. Trotzdem ahnt man noch etwas von der berückenden Form und dem überkühnen Aufschwung, der in ihnen lebt. Als Kardinal Diepenbrock eine Anzahl von ihnen neben andern spanischen Gedichten in seinem «geistlichen Blumenstrauß» erstmals dem deutschen Sprachkreis zugänglich machte und dieses Buch auch der religiösesten Dichterin Deutschlands Annette von Droste-Hülshoff schenkte, ging ein überraschtes Leuchten über deren Gesicht. Die Freude ist heute noch viel mehr am Platze, nachdem nun das ganze dichterische Werk Johannes' vom Kreuz in Übersetzung vorliegt. Eine wiederholte Beschäftigung mit ihm wird sich unweigerlich dem Urteil Reinhold Schneiders anschließen, nach welchem Johannes «der größte Sänger seiner Epoche war, ohne es sein zu wollen. Keinem war es gewährt, reiner den Ton zu empfangen und weiterzugeben, so, ohne Trübung, ohne das Opfer zu verraten, Instrument der Offenbarung zu sein.»[22]

Da Johannes' vom Kreuz Gedichte sich an Gott und nicht an Menschen wenden, sind sie nicht leicht zu verstehen. Weder gehen sie sprachlich ohne weiteres ins Ohr, noch erschließen sie rasch ihr Geheimnis. Wie Rilkes «Duineser Elegien» lassen sie sich im letzten Grunde nur nachfühlen. Johannes' vom Kreuz Gesänge wurden in mystischen Augenblicken gedichtet, und sie erfordern zu ihrem Verständnis, wie er selbst wußte, die Fähigkeit, sich in solche Zustände hineinversetzen zu können. Schon zu seinen Lebzeiten wurden oft Klagen über Schwerverständlichkeit und Dunkelheit seiner heiligen Poesie laut. Die Priorin Anna von Jesu forderte ihn auf, das im Kerker verfaßte Gedicht «Geistlicher Gesang» zu erklären, und ließ ihm keine Ruhe, bis er an die Arbeit ging. Nach längerem Zögern ist er diesem Vorschlag nachgekommen und begann Kommentare zu seinen Gedichten zu schreiben. Es handelt sich hiebei aber nicht um eine kurze Anweisung, wie sie zu lesen seien, sondern es sind ausführliche Abhandlungen, die Vers für Vers aufs sorgfältigste erläutern. Diese Arbeit mutet zunächst befremdlich an, weil ein Gedicht doch für sich selbst sprechen sollte, und wenn es dies nicht tut, scheint es nicht echte Kunst zu sein. Es muß doch vor allem vom künstlerischen und nicht stofflichen Gesichtspunkt aus betrachtet werden. Man hat gegen Johannes' Unternehmen auch schon den Vorwurf erhoben, daß der weltfeindliche Mönch in ihm wieder gesiegt und die wundersamen Stimmungen seiner Gedichte durch allegorische Deutungen zerstört habe. Aber diese Auffassung wird dem komplizierten Tatbestand nicht gerecht, und die richtige Einschätzung des Verhältnisses von Kommentar zu Gedicht ist der Prüfstein für das wahre Verständnis Johannes' vom Kreuz. Seine Gedichte sind religiöse Lyrik, die der mystischen Sphäre angehören, und die nur unvollkommen ausdrücken, was er in der Ekstase erlebt hat. Sie symbolisieren lediglich eine hinter ihnen stehende Wirklichkeit. Wenn Johannes vom Kreuz sich nun durch die Bitten um Verdeutlichung dazu bewegen ließ, Erklärungen zu schreiben, die er ohne Beihilfe irgendeines Buches verfaßte, und die sich nach und nach zu umfangreichen Bänden auswuchsen, waren dies andere Kommentare als diejenigen, welche man sonst in die Hände bekommt. Mit den langweiligen Erläuterungen, welche zuweilen kleine Geister über Werke großer Meister zu schreiben pflegen, haben sie nichts zu tun. Der Heilige benützte sie nicht, um grammatikalische Sprachübungen daran anzuknüpfen. Johannes vom Kreuz machte sich in bezug auf seine herrlichen Gedichte keines Vergehens schuldig. Die Prosa-Ausführungen, die er zu seiner Poesie schrieb, entstammen der gleichen mystischen Atmosphäre, sie wiederholen das gleiche Erleben wie die Gedichte. Anders ist nur die Form. Sie ersticken jeden Argwohn im Keime, daß es sich in der zarten Liebeslyrik Johannes' vom Kreuz nur um schwach verhüllte Verdrängungen sexueller Empfindungen handeln könnte. Klar ist, daß es sich um erotische Bilder handelt, die, als Vergleiche gemeint, das innigste Gottesverhältnis zu veranschaulichen versuchen. Johannes' vom Kreuz Gedichte und Kommentare gehören zusammen und dürfen nicht auseinandergenommen werden. Diese Gedichte hat ein Mystiker geschrieben, und in den Kommentaren ist der Dichter beständig zu spüren.

Auch seine Prosa-Ausführungen gehören zu den ungewöhnlichsten Werken der Weltliteratur. Die männliche Klarheit im durchsichtigen Aufbau der Kapitel und die majestätische Sprache des spanischen Barock hat man ihnen schon nachgerühmt. Und doch sind sie überaus schwierig zu lesen. Nie streckt Johannes vom Kreuz dem Leser die Hand entgegen, und mit keiner Zeile bemüht er sich, dessen Gunst zu erlangen. Im Gegenteil, er verbirgt wie absichtlich seine Perlen vor den neugierigen Blicken. Man kann seine Schriften mit einer Burg vergleichen, bei der alle Zugbrücken aufgezogen sind. Wer nur ein wenig in diesen Schriften blättert, in der Hoffnung, interessante Geistesblitze zu finden, wird sie bald enttäuscht wieder weglegen. «Es sollen hier nicht moralische und ästhetische Abhandlungen geboten werden für schöngeistige Menschen, welche nur auf Rosenwegen zu Gott gelangen möchten»,[23] sagt der Dichter selbst. Für Leser, die Mystik auf Büttenpapier und in Halbfranz lieben, sind sie wenig geeignet. Sie verlangen, soll man sie wirklich erfassen, vor allem ein inneres Mitgehen. Es braucht — um überhaupt den Zugang zu ihnen zu finden — eine seelische Arbeit. Ohne religiöse Beteiligung muten sie immer —

«spanisch» an. Eine Klippe für den modernen Menschen bildet auch das symbolische Denken, aus dem diese Schriften hervorgegangen sind, und welches Johannes vom Kreuz die Bibel ganz anders verwenden läßt. Bei keinem Vers der Heiligen Schrift fragt er, welchen historischen Sinn diese Worte ursprünglich besaßen. Diese Frage liegt außerhalb seines Gesichtskreises. Sein Blick ist ausschließlich auf ihren mystischen Sinn gerichtet. Nach ihm legt Gott seinen Worten «ganz andere Begriffe und einen andern Sinn zugrunde als der ist, in dem wir sie auslegen können.»[24] Darum beurteilt Johannes vom Kreuz die buchstäbliche Erklärung als abwegig.[25] Ihm ist die tiefe Einsicht aufgegangen: «Wir wissen, daß die Sprechweise Gottes seinem Geiste entsprechend eine andere ist als die unsere und von unserem Verstehen sehr verschieden und zugleich schwer zu fassen ist. Darum dürfen wir sie auch nicht nach unserem Sinn und unserem Sprechen bemessen.»[26] Wenn der Mensch diese Wahrheit nicht anerkennen will, gerät er leicht auf Abwege. Als Dichter der Mystik hatte Johannes vom Kreuz ein intuitives Verständnis für die Andersartigkeit des göttlichen Sprechens, welches ihn befähigte, auf spielende Weise das Sinnbildliche zu erfassen. Um seine Werke zu verstehen, muß der Leser sich auch Verständnis für das symbolische Denken aneignen, und dazu bedarf es einer inneren Umstellung. Sobald man jedoch wieder mit diesem Alphabet vertraut ist, erstrahlt in den Schriften dieses Heiligen ein wunderbares Licht, welches durch das Labyrinth der Welt zum Paradies des Herzens leiten kann.

Sowohl Gedichte als Prosa des Johannes vom Kreuz richten sich nach seinen eigenen Worten ausdrücklich nicht «an alle, sondern sie sind fürs erste nur bestimmt für einige Mitglieder unseres heiligen Ordens vom Berge Karmel.»[27] Diese Warnung, in ihnen nicht populäre «Jedermannsphilosophie» zu sehen, will beachtet sein. Der ausschließliche Kreis, für den sie berechnet sind, kann nur ein sehr kleiner sein. Sie sind für die wenig Glücklichen bestimmt; dieser religiöse Aristokratismus ist ein sehr wichtiges Merkmal. Die Schriften des spanischen Mönches gehen Menschen nichts an, die sich um das Göttliche nie gekümmert oder höchstens bei einem Unglücksfall eine schnell vorübergehende religiöse Anwandlung erfahren haben. Es sind keine Erweckungsschriften, die dem lebensgierigen Menschen das Donnerwort der Ewigkeit entgegenschleudern, damit er auf seiner abschüssigen Bahn zur Besinnung komme. Die christliche Vorstellungswelt setzen sie voraus und helfen sie nicht begründen. Wer diese Grundlage nicht kennt oder nicht teilt, dem haben sie nichts zu sagen. Sie wenden sich an Menschen, die bereits vom Göttlichen verwundet sind und leidenschaftlich nach der religiösen Heimat suchen. Sie sind, wie der mönchsgeschichtliche Ausdruck lautet, an ausgesprochene «Religiosen» gerichtet. Damit sind Anfänger nicht ausgeschlossen. Als weiser Baumeister beginnt Johannes mit dem Stande der Anfänger, worunter er jene Menschen versteht, die aus der Gedankenlosigkeit aufgeschreckt sind, deren Seele nach der ewigen Schönheit lechzt, und die sich im Aufbruch zu Gott befinden. Wenn er nicht mit ihnen beginnen würde, wäre Johannes nicht jener architektonische Geist, als der er sich stets erweist. Freilich ist seine Absicht, diese «verwundeten Seelen», die sich nicht mehr in den Niederungen des Daseins aufhalten können, alsobald aus dem Stande der Anfänger auf die Wege der Fortschreitenden zu lenken. An die Aufwärtssteigenden hat er bei der Niederschrift gedacht. Seine Ausführungen sind für jene Menschen geschrieben, welche Gott mit nicht zur Ruhe kommender Leidenschaft suchen und nicht für solche, die da meinen, «Gott sollte sie nicht mehr kosten als ein Wort und auch dieses kaum, und die deswegen auch nichts tun wollen, was irgendwie Mühe kostet.»[28] Die oft diskutierte Frage, für welche Leser letztlich seine Schriften bestimmt sind, kann nur dahin beantwortet werden, daß sie sich an Menschen richten, welche den Weg der Heiligkeit gehen wollen. Das ist die innere Bedingung, an die ihr Verständnis geknüpft ist. Für alle anderen bleiben sie verschlossen. Diesen nach der Heiligung strebenden Menschen gab Johannes vom

Kreuz die tiefsinnige Anweisung: «Suche deine Befriedigung nie in dem, was du von Gott verstehst, sondern vielmehr in dem, was du von ihm nicht verstehst. Deine Liebe und dein Ergötzen soll sich nicht auf das stützen, was du von Gott begreifst und empfindest, sondern auf das, wovon du kein Verständnis und keine Empfindung hast.»[29]

IV

Der Inhalt von Johannes' vom Kreuz Werken stellt eine großartige Dichtung dar, die ausschließlich um die beiden Pole Gott und die Seele kreist. Alle seine Werke sind nur Abwandlungen zu diesem einen Thema, auf welches das ganze Interesse gerichtet ist. Es nimmt das ganze Sein des Johannes vom Kreuz in einem Maße gefangen, daß ihm gegenüber alle andern Werte ins Wesenlose versinken. In dieser Haltung erweist Johannes sich als eine der religiösesten Naturen in der Geschichte des Christentums. Er beschäftigt sich nicht mit dem himmlischen Bräutigam, um nach beendeter Andacht wieder Ketzer zu verfolgen, wie dies in der Kirchengeschichte leider mehrfach vorgekommen ist. Die Ketzer existieren für ihn nicht, und jegliche Auseinandersetzung gegen Andersgläubige fehlt in seinen Werken, die alle zusammen ein einziges verschleiertes Bekenntnis bilden. In seinen Gedichten und Prosawerken hat Johannes vom Kreuz im Grunde nichts anderes als seine innere Autobiographie geschrieben. Die Seele, von der er soviel erzählt, ist *seine* Seele. Wo immer von ihr die Rede ist, kann man den Namen Johannes vom Kreuz einsetzen. Dieser Heilige konnte trotz aller Verschwiegenheit keine tieferen Geständnisse machen, als er es getan hat, wenn er auch scheinbar kein Wort von sich selbst berichtete. Wenige Werke nur enthüllen das Innere der Heiligen in so ausführlicher Weise wie die Dichtung dieses Mönches.

Da es sich um die innere Lebensgeschichte eines Heiligen handelt, die Johannes vom Kreuz mit letzter Inbrunst dichtete, ist es verfehlt, ihn als Meister der Psychologie hinzustellen, der wie Theresia die seelischen Vorgänge auf eine bis anhin unbekannte Art geschildert habe. Zweifelsohne besaß Johannes ein seltenes Wissen um die Wirklichkeit der Seele. Aber es handelt sich bei ihm um eine höchst eigenartige Psychologie, um eine solche, die von Anfang an einem Höheren unterordnet ist und die keine selbstherrlichen Interessen verfolgt. Mit jener geistlosen Schulpsychologie, die oft eine Seelenkunde ohne Seele betreibt und genauer betrachtet nur Sinnespsychologie ist, hat sie nichts zu tun. Johannes' vom Kreuz Psychologie stößt jeden Moment ins Überpsychologische vor. Die Beziehung zwischen der Seele und ihrem Gott sah dieser Spanier, der im Übersinnlichen lebte wie der Fisch im Wasser, vielmehr wie alle Heiligen unter metaphysischen Gesichtspunkten. Deshalb wird ein Mensch, der keine Übersinnlichkeit anerkennt, nie in eine fruchtbare Beziehung zu seinen Schriften kommen können. Für Johannes vom Kreuz gab es eine außer jeder Diskussion stehende Beziehung zwischen Gott und Seele. Die seinsmäßige Verbindung dieser beiden Größen war für ihn nicht immer von der gleichen Art. Er unterscheidet die wesenhafte Gegenwart Gottes in jeder Seele, auch in der des größten Sünders auf der Welt. Nur durch sie erhält die menschliche Seele überhaupt ihr Sein, und ohne diese Anwesenheit Gottes würde die Seele alsogleich dem Nichts verfallen.[30] Die andere Gegenwart Gottes in der Seele geschieht durch Gnade. Überwältigt von dieser fortwährenden Nähe Gottes hat Johannes ausgerufen: «Was willst du mehr, o Seele, und was sollst du noch außer dir suchen, da du doch in dir selbst deinen Reichtum, deine Wonne, deine Befriedigung, deine Sättigung und dein Reich, mit einem Worte, deinen Liebsten besitzest, den du ohne Unterlaß herbeisehnst und suchst.»[31] Als Heiliger gehörte Johannes zu den Menschen, die alles in sich und nichts außer sich haben, für den das Innere wirklicher war als das Äußere. Seine Dichtung ist dermaßen stark von Metaphysik durchdrungen, daß sie die Realität der Seele mit der größtmöglichen Eindringlichkeit zum Bewußtsein bringt.

Die mit Worten nicht wiederzugebende nahe Beziehung von Gott und Seele ist nach Johannes eines der größten Geheimnisse des Daseins. Das Verhältnis, welches die Seele mit Gott verbindet, ist ein bewegtes und kein ruhendes. Eine ungewöhnliche Wanderung der Seele dichtet Johannes vom Kreuz, wie sie auch Dante geschildert hat, nur mit dem Unterschied, daß nach Johannes dieselbe nicht erst nach dem Tode des Menschen stattfindet, sondern schon während seines diesseitigen Lebens. Dieser Gottesroman ist von einzigartiger Farbigkeit und Spannung. Gegenüber dieser Wanderung schrumpfen alle Abenteuer, welche der moderne Mensch in seiner Sportbegeisterung unternimmt, zusammen. Sie wirken lächerlich unbedeutend neben ihr. Bei Johannes vom Kreuz ist man genötigt, von einer Fahrt zu reden, die an unheimlichen Abgründen vorbeiführt. Ungeahnte Gefahren und nie gesehene Möglichkeiten tun sich vor der Seele auf. Als mystischer Aufstieg auf den heiligen Berg Karmel hat Johannes vom Kreuz diese Wanderung bezeichnet. Diese unvorstellbare Reise verläuft nicht horizontal, sondern vertikal. Man muß steigen, die Höhenwanderung geht hinauf, stufenweise, aber unaufhaltsam hinauf und immer höher hinauf, zuletzt zu schwindelerregenden Gipfeln. Auf der symbolischen Himmelsleiter, die Jakob im Traume sah, klimmt die Seele gleich jenen Engeln bis zum Himmel auf. Der geheimnisvolle Weg führt von der Reinigung über die Erleuchtung zur Vereinigung, die auf der Spitze des mystischen Gottesberges stattfindet. Auf dieser inneren Bergbesteigung tut sich der Seele ein Panorama auf, von dessen grandiosem Eindruck sie förmlich überwältigt wird. Man versteht mit einem Schlag, daß angesichts dieses inneren Geschehens für Johannes vom Kreuz alles andere an Interesse einbüßen mußte. Wie sollten Kleinigkeiten vor diesem Größten noch bestehen können? Sie sind zum voraus zum Unterliegen verurteilt. Wer Johannes' Aufstieg auf den Berg Karmel verfolgt, wird zuletzt von dem Gedanken durchzuckt: Dieser Mönch besaß noch jene Seele, die Gott bei der Schöpfung dem Menschen einhauchte, während der

heutige in den technischen Errungenschaften befangene Mensch nur noch Überreste einer solchen hat.
Die geheimnisvolle Wanderung der Seele beginnt von unten nach oben. Sie muß sich aus der Dunkelheit befreien, die sie umklammert hält, und die Johannes vom Kreuz als dunkle Nacht bezeichnet, die er mit den Worten besungen hat:

Es war in dunkler Nacht
Ich brannt' vor Liebeswehen.
— O Glück, das selig macht! —
Entwich ich ungesehen
Und ließ mein Haus in Ruhe stehen.[32]

Der Nacht kommt in Johannes' vom Kreuz mystischer Dichtung eine bedeutsame Funktion zu. Er meint tatsächlich die Nacht, die mit ihrer Finsternis dem Menschen bebende Angst einflößt, und die sich oft wie ein Alb auf seine Seele legt. In dieser Dunkelheit, da das Auge nichts mehr sieht, beginnt dieser spanische Mönch. Er macht keinerlei Versuch, diese unheimliche Tatsache im geringsten abzuschwächen. Aber er verbindet mit dem nächtlichen Phänomen nicht nur eine negative Auffassung. Immer ist es ein Zeichen der Tiefe, wenn der Mensch der Nacht auch einen positiven Sinn abzugewinnen vermag. Obgleich die Nacht mit dem schwarzen Schleier, den sie auf alle Dinge legt, eine bängliche Wirkung auf den Menschen ausübt, ist sie dennoch jene wohltätige Einrichtung, die alles Lebende aus der Bewußtheit für einige Stunden ins Unbewußte zurücknimmt. Schon in der alten Kirche besaß die Nacht für die Christen einen tiefen Symbolwert, der in ihrer Liturgie deutlich spürbar wird. Es braucht nur an Weihnacht erinnert zu werden oder an die für die Ostkirche bedeutsame Osternacht. In der Neuzeit haben viele Denker wie Novalis und Görres der Nacht metaphysische Bedeutung zuerkannt. «Die Nacht ist tief und tiefer, als der Tag gedacht», hat Nietzsche gesagt, und von einer neuen Nachtzeit, die für die heutige Generation beginnt, sprach Berdiajew. Auch Johannes vom Kreuz gehört in die Reihe der christlichen Gestalten, die von der religiösen Bedeutung der Nacht durchdrungen waren. Dieser Heilige entwickelte eine ganze Glaubensphilosophie der Nacht, die sein wesentliches Wort enthält. Wie Eichendorff in seinem schönen Gedicht in romatischer Weise die stille Nacht als Trost der Welt verherrlichte, hat auch Johannes vom Kreuz die «Nacht süßer als den Morgen» bezeichnet. Als mystischer Sänger der Nacht wußte er, daß es kaum eine Zeit gibt, in welcher der Mensch stärker die Verbundenheit mit Gott erlebt als in der Dunkelheit, wo die äußeren Dinge ins Schweigen versinken und die Sterne zu leuchten beginnen. Auch für Johannes vom Kreuz brachte die Nacht Offenbarungen, die der Tag nicht kennt. Er unterscheidet zunächst eine zweifache Nacht, eine Nacht der Sinne und eine Nacht des Geistes. Beide sind für den Menschen bitter und schrecklich. In Johannes' Mystik ist die Bestimmung der Nacht die Reinigung. Diesen Durchgang muß die Seele auf ihrem Weg zur Heiligung beschreiten. Über die schwere Pein, welche sie in diesem Zustand der Dunkelheit erleidet, vermochte der Heilige so eindringlich zu schreiben, weil er selbst sie bis zum Morgengrauen erlebt hat. An keiner Stelle merkt man deutlicher, daß die Schilderung vom Aufstieg zum Berg Karmel nichts anderes als seine eigene Lebensgeschichte darstellt, als in seinen tiefsinnigen Ausführungen über die dunkle Nacht.

In die Nacht der Sinne muß die Seele eingehen, wenn sie zu Gott kommen will, da nur in ihr die Ablösung von den irdischen Dingen erfolgt. Es ist ihre Aufgabe, sich von der Welt loszulösen, und sich nicht fest an sie zu klammern. Das brennende Wüstenideal kommt auch in seiner mystischen Dichtung deutlich zum Vorschein. Die Anhänglichkeit an das Geschaffene muß vernichtet und das Verlangen nach den Dingen beseitigt werden. Der Aufstieg der Seele geschieht nur durch ein Verstummen der Begierden. «Denn gleichwie der Ackerboden, wenn er Frucht bringen soll, erst bearbeitet werden muß — ohne Bearbeitung kann er nur Unkraut hervorbringen — so muß auch die Seele, um vorwärts zu kommen, erst ihre Gelüste ertöten.»[33] Wenn die Seele die Neigung zum Irdischen beibehält, wird sie nach Johannes' Auffassung fett, und dies ist ihrem Aufstieg zum Berge Karmel abträglich. Um diesen unweigerlichen Rückschritt zu vermeiden, muß sie die Abtötung erleiden, wozu ihr Gott die Nacht der Sinne sendet. Für diese Entäußerung hat Johannes das grundlegende Prinzip aufgestellt, das für jedes christliche Leben Gültigkeit besitzt, und das seltsamerweise fast nie beachtet wird: die Seele muß ihr Streben «nicht auf das Leichtere, sondern auf das Schwierigere» richten.[34] Die Nacht fordert eine Entkleidung von ihr, welcher Forderung sie nicht ausweichen darf, so hart es sie auch ankommt. Diese Losschälung schließt allerdings das Problem in sich, wie mit dieser Askese die Anschauung von der Erschaffung der Dinge durch Gott vereinbar sei, um die natürlich auch Johannes wußte. Er beantwortete die Frage dahin, daß «diese Geschöpfe die geringsten Werke Gottes sind, die er gleichsam im Vorübergehen schuf.»[35] Seit dem Sündenfall aber bergen die geschaffenen Dinge die Gefahr in sich, die Seele zu verlocken. Deswegen muß sie den Weg der Losschälung betreten, der im Leiden besteht, und der «weit sicherer ist als der Weg der Freude.»[36] Aufs bestimmteste erklärt Johannes die Unmöglichkeit «Fortschritte zu machen, wenn man sich bei seinem Handeln und Leiden nicht in Schweigen hüllt.»[37] Die Forderung nach dem Absterben, als was die Nacht der Sinne zu verstehen ist, darf nicht nur als eine persönliche Meinung dieses spanischen Heiligen aufgefaßt werden. Die Notwendigkeit der Askese betonen beinahe alle Mystiker. Sie bildet eine unumgängliche Voraussetzung für das Ziel der Heiligung. Die Befreiung von der Begierde, die Trennung von der unteren Region ist unumgänglich notwendig. Das ist die innere Wahrheit seiner sonst erschreckenden Wüstenfrömmigkeit. Diese asketische Forderung erstreckt sich nicht nur auf die Bedürfnisse des Körpers, sondern auch auf die ungezügelten Neigungen des Geistes. Dieselben halten den Menschen oft noch mehr gefangen als seine sinnlichen Leidenschaften. Die Seele muß gegen beide Fronten den Kampf aufnehmen. Nur soweit sie sich dieser

Reinigung unterzieht, wird sie Gottes würdig. Doch darf sie bei diesem Arbeiten an sich selbst nicht in ungeduldiger Weise meinen, «an einem Tag heilig» zu werden.[38] Die dunkle Nacht der Sinne ist eine langsame innere Befreiung, ohne die es keinen Aufstieg gibt.

Vielleicht haben die Heiligen die asketische Forderung überschätzt. Gelegentlicher Übertreibung hat sich auch Johannes vom Kreuz schuldig gemacht. Aber noch bestimmter ist zu sagen, daß der neuzeitliche Mensch den Wert der Askese beträchtlich unterschätzt und durch die Preisgabe der Zucht bereits schweren Schaden an seiner Seele genommen hat. Man ist allzu rasch geneigt, im asketischen Verhalten eine Verdrängung zu sehen, was jedoch eine kurzsichtige Betrachtungsweise ist. Gewiß, Askese um der Askese willen ist falsch. Aber als Mittel zum Zweck verwendet behält sie ihre bleibende Bedeutung. Kein tieferes religiöses Leben wird gänzlich auf Askese verzichten können, soll es nicht der Lauheit verfallen. Johannes vom Kreuz selbst gehörte, wie aus seiner Beschwörung des alten Wüstengeistes zu ersehen ist, zu den großen asketischen Naturen. Er lehrte diese Einsicht nicht nur, sondern er übte sie auch aus. Als man ihn bei einer Krankheit entkleiden mußte, nahm man eine dicke, mit spitzen Stacheln versehene Eisenkette wahr, die seinen Körper umschlang, und «die bereits so tief in das Fleisch eingewachsen war, daß sie an verschiedenen Stellen schon überdeckt war.»[39] Nicht die gleichen, aber verwandte Erfahrungen erlebt jede Seele in jener dunklen Nacht der Sinne. Mit dem asketischen Absterben der Dinge ist jedoch keineswegs schon das ganze nächtliche Erlebnis ausgeschöpft.

Viel peinlicher ist die Nacht des Geistes zu ertragen, welche die Seele bei ihrem Aufstieg zu überwinden hat. Sie ist etwas vom Schwersten, was dem Menschen widerfahren kann, und bringt ihn beinahe an den Rand der Verzweiflung. Die dunkle Nacht des Geistes ist die Trockenheit der Seele, wofür in der spanischen Mystik auch der Ausdruck «Zeiten der Dürre» gebraucht wird. Man darf diesen Zustand nicht mit einer Lauheit verwechseln, in welcher die Seele an den göttlichen Dingen keinen Geschmack mehr findet und ihr alles Ewige schal vorkommt. Die Trockenheit ist ein viel tiefer greifendes Erlebnis als ein bloßer Erschöpfungszustand, in welcher der Seele der momentane Aufschwung fehlt und das Religiöse keine Anziehungskraft mehr auf sie auszuüben imstande ist. In der Nacht des Geistes tut sich ein schrecklicher Abgrund auf, in welchem die Mächte der Finsternis über der Seele zusammenschlagen. Dieser Zustand stellt die größte Trostlosigkeit dar, die überhaupt zu denken ist. Das Grauenhafte an diesem Leiden besteht im Gefühl der Gott-Verlassenheit, das die Seele überkommt und sie beinahe dem Wahnsinn verfallen läßt. Dem Gefühl des Erstickens ist die Trockenheit zu vergleichen, welche die Seele mit würgendem Griff umklammert hält. Johannes vom Kreuz selbst hat sie in ihrer ganzen Bitternis im Kerker zu Toledo durchgekostet. Auf Grund dieses eigenen Erlebens hat er sich eingehend mit dem Problem der Trockenheit beschäftigt, welches die heutige Seelenführung kaum noch kennt, und das doch einen der wichtigsten Zustände im religiösen Leben darstellt. Nicht umsonst reden die Psalmen so oft von dieser schweren Anfechtung. Immer wieder gerät die Seele bei ihrem Aufstieg in die Zone der Trockenheit, in welcher sie das schauernde Gefühl überfällt, Gott habe sie verstoßen, er wolle von ihr nichts mehr wissen. In solchen Stunden droht sie ins Nichts zu versinken. Das Bewußtsein der Gott-Verlassenheit kann den Charakter einer Melancholie annehmen. Niemand weiß, was finstere Nacht im religiösen Sinn bedeutet, wenn er diese Qual nicht gekostet hat.

Als Johannes vom Kreuz sich durch die Nacht der Sinne und des Geistes auf seinem Aufstieg zu Gott nicht beirren ließ, wurde ihm eine einzigartige Einsicht zuteil. Sie ist so gewaltig, daß sie kaum festgehalten, nur erlebt und niemals bloß ausgedacht werden kann. Diese überselige Erkenntnis faßt er in die Worte zusammen: die dunkle Nacht ist zugleich das größte Licht! Von dieser Entdeckung muß in großen Worten geredet werden. Wie so oft in der Welt der Heiligen wird alles auf den Kopf gestellt. Diese Einsicht hat auch Johannes selbst mit solcher Wucht überfallen, daß er sie vorerst umgekehrt formulierte: «Je klarer und offenbarer die göttlichen Dinge an sich sind, um so dunkler und verborgener sind sie naturgemäß für die Seele.»[40] Johannes hat diese Erkenntnis von der Nacht als dem zugleich größten Licht nicht als erster entdeckt. Schon in den Psalmen fand er Andeutungen, welche in diese Richtung wiesen: «Gewölk und Dunkel ist um Gott herum» (Ps. 92, 2) und «durch den übergroßen Glanz seiner Gegenwart verzogen sich die Wolken» (Ps. 18, 10). Auch im Buche Jesaja führte ihn die Stelle «in der Finsternis wird dein Licht aufgehen» (8, 10) auf diese Fährte. Ebenso wurde Dionysios Areopagitas Wort, das die «eingegossene Beschauung einen Strahl der Finsternis für die noch nicht erleuchtete Seele» nennt, zu einem Lieblingssatz Johannes' vom Kreuz.[41] Aber was in den Psalmen, bei Jesaja und Dionysios gelegentlich nur wie ein Blitz aufleuchtet, um wiederum zu verschwinden, rückte beim Verfasser des «Aufstiegs zum Berge Karmel» in den Mittelpunkt, auf den alles zugeordnet ist. Die Erkenntnis von der Seele, die durch die dunkle Nacht und nur durch sie das Licht empfängt, bildet den ersten Höhepunkt von Johannes' vom Kreuz mystischem Heiligkeitsleben. Nach ihr bekommt die Seele «um so mehr Licht, je mehr sie in Dunkel gehüllt ist.»[42] Unablässig beschäftigt ihn die großartige Entdeckung von dem göttlichen Licht, das für die Seele inmitten der schwärzesten Dunkelheit aufgeht. Sie hat ihn in stärkste Aufregung versetzt, aber Johannes war entschlossen, diesen unbekannten Weg zu gehen: «Man muß eher blind werden und sich in Finsternis versetzen, wenn man den göttlichen Lichtstrahl in sich aufnehmen will, als die Augen öffnen.»[43] Immer wieder betont er, wenn die Seele in unmittelbaren Verkehr mit Gott treten will, «dann bleibt ihr nichts übrig, als sich in Verbindung zu setzen mit jenem dunklen Gewölk, in welchem nach Salomons Worten der Herr zu wohnen versprochen hat.»[44] Nur jener Seele, die sich gegen die Finsternis nicht mehr sträubt, sondern sie direkt bejaht, geht das herrliche Licht auf. Nicht vor oder nach, nein in dieser Nacht beginnt es zu leuchten. Nacht ist Licht, so widerspruchsvoll muß man es formulieren. Das ist die entscheidendste und zugleich triumphalste Erkenntnis, die Johannes vom Kreuz in den dunklen Kerkermonaten zu Toledo aufging. Sie ist von zeitloser Gültigkeit. Ihr Wert ist bis heute noch nicht im entferntesten in seiner ganzen Tragweite erkannt noch nutzbar gemacht worden. Läßt sich doch keine größere Besiegung der Angst vor der Dunkelheit des Lebens denken, als sich in dieser ewigen Wahrheit bekundet. Die dunkle Nacht, die zum hellsten Licht wird, ist als die Situation des Hell-Dunkels zu bezeichnen, in der die Seele dieses Heiligen lebte. Unwillkürlich wird man an Rembrandt erinnert, der malte, wie das Licht aus dem tiefsten Dunkel hervorbricht und mit ihm zugleich in einer eigenartigen Verbindung bleibt. Johannes vom Kreuz hat mit Worten vorweggenommen, was Rembrandt malte, und Rembrandt hat auf der Leinwand zur Anschauung gebracht, was vor ihm Johannes vom Kreuz in seinen mystischen Werken mit dem Hilfsmittel der Sprache ausdrückte. Die beiden bestätigen sich gegenseitig. Wie bei Rembrandt ist auch bei dem spanischen Mönch die Dunkelheit in ihrem metaphysischen Sinne verstanden als ein Gebilde, das Gott auch geschaffen hat. Sie stammt nicht einfach aus den niedrigen Sphären, in welchen gottfeindliche Mächte ihre Orgien feiern. Die Dunkelheit, von der Johannes redet, stammt aus jenem Licht, welches wie die Sonne das Auge des Menschen blendet, und das deshalb eine Dämpfung braucht. Es ist die «Dunkelheit von oben, die aus der Jenseitigkeit des göttlichen Lebens und dem, was an ihm teilhat, stammt», wie Garrigou-Lagrange sich in anderem Zusammenhang ausdrückt.[45] Die widerspruchsvolle Wahrheit von der Nacht, die Licht ist, kann mit gewöhnlichen Worten nicht verständlich gemacht werden. Sie liegt auf einer anderen Ebene als derjenigen, auf der sich die Vernunft bewegt:

Stieg ich auch auf von Höhn zu Höhen,
Es wird doch nie erreichbar sein,

Die dunkle Wolke zu verstehen,
Die in der Nacht gibt hellen Schein.[46]

Man kann höchstens darauf hinweisen, daß es Gott ist, der die Seele dieses seltsamste aller seltsamen Erlebnisse erfahren läßt. Gott war für Johannes ein «Glutbrand», wie er in Anlehnung an Moses' brennenden Busch sagt, obschon er wußte, «wollte man sich demnach Gott unter irgendeinem Bilde solcher Dinge vorstellen, wie etwa als großes Feuer oder als Lichtglanz oder sonst etwas Ähnliches, oder meinte man, etwas Derartiges sei ihm ähnlich, so würde man fehlgehen.»[47] Das Helle wird für Johannes vom Kreuz stets wieder von der Dunkelheit überdeckt, so wie es die Verborgenheit Gottes erfordert. In diesem dämmrigen Leben gibt es nur eine stückweise Erkenntnis Gottes, der der Begriff Hell-Dunkel noch am ehesten entspricht. «Man kann in diesem Leben überhaupt nicht erfassen, wie Gott ist», da «der Abstand zwischen dem göttlichen Wesen und dem der Geschöpfe unendlich ist.»[48] Darum ist «alles, was man mit dem Verstande erkennen, mit dem Willen kosten, mit der Phantasie sich vorstellen mag, Gott ganz unähnlich, ja es steht in größtem Mißverhältnis zu ihm.»[49] Es ist der verborgene Gott, auf den Johannes vom Kreuz auf seiner Wanderung gestoßen ist.
Um der Situation des Hell-Dunkels gewachsen zu sein, muß die Seele sich mit Glauben wappnen. Auf den Glauben verweist Johannes vom Kreuz immer wieder, dem beim Aufstieg die größte Bedeutung zukommt:

Im Dunkel dieses Lebens sonder Helle
zeigt mir der Glaube jene frische Quelle.
Obgleich's bei Nacht ist.[50]

In unbeirrbarem Glauben hat die Seele den Aufstieg zu erkämpfen und in der trockenen Phase auch das Licht der Vernunft auszuschalten. Selbstverständlich weiß auch Johannes, daß der Heilige Geist den Verstand erleuchten kann. Deswegen redet er gelegentlich von einer «liebenden Erkenntnis.»[51] Aber im Zustand der dunklen Nacht darf «der Verstand sich mit seiner Tätigkeit nicht einmischen, sondern muß sich völlig passiv verhalten und seine natürliche Fassungskraft beiseite lassen.»[52] Nur im Glauben vermag die Seele die Losschälung zu vollbringen und die Trockenheit auszuschalten. Der Aufstieg auf den Berg Karmel vollzieht sich vor allem durch den Glauben. Johannes vom Kreuz redet von der Notwendigkeit des Glaubens mit einer Wärme, wie es alle großen Christen getan haben, und die einen nachhaltigen Eindruck hinterläßt. Daß die Mystik niemals den Glauben überflüssig macht, beweisen seine Ausführungen eindeutig, die beständig die Wichtigkeit des Glaubens betonen. Er hat den Glauben auch als Nacht bezeichnet, was aber bei seiner Doppeleinschätzung derselben nicht weiter verwunderlich ist. Der Glaube war für diesen Spanier mehr als Bilder und Statuen, die nach seiner Auffassung oft nur der menschlichen Eitelkeit dienen. Es wird immer erstaunlich[53] bleiben, wie nüchtern dieser Christ im Gegensatz zu seinem Volk über Rosenkranz und Wallfahrten redet.[54] Als treuer Sohn der katholischen Kirche lehnt er sie nicht ab, doch werden sie von ihm gehörig zurückgestellt und mit Nachdruck auf ihre richtige Benützung gedrungen. Der gedankenlose Mißbrauch, der oft damit getrieben wird, findet in Johannes einen scharfen Gegner. Von Entgegenkommen an eine unterchristliche Volksfrömmigkeit ist dieser Heilige völlig frei. Mit seiner geistigen Auffassung hat er sich auf keine materiellen Unterlagen des Glaubens gestützt, da er innerlich über sie hinausgewachsen war. Auf den Glauben hat er die Seele immer wieder als ihren stärksten Halt in der dunklen Nacht und als den unentbehrlichsten Führer im mystischen Aufstieg zu Gott hingewiesen.

Das Gegenstück zu Johannes' vom Kreuz Ausführungen über den Glauben bildet seine überlegene Stellung zu den Visionen. Nie wird man sagen können, er habe sich übertriebenen Vorstellungen von visionärem Erleben hingegeben. Über diese «Süßigkeiten» hat er vielmehr sehr deutlich seiner Meinung Ausdruck gegeben, indem er sie nur als «Wasserschößlinge» wertet, «die zu keinem Fortschritt verhelfen.»[55] Warnend erhebt er die Hand: «Diese Wonne-Empfindungen führen die Seele nicht aus sich selbst zu Gott; sie bewirken vielmehr, daß die Seele in ihnen ihr Genügen findet.»[56] Die im Aufstieg zu Gott begriffene Seele muß sich von den Gelüsten nach Erquickungen und Süßigkeiten befreien, da diese ja auch vom Teufel bewirkt sein können. Sie wiegen die Seele im Wahn, direkte Mitteilung von Gott empfangen zu haben, was oft nichts als Täuschung ist. Nur als «geistige Sonnenstäubchen» hat Johannes die Visionen, Offenbarungen und übernatürlichen Empfindungen gewertet, denen gegenüber der geringste Akt der Demut mehr bedeute. Zur Erlangung ihres Zieles bedarf die Seele *dieser* übernatürlichen Begnadigung nicht. Gar leicht entsteht daraus eine ungesunde Verstiegenheit, der gegenüber Johannes vom Kreuz mit nüchterner Überlegenheit feststellt: «Wir haben die natürliche Vernunft, das Gesetz und die Lehre des Evangeliums; das reicht vollständig hin zu unserer geistlichen Leitung. Es gibt keine Schwierigkeiten, die nicht gelöst und keine Seelennot, die mit den angedeuteten Mitteln nicht geheilt werden könnte, und zwar weit gottgefälliger und der Seele viel ersprießlicher als auf dem anderen Wege.»[57]

Diesen Darlegungen über die Visionen aus der Feder Johannes' vom Kreuz kommt ein um so größeres Gewicht zu, als der Dichter der Mystik selbst einer der größten Ekstatiker der christlichen Kirche war. Allerdings begehrte er nicht nach Visionen, dieselben haben ihn vielmehr heimgesucht. Wenn jemand um die unendliche Süßigkeit, welche die Seele in der Ekstase erleben kann, wußte, dann war es Johannes vom Kreuz, der den Gesang über die selige Entzückung gedichtet hat:

Da stand ich denn so ganz versunken
So hingegeben und entzückt;
All meine Sinne waren trunken,
Besinnungslos sich selbst entrückt.

Jedoch der Geist ward da beglückt
Durch ein Verständnis, ledig der Gedanken
Hoch über alles Wissens Schranken.[58]

Johannes vom Kreuz war in einem solchen Maße Ekstatiker, daß er beinahe jeden Tag in Verzückung geriet. Zuletzt genügte nur noch das Aussprechen des Wortes «Kreuz», und alsogleich ergriff ihn die himmlische Entzückung. Seine Ekstasen «rissen ihn oft dahin, daß er selbst die leblosen Geschöpfe, besonders die Bäume anredete und sie aufforderte, ihm Gelegenheit zu verschaffen, ein Märtyrer für Christus zu werden».[59] Auch wundersame Schwebezustände, die ihn bis an die Decke des Zimmers hinauftrugen, waren nichts Seltenes. Einmal soll er sogar in Verzückung über den Bäumen des Waldes schwebend in der Luft gesehen worden sein. Johannes war eine Lichtgestalt, auf dessen Angesicht oft ein hellstrahlendes Leuchten wahrzunehmen war, und bei dem ein übernatürliches Ausfließen des inneren Feuers beobachtet wurde. Seine finstere Kerkerzelle war zuweilen von einem überirdischen Lichtglanz erfüllt, und in religiöser Verzükkung begann er einmal zu tanzen und zu singen.[60] Dieser Mensch war wie Theresia vom «brennenden Pfeil» durchbohrt, wenn er auch über das eigene ekstatische Erleben in den Schriften entsprechend seinem verhaltenen Naturell in vornehmer Weise schweigt. Aber auch er bat Gott, ihm das Herz zu erweitern, weil seine natürlichen Kräfte nicht hinreichten, diese Lichtfülle zu ertragen. Es ist daher begreiflich, daß er schon bei Lebzeiten ein Heiliger genannt wurde und viele in ihm entweder einen «göttlichen Zauberer» oder einen «Seraph im Fleisch» sahen. In einer seiner Ekstasen wurde Johannes vom Kreuz gemalt, worüber er nachher in eine solche Entrüstung geriet, daß dieselbe noch im Prozeß der Seligsprechung erwähnt wurde. Doch verdankt die Nachwelt diesem Ereignis das einzig wertvolle Porträt dieses Heiligen, das sich im Besitze des Karmeliterklosters zu Troyes befindet. Es zeigt ein aus dem Dunkel leuchtendes «Antlitz, dessen stilles Leben von dem herabströmenden

Lichte auszugehen scheint; die Augen sind nach oben gewendet, schauend und nicht sehend, der Mund ist leise geöffnet, der Wille ist erloschen. Das Antlitz ist gewissermaßen hinübergenommen in den Bereich des Lichtes; ein tief schmerzliches, aber ergebungsvolles Sehnen nach dem, was die Augen erkennen, gibt ihm sein Gepräge; es ist wie ein stilles Dürsten, das langsam, von unaufhaltsam niederrinnendem Quell, gestillt wird. Das Emporgehobensein, die reine Ruhe der Ekstase, die diese Züge zeichnen, konnten nur auf dem Antlitz eines Heiligen geschaut werden».[61]

Glaube und Vision sind Zeichen, daß die Seele auf ihrer Wanderung von der Reinigung in den zweiten Zustand der Erleuchtung eingetreten ist. All die mannigfachen Anweisungen, die Johannes vom Kreuz ihr bis dahin auf den Weg zu Gott mitgegeben hat, sind immer nur als Richtlinien und nie als Gebrauchsmittel aufzufassen. Zwischen Johannes vom Kreuz und den indischen Yogis besteht ein prinzipieller Unterschied. Der Reformator des Karmeliterordens kennt keine mystische Technik. Für ihn ist das Verhältnis der Seele zu Gott das Geistigste, etwas, das man höchstens als Dichter besingen, nicht aber in Regeln fassen kann. Unter keinen Umständen darf es zur Routine werden. Auch ist nicht für alle Seelen der gleiche Weg bestimmt. Die einen werden auf diese und die andern auf jene Weise begnadigt. Vor allem aber ist Johannes sich klar, daß trotz allen Anstrengungen, mit welchen die Seele den Aufstieg auf den Berg Karmel unternehmen mag, sie von sich aus ihr Ziel nie völlig erreicht. Alle aufsteigende Liebe wird immer nur bis an die oberste Stufe der Himmelsleiter gelangen. Die aktiven Bemühungen der Seele sind wohl notwendig, sie haben jedoch ihre Grenzen. Zuletzt müssen sie in eine passive Haltung übergehen, in welcher die Seele zu warten hat. Denn nicht nur sie strebt zu Gott, sondern auch Gott zu ihr.[62] Es gibt auch eine herabneigende Liebe Gottes, welche im Mittelpunkt des Evangeliums steht, und die der aufwärts steigenden Liebe der Seele begegnet. Dieses Zusammentreffen zwischen Gott und Seele schafft eine Beziehung, für die auch die innigsten und zärtlichsten Worte nicht ausreichen.

In diesem passiven Stadium ist es eine höchst seltsame Herzensgeschichte, mit viel Schmerzen und Wonnen, die sich zwischen Gott und der Seele abspielt. Ganz ungewöhnliche Ausdrücke sind es, die Johannes vom Kreuz darüber verwendet:

Ließ es ruhen in dem Sehnen,
Das in dir nur findet Frieden;
Dort hat Liebe mich verwundet
Und das Herz von mir geschieden.

Ich beschwor sie, mich zu töten,
Weil sie solche Wunden bringe,
Und ich warf mich in die Flamme,
Wissend, daß ich drin verginge.[63]

Solch überschäumende Worte gebraucht Johannes vom Kreuz nicht nur in seinen Gedichten, sondern auch in seinen Kommentaren: «Je tiefgehender der Liebende verwundet wird, desto vollkommener gelangt er zur Gesundung, und die Heilung durch die Liebe besteht darin, daß sie Wunden über Wunden schlägt, bis die Wunde so groß ist, daß die Seele ganz in der Liebeswunde aufgeht.»[64] Johannes vom Kreuz kann auch in seinen Prosawerken von seinem Erlebnis nicht anders als mit erotischen Worten sprechen, welche jene Seligkeit verraten, wie sie nur die umarmende Liebe kennt. Doch sind alle Mißverständnisse zum voraus ausgeschlossen. Weder Lüsternheit noch sexuelle Wallung gehen von seinen Ausführungen aus, die von einer beispiellosen Wärme und Gefühlsstärke erfüllt sind. Man merkt es deutlich, daß Johannes zu Bildern und Gleichnissen seine Zuflucht nimmt, auf die das Wort des Epheserbriefes anzuwenden ist: «Das Geheimnis ist groß, ich aber deute es auf Christus» (5, 32). Freilich ist es nicht zufällig, welche Bilder der Mensch zur Verdeutlichung seiner unaussprechlichen Empfindungen braucht. Johannes vom Kreuz redet von einer Liebesbeziehung, weil sie das letzte, tiefste Verhältnis darstellt, das zwei Menschen verbinden kann. Von einem geistigen Erglühen in leidenschaftlicher Liebe schreibt dieser spanische Mönch, «denn in allen Dingen und Gedanken, welche die Seele in sich vorfindet, bei allen Handlungen und Gelegenheiten, die sich ihr darbieten, wird sie in mannigfacher Weise von Liebe und Sehnsucht erfüllt; es leidet sie auch zu allen Zeiten und an allen Orten auf verschiedene Weise an diesem Liebessehnen, findet in nichts ihr Genügen und sieht sich mit diesem Sehnsuchtsdrang entzündet und verwundet.»[65] Nach Johannes vom Kreuz gleicht diese mystische Liebe einem «prachtvollen hochroten Gewande, die nicht nur dem Weiß des Glaubens und dem Grün der Hoffnung, sondern auch allen andern Tugenden Anmut, Schönheit und Frische verleiht; ohne die Liebe ist keine Tugend wohlgefällig in den Augen Gottes.»[66] Nicht zufällig stellt sich bei Johannes vom Kreuz die Vorstellung vom «hochroten Gewand» ein, wenn er von der Liebe spricht. Purpurene Farbigkeit leuchtet tatsächlich aus Johannes' Ausführungen über die Beziehung der Liebe zwischen Gott und der Seele. Hinter diesen glutvollen Worten steht die bedeutsame Einsicht, daß man nur «auf dem Weg der Liebe» zu Gott gelangen kann.[67] Die Vollkommenheit einer Seele zeigt sich in ihrer Liebesfähigkeit. Das Gelingen ihres Fluges zu Gott hängt davon ab, wieviel Liebe sie zu entwickeln vermag. «Ein Funken reiner Liebe ist kostbarer vor Gott, nützlicher für die Seele und segensvoller für die Kirche, als alle andern Werke zusammen genommen, wenn es auch den Anschein hat, als tue man nichts.»[68] Man kann eine geringe Erkenntnis und doch einen hohen Grad von Liebe haben. Nach Johannes vom Kreuz muß «der Wille Liebe trinken», und nur dieses «göttliche Trinken» bringt die Seele Gott näher.[69] Dieser spanische Mystiker kann sich in seinen Ausführungen nicht genug tun, er will noch mehr als lieben, er will inniger lieben und redet von einer doppelten Liebe.[70] Aus diesem rasenden Liebes-Verlangen sind die Verse geflossen:

Wenn der Gottesliebe Flammen
Sich mir, Ärmsten, also mehrten,
Daß das Meer in Brand geriete
Und den Tod sie selbst verzehrten,

Wenn das Feuer weiter dränge,
Daß die Glut das All entfachte
Und dann völlig ihre Sphären
Zu drei Liebesflammen machte,

Könnt ich dennoch nimmer glauben
Gott zu lieben ganz nach Willen,
Nicht auf Augenblicke könnte
Diese Glut den Durst mir stillen.[71]

Wie die Braut im Hohenlied fühlt er sich «vor Liebe krank» und verlangt hingerissen in immer größerer Steigerung: «Der Anblick deiner Schönheit soll mich töten.»[72] Die Seele wünscht zu sterben, «den Tod der Liebe zu sterben»,[73] da «für die liebende Seele der Tod nicht bitter sein kann, da sie in ihm alle Wonnen und Süßigkeit der Liebe findet».[74] Bis zum trunkenen Liebestod steigert sich das Sehnen des Dichters der Mystik.

Den Höhepunkt dieses sich überstürzenden Erlebens im Aufstieg zum Berge Karmel stellt die Vereinigung dar, welche die dritte Stufe ist, und die Johannes vom Kreuz mit den Worten beschreibt: «Es ist der Liebe eigen, nach Vereinigung und Verbindung, nach Gleichförmigkeit und Ähnlichkeit mit dem Geliebten zu streben.»[75] Dieses höchste Ziel der Vereinigung ist aber nur auf *einem* Wege zu erreichen, «die Liebe allein ist es, welche die Seele einigt und vereinigt mit Gott».[76] Das letzte Bestreben der Seele ist auf die übernatürliche Liebes-Vereinigung mit Gott gerichtet, die als das selige Ende von Johannes' vom Kreuz innerer Lebensgeschichte bezeichnet werden muß. Zu diesem schlechthin nicht mehr zu überbietenden Erleben strebt die liebestrunkene Seele dieses Heiligen hin. Man fühlt sich vom Geheimnis seines innersten Persönlichkeitskerns berührt, liest man die Ausführungen über den unbeschreiblichen Moment der Verschmelzung. «Gott gibt sich in dieser Vereinigung der Seele so vollkommen hin, daß weder die zärtliche Liebe der Mutter zu ihrem Kinde, weder Bruderliebe noch Freundeshingabe damit verglichen werden kann. Was ist doch das für ein wunderbarer Vorgang! Muß er uns nicht mit Staunen und auch mit Beängstigung erfüllen?»[77] Unvergleichliche Sätze schreibt Johannes über die seligen Paradieseswonnen der mystischen Vermählung, wie sie nur ein dichterischer Heiliger sich erlauben durfte:

Dort reicht er seine Brust mir,
Dort lehrt er mich geheimes, süßes Wissen;
Dort gab auch ich mich ganz ihm,
Und unter heil'gen Küssen
Schwur Treue ich ihm,
Ihn ewig nicht zu missen.[78]

In dieser Vereinigung «kommt eine so innige Verbindung beider Naturen und eine so lebendige Mitteilung der göttlichen Natur an die menschliche zustande, daß jedes von beiden, ohne irgendwie ihr Wesen zu ändern, als Gott erscheint».[79] Armselig sind alle Worte, welche der Mensch in dieser heiligsten Situation äußern kann. Sie ersterben ihm auf den Lippen, und er versinkt unwillkürlich in Schweigen. Es ist ihm ein Erleben zuteil geworden, das über alle Worte hinausreicht und ihn in ein neues Wesen verwandelt. «Wenn nämlich die Liebesvereinigung vollzogen ist, so prägt sich die Seele die Gestalt des Geliebten so tief und lebendig ein, daß man sagen kann: Der Geliebte lebt im Liebenden und der Liebende im Geliebten. Die Liebe schafft durch die Umgestaltung eine solche Ähnlichkeit unter den sich gegenseitig Liebenden, daß in Wahrheit der eine der andere und beide eins sind.»[80] Die einzige Unvollkommenheit bei diesem mystischen Urschauer besteht darin, daß es in diesem Leben keine dauernde Vereinigung geben kann, sondern nur eine vorübergehende, die immer wieder abbricht. Das ekstatische Ineinander-Übergehen von Gott und Seele wird oft als Einswerdung aufgefaßt. Dieses Mißverständnis sollte schon durch das Wort «Vereinigung» ausgeschlossen sein. Denn wo eine Vereinigung stattfindet, sind es immer zwei Wesen, die das Bestreben haben, ineinander aufzugehen. Zwar scheint in diesem Augenblick «die Seele mehr Gott zu sein als Seele. Wohl ist sie Gott, aber nur durch Teilnahme an seinem Wesen. Gleichwohl behält sie aber trotz ihrer Umwandlung ihr natürliches vom göttlichen so ganz verschiedenes Sein wie vorher bei, wie auch das Glas, das vom Sonnenstrahl beschienen ist, seine von diesem verschiedene Natur beibehält.»[81] In allem ekstatischen Erleben ist Johannes vom Kreuz nie einer Grenzverwischung zum Opfer gefallen. Was er über die Vereinigung sagte, ist natürlich als Gleichnis zu verstehen, die ineinanderfließende Situation muß als das zutreffende Symbol bezeichnet werden, das einem Dichter zur Verfügung steht, und welche dem oft sinnlos erscheinenden Leben die tiefste Erfüllung vermittelt.

Es ist ein unfaßliches Geschehen, das Johannes vom Kreuz mit seinen Ausführungen über die «Vereinigung» anzudeuten versucht. Im Grunde weiß er, daß er von etwas redet, worüber man nicht mehr reden kann. Darum hat sich seine überfließende Schale in die Poesie ausgeleert. Aber auch die Sprache des Gedichtes nennt er selbst ein hilfloses Gestammel. Obwohl dieser Mensch im höchsten Erleben zitterte, konnte auch er nur einige Worte hervorbringen, die etwas Unsagbares aussagen wollen. Jegliche menschliche Ausdrucksweise wird dem Unwägbaren dieses göttlichen Ergriffenseins nicht gerecht. Diese Feststellung der Unvergleichlichkeit hat auch Johannes vom Kreuz selbst mehrfach machen müssen, und der Heilige klagt denn auch des öftern ergreifend über seine sprachliche Hilflosigkeit. Auf dieses quälende Gefühl des Unvermögens muß man achten, wenn man die Seele der spanischen Mystik verstehen will. Nur im Widerstreben schrieb Johannes seine Bücher, die, fast alle nicht zu Ende geführt, vorzeitig abbrechen. Die «Unzulänglichkeit der Sprache fühlte er deutlich.»[82] Aus der Feder dieses sprachgewaltigen Mönches stammt das bezeichnende Bekenntnis: «Auch ich will mich darüber nicht aussprechen, damit man nicht meine, man könne mit Worten die Erhabenheit desselben schildern. Es finden sich keine Worte, um so erhabene göttliche Dinge, wie sie solche Seelen an sich erfahren, auszusprechen und mit dem richtigen Namen zu bezeichnen.»[83] Was immer man auch sagt, es bleibt alles hinter der göttlichen Wirklichkeit zurück. «Unermeßliches kann man nicht in Worte kleiden.»[84]

Dieses ausgeprägte Gefühl für die unzureichende Ausdrucksweise war stets ein besonderes Merkmal der mystischen Theologie. Unstreitig war Johannes vom Kreuz einer ihrer größten Vertreter, dem der Name «Doctor Mysticus» vollauf zukommt. Die mystische Theologie lehrt eine ebenso eigenartige wie wundersame «Wissenschaft der Liebe». Nichts ist törichter, als das «übersüße Wissen» dieser «geheimnisvollen Gotteswissenschaft»[85] vom Standpunkt irgendeiner begrifflichen Schultheologie aus zu beurteilen. Sie ist vielmehr letztlich eine Dichtung, das Wort nicht im Sinne des Unwirklichen, sondern der seherischen Fähigkeit verstanden, die in eine übernatürliche Richtung weist. In der mystischen Theologie «unterweist Gott die Seele ohne Wortgeräusch, ohne Vermittlung irgendeines körperlichen oder geistigen Sinnes, in Ruhe und Stille, in einem vollständigen Vergessen alles dessen, was sinnlich und natürlich ist, und zwar in ganz verborgener und geheimer Weise, ohne daß sie sich Rechenschaft zu geben weiß, wie es geschieht. Einige Geisteslehrer nennen das ein Verstehen der Seele durch Nichtverstehen.»[86] Wie unsagbar köstlich ist doch diese göttliche Unterweisung, in der die Seele mit einem süßen Frieden erfüllt wird. Diese mystische Schau ist im Grunde nicht lehrbar, sondern nur erlebbar. Sie steht in innerem Zusammenhang mit der verneinenden Theologie des Dionysios, zu der sie sich zurückgefunden hat, weil auch für sie «nicht jene Begriffe von Gott und jene diskursiven Gedanken an ihn der Weg waren, um Gottes Macht wahrzunehmen und zu schauen, sondern das Unvermögen, sich von Gott weder einen Begriff zu machen noch durch nachforschendes Betrachten mittels der Einbildungskraft voranzukommen.»[87] Der Dichter der Mystik hat sich zu jener Einsicht bekannt, welche durch menschliches Nichterkennen zu Gott gelangen will, und die eines der größten Geheimnisse aller Zeiten ist.

Und so gewaltig ist dies Wissen,
Das heimlich im Nichtwissen liegt,
Wie sehr er sich des Streits beflissen,
Hat noch kein Weiser es besiegt.
Weil sein Verstand sich drein nicht fügt,
Zu Wissen ohne Wissen und Gedanken,
Hoch über alles Wissens Schranken.[88]

V

Der inneren Lebensgeschichte des Heiligen mit ihrem Aufstieg zum Berge Karmel ist eine solche geistige Gewalt eigen, daß sie den äußeren Lebenslauf völlig überschattet, so daß er dagegen kaum aufkommen kann. Und doch ist es notwendig, noch kurz die Ereignisse zu erwähnen, die Johannes vom Kreuz in der zweiten Hälfte seines Lebens widerfahren sind, entbehren sie doch nicht der dramatischen Note. Sie verschaffen diesem Leben den erforderlichen Rahmen, das äußerlich von einer deprimierenden Düsternis war, während in ihm eine überflutende Lichtfülle wohnte, was den seltsamen Kontrast bewirkte.
Im Kerker zu Toledo spürte dieser ergebene Mensch, der sonst immer bereit war, Leiden auf sich zu nehmen, schließlich doch, daß ein weiteres Verbleiben unweigerlich zu seinem Tode führen müsse. Er sann auf Befreiung, die er zuerst abgelehnt hatte, und benützte eine günstige Gelegenheit, um auf abenteuerliche Weise zu entfliehen. Aus zusammengeknoteten Streifen seiner Bettdecke ließ er sich in einer mondlosen Nacht von einem Gang in den Hof hinunter, überstieg mit letzter Kraft verschiedene Mauern und klopfte

in völlig erschöpftem Zustand an die Türe eines Nonnenklosters, wo er zu der erschrockenen Pförtnerin sagte: «Töchterchen, ich bin Johannes vom Kreuz, bin diese Nacht aus dem Gefängnis entwichen, sage es der Mutter Priorin.»[89] Durch das Eingreifen Philipps II., den Theresia angerufen hatte, bremste man die Verfolgung der Reform ab, indem der Streit der beiden Richtungen durch eine Trennung in zwei Provinzen beigelegt wurde.

Doch war mit dieser Entscheidung Johannes vom Kreuz nicht von allen Unannehmlichkeiten befreit. Sie begannen nach dem Tode Theresias von neuem, nur daß die Nachstellungen diesmal sogar von den Anhängern der neuen Richtung ausgingen. Kleinliche Eifersucht schlich sich auch in die Reihen der unbeschuhten Karmeliter. Es wurden Bestrebungen in Gang gesetzt, den Orden einer mehr missionarischen Bestimmung entgegenzuführen. Johannes vom Kreuz war aber nicht jene weichliche Natur, welche zu dieser neuen Richtung einfach schwieg, da er sie mit den Grundgedanken der Reform für unvereinbar hielt. Mit seiner Unerschrockenheit, die ihn schon im Konvent furchtlos seine Überzeugung hatte vertreten lassen, auch wenn er damit ganz allein stand und den angesehensten Autoritäten widersprechen mußte, zog er sich aufs neue den Haß der Oberen zu. Aus der Tatsache, daß selbständige Menschen in der Regel nicht sehr beliebt sind, läßt sich die neue Feindschaft erklären, die ihn bis an sein Lebensende verfolgte. Bei der Auseinandersetzung über die zukünftige Richtung des von ihm gegründeten Ordens wurde der Provinzial überstimmt. Dieser schrieb die Ursache hiefür Johannes vom Kreuz zu, den er nun mit einem wahren Haß zu verdrängen suchte. Es gelang ihm schließlich die Absetzung des Heiligen zu erzwingen, ja sogar die Ausstoßung aus dem Orden in Erwägung zu bringen. Allerlei Gerüchte wurden in Umlauf gesetzt, und man bezichtigte den Verfasser des «Aufstieg zum Berge Karmel» des unerlaubten Umganges mit Nonnen. Die Anklagen waren von solcher Gemeinheit, daß es Johannes vom Kreuz unter seiner Würde hielt, darauf zu antworten. Auch die als Zeugen einvernommenen Nonnen verweigerten auf die peinlichen Fragen die Aussagen. Dies wurde als Eingeständnis der Schuld ausgelegt. «Seine Gegner hatten jetzt freie Hand und konnten über ihn sagen, was sie wollten. Selbst frühere Anhänger und Freunde wurden ihm untreu; sie schrieben ihm, er sei ein schlechter Mensch, und seine Frömmigkeit sei nichts als Heuchelei.»[90] Johannes vom Kreuz zog sich in die Wüste nach Pernuela zurück und bekam schließlich den Befehl, nach Mexiko in die Mission zu gehen. Auf diese Weise gedachte man ihn endgültig loszuwerden.

Als er die Vorbereitung für seine Ausreise traf, wurde er daran durch ein Fußleiden verhindert, und er sah sich genötigt, ein Kloster aufzusuchen. Obschon er die Wahl hatte, ging er nach Ubeda, weil dessen Prior ihm feindlich gesinnt war. Kaum war er an der Pforte angelangt, brach die Krankheit in ihrer ganzen Schwere aus. Er versuchte seinen Fieberzustand zu verheimlichen, mußte sich schließlich aber doch hinlegen. Der Prior des Klosters plagte ihn aufs schändlichste, indem er ihn mit Grobheiten überschüttete und ihn in seinem Krankheitszustand erbarmungslos vernachlässigte. Eine jeder Beschreibung spottende, unwürdige und hartherzige Behandlung wurde dem todkranken Manne zuteil. Sein Leib war mit vielen Geschwüren bedeckt, die fortwährend große Mengen Eiter absonderten. Seine Bettücher wurden nicht gewechselt und keine Besuche zugelassen.

Der jammervolle Anblick des Johannes vom Kreuz in seiner letzten Krankheit erinnert an Hiob. Die Klosterbrüder mußten an den vom Aussatz geschlagenen, sich mit einer Scherbe kratzenden, in der Asche sitzenden Hiob denken und sagten es ihm auch. Der Heilige lehnte in seiner Demut freilich diese Parallele ab. Gleichwohl trifft der Vergleich vollständig zu und gibt das Wesen der letzten Phase mit größter Eindringlichkeit wieder. Johannes vom Kreuz ist der spanische Hiob auf dem Misthaufen, der das Leiden wie ein Magnet anzog und entsprechend seinem Namen das Kreuz auch getragen hat. Nach über zweimonatiger Leidenszeit durfte der noch

nicht Fünfzigjährige zur ewigen Herrlichkeit eingehen und erfahren, was Gott denen bereitet hat, die ihn lieben.
Kaum hatte Johannes vom Kreuz seine Augen für immer geschlossen, entstand ein Streit um seine sterbliche Hülle. Mehr als eine Stadt stritt um die Ehre, sie beherbergen zu dürfen, und der Zank wurde mit einer geschmacklosen Verstümmelung der Leiche beendet. Nach einer andern Darstellung soll die Stätte seiner Beerdigung in Vergessenheit geraten sein, so daß heute niemand mehr sein Grab kenne. Wie dem auch sei, im Orden setzte sich rasch die Erkenntnis von Johannes vom Kreuz als einem Heiligen durch. Der Dichter der Mystik ist zweifellos einer der größten Heiligen, welche die Kirche hervorgebracht hat, sowohl was seine äußere Lebensführung betrifft, als was seinen inneren Aufstieg anbelangt. Seine mystische Begnadigung hatte ihn in jene große Nähe Gottes gebracht, welche immer das Kennzeichen der echten Heiligen ist. Aber gerade von diesem großen Heiligen stammt das Wort: «Nimm dir nie einen Menschen, so heilig er auch sein mag, zum Vorbild für dein Handeln, da der böse Feind dir seine Unvollkommenheiten vor Augen rückt! Folge vielmehr Jesus Christus nach, der die höchste Vollkommenheit und Heiligkeit ist, und du wirst nie irregehen!»[91]

DER WUNDERBARE FISCHZUG

Franz von Sales

1567—1622

I

Eines der eindrucksvollsten Bilder von Konrad Witz nennt sich «Der wunderbare Fischzug». Vor diesem Gemälde mit seiner berückenden Schönheit kann man lange stehen, ohne müde zu werden. In göttlicher Erhabenheit schreitet der übergroße Christus auf dem Wasser dahin, majestätische Feierlichkeit um sich verbreitend. Grenzenloses Staunen prägt sich auf den Gesichtern der Jünger über den unerwarteten Anblick des Herrn aus. Das Ereignis spielt sich auf dem Hintergrund einer Landschaft des Genfer Sees ab, deren zauberhafte Schönheit in einer eigentümlichen Parallele zu dem wunderbaren Geschehen steht. Es ist schwer zu sagen, ob von der irdischen oder überirdischen Seite dieses erstaunlichen Bildes eine größere Anziehungskraft ausgeht.

An dieses Gemälde wird man erinnert, betrachtet man das Leben Franz' von Sales. Was Konrad Witz auf eine naive und doch höchst künstlerische Weise ausgedrückt hat, begegnet uns auch bei diesem Heiligen. Der wunderbare Fischzug ist die Formel, unter der die Gestalt Franz' von Sales am besten erfaßt werden kann. Die gleiche Schönheit, die gleiche Unbefangenheit und die gleiche Gläubigkeit, welche den spätmittelalterlichen Maler erfüllte, war auch dem Bischof von Genf eigen. Es war nicht nur dieselbe Zugehörigkeit zu der schönen Landschaft des Genfer Sees, die sich getreulich in Franz von Sales, dem echten Sohn jener Gegend, spiegelt, sondern vor allem die Absicht, auf das Geheiß des Herrn ebenfalls einen wunderbaren Fischzug auszuführen. Dies läßt das Gemälde von Konrad Witz und die Gestalt des Heiligen ineinanderfließen.

Um die Leistung Franz' von Sales zu ermessen, muß man kurz auf das Zeitalter hinweisen, aus dem er hervorgegangen ist. Frankreich mit seiner großen christlichen Vergangenheit befand sich damals in jener Epoche des Übergangs von der Renaissance zum Barock. Sie war gekennzeichnet durch die konfessionellen Auseinandersetzungen, die in Frankreich blutigen Charakter angenommen hatten. Die Religionsgespräche zwischen Katholiken und Protestanten waren überall ergebnislos verlaufen und hatten der rohen Waffengewalt Platz gemacht. Nach dem Blutbad zu Vassy, welches die Katholiken unter den Protestanten anrichteten, kam der rücksichtslose Angriff der Hugenotten gegen Lyon. Überboten wurden all diese Grausamkeiten durch die schreckliche Bartholomäusnacht, in der die Protestanten meuchlings zu Tausenden hingemordet wurden. Ein furchtbarer Religionskrieg zerklüftete Frankreich, in welchem eine Auflösung der Moral und eine Verwilderung der Sitten stattfand. Die verheerende Auseinandersetzung zwischen Reformation und Gegenreformation endigte mit einer Erstarkung des Katholizismus, der jedoch seine neue Geschlossenheit mit dem Verzicht auf die frühere Allseitigkeit und Natürlichkeit erkaufen mußte.

Diese Situation muß man sich vergegenwärtigen, will man die Bemühung des Franz von Sales, der auf das französische Geistesleben einen bedeutsamen Einfluß ausübte, in der richtigen Perspektive sehen. Seine Tätigkeit inmitten dieses Geschehens kann als ein neuer Fischzug bezeichnet werden, worunter er die Heimholung ins Christliche verstand. Er wollte den in seinem religiösen Lebensgefühl unsicher gewordenen Menschen wieder in den Schoß der Kirche zurückführen. Diese Heimholung betätigte er auf vorsichtige und doch bestimmte Weise, so daß sie nicht einmal allen Beteiligten zum Bewußtsein kam. Aber sie liegt fast allen seinen Handlungen zugrunde, und unter diesen

Gesichtspunkt muß die Gestalt gerückt werden, will man die innere Melodie dieses Lebens vernehmen.

Franz von Sales hat sein großes Ziel auf mündliche und schriftliche Weise zu erreichen gesucht. Von dem Charme seiner Persönlichkeit kann man sich heute wohl kaum eine richtige Vorstellung machen. Die Porträts, die sich von ihm erhalten haben, enttäuschen alle, weil sie die Gestalt in allzu steifer Haltung wiedergeben. Der zwiespältige Eindruck, den sie erwecken, ist jedoch auf die Unfähigkeit der Maler zurückzuführen, wie Franz von Sales selbst gesagt hat: «Es ist mir hinterbracht worden, ich sei bisweilen durch den Pinsel nicht gut getroffen, aber daran liegt ja wenig.»[1] Die unwiderstehliche Anziehungskraft seiner Persönlichkeit spürt die Nachwelt jedoch in seinen Schriften, von denen die Charakterisierung zu Recht besteht: «Franz von Sales, das heißt Güte, das heißt Menschenfreundlichkeit, das heißt Milde, Freude und jene zarte, hohe Höflichkeit der Seele, die nicht der Salon von Paris, sondern die Gemeinschaft mit Gott und die echte Brüderlichkeit wie von selbst, ohne Regelbuch und Anstandslektionen, uns warm und köstlich anerziehen. Franz von Sales ist wie ein heiliges Lächeln, ein feines, herzliches Verstehen, ein kluges Verzeihen, ein mildes Raten, und alles ohne Sonderbarkeit, ohne Gewaltmittel, ohne außergewöhnliche Lasten, alles im üblichen Gang der Arbeit, im ordinärsten Beruf, im Trott und Trab der Alltäglichkeit.»[2] Der Bischof von Genf verkörpert tatsächlich in einem seltenen Maße die Vorzüge der französischen Nation, wie sie sonst in seinem Jahrhundert kaum anzutreffen waren. Bei aller Zurückhaltung strömt er eine Wärme aus, die förmlich entzückt. Es ist keine bloße freundliche Herzlichkeit, hinter der nichts steht, sondern man spürt die Seele dieses Menschen. Seine Schriften zeugen von einer Kultiviertheit, einer Überlegenheit und einer Religiosität, die durch all die Jahrhunderte, die seither verstrichen sind, nur wenig von ihrem Zauber verloren haben. Sie sind aus einer Weisheit und Frömmigkeit hervorgegangen, die sich am besten mit der Mystik Josef Haydns vergleichen läßt. Zwar meinte Ernst Hello: «Der heilige Franz von Sales besitzt nicht alle Merkmale der Größe, daher spricht er nicht zur ganzen Menschheit, sondern zu einem Teil der Menschheit.»[3] Doch bedeutet dies keinen ernsthaften Einwand gegen Franz von Sales. Denn wer spricht zur ganzen Menschheit? Wohl niemand oder nur der Einzige. Der savoyische Heilige jedenfalls hat zu vielen Menschen gesprochen und tut es noch heute. Seine Haltung bedeutet ein unvergängliches Erbe, das freilich nicht leicht zu würdigen ist, da es sich als hintergründiger erweist, als gewöhnlich vermutet wird.

II

«Das Leben des Franz von Sales erscheint in seinem Verlauf, seiner Vervollkommnung und Vollendetheit durchaus als ein Kunstwerk, an dem der Bildner langsam, mit Bedacht, mit Zielsicherheit, mit Freude arbeitet bis zur unantastbaren Schönheit, wie sie den wenigen Meisterwerken eigen ist.»[4] Diese Ausführung trifft das Wesen des Mannes. Maß und Ordnung, Harmonie und Würde bestimmen das Leben des Franz von Sales, das sich in aufsteigender Linie bewegte. Die Legende, wonach Franz seine Heiligkeit schon als Wickelkind durch das plötzliche Sprechen des Satzes: «Gott und meine Mutter lieben mich sehr» kundgab, verkennt den großen Weg, den dieser Mensch zurückgelegt hat. Er ist durch zähe Arbeit an sich zu seiner Heiligkeit langsam aufgestiegen, und die Stufen dieses Prozesses können noch deutlich verfolgt werden.

Franz von Sales stammt aus einer Familie, die seit dem 13. Jahrhundert in Savoyen ansässig war. Er ist eine Grenzgestalt, die sowohl französische als italienische Charakterzüge in sich vereinigte, jedenfalls eine durch und durch romanische Natur. Die Familie Sales gehört dem Landadel an, und Franz selbst hat den Edelmann nie verleugnet. Er besaß Formen und wußte sich zu benehmen. Nie war er verlegen, sondern beherrschte allezeit die gesellschaftliche Situation. Wenn er auch etwas Vornehmes an sich hatte, bildete sich der Grafensohn aber doch nichts auf seine Adelsabkunft ein. Jeder überhebliche Standesdünkel war ihm fremd. Als echter Aristokrat fand er auch den richtigen Ton im Verkehr mit einfachen Leuten.

Entsprechend dieser vornehmen Umgebung war auch seine Bildung. Vom sechsten Jahre an unterrichteten ihn Privatlehrer, und frühzeitig wurde er in das Jesuitenkollegium nach Paris verbracht. Gemäß seiner Familientradition nahm er alle Sitten seines Standes in sich auf. Tanzen, Reiten und Fechten gehörten zur eleganten Bildung eines noblen Weltmannes. Als vollendeter Kavalier bezog er die Universität zu Padua, welche die beste juristische Fakultät der damaligen Zeit aufwies. Nach dem Wunsch seines Vaters studierte er Jurisprudenz, doch führte ihn die eigene Neigung mehr zu theologischen Studien. Er versuchte beide Gebiete miteinander in Einklang zu bringen, eine Bemühung, in welcher sich bereits der spätere Franz von Sales ankündet, der die Harmonie des religiösen und intellektuellen Lebens zur inneren Seelenheiterkeit für notwendig hielt. Er begann die Kirchenväter Chrysostomus, Augustin, Hieronymus und vor allem Cyprian zu studieren, wobei er den letzteren wegen des schönen Stiles, der Klarheit und bildhaften Ausdrucksweise bevorzugte. Der spätere religiöse Klassiker hat an ihm bewußt seine edle Sprache und anschauliche Darstellung geübt. Die juristischen Studien interessierten ihn immer weniger, und er hielt sich nicht für geeignet, am Streite der Advokaten teilzunehmen. Mitten in seinem Studium wurde Franz von Sales von einer schweren seelischen Krisis heimgesucht. Der Gedanke, zu den Verdammten zu gehören, umgarnte ihn. Die Gnadenlehre beschäftigte den damaligen Katholizismus stark, eine Frage, in welcher sich Dominikaner und Jesuiten gegenüberstanden. Für Franz wuchs sich dieses Problem zu einer gefährlichen Anfechtung aus. Er versuchte vergeblich, sich dieser quälenden Vorstellung zu erwehren und geriet immer tiefer in die trübsinnige Verstrickung hinein, in welcher ihm jegliche Frömmigkeit als bloße Täuschung erschien. Unter dem Bewußtsein, zu den Verworfenen zu gehören, litt er schwer und nahm auch körperlich sichtlich ab. In dieser Bedrängnis suchte er bei der Kirche Trost und verdoppelte seine religiösen Übungen, was ihm zunächst jedoch keine Hilfe brachte. Erst als er sich vor einem Marienbild niederwarf, fühlte er sich plötzlich von der Versuchung befreit. Er fand sich wieder zu dem ihm angeborenen religiösen Optimismus zurück, der jedoch nicht mit Oberflächlichkeit verwechselt werden darf. Die vertrauensvolle Haltung verließ ihn fortan bis zu seinem Lebensende nicht mehr. Doch vergaß er die düsteren Schwermutsanwandlungen keineswegs, was ihm später zustatten kam. Franz von Sales besaß nur deswegen die Fähigkeit, die ringende Seele des andern Menschen so gut zu erfassen, weil er selbst durch dunkle Erfahrungen hindurchgegangen war.

Nach Beendigung seiner juristischen Studien überraschte Franz von Sales seine Eltern mit dem Wunsch, Priester zu werden, wozu der enttäuschte Vater nur ungern die Einwilligung gab. Eine radikale Wendung im Leben bedeutete dieser Entschluß nicht, war er doch langsam aus seinen theologischen Interessen herausgewachsen. Es stellt eine der charakteristischen Eigentümlichkeiten des Franz von Sales dar, daß es bei ihm nur zielbewußte, organische Entwicklung und nichts Sprunghaftes gab. In Padua hatte ihm der Jesuit Possavia den Gedanken eingeflößt, die Reformation habe nur wegen der Unwissenheit der Kleriker einen solchen Umfang angenommen, und Frömmigkeit ohne Wissenschaft sei ebenso ungenügend wie Wissenschaft ohne Frömmigkeit. Diese Ansicht kam seiner Auffassung entgegen, und er holte seine theologischen Studien nach. Mit sechsundzwanzig Jahren empfing Franz die Priesterweihe und erhielt in seiner Heimat die Dompropstei.

Franz von Sales war ein eifriger Priester. Er spielte nicht einfach den vornehmen Prälaten, der sein kirchliches Amt als bloßen Versorgungsposten betrachtet. Vielmehr verstand er sich als ein Arbeiter im Weinberg des Herrn, der zu wirken hatte, solange es Tag war. Unermüdlich war er im Beichtstuhl tätig und kam darin oft in die Lage, den Büßenden, die er zum Weinen gebracht hatte, sein eigenes Taschentuch zum Trocknen der Tränen anzubieten. Noch eifriger lag er der Tätigkeit der Predigt ob, so daß sein eigener Vater darob den Kopf schüttelte: «Propst, du predigst mir zu oft. Ich höre sogar an Werktagen die Predigtglocke läuten, und immer sagt man mir: Das ist der Propst! Zu meiner Zeit war das nicht so. Damals predigte man viel seltener. Aber was waren das auch für Predigten!... Jetzt machst du etwas so Alltägliches daraus, daß es einem keinen großen Eindruck mehr macht und daß man die Hochachtung vor dir verliert.»[5] Die Befürchtung des Vaters war unangebracht, und Franz ließ sich auch nicht irremachen. In seinem Drang nach außerordentlichen Taten nahm er immer neue Pflichten auf sich. Als sein Vorgesetzter nach der geeigneten Persönlichkeit zur Missionierung der calvinistischen Bevölkerung von Chablais Umschau hielt, meldete Franz von Sales sich freiwillig. Seine Eltern sprachen sich zwar gegen diese schwere Aufgabe aus, aber auf ihn übte sie um ihrer Ungewöhnlichkeit willen eine unwiderstehliche Anziehungskraft aus. Franz' freiwilliges Sich-zur-Verfügung-stellen als Missionar war, wie die meisten Taten der Menschen, aus verschiedenen Komponenten zusammengesetzt. Sicher entsprang sein heroischer Entschluß einem brennenden Eifer im Einsatz für die Rettung der Seelen, den Johanna von Chantal als seine vorherrschendste Eigenschaft bezeichnet hat. Wenn auch das Wort Seeleneifer peinlich belastet ist, das Denken des Franz von Sales war in verzehrender Weise auf das Heil der Seelen gerichtet und ist mit dem Kennermut in Verbindung zu bringen, der zum Wesen des Heiligen gehört. Neben diesem uneigennützigen Interesse stand aber auch die klerikale Absicht, die eigene Kirche zu vergrößern, was als ein uneingestandenes Machtbedürfnis zu bezeichnen ist. Beide Motive werden sich in der Seele des Propstes miteinander verschlungen haben, so daß sie kaum reinlich getrennt werden können. Auf alle Fälle begann damals Franz von Sales zum erstenmal jene Netze auszuwerfen, die nötigen, sein Lebenswerk unter dem Bild des wunderbaren Fischzuges aufzufassen.

Da die Einwohner von Chablais seit zwei Generationen überzeugte Hugenotten waren, verhielten sie sich Franz von Sales gegenüber völlig ablehnend und betrachteten ihn als unerwünschten Eindringling. Obschon er den Grundsatz prägte, daß man mit einem Tropfen Honig mehr Fliegen fange als mit einem ganzen Faß Essig, stieß er auf taube Ohren, und er erlebte überall nur frostige Abweisung. Die Landleute lehnten seine lächelnde Zutraulichkeit ab und durchschauten die frommen Listen, wandte er sie auch noch so vorsichtig an. Franz von Sales mußte darob schwere Unbill erdulden und viele Unannehmlichkeiten auf sich nehmen. Er geriet sogar öfters in gefährliche Situationen, die ihm das Leben hätten kosten können. In einem Dorf, wo ihn niemand aufnehmen wollte, mußte er in einer eisig kalten Nacht in einem Backofen übernachten, und ein andermal fanden ihn Holzfäller fast zu Tode erstarrt oben in einem Baume schlafend. Während der strengen Winter hatte Franz von Sales in jener Gebirgsgegend Schweres durchzumachen und zahlreiche Hemmnisse auf den weiten, abgelegenen Wegen zu überwinden. Es war alles andere als ein angenehmes Dasein, das ihm in Chablais beschieden war, denn nur Mühen und Entbehrungen begegneten ihm überall. In den Biographien über Franz von Sales wird diese missionierende Tätigkeit mit Recht als eine wahre Heldenzeit gepriesen und den Priestern noch heute als Vorbild vor Augen gestellt. Und sie war es in der ersten Zeit auch zweifelsohne. Nur ein tapferer und furchtloser Mensch konnte sich mit solchem apostolischem Eifer in die gefahrvolle Arbeit stürzen.

Und der Ertrag dieser entsagungsvollen Tätigkeit? Zunächst gleich Null! Nachdem Franz von Sales über zwei Jahre ununterbrochen an der Rückgewinnung der protestantischen Bevölkerung von Chablais gearbeitet hatte, waren es ganze neunzehn Konvertiten, die er gewonnen hatte. Ob er doch die unrichtigen Netze gebrauchte? Ob er die religiösen Kräfte unterschätzte, die im Protestantismus aufgebrochen waren, und es ihm an Bereitschaft fehlte, dessen Wahrheitselemente auch anzuerkennen? Wie dem auch sei, das Ergebnis war höchst niederdrückend. Franz von Sales hat mit den Jüngern sprechen können: «Meister, wir haben die ganze Nacht gearbeitet und nichts gefangen» (Lk. 5, 5). Wenn es in diesem Tempo weiterging, würde er in hundert Jahren mit seinem Auftrag nicht fertig. Obwohl er kein Mittel unversucht ließ, an die Leute heranzukommen, indem er disputierte, predigte, schriftstellerte, immer freundlich blieb und die Geduld nie verlor, schonend auftrat und kein Porzellan zerbrach, nahm der Widerstand gegen den Katholizismus in keiner Weise ab. Er rannte wie gegen eine Mauer. Aber nun wird erzählt, Franz von Sales habe seine Tätigkeit mit dem Erfolg von über zwanzigtausend bekehrten Hugenotten abgeschlossen und das ganze Gebiet von Chablais zur Kirche zurückgeführt. Ja, es wird ihm der Ruhm zugesprochen, in seinem ganzen Leben siebzigtausend Ketzer bekehrt zu haben! Es besteht kein Anlaß, die Richtigkeit dieser Behauptungen anzuzweifeln. Aber um den religiösen Wert dieser Bekehrungen zu ermessen, muß man darauf achten, auf welchem Wege er schließlich das Ziel erreicht hat. Gewiß nicht durch jene Traktätchen, die er als Kolporteur heimlich unter die Türritzen der Häuser von Chablais steckte. Denn sie erwiesen sich als gleich wirkungslos wie seine Predigten.

Als Franz von Sales sich von der Vergeblichkeit seiner Bemühungen überzeugen mußte, änderte er seine Methode. Er nahm zu einer Haltung seine Zuflucht, die vom christlichen Standpunkt aus sehr zu bedauern ist. Bereits die Art und Weise, wie er dem Auftrag, den hochbetagten Theodor Beza in Genf zum Katholizismus zurückzuführen, nachkam, vermag einer ernsthaften Prüfung nicht standzuhalten. Franz begab sich zu diesem Zweck als Händler verkleidet mehrmals in das protestantische Rom und ließ sich vom Papst Clemens VIII. dazu mißbrauchen, Beza für den Fall seines Übertrittes «eine Pension von viertausend Goldtalern anzubieten», und wäre bereit gewesen, noch mehr zu geben, «denn er wußte den Wert einer solchen Eroberung zu schätzen»![6] Dieser zweideutig-schillernde Vorschlag mußte vom greisen Beza als Versuch, seine Seele mit Gold zu kaufen, um nachher einen Triumph feiern zu können, aufgefaßt werden. Der Nachfolger Calvins wies dies begreiflicherweise mit Entrüstung zurück. Doch war diese Zumutung nicht die einzige Entgleisung, der Franz von Sales sich schuldig machte. Viel schwerer wiegt sein Entschluß, daß er schließlich die Staatsgewalt für seine Missionierung zu Hilfe rief. Franz von Sales kam auf den Augustinischen Ausweg: «Nötigt sie, hereinzukommen!» (Lk. 14, 23) und verlangte den staatlichen Druck, während er sich zuerst ausdrücklich die Begleitung von Soldaten, die mit dem Gewehrkolben seinen Worten nachhelfen sollten, verbeten hatte. Der Herzog von Savoyen, dem Chablais unterstand, war für dieses gewalttätige Vorgehen nur zu leicht zu haben. Als Landesfürst ordnete er die Vertreibung der protestantischen Prediger an, die Einziehung aller evangelischen Schriften sowie den Ausschluß der Hugenotten von allen öffentlichen Ämtern. In Begleitung des Franz von Sales begab sich der Herzog an den Hauptort, versammelte die Bevölkerung um sich und ließ die an ihrem Glauben festhaltenden Hugenotten seine ganze Ungnade fühlen, indem er ihnen persönlich die Räumung des Gebietes befahl. Die Protestanten wurden kurzerhand vor die Wahl gestellt: Annahme des Katholizismus oder Verbannung aus Savoyen. Auf diesem gewaltsamen Wege wurde die Rekatholisierung in Chablais durchgeführt.[7] Der Behauptung, dies habe der Herzog und nicht Franz von Sales getan, steht die Tatsache gegenüber, daß der Propst von Annecy in all diesen Maßnahmen ihm zur Seite stand und den Fürsten mit seiner Autorität deckte.

Mit diesem Vorgehen erwies Franz von Sales sich als echter Sohn seiner Zeit. Das 16. Jahrhundert ging gegen Andersgläubige in brutaler Weise vor. Nicht nur der Katholizismus handelte nach dieser Methode, auch der Protestantismus wollte damals keine Katholiken unter sich dulden. Nur wenige erleuchtete Christen kämpften als Außenseiter bereits zu jener Zeit für christliche Duldung. Die intolerante Ausschließlichkeit bildet den Ausdruck jenes rücksichtslosen

Zeitalters, und aus diesem Grund kann Franz von Sales kein zu starker Vorwurf gemacht werden. Aber er überragte in dieser Beziehung sein Jahrhundert auch nicht, und es geht nicht an, ihn in dieser Angelegenheit bereits als Heiligen zu betrachten. In der Behandlung der Andersgläubigen wird durch ihn kein prinzipiell neues Kapitel aufgeschlagen. Wohl hielt er es nicht für nötig, in seinen Predigten die Ketzer zu bekämpfen, so daß seine eigenen Glaubensgenossen sich über die Schonung aufhielten, die er auf der Kanzel den Protestanten zukommen ließ. Aber diese Nachsicht floß aus der gleichen Taktik, welche ihn stets bewog, die scharfen Kanten überhaupt zu umgehen und den Menschen seiner Zeit in möglichst weitgehender Weise entgegenzukommen. Wenn dieses psychologische Vorgehen aber nicht zum erwünschten Erfolg führte, verwandelte sich seine Freundlichkeit in tiefe Abneigung. Der Stadt Genf gegenüber empfand er zeitlebens einen heftigen Widerwillen.

Es hat etwas Störendes, in Franz' von Sales Missionswerk nicht jene unendliche Güte wahrzunehmen, die ihn sonst alles aus Liebe und nichts aus Zwang tun ließ, und die ihn sich zu dem Grundsatz bekennen hieß: «Zuviel und zuwenig nachsichtig sein — beides ist gefehlt. Es ist für uns Menschen hart, die Mitte zu halten; doch wenn ich fehle, so will ich lieber durch zu große Milde als durch zu große Strenge fehlen.»[8] Man kann sich diese störende Wahrnehmung nur durch die Tatsache erklären, daß auch Franz von Sales nicht jene einfach gebaute Persönlichkeit war, als die er oft hingestellt wird. Er war eine rätselhafte Gestalt, in deren Charakter sich unbeugsamer Wille mit großer Milde seltsam paarten, darin dem russischen Menschen ähnelnd. Mit seinem romanischen Temperament war er ein affektgeladener Mensch. Gerade weil er die Ausgeglichenheit von Natur aus nicht besaß, erschien sie ihm als verlockendes Ideal und es verlangte seine ganze Seele darnach. Er hat unendlich viel an sich gearbeitet, bis er schließlich jene Milde erkämpfte, die ihn so anziehend macht. Welche Unsumme von seelischer Anstrengung verrät doch die eine Antwort, die er auf die Aufforderung, sich über ein ihm angetanes Unrecht zu ereifern, erteilte: «Wollen Sie, daß ich in einer Viertelstunde das bißchen Sanftmut verliere, welches ich mir seit zwanzig Jahren mit so vieler Mühe erworben habe?»[9] In Chablais war Franz von Sales noch nicht auf dieser Stufe angelangt, doch befand er sich ja auch erst am Anfang seiner Laufbahn. Er war damals noch kein Heiliger und sollte es erst im Laufe seines Lebens werden. Seine Ketzerbekehrung in Chablais ist, was die große Zahl betrifft, gewiß als Fischzug zu bezeichnen. Doch wenn man darauf achtet, wie dieser Fang zustande gekommen ist, kann er nicht wunderbar genannt werden wie derjenige am See Genezareth, der die Teilnehmer mit maßlosem Staunen erfüllte. Franz von Sales hätte höchstens mit Simon bekennen müssen: «Herr, gehe von mir hinaus, ich bin ein sündiger Mensch.» (Lk. 5, 8)

III

Franz von Sales war der geborene geistliche Fischer. Diese Leidenschaft hatte von ihm Besitz ergriffen, und er konnte sie nicht lassen. Er huldigte ihr weiter als rechte Hand des Bischofs von Genf, wie auch als er nach dessen Tod sein Nachfolger wurde. Sein zweiter Fischzug war freilich von anderer Art. Statt auf die Gewinnung von Ketzern richtete er nun seine Aufmerksamkeit auf die Rückführung der kirchlich unsicher gewordenen Menschen. Franz interessierte sich für die Katholiken, die zwar der Kirche angehörten, im Wirrwarr des Jahrhunderts mit seiner Frömmigkeit jedoch nicht mehr zurecht kamen. Ihrer wollte er sich annehmen und ihre locker gewordene Katholizität befestigen. Sein Ziel war die Heimholung des der Gleichgültigkeit verfallenen Katholiken.

Zu seiner Erreichung bedurfte es nach Franz von Sales einer Umstellung der christlichen Verkündigung. Der Bischof von Genf war genügend katholisch gesinnt, um zu wissen, daß nach der Lehre seiner Kirche das Christentum eine unveränderliche Größe darstellt. Aber er wußte doch auch — wie später Kardinal Newmann — um die Entwicklung der Ausprägung der Lehre, und er war bestrebt, ein neues Ideal von Frömmigkeit aufzustellen. Seinen Niederschlag hat dieses neue Frömmigkeitsideal erstmals in der Schrift «Philothea» erhalten, ein Name, der gottliebende Seele bedeutet, jene Seele, die nach Tertullian von Natur eine Christin ist. Die «Introduction à la vie dévote», wie das Werk sich nennt, ist aus Briefen hervorgegangen, die an die Gemahlin seines Vetters Louise de Chastel gerichtet waren. Diese hatte ihn gebeten, ihr den Weg der Heiligkeit zu zeigen, und er gab nachträglich diese Briefe in Buchform heraus. Das Werk war sowohl nach Form wie nach Inhalt eine schriftstellerische Leistung, die seinen Namen in weiteste Kreise trug, und die mit ihrer nachhaltigen Wirkung ein Ergebnis in der Geschichte der christlichen Frömmigkeit darstellt. Die «Philothea» war vorwiegend das Netz, mit dem er seinen zweiten Fischzug unternommen hat. Das Aufsehen, welches das Buch im katholischen Frankreich bewirkte, ist begreiflich, war es doch von einem künstlerisch veranlagten Menschen verfaßt worden.

Das neue Ideal des Franz von Sales verlangte die Anerkennung von verschiedenen Arten der Frömmigkeit. Man gelangt auf vielen Wegen zum Himmel, pflegte der Bischof von Genf zu sagen, und auch die Mittel, durch die man die Vollkommenheit erreichen kann, sind verschieden. Nur engherzig eingestellte Christen lassen bloß eine einzige Frömmigkeitsübung als richtig gelten, und das ist natürlich die ihrige. Eine solche Auffassung lehnte Franz von Sales als beschränkte Ansicht ab. Vielmehr betonte der Verfasser der «Philothea» nachdrücklich die Mannigfaltigkeit von religiösen Möglichkeiten: «Die Frömmigkeit muß sich also verschieden äußern: beim Hochgestellten anders als beim Taglöhner, beim Fürsten anders als beim Untertanen, beim jungen Mädchen anders als bei der Frau oder Witwe. Neben dem Stande sind auch die persönlichen Kräfte, die Beschäftigung und die Pflichten des Einzelnen maßgebend für die Weise seiner Gottseligkeit. Es wäre durchaus unpassend, wenn ein Bischof lebte wie ein Einsiedler, wenn Edelleute wie die Kapuziner auf den Erwerb zeitlicher Güter verzichten, wenn der Handwerker den ganzen Tag in der Kirche zubringen wollte.»[10] Der Mensch muß in der Ausübung seiner Religiosität Rücksicht auf Ort, Gesellschaft und Stand nehmen. Was sich für den einen schickt, kann bei einem andern unschicklich sein. Die wahre Frömmigkeit ist in jeder Lage möglich, muß ihr aber stets angepaßt sein. Nach Franz von Sales gibt es so viele Arten von Heiligkeit, als es Heilige gibt.

Die Anerkennung der Verschiedenheit der Frömmigkeitsübung genügt noch nicht. Franz von Sales geht bewußt einen Schritt weiter und behauptet in folgerichtigem Weiterdenken dieser Ansicht, daß demnach der Christ seine Vollkommenheit nicht nur im Kloster erlangen könne. Die Heiligkeit ist nicht das Vorrecht einer kleinen Zahl von Menschen, welche aus der Welt geflohen sind, sondern allen Christen als Ziel auferlegt. Franz wollte das Vorurteil, daß die Vollkommenheit von den Weltleuten nicht erlangt werden könne, widerlegen. Es gibt nach seinen, für die damalige Zeit sehr modernen Ausführungen eine Frömmigkeit, die mitten in der Welt verwirklicht werden kann, und die sich mit jeder Lebensbedingung in Übereinstimmung bringen läßt. Bewußt nahm Franz von Sales sich vor, «diejenigen zu unterweisen, die mitten in der Welt, in den Städten, im Familienkreise, ja selbst am Hofe leben — jene, die gezwungen sind, mit den Menschen der Welt zu verkehren, und die gerade deshalb oft nicht einmal den Mut haben zu denken, daß ihnen eine fromme Lebensweise möglich sei».[11] Nach Franz gibt es eine Art von Frömmigkeit, die auch der Weltmann ausüben kann, und er versicherte, Menschen zu kennen, welche die Heiligkeit im Kloster verloren haben und solche, die mitten im Gedränge der Welt sie zu bewahren vermochten. Selbstverständlich war Franz von Sales wie alle Heiligen ein Freund der Einsamkeit, und er betrachtete sie als eines der wirksamsten Mittel des inneren Fortschrittes. Aber diese Einsamkeit ist nicht nur im Kloster oder in der Wüste zu er-

reichen. Er empfahl die innere Einsamkeit, in die sich der Mensch während der größten Geschäftigkeit zurückziehen könne. «Und wärest Du inmitten eines Menschengewühls, Du könntest doch einsam sein, einsam mit Deinem Gott.»[12]
Niemals darf die Frömmigkeit in der Welt als Religiosität niederen Ranges bewertet werden. Unter Umständen ist sie schwerer auszuüben als die Weltflucht. Die Frömmigkeit in der Welt war das neue Ideal, das Franz von Sales verkündete, und er tat es auf eine solch liebenswürdige Weise, daß es sich dem Gedächtnis der Menschheit unauslöschlich eingeprägt hat. Die Kühnheit seiner Ansichten kann der heutige Mensch kaum noch ermessen, weil dieses Frömmigkeitsideal dem Ei des Columbus gleicht. Nachdem es ausgesprochen war, mutete es alle Welt als Selbstverständlichkeit an. Aber den Mut aufzubringen, es angesichts einer jahrhundertelangen asketischen Tradition zu äußern, dazu bedurfte es der Genialität eines religiösen Herzens. Für die damalige Zeit war es so neu, daß Bossuet in dieser Tat die hervorragendste Leistung sah, welche der Bischof von Genf vollbracht hatte. «Vor Franz von Sales war der Geist der Frömmigkeit bei den Weltleuten fast gar nicht mehr bekannt. Man verbannte das innere und geistliche Leben in die Klöster und hielt es für zu rauh, als daß es am Hofe und in der großen Welt hätte erscheinen können. Franz von Sales ist auserwählt worden, es aus seiner Verborgenheit hervorzuholen und die Geister diesem verderblichen Wahn zu entreißen. Er hat die Frömmigkeit mitten in die Welt zurückgeführt; man glaube aber nicht, daß er sie verkleidet habe, um sie den Augen der Weltlichen angenehmer zu machen.»[13]
Die Frömmigkeit in der Welt hat die Ablehnung jener Auffassung, welche die Bestätigung des Religiösen nur in außerordentlichen Leistungen erblickt, zur Folge. Diese verbreitete Anschauung, welche sein neues Ideal aufhob, bekämpfte Franz von Sales wiederholt. Ihm war alles außergewöhnliche Gebaren, welches die Aufmerksamkeit auf sich lenken will, in der Seele zuwider. Er wollte sich in keiner Weise außerhalb der Ordnung stellen, und es spielen bei ihm

auch Ekstasen keine Rolle. Wie unheimlich wahr ist doch im Hinblick auf den Gang der christlichen Kirche seine Äußerung: «Wir verlangen manchmal so sehr Engel zu werden, daß wir darüber vergessen, gute Menschen zu sein.»[14] Immer rät er, sich mit den Gelegenheiten und Mitteln zu begnügen, die einem tatsächlich zu Gebote stehen und nicht nach speziellen Leistungen zu lechzen, da diese den Menschen gerne zur Überheblichkeit verführen. Dem Bedürfnis nach Außerordentlichem stellt er die schlichte Übung im Alltäglichen gegenüber, ohne dabei aber einer Mittelmäßigkeit zu verfallen. Überlegene Weisheit spricht aus den Worten: «Jene täglichen kleinen Werke der Nächstenliebe, jene Zahnschmerzen, jene Unfreundlichkeit und Zurücksetzung durch andere, die wunderliche Laune Deines Mannes, Deiner Frau, ein zerbrochenes Glas, ein verlorener Handschuh, die kleine Ungemächlichkeit, etwas früher schlafen zu gehen und früher aufzustehen, wenn Du zur Kirche gehen sollst — kurz, alle derartigen geringfügigen Beschwerden mit Liebe ertragen und aufnehmen, das gefällt Gott in hohem Maße.»[15] Diese Betonung des Unscheinbaren ist alles andere als kleinlich gedacht; mit seinen Ausführungen hat Franz von Sales vielmehr den konkreten Weg aufgezeigt, den die Frömmigkeit in der Welt zu gehen hat. Gott im Großen zu dienen, erfordert eine Gelegenheit, die sich nur selten bietet, ihm in kleinen Anlässen seine Ergebenheit zu beweisen, kann der Christ jede Stunde.

Mit dem neuen Frömmigkeitsideal stand auch jene Ansicht im Widerspruch, welche das religiöse Leben vor allem in asketischen Bußübungen betätigt. Franz hat die Askese nicht verachtet. Er konnte auch Selbstgeißelung empfehlen, und ihr Wert stand für ihn außer Frage. Aber den finsteren Asketismus, welcher den Menschen zu verschlingen droht, hat Franz von Sales überwunden, und dies muß als eine große Leistung bewertet werden, wenn man an die Macht denkt, welche die körperliche Selbstpeinigung jahrhundertelang über die christlichen Gemüter ausübte. Der Bischof von Genf kannte eine christliche Frömmigkeit, die den Sinnen keinen Eintrag tat, und das war diejenige seines neuen Ideals. Franz war es nicht um Unterdrückung der Leidenschaften zu tun, ihm kam es auf ihre Umwandlung und Durchlichtung an. Nach ihm können die Triebe des Menschen, wenn ihnen ein hohes Ziel gegeben wird, in Tugenden umgegossen werden. Die natürlichen Bedürfnisse wollte er nicht unterbinden, da Gott sie in den Menschen hineingelegt habe. Das Christentum will nach Franz von Sales die Welt heiligen, nicht aber sie aufheben. Aus dieser Überzeugung floß seine erfrischende Natürlichkeit, die nichts Geschraubtes an sich hat und welche die Lektüre seiner Schriften zu einer solch angenehmen Beschäftigung macht. Gar oft wiederholte er das Jesus-Wort: «Esset, was euch vorgesetzt wird» (Lk. 10, 7) und zog daraus den Schluß, in diesen Dingen sich nach dem Geschmack der andern zu richten, ohne sich beständig von den übrigen Menschen zu unterscheiden. Er hielt es mit der Frömmigkeit durchaus vereinbar, sich schön zu kleiden, Theater zu besuchen, und was noch mehr dergleichen Lustbarkeiten sind, wenn er auch vor jedem Übermaß warnte. Nicht in der Verachtung der menschlichen Neigungen sah er die wahre Frömmigkeit, sondern in der sinngemäßen Einfügung in die richtig verstandene religiöse Lebensführung.

Ebenso wollte Franz von Sales nicht von einer Frömmigkeit wissen, welche ein finsteres, vergrämtes Gesicht zur Schau trägt. Das war ihm ein unangenehmer Anblick. Traurigkeit war für ihn kein Merkmal ernster Frömmigkeit, vielmehr deren Feind. «Die ungeordnete Traurigkeit trägt Verwirrung in die Seele»[16] und muß als Gegner bekämpft werden. «Ich habe es Ihnen gesagt, und schreibe es jetzt wieder, ich will keine absonderliche, unruhige, traurige, griesgrämige und verdrossene Frömmigkeit, sondern eine milde, sanfte, angenehme und friedliche, mit einem Wort, eine freie und frohgemute, die liebeswürdig ist vor Gott und den Menschen.»[17] Selbstverständlich wußte auch Franz, daß man nicht immer Herr seiner Stimmungen sein und sich ihrer nicht bedienen kann, wie man will. Aber seelische Niedergeschlagenheit muß bekämpft werden, gleich wie die Skrupeln, die Gottes Willen durch spitzfindige Untersuchungen entdecken wollen und nach einer Entscheidung die Wahl wiederum bezweifeln. Franz von Sales liebte Selbst-Quälereien nicht und betonte immer wieder, daß «die wahre Frömmigkeit keine zerstörende, sondern eine aufbauende, ja vervollkommnende Macht in der Welt ist.»[18] Alles trübsinnige Grübeln war seiner unbefangenen Natur entgegengesetzt. Der Traurigkeit stellte er immer wieder die Freude gegenüber, und er ermahnte den Christen: «Erwecken Sie in Ihrem Geist oft das Gefühl der Freude und Fröhlichkeit und glauben Sie fest, daß dies der wahre Geist der Frömmigkeit ist.»[19] Franz von Sales selbst war ein froher Mensch, der eine musikalische Heiterkeit anstrebte, und darin liegt das Geheimnis seiner Anziehungskraft. Ein heiliger Optimismus erfüllte diesen Mann, der in der vollzogenen Erlösung die Hauptwahrheit des Christentums erblickte und unerschütterlich an den Sieg des Lichtes über die Finsternis glaubte. Nach seiner Auffassung wurde der gute Kern des Menschen und die Schönheit der menschlichen Natur trotz der Erbsünde nicht zerstört und der Stand der Unschuld weit übertroffen vom Stand der Erlösung.

Die Krone setzte Franz von Sales seinem neuen Frömmigkeitsideal mit dem Bekenntnis zur Freiheit und zur Weitherzigkeit auf. Ausdrücklich wollte er nicht andere zu seiner Weise herüberziehen, sondern war darauf bedacht, jedem seine Freiheit zu lassen. «Gott ist nicht kleinlich.»[20] Diese Erkenntnis erfüllte Franz mit einer weitherzigen Liebe und er arbeitete daran, das menschliche Herz zu erweitern. «Vor allem soll die heilige Freiheit und Weitherzigkeit herrschen; wir sollen kein anderes Gesetz, keinen andern Zwang haben als den der Liebe», schrieb er in einem seiner Briefe und hielt dafür, «für eine gute Sache zu kämpfen, wenn ich die heilige, liebreiche Freiheit des Geistes verteidige, die ich, wie Sie wissen, besonders ehre, vorausgesetzt, daß sie wahr ist und fern von Ausschweifung und Zügellosigkeit, die nur Masken der Freiheit sind.»[21] Diese Worte bilden keine Phrasen im Munde des Bischofs von Genf. Die weitherzige Freiheit des Geistes bedeutete für diesen Mann tatsächlich eine heilige Angelegenheit, die ihn zu einer der lichtvollsten Gestalten innerhalb der Kirche machte.

Im Hinblick auf sein neues Frömmigkeitsideal frägt man sich, ob Franz von Sales zu den großen Heiligen zu zählen sei. Der Verfasser der «Philothea» gehörte nicht zu jenen Geistern, die mit einer verschwenderischen Fülle von Ideen ausgestattet waren. Es ist nur eine ganz bestimmte Anzahl von Gedanken, die bei ihm immer wiederkehrt, und der Raum seiner Ansichten ist bald durchschritten. Aber er besaß etwas, was mehr wiegt als die gedankliche Fähigkeit, Systeme aufzubauen: sein neues Frömmigkeitsideal war von einer seltenen Wärme durchpulst. Mit ihm gelang es dem Bischof von Genf, jenes neue Wort auszusprechen, auf das seine Nation zu jener Stunde wartete. Ihm war es gegeben, den an sich praktischen Katholizismus noch lebensnaher zu machen und namentlich der französischen Dame ein ins Feine ausgearbeitetes Christentum nahezubringen, das ihren erhabenen Gefühlen und ihrer gesellschaftlichen Form entsprach. Seine Frömmigkeit ging nicht darauf aus, die große Vergangenheit gegen die klägliche Gegenwart auszuspielen, sondern er versuchte vielmehr, zu der neuen Zeit ein positives Verhältnis zu gewinnen. Da er seine Religiosität liebenswert und anziehend zu machen verstand, wurde die «Philothea» das geistliche Brevier für weltliche Gemüter genannt, das ein Mensch schrieb, der Gott *und* die Welt liebte. Man gab Franz von Sales schon den Titel eines Weltmannes unter den Heiligen, und das ist im Hinblick auf seine geformte Persönlichkeit keine zweideutige Aussage. Die Liebenswürdigkeit seines Wesens war in der Tat außerordentlich und hätte kaum größer sein können. Mit seinem Ideal der Frömmigkeit in der Welt kam er den Weltleuten so weit entgegen als nur möglich. Ja er ging darin bis an den äußersten Rand des Statthaften.

Franz' von Sales Frömmigkeitsübung in der Welt war in ihrer weitherzigen Tendenz zu neu, um sogleich durchdringen zu können. Es brauchte Zeit, bis sie sich dieses ungewohnte Ideal angeeignet hatte. Wie alles Neue erlebte auch diese Religionsauffassung zuerst ihre Anfechtung, weil sie sich zu stark von der Tradition unterschied und dem kirchlichen Menschen zu fremd war. Man bezichtigte denn auch Franz des Leichtsinnes, daß er den christlichen Ernst nicht kenne. Als die «Philothea» erschien, wurde sie wegen ihrer Ausführungen über die Moral in Verruf gebracht, man schmähte sie in beleidigenden Ausdrücken und verbrannte sie sogar als ein ärgerniserregendes Buch. Ihre Ansichten betrachtete man als Lockerung der christlichen Disziplin, und ihr Verfasser mußte verschiedene Angriffe über sich ergehen lassen. Man höhnte ihn als den Erfinder dessen, wie man auf Rosen ohne Dornen zum Himmel wandeln könne. Ganz unverständlich ist diese Zurückweisung nicht. «Dieser Sieg durch Umgehung» war in der Tat eine ungewöhnliche Lehre wie auch seine Anweisung, Schwierigkeiten nicht zu brechen, sondern durch Nicht-mehr-daran-Denken zu lösen. Was sollte man zu jener Ausführung in der «Philothea» sagen, da der Heilige allen Ernstes rät: «Tanze und spiele jedoch ruhig, wenn Klugheit und vernünftige Rücksicht Dir dazu raten: etwa um einer anständigen Gesellschaft einen Gefallen zu erweisen! Denn die Gefälligkeit ist eine Tochter der Liebe. Sie macht Gleichgültiges zu Gutem und Gefährliches zu Erlaubtem. Ja, sie nimmt sogar Dingen, die in gewissem Sinne schlecht sind, ihre Schlechtigkeit.»[22] Über die gefährliche Kühnheit dieser Auffassung stutzten begreiflicherweise viele ängstliche Gemüter der damaligen Zeit und bezichtigten den Bischof von Genf der leichtfertigen Nachsicht, um nicht zu sagen, der Laxheit. Die Frage ist berechtigt, ob Franz von Sales das Christentum nicht zu herabgesetztem Preise angeboten habe. Ist seine Frömmigkeit in der Welt nicht eine sammetweiche Allerweltsfrömmigkeit geworden, die in ihrer Nachgiebigkeit vom Menschen keine Anstrengung mehr fordert? Sind seine Fischnetze nicht allzu groß geworden, so daß auch alle lauen Christen bequem darin Platz haben? Wirkte in seiner christlichen Lebensphilosophie, als was die «Philothea» aufzufassen ist, nicht der Einfluß der jesuitischen Lehre nach, die er in Paris als Jüngling in sich aufgenommen hatte? Durch welch tiefen Graben ist doch dieses neue Frömmigkeitsideal von dem erhabenen Ernst eines Blaise Pascal getrennt, welcher die Nacht über Gethsemane in einer Weise erlebt hat, die noch heute erschüttert. Ein unüberbrückbarer Gegensatz trennt Franz von Sales, der das Natürliche heiligen wollte, von Pascal, bei dem sich die Heiligkeit in einer grauenhaften Zerstörung seiner Genialität auswirkte. Es gibt wenige Bücher, die in ihrer religiösen Haltung durch eine solche tiefe Kluft getrennt sind wie die «Philothea» und die «Pensées». Wer die pessimistische Christlichkeit Pascals mit ihrem grollenden Haß gegen das Ich in sich aufgenommen hat, wird ein gewisses Mißtrauen gegenüber dem religiösen Optimismus des Franz von Sales nur sehr schwer beseitigen können.

Gleichwohl bilden diese Bedenken nicht das letzte Wort über den Bischof von Genf und sein neues Frömmigkeitsideal, das eine vornehme religiöse Welt verkörpert und den Laien den Weg zur Vollkommenheit zeigen will. So entgegenkommend Franz in neutralen Sachen war, in prinzipiellen Fragen blieb er fest wie ein Fels und hat nie aus Höflichkeit geschwiegen. Man tut ihm Unrecht, wenn man ihn als Mensch bezeichnet, der sich den Umständen anzupassen weiß, wie dies auch von katholischer Seite schon geschehen ist.[23] Er hat vielmehr versucht, den schweren Grundsatz des Paulus zu verwirklichen, der den Juden ein Jude und den Griechen ein Grieche geworden ist und sich bemühte, allen alles zu werden. Der Bischof von Genf hat sich nicht einfach dem Zeitlauf angepaßt und die Situation ausgenützt. Er hat vielmehr bewußt auf seine Zeit einzuwirken versucht. Aber er tat dies nicht in der Weise, wie es bei vielen Christen zu allen Jahrhunderten geschehen ist, indem das Leben durch den Geist vergewaltigt wird. Von diesem hochmütigen Zwang ist bei ihm keine Spur wahrzunehmen. Er hat vielmehr das Leben als das große Geschenk Gottes angesehen

und war immer wieder bereit zu lernen und sich von ihm lenken zu lassen. Diese Einstellung läßt aus seinen Schriften jenen wohlriechenden Duft ausströmen, den man nicht genug einatmen kann. Er ist darin Goethe verwandt, der eine ähnliche Haltung in seiner überlegenen Altersweisheit zum Ausdruck brachte. Auch bei Franz von Sales darf man im Hinblick auf die erleuchtete Milde von einer religiösen Lebenskunst sprechen, der man nur selten begegnet. Der Verfasser der «Philothea» vertritt frei von jeglicher Verquältheit eine heitere Religiosität, welche das ganze Weltgeschehen durch Christi Erlösung verklärt betrachtet. Diese frohgemute Auffassung hat nichts mit Oberflächlichkeit zu tun, so wenig wie der Sündenpessimismus «tiefer» ist als der religiöse Optimismus. Nicht nur der Heroismus verkörpert eine bewundernswerte Haltung; die überlegene Heiterkeit, welche Heiligung als Entfaltung und nicht als Vernichtung des tiefsten Verlangens des menschlichen Herzens versteht, tut es nicht minder. Die Freude ist christlicher als der Ernst, denn die echte religiöse Heiterkeit ist durch den Ernst hindurchgegangen und über ihn hinausgelangt. Wenn auch Franz' von Sales neues Frömmigkeitsideal noch nicht als heilig bezeichnet werden kann, so befand er sich doch mit ihm unzweifelhaft auf dem Weg zur Heiligkeit.
Die «Philothea» hat in Frankreich segensreich gewirkt. Auf diesem zweiten Fischzug gab es so volle Netze, daß sie kaum einzubringen waren. Franz' von Sales Einfluß war groß, bereits zu seinen Lebzeiten, und wuchs nach seinem Tode noch weiter. Das christliche Frankreich wurde von seinen Schriften nachhaltig beeindruckt, und seine Auswirkungen wären noch stärker gewesen, wenn sie nicht durch die Kämpfe zwischen Jesuitismus und Jansenismus übertönt worden wären. Doch kam sein Wort nicht leer zurück, sondern trug Früchte, von denen die wichtigsten wenigstens kurz anzudeuten sind.
Das Religiöse stand im Frankreich des 17. Jahrhunderts in Gefahr, zu einer bloßen Formsache zu werden. Es drohte immer mehr, in ein bloßes Brauchtum auszuarten und hatte nur noch wenig mit dem Innern des Menschen zu tun. In den

Adelskreisen wurde das Christentum vorwiegend unter dem Gesichtspunkt der höfischen Tradition betrachtet. Franz von Sales erkannte die tödliche Gefahr, welche der Religion daraus erwachsen mußte, wenn sie nur noch als eine Sache des bloßen Herkommens aufgefaßt wird. Für ihn war Frömmigkeit nicht eine Angelegenheit, deren Vorschriften man aus reinen Vernunftsgründen beobachtete. Doch war er keineswegs bestrebt, den Verstand auszuschalten, der bei ihm seine volle Anerkennung fand. Er nannte die Ratio eine Gottesgabe, die zur Geltung gebracht werden müsse, weil die Vernunft «den Menschen gottähnlich mache.»[24] Aber das Christliche hat es nach ihm doch in erster Linie mit dem Gefühl zu tun. Die Religiosität muß im Gefühlsleben des Menschen verankert werden, denn «unser geistiges Leben ist das, was unser Gefühl bewegt.»[25] Damit hat Franz von Sales keiner Gefühlsduselei das Wort geredet. Das Gefühl braucht nicht weich, es kann unter Umständen sehr stark und kräftig sein. Aber es ist unentbehrlich für jede lebendige Religiosität, die nicht in marmorkalter Vernünftigkeit erstarren will. Diese Mahnung war im damaligen Frankreich gegenüber dem aufsteigenden Rationalismus von Descartes dringend nötig. Eine der Hauptbestrebungen Franz' von Sales ging dahin, im religiösen Leben das Gefühl wieder zu erwecken, die Frömmigkeitsausübung nicht in Gewohnheit absterben zu lassen, sondern sie mit Gefühlswärme zu durchdringen, und das ist eine nicht genug zu schätzende Bestrebung. Daraus ging seine Förderung der Andacht zum Herzen Jesu hervor, die nach Millers feinsinniger Studie über Franz von Sales zur «Lieblingsandacht im Katholizismus geworden ist, in der die Mystik aus der Seele des Einsamen über die ganze katholische Welt geflutet ist, die Mystik des Volkes, die mystische Feier, die wir feiern, wenn im Juni die ersten Rosen blühen und die blassen Narzissen und der schneeige Jasmin ihre Blütenträume aushauchen, und wenn der Sonnenhimmel glüht über der duftenden, blühenden Welt. Und diese Andacht ist das Lächeln, das von dem Antlitz des Franz von Sales in der Kirche zurückgeblieben ist»...[26] Es war seine große Tat, dem französischen Katholizismus der Gegenreformation das warme Gefühl zurückgegeben zu haben. Fortunat Strowski deutet diese Leistung schon mit dem Titel seiner Abhandlung an: «Der heilige Franz von Sales und das religiöse Empfinden.» Man kann diese Bestrebung mit dem Barockzeitalter in Zusammenhang bringen und wird damit nicht fehlgehen. Franz von Sales war eine typische Barockgestalt, die ihrem Jahrhundert den Tribut entrichtet hat. Doch wenn er auch als Vertreter des gefühlsbetonten Barock bezeichnet werden muß, soll dadurch seine Leistung nicht verkleinert werden. Er hat nur vollbracht, was ihm aufgetragen war. Seiner religiösen Gefühlssicherheit lag die Einsicht von zwei Methoden zur Gewinnung der Menschen für die Religion zugrunde. Nach Franz von Sales kann man Vernunftschlüsse anwenden, um den Menschen die Wahrheit des Christentums zu beweisen, und man kann die Gründe des Herzens geltend machen, um ihn für die Frömmigkeit zu gewinnen. Der Bischof von Genf entschied sich eindeutig für die zweite Möglichkeit, weil er statt bloßer Zustimmung Zuneigung erringen wollte. Er versuchte bewußt durch das Herz auf den Verstand zu wirken und betrachtete es als die ebenso große wie seltene Kunst, eindringlich zum Herzen zu reden, ohne dabei einer Sentimentalität zu verfallen. Um den Weg zum Herzen zu finden, bemühte Franz von Sales sich auch, die Sprache des großen, reinen Herzens zu sprechen, weil nur das Herz zum Herzen spricht. Mit dieser wahrhaft christlichen Bestrebung ordnete er sich in die Reihe der Heiligen ein.

Zu dieser bedeutsamen Leistung gesellte sich noch eine weitere Tat, die Franz' von Sales Namen unsterblich machte. Sein Zeitalter war durch die Gefahr einer Auflösung der Christenheit gekennzeichnet. An dieser abwegigen Entwicklung hatte auch der Humanismus Anteil, der von jeher eine vieldeutige Bewegung war und in den verschiedenen Ländern des Abendlandes nicht die gleiche Ausprägung erfuhr. Auch jene Richtung, welche den Humanismus nicht als Gelehrtenbewegung, die zur Entstehung der modernen Naturwissenschaft geführt hat, auffaßte, sondern ihn als Bildungsbewegung verstand, mit dem Bestreben, die Wahrheit schön zu sagen, drohte vom Christentum wegzuführen. Durch das ausschließliche Interesse am Menschen wurde derselbe zum Maße aller Dinge gemacht, und dies mußte letzten Endes auf eine Unterhöhlung der Religiosität hinauslaufen. Die Trennung von Christentum und Humanismus wuchs sich nicht zum Vorteil beider Größen aus, da im geistigen Leben etwas Zentrales fehlt, wenn die Humanität verdächtig gemacht wird, und der Humanismus anderseits seine abendländische Tradition verläßt, wenn er auf das Christentum verzichtet. Zu den wenigen Menschen, welche die schweren Folgen dieser verhängnisvollen Entwicklung klar erkannten, zählte Franz von Sales. Seiner geistigen Struktur nach gehörte er beiden Gebieten an. Er hatte als Christ die Bildung des Humanismus in sich aufgenommen und verleugnete den Humanisten in sich selbst nie. Auch da, wo er mit ihm nicht einverstanden sein konnte, ist ihm dessen Menschlichkeit doch nicht fremd geworden, so daß er Montaignes von gezügelter Skepsis erfüllte Werke zustimmend in seinen Schriften zitierte. Als religiöse Natur aber war Franz dem Christentum verhaftet, und zwar so stark, wie man dies nur sein konnte. Ihm hatte er sein Leben gewidmet, und es mußte ihn schmerzen, wenn die zwei Bewegungen, denen er beiden sich verpflichtet fühlte, total auseinandergingen. Weder auf das Christentum noch auf den Humanismus konnte er verzichten und glaubte auch nicht an deren innere Gegensätzlichkeit. Seiner harmonischen Natur, die aufs Versöhnen von Widersprüchen angelegt war, entsprach das Bestreben, eine Verbindung zwischen beiden Bewegungen herzustellen; nach ihr hielt er Ausschau und strebte sie auch bewußt an. Sein neues Frömmigkeitsideal mit der Versöhnung von Natur und Übernatur, mit seiner Vereinigung von profaner Sphäre und Heiligkeitsstreben ist im Grunde nichts anderes als eine Verschmelzung von Humanismus und Christentum. Was Franz von Sales wollte, hat Henri Bremond mit dem trefflichen Ausdruck «humanisme dévot» umschrieben.[27]

Der religiös fundierte Humanismus, der auf der Betonung der Gottebenbildlichkeit des Menschen begründet und von christlichen Kräften bewegt ist, muß als das große Anliegen des Franz von Sales bezeichnet werden, dem seine innerste Sehnsucht galt.[28] Mit seinem Bestreben, den Humanismus der Frömmigkeit dienstbar zu machen, führt der Bischof von Genf jene Tradition weiter, an der schon Clemens Alexandrinus, Origenes, Petrarca und Erasmus gearbeitet haben. Durch seinen christlichen Humanismus hat Franz von Sales der katholischen Kirche Frankreichs im 17. Jahrhundert eine neue Seele eingehaucht. Die Verwirklichung eines religiösen Humanismus ist der bleibende Ertrag seines zweiten Fischzuges, der einer Schönheit gleich ist, die derjenigen des Gemäldes von Konrad Witz kaum nachsteht.

IV

Bevor Franz zur letzten Stufe seines Aufstieges gelangte, ereignete sich in seinem Leben ein Zwischenspiel, das für seine persönliche Entwicklung von größter Bedeutung wurde. Dieses persönliche Erlebnis besteht in der Beziehung zu Johanna von Chantal, jener Frau, die mit seinem Namen immer verbunden bleiben wird. Was diese beiden Menschen miteinander erlebten, ist von einer Einmaligkeit, daß man auch in der ungewöhnlichen Welt der Heiligen keine Parallele dafür findet. An sich sind freundschaftliche Beziehungen zwischen Mann und Frau bei den Heiligen mehrfach anzutreffen. Es ist nur an das Verhältnis von Hieronymus und Paula, von Franziskus und Klara, von Theresia von Jesu und Johannes vom Kreuz zu erinnern. Die Freundschaft zwischen Franz von Sales und Johanna von Chantal stellt aber in der Welt der Heiligen doch ein neues Vorkommnis dar, das man zunächst kaum einzuordnen imstande ist. Es als bloße Sonderbarkeit zu bewerten, geht kaum an, da einen diese Beziehung vor Fragen stellt, wie: Sind Eros und Religiosität einander tatsächlich feindlich gesinnt? Vernichtet glühende Frömmigkeit jedes Gefühl für das andere Geschlecht? Oder erhebt unter Umständen das Religiöse die erotische Liebe zur höchsten Form? Diese Problemstellung erfährt durch die beiden Menschen Franz von Sales und Johanna von Chantal eine neue, ungewohnte Antwort.

Das einzigartige Erlebnis, welches diese beiden Heiligen miteinander verband, konnte nur entstehen, weil auch Johanna Franziska von Chantal ein außerordentlicher Mensch war. Als weibliches Wesen, welches in der «feinen Spitze ihres Geistes» nicht alltäglich gebaut war, nötigt einem ihr Seelenleben noch größere Bewunderung ab als ihr gewinnendes Äußeres. Franz von Sales empfand sie als «das vollkommene Weib, das Salomo in Jerusalem suchte und nicht fand.»[29] Sie war eine Frau von kraftvoller Energie und starken religiösen Interessen. Um ihre Versuchungen gegen den Glauben handgreiflich zu widerlegen, die sie auch später immer wieder bedrängten, brannte sie sich selbst mit einem glühenden Eisen auf ihre Brust den Namen Jesu ein, ungeachtet des Blutes, das dabei herabfloß. Ihre beinahe männliche Herbheit zeigte sich in ihrem Verhalten dem Widerstand gegenüber, den ihre gesamte Familie dem Plan, ins Kloster einzutreten, entgegensetzte. Der fünfzehnjährige Sohn fiel ihr beim Abschied um den Hals und bat sie flehentlich zu bleiben. Da alle seine Worte ohne Wirkung blieben, machte er noch einen letzten Versuch, indem er sich der Länge nach über die Türschwelle legte und schluchzend zu ihr sagte: «Meine Mutter, wenn ich dich nicht zurückhalten kann, dann sollst du nur über den Leib deines Sohnes hinausgehen können.»[30] Johanna konnte die Tränen nicht zurückhalten, blieb einige Augenblicke unentschlossen stehen und schritt dann über ihr Kind hinweg! Über dieses religiöse Drama ist ein schnelles Urteil nicht angebracht. Vor allem ist zu sagen, daß das Wort Jesu «Wer Sohn oder Tochter mehr liebet denn mich, der ist meiner nicht wert» (Mt. 10, 37) im Leben dieses Menschen unheimliche Aktualität erreichte und vorübergehend zur Zerreißung der nächsten Familienbande führte. Nur eine religiös heroische Natur, wie es Johanna von Chantal war, konnte eine solche Handlung begehen.

Das erste Kennenlernen zwischen Franz und Johanna mutet wie der Beginn eines Romans an. «Wer ist diese junge blonde Dame in Witwenkleidung, die bei der Predigt mir gegenüber sitzt und das Wort der Wahrheit so aufmerksam anhört?» erkundigte sich der Bischof von Genf und erfuhr, daß es die Baronesse Johanna von Chantal sei, die damals im zweiunddreißigsten Altersjahr stand.[31] Sie war eine Schönheit mit vollen Formen, frei von Stolz, voller Liebenswürdigkeit, mit einem reizenden Lächeln um die Lippen und sehr intelligent. Zu jener Zeit befand sich Johanna von Chantal in einer seelisch aufgewühlten Verfassung, in welcher sie sich verzehrte, abmagerte und einen umflorten Blick erhalten hatte. Ihren Gatten, mit dem sie in guter Ehe verbunden gewesen war, hatte sie vor kurzem infolge eines Jagdunglückes verloren. Es kam zu einer persönlichen Begegnung zwischen Franz von Sales und Johanna von Chantal, deren Seelen alsogleich den großen Mittag ihres Lebens nahen fühlten. Obschon Franz sonst wünschte, daß «religiöse Herren und Damen stets die Bestgekleideten der Gesellschaft» sein sollten, störte ihn einzig die elegante, spitzengeschmückte Kleidung der Baronin, und er machte darüber eine Andeutung. Johanna paßte sich in ihrer Kleidung sofort den Wünschen Franz' von Sales an und bat bei ihm um eine Beichte. Damit war das Eis zwischen ihnen gebrochen, und Franz erklärte später: «Von dem Augenblick an, da Sie mit mir über Ihr Inneres zu sprechen begannen, schenkte mir Gott eine große Liebe zu Ihrem Geiste», und für Johanna gab es bald kein anderes Glück mehr als «immer in seiner Nähe zu weilen.»[32] Die junge Witwe kehrte sich von ihrem bisherigen, etwas grobschlächtigen Beichtvater ab, obwohl sie durch ein Gelübde an ihn gekettet war. Sie wählte Franz zu ihrem neuen Seelenführer, der in seiner Feinfühligkeit ihrem Wesen viel mehr entsprach und ihr mit einer Unbefangenheit gegenübertrat, die sich scharf von der Einstellung eines Aloysius von Gonzaga unterscheidet, welcher nach seinen älteren Biographen nicht einmal mit seiner Mutter gerne im gleichen Zimmer weilte. Franz von Sales besaß eine prinzipiell andere Auffassung von der Frau als jene Kirchenväter, welche in ihr nur eine Lockspeise des Teufels sahen.

Nach einiger Zeit kam es zu einer erneuten Begegnung, welche die Entscheidung herbeiführte. Beide Menschen hatten in der Zwischenzeit vor Gott gerungen, ob ihre Beziehung erlaubt sei, und glaubten, die göttliche Zustimmung erhalten zu haben. Als sie nun miteinander im Zimmer waren, kniete zuerst die Baronin nieder, legte ihre Lebensbeichte ab und gelobte mit bebender Stimme, alle Weisungen Franz' mit kindlichem Gehorsam zu befolgen, wodurch er eine unbedingte Autorität über sie erlangte. Franz von Sales gab ihr hierauf das Versprechen, sie stets liebend zu leiten und zugleich das Jawort, das seine Seele für immer an Johanna band. Mit stockender Stimme, die deutlich seine innere Erregung verriet, teilte er ihr diesen Entschluß mit, und der Bund ihrer Seelen war geschlossen. Dann gingen sie miteinander in die Kirche, und Franz las die Messe: «Im Augenblick der Wandlung legten sie ihr gegenseitiges Versprechen in Gottes Hände und erneuerten als Grundlage ihrer gottgeweihten Liebe das Gelübde ewiger Keuschheit.»[33] Gleich nach der Messe legte Franz das Versprechen in einem Schriftstück nieder, das er Johanna übergab, und welches sie seit diesem Tag beständig in einem Täschchen am Hals auf sich trug.[34]

Durch das Gelübde der Keuschheit war Johanna unlöslich mit Franz verbunden, und er brauchte nicht mehr zu befürchten, sie an einen andern Mann zu verlieren. Überirdische Wonne erfüllte ihre Herzen, und sie gaben sich gegenseitig Andenken an diesen folgenschwersten Tag ihres Lebens. Es war eine geistliche Hochzeitsfeier, welche die beiden Heiligen in St. Claude miteinander erlebten. Nur im Zeitalter des Barock war einem Bischof ein solches Erlebnis möglich, das Michael Müller in seinem Buch «Die Freundschaft zwischen Franz von Sales und Johanna von Chantal» ausführlich geschildert hat und das im heutigen Katholizismus wohl nicht leicht denkbar ist.

Da die beiden Heiligen zunächst nicht in der gleichen Stadt wohnten, wurde zwischen ihnen ein häufiger Briefwechsel geführt, der leider nur teilweise erhalten ist. Johanna von Chantal hat die meisten eigenen Briefe vernichtet und auch gewünscht, daß bei der Herausgabe von Briefen des Franz von Sales «alle Worte der Liebe» gestrichen werden sollten. Doch gibt schon die erste Zeile der erhaltenen Briefe die Tonart an, die in allen weiterklingt: «Gott, so scheint es mir, hat mich Ihnen gegeben, das wird mir jede Stunde gewisser.»[35] Die übliche Anrede «Madame» verschwand bald und machte der wärmeren Begrüßungsformel Platz «meine sehr liebe Schwester», die oft noch gesteigert wurde in «meine liebe, meine unvergleichlich liebe Tochter». Von Johanna von Chantal will Franz nicht als «Monseigneur» angeredet werden, da er sich als «Sohn ihres Herzens» fühlte. Die Kundgebung seiner Zuneigung, die sich nicht nur auf liebevolle Anreden beschränkte, ist als Zärtlichkeit im Geiste keineswegs abwegig zu beurteilen, ist doch Zartheit eine der edelsten und seltensten Eigenschaften des Mannes. Manchmal riß das Gefühl Franz von Sales einfach fort, und er ließ «der Liebe die Zügel schießen». Dann schrieb er «außer Atem» und fand doch nicht die genügend starken Worte für seine Liebe: «Ich kann nicht sagen, was mein Herz sagte, denn Sie wissen, die Herzen haben eine geheime Sprache, die niemand außer Ihnen versteht.»[36] Franz versichert die Baronin, daß sein Herz «tausendmal des Tages» bei ihr sei, die Briefe werden auch immer häufiger und sprechen eine Sprache, die an Deutlichkeit nichts zu wünschen übrig läßt: «O Gott, meine sehr liebe Tochter, ich beteure es und tue es mit dem ganzen Herzen, das mehr Ihnen als mir gehört, daß ich die Entbehrung lebhaft empfinde, weil ich Sie heute nicht sehen kann... Gute Nacht also, meine Tochter, ganz die meine! Ich möchte, ich könnte Ihnen die Empfindung beschreiben, die ich heute bei der Kommunion über unsere Einheit hatte; es war eine große, vollkommene, innige, mächtige und fast wie ein Gelübde und eine Weihe.»[37] Das Gefühl, das Franz für Johanna empfand, war nach seinen eigenen Ausdrücken «stark, unveränderlich und ohne Maß und Vorbehalt, aber süß, leicht, ganz rein, ganz ruhig, kurz, wenn mich nicht alles täuscht, ganz in Gott.»[38] Auch Johanna empfand das gleiche für Franz, sie hätte mit Freuden alles in der Welt für das Glück gegeben, nur als Dienstmädchen in seinem Hause zu weilen, um all die Worte zu hören, die von seinen Lippen kamen. Oft konnte sie nach Frauenart ihre Begeisterung für den Bischof nicht meistern, und nur, wenn sie ihrer Bewunderung zu stürmischen Ausdruck gab, winkte Franz ab.

Die Beziehung, welche die beiden Heiligen miteinander verband, ruhte auf einer sachlichen Grundlage, die sich auch in einer gemeinsamen Arbeit kundtat. Franz von Sales hatte sich mit dem Gedanken einer Ordensgründung für jene Frauen beschäftigt, die voller Opferfreudigkeit nach Vollkommenheit dürstend, ihrer geschwächten Gesundheit wegen die schweren Klostersatzungen doch nicht auf sich nehmen können. Franz von Sales schwebte eine kühne Verbindung von Welt und Zelle vor, wobei die persönliche Heiligung mit der werktätigen Liebe verbunden und an Stelle der nächtlichen Bußübungen der Dienst an Armen und Kranken treten sollte. Die Visitantinnen, die sowohl ein beschauliches Dasein als eine Wirksamkeit in der Öffentlichkeit führen, verwirklichen auf ihre Weise Franz' von Sales neues Frömmigkeitsideal. Johanna von Chantal fühlte alsogleich, wie ihr Witwendasein durch diesen Plan einen neuen Lebensinhalt bekam, und sie ging mit großer Begeisterung auf die geplante Ordensgründung ein. Sie siedelte nach Annecy über, in die Stadt von Franz' von Sales bischöflicher Residenz, und gründete mit ihm zusammen den «Orden von der Heimsuchung». Franzens Idee eines Klosterlebens ohne Klausur war für die damalige Zeit zu neuartig, um verstanden zu werden. Erst ein anderer Heiliger, der ihm sehr geneigte Vinzenz von Paul, konnte diesen Plan verwirklichen. Franz mußte auf kirchlichen Druck hin die Satzungen einer Abänderung unterziehen, welche die Kongregation in einen geschlossenen Orden umwandelte, in welchem die Visitantinnen sich vorwiegend der Erziehung von Mädchen widmeten. Dank dem unermüdlichen Einsatz von Johanna von

Chantal erlebte der abgeänderte «Orden von der Heimsuchung» eine große Verbreitung und erwies sich bis zum heutigen Tag als lebenskräftige Gemeinschaft.[39]

In dieser Beziehung zwischen Franz und Johanna hatte nicht einseitig der Bischof von Genf die aktive Rolle inne. Gewiß war er zunächst der führende Teil, aber Johanna war eine viel zu starke Persönlichkeit, um ihm gegenüber auf jede Selbständigkeit zu verzichten. Wie in jedem lebendigen Verhältnis war es ein gegenseitiges Nehmen und Geben. Auch Franz von Sales hat durch Johanna von Chantal neue Möglichkeiten erlebt, sie hat in ihm Kräfte entbunden, die bis dahin ungeweckt geschlummert hatten, und die für die Vollendung seines religiösen Aufstieges von unvergänglicher Wichtigkeit waren. In einem Karmeliterkloster zu Dijon lernte Johanna von Chantal bei der Priorin Anna von Jesu, einer Lieblingsschülerin der Theresia von Avila, die mystische Gebetsweise kennen. Das innere Gebet, welches in einem wortlosen Atmen der Liebe in der unmittelbaren Gegenwart Gottes besteht, empfand Johanna von Chantal als Erfüllung ihrer Sehnsucht, und sie teilte die Entdeckung voller Freude auch Franz von Sales mit. Der savoyische Heilige verhielt sich zuerst zurückhaltend und ging nur zögernd auf das innere Gebet ein. Aber er übernahm die mystische Gebetsweise schließlich doch und baute sie seinem Lebensgefühl ein, das erst dadurch seine letzte Ausprägung erhielt. Franz erreichte seine abschließende Höhe durch die Wendung zur Mystik, wobei Johanna von Chantal die Vermittlerin war.

Bei der reichhaltigen gegenseitigen Förderung erfuhr die Beziehung zwischen Franz und Johanna eine Steigerung, welche ihrem Höhepunkt zustrebte. Franz umsorgte Johanna mit einer Aufmerksamkeit, wie sie nicht mancher Ehemann aufbringt. Die inneren Bedürfnisse ihrer weiblichen Seele ließ er nicht verkümmern, wie Abälard es auf schmähliche Weise der herrlichen Heloise gegenüber getan hatte, von Konrad Marburgs brutalem Verhalten gegenüber der tiefreligiösen Elisabeth von Thüringen nicht zu reden. Konkreten Fragen, ob der Kuß in der Freundschaft erlaubt sei, wich der Bischof von Genf nicht aus und beantwortete sie in seiner liebevollen Freiheit dahin, daß das Küssen eine Kundgebung der sinnlichen Gefühle sei, aber als Symbol der geistlichen Liebe keineswegs als eine tadelnswerte Gebärde gewertet werden dürfe. «Jakob küßte Rahel an dem Brunnen, und beide waren doch Muster der Keuschheit», meinte Franz von Sales.[40] Sicher hat Johanna sich nie in verzehrender Unbefriedigtheit gegenüber Franz unglücklich gefühlt. Der Verfasser der «Philothea» war ein viel zu tiefer Kenner der weiblichen Seele, als daß er nicht gewußt hätte, daß des Weibes tiefste Sehnsucht auf Erfüllung angelegt ist, weil Liebe eins werden will mit dem Geliebten. Diese Erfüllung ließ er ihr auch zuteil werden, indem ihre Seelen sich immer mehr näherten und er seinem Herzen nicht mehr gestattete, irgend etwas vor ihrem Herzen zu verheimlichen. Offen gestand er seine Unmöglichkeit, «das Mein und Dein zu trennen in dem, was uns betrifft».[41] Von den Kindern der Baronin sprach er als von «unsern Kindern» und versicherte sie: «Ich halte diese Kinder für die meinen, weil sie die Ihren sind.»[42] Nie las er die Messe, ohne an Johanna zu denken. Sogar das erstaunliche Wort von ihrer «heiligen Einheit» taucht auf,[43] und schließlich kam es im höchsten Jubel zur völligen Verschmelzung ihrer beiden Seelen: «Sie sind nach Denken und Wollen, ja in allem ein und dasselbe Wesen mit mir.»[44] Franz wagt an Johanna die berauschenden Worte zu schreiben: «Gott hat mir ‚eine Gehilfin gegeben', die mir nicht nur ‚gleicht', sondern eins mit mir ist, so daß sie und ich nur eine einzige Seele sind.»[45] Den Liebenden wurde zuletzt das glückhafte Bewußtsein zuteil: «Sie sind wahrhaft ich selbst, und ich bin in Wahrheit Sie selbst.»[46]

Dieses trunkene Einheitsgefühl konnte in seiner unaussprechlichen Innigkeit nicht mehr überboten werden. Es mußte als notwendige Reaktion auf diese höchstmögliche Übersteigerung ein Abstieg eintreten. Die rückläufige Bewegung in der Beziehung steht zugleich im Zusammenhang mit der spanischen Mystik, welche Johanna von Chantal dem Bischof von Genf vermittelt hatte. Dieser Verlauf hat mit einer innerlichen Entfremdung nichts zu tun, da die tiefe Sympathie, welche die beiden Menschen miteinander verband, unverändert bestehen blieb. Aber unter dem Eindruck der Schriften der Theresia von Jesu übte das Ideal des völligen Verzichtes auf alles, was nicht Gott ist, auf Franz von Sales eine immer mächtigere Anziehungskraft aus. Dementsprechend verlangte Franz von Johanna auch die Loslösung von ihrer zarten Seelengemeinschaft, wodurch diese Beziehung ihre schwerste Probe zu bestehen hatte. Johanna sträubte sich in echter Weiblichkeit gegen die erbarmungslose Abtötung, bildete für sie die Verbundenheit mit Franz doch das Teuerste auf Erden. Die rasch aufeinanderfolgenden Briefe, in denen Franz von Sales dieses größte Opfer verlangte, trafen sie wie Keulenschläge. Als ein im Innersten verwundeter Mensch schrie Johanna laut auf: «Mein Gott, mein wahrer Vater, wie dringt das scharf geschliffene Messer tiefer... O Gott, wie leicht ist es, das zu verlassen, was um einen herum ist, aber seine Haut, sein Fleisch, sein Gebein zu verlassen, und bis ins innerste Mark vorzudringen, was wir, wie mir scheint, taten, das ist etwas Großes, Schwieriges und Unmögliches, außer mit der Gnade Gottes.»[47] Doch ging Franz auf die Tragödie, welche sich in der Seele Johannas abspielte, nicht ein. Er antwortete nur mit der tiefernsten Frage: «Wann wird dieser unerwartete Schlag bis auf den Grund treffen, wann wird die Eigenliebe nicht mehr nach Beisammensein, nach Kundgebungen und äußeren Zeichen verlangen, sondern voll gesättigt bleiben von der unveränderlichen und unwandelbaren Gewißheit, die Gott auf immer gibt?»[48] Nach dem angeblich so weichen Franz von Sales verlangt Gott diese harte Entblößung, da er allein im Herzen seiner Auserwählten wohnen will. «Denken Sie nicht mehr an die Freundschaft, noch an die Einheit, die Gott zwischen uns machte»,[49] schrieb Franz an Johanna, die mit leisem Weinen zurückblieb, aber doch bis zu seinem Tode mit ihm treu zusammengearbeitet hat.

Es ist nicht leicht, das richtige Wort über diese Beziehung, welche ein unnachahmliches Vorkommen in der Geschichte der Heiligen darstellt, zu finden. Noch einmal meldet sich ein Bedenken gegenüber Franz von Sales, wenn auch nicht im Sinne einer sexuellen Verdächtigung. Franz hat seine Liebe zu Johanna als «weißer als der Schnee und reiner als die Sonne» bezeichnet.[50] Die makellose Reinheit dieser Freundschaft, in die keine geschlechtliche Begehrlichkeit hineinspielte, braucht nicht des langen bewiesen zu werden. Wer Franz von Sales und Johanna von Chantal näher kennt, zweifelt daran keinen Augenblick, denn beide Persönlichkeiten bezeugen dies aufs eindeutigste. Erstaunlich ist vielmehr, wie sie das Ziel der Einswerdung zweier Menschen erreicht haben, gerade unter Ausschluß der sexuellen Sphäre. Ob eine Verschmelzung körperlich oder seelisch zustande kommt, ist letztlich nur eine Verschiedenheit des Weges, aber nicht des Zieles. Das Mysterium der Liebe, in einem menschlichen Du voller Seligkeit unterzugehen, hat Franz auf dem Höhepunkt seiner Beziehung zu Johanna erlebt. Dieser Tatsache gegenüber kann jedoch die Frage nicht unterdrückt werden, ob er damit nicht etwas erschlichen hatte, was ihm im Hinblick auf das Priestersakrament verboten war: die Vereinigung mit einer Frauenseele. Wurde ihm mit Johanna nicht jene geistige Verschmelzung zuteil, welche die Heiligen sonst nur mit Gott erleben? Wahrscheinlich war es die Einsicht in diese Zusammenhänge, welche ihn schließlich zum Abbau seiner ungewöhnlichen Freundschaftsbeziehung veranlaßte. Man ist wohl berechtigt, diese Bedenken zu äußern, muß sich jedoch eingedenk bleiben, daß Franz' von Sales fein entwickeltes Gewissen ihm die Innigkeit dieser Beziehung gestattet hat. Es ist dies ein erneuter Beweis für die außerordentliche Kompliziertheit seiner Seele, der mit einem vereinfachten Maßstab nicht beizukommen ist.

Auf alle Fälle darf der große Gewinn dieser äußerst feinen Beziehung nicht übersehen werden. Das Zwischenspiel im Leben des Franz von Sales ist jedenfalls eine neue Beantwortung der Frage nach der Bedeutung der Freundschaft für den Menschen. Das allezeit aktuelle Thema der Freundschaft hat Franz brennend interessiert, und es nahm in seinem Denken einen breiten Raum ein. Es ging für ihn um das Problem, ob der Mensch jene Seele finden kann, mit der er durch Gefühle der Sympathie verbunden die gleichen geistigen Interessen besitzt, mit der er gleich David und Jonathan seine Kleider tauschen möchte — oder ob dem Menschen dies alles versagt bleibt und er stets innerlich einsam durch das Leben gehen muß. Franz von Sales war ein für die christliche Freundschaft bestimmter Mensch. Bei diesem französischen Bischof des Barockzeitalters hatte sie noch jene warme Tönung, die ihn schreiben ließ: «Es gibt also keine Freundschaft, die nicht auch Angleichung, Verschmelzung, ein Ineinanderübergehen wäre.»[11] Für Franz war es eine liebende Freundschaft, die ihn mit Johanna verband. Er hatte begriffen, daß echte Freundschaft ein ganz seltenes Talent darstellt, das wenigen verliehen ist und jedenfalls nur den Menschen, für die Geben seliger ist als Nehmen. Die einzigartige Liebes-Freundschaft Franz' von Sales mit Johanna von Chantal wirkt wie ein geistliches Menuett, zu dem ein Händel die Musik gemacht haben könnte, dem alle Engel neugierig zugeschaut haben, und das nachzuahmen töricht wäre. Ein einziger falscher Schritt, und beide wären in den Abgrund gestürzt. Davor blieben sie nicht nur bewahrt, die Freundschaft hat ihnen vielmehr zur letzten Vollendung ihrer religiösen Bestimmung verholfen, weil sie ihre Beziehung nie als Selbstzweck betrachteten. Sie bedeutete ihnen immer gegenseitige Förderung auf seelischem Gebiet. Franz hat die Freundschaft als eine Brücke zum Ewigen erlebt, und sie hat ihm zur stärksten Annäherung ans Göttliche verholfen. Die wahre Freundesgemeinschaft ist ein wertvolles religiöses Gut, über das Nietzsche den Ausspruch tat: «Es gibt wohl hier und da auf Erden eine Art Fortsetzung der Liebe, bei der jenes habsüchtige Verlangen zweier Personen nacheinander einer neuen Begierde und Habsucht, einem gemeinsamen höheren Durste nach einem über ihnen stehenden Ideale gewichen ist: aber wer kennt diese Liebe? Wer hat sie erlebt? Ihr rechter Name ist Freundschaft.»[12]

V

«Fahret auf die Höhe und werfet eure Netze aus, daß ihr einen Zug tut» (Lk. 5, 4), dies Wort Jesu aus der Erzählung des wunderbaren Fischzuges kann als Motto über die letzte Phase von Franz' von Sales Leben gesetzt werden. Er blieb nicht mehr nahe am Ufer, sondern begab sich, erfüllt von einem neuen Entschluß, auf eine wirklich seltene Höhe, die leicht nicht erklommen wird, und die ihn einen Fischzug tun ließ, der bis zum heutigen Tag seine Bedeutung hat.

Für Franz von Sales stand stets der Verkehr mit lebendigen Menschen im Vordergrund. Dieses Bedürfnis hat ihn frühzeitig zur Seelsorge gedrängt, die sich bei ihm durch sein ganzes Leben hindurch verfolgen läßt. Die Seelenführung muß als seine spezifische Begabung bezeichnet werden, und er wurde schon als Begründer der neuzeitlichen Seelenleitung angesprochen. Er besaß eine intime Kenntnis des menschlichen Herzens, die immer wieder überrascht, und verfügte über ein psychologisches Verständnis, wie man ihm selten begegnet. Um die betrübliche Verflachung der Seele durch öde Vergnügungen wußte er ebenso genau Bescheid wie um die unbeschreibliche Seligkeit, die in der Begegnung mit Gott liegt. Wer dermaßen die intuitive Fähigkeit besaß, in den Herzen der Menschen zu lesen und ihre Seele in sich aufzunehmen, der war für die unlernbare Kunst der Seelenleitung vorausbestimmt. Diese Kunst übte er sowohl auf mündliche als schriftliche Weise aus. Zwar ist sein erster seelsorgerlicher Brief noch reichlich steif ausgefallen, aber er entwickelte darin schließlich eine Fähigkeit, welche seine persönlichen Schreiben zu den wertvollsten Bestandteilen seiner Werke macht.

Mit einem Unterton von Mitleid wurde Franz' von Sales Seelsorge schon als bloße Tröstung unerfüllter Frauenherzen hingestellt. Diese Auffassung stellt eine Verkennung dar. Die Frauenseelsorge ist nicht gering einzuschätzen, sind die Frauen doch die Mütter der kommenden Generation. Er hat sich übrigens nicht in eine nur artige Plauderei mit ihnen eingelassen, sondern konnte auch sehr energisch auftreten. Als feiner Kenner des weiblichen Herzens wußte Franz von Sales genau, wie man mit den Frauen reden muß, nämlich bestimmt, doch nie schroff, gütig, aber nicht sentimental. Nach seinem Dafürhalten birgt das unergründliche Herz der Frau weit mehr Geheimnisse als das des Mannes, und mit der erfinderischen Nachgiebigkeit, über die der Verfasser der «Philothea» verfügte, war er nicht darauf bedacht, eine Neigung, sich von der Liebe hinreißen zu lassen, einfach zu ersticken, sondern suchte sie auf den rechten Gegenstand zu lenken. Im übrigen sind seine seelsorgerlichen Briefe meistens an religiös interessierte Frauen gerichtet und enthalten eine solche Fülle von feinsinnigen Beobachtungen und weisen Ratschlägen für die Behandlung des Innern, daß sie auch Männern viel zu sagen haben.

Franz von Sales versteht es auf überaus wohltuende Art, dem Menschen zuzusprechen, ohne in ihm die abwehrende Geste gegen ein Angepredigtwerden zu wecken. Er nimmt die menschliche Seele ernst und weist sie doch in sachlicher Weise über sich hinaus. «Lassen Sie sich von Gott leiten und denken Sie nicht zuviel an sich selbst.»[53] Der Bischof von Genf hielt es für nicht gut, seine Seele beständig über die eigenen Fortschritte zu prüfen, sondern war immer bestrebt, sie auf Gott hinzulenken. Die allzu starke Beschäftigung mit sich selbst ist der Seele genauso abträglich wie die vielen Zerstreuungen, zu denen Franz von Sales auch die ungeordnete Lektüre zählte. Nur wer sich auf das Eine, was not ist, besinnt und in dieser Sammlung mit Treue verharrt, erreicht jene Haltung, die er «die rechte Mitte» nannte. Vor allem besaß Franz von Sales die Gabe, auf eine wundervolle Art den Menschen Mut einzuflößen. Seine Beichtkinder warnte er immer wieder vor der Vorstellung einer Vollkommenheit, die man sich gleich einem fertigen Kleid überstreifen könne. «Wir brauchen noch keine vollkommenen Menschen zu sein, aber wir wollen vollkommen werden», schreibt er und fügt ein anderes Mal hinzu: «Wir müssen auf unsere Vervollkommnung so viel Mühe anwenden, als es Gottes Wille ist — gleichzeitig aber sollen wir die Sorge für unsere Vervollkommnung Gott überlassen.»[54] Man darf den Mut nicht verlieren, wenn man nicht rasch den Höchstgrad der Tugend erreicht; um zur Heiligkeit zu gelangen, muß der Mensch immer wieder einen neuen Anlauf nehmen. «Es gibt kein besseres Mittel, um sich im inneren Leben zu vervollkommnen, als immer wieder anzufangen und nie zu glauben, schon genug getan zu haben.»[55] Franz von Sales verglich die Seele einmal mit dem Räderwerk einer Uhr, das stets aufs neue aufgezogen, geölt und gereinigt werden müsse. «Die Übung der Reinigung, der Vervollkommnung unser selbst darf auch tatsächlich erst mit unserem Leben beendet sein. Wir haben also keinen Grund, beim Anblick unserer Fehler mutlos zu werden, denn unsere Vollkommenheit ist ja nichts anderes als ein Kampf gegen die Sünde.»[56] Das Ziel ist nur in einem langsamen Prozeß und nicht von einem Tag auf den andern zu erreichen. Über die Rückfälle darf man sich nicht zu sehr aufregen, sowenig man beim Spiel die Laute weglegt, wenn man einen Mißton bemerkt. Man erleidet immer wieder Niederlagen auf dieser Erde, ist doch in diesem vergänglichen Leben das Gute stets mit dem Bösen vermischt. Deswegen ermahnt Franz unermüdlich zur Geduld, vorab auch mit sich selbst. «Man muß andere ertragen, aber zuerst sich selber, und man muß Geduld mit seinen eigenen Unvollkommenheiten haben.»[57] Man darf die eigene Seele nicht schelten, wenn sie nicht in böser Absicht gefehlt hat und darf sie auch nicht grenzenlos demütigen. Wundervoll sind seine Ausführungen: «Demut, die nicht Starkmut erzeugt, ist zweifellos falsche Demut. Die wahre Demut bekennt allerdings: Ich vermag nichts, ich bin die Nichtigkeit selber. Aber dann macht sie sofort dem Starkmut Platz, der da spricht: Es gibt nichts, und es kann nichts geben, das ich nicht vermöchte, wenn ich mein Vertrauen auf den allmächtigen Gott setze.»[58] Diese wenigen Andeutungen genügen, um zu zeigen, wie Franz' von Sales seelsorgerliche Anweisungen noch heute nicht veraltet sind. Es ist ihnen etwas Zeitloses eigen, da sich das menschliche Herz in allen Jahrhunderten im wesentlichen gleichbleibt.

Franz von Sales war für diese Leitung der Seelen in solch hervorragendem Maße befähigt, weil ihm ein ganz bestimmtes Ideal vor Augen stand, zu dem er die sich seiner Führung anvertrauenden Menschen hinlenken wollte. Dieses Ziel hatte durch seine Vertiefung in das Leben der Heiligen und durch seine Wendung zur Mystik immer deutlicher die Form der Gottesliebe angenommen. Zwar hatte er schon der Adressatin seines ersten Buches den Namen «die gottliebende Seele» gegeben. Frömmigkeit war für Franz gehobene und gesteigerte Liebe zu Gott, die er jedoch nicht verwechselt haben wollte mit «süßen Gefühlen und Tröstungen, nicht mit jener sanften Rührung des Herzens, die nur Tränen und Seufzer enthält.»[59] Aber in den Mittelpunkt wurde das Ideal der Gottesliebe erst in seinem zweiten Hauptwerk gestellt, dem er den Titel «Traité de l'Amour de Dieu» gab — auch «Theotimus» genannt — und das er ausdrücklich für Johanna von Chantal geschrieben hat. Es war ein gewaltiger Schritt vom ersten zum zweiten Buch, welcher Jahre voll innerer Arbeit an sich selbst voraussetzte. Das zwölf Bücher umfassende Werk enthält Franz' von Sales Erkenntnistheorie, Logik, Philosophie und Theologie, freilich alles von einem absichtlich milden Licht übergossen. In seinem tiefsten Wesen ist der «Theotimus» ein Gesang, den man nicht zergliedern darf. Er ist nicht für breite Massen berechnet, sondern wie alle echte Mystik ein Buch für wenige. Nach seiner Vorrede wollte er über die «Philothea» hinausgehen und wandte sich an fortgeschrittene Seelen, die er noch einige mystische Stufen höher hinaufführen wollte. Für Franz von Sales «ist das Gebet und die mystische Theologie dasselbe»,[60] deren hauptsächlichste Übung es ist, mit Gott zu reden und ihn im eigenen Herzen sprechen zu hören. Im «Theotimus» lehrte der Bischof von Genf in Anlehnung an Theresia von Jesu jenes unbeschreibliche «Zerrinnen der Seele in Gott»[61] auf eine unendlich süße Weise, die man nie mehr vergißt. Seine ganze Mystik ist nichts anderes als Liebe, wie er wörtlich sagt, «die Liebe ist der Inbegriff der gesamten Gottesgelehrtheit.»[62] Franz von Sales hatte das «Lied von der heiligen Liebe» angestimmt und gelangte schließlich zu jener Einstellung, die ihn auch im praktischen Leben sagen ließ: «Man sollte nicht mich um Rat fragen, denn ich bin parteiisch für die Liebe.»[63] Es sind ganz prächtige Worte, die Franz über die Gottesliebe geschrieben hat, die ihn selbst in zunehmendem Maße durchdrang und ihn zu der Einsicht brachte: «Die wahre Liebe kennt keine Methode.»[64] Gräbt man den Wurzeln von Franz' von Sales mystischer Gottesliebe nach, trifft man auf Katharina von Genua, jene Heilige mit dem mütterlichen Antlitz und dem liebeglühenden Herzen, welche der Verfasser des «Theotimus» sehr genau studiert hatte, und der er auch das Lob erteilt: «Sage mir um Gottes willen, wer liebte denn Gott mehr, der Theologe Occam, den einige den scharfsinnigsten aller Menschen genannt haben, oder die heilige Katharina von Genua, eine ungelehrte Frau? Jener kannte ihn besser durch Spekulation, diese durch Erfahrung; und ihre Erfahrung führte sie viel weiter vorwärts in der seraphischen Liebe, während jener andere mit all seiner Wissenschaft weit hinter solch ungewöhnlicher Vollkommenheit zurückblieb.»[65]

Dieses mystische Zerfließen der Seele in Gott wirkt sich nach außen in einer fest umrissenen Haltung der Heiligkeit aus, zu der Franz von Sales den Menschen erziehen wollte, und die er in die berühmt gewordenen Worte zusammengefaßt hat: «Was meint ihr, daß ich am tiefsten in eure Herzen eingeprägt und am gewissenhaftesten im täglichen Leben von euch befolgt sehen möchte? Nichts anderes als diese zwei Worte, die ich euch schon so oft ans Herz gelegt habe: Nichts verlangen, nichts verweigern. Mit diesen zwei Worten habe ich alles gesagt.»[66] Eine leuchtendere Bestimmung dessen, was wahre Heiligkeit ist, kann man sich kaum denken als diese Äußerung, die nicht nur einmal über die Lippen des Franz von Sales kam. Die Losung «nichts erbitten, nichts versagen» kommt bei ihm des öftern vor, woraus zu ersehen ist, daß es sich um ein bewußt gewolltes Ziel handelt. Es war dies einer seiner wichtigsten Grundsätze, und er strebte ihm unablässig nach. Über diese kurze Formel, die eine inhaltliche Bestimmung der Heiligkeit ist, lohnt es sich des längeren nachzudenken. Nur einer religiösen Betrachtung wird sie ihre letzte Tiefe erschließen. Während der natürliche Mensch beständig fordert und oft nichts anderes ist als ein Bündel von Wünschen, gibt Franz von Sales die Parole aus: «nichts verlangen», was besagen will, keine Forderungen zu erheben, weder an Gott noch an die Mitmenschen. Der nach der Heiligkeit strebende Christ soll zufrieden sein mit dem, was ihm Gott bestimmt hat, und warten, was ihm weiter gegeben wird. Ebenso wichtig ist die andere Anweisung «nichts verweigern», also sich niemandem versagen, keine Bitte abschlagen und sich im Geben verströmen. Es wurde die Formulierung «Nichts verlangen, nichts verweigern» schon als das alte Ideal der Stoiker bezeichnet, das beim Bischof von Genf wieder auftauche. Es ist seiner Bestimmung tatsächlich ein stoischer Zug eigen; doch hat auch der Stoizismus einen Wahrheitskern, welcher dem Christentum nicht durchaus fremd ist, wie aus Paulus' Ausführungen zu ersehen ist. Franz von Sales war entsprechend seinem religiösen Humanismus bestrebt, die Wahrheitselemente des Stoizismus aufzunehmen und sie in sein neues Frömmigkeitsideal einzubauen. Doch ist es keineswegs bloß der alte Stoizismus, der in unveränderter Form wiederkehrt. Franz schätzte die Menschen nicht, die alle Geschehnisse gefühllos ließen, und aus seiner Feder stammt der Satz: «Die eingebildete Unempfindlichkeit derer, die es nicht zugeben wollen, daß man Mensch sei, ist mir immer als ein wahres Hirngespinst vorgekommen.»[67] Nicht die altheidnische Gleichgültigkeit dem Leben gegenüber vertrat Franz von Sales mit dem Heiligkeitsideal «nichts verlangen, nichts verweigern». Es war ihm vielmehr um die christliche Gleichmütigkeit zu tun, und das ist etwas grundsätzlich anderes. Nur wer immer in der Melodie beständigen Gleichmutes verbleibt, erlangt jene gefaßte Seelenhaltung, die inmitten aller Wechselfälle des irdischen Daseins den tiefsten Frieden wahrt. Einzig der Christ, der sich bemüht, von Gott nichts zu verlangen und dem Menschen nichts zu versagen, steht über den Dingen. Er besitzt jene in Gott gegründete Überlegenheit, die sich einem seelischen Gewachsensein jeder Situation gegenüber auswirkt. Die erhabene Einstellung kann aus eigener Kraft jedoch nicht errungen werden, dieweil sie nur aus einer gesteigerten Gottesliebe hervorgeht. Der nichts fordernde und nichts zurückweisende Mensch erlebt jenes stille Seelenglück, welches die letzte Vollendung in sich schließt. Diese Gleichmäßigkeit des Geistes verliert nie die Haltung und ist allein imstande, die ewige Unruhe des menschlichen Herzens zu überwinden. Franz von Sales betrachtete die Unruhe als eine Regung des niederen Teiles der Seele, die als Feind bekämpft werden müsse. Er richtete seine Aufmerksamkeit darauf, ruhig zu bleiben, schon den Morgen in gleichmäßiger Verfassung zu beginnen und sich auch während des Tages bei der Arbeit von keiner inneren oder äußeren Unruhe übermannen zu lassen. Die köstliche Ruhe der Seele wird nach Franz nur jener Mensch finden, welcher dem Grundsatz nachlebt, nichts zu begehren und nichts abzuschlagen. Einzig durch diese Gemütsstille erreicht er das Ziel der Leidenschaftslosigkeit. Dies allein hat zur Folge, daß der in Gleichmütigkeit verharrende Mensch durch nichts mehr aus seiner inneren Ruhe herausgeworfen werden kann. «Was sollte unseren Frieden erschüttern können? Wahrlich, auch wenn alles drunter und drüber ginge, ich würde mich darüber nicht beunruhigen. Denn was ist die ganze Welt zusammen wert, im Vergleich mit dem Frieden des Herzens?»[68] Einst hatte Franz von Sales wie Augustin die Unruhe des menschlichen Herzens, das immer ohne Rast auf dieser Erde ist, bis es eintaucht in die frischen Wasser des unsterblichen Lebens, als etwas Wunderbares gepriesen. Als ihm aber das Zerrinnen der Seele in Gott zuteil wurde, hatte er jene Ruhe gefunden, welche sich der Vorsehung mit geschlossenen Augen überläßt, und darauf war seine Hauptaufmerksamkeit gerichtet. Von der «heiligen Ruhe» schreibt Franz von Sales, in der die Seele «im tiefsten Schweigen kein Wort spricht, nicht weint und schluchzt, nicht seufzt, sich nicht bewegt und auch nicht betet».[69] Das beste Gebet betrachtet der Bischof von Genf fortan als jenes, da man in Gott vertieft ist und man weder an sich noch an das Gebet selber denkt, wo in einem geheimen Gespräch des Schweigens das Herz mit dem Herzen auf eine Weise redet, die niemand versteht als die heilig Liebenden. Franz von Sales hat diesem grandiosen Ziel der «Ruhe in der Bewegtheit, die auch diese Bewegung noch als Ruhe» erlebt,[70] des öfteren Ausdruck gegeben, vielleicht am unvergänglichsten in jenem tiefsinnigen Brief an Johanna von Chantal, in welchem er ausführte: «Bleiben Sie nur bei Gott mit sanfter und stiller Spannung des Geistes und in sanftem Einschlummern in den Armen der Vorsehung, in ruhiger Ergebung in seinen heiligen Willen, denn das alles ist ihm angenehm. Hüten Sie sich vor jeder Anstrengung des Denkvermögens, da es Ihnen schadet, selbst im Gebet, und arbeiten Sie mit den Affekten um Ihren geliebten Gegenstand herum, so sanft Sie nur können. Es kann nichts anderes sein, als daß das Denkvermögen bisweilen Anläufe nimmt; jedoch sowie man dessen inne wird, muß man zu den einfachen Willensakten zurückkehren. Wenn man sich in die Gegenwart Gottes gestellt hat, so bleibt man immer darin. Man sieht nicht auf ihn, noch spricht man von ihm; man bleibt ganz einfach da, wohin man von Gott gesetzt ist, wie eine Statue in ihrer Nische. Wenn zu diesem einfachen Bleiben vor Gott sich die Empfindung gesellt, daß wir ihm angehören, und daß er unser Alles ist, so sollen wir Gott für seine Güte danken. — Wenn eine Statue in ihrer Nische reden könnte und man würde sie fragen: Warum bist du da? So würde sie antworten: Weil der Bildhauer mich da hingestellt hat. — Warum bewegst du dich nicht? Weil er will, daß ich unbeweglich bleibe. — Was hast du für Nutzen davon, daß du so bist? Nicht um meines Nutzens willen bin ich hier, sondern um dem Willen meines Meisters zu dienen und zu gehorchen. — Aber du siehst ihn doch nicht! Nein, würde sie sagen, aber er sieht mich und hat Gefallen daran, daß ich da sei, wohin er mich gestellt hat. — Aber hättest du nicht gern die Kraft, dich zu bewegen und näher zu ihm hintreten zu können? Nein, es sei denn, daß er es befehle. — Hast du denn gar keine Wünsche? Nein, denn ich bin da, wohin mich mein Meister gestellt hat; sein Belieben ist die einzige Befriedigung meines Wesens.»[71] In diesen Worten äußert sich das Glaubensbekenntnis der von der Gottesruhe erfüllten Mystik Frankreichs, zu deren Begründer Franz von Sales zu zählen ist. Einige Jahrzehnte später geriet in Frankreich infolge der Wirren, die mit Frau von Guyon zusammenhingen, der Quietismus in Verruf, aber zu jener Zeit war er kirchlich noch unverdächtig. Das unverzerrte Ideal der heiligen Ruhe, welches mit Tatenlosigkeit nichts zu tun hat, wie aus Franz' von Sales Leben zu ersehen ist, bedeutet eine der Spitzenleistungen der christlichen Religiosität. Der ganz in Gott ruhenden Seele galt Franz' von Sales letzte Bemühung. Für sie ist die Bezeichnung «der wunderbare Fischzug» vollauf gerechtfertigt, dem gegenüber man nur einen heiligen Schauer fühlen kann.

Franz' von Sales Ausführungen über die Seelenruhe leuchten in einem göttlichen Glanz, weil sie nicht bloß als theoretische Forderung auftreten. Der Bischof von Genf war kein Moralist, deren es in der Kirche allezeit viele gab und die den Menschen immer nur sagen können, was sie zu tun haben. Bei ihm begegnet man einer lebendigen Verkörperung dessen, was er lehrte, und diese Wahrnehmung verleiht seiner Persönlichkeit den echten Heiligkeitscharakter. Er wurde zuletzt eine Verkörperung jener in Gott ruhenden Seele, welche nichts verlangt und nichts verweigert. Das haben alle bezeugt, die ihn näher kannten, am eindrucksvollsten natürlich Johanna von Chantal in ihren Ausführungen über Franz von Sales: «Er sagte, die wahre Art, Gott zu dienen, sei, ihm zu folgen und in der feinen Spitze der Seele ihm nachzugehen, ohne irgendeine Stütze des Trostes, der Gefühle oder des Lichtes, außer dem nackten, einfachen Glauben, und darum liebte er immer Verlassenheiten, Trübsal und Trostlosigkeiten. Er sagte mir einmal, er kümmere sich wenig darum, ob er in Trost oder Trostlosigkeit sei. Wenn unser Herr ihm gute Anmutungen gäbe, nähme er sie in Einfalt hin. Wenn er sie ihm nicht gäbe, denke er nicht daran. Aber in

Wahrheit hatte er für gewöhnlich große innere Süßigkeit. Man sah das an seinem Gesicht, wenn er sich nur ein wenig in sich selbst zurückzog, was er oft tat.»[72] Diese überlegene Gleichmütigkeit war ihm nicht von Natur gegeben worden. Der savoyische Heilige gehörte seiner Veranlagung nach nicht zu jenen Männern, denen Wasser statt Blut in den Adern rinnt. War er doch Franzose, mit heftigem Temperament. Auch er mußte durch Unruhen und Stürme hindurch, auch er hatte nach eigenen Geständnissen mit lebhaften Gefühlen zu tun: «Es gibt, wie ich glaube, keine Seele auf der Welt, die herzlicher, zarter und, um es offen zu sagen, verliebter liebte als ich; es gefiel eben Gott, mein Herz so zu machen.»[73] Liebe und Zorn waren die zwei Eigenschaften, deren Beherrschung ihm am meisten Mühe gekostet hat. Franz rang mit seinen Leidenschaften, bis er die Herrschaft über sie erlangte und endlich jene ausgewogene, in Gott ruhende Seele wurde, welche auf die andern Menschen den unauslöschlichen Eindruck der Sanftmut machte, was nur eine andere Bezeichnung für die Haltung des «nichts verlangen, nichts verweigern» ist. Es gibt wohl kaum ein Wort, das bei ihm so oft wiederkehrt als das der Sanftmut. Sie verkörperte für ihn den wahren Christusgeist, und er setzte ihr keine Grenzen. Durch langes inneres Ringen ist Franz von Sales zu jenem Typus der verklärten Sanftmut geworden, welche der echte Ausdruck der Heiligkeit ist, und die sein Leben zuletzt zu einer anschaulichen Verleiblichung des Herrenwortes machte: «Selig sind die Sanftmütigen, denn sie werden das Erdreich besitzen» (Mt. 5, 5). Über diese seltsame Milde in der Kraft hat der edle Fénélon — der tief in den Geist des Verfassers des «Theotimus» eingedrungen ist — mit Recht geurteilt, daß sie von Franz' Herzen in das eigene fließe, um es sanft und ruhig zu machen. Angesichts dieses «sanften Gesetzes», dem Franz von Sales mit gleicher Schönheit Ausdruck gegeben hat wie Stifter in seinen Erzählungen, kann man vom Bischof von Genf wirklich als einem wahrhaftigen Heiligen reden, der den höchsten Titel vollauf verdiente, den seine Kirche ihm verlieh: Doktor der Vollendung.

DER EINFÄLTIGE CHARISMATIKER

Joseph von Copertino

(1603—1663)

I

Was soll man über Joseph von Copertino denken? Wie wird ein Mensch beurteilt, der weder in irgendein geläufiges Schema hineinpaßt, noch mit einer der üblichen Etiketten versehen werden kann? Schon zu seinen Lebzeiten löste Joseph von Copertino bei den kirchlichen Behörden ein sichtliches Unbehagen aus, und wer sich heute mit ihm beschäftigt, dem verursacht er nicht weniger Kopfschütteln. Man gerät ihm gegenüber in Verlegenheit, er wird gewöhnlich mit Schweigen übergangen und darob ist er zu einer beinahe unbekannten Gestalt geworden. Er gilt als der merkwürdigste Heilige der neueren Zeit, denn seit Menschengedenken wurde keiner bemerkt, der sich mit ihm vergleichen ließe. «Wenn er nicht gelebt hätte: erfinden könnte ihn niemand. Er ist außergewöhnlich unter den Außergewöhnlichen. Es gibt keinen Heiligen bei den Bollandisten, der mehr als er die Menschen in dem, was ihnen gewohnt ist, in Verwirrung bringt.»[1]

Es ist unmöglich, Joseph von Copertino aus seinem Zeitalter heraus zu erklären. Er stand dem 17. Jahrhundert, das man schon die Krisis des europäischen Geistes genannt hat, eigentümlich fern. Deutschland erlebte damals den Dreißigjährigen Krieg, der das Land zerfleischte. In Frankreich trat Descartes mit seiner vom Zweifel ausgehenden Philosophie auf, die viel zur Bewußtseinsveränderung der Neuzeit beigetragen hat. England fieberte in seiner großen Revolution, aus der zahlreiche moderne Ideen hervorgegangen sind. Von all dem scheint Joseph von Copertino nichts oder nur ganz wenig gehört zu haben. Wahrscheinlich sind keine oder nur unbestimmte Gerüchte über die erwähnten Geschehnisse an sein Ohr gedrungen. Er verstand nichts von Kunst, wußte von keiner wissenschaftlichen Forschung und keinem kultivierten Lebensgenuß, noch wurde er vom Erleben des Eros geschüttelt. All das, was das menschliche Dasein schön und lebenswert macht, existierte für ihn nicht; jedenfalls hat sich Joseph von Copertino nie über solche oder ähnliche Dinge auch nur andeutungsweise geäußert. Es ist deswegen auch nicht verwunderlich, daß es über Joseph von Copertino keine nennenswerte Literatur gibt. Zwar wurde Pater Roberto Nuti vom Ordensgeneral der Minoriten bereits im Todesjahr Josephs von Copertino beauftragt, eine Biographie über ihn zu schreiben. Der Augenzeuge sammelte denn auch das nötige Material und gab das Werk nach fünfzehn Jahren heraus. Eine Generation später erschien eine zweite Lebensbeschreibung, und nach der Seligsprechung veröffentlichte Pater Angelo Pastrovicchi auf Veranlassung Benedikts XIV. die dritte Vita, die im gleichen Jahre 1753 auch ins Deutsche übersetzt wurde. Auf diese alte Lebensbeschreibung, die lediglich die Tatsachen zusammenstellt und auf alle Interpretation verzichtet, ist man noch heute angewiesen. Auch die vor mehr als hundert Jahren von einem Priester anonym herausgegebene Biographie entspricht nicht mehr den heutigen Anforderungen an ein hagiographisches Buch. So dürftig ist das Resultat, sucht man über den Weg der Literatur den Zugang zu Joseph von Copertino.

Mag aber die Berichterstattung noch so überholt sein, das Bild eines Menschen, der ohne Parallele in der Hagiographie dasteht, schimmert doch durch sie hindurch. Joseph von Copertino wirft alle vertrauten Vorstellungen über den Haufen und wirkt bei aller Fremdheit seltsam faszinierend. Es wäre aber verfehlt, ein erbauliches Klischee auf ihn anzuwenden, da seine Gestalt vom Leser die Bereitschaft zu einer Erfahrung fordert, die man noch nie erfahren hat. Als

Motto kann man über Joseph von Copertinos Dasein vorerst nur die hellsichtigen Worte Marie Noëls setzen: «Der Heilige ist nicht irgendein Vollkommener, nicht ein Mensch von Wert, er ist einer, der nichts wert ist, der nichts ist. Aber durch dieses Nichts geht Gott, wie das Wasser einer Quelle durch die große weite Öffnung einer Rinne, um den Seelen seine Gnade zum Trank zu geben.»[2]

II

Joseph Desa stammte aus dem Dorfe Copertino, das im südlichen Teil des damaligen Königreiches Neapel, zwischen Brindisi und Ostranto, liegt. Sein Vater, ein begabter, aber sehr geschäftsuntüchtiger Handwerker, war Zimmermann, der vor Josephs Geburt starb und nur Schulden hinterließ. Nach seinem Tode kam der Gerichtsdiener ins Haus und vollzog die Versteigerung. Die Mutter entzog sich dem traurigen Vorgang und entfloh in ihrer Beschämung in den Stall, wo sie von der Niederkunft überrascht wurde, so daß Joseph — wie die alten Biographen hervorheben — gleich dem andern Zimmermannssohn, nicht in einem häuslichen Raum das Licht der Welt erblickte.
Von der Jugend Josephs ist nichts Rühmliches zu berichten, zumal er keine liebenswürdigen Gaben aufzuweisen hatte. Nicht einmal die Mutter erfreute sich an ihrem Kindchen; sie empfand es als Last und ließ ihm wenig mütterliche Wärme zuteil werden. Die Witwe erzog den Knaben streng und hart, sie züchtigte ihn für das kleinste Vergehen erbarmungslos. Zudem war Joseph kränklich; wäre er gestorben, es hätte kaum jemand Trauer um ihn getragen. Der schwächliche Junge war unterernährt; eiternde, ekelerregende Geschwüre bedeckten oft seinen Körper, und zudem schien er halb blöden Sinnes zu sein. Auf alle Fälle war der kleine Joseph der Unansehnlichste unter seinen Altersgenossen. In der Schule kam er nicht mit und hatte Mühe sich zu sammeln; er zeigte nervöse Anzeichen und ließ beim bloßen Glockengeläute die Bücher auf den Boden fallen.

Schon früh stand der Knabe unbeteiligt herum, glotzte mit leerem Blick in eine Ecke und vergaß darob den Mund zu schließen. Der halbgeöffnete Mund gab ihm das Aussehen eines Schwachsinnigen, weswegen sich die andern Kinder über ihn lustig machten und ihn «bocca aperta» nannten. «Offenes Maul» gescholten zu werden, entbehrt des Charmes eines übermütig-liebevollen Spitznamens und drückt eher seiner Kameraden Geringschätzung aus. Der kleine Joseph vermochte die einfachsten Erlebnisse nicht zu erzählen, er blieb mitten im Satze stecken, weil es ihm an jeglicher Ausdrucksfähigkeit gebrach. All dieser Hemmnisse und schwierigen Umstände wegen lebte Joseph wahrhaftig in keinem Paradies der Kindheit. Die trostlosen Anfänge seines Lebens trugen nichts zu jener Erbaulichkeit bei, die der fromme Leser von der Lektüre eines Heiligenlebens gewöhnlich erwartet. Doch führt diese Einstellung ohnehin zu einer falschen Perspektive. Die traurige Jugendzeit Josephs vermittelt vielmehr das klägliche Material, aus dem diese Heiligenfigur gestaltet wurde.

Zum Jüngling herangewachsen, kam Joseph zu einem Schuhmacher in die Lehre. Allein auch nur die einfachste Flickarbeit auszuführen, überstieg sein Können. Er saß untätig auf seinem Stühlchen und schaute verträumt den Fliegen nach, statt daß er den Pechfaden durch das Leder gezogen hätte. Schließlich erklärte sein Meister ihn für untauglich zum Schuhmacherberuf.

Nachdem Joseph einen Mönch betteln gesehen hatte, glaubte er, dies wäre der richtige Beruf für ihn. Er war tatsächlich für das Religiöse empfänglich, weshalb die geplagte Mutter ihn im Kloster unterzubringen versuchte. Die Franziskaner wiesen ihn ab, weil sie schon zu seinem unvorteilhaften Aussehen kein Zutrauen hatten. Die Kapuziner waren auf Zusehen hin bereit, Joseph wenigstens als Laienbruder bei sich aufzunehmen. Aber der Aufenthalt bei ihnen war nicht von allzulanger Dauer. Joseph war so blöde, daß er nicht einmal weißes von schwarzem Brot unterscheiden konnte, und, tolpatschig wie er war, die Töpfe verkehrt auf das

Feuer setzte. Im Refektorium fiel ihm ein ganzer Stapel Teller aus den Händen und auch sonst zerbrach er in seiner Ungeschicktheit fortwährend das Klostergeschirr. Es nützte nichts, wenn man ihm, zur Demütigung und damit er fortan besser aufpasse, Teile der zerbrochenen Teller an seiner Kutte befestigte. In der Erfüllung seiner Pflichten war er unzuverlässig, er benahm sich linkisch und plump und brachte dadurch die Mönche zur Verzweiflung. Joseph war und blieb ein unfähiger Laienbruder; die Schilderung seiner Unbrauchbarkeit ist nicht übertrieben. Es wäre wohl passender, wenn sich vom Heiligen erzählen ließe, er sei schon früh ein wundersam begabter Jüngling gewesen. So liest man es doch sonst in den traditionellen Heiligenviten. Aber davon kann keine Rede sein, wenn man die Wahrheit berichten will, und die Hagiographie hat doch vor allem wahr zu sein. Außerdem bekam Joseph in seiner Schwerfälligkeit seltsame Anfälle von Geistesabwesenheit, die seiner Frömmigkeit ein stupides Aussehen gaben. An den unpassendsten Orten fiel er auf die Knie und schien alles um sich herum völlig zu vergessen. Nach einer Prüfungszeit von acht Monaten war die Geduld der Kapuziner zu Ende, sie fanden ihn für das Klosterleben ungeeignet und schickten ihn weg. Für Joseph war dies eine bestürzende Mitteilung, unter der er trotz aller Dumpfheit schwer gelitten hat. Er war betrübt über seine Entlassung. Nach eigenem Geständnis schien es ihm, man habe ihm mit dem Ordenskleid die Haut samt dem Fleische von den Knochen gerissen.

Bloßen Fußes und unbedeckten Hauptes verließ er den Konvent. Beinahe verstörten Sinnes zieht er des Wegs, er achtet es kaum, wie die Hirten ihn übermütig behandeln und die wildernden, kläffenden Hunde ihn anfallen. Wohin sollte er nur gehen? Er gedachte seines wohlhabenden Oheims, suchte ihn auf, doch dieser überschüttete ihn mit bitteren Vorwürfen. Auf die Beschimpfungen weiß er sich nicht zu verteidigen, ausgestoßen ist er, unerwünscht, und schließlich ist er selbst von dem überzeugt, was er seinem Oheim kleinlaut gesteht: «Ach, die Kapuziner haben mir das Ordenskleid wieder abgenommen, weil ich zu nichts nütze bin.» Der Onkel verachtet ihn denn auch und jagt ihn kurzerhand weg. Es bleibt ihm nichts anderes übrig, als zur Mutter heimzukehren. Obwohl er sie kniefällig um Aufnahme bittet, kehrt auch sie ihm zunächst den Rücken, da es gar nicht nach ihrem Sinne ist, den Taugenichts wieder an ihren Tisch zu nehmen.

Joseph war offenbar in seiner Frühzeit der unbrauchbare Mensch. Das ist die einzige Benennung, die auf ihn zutrifft. Er war es in der Schule, in der Schuhmacherlehre, im Kloster, kurz, überall erwies er sich als unfähig. Man brauchte «das offene Maul» nur anzuschauen, um sofort den Eindruck zu gewinnen, einen unnützen Menschen vor sich zu haben. Wie ein überflüssiger Tölpel stand er da, er, der in der Welt nicht zu brauchen war, zu nichts taugte und stets versagte.

Der Bruder seiner Mutter war Franziskaner; mit seiner Hilfe gelang es, Joseph im Franziskanerkloster zu Grotella wenigstens das Kleid des Dritten Ordens zu vermitteln. Im Kloster wurde der Achtzehnjährige angehalten, ein Maultier zu treiben und Almosen zu betteln, wobei er durch seinen frommen Wandel mehr Seelen als Brot erwarb. Er wurde wirklich gedemütigt, denn man übertrug ihm stets die niedrigsten Arbeiten, die er ohne Widerrede ausführte und dadurch wenigstens die Fähigkeit zu gehorchen bewies. Auch vollzog sich damals eine Wandlung in ihm: er befliß sich einer größeren Ordentlichkeit und kam seinen Pflichten genauer nach.

Joseph begann nun in seiner Frömmigkeit eine besondere Askese zu beobachten: er aß kein Fleisch mehr und ernährte sich nur noch von schlechten Kräutern, getrockneten Früchten und Bohnen, die er mit einem bitteren Pulver ungenießbar machte. Jahrelang verzichtete er auf Brot und Wein, wodurch er ein totenbleiches, mageres Aussehen bekam. Auf die Frage, warum er heute nichts gegessen habe, antwortete er lediglich: «Ich dachte nicht daran». Er übte ein beinahe immerwährendes Fasten, ernährte sich manchmal allein von der Eucharistie, von der er sich wunderbar gestärkt fühlte. Um die Lenden trug er einen Bußgürtel und eine eiserne Kette. Er schlug sich mit einer Geißel so heftig, daß das Blut an die Wand spritzte; er schlief auf einem erbärmlichen Lager, einem Strohsack ohne Leintücher und Decken, so daß dies eher einem Schmerzensbett denn einer Ruhestätte glich. Seine Zelle besaß eine einzige armselige Sitzgelegenheit, ein kleines Tischchen und einige papierene Heiligenbilder, die in ihrer Geschmacklosigkeit aller Ästhetik Hohn sprachen. Geld nahm er von niemandem entgegen, und als ihm viel später jemand heimlich eine Münze in die Kapuze gelegt hatte, da «begann er sich über eine große Störung des Gemütes zu beklagen, keuchte und schwitzte, ging gebeugt, als trüge er eine schwere Last und jammerte »ach, ich kann nicht mehr«, und ward nicht eher erleichtert, bis man ihn dieser Bürde entledigte»[3]. Derart getreulich folgte er seinem großen Vorbild Franziskus nach und bezeugte dadurch, daß auch Joseph nicht von selbst oder von Natur aus, sondern nur durch den Engpaß einer unerbittlichen Askese hindurch zum Heiligen aufstieg.

Das fromme Benehmen Josephs brachte den Pater Guardian auf den Gedanken, ihn zum Mönche auszubilden. Es war ein schwerer Weg, doch wurde er nach fünf Jahren in den Orden aufgenommen, was ihm eine unendliche Freude bereitete. Der Unbrauchbare bekam vom Novizenmeister viele Vorwürfe zu hören, auf die er flehentlich erwiderte: «Traget Geduld mit mir, so werdet ihr größere Verdienste dabei erlangen.»[4] Mit dem Studium wollte es noch weniger vorwärts gehen, begreiflich, denn er war in intellektueller Beziehung noch ungeschickter als in manueller, so daß es ihn äußerste Mühe kostete, die humanistische Bildung nachzuholen. Nicht nur war das Lesen schwierig für ihn, auch mit der Handschrift war es bedenklich bestellt. Joseph machte nur geringe und langsame Fortschritte; dem Unbegabten waren die gelehrten Wissenschaften verschlossen. Ebenso fand er sich in der Heiligen Schrift nur mühsam zurecht, und seine Evangelienerklärungen befriedigten seine Professoren nie. Mit dem Aufwand aller Kraft verstand er zuletzt notdürftig die göttlichen Bücher. Im Grunde begriff er nur einen einzigen Vers der Bibel, und das war beileibe nicht eine Sentenz aus der Bergpredigt oder aus Paulus' Hymnus auf die Liebe, sondern merkwürdigerweise das Wort: «Selig der Leib, der dich getragen» (Lk. 11,27). Warum gerade dieses und kein anderes Wort Joseph beeindruckt hatte, wußte niemand, wahrscheinlich nicht einmal er selbst. Er liebte diesen Lukas-Vers innig, er entzückte ihn über alle Maßen und tröstete ihn in seinen mühseligen Studien. Schließlich hatte Joseph seine erste Prüfung vor dem Bischof zu bestehen. Besorgt sah er ihr entgegen, fürchtete er doch, seine Unbrauchbarkeit werde sich erneut zeigen. Der Tag kam heran. Der gnädige Herr setzte sich an den Tisch, schaute sich die ängstlichen Kandidaten mit scharfem Blicke an und begann im Neuen Testament zu blättern. Sein Blick fiel auf den Satz «selig der Leib, der dich getragen» und zugleich forderte er Joseph auf, diese Worte zu erklären. Zum Erstaunen aller Anwesenden legte der Einfältige gleich los, er wußte so viel darüber zu sagen, daß er fast kein Ende finden konnte. Der schwerfällige Joseph wurde bei seinem Lieblingswort beredt und sprach darüber Dinge aus, die in keinem Buche standen. Endlich unterbrach ihn der Bischof, er fand den Kandidaten vortrefflich vorbereitet und ließ ihn zum Diakonat zu. Wider alles Erwarten hatte er die Klippe glücklich umschifft. Noch war Joseph nicht am Ziel, denn es galt, einige Zeit später das Schlußexamen zu bestehen. Wiederum erschien der Bischof Johann Baptist Deti, musterte die Prüflinge mit Aufmerksamkeit und begann mit der Befragung. Die ersten Kandidaten gaben Antworten, die weit über dem Durchschnitt von dem lagen, was er sonst an einer Prüfung zu hören bekam. Der Bischof war so hoch erfreut, daß er keine Schwächeren mehr zu hören begehrte, er erklärte mit einer großzügigen Gebärde das Examen für beendet und die Kandidaten für die Priesterweihe geeignet. Joseph atmete auf, die zweite Prüfung war noch komischer verlaufen als die erste. Ohne nur eine Antwort gegeben zu haben, wurde der Ungeschickte unter die Priester aufgenommen, wenn ihm auch auf höchst eigenartigem Weg diese Ehre widerfahren war. Glückliche Zeiten, da noch solche unreglementarische Prüfungen möglich waren, die ohne alle Komplexe und ohne jede psychiatrische Behandlung der schlotternden Kandidaten vor sich gingen. Seither wird Joseph von den Studenten in ihren verzweifelten Prüfungsnöten als Schutzpatron angerufen!

War am Ende der Unbrauchbare doch noch brauchbar geworden? Ach nein, es war nur ein anschauliches Beispiel von der göttlichen Erwählung geschehen, der gegenüber alle menschlichen Schwierigkeiten nichts zu bedeuten haben. Obschon Joseph fortan die Messe lesen durfte, war er alles andere als ein gemachter Mann. Auch als Kleriker blieb er nach wie vor der Ungeschickte, den man am besten mit dem Fegen der Böden beauftragte. Er taugte auch zum Einsammeln von Almosen, obgleich er auf dem Weg stets etwas verlor, sei es eine Sandale, seinen Gürtel oder gar den Rosenkranz. Bis zum Ende seines Lebens war er für die praktisch veranlagten und ordnungsliebenden Mitbrüder eine schwer zu ertragende Person, sie seufzten über ihn und er über sie.

Unmittelbar nach der Priesterweihe litt Joseph an einer starken geistigen Trockenheit. Trotzdem er sich von allem entblößt hatte und er alles Irdische als eine Gefahr für seine Seele betrachtete, kam eine seelische Dürre über ihn. Offenkundig mußte auch er durch diese Erziehungsschule Gottes hindurch. Er war verzweifelt, trostlos und hatte mit der Melancholie zu kämpfen. Trübseligkeiten und Versuchungen bemächtigten sich seiner und ließen nicht die geringste Erhebung aufkommen. «Der Satan fiel ihn eben zu dieser Zeit öfters mit den schreckbarsten Anfechtungen an, und blies bald seinem Gemüt unreine Gedanken ein, bald aber beunruhigte er seinen Schlaf mit den gräßlichsten Einbildungen.»[5] Zweifel nisteten sich in seine einfache Seele ein, und ausdrücklich wird vermerkt, er sei nicht wie andere

Heilige von allen unreinen Anfechtungen verschont geblieben. Auch in späteren Jahren wurde Joseph zuweilen von der Trockenheit des Geistes heimgesucht. Über sein seelisches Elend und welch' unerwartetes Ende es schließlich genommen hatte, schrieb er einmal: «Ich beklagte mich oft bei Gott über Gott. Für ihn hatte ich alles verlassen, und er, statt mich zu trösten, überlieferte mich einer tödlichen Herzensangst. Als ich eines Tages wieder einmal weinte und seufzte — wenn ich nur daran denke, ist es mir, als sollte ich sterben — klopfte ein Mönch an meine Tür. Ich antwortete nicht, und er trat ein. »Bruder Joseph« sagte er, »was fehlt dir? Ich bin gekommen, um dir zu dienen. Sieh, hier ist ein Leibrock. Ich glaube, du hast keinen«. Wirklich bestand mein Leibrock fast nur aus Fetzen. Ich zog den Rock an, den der Unbekannte gebracht hatte, und alle meine Verzweiflung war augenblicklich verschwunden.»[6] Vom Überbringer des Leibrockes hatte außer Joseph niemand etwas gesehen; das seltsame Vorkommnis war das Eingangstor zu einer ganz anderen Erlebniswelt, für die jede Analogie fehlt.

III

Joseph, der Unbrauchbare, wurde ein von Charismen überschütteter Mensch. Es stellte sich immer mehr heraus, daß die merkwürdige Zerstreutheit des Knaben ein eigenartiges Versinken ins Göttliche war. Die Ekstasen Josephs lassen sich aber nicht aus seiner Veranlagung erklären. Charismen sind nie und nimmer nur natürliche Begabung, sondern sind, wie der Name sagt, Gottes Geschenk. Über der charismatischen Fähigkeit darf man jedoch nicht Josephs Ungeschicktheit vergessen. Sie hängen eigenartig zusammen, aber nicht nur in der Weise, daß die Schwerfälligkeit dem Schatten gleicht, von dem sich das strahlende Licht um so deutlicher abhebt. Das Verschlossensein für weltliche Dinge ist die Voraussetzung für seine Offenheit für das Licht. Ein schlauer Fuchs, der mit allen Wassern gewaschen ist, wird schwerlich ein Charisma empfangen. Er weiß in seiner Schlangenklugheit ohnehin, wie behend er sich bewegen muß. Dagegen verhält es sich mit dem Einfältigen anders; er ist auf die Hilfe von oben angewiesen. Freilich wird durch die Verkoppelung von Unbegabtheit und Charisma das Rätsel von Josephs Dasein noch rätselhafter. Das schöpferische Werk eines großen Menschen bietet zur Bewunderung Anlaß und ist doch bei aller Geistesmächtigkeit nicht völlig unbegreiflich. Es bleibt erklärlich aus der Genialität einer begabten Persönlichkeit. Dagegen ist es immer unerklärlich, wenn ein linkischer Mensch eine ungewöhnliche Leistung vollbringt. Da hören alle psychologischen Deutungen auf. Man steht an der Grenze des Verstehens, die mit allen klugen Worten nicht zu übersteigen ist. Es beginnt das Staunen vor dem, was größer ist als alle Erläuterungen. Das Unheimliche und Unerklärliche kündet sich an, und plötzlich stellt man angesichts von Josephs charismatischer Begnadung mit Schrecken fest: «Alle Heiligen sind von Gott verschlungen, zerstört worden — menschlich gesprochen — durch Gott.»[7]

Die Verzückungen Josephs ereigneten sich so oft, daß beinahe sein ganzes Leben eine Kette von Ekstasen war. Er hatte nicht die geringste Macht über das Kommen und Gehen seiner Entrückungen. Weder vermochte er sie herbeizuführen, noch hatte er die Möglichkeit, sie zu verhindern. Man hörte ihn jeweilen nur kurz vor der Ekstase ausrufen: «Oh», und schon hatte ihn die himmlische Wonne ergriffen. Manchmal versuchte er, sich noch an einem Gegenstand festzuhalten, aber es nützte nichts, der Raptus riß ihn mit sich. Beim Eintritt der Verzückung wurde sein Körper starr und es schien, als wiche der Atem aus seinem Mund. Nach den Prozeßakten konnte er «über fünfunddreißig Jahre nicht mit den andern Brüdern in den Chor, zu den Bittgängen und in den Speisesaal wegen seiner Entzückungen zugelassen werden, da dieselben die öffentlichen Verrichtungen störten»[8]. Er selbst machte kein Wesen aus seinen Ekstasen, er nannte sie in seiner Demut einen Schlaf, ein Gebrechen, eine Ungeschicklichkeit und eine Schwäche des

Leibes. Tiefes Schweigen herrscht über Josephs Entrückungen, nie gab er Auskunft über das, was er geschaut hatte. Keines der Geheimnisse, die er zu sehen gewürdigt wurde, hat er verraten, alles hat sich zwischen Gott und ihm abgespielt. Aller Wahrscheinlichkeit nach erlebte Joseph in seiner Ekstase die Vereinigung mit Gott, wie sie sonst dem Menschen auf dieser Welt nicht beschieden ist. Sein Geist war weit entfernt, er war bei Gott, von der Außenwelt hat er deshalb nichts mehr wahrgenommen. Merkwürdig bleibt, daß die Stimme der Obern ihn auf der Stelle zurückzurufen vermochte.

Doch bedeuteten die Ekstasen nicht nur Wonnen. Seine Mitbrüder im Kloster verstanden diese Entrückungen nicht sofort und ihr Verhalten gegen ihn scheint den notwendigen Schatten zu dem lichtvollen Bild zu ergeben. Sie waren gewohnt, Joseph als den Unbrauchbaren zu betrachten und trieben deshalb mit ihm, wie unartige Schuljungen, allerlei Unfug. Sie schleiften ihn am Boden, stachen ihn mit Nadeln und brannten ihn mit glühender Kohle; er aber bemerkte von all den unmönchischen Ungezogenheiten nicht das geringste, obschon seine Hände zuletzt ganz mit Wunden bedeckt waren. Als ihn einst ein Prälat nach der Ursache seiner Verwundung fragte, gab er nur zur Antwort: «Sehen Sie, was die Brüder mit mir tun müssen, wenn ich meine Anfälle habe. Es bleibt ihnen dann nichts anderes übrig, als mich anzubrennen oder mir in die Finger zu schneiden». Dann lachte er, wie er auch sonst zu lachen pflegte, aber wir vermuten, daß es nur ein Lachen war, das die Tränen zurückhielt[9].

Nicht immer lag Joseph in der Ekstase starr da. Es kam auch vor, daß er seltsam zu singen und sogar zu tanzen begann. Eine Beschwingtheit ergriff den Ungeschickten, eine übermächtige Freude erfüllte ihn, und er fing an zu hüpfen oder machte auf den Knien tanzende Gebärden. Man hat seine merkwürdigen Bewegungen mehrfach beobachtet; der Tanz, den man im Kloster zu sehen nicht gewohnt war, hatte eine unverkennbare Ähnlichkeit mit dem heiligen

Gebetstanz. Der kultische Tanz spielt in der Religionsgeschichte eine Rolle. Auch im Alten Bund tanzte David mit aller Macht vor der Bundeslade, so daß sich die Gattin seiner schämte. Michal verachtete ihn deswegen in ihrem Herzen und machte ihm heftige Vorwürfe, doch der König antwortete unbeirrt: «Vor dem Herrn will ich tanzen»[10]. Ebenso gab es in der christlichen Kirche Prozessionen, die sich mit tanzartigen Schritten vorwärts bewegten, und in Sevilla tanzen noch heute Knaben einmal im Jahr vor dem Altar einen kultischen Tanz. Joseph steht mit seinem religiösen Tanz nicht so allein da, wie es im ersten Moment erscheint. Seine tanzende Bewegung kündete sich durch ein gewaltsames Stöhnen an, das wie ein gepreßter Seufzer oder der Schrei eines Vogels erklang, dem jedoch nichts Furchterregendes anhaftete.

Tanz und Schrei waren nur die Einleitung zu einem Geschehen, das man kaum zu schildern vermag und dem gegenüber jeder Vergleich zum voraus ausscheidet. Zum Glück bin ich kein Dichter, man würde mich sonst einer allzu üppigen Phantasie verdächtigen. Die Sache erfordert die nüchternste Schreibweise, weil das Faktische an sich des Überschwänglichen genug und übergenug enthält. Jede Ausschmückung würde ihm abträglich sein. Was berichtet werden kann, sind ohnehin nur äußere Wahrnehmungen, der innere Vorgang bleibt aller Erfassung entzogen und läßt alle Vorstellungen weit hinter sich. Gut bezeugt sind in der Geschichte der Mystik die Levitationen, die immer ein maßloses Staunen hervorgerufen haben. Bei Joseph aber geschah noch viel Ungewöhnlicheres als die sachte Erhebung des Leibes in die Luft. Er begann mit einer tanzenden Gebärde, stieß dann den vogelartigen Schrei aus und flog durch die Luft! Wie eine Taube mit Flügeln schwebte er im Raum. Aus der Mitte der Kirche flog er bis zum Hochaltar, der über fünfzig Schuh entfernt war und umfaßte dort das Tabernakulum, hielt sich ungefähr eine Viertelstunde lang in der Luft, berührte wunderbarerweise keine brennende Kerze, so daß sein Kleid nicht Feuer fing, und glitt alsdann wieder auf den Boden. Nicht nur einmal hat Joseph diesen einzigartigen Flug ausgeführt. Es kam oft vor. Einmal nahm er, mit dem Chormantel angetan, an einer Prozession teil, als er plötzlich auf die Kanzel der Kirche flog, die von der Erde fünfzehn Spannen hoch war, und dort am äußersten Rand mit ausgestreckten Armen und in kniender Haltung während längerer Zeit verzückt verblieb.

Im Kloster Grotella errichteten die Brüder eine Nachbildung der Kreuzigungsgruppe. «Zwei Kreuze standen bereits an ihrem Platz; doch das dritte, das über fünfzig Handbreiten hoch und sehr schwer war, vermochten zehn Männer mit vereinten Kräften nicht aufzurichten. Als Joseph das sah, flog er voll Eifer etwa achtzig Schritte vom Klostereingang zum Kreuz hinüber, hob es empor, als wäre es leicht wie Stroh, und stellte es in das dafür hergerichtete Loch. Diese Kreuze bildeten den Gegenstand seiner besonderen Verehrung. Angezogen vom gekreuzigten Heiland, konnte er sich aus einer Entfernung von zehn bis zwölf Schritten zu einem der Arme in die Höhe des Kreuzes erheben»[11].

«Der Großadmiral von Kastilien hatte in Assisi eine Unterredung mit Joseph und sagte nachher zu seiner in der Kirche weilenden Gattin: »Ich habe einen zweiten heiligen Franziskus gesehen und gesprochen«. Als die Frau das Verlangen äußerte, den selben Vorzug genießen zu dürfen, befahl Pater Guardian dem Bruder Joseph, in die Kirche hinunterzugehen und mit ihrer Exzellenz zu sprechen. Er erwiderte: »Ich will gehorchen, aber ich weiß nicht, ob ich mit ihr werde sprechen können«. Kaum hatte er die Kirche betreten, fiel sein Blick auf eine Statue der Maria Immaculata, die über dem Altar stand, und auf einmal flog er etwa zwölf Schritte weit über die Köpfe der Anwesenden hinweg zum Fuß der Statue hin. Nachdem er kurze Zeit seine Huldigung dargebracht und dabei den bekannten schrillen Schrei ausgestoßen hatte, flog er wieder weg, verließ den Admiral, dessen Gattin und das große Gefolge in sprachloser Verwunderung und kehrte geradewegs in seine Zelle zurück»[12].

Einmal sagte ein Priester in aufgeräumter Stimmung zu ihm: «Bruder Joseph, welch' einen schönen Himmel hat Gott gemacht!». Kaum hatte Joseph diese Worte gehört, flog er auf einen neben ihnen stehenden Ölbaum, wobei es ganz wundersam zu sehen war, wie der Zweig, auf welchem er eine halbe Stunde lang niederkniete, sich nur ganz leise bewegte, wie wenn ein kleines Vöglein darauf gesessen hätte[13].

Doch ist es Zeit, in der Erwähnung von Josephs ekstatischen Flügen innezuhalten, denn dergleichen sah man nie, weder vor noch nach ihm. In seiner Jugend nannten ihn andere Kinder verächtlich «das offene Maul». Beim Anblick seiner Flüge haben sich die Rollen vertauscht: den gaffenden Zuschauern blieb vor Staunen der Mund offen, sie ließen den Unterkiefer hängen und schauten einander an, nicht wissend, was sie sagen sollten. Durch das aus allen Erfahrungen herausfallende Vorkommnis waren die Augenzeugen so sehr vor den Kopf geschlagen, so sehr dem Unvorhergesehenen ausgeliefert, daß ein numinoser Schauer sie durchdrang und es ihnen unheimlich zumute wurde. Was aber denkt sich der moderne Mensch bei dieser Berichterstattung? Wenn er nicht gerade eine Schwäche für die modische Parapsychologie hat, reagiert er mit einer ablehnenden Gebärde darauf, indem er sagt: «Geht mir doch mit solch' abgeschmackten Geschichten weg! Derartige unglaubwürdige Wundererzählungen hat man in früheren Zeiten dem leichtgläubigen Volk aufgebunden, heutzutage aber verfängt dies nicht mehr. Ein wissenschaftlich gebildeter Mensch ist gegen derart unmögliche Legenden gefeit, er ist sich über die Anziehungskraft der Erde klar und weiß auch über die dabei unterlaufenden Sinnestäuschungen Bescheid.» Aufgeklärt und rationalistisch, wie der heutige Mensch ist, wird er unwillig über solche die Vernunft herausfordernde Begebenheiten; er betrachtet sie als Dunkelmacherei und ärgert sich darüber — und dies alles kann man ihm nicht einmal übelnehmen.

Ganz so einfach liegen die Dinge nicht; man wird mit dem

Phänomen von Josephs ekstatischen Flügen nicht so leicht fertig. Gewiß ist man nicht gewohnt, von einem Menschen zu hören, daß er ohne technische Mittel frei im Raum herum fliege. Auch der Jesuitenpater Thurston schreibt: «Es mag hier viel Übertreibung mit im Spiele sein. Dazu verleitet schon das Verblüffende des Vorfalls. Außerdem scheint die Erzählung von der Kreuzaufrichtung in Grotella nicht von Augenzeugen zu stammen, obwohl auf die in Nardo im Beatifikationsprozeß gemachten Aussagen Bezug genommen wird... In einem so langen Zeitraum können vielerlei Legenden entstehen, die in einer unkritischen Umgebung bald blind geglaubt werden»[14]. Nach diesen Worten nehmen auch die heutigen Kirchenleute nicht alle Berichte für bare Münze. Trotzdem muß auch Thurston zugeben, daß die Flüge Josephs von den verschiedensten Menschen gesehen und überaus gut bezeugt sind. Pastrovicchi erwähnt in seiner Biographie siebzig Flüge, ohne die beinahe täglichen Entzückungen mitgezählt zu haben. An der kirchlichen Untersuchung von Josephs ekstatischen Flügen war Prosper Lambertini, der spätere Papst Benedikt XIV., maßgebend beteiligt; er war ein Mann von großem Scharfsinn und eine Autorität auf dem Gebiet der Beweisführung im Heiligsprechungsprozeß. Er hat denn auch das ihm unterbreitete Beweismaterial in kritischem Geiste studiert und war nicht leicht zufriedenzustellen. Aus seinem Munde stammen die Worte: «Während ich das Amt des Promotor Fidei bekleidete, kam die Sache des ehrwürdigen Dieners Gottes Joseph von Copertino in der Ritenkongregation zur Sprache, die nach meiner Resignation zu einer positiven Würdigung gelangte. Augenzeugen von unanfechtbarer Integrität haben die berühmten Erhebungen über den Boden und die ansehnlichen Flüge des genannten Dieners Gottes bestätigt»[15]. Es geht nicht an, Josephs ekstatische Flüge kurzerhand als phantasievolle Erfindungen zu bezeichnen und sie mit den bequemen Worten «das Wunder ist des Glaubens liebstes Kind» abzutun. Mit Sorgfalt hat man damals die Berichte geprüft, damit die Wahrheit an den Tag komme, und es besteht kein Anlaß, Josephs Flüge in das Gebiet der Fabel zu verweisen. Er ist und bleibt eine der auffälligsten Erscheinungen in der Welt der Heiligen und es ist verständlich, daß ein so divinatorischer Forscher wie Josef Görres ihm in seinem Werk «Die christliche Mystik» einen bevorzugten Platz eingeräumt hat[16].

Begreiflicherweise wurden Josephs Flüge bekannt, und sein Name kam nicht nur in Italien, sondern auch in Deutschland, Frankreich und Polen in vieler Leute Mund. Ohne sein Zutun und sogar gegen seinen Willen wurde Joseph zu einer Berühmtheit. Er geriet in den Ruf eines Wundertäters, und dieses Gerücht war nicht von ungefähr. Er war ein Charismatiker; die ihn umgebende Atmosphäre war förmlich mit ungewöhnlichen Kräften geladen. Es geschahen in seiner Nähe fortwährend Dinge, die anderswo nicht geschehen. Einst fegte ein fürchterlicher Orkan über Copertino und drohte die ganze Gegend zu verwüsten. Joseph aber betete um Schonung, und sogleich legte sich der Sturm. In Zeiten der Dürre erhob er die Hände zum Himmel, und bald darnach regnete es. Noch mehr erstaunte man darüber, daß Joseph «dem Leibe nach an zwei verschiedenen, voneinander entlegenen Orten sichtbar zugegen war. Und eben dies hat sich, so viel man weiß, zweimal in seinem Leben zugetragen»[17]. Es dauerte nicht allzu lange, bis sich um ihn eine Fama bildete und er als einer der großen Wundertäter galt. Wiederum mag man von Übertreibungen reden, die nicht bei allen Aussagen zum voraus von der Hand zu weisen sind. Trotzdem werden nicht von jedem frommen Manne solche Dinge behauptet, es sind immer außerordentliche Gestalten, an die sich solche Gerüchte heften. Mindestens aber zeigen sie die Aura an, in der Joseph lebte, das Übernatürliche umgab ihn Schritt für Schritt.

Diese charismatische Atmosphäre war auch spürbar in seinem gelegentlichen Verkehr mit den Mitmenschen. Er roch die Sünde förmlich. Zu einem Bekannten, der einst von einem jungen Edelmann begleitet war, sagte er: «Wer ist dieser Mohr, den du hergebracht hast? Siehst du nicht, wie schwarz er ist?»[18] Einen Menschen, der sich einem Sündenleben ergab, ermahnte er: «Geh, wasche das Angesicht, es ist mit Tinte besudelt.»[19] Dieser ungeschulte Mensch, den Lesen und Schreiben gleicherweise Mühe kosteten, erteilte seelsorgerliche Ratschläge, die aus einer seherischen Tiefe kamen und die übliche Beratung weit überstiegen. Einen von Skrupeln geplagten Menschen warnte er vor der argwöhnischen Melancholie, ermunterte ihn und bemerkte, indem er ihm liebevoll sein Haupt streichelte: «Siehe, ich nehme dir alle Skrupel vom Leibe hinweg, wirke Gutes, habe eine gute Meinung und sei unverzagt.»[20] Joseph besaß den sechsten Sinn, dank dem er der Menschen geheimste Gedanken aufdeckte. Einem Novizen, der die aufgeschriebene Beichte seines ganzen Lebens bei ihm ablegte, sagte er: «Mein Sohn, hier hast du nicht recht gesprochen; denn dies hat sich nicht, wie du geschrieben, sondern auf diese Weise zugetragen.»[21]

Mit seinem charismatischen Blick sah Joseph auch in die Ferne. Ein Diener meldete ihm in später Nacht, die Herrin des Hauses sei von heftigen Schmerzen befallen worden, worauf ihm Joseph antwortete: «Geh nur wieder nach Hause, die Schmerzen sind verschwunden, und die Frau ist gesund.» Beim Ableben Innozenz' X. trat Joseph eben in die Sakristei zu Assisi, um das Meßgewand anzuziehen. Da er nur ein farbiges Gewand vor sich liegen sah, sprach er zum Sakristan: «Gib mir ein schwarzes Gewand, denn in diesem Augenblick ist zu Rom der Papst gestorben.»[22] Ein polnischer Ritter kam einst zu Joseph, um sich bei ihm Rat zu holen, ob er in den ehelichen oder in den geistlichen Stand eintreten solle. «Weder das eine noch das andere» war die Antwort, und nach wenigen Monaten starb der Ritter[23]. Ein kranker Ehemann empfahl sich dem Heiligen in sein Gebet, damit er wieder gesund würde und sowohl seiner Gattin als seinen Eltern beistehen könne. Allein Joseph sagte ihm: «Was Gattin? was Vater und Mutter? Mein Sohn, bei dir ist Geduld nötig! Das Paradies, das Paradies, eine schöne Sache ist das Paradies!» Die Weissagung erfüllte sich bald, denn obwohl der Kranke für kurze Zeit genas, wurde er doch nach wenigen Monaten durch einen unerwarteten Tod in die Ewigkeit abberufen[24]. Bei all diesen Erlebnissen blieb Joseph stets frei von allem Hochmut und bekannte in demütiger Gesinnung: «Ich weiß nicht, warum jene zu mir ganz unwissendem und armem Sünder kommen.»[25]

Außergewöhnlich war auch Josephs Verhältnis zu den Tieren. Einst haben den Unbrauchbaren wildernde Hunde angefallen, nun aber scharte sich die unvernünftige Kreatur um den Wundertäter und gehorchte ihm auf eine höchst ungewohnte Weise. Die Vögel waren zutraulich. Er gebot einmal einem Hänfling, Gott zu loben, worauf das Tierchen sofort zu singen begann und auf seinen Wunsch auch sofort wieder verstummte. «Einem Distelfink gab er mit den Worten die Freiheit: »Gehe, genieße das, was Gott dir überlassen; ich für mich begehre nichts anderes von dir, als daß du, wenn ich dir rufe, zurückkommst, mit mir deinen und meinen Gott zu loben.« Der Vogel flatterte in den nächsten Garten hinaus, und wenn ihm der Selige rief, kehrte er alsogleich zurück, um mit ihm die Hoheiten des Erschaffers zu besingen.»[26] Ein anderer Distelfink, mit dem er in einem besonders vertraulichen Verhältnis stand, wurde einst von einem Raubvogel angegriffen und getötet. Joseph kam eben dazu, als das Unglück bereits geschehen war, und der Raubvogel im Begriffe war davonzufliegen. Der Heilige rief ihn zurück, der Vogel kehrte um, und Joseph sprach zu ihm: «Du Bösewicht, du hast mir meinen Distelfinken getötet und hast also auch verdient, von mir getötet zu werden.» Darauf schlug er ihn leise mit der Hand und fügte hinzu: «Mach dich fort, ich verzeihe es dir, aber tue so etwas nicht mehr.»[27]

Joseph redete wirklich mit den Tieren, nicht anders denn Adam im Paradies, als er ihnen die Namen gab. «Einmal kam Joseph von ungefähr in einen Garten, worin man einen infolge eines Bisses rasenden Widder eingesperrt hatte. Man warnte ihn, behutsam zu sein und wegzugehen. Allein er lächelte darob und sagte: »Ich vertraue auf Gott!«, ging dann auf das wütende Tier zu, ergriff es und redete es an: »Armer Kerl, was machst du hier? Geh doch zurück zu deinen Schafen!« Auf dieses Wort, wie vom Banne gelöst, kehrte der Widder sanften Schrittes zu der Herde zurück.»[28]

Von rührender Schönheit ist sein Erlebnis mit zwei Hasen, die er mit den Worten warnte: «Entfernt euch nicht von der Kirche der seligen Jungfrau, denn es stellen euch viele Jäger nach.» Da indes der eine Hase sich einmal etwas weiter vom Kloster entfernt hatte und die Jäger ihm nachsetzten, flüchtete er sich durch die Kirche und durchs Kloster bis auf die Arme des Heiligen, der ihm einen Verweis gab und sprach: «Habe ich dir nicht gesagt, du solltest dich nicht weit von der Kirche wagen, weil man dir die Haut abziehen würde?» Er ließ ihn darauf wieder ins Freie. Der andere Hase aber wurde von den Hunden des Markgrafen von Copertino verfolgt und suchte sein Heil unter dem Kleide des Heiligen. Als nun der Markgraf nachkam und ihn fragte, ob er nicht einen flüchtigen Hasen gesehen habe, antwortete dieser: «Siehe, hier ist er; tue ihm aber nichts zuleide.» Dann zum Tiere: «Gehe hin und verkrieche dich in diesem Gesträuch und rühre dich nicht mehr.» Das bange Tier ging still davon und verkroch sich, ohne daß sich einer der Hunde geregt hätte. Der Markgraf und sein Jagdgefolge waren staunende Zeugen eines so großen Wunders.»[29]

Am Samstag pflegte er, bei der marianischen Kapelle in Grotella die Hirten der Umgebung zu versammeln und mit ihnen die Litanei zur Mutter Gottes zu beten. Eines Samstags, als die Hirten wegen der Ernte im Felde zu sehr beschäftigt waren und also nicht an jener Kapelle zur bestimmten Stunde sich einfanden, rief Joseph den in der Gegend umherweidenden Schafen zu: «So kommt ihr denn hieher, die Mutter meines und eures Gottes zu loben!» Auf diesen Ruf kamen sie eiligst von nahen und fernen Hürden und Weiden zahlreich und munter dahergehüpft, ohne auf die Stimme der ihnen nacheilenden und sie zurückrufenden

Hirtenknaben zu hören, und versammelten sich sofort wundersam um den Heiligen an der Muttergottes-Kapelle. Nun begann Joseph die Litanei und betete vor: «Heilige Maria!» usw. Und die Schäflein antworteten jedesmal durch ein sittsames und ehrerbietiges Bäh, und setzten dieses fort bis zum Ende der Litanei. Am Schlusse erteilte ihnen der Heilige den Segen und entließ sie; und die Tierlein eilten mit munteren Sprüngen zu ihren Weiden und Hürden zurück[30].
«Schöne Legenden», werden viele Leser sagen und sich dabei der Fioretti des Franziskus erinnern. Sie verbinden mit diesem Lob die Vorstellung von einem Produkt frommer Phantasie. Aber Josephs Verhältnis zu den Tieren war nicht bloße Poesie; es steht eine religiöse Wahrheit dahinter, denn im geheimnisvollen Berührtwerden der Tiere kündet sich das Seufzen der stummen Kreatur an, die auf das Offenbarwerden der Söhne Gottes wartet. Durch die innere Weltbeherrschung der Heiligen werden vom obersten Reich der Seele auch die unteren Regionen erlöst. Dem in getreuem Gehorsamsverhältnis zu Gott stehenden Menschen gehorchen auch wieder die Tiere. Josephs Tierbeziehung ist eine Vorwegnahme des messianischen Reiches, in welchem der Gottesfrieden auch das Reich der Kreatur umfaßt.
Ob ekstatische Flüge, seherische Seelsorge oder neues Tierverhältnis — stets erhebt sich die Frage, wie man sich diese Erscheinungen erklären soll. Der Mensch verlangt stets nach einer Erklärung, ähnlich wie er die Diskussion wünscht, und beides verläuft in der Regel wenig fruchtbar. Mit den Erklärungen hat es ohnehin eine besondere Bewandtnis. Sie liegen in der Sache auf dem Gebiet der Naturwissenschaft und der Technik, denn erklären läßt sich nur, was dem Bereich der Logik angehört oder was bereits klar ist. In der Welt des Geistigen sind jedoch den langatmigen Erklärungen enge Grenzen gezogen. Das Größte ist unerklärlich, und auch die Liebe zu seinem Lebensgefährten kann man im letzten Grunde nicht rational erklären, oder dann ist es nicht das echte Liebesgefühl. Es ist unmöglich, die charismatische Begnadung Josephs intellektuell zu er-

läutern, stammelnd vermag man nur seine Verbundenheit mit der höheren Welt anzuerkennen. Joseph besaß eine Sehergabe, und von seinem Angesicht ging ein Licht aus. Man darf weder seine Entrückungen noch sein Verhalten zu den Tieren isoliert betrachten, sie standen in einer Beziehung zueinander und flossen aus seiner ungeteilten Zugehörigkeit zur überirdischen Welt. Verstorbene Heilige erschienen ihm, und er unterhielt sich mit ihnen in vertraulichem Gespräch. Auch mit der Engelwelt stand er in Verbindung: trat er in seine Zelle, dann bat er stets seinen Schutzengel, den Vortritt zu nehmen. Das Überirdische war für ihn wirklicher als das Irdische. Joseph nahm in allen Dingen das Göttliche wahr, er geriet in ein Staunen und vergaß darob alles. Das Gewöhnliche vermochte er oft nicht zu verstehen, aber das Wohnen Gottes in allem Sein schaute er auf eine ganz wunderbare Weise. Seine Persönlichkeit war ein heller Widerschein der übersinnlichen Welt.

IV

Strahlend wie eine Sonne war Josephs charismatische Begnadung, sie konnte denn auch in ihrer Helligkeit nicht unbemerkt bleiben. Die Leute zogen in Scharen zu Joseph, sie wollten die erstaunlichen Flüge sehen und von ihm ein helfendes Wort empfangen. Man nannte ihn, der großen Menschenmassen wegen, die in der Provinz Bari hinter ihm herzogen, einen Apostel des Reiches.

«Doch liebt die Welt das Strahlende zu schwärzen», und das Licht kann nicht scheinen, ohne einen Schatten zu werfen. Es wäre absolut neu gewesen, wenn sich das Geschehen anders abgespielt hätte. Der Neid regte sich auch gegenüber dem Heiligen, und es käme einer Verzeichnung gleich, wollte man das Unangenehme verschweigen. Eine Klosterreise Josephs erregte die Mißgunst eines bischöflichen Generalvikars, der von der Heiligkeitsatmosphäre des Charismatikers nichts verstand. Der Generalvikar denunzierte ihn beim Inquisitionsgericht zu Neapel, mit der Begründung, «es durchstreife ein Mann von dreiunddreißig Jahren die Provinz und ziehe wie ein anderer Messias ganze Völkerschaften nach sich mit Wundern bei allen Schritten, die ihm bei dem leichtgläubigen Pöbel in großes Ansehen brachte»[31]. Gegenüber dieser Anzeige konnte die Inquisition nicht untätig bleiben. Der Guardian des Klosters von Grotella erhielt den Befehl, Joseph dem Inquisitionsgericht von Neapel zur Verfügung zu stellen. Beim Eintreffen der Vorladung war Joseph mit der Aufrichtung von Kreuzen beschäftigt und hörte fast gleichzeitig in sich die Worte: «Lasse die leblosen Kreuze und nimm zur Hand die lebendigen.»[32] Obwohl Joseph über das Wesen der Inquisition als einer Geißel Gottes Bescheid wußte, kam er der Aufforderung sofort nach und trat sogar freudigen Angesichts den Richtern entgegen. Dreimal wurde Joseph einem scharfen Kreuzverhör ausgesetzt, in dem er sich nur mühsam und schwerfällig zu verteidigen wußte. Zwar zog sich die Untersuchung über Wochen hin, aber man fand nichts Verdächtiges. Die Denunziation von einem «andern Messias» war nicht aufrechtzuerhalten, und der Argwohn von dämonischen Kräften, die im Spiele seien, erwies sich als völlig unbegründet.

Obschon die Inquisition nicht die geringsten Anhaltspunkte für eine unrechtmäßige Glaubenshaltung feststellen konnte, gab sie Joseph doch nicht frei. Sie sandte den Heiligen zum Ordensgeneral nach Rom, und Joseph freute sich, bei dieser Gelegenheit die Ewige Stadt zu sehen. Der Ordensgeneral, erbost darüber, es mit einem inquisitionsverdächtigen Mönch zu tun zu haben, empfing ihn überaus unfreundlich und wies ihm die abgelegenste Zelle im Kloster an. Joseph ließ sich durch die Barschheit nicht entmutigen, er begegnete dem Ordensgeneral mit der ihm eigenen Demut, und der Obere wurde bald von seiner Lauterkeit überzeugt. Der Ordensgeneral stellte ihn sogar Papst Urban VIII. vor, und beim Anblick des Stellvertreters Christi auf Erden fiel Joseph in eine Entrückung, was den Träger der Tiara stark beeindruckte. Die beiden Kirchenmänner beschlossen, Joseph in das Kloster zu Assisi einzuweisen, worüber der Heilige sehr erfreut war. Die Aussicht war ihm angenehm, an dem Ort wohnen zu dürfen, da sein großes Vorbild Franziskus gelebt hatte. Beim Eintritt in die Kirche von Assisi war Joseph von der reichhaltigen Ausstattung überrascht und rief aus: «Unser heiliger Vater Franziskus hat die Armut geliebt, und jetzt befindet sich ein solcher Prunk in diesem Raum!» Der Pater Guardian begegnete ihm mit Mißtrauen und überschüttete ihn mit Schimpfworten, indem er ihn einen Heuchler und Unwürdigen nannte. Zudem geriet Joseph wieder in eine Zeit geistiger Dürre. Später aber stellten sich die Ekstasen wieder ein, und die Mönche von Assisi staunten darüber. Schließlich gestaltete sich auch ihr Verhältnis zu ihm wieder erfreulich.

Nach dreizehnjährigem Aufenthalt in Assisi forderte die Inquisition von Perugia Joseph erneut vor ihre Schranken. Der Grund hiefür ist aus den Akten nicht ersichtlich; wahrscheinlich mißfiel ihr der große Zulauf von Menschen, die alle Joseph sehen und sprechen wollten. Wiederum mußte Joseph langwierige Untersuchungen über sich ergehen lassen, und am Schluß der Verhandlung fragte er erschrocken: «Muß ich ins Gefängnis?» Er zitterte am Leibe, faßte sich aber bald wieder und küßte die Füße der Inquisitoren. Tatsächlich war Joseph ein Verurteilter, indem die Inquisition die höchst merkwürdige und selten vorkommende Anordnung traf, ihn aus seinem Orden herauszunehmen und dem Pater Guardian des in den Bergen abgelegenen Kapuzinerklosters Pietro Rubea zur Bewachung zu übergeben. Das Urteil lautete auf strengste Abschließung von aller Außenwelt. Unter der Strafe der Exkommunikation verbot man Joseph, mit irgend jemand anderem außer den Mönchen im Kloster zu reden. Jede Kontaktnahme war ihm untersagt. Er durfte weder Briefe schreiben, noch solche empfangen. Obwohl der Heilige sich nicht des geringsten Vergehens schuldig gemacht hatte, war er gleichsam zum Verbrecher gestempelt.

Der Erzbischof Alban Goodier, verwundert über die Behandlung Josephs von Seiten der Inquisition, stellt in seiner Skizze fest: «Der Grund dafür ist nicht ganz klar.»[33] Es drängen sich an dieser Stelle eine Reihe von Fragen auf. Gewiß kam die Inquisition nur ihrer Aufgabe nach. Wohl hat sie gegen Joseph nicht die Tortur angewandt, aber man kann einen Menschen ohne Anwendung der Folterwerkzeuge seelisch quälen. War es nicht eine Grausamkeit, Josephs Klosterleben zu einem Gefängnisaufenthalt zu gestalten? Die Inquisition ist eine Institution, die mit dem Evangelium nicht in Übereinstimmung zu bringen ist und die der heutige Christ ohnehin mit andern Augen anschaut, als die früheren Jahrhunderte sie beurteilt haben. Es wäre nicht recht, diesen Einwand zu unterdrücken; die Ehrlichkeit fordert, ihm offenen Raum zu geben.

Freilich hat sich Joseph selbst über seine Behandlung nicht aufgehalten. Kein Wort der Klage kam über seine Lippen, und er war nicht von einem inneren Hadern erfüllt. Joseph gehörte nicht zu den Menschen, die gegen die Einrichtung der Inquisition protestierten. Hätte er beim Papst in Rom um sein Recht gekämpft, das mit Füßen getreten worden ist, dann wäre er kein Heiliger gewesen. Er betrachtete die Ungerechtigkeiten des Lebens als eine Gelegenheit, sich in der Demut zu üben und zu Gott aufzusteigen. Joseph war einer der großen Wehrlosen der Geschichte, ein Mensch, der sich nicht selbst verteidigte und duldend das Schwere über sich ergehen ließ. Mit abgewandtem Antlitz ging er über die Erde und faßte die Verbannung als eine Fügung der Vorsehung auf, die ihn aufforderte, noch innerlicher zu werden. Wenn er sich nicht empört hat über die Ungerechtigkeit der Welt, so dürfen wir es auch nicht tun, oder wir werden seinem Geiste untreu. Man muß auch versuchen, die Überlegungen der kirchlichen Oberen zu verstehen. Die Inquisition fürchtete die Sensation, die ein frei herumlaufender Joseph mit seinen ekstatischen Flügen hervorrufen würde. Josephs charismatische Begnadung war ihr unheimlich; das Aufbrechen der realen Kräfte Gottes löst in den nach den Paragraphen des Gesetzes handelnden Menschen immer

Angstgefühle aus. In argwöhnischer Furcht waren sie darauf bedacht, sie einzukapseln und unschädlich zu machen. Darum verbargen sie den Charismatiker in einer abgelegenen Klosterzelle im Gebirge und entzogen ihn der Menge.

Die Sünde, derer sich das Inquisitionsgericht gegenüber Joseph schuldig gemacht hat, bestand in der Nichtbeachtung von Jesus Wort: «Man zündet auch nicht ein Licht an und stellt es unter den Scheffel, sondern auf den Leuchter, dann leuchtet es allen, die im Hause sind.»[34] Durch die strenge Klosterinternierung, die einer Haft gleichkam, machte sie diese Worte zunichte. Es ist traurig und schwermutsvoll, mit welcher Leichtigkeit über Christi Befehl, «das Licht vor den Menschen leuchten zu lassen» hinweggeschritten wurde. Wirkte sich die Angst vor dem realen Heiligen nicht nachteilig aus? Geht es nicht deswegen mit dem Christentum in der Welt nicht vorwärts und kommt es nicht aus diesem Grunde nie zur wahren Entfaltung des Evangeliums? Die Gabe, die Gott mit Joseph der Christenheit geschenkt hat, wurde nicht entsprechend gewürdigt, diese Feststellung läßt sich schwerlich unterdrücken. Die Unbrauchbarkeit des jungen Joseph war der ihm vorausgehende Schatten, die Behandlung durch die Inquisition der ihm nachfolgende Schatten, beide bezeugen die Fremdheit des Göttlichen auf dieser Welt.

Bei aller angewandten Vorsicht blieb jedoch Josephs Versteck nicht unbekannt. Es ließ sich auch nicht verheimlichen, als man ihn nach Fossombrone überführte, wo er drei Jahre zubrachte. Beständig gingen Bitten bei den Kapuzinern ein, den Heiligen zu sehen und sich seinem Gebet anzubefehlen. Oft versammelte sich das Volk in so großer Anzahl vor dem Kloster, daß die Kapuziner sich selbst in den Zellen verbargen, weil sie Gewalttätigkeiten und Streitigkeiten befürchteten. Im Jahre 1655 begehrten die Franziskaner von Assisi Joseph zurück, aber Papst Alexander VII. antwortete ihnen, «es genüge, daß ein Franziskus in Assisi gelebt habe»; womit er, wie früher der spanische Gesandte, Joseph mit dem Poverello verglichen hat. Schließlich kam der Befehl, Joseph dem Franziskanerorden wieder zurückzugeben und ihn im Kloster Osimo, in der Nähe von Loreto, unterzubringen, eine Anordnung, die zur Nachtzeit und mit großer Heimlichkeit ausgeführt wurde, als handelte es sich um einen Verbrecher. Die letzten Jahre seines Lebens verbrachte Joseph fast wie in einem Gefängnis, er war auf eine abgelegene Zelle mit einer Kapelle und einem kleinen Gärtchen angewiesen und durfte keine Besuche empfangen. Joseph fand sich mit der ihm auferlegten Einsamkeit ab und sagte überlegen: «Ich wohne hier innerhalb einer Stadt; aber es dünkt mich, als wohne ich in einem Walde oder vielmehr in einem Paradiese.»[35]

Im August des Jahres 1663 wurde Joseph von einem Wechselfieber ergriffen, und er brachte die Krankheit mit seinem bevorstehenden Tod in Beziehung. Der Arzt wandte das glühende Eisen an, aber der Heilige empfand davon wenig in seinen Ekstasen. Er ergab sich in sein Schicksal und begann wieder ganz kindlich zu reden. Er wies auf seinen Leib hin und sagte: «Das Eselchen fängt an, den Berg hinaufzusteigen», und als die Krankheit zunahm, fügte er hinzu, «das Eselchen ist bis zur Mitte des Berges gekommen», und zuletzt bemerkte er noch: «Das Eselchen ist bis an die Spitze des Berges gekommen; es kann nicht mehr weiter, es ist daran, den Balg zurückzulassen.»[36] Joseph bat alle Brüder seiner Fehler wegen um Verzeihung, und die letzte Wegzehrung bedeutete ihm ein Vorgeschmack des Paradieses. Ein sanftes Lächeln umspielte seine Miene, worüber sich die Umstehenden sehr freuten, und als sein Haupt plötzlich mit einem hellen Glanz umgeben wurde, gab er am 18. September 1663 seine Seele dem Schöpfer zurück.

Bei der Sektion fand man die Herzkammer ohne Blut und das Herz selbst ausgetrocknet, was den übernatürlichen Flammen zugeschrieben wurde, die ihn verzehrten. Vor dem Tode hatte Joseph gewünscht, man möge seine Leiche ohne irgendwelches Gepränge an einem so verborgenen Orte bestatten, daß das Grab von niemandem gefunden werde. Die letzte Willenskundgebung Josephs unterscheidet ihn noch einmal vollständig vom Verhalten jener Menschen, die alles tun, damit nach ihrem Tod weiter von ihnen geredet werde und dabei doch bald der Vergessenheit anheimfallen.

V

Josephs Leben gibt zu mannigfachen Reflexionen Anlaß. Er war eine außerordentliche Erscheinung, die den Menschen zur Auseinandersetzung mit ihm zwang. Die Frage nach seiner Wesensbedeutung erhebt sich. War Joseph ein Mensch ohne Auftrag, ein Mensch, der völlig absichtslos gelebt hat, wie eine Pflanze auf dem Meeresgrund, von der auch niemand weiß, warum sie in dieser Farbigkeit blüht? Oder besaß er doch eine Sendung, die durch das Nichtwirken am meisten wirkte?

In seiner Jugend war Joseph ein dumpfer Mensch. Seine Ungeschicktheit machte ihn zu einem unbrauchbaren Menschen. Der Eindruck des Unvorteilhaften drängt sich zunächst auf, aber er bleibt am Äußerlichen haften. Wer Josephs Werdegang mit innerem Blick verfolgt, wird bei seinem Lebensablauf an das rätselhafte Wort erinnert: «Ich preise dich, Vater und Herr des Himmels, daß du solches den Weisen und Klugen verborgen, und es den Unmündigen geoffenbart hast.»[37] Analog diesem Wort ist auch die Gestalt Josephs der bloß intellektuellen Erfassung unzugänglich. Man kommt ihm auf wissenschaftlichem Wege nie nahe, geschweige denn, daß man ihm mit dieser Methode je auf den Grund der Seele schaut. Es spielt sich alles auf einer anderen Ebene ab. Joseph war ein im evangelischen Sinn Unmündiger; der Einfältige gehört zu den seltensten geschichtlichen Erscheinungen. Christus fordert die Jünger auf, einfältig zu werden wie die Tauben, und die in der Bergpredigt selig gepriesenen geistlich Armen sind niemand anders als die Einfältigen. Was Einfalt ist, weiß der heutige Mensch schlechterdings nicht mehr. Er verwechselt sie mit der Dummheit, der Beschränktheit, der mangelhaften Begabung, weil er nur dem äußeren Anschein nach urteilt. Wie sollte der moderne Rationalist in seiner Schlauheit und Gerissenheit davon auch nur eine Ahnung haben? Er setzt sie im besten Fall der Naivität und der Primitivität gleich. Hello bezeichnet die Einfalt als das unverstandene Wort und war so ehrlich, hinzuzufügen, er verstehe sie selbst nicht. Einfalt ist ein geistiger Zustand, weit entfernt von dem ausschwärmenden Haschen nach dem Interessanten und Pikanten, es ist eine seelische Haltung, in der der Mensch statt nach allen Seiten ausgefaltet, in das Eine gesammelt ist. Sie ist eine entwaffnende Lauterkeit, eine unverdorbene Kindlichkeit, die seliggepriesene Herzensreinheit. Der Einfältige ist der Mensch, der vom Biß in den Apfel wieder geheilt ist, dem die Sünden vergeben sind und der in den Stand der Unschuld zurückgekehrt ist. Er fühlt sich von der beständigen Nähe Gottes getragen und erscheint deswegen in den Augen der schlangenklugen Welt als ein Narr wie der Fürst Myschkin. Zwischen Einfalt und Charisma besteht ein geheimnisvoller Zusammenhang, der dem menschlichen Verstand unzugänglich bleibt.

Mit Josephs Einfalt hängt die unbegreifliche Weisheit zusammen, die bei ihm immer wieder hervorblitzt und die mit seiner Sprödigkeit gegenüber aller humanistischen Bildung seltsam kontrastiert. Josephs seelsorgerliche Ratschläge tun dar, wie der Einfältige mit der himmlischen Weisheit gesalbt war. Schon zu seinen Lebzeiten standen viele Menschen unter diesem Eindruck. Von den vielen Ordensleuten, die ihn geprüft haben, sagte der eine: «Joseph weiß mehr als ich», der andere: «Jetzt erkenne ich eine neue und treffliche Theologie», der dritte: «Meine Unterredungen mit Joseph nützen mir mehr als alle meine Studien», und der vierte bemerkte: « Joseph redet so tiefsinnig von der Theologie, wie es alle Gottesgelehrten der Welt nicht imstande sind.» Sie alle bekräftigen, es sei «in Joseph der Heilige Geist vorhanden»[38]. Die überraschenden Eingeständnisse gelehrter Theologen legen die Unterscheidung zwischen menschlicher Wissenschaft und göttlicher Weisheit nahe.

Für das begriffliche Wissen war Joseph blind, es war ihm unzugänglich; die Weisheit von oben aber wurde dem Unmündigen geschenkt, mit ihr erhellte er oft die schwierigsten Probleme des Lebens. Die himmlische Weisheit eröffnete ihm Dimensionen, die dem klugen Menschen verschlossen sind; sie allein könnte wohl die verhängnisvolle «Wendung von der knienden Theologie zur sitzenden Theologie» korrigieren[39].

Die Quelle der göttlichen Sophia war Josephs brennende Gottesliebe. Er war ein Tor der Liebe, die mit seiner Einfalt in einem verborgenen Zusammenhang stand. Bei Joseph war die Liebe weder Wort noch Gefühl, sie war ein Strom, der alles überflutete, sie glich den Flammen, die alles verzehrten. Der Einfältige war der von der Liebe erfüllte Mensch, und wenn es auch nicht seiner Art entsprach, darüber sich in erbaulichen Reden zu ergehen, so sagte er doch einmal: «Liebe! Wer die Liebe hat, ist reich und weiß es nicht; wer die Liebe nicht hat, hat nichts, er ist arm und weiß es nicht; die Liebe und die Barmherzigkeit sind die höchste Glückseligkeit.»[40] Joseph konnte über die Liebe Äußerungen tun, die dem Verstand überschwenglich erschienen und die doch überaus erhellend sind. Die Liebe bewirkte Josephs immerwährende Verbindung mit Gott, so daß sein Leben ein Leben in Gott war. In ihrer Intention war Josephs Liebe primär auf Gott gerichtet, aber er vernachläßigte darob nicht das Gebot der Nächstenliebe, die der Gottesliebe gleichgeordnet ist. Seine Liebe erstreckte sich sowohl auf die Gläubigen als auf die Ungläubigen: «Kinder, betet für die Guten, betet für die Sünder, betet für die Irrgläubigen, für die Türken; betet für alle; denn sie alle sind durch das Blut Jesu erlöst worden.»[41]

Wir müssen uns wohl davor hüten, Josephs Flüge merkwürdig und kurios zu nennen, als ginge es darum, eine Sehenswürdigkeit der Jahrmärkte zu erhaschen. Josephs ekstatische Flüge sind keine interessanten und okkulten Phänomene. Diese Anschauung drängt sie genau so ins Wertlose ab, wie wenn man im Heiligen bloß ein höchst willkommenes Medium für die Neugierde der Parapsychologie sieht. Josephs Leben, das sich schließlich zu einem einzigen Wunder verdichtet hat, ist eher ein ausdrücklicher Mahnruf an die heraufsteigende Neuzeit, eine Warnung, die übernatürliche Welt ob der reichhaltigen Entfaltung des Natürlichen doch nicht zu vergessen. Das Jenseits ist die Kraft des Diesseits, Josephs Dasein dokumentiert diese Wahrheit. Das ganze Dasein dieses nur in eine Richtung blickenden Mannes war eine unablässige Erinnerung an das Überirdische, dessen ungeheure Möglichkeiten sich in ihm kundtaten. Wie bei allen Wundern muß man auch hier auf den Zeichengehalt achten, will man seine tiefere Bedeutung erfassen.

Diesem Verständnis allein erschließt sich der tiefere Sinn von Josephs erstaunlichen Flügen. Die Zweckfrage ist müßig, denn einen Nützlichkeitswert hatten sie offensichtlich nicht. Doch ist jedes Geschehen sinnerfüllt, das von Gott kommt. Die Kanonisationsbulle führt darüber aus: «Gott hat Joseph in die Mitte zwischen die elende Sterblichkeit und die glorreiche Unsterblichkeit hingestellt und ihm schon vor dem Tode die Eigenschaften der Himmelsbewohner zugeteilt. Was aber war die Ursache, daß Joseph so oft und gar leicht hinaufflog? Nichts anderes, als daß er in sich selbst durch die tiefste Demut herabgestiegen war und sich bei den Verachtungen nicht allein gleichgültig, sondern gar fröhlich erwiesen hatte.»[42] Die kirchliche Erklärung weist auf die richtige Fährte. Der Mensch, den man als unbrauchbaren Gesellen auslachte, wurde von Gott gewürdigt, der Schwerkraft nicht mehr zu gehorchen. Das Problem von «Schwerkraft und Gnade» hat Simone Weil in seiner bedrängenden Aktualität aufgezeigt: daß der Mensch nur «auf die Dauer eines Blitzstrahls den Gesetzen dieser Welt entrinnt»[43]. «Wenn ich eine Taube wäre, flöge ich zu dir», betet der Psalmist[44]. Ist dieser Wunsch allzu ungewöhnlich? Verrät er eine zu romantische Sehnsucht? Entspricht er nicht dem tiefsten Verlangen des religiösen Menschen, der über die Niederungen des Daseins hinauskommen will?

Joseph wurde zur fliegenden Taube, er erhob sich und flog Gott mit einer Inbrunst und einer Zielgerichtetheit ohnegleichen entgegen. Er hat damit ein einzigartiges Gleichnis der Erhebung der Seele zu Gott geboten. «Alle Kinder Gottes bekommen Flügel» singen die Neger in einem ihrer Spirituals, Flügel, mit denen sie über Gottes Himmel fliegen können.

DER HEILIGE IM PROTESTANTISMUS

Gerhard Tersteegen
1697—1769

I

Der Heilige als christliche Erscheinung begegnet einem auch im Protestantismus. Es ist nicht persönliche Willkür, protestantische Menschen als Heilige auszugeben. Diese Betrachtung ist vielmehr in einer sachlichen Notwendigkeit begründet. Gibt es doch nach dem Urteil Erasmus' von Rotterdam einige Heilige, die nicht im Kalender stehen. Zu ihnen gehören zweifellos eine Anzahl Gestalten des Protestantismus, bei denen die Bezeichnung «heilige Menschen» sich direkt aufdrängt. Friedrich Oberlin, der ungewöhnliche Pfarrer des elsässischen Steintals wurde schon unter die Heiligen des Protestantismus gezählt, und auch auf Christoph Blumhardt den Älteren wollte man diese Bezeichnung anwenden. Die ergreifende Persönlichkeit Heinrich Pestalozzis gemahnt in manchem ebenfalls an einen Heiligen, was, behutsam ausgedrückt, seine Lebensgeschichte in ein neues Licht rücken würde. Allen diesen Wahrnehmungen liegt die unabweisbare Ansicht zugrunde, daß auch im Protestantismus heilige Menschen vorkommen, die bis dahin nur nicht unter diesem ihnen entsprechenden Gesichtspunkt betrachtet wurden. Die gleiche Erkenntnis veranlaßte den tief im Luthertum verwurzelten schwedischen Erzbischof N. Söderblom, sein letztes Werk in den Satz ausklingen zu lassen: «Die Idee des Heiligen ist so wichtig und im evangelischen Christentum so stark vernachlässigt, daß sie eine besondere Behandlung verlangt.»[1] Wenn an Stelle des langjährigen Übersehens ein neues Verstehen jener Gestalten, die innerhalb des Protestantismus das Leben von Heiligen geführt haben, treten würde, könnte sich dies nicht anders denn als zweiter Frühling auswirken.

Die Ehrenbezeichnung eines protestantischen Heiligen verdient Gerhard Tersteegen ohne Zweifel am meisten. Auf ihn kann sie nicht nur ohne jede Gewaltsamkeit angewendet, sondern er kann sachgemäß unter keinem andern Gesichtspunkt richtig erfaßt werden. Er ist der Heilige im Protestantismus. In seltener Reinheit verkörpert er das Wesen jenes heiligen Menschen, der das Christentum als Existenzmitteilung begreift, die eine entsprechende Lebensgestaltung verlangt. Nach ihm müssen «die Lebensbeschreibungen, Worte, Werke und Leiden der Heiligen immer wieder in uns ihre Erfüllung finden.»[2] Tersteegen strebte mit der gesammelten Kraft seiner Seele die Vollkommenheit an. Er wollte die größtmögliche Nähe Gottes erreichen. Sein eigenes Problem bildet die Verkörperung des Heiligen innerhalb der protestantischen Konfession. Diese tiefste Bemühung Tersteegens wurde bis zum heutigen Tag übersehen, und deswegen erhielt er nicht jene Darstellung, die seiner allein würdig ist. Alle Versuche, Tersteegen geistesgeschichtlich einzuordnen, mußten versagen, weil sie nicht von dieser Mitte ausgingen. Der Ärger über seine «unregelmäßige Erscheinung», die sich nicht in das Weltbild der offiziellen Kirchengeschichtsschreibung des Protestantismus einfügen wollte, stammt aus der Nichtbeachtung dieses einzig richtigen Gesichtspunktes. Tersteegen kann weder als Anfang einer neuen Epoche noch als Ende einer Phase betrachtet werden. Er steht wie alle Heiligen abseits jedes Zeitgeschehens und ist ganz der Ewigkeit zugewandt. An seinem Grabe nannte Rektor Hasenkamp Tersteegen «einen großen Heiligen»[3], welcher der verfallenen Kirche geschenkt worden sei. Diese Ehrung, die sonst kaum einem Protestanten zuteil wurde, fand aber leider nicht die genügende Beachtung, sonst wäre man sich über Tersteegens außerordentliche Stellung innerhalb der reformierten Konfession längstens klargeworden.

Die Auffassung von Tersteegen als einem Heiligen gründet sich auf dessen Leben, das von einem bewußten Heiligkeitsstreben erfüllt war. Bei der Bemühung, dieses Leben darzustellen, stößt man allerdings sofort auf eine große Schwierigkeit, da sich dessen Geheimnis nicht leicht enthüllt. Tersteegens Dasein besitzt keine dramatischen Momente, weder abenteuerliche Begebenheiten noch gefährliche Stürme hat es in ihm gegeben. Alles Riesenhafte ist ihm fremd. Obschon sich in diesem Leben keine auffallenden Handlungen abgespielt haben und es sich in einer beinahe vollständigen Lautlosigkeit vollzog, kann es doch nicht als Idylle bezeichnet werden. Über diesem Leben ist eine wunderbare Ruhe ausgebreitet, ohne daß es im geringsten langweilig wirkt. Es ist das Leben eines Menschen, der immer im Garten Gottes verblieben ist. Diesem Umstand verdankt es jenen fast überirdischen Glanz, den freilich sensationslüsterne Menschen kaum wahrnehmen. Trotz der scheinbaren Unbewegtheit ist Tersteegens Dasein alles andere als das Leben einer Seele ohne Geschichte. Seine Persönlichkeit darf nicht übersteigert werden, weil dies seinem Wesen allzu sehr widerspricht. Doch hat man es bei ihm mit einem Menschen zu tun, der in aller Schlichtheit eine Heiligkeit ausstrahlt, deren Kräfte bis zum heutigen Tag zu spüren sind. Ihm die Originalität abzusprechen, wie es von theologischer Seite schon geschehen ist, kann nur jemand, der weder einen Blick für diese innere Schönheit noch einen Sinn für die Stille dieses Lebens besitzt. Tersteegen ist keine abgründige Gestalt, und er hat auch nichts Heroisches an sich, aber verkörpert eine Gottverbundenheit, bei der alle Dinge an ihrem richtigen Ort stehen. In seiner Lauterkeit erinnert er an den Menschen vor dem adamitischen Fall, dessen Leben sich wie die zarten Blumen willig entfaltete und der Sonne stille gehalten hat.

Die Nachwelt besitzt leider kein einziges Bild von Tersteegen, weil er nie gestattete, daß ein Stift oder Pinsel die Züge seines irdischen Antlitzes festhielt. Alle Porträts von ihm sind deswegen reine Phantasiegebilde. Man ist auf die bloße Schilderung seiner Persönlichkeit angewiesen. Er war von kränklicher Leibesbeschaffenheit, besaß eine hagere Gestalt mittlerer Größe und ein edles, blasses Gesicht, das ihm oft das Aussehen eines Toten gab. Doch machte er in seiner Schwäche auf die Umgebung den Eindruck eines Heiligen. Wenn die Leute zu diesem einfachen, aber nie unordentlich gekleideten Menschen in bedrängter Verfassung kamen, fühlten sie sich allein durch den bloßen Anblick schon ermuntert und empfanden ein Gefühl großer Ehrerbietung, wenn sie nur an seinem Hause vorbeigingen. Die Demut, mit der Tersteegen zu sagen pflegte, er sei des Vaters Kind, nicht sein geheimer Rat, zeigt sich auch in der Ablehnung gegenüber jeglichem Interesse für seine Biographie. Wünschte er doch «von Herzen, daß der Name Gerhard Tersteegen von allen Menschen vergessen werde.»[4] Die Abfassung einer Lebensbeschreibung lehnte er mit den Worten ab: «Ach Gott, wie mager, wie so vermischt, oder wohl gar anstößig würde das herauskommen!»[5] Erst in der Ewigkeit hielt er eine solche für angebracht: «Da werdet ihr mein Leben sehen, da werdet ihr mit mir leben, und da wollen wir einer dem andern zum ewigen Lobe Gottes unsere Lebensbeschreibung erzählen.»[6] Dieses völlige Absehen von der eigenen Persönlichkeit bringt nur der heilige Mensch zustande, der jegliche Eitelkeit, welche alles menschliche Tun immer wieder verunstaltet, hinter sich gelassen hat.

Auch das geistige Interesse Tersteegens ist ganz in der Sphäre der Heiligen verwurzelt. Das größte Prosawerk, welches er in seinen besten Mannesjahren zu schreiben begann, und an welchem er über zwanzig Jahre lang mit hingebender Mühe gearbeitet hat, sind die «auserlesenen Lebensbeschreibungen heiliger Seelen», die er mehrfach herausgab. Die Stellung zu diesem Buch ist die entscheidende Probe, ob man Tersteegen in seinem tiefsten Wesen verstanden hat oder nicht. Daß dieses Werk in den populären Darstellungen seines Lebens gewöhnlich nicht einmal erwähnt wird, zeigt deutlicher als alles, wie die bloß erbauliche Auffassung seiner Persönlichkeit daneben greift. Aber auch diejenigen Verfasser, welche dieses Hauptwerk zu verschweigen sich nicht leisten wollten, haben darüber voll Unverständnis den Kopf geschüttelt. Man hielt sich darüber auf, daß Tersteegen in diesen Bänden «lediglich katholische und nichtdeutsche Menschen aus dem Zeitalter der Gegenreformation dargestellt habe.»[7] Der Tersteegen sehr gewogene Biograph Goebels nennt sie «offenbar die ungesundeste und bedenklichste Schrift»,[8] und auch Wilhelm Nelle beklagt dieses Werk.[9] Diese Urteile verraten nur die Tatsache, wie wenig man bis dahin das verborgene Antlitz Tersteegens wahrzunehmen vermochte. Man kann Tersteegen nicht bejahen und zugleich seine «Lebensbeschreibungen» ablehnen. Hinter den drei ehrwürdigen Folianten der «Lebensbeschreibungen heiliger Seelen» steht seine ganze Persönlichkeit, sie enthalten die Tersteegensche Seele in reinster Ausprägung. Um das Leben der Heiligen kreisten seine innersten Gedanken, wie er selbst zu den Menschen gehört, die das Heiligkeitsstreben als größte Verpflichtung erlebten. Nur ein Mensch, der völlig frei war von jeder katholisierenden Tendenz, konnte diese vorurteilslose Aufgeschlossenheit aufbringen, in aller Freiheit den Heiligen zu begegnen. Es lag nicht in Tersteegens Sinn, mit diesem Werk «jemandem Anlaß zu geben, zur römisch-katholischen Religion überzutreten, da ich ja selbst Protestant bin und bleibe. Ich preise die Heiligkeit dieser Seelen an, nicht ihre Namens-Religion.»[10] Aber er war auch frei von der beschämenden Kleinlichkeit, sich an der andern Konfession dieser Heiligen zu stoßen, und gab vielmehr der altprotestantischen Überzeugung Ausdruck, «daß Gott noch seinen Samen in der römischen Kirche verborgen habe», sich für diese Ansicht auf Flacius' «Katalog der Wahrheitszeugen» berufend.[11] Tersteegen ging es bei der Abfassung dieses Werkes um eine überkonfessionelle Angelegenheit, die weder mit Katholizismus noch mit Protestantismus etwas zu tun hat. Die konfessionelle Betrachtungsweise ist nicht imstande, auch nur das Anliegen der Heiligkeit zu sehen, von dem dieses Buch ein denkwürdiges Zeugnis ablegt. Über Tersteegens christliche Haltung gibt die beredte «Zuschrift» an den «Herrn Jesu Christo, den König der Heiligen» Ausdruck, welche er seinen Ausführungen voranschickte: «Mit gebücktem Geiste und kindlicher Zuversicht schreibe ich Dir hiermit zu, was ganz Dein ist, diese Vorbilder und Zeugnisse Deiner Heiligen, welche alles, was sie sind, allein durch Dich sind und zum Preis Deiner überschwänglichen Mildigkeit. Du hast Dich mit ihnen vereinigt, Du hast in ihnen und durch sie gelebt; darum, ja darum allein, haben sie heilig gelebet. Lobe ich sie, so lobe ich nur Deine Gaben. Alle Taten, alle Tugenden, alle Lichter, alle Gnaden und Wunder, die wir an ihnen sehen, das sind Deine Gnaden. Solches haben sie selbst demütigst erkannt auf Erden, und eben das bekennen sie noch zu dieser Stunde im Himmel, da sie die Kronen ihrer Heiligkeit und Herrlichkeit zu Deinen Füßen niederlegen. Ach, so vergönne denn auch mir, daß ich die wenigen Perlen, die wir noch hier unten von ihrer Krone übrig haben, Dir gleichfalls untertänigst überreiche und zueigne. Diese Kleinodien habe ich gefunden, und ich habe sie geliebt: solches erkenne ich als Deine sonderbare Gnade, und statte Dir für beides öffentlichen Dank ab. Ja, ich habe mich auch erkühnet, selbige zu versammeln, damit ich sie Dir und Deiner Gemeine zum Zeugnis meiner Dankbarkeit präsentieren möge. Ich bitte flehentlich um gnädigste Gutheißung dieses meines Unternehmens, damit ich keiner andern Approbation bedürfe.»[12] Aus diesen lapidaren Worten ist zu ersehen, wie Tersteegen seine evangelische Haltung in diesem Werk in keiner Weise verleugnete. Wohl aber darf die Religiosität dieses wundervollen Buches mit der h-moll-Messe von Joh. Seb. Bach verglichen werden, in welcher der große Kirchenmusiker, ohne seinem Protestantismus untreu zu werden, die religiösen Wurzeln tiefer als in das reformierte Erdreich bis ins Mittelalter hinabsenkte. Auch in Tersteegens «Lebensbeschreibungen heiliger Seelen» lebt das Gefühl vom inneren Zusammenhang des Protestantismus mit der katholischen Kirche, der nie ganz gelöst werden darf. Sein Werk ist ein seltenes Dokument jenes evangelischen Bewußtseins, das die besten Elemente des Katholizismus noch lebendig in sich birgt.

Ohne Übertreibung darf man von Tersteegens «Lebensbeschreibungen heiliger Seelen» als einem wahren Juwel in der christlichen Literatur sprechen, das auch im Hinblick auf Gottfried Arnolds «Leben der ersten Christen» und Reitz' «Historie der Wiedergeborenen» kaum seinesgleichen findet. In diesem kostbaren Buch werden erstmals eine Anzahl Gestalten wie Katharina von Genua, Angela von Foligino, der Marquis de Renty, Magdalena von Pazzi, Gregorius Lopes, Theresia von Jesu und noch viele andere dem reformierten Christen nahegebracht. Tersteegen hat der evangelischen Christenheit mit diesen Vorbildern der Heiligkeit eine neue Türe aufgetan und für sie Neuland erobert, von dem sie freilich kaum Gebrauch gemacht hat. Die «Lebensbeschreibungen heiliger Seelen» sind auf der Grundlage seltener Dokumente aufgebaut und stellen eine Fundgrube tiefster religiöser Einsichten dar. Sie machen den Leser mit jener grandiosen Theologie der Heiligen bekannt, nach der einem alle Schultheologie wie abgestandenes Wasser schmeckt. Ihrer geschichtlichen Absicht nach bilden sie den stärksten Gegensatz zu der Formalhistorie, welche mit ihrer bloß antiquarischen Einstellung einen geringen Bildungswert besitzt. «Betrachte ich ferner, daß die Lebensbeschreibungen solcher Seelen nicht nur der Kirchen-Historie ein großes Licht geben, sondern die eigentliche Kirchen-Historie» sind, so könnte man nach Tersteegen «statt dessen ganze Wagen voll nichtsnutziger Autoren, Welthändel und Zänkereien in die Profanhistorie verschicken.»[13] Tersteegens «Lebensbeschreibungen heiliger Seelen» sind eine vorwiegend lauschende Geschichtsschreibung, welche vor allem die innere Lebensgeschichte der Heiligen zu erfassen versucht. Dem Stoff stand er nicht gänzlich unkritisch gegenüber — was das Wort «auserlesen» ausdrücken wollte — und er ließ auch die Fehler der Heiligen nicht vorsätzlich weg, wenn er auch meinte, «eine bescheidene Untersuchung ist nötig, eine verwegene Verurteilung höchst schädlich.»[14] Auf Streitfragen einzugehen verzichtete er bewußt, da dies bei Verständigen überflüssig und bei Unverständigen vergeblich sei und «wir nicht in der Welt sind, um zu grübeln oder zu zanken, sondern um heilig zu leben.»[15] Mit dieser Äußerung bekundet Tersteegen aufs neue, wie die «Lebensbeschreibungen heiliger Seelen» für ihn keine bloß literarische Arbeit waren. Er hat sie unter stärkster Anteilnahme gleichsam zur Hilfe für seinen eigenen Lebensweg geschrieben. Sie bilden sein wesentliches Bekenntnis und haben stets auch als solches gewirkt. Als Johannes Goßner seinem leider stark verkürzten Auszug aus den «Lebensbeschreibungen heiliger Seelen» noch die alte anonyme Lebensgeschichte über Tersteegen beifügte und dann einen Leser fragte, welcher Heilige ihm nun am meisten zugesagt habe, erhielt er darauf die Antwort: «Der heilige Tersteegen!»[16]

Mit der Enthüllung von Tersteegens Antlitz als demjenigen eines Heiligen tritt zugleich die Unzulänglichkeit jener Anschauung zu Tage, welche in ihm lediglich einen frommen Mann sieht. Die Literatur, die über Tersteegen erschien, hat diesem Mißverständnis Vorschub geleistet, indem sie ihn einfach zu den Vätern des Pietismus zählte. Obwohl er sich mit deren Sprache zuweilen berührte, unterscheidet er sich doch wieder deutlich von dieser Bewegung, wie schon Ritschl feststellen mußte: «Man kann sich nicht verhehlen, daß, wenn es Tersteegen gelungen wäre, seine spezielle Richtung unter den Pietisten seiner Umgebung durchzusetzen, dies zur Auflösung des Pietismus von innen heraus geführt hätte.»[17] Es ist keine Geringschätzung des Begriffes «frommer Mann», wenn man mit aller Entschiedenheit sagt, daß er mit dem Heiligen nicht gleichzusetzen ist. Ein Heiliger ist mehr als nur ein frommer Mensch, der in der Bibel liest und sich des Fluchens enthält. Vielmehr überschreitet der Heilige die gewöhnliche Laufbahn und vollbringt außerordentliche Leistungen. In Tersteegen leuchtet ein Licht auf, dem man nur ausnahmsweise begegnet, und seiner tiefsten Bedeutung gerecht zu werden vermag einzig eine Darstellung, welche ihn unter dem Gesichtspunkt des Heiligen betrachtet. Von einer solchen zum Wesentlichen vorstoßenden Einsicht ist zu hoffen, daß sie der unbegreiflich vernachlässigten Tersteegen-Forschung neue Antriebe verleiht und vor allem endlich einmal eine brauchbare Ausgabe seiner Schriften ermöglicht. Die letzte, völlig ungenügende Edition seiner gesammelten Schriften ist über hundert Jahre alt und schon seit vielen Jahrzehnten überhaupt nicht mehr aufzutreiben.

II

Nach Tersteegens eigenen Worten kann man «von den besonderen Führungen Gottes kein allgemeines System oder gleichsam eine Reisebeschreibung machen.»[18] In der Tat läßt sich das Leben der Heiligen nicht in der Art der gewöhnlichen Biographien erzählen, da es sich nach andern Gesetzen vollzieht. Die bloß literarischen Maßstäbe versagen gegenüber der geheimnisvollen Seins-Ordnung dieser heiligen Menschen. Nur zur besseren Übersichtlichkeit wird das Leben Tersteegens am besten in zwei Epochen eingeteilt.

Der erste Teil beginnt mit Tersteegens Geburtsort Mörs, der in jener Landschaft liegt, wo das Rheinland bereits das niederländische Gepräge des von Kanälen durchzogenen Flachlandes annimmt. Tersteegen ist ein deutscher Mensch, der dartut, daß Heiligkeit nicht an das romanische und katholische Naturell gebunden ist, sondern auch im deutschprotestantischen Gemüt aufblühen kann. Der Knabe besuchte die Lateinschule, in der er sich auch das Griechische und Hebräische aneignete, damit den Grundstock zu seiner späteren ansehnlichen Bildung legend. Auf das Studium an der Hochschule mußte er wegen des frühzeitigen Todes seines Vaters verzichten. Er wurde zu seinem Schwager, der Kaufmann in Mülheim an der Ruhr war, in die Lehre gegeben. Dieser besaß jedoch kein Verständnis für den Jüngling und beschäftigte ihn vor allem damit, Fässer über den Hof zu rollen.

Das Lesen des Dankgebetes eines sterbenden Geistlichen machte den ersten, tiefen Eindruck auf Tersteegen. Diese religiöse Regung wurde verstärkt, als er auf dem Weg einer geschäftlichen Besorgung inmitten eines Waldes von einer heftigen Kolik befallen wurde und glaubte, sterben zu müssen. Er tat das Gelübde, sich Gott ganz zu eigen zu geben, wenn ihm noch eine Frist geschenkt würde, die ihm zur Vorbereitung auf die Ewigkeit diene — und fühlte sich alsogleich von seinen Schmerzen befreit. Um sein Versprechen einzulösen, schloß er sich den pietistischen Kreisen an, die damals in Mülheim unter der Führung des Kandidaten Wilhelm Hoffmann standen, den man den geistigen Vater des jungen Tersteegen nennen kann. Er nahm an dessen Versammlungen eifrig Anteil und verdankte ihm seine Erweckung. Es ist unrichtig, von einer ersten Bekehrung zu reden, welcher der christliche Charakter gefehlt habe, und dann von einer zweiten Wandlung, die sich einige Jahre später ereignete, und die als evangelisch angesprochen werden könne.[19] Tersteegen selbst hat seine religiöse Entwicklung in der Weise empfunden, daß er sie als ein immer tieferes Hineinwachsen in das Göttliche erlebte. «Man springt zu leichtsinnig drüber hin, wenn man mit der Bekehrung in etlichen Stunden oder Tagen völlig fertig sein will.»[20]

Nach Beendigung seiner Lehrzeit eröffnete Tersteegen einen eigenen Laden; doch fühlte er sich in seinem Beruf nicht glücklich. Die kaufmännische Tätigkeit forderte von ihm einen unablässigen Verkehr mit den Kunden, und die beständige Geschäftigkeit um ihn her behagte seiner jeglichem Lärm abholden Natur nicht. Die «flatternden Kräfte» empfand er als störend, und seine tägliche Beschäftigung wurde ihm zur Last. Mit der ihm eigenen Entschlossenheit zog er bereits als zweiundzwanzigjähriger Mann aus diesem unbefriedigenden Zustand die Folgerung, indem er kurzerhand seinen Kaufladen aufgab. Dieser Verkauf des Geschäftes stellt eine deutlich unpietistische Handlung dar, da es gerade eine Eigentümlichkeit des Pietismus ist, Erwerbsleben und Frömmigkeit geschickt miteinander zu verbinden. Tersteegen wandte sich dem Handwerk zu und erlernte das Seidenbandweben. Gewöhnlich weiß man von Tersteegen nichts anderes, als daß er ein Bandweber war, der fromme Lieder dichtete. Diese Anschauung ist nicht falsch, aber sie trifft sein Wesen sowenig wie der Brillenschleiferberuf für Spinoza. Tersteegen darf nicht als ungebildeter Weber bezeichnet werden, zumal dieser Beruf eine Übergangslösung von wenigen Jahren war.

Bedeutsam an der Aufgabe seines Geschäftes war vielmehr der Gang in die Einsamkeit, die mit seinem neuen Weberberuf verbunden war. Das Aufsuchen der Verborgenheit ist der wesentliche Punkt, auf den geachtet werden muß. Er bildet das erste Merkmal, daß Tersteegen bewußt den Weg des Heiligen einschlug. Er kehrte sich von der Welt ab und wollte auf das lauschen, was Gott zu ihm sagte. «Die Einsamkeit ist die Schule der Gottseligkeit. Du bist berufen zum gemeinsamen Umgang mit Gott; derhalben mußt du allen unnötigen Umgang mit den Menschen durchaus meiden.»[21] Alle Beziehungen zu der Mitwelt brach Tersteegen ab und lebte jahrelang in völliger Abgeschlossenheit. Einzig ein kleines Mädchen, das ihm beim Aufwickeln der Seide half und ihm auch die Nahrung zutrug, war um ihn. Dieses Kind bildete eine Zeitlang das einzige Verbindungsglied, durch das er den Kontakt mit den Menschen aufrechterhielt. In seiner Zurückgezogenheit schränkte Tersteegen die Lebensbedürfnisse auf das Allernotwendigste ein. Seine Kleidung war armselig nach Art der Weber, und seine Mahlzeiten waren noch viel karger als die der Heimarbeiter. Etwas Mehl, Wasser und Milch genügte diesem protestantischen Asketen. Kaffee und Tee verschmähte er als unerlaubte Genüsse. Wenn Tersteegen auch wußte, daß «alle Dinge uns zu einer Hilfe dienen, und alle die Dinge uns beförderlich sein können»,[22] wollte er doch gleichwohl bewußt möglichst ohne die Dinge leben. «Denn alle Dinge, die außer uns sind, nicht nur die Güter unseres Lebens, sondern alle äußeren Dinge kommen mit dem Wesen unserer Seele nicht überein, sie kann keine Ruhe und kein Leben darin finden.»[23] Nicht das Haben der Dinge, vielmehr das Verleugnen der Dinge bringt nach Tersteegen Ruhe, und er nannte es eine Selbsttäuschung des Menschen, wenn er sich gegen diese Einsicht sträubt, um in gieriger Besitzwut möglichst viel zusammenzuraffen.

Welche Überlegungen Tersteegen damals bewogen, ist aus einer späteren Äußerung über dieses Thema zu ersehen: «O wie muß man nicht zum öfteren mit Wehmut sehen, daß manche unter uns bei ihrem Ausgange aus dem geistlichen Ägypten, bei ihrer Bekehrung noch so viele dicke Päcke und so viel Geschlepps mit sich nehmen. Siehe! das kann unmöglich was anderes als eine sehr beschwerliche Reise absetzen. Man muß wie Pilger wandeln, frei, bloß und wahrlich leer. Viel Sammeln, Halten, Handeln macht unseren Gang nur schwer. Wer will, der trag sich tot, wir reisen abgeschieden, mit wenigem zufrieden, wir brauchen nur zur Not. Wer die Ruhe seiner Seele ernstlich suchet, der suchet sein Päcklein so klein zu machen, daß er nur eben als ein Pilger fortkommen kann.»[24] Damit sein Päcklein wirklich klein werde, verschenkte er von seinem Verdienst an arme Leute, was er nur entbehren konnte. Tersteegen hat Gott immer dafür gedankt, daß er ihn durch seine Abgeschiedenheit vor allerlei unliebsamen Bekanntschaften bewahrt habe. Mit seiner Einstellung nimmt der Bandweber allerdings die gegenteilige Haltung der meisten Menschen ein, die stets auf der Jagd nach interessanten Persönlichkeiten sind und damit häufig nur ihre eigene innere Leere zu übertönen versuchen. «Wer Einsamkeit mit Gott sagt, der sagt: Gründlicher Ausgang aus sich selbst und dem Geschaffenen.»[25]

Als Tersteegen sich in die Abgeschiedenheit begab, war es ihm vor allem um die Stille zu tun. Damit ist das Wort genannt, das seiner ersten Lebensepoche das charakteristische Gepräge gibt. Ein überwältigendes Verlangen nach Stille lebte in ihm, und es gibt wenige Menschen, für die das bloße Wort Stille jenen Klang der Ewigkeit besaß wie für den stillen Tersteegen. Was seinem Leben den heiligmäßigen Glanz verleiht, der die Seele hell macht und dem Gemüte den köstlichen Frieden vermittelt, ist das Wort von der Stille, das er der Christenheit neu zu sagen den Auftrag hatte. Tersteegen liebte das äußere und das innere Schweigen. Frömmigkeit war ihm wesentlich Übung jener Stille, die der heutige Mensch kaum noch auszuhalten imstande ist. Der

Mülheimer Heilige war einer der stillsten Menschen, der je über diese Erde ging. Er hielt es für notwendig, daß der Christ «öfters in eine heilige Stille bei sich selbst» einkehre, da nur in ihr die Stimme Gottes vernehmbar ist. Der Stille schrieb Tersteegen entscheidende Bedeutung zu, weil sich einzig in ihrem Raum das wahre Beten vollziehen kann. Nur wenn der Mensch sich in die Stille des Herzens hinein begibt, wird er auch inwendig von Gott besucht. «Wir sollen mit Gott reden im Gebet, es geschehe mündlich oder mit unserm Herzen; aber wir sollen nicht allein beten, sondern wir müssen auch Gott schweigen, daß er zu unserem Herzen auch wiederum ein Wörtlein reden könne.»[26] Wie die spanischen Mystiker pflegte auch Tersteegen das inwendige Gebet, unter dem er ein Hinzunahen der Seele zu Gott und ein Bleiben vor seinem Angesicht verstand: «Beten ist, den allgegenwärtigen Gott ansehen und sich von ihm besehen lassen.»[27] Dieses Reden nannte Tersteegen ein süßes Schweigen, und sein ganzes Leben ist zu einem Gebet geworden, denn er konnte sitzen, und wenn es sein mußte, mit jemandem reden, in seinem Innern aber war es ein immerwährendes Beugen und Anbeten. Am Schweigen erkannte er die, welche Gott im Herzen tragen, und Tersteegens eigenes Dasein ist nichts anderes als ein Augenblick der stillen Ewigkeit. In diesem Stillesein lernte Tersteegen ein Glück der Seele kennen, das dem sich äußerlichen Abwechslungen und immer neuen Spannungen ergebenden Menschen ganz unbekannt bleibt. Die innern Realitäten bekamen eine Macht über ihn und ließen seine Seele hell aufjubeln. Aus diesem Gefühl der reinsten Freude heraus stammt sein Ausspruch: «Ich kann nicht aussprechen, wie vergnügt ich da gewesen bin, als ich allein wohnete, ich dachte oft, kein König in der Welt könnte so zufrieden leben, als ich damals lebte.»[28] Überglücklich dankte Tersteegen Gott, daß er ihm, symbolisch ausgedrückt, eine Kammer gegeben habe, darinnen noch nie eine Kreatur eingegangen sei. Er hatte es an sich selbst erfahren, wie Gott einer Seele dermaßen allgenugsam werden kann, daß ihr Menschenverkehr nichts mehr bedeutet. Diesem

Erlebnis ist Tersteegens große Selbständigkeit zuzuschreiben, die ihn davon abhielt, ein Abklatsch der üblichen Erweckten zu werden. Seine geistige Unabhängigkeit, die nur seinem an Gott gebundenen Gewissen folgt, verrät den Heiligen des Protestantismus. Da Tersteegen äußeren Einflüssen immer weniger zugänglich war, wurde sein Leben wie ein stiller, einsamer See, in dessen Klarheit der Himmel sich widerspiegelt.

Freilich erlebte Tersteegen in seiner Einsamkeit schwere Anfechtungen. Wie die altchristlichen Einsiedler fühlte auch er sich von fremden Geistern angefallen und hatte oft mit sich selbst zu ringen. Er machte trübe Stunden durch, in denen sich ihm das Licht Gottes verdunkelte. Der Verzicht auf das eheliche Leben fiel ihm nicht leicht, da «Fleisch und Blut auch in dieser Beziehung ihm sehr viel zu schaffen gemacht haben.»[29] Zwar blieb Tersteegen eingedenk, daß es «auch im Ehestande wahre Heilige» geben kann,[30] doch hielt er, wie die meisten Heiligen, das ehelose Leben für einen sicheren Weg und für eine höhere Stufe der Vollkommenheit. Daneben bekam er es auch noch mit andern Anfechtungen zu tun. «Durch Nachsinnen über die mancherlei Sekten in der Christenheit geriet er einmal in eine so schwere Versuchung, daß er fast zweifelte, ob ein Gott sei», berichtet die alte Lebensbeschreibung.[31] Tersteegen sollte es an seinem eigenen Leib erfahren, daß des Menschen ärgster Feind in seinem Innern steckt. Seine einsame Lebensführung machte sich besonders nachteilig geltend, als er erkrankte und er ein von allen Menschen verlassenes Schmerzenslager durchmachen mußte. Noch viel später schrieb er einst, wie er über zehn Wochen «krank zu Bette oder auf dem Boden lag, ohne daß auch Freunde, bei denen er im Hause war und Kostgeld zahlte, nur eine ihrer müßigen Mägde hinaufgeschickt hätten, mir einen Trunk Wassers zu reichen. Ich aber dachte immer, es müßte so sein.»[32] Wie belanglos hört sich das kurze Sätzlein an «ich aber dachte immer, es müßte so sein» und welche unendliche Ergebenheit spricht aus ihm! Tersteegen lehnte sich nie gegen das Schicksal auf, sondern bemühte sich stets, mit dem Willen Gottes eins zu werden, zumal er der Meinung war: «Hätten wir den Sinn der Heiligen, wir würden uns unserer Leiden erfreuen.»[33] Den andern Menschen war dieses Verhalten unverständlich, und seine eigenen Verwandten schalten ihn einen Narren, mit dem sie nichts mehr zu tun haben wollten.

Fünf Jahre lang weilte Tersteegen in der Stille, als ihm ein eigenartiges Erlebnis zuteil wurde, das als Markstein in seiner religiösen Entwicklung bezeichnet werden muß. Es war am Gründonnerstag des Jahres 1724, als Tersteegen die Feder zur Hand nahm, sie jedoch statt in ein Tintenfaß in das eigene Blut tauchte und mit diesem ganz besonderen Saft in feierlichem Ernst auf ein Blatt Papier die Worte schrieb: «Ich verschreibe mich dir, meinem einigen Heiland und Bräutigam, Christo Jesu, zu deinem völligen und ewigen Eigentum. Ich entsage von Herzen allem Recht und Macht, so mir der Satan über mich selbst mit Unrecht möchte gegeben haben, von diesem Abend an, als an welchem du, mein Blutbräutigam, mein Goel, durch deinen Todeskampf, Ringen und Blutschwitzen im Garten Gethsemane mich dir zum Eigentum und Braut erkaufet, die Pforten der Hölle zersprenget, und das liebevolle Herz deines Vaters mir eröffnet hast. Von diesem Abend an sei dir mein Herz und ganze Liebe auf ewig zum schuldigen Dank ergeben und aufgeopfert! Von nun an bis in Ewigkeit nicht mein, sondern dein Wille geschehe! Befehle, herrsche und regiere in mir!»[34] Diese unbeholfene Verschreibung stellt eine Parallele dar zu jener Stunde, in der Pascal sein berühmtes Memorial verfaßte. Beide Dokumente geben von einem ungewöhnlichen Ereignis Kunde, das sich in Worten nicht ganz ausdrücken ließ. Auch darin besteht eine Ähnlichkeit, daß beide Verfasser mit niemandem darüber sprachen. Es war ihr persönlichstes Erlebnis, über das sie unverbrüchliches Schweigen bewahrten. In dieser Bluttinte darf nicht eine überwengliche Barockgebärde gesehen werden. Bei einem Menschen wie Tersteegen, der sich schon früh von jeglicher religiöser Überschwenglichkeit frei gemacht hat, ist eine solche Verdächtigung nicht am Platze. Ebenso unangebracht wäre es, diese intime Verschreibung zu zergliedern. Man muß in Ehrfurcht vor ihr stehenbleiben, als einem Mysterium, das ein Anrecht darauf besitzt, vor Neugierde verschont zu bleiben. Die Verschreibung bekundet ein bewußt christliches Finden, das bei Tersteegen unverändert bis zu seinem Tode blieb. Christus nahm in seinem Leben fortan die beherrschende Stellung ein. Alles kam diesem Heiligen auf die innere Erkenntnis Jesu Christi an. Seine Christus-Mystik ist freilich mit einer ebenso starken Gottesmystik verbunden.

Die Bedeutung der Verschreibung im Leben Tersteegens ist daraus zu ersehen, daß sie ihm gleichsam die Zunge gelöst hat, indem er nachher sein erstes Lied dichtete: «Wie bist du mir so innig gut.» Es war plötzlich über ihn gekommen, ohne daß er es gewollt hätte. Wie durch eine Eingebung wurde ihm dieses Lied auf die Lippen gelegt und damit der Dichter in ihm geboren. Ähnlich ist es ihm mit andern Gedichten ergangen: «Es sind mir diese Schulreime und Andachten mehrenteils unvermutet und zufälligerweise, innerhalb weniger Zeit, nun und dann eines, gegeben worden; die ich dann auch, ohne viel auf Kunst und Zierlichkeit zu denken, so wie sie mir in die Gedanken kamen, aufs Papier gesetzt.»[35] Diese Äußerung läßt einen Blick in Tersteegens dichterisches Schaffen tun. Ohne an Dichtung zu denken, sind die Gedichte in Nebenstunden entstanden, und er hat an ihnen auch nicht tagelang gefeilt. Das merkt man ihnen deutlich an. Viele Verse Tersteegens sind bloß fromme Reimereien, vom künstlerischen Standpunkt aus wertlos. Er kann denn auch nicht zu den großen Dichtern gezählt werden und hat selbst diesen Anspruch auch nie erhoben. Zuviel der geschmacklosen Wortbildungen sind ihm in die Feder geflossen, und Tersteegen hat damit seinen Tribut dem zu Ende gehenden Barockzeitalter gezollt, in welchem sich die religiöse Dichtkunst auf einer absinkenden Linie bewegte, im Gegensatz zur kirchlichen Tonkunst, welche zu jenem Zeitpunkt die herrlichsten Schöpfungen hervorbrachte. Allein schon der Titel seiner Gedichtausgabe

«Geistliches Blumengärtlein inniger Seelen, nebst der frommen Lotteria» macht auf heutige Leser einen peinlichen Eindruck.

Inmitten dieser Verseschmiederei finden sich seltsamerweise plötzlich einige wunderschöne Gedichte. Es sind nur wenige, aber sie gehören zu den schönsten Perlen vorgoethischer Lyrik. Nach literaturgeschichtlichem Urteil hat sich bei Tersteegen das religiöse Seelenlied von der eigentlichen Literatur befreit. Unter allerlei Wust hat er dichterisch Bleibendes geschaffen, das in erster Linie unter hymnologischem Gesichtspunkt betrachtet werden muß. Das Urteil Wilhelm Nelles über Tersteegens geistliche Liederdichtung besteht zu Recht: «Tersteegen ist im tiefsten Sinne Liturg.»[36] In seiner wertvollen Lyrik hat er sich von den Vorbildern — unter denen neben Angelus Silesius namentlich Gottfried Arnold zu nennen ist — befreit, sich selbst gefunden und einen Gesang angestimmt, der nur ihm eigen ist:

Allgenugsam Wesen
Das ich mir erlesen,
Ewig hab zum Schatz,
Du vergnügst alleine
Völlig, innig, reine,
Meines Geistes Platz.
Wer dich hat, ist still und satt,
Wer dir kann im Geist anhangen,
Darf nichts mehr verlangen.[37]

Es ist eigenartig, daß bei Tersteegen neben wertlosen Reimereien wahre Goldkörner zu finden sind. Das Rätsel findet seine Lösung, wenn man darauf achtet, von welcher Art die wertvollen Lieder sind. Tersteegen läßt jedesmal, wenn er in irgendeiner Form auf die Stille zu reden kommt, die frommen Reimereien hinter sich. In diesem Augenblick wird seine Lyrik reine Anbetung, und man kann von einem heiligen Singen reden. Sobald das Thema der Stille berührt wird, gleicht Tersteegens Lied einer aufsteigenden Lerche, welche den Geist der Schwere überwunden hat und über den unter ihr liegenden Abgrund triumphiert. Als einziges Beispiel sei die «Andacht bei nächtlichem Wachen» angeführt:

Nun schläfet man,
Und wer nicht schlafen kann,
Der bete mit mir an,
Den großen Namen,
Dem Tag und Nacht
Wird von der Himmelswacht
Preis, Lob und Ehr gebracht,
O Jesu, Amen.

Weg Phantasie!
Mein Herr und Gott ist hie.
Du schläfst, mein Wächter, nie,
Dir will ich wachen.
Ich liebe dich,
Ich gab zum Opfer mich
Und lasse ewiglich
Dich mit mir machen.

Es leuchte Dir,
Der Himmelslichter Zier
Ich sei dein Sternlein, hier
Und dort zu funkeln.
Nun kehr ich ein;
Herr, rede du allein
Beim tiefsten Stillesein
Zu mir im Dunkeln.[38]

III

Der zweite Teil von Tersteegens Leben umfaßt die öffentliche Wirksamkeit, welche seine Zurückgezogenheit ablöst. Diese Reihenfolge in seinem Dasein, erst Stille, dann Tätigkeit, will beachtet sein, stellt sie doch die echt religiöse Rangordnung dar. Tersteegen hat seine stille Vorbereitungszeit als unumgängliche Notwendigkeit betrachtet, und aus seiner Feder stammt die beherzigenswerte Mahnung: «Unser Jesus hat dreißig Jahre geschwiegen und sich verborgen, damit er uns die Liebe zum Leben der wahren Abgeschiedenheit einflößen möchte, und im offenbaren Leben hat er kaum vier Jahre verbracht. Ach, ich denke öfters, könnten wir Erweckte nur ein Probejahr in stillem Sterben und Beten aushalten, ehe wir uns hervortäten, so möchten unsere folgenden Wirksamkeiten noch ein wenig lauterer und dem Reich Gottes in und außer uns unschädlicher sein.»[39] Mit dem Heraustreten an die Öffentlichkeit gab Tersteegen diese Stille keineswegs preis; sie blieb sein Leben lang der unsichtbare Begleiter. Auch hat er sich nicht kopfüber in die öffentliche Tätigkeit gestürzt. Der Übergang von der einen Phase in die andere vollzog sich sachte, wie es seiner Natur entsprach. Die Überwindung der Weltflucht zeigt sich zuerst in einem kleinen Öffnen der Türe zu den Menschen. Er entschloß sich, den Kindern seines Bruders Unterricht zu geben, und nahm auf dringlichen Wunsch seinen Gesinnungsfreund Heinrich Sommer als Hausgenossen zu sich, mit dem zusammen er ein geregeltes häusliches Dasein führte. Tersteegen hat seine öffentliche Wirksamkeit in keiner Weise gesucht, sie wurde ihm von Gott gleichsam zugewiesen, indem sich immer mehr Menschen mit Anliegen an ihn wandten und er sich deren Dienst nicht glaubte entziehen zu dürfen. Diese vielseitige Tätigkeit entsprach jedoch nicht seinen persönlichen Wünschen, und sie wurde ihm gegen seine Neigung förmlich aufgenötigt. «Was mich betrifft, so gestehe ich, daß ich ganz anders leben würde, wenn ich die Wahl hätte; ich muß reden, schreiben, mit Menschen umgehen und möchte gerne nach meinem Wunsche beinahe immer schweigen, mich verbergen und nur an Gott denken.»[40] Der Auftrag war aber an ihn ergangen, und sein Gewissen erlaubte es ihm nicht, sich der Aufgabe eines Sämanns des Evangeliums zu entziehen. Es ist von eigenartigem Reiz zu verfolgen, wie Tersteegen aus seiner stillen

Klause heraustrat und sich fortan unter Menschen bewegte. So leise und so völlig ohne Geräusch geschah dies, daß seiner Wirksamkeit bis heute selten die nötige Aufmerksamkeit geschenkt wurde, die ganz in die geheimnisvolle Atmosphäre der Heiligen eingetaucht ist.
Tersteegens öffentliche Tätigkeit beginnt auf unmerkliche Weise, und es haftet ihr nichts Gesuchtes an. Im Laufe der Zeit versammelte sich ein immer größer werdender Kreis von Menschen um den schlicht in seiner Stube sitzenden Tersteegen. Sie alle begehrten, seinen Worten zu lauschen. Ohne jegliche Propaganda wurde die Zahl der Hörer immer größer, so daß schließlich alle Türen des Hauses aufgemacht werden mußten und die Menschen in den benachbarten Räumen Kopf an Kopf standen, um noch einige Worte von seinen Ausführungen zu erhaschen. Sogar Leitern wurden herbeigetragen, an die Fenster gestellt, und die Zuhörer setzten sich auf deren Sprossen. Der Ausdruck eines solch großen geistigen Hungers erinnert unwillkürlich an Schilderungen aus der Apostelgeschichte, und die Vorstellung dieser beinahe urchristlichen Situation birgt etwas von der Schönheit eines Gemäldes in sich. Totenstille herrschte, da Tersteegen mit seiner schwachen Stimme nur ganz leise reden konnte. Obschon er, wie es bei ihm nicht anders zu erwarten war, auf jede sensationelle Effekthascherei verzichtete, hörten die Menschen mit atemloser Spannung zu. Gerade weil Tersteegen jegliche Schönrederei und alle «unreife Bekehrungssucht» als eine Krankheit am Leibe der Christenheit verabscheute, übten seine Reden eine ungewöhnliche Anziehungskraft aus. «Die Bekehrung ist ein Werk des Geistes Gottes und nicht ein Werk menschlicher Überredung»,[41] war Tersteegens Meinung, der alle massiven Redewendungen vermied und nie etwas kompliziert sagte, was er auch einfach ausdrücken konnte. In dieser Freiheit von allem Gekünstelten liegt sowohl schlichte Größe als edle Stärke. Tersteegen begehrte nichts anderes, als seinen Mitchristen die ewige Wahrheit des Evangeliums wieder nahezubringen. Um dieser Bemühung willen nannte man ihn schon Erweckungs-

prediger. Tatsächlich hat er im Wuppertal eine nachhaltige Wirkung hinterlassen, deren Spuren bis zum heutigen Tag nachzuweisen sind. Die Bezeichnung Prediger ist jedoch nicht die richtige. Es ist gerade das Geheimnis Tersteegens, daß er das nicht tat, was man unter predigen versteht. Er sprach zu den Menschen, sprach sie eindringlich an und stellte sie in aller Schlichtheit vor «die große Ewigkeit», indem er zu ihnen sagte: «Siehe, auch du, du seiest, wer du wollest, auch du bist gemeint.»[42] Hauptsächlich an seinem Wohnort ergriff Tersteegen das Wort, aber es geschah zuweilen auch auswärts, und in Krefeld bestieg er als Laie aus Einladung der beiden Mennonitenprediger auch ein einziges Mal die Kanzel.

Einige Menschen haben eine Anzahl von Tersteegens Reden nachgeschrieben und nach seinem Tode unter dem noch von ihm bestimmten Titel «Geistliche Brosamen von des Herrn Tische gefallen, von guten Freunden aufgelesen und hungrigen Herzen mitgeteilt» herausgegeben. Darnach gebraucht auch Tersteegen die überlieferte Frömmigkeitssprache und dehnte seine Ansprachen in eine für heutiges Empfinden unerträgliche Länge aus. Seine Reden besitzen einen ganz persönlichen Klang. Tersteegen war es nicht darum zu tun, lediglich «allerhand Trostsprüche vorzuschwatzen», sondern das Ziel der Heiligung seinen Zuhörern vor Augen zu stellen. «Wir reden jetzt von demjenigen, was uns Menschen selig macht, und wenn ich rede vom Seligwerden, dann meine ich das Heilig-werden; je heiliger wir werden, desto seliger werden wir; und sobald uns Christus heilig macht, so bald macht er uns auch selig.»[43] Für Tersteegen war «Heiligkeit und Seligkeit ein Ding.»[44] Nicht einer «störrischen Heiligkeit» redete er das Wort, wie er denn alles gezwungene Wesen ablehnte, dieweil «das Christentum kein so und so Betragen, kein Stellen, kein Verstellen, sondern ein Werden, ein wirkliches Leben ist, woraus alle Werke der Gottseligkeit ungezwungen hervorkommen.»[45] Tersteegen findet immer wieder unnachahmliche Worte, die einen aufhorchen lassen. Scheinbar geringfügige Wendungen prägen sich unverlierbar ein. Wie kostbar ist sein Hinweis, sich gegenüber den Tücken des Lebens nicht aufzulehnen, nicht zu murren, sondern aus «allem, was uns auf unserem Wege begegnet, ein Gebetlein zu machen und Gespräch mit Gott zu halten... Du hast nicht nötig, auf andere zu sehen. Siehe nur auf dich selbst. Siehe auf deine Fehler und schließ deine Augen für fremde Fehler zu. Und wenn du es auch nicht gutheißen kannst, was du manchmal an andern Frommen siehest; ach, so bedaure und beklage sie nur, mache dir einfältig ein Gebetlein daraus, kehre dich zu dem lieben Heiland, sprich: Herr Jesu, siehe mein Brüderchen ist krank, mein Brüderchen ist verwundet, mein Brüderchen ist lahm geworden.»[46] Das scheint ein einfältiges Reden zu sein, aber es ist die unbezahlbare, mit nichts zu vergleichende Einfalt des Evangeliums, die den Christen im Hinblick auf die Unbilden des Lebens rät «Mach ein Gebetlein daraus», deren Tiefe man erst erfaßt, wenn man sie wiederholt in seinem eigenen Dasein geübt hat. Mit solcher Innigkeit konnten in der evangelischen Kirche nur wenige reden, etwa noch Matthias Claudius, Christoph Blumhardt der Jüngere und einige andere. Über allen Reden Tersteegens glänzt die Freude in Gott, die bei ihm immer wieder aufleuchtet: «Der Mensch und das menschliche Herz war von Gott zu nichts anderem geschaffen als zur Freude, zu eitel Freude.»[47] Tersteegen war nicht umsonst so lange in der Stille geblieben; diese Jahre der inneren Sammlung haben bei ihm reife Früchte getragen.

Unverständlicherweise sahen die Pastoren in den Zusammenkünften in Tersteegens Haus eine Beeinträchtigung ihrer Tätigkeit, obschon er seine Versammlungen absichtlich nie zu einer Zeit abhielt, da in der Kirche Gottesdienste gehalten wurden. Die kirchlichen Wächter waren diesem Außenseiter, der schließlich nichts anderes als das allgemeine Priestertum — das dem Protestantismus stets wichtig war — auf eine vorbildliche Weise vertrat, nicht günstig gesinnt. Sie eiferten von der Kanzel aus gegen ihn und verfolgten auch seine Schriften. Auch im Leben dieses Heiligen fehlt die anfängliche Gegnerschaft der Kirche nicht. Es gehört offenbar in das Leben jedes Heiligen, daß er nicht nur gegen die äußere, sondern beinahe immer auch gegen die innere Front anzukämpfen hat. Es gelang schließlich den Pastoren, die Obrigkeit gegen Tersteegen einzunehmen, und sie erließ im Jahre 1740 ein Verbot seiner Versammlungen. Tersteegen hat sich diesem Sprechverbot sofort unterworfen, ohne sich in die geringste Verbitterung der Geistlichkeit gegenüber hineindrängen zu lassen. Zehn volle Jahre durfte Tersteegen im evangelischen Deutschland das biblische Wort nicht verkünden! Dann kamen die Versammlungen wieder zustande, und als das Verbot aufs neue erwogen wurde, zögerte die Behörde doch, dasselbe auszusprechen. Tersteegen setzte sich mutig für das Recht der freien Versammlung ein. Auch dieses unerschrockene Einstehen für die in der Geschichte des Christentums allezeit bedrohte religiöse Freiheit verdient Anerkennung. Der schüchterne Tersteegen erreichte denn auch, daß diesmal seine Zusammenkünfte unbehelligt blieben. Die kirchliche Ablehnung machte zudem langsam einer anderen Auffassung Platz. Immer mehr Pastoren standen unter dem Eindruck der geistesmächtigen Persönlichkeit Tersteegens und erkannten, daß dieser Mann der Christenheit von Gott geschenkt worden war.

Zur Frage von Kirche und Sekte nahm Tersteegen persönlich eine überlegene Haltung ein. Unter dem Einfluß des Kandidaten Hoffmann hatte er sich von der reformierten Kirche in jungen Jahren zurückgezogen, aber nie getrennt, da er stets protestantischer Christ bleiben wollte. Diese Zurückziehung äußerte sich vor allem in seinem Fernbleiben vom Abendmahl, das er sowenig als heilsnotwendig betrachtete wie die Taufe.[48] Tersteegen hat über den bedauerlichen Zustand der damaligen protestantischen Kirche ehrlich geseufzt, er war alles andere als ein Kirchenstürmer und hat die Kirche trotz ihrer Verderbnis nie Babel genannt, wie es der von ihm verehrte Gottfried Arnold in seinem berühmten Lied tat. Noch weniger dachte er an eine Gegengründung; ihm haftet nicht der geringste Geruch eines Sektierers an. Wie wäre er sonst Heiliger? Nie hat er seine Person in den Vordergrund gerückt, sondern die Menschen allzeit gemahnt, Gott zu suchen und «den Tersteegen da liegen zu lassen, wo er liege». «Recht innige Seelen machen keine besondere Sekte», schrieb er in einem seiner Briefe.[49] Jegliche Abtrennung lag ihm fern, da er ein neues Herz und nicht eine neue Lehre erstrebte. «Ein wahrer Mystiker wird nicht so leicht ein Separatist, er hat wichtigere Sachen zu tun.»[50] Auf diese wichtigere Sache kam es ihm an, und sie ließ Tersteegen auch jeden Übertritt als «gefährliche Torheit» ablehnen, bei welcher der Mensch stets nur eine innere Spannung vorschnell neutralisiert. In einem Brief hat Tersteegen seine Haltung gegenüber allen Religionsstreitigkeiten eingehend dargestellt. «Ich glaube und bin darin gewiß, daß sowohl in der Partei der Römisch-Katholischen, als unter den Lutheranern, Reformierten, Mennoniten usw. und bei allen den besonderen Meinungen und Gebräuchen dieser Parteien, die Seelen nicht weniger als unter den Separatisten zu dem höchsten Gipfel der Heiligkeit und Vereinigung mit Gott gelangen können... Meine Person und Verhalten anlangend, so hange ich keiner Religionspartei sektierererischerweise an, habe mich aber auch von keiner Partei förmlich separiert, bin auch noch nicht Sinnes, solches zu tun... Gleichwie unter allerlei Volk, wer Gott fürchtet und Recht tut, demselben angenehm ist, so ist er auch mir angenehm, er habe sonst dieses oder ein anderes Religionsröcklein an; und so gehe ich wirklich mit allerhand Religionsverwandten um, ich rede zu ihnen öffentlich und sonderlich von der Gnade Gottes in Christo, von der Verleugnung, vom Gebet, von der Liebe zu Gott und lasse ihnen dabei das ganze Gebäude ihrer besonderen Kirchenverfassung und Meinungen unangetastet stehen, solang es Gott stehen läßt.»[51] Tersteegen hatte den überkonfessionellen Standpunkt erklommen, bei welchem der Mensch sich dafür interessiert, wohin die Seelen gehen und woher sie kommen. Mit seinem Über-den-Parteien-Stehen ist Tersteegen keiner Gleichgültigkeit gegenüber allen Religionsparteien verfallen und hat denn auch nicht alle Gemeinschaften gleich bewertet. Zum Leidwesen vieler frommer Seelen sprach er ein deutliches Nein zu Graf Zinzendorfs Brüdergemeinde und verhielt sich gegenüber deren schmeichlerischen Liebeswerbungen stets unbestechlich. Sein nüchterner Sinn konnte in die übertriebene Art Zinzendorfs sich nicht finden, in ähnlicher Weise wie der ihm hochgeschätzte Bengel. Er fand es in Ordnung, «daß in den Nebensachen ein jeder einen solchen Weg einschlage, den er am füglichsten und förderlichsten erachtet, zum Ziel zu gelangen, ja ich kann auch jeden darinnen lieben, wenn er nur ohne Heuchelei und Sektiererei hierin zu Werke gehet».[52] Tersteegen war frei vom Bemühen, eine einheitliche Verkündigung herzustellen, da diese nur eine religiöse Gleichschaltung zur Folge haben würde, welche die göttliche Mannigfaltigkeit übersieht. Nach der alten Lebensbeschreibung ließ Tersteegen ausdrücklich «einem jeden seine völlige Freiheit, so zu tun, wie er es vor Gott am besten fand».[53] Nie gab er auch seine eigenen Ausführungen für Worte Gottes aus,[54] und er wünschte ausdrücklich, nicht als Autorität, an die sich Gemüter ängstlich binden, angesprochen zu werden.

Tersteegens Beruf wurde zur Berufung in seiner Seelsorgertätigkeit. In dieser tritt auch seine Heiligkeit am stärksten in Erscheinung. Die Seelsorge bildet die Gnadengabe, die diesem Menschen geschenkt worden war, und es ist keine Übertreibung zu sagen, daß der ehemalige Bandweber zu den größten Seelsorgern aller Zeiten zu rechnen ist. Bei ihm wird es klar, wie seelsorgerliche Beratung auf Wissen und inneren Erfahrungen gründet, die schulmäßig nicht erlernbar sind. Seelsorge ist eine religiöse Begabung, mit der Gott vor allem den Heiligen begnadigt. Sie besteht in etwas anderem als der Weise, den Leuten lieblos ihre Sünden auf den Kopf zuzusagen. Auch Tersteegen wußte um die Sünde, aber er hielt es für notwendiger, den Christen an seinen hohen Adel zu erinnern. Seine Seelsorge, die von jener Barmherzigkeit Gottes getragen war, die ihre Sonne aufgehen läßt über Gute und Böse, entsprang einer großen Milde, die es nicht über sich brachte, einen Menschen zu verdammen, für dessen innere Bedrängnisse er ein geniales Verständnis aufbrachte. Man wird ihrem tiefsten Kern nicht gerecht, will man sie nur mit seinem feinen psychologischen Taktgefühl erklären, das ihm durch das Studium der Mystiker zugeflossen war. Selbstverständlich schloß sie, wie alle echte Seelsorge, die intuitive Kenntnis der Psychologie ein. Aber Tersteegens zentrales Bestreben war es, den Menschen immer in das Licht Gottes zu stellen, ihn aus seiner seelischen Verzagtheit ins Göttliche zu führen, «durch die Enge in eine unermeßliche Weite».[55] Dieser Mann der Stille war ein Mensch, der um das letzte, dunkel geahnte Verlangen der Seele nach dem überirdischen Sinn des menschlichen Daseins wußte, zugleich aber auch des Weges kundig war, auf welchem allein solcher Sehnsucht Erfüllung zuteil werden kann. Nach einer älteren Vorstellung muß Tersteegen als Seelenführer bezeichnet werden. Er selbst lehnte zwar diese ihm aus der spanischen Mystik wohlbekannte Bezeichnung für sich selbst ab: «Wenn ich's dürfte bitten, wollte ersuchen, in Briefen das Wort Führer nicht zu gebrauchen.»[56] Diese Ablehnung hängt mit seiner großen Bescheidenheit zusammen. In Wirklichkeit war er der geborene Seelenführer, das protestantische Gegenstück zum katholischen Franz von Sales. Freilich kannte Tersteegen als reformierter Christ keinerlei Unterwerfung unter das Urteil des Seelenführers. Nie hat er eine Seele vergewaltigt, zumal es sein Grundsatz war: «Wer mit Seelen umgehet, muß sein wie ein Kindermädchen, so ein Kind am Leitband hält und welches nur vor Gefahr und Fallen bewahret, sonst aber dem Kinde seinen freien Gang lässet.»[57] Seine Seelsorge besteht in einer Menschenführung aus dem Geist einer großen Sinnordnung des Lebens, wie sie nur ein Heiliger ausübt. Das spürten die Menschen instinktiv, und sie kamen deswegen auch von weit her zu ihm. Tersteegen brachten sie ein unbegrenztes Vertrauen entgegen und bekannten ihm unaufgefordert ihre Verfehlungen. Stundenlang mußten sie wegen des starken Andranges oft seiner harren, um nur einige Worte mit ihm sprechen zu können. Tersteegen selbst erzählte einmal, wie seit Wochen hintereinander vom Morgen bis zum Abend immer der eine auf den andern warten müsse, und wie manche fünf- bis sechsmal wieder umkehren müßten, ehe es ihm möglich sei, ihnen nur ein Viertelstündchen zu widmen. Oft kam es vor, daß er zehn, zwanzig, ja dreißig bekümmerte Seelen zugleich bei sich hatte. Die alte Lebensbeschreibung behauptet, daß von ihm «ein bedrücktes Herz nicht leicht ohne Trost und Stärkung» wegging.[58] Die seelsorgerliche Tätigkeit ist die Mitte von Tersteegens Leben, die seinem Dasein einen Glanz verleiht, der alles Gefälle mehr als ersetzt. Was er auf diesem Gebiet geleistet hat, ist wertvoller, als wenn er Wunder vollbracht hätte.

Die Nachwelt kann sich von Tersteegens Seelsorge an Hand seiner erhaltenen Briefe ein ungefähres Bild machen. Sie stellen etwas vom Kostbarsten dar, was man in seelsorgerlicher Beziehung lesen kann. Unverständlicherweise fehlt auch heute noch eine Gesamtausgabe, die wissenschaftlichen Ansprüchen genügen würde. Viele seiner Briefe sind überhaupt noch nie gedruckt worden. Tersteegen zählt zu jenen großen Briefschreibern der Weltliteratur, die sich zum Schreiben noch Zeit nahmen. Er legte seine ganze Seele in seine Briefe. Die Klarheit seines Briefstiles ist von jeher aufgefallen, wie auch seine Unbeirrbarkeit, die sich immer gleich blieb, ob der Empfänger dem Adelsstand angehörte oder eine von der Welt gering geschätzte alte Jungfer war. Ihr liegt die Erkenntnis vom unendlichen Wert der Menschenseele zugrunde. Nie vertrat Tersteegen die Meinung, daß es nicht auf den Einzelnen ankomme, auch angesichts des großen Weltgeschehens. Eine einzelne Seele kann mehr bedeuten als alle gesellschaftlichen Ereignisse. Allen seinen Briefen entströmt eine selten wohltuende Atmosphäre, die der Leser vielleicht nicht in jeder Stimmung wahrnimmt; auf einen bekümmerten Seelenzustand wirkt sie jedoch wie lindernder Balsam. Es sind ausnahmslos seelsorgerliche Briefe, die dem angefochtenen Empfänger die Worte zurufen: «Gebt euch zufrieden! Ihr könnt in eurem Stande noch wohl ein Heiliger werden.»[59] Stets kehrt in seinen Briefen die Melodie wieder: «Wir müssen mehr an Gott denken als an uns selbst.»[60] Tersteegen war von der Überzeugung durchdrungen, daß das Ansehen seiner selbst den Menschen nur krank mache, aber in dem Ansehen Gottes seine Genesung liege. Hierin war er gewiß auf der richtigeren Fährte als jene Seelenärzte, die den Patienten stets nur mit sich selbst zu beschäftigen wissen. Nicht in der Betrachtung des eigenen Nabels liegt nach Tersteegen die Rettung, sondern in der ernsthaften Beschäftigung mit einer Sache. Den seelisch angegriffenen Menschen versuchte er auf das außer ihm Stehende hinüberzuleiten und lieferte ihn damit nicht dem eigenen Gefühl aus. Der Mann aus dem Wuppertal besaß eine intime Kenntnis des «niedersinkenden Naturells», das leicht zu Mutlosigkeit, Traurigkeit, Beängstigung und Kümmernissen neigt. Einem derart heimgesuchten Menschen rät er auch ein wenig Geduld mit sich selbst zu haben und sich durch die begangenen Fehler wohl demütigen, aber nicht beunruhigen zu lassen: «Und störet euch dann nicht über die Sünde! Durch unser ungebärdiges Stellen beim Gefühl der Sünde und Versuchungen richten wir nichts anderes aus, als daß wir das Übel ärger machen... Sehet die Sünde, auch diejenige, die sich wider Willen in euch regt, so an, als etwas, das euch nicht angehet; lasset dieses Ungeheuer da; es ist eures Andenkens und Beschäftigung nicht wert.»[61] Nur nicht in den begangenen Sünden wühlen, sondern «vergessen, vergessen ist die ganze Kunst. Und wenn's wieder einfällt, auch nur wieder vergessen, nicht durch Gewalt, sondern wie man eine Sache fallen läßt, die man nicht behalten will.»[62] In gleicher Weise warnte Tersteegen seine Briefempfänger vor dem Sorgengeist: «In eurem Wandel trachtet immer mehr, ohne Überlegungen, in Einfalt und Unschuld, wie ein stummes Kind einherzuziehen. Denket nicht voraus und sehet nicht zurück; beides bringt Unruh und ist eurem jetzigen Stande zuwider. Der gegenwärtige Augenblick muß eure Wohnung werden; darin findet man allein Gott und seinen Willen.»[63] Der Mensch muß nach Tersteegens Briefen lernen, auch in aller Dürre und Finsternis auf den unsichtbaren, gegenwärtigen Gott ohne alles Fühlen und Sehen zu trauen. Ebenso ermahnt er, sich mehr leidend als wirkend in seinem Innern zu verhalten. Auch gegenüber dem Zweifel rät Tersteegen eine passive Haltung einzunehmen: «Die Atheisten in uns und außer uns werden nur dadurch gestützet und gestärket, wenn man so sorgfältig ihre Skrupel untersucht und beantwortet.»[64] Vor allem verstand Tersteegen den sich elend fühlenden Menschen wundervoll zu trösten: «Weil es denn nun Gott gefället, euch so elend, verderbt und ohnmächtig zu sehen, so laßt es euch gefallen!... So freue dich denn darüber, daß du so elend bist, und daß Gott so heilig und vollkommen ist. Das Elend und das Nichts ist unser uralter Platz; und die Heiligkeit und Allheit ist Gottes... Derhalben entschließet euch nur, mit Hiob auf dem Misthaufen eurer Elenden in Ruhe sitzen zu bleiben und Gott zu lieben.»[65] Seine Briefempfänger spornte er an, Gott noch intensiver zu suchen als bisher und in dieser Bemühung keinen Tag lässig zu werden. «Keiner von uns ist so tief ausgegangen, der nicht noch eines tieferen Ausganges bedürfe. Es ist kein Stillstand außer Gott.»[66] Tersteegens Briefen ist dieser ansprechende Duft eigen, weil er sich in seinen Ratschlägen immer einschließt: «Ich schreibe manchmal an mich selbst, wenn es scheinet, ich schreibe an andere.»[67] Alle seine seelenkundigen Ausführungen zeugen von einer großen Lebensnähe, ohne damit irgendwie einer Gottesferne zu verfallen. Für angefochtene Menschen gibt es nur wenig so gehaltvolle Ausführungen zu lesen, wie Tersteegens Briefe es sind. Von ihnen spricht sogar Albrecht Ritschl, der «den wohltuenden Eindruck von einem kühlen Zimmer mit gedämpftem Licht erhielt, in welchem man sich von der Hitze und dem Kampfe der Arbeit und von der Blendung durch das grelle Tageslicht erholt».[68] An religiöser Kraft gemessen dürfen sie füglich mit den Äußerungen seines ihm verwandten Zeitgenossen Baalschem, des Begründers des Chassidismus, auf die gleiche Stufe gestellt werden, dessen Worte von derselben Sonne Gottes beschienen sind.

Zu Tersteegens seelsorgerlicher Betreuung gehört auch jene häusliche Gemeinschaft, die auf dem Gut Otterbeck zwischen

Mülheim und Elberfeld lebte. Die Pilgerhütte, wie sie sich nannte, kann als evangelisches Kloster bezeichnet werden, und sie bildet jedenfalls im reformierten Protestantismus eine einzigartige Erscheinung, die zeigt, wie Tersteegen in aller Schlichtheit immer wieder ungewohnte Gedanken in die Tat umsetzte. Die Insassen waren alle unverheiratet — was für die Tersteegianer charakteristisch ist, wenn auch seine Anhänger mit Tersteegen selbst nicht verwechselt werden dürfen — und lebten nach einer Regel, welche ihrem aus Gebet und Arbeit bestehenden gemeinsamen Leben die Richtung gab und einzig den Zweck verfolgte, in der wahren Heiligung gefördert zu werden.[69] Tersteegen selbst wohnte nicht in dieser klösterlichen Gemeinschaft, aber sie stand völlig unter seiner Leitung. Er war ihr Seelenführer, in welcher Eigenschaft er sie oft besuchte. In seinen Briefen ermahnt er die Insassen auch öfters, sich wie Klosterbrüder aufzuführen. Das evangelische Kloster lag Tersteegen, welcher dem Mönchtum nicht in blinder Verkennung gegenüberstand, sehr am Herzen, und die Einsicht schmerzte ihn tief, daß dieser Versuch nicht gelingen konnte.

Zu seiner seelsorgerlichen Arbeit ist, etwas weiter gefaßt, auch seine Tätigkeit als Schriftsteller zu rechnen, ging es ihm doch nicht um die Erwerbung von literarischem Ruhm. Seine Schriftstellerei stand ganz im Dienste der Mitmenschen. Schon in den Jahren seiner Einsamkeit hat Tersteegen sich einem ausgedehnten Studium hingegeben und eine Bildung erworben, mit der er viele Akademiker in den Schatten stellt. Sein Interesse galt namentlich dem französischen Quietismus, der neben der protestantischen Erziehung das meiste zur Formung seiner Persönlichkeit beigetragen hat. Tersteegen ist ein Anhänger des Quietismus, der bei ihm allerdings durch seine evangelische Haltung eine Brechung erfuhr.[70] Er fühlte sich namentlich zu der quietischen Auffassung hingezogen, wie sie die arg verleumdete Madame von Guyon vertrat, deren Schriften er in Deutschland sehr verbreiten half.[71] Ihre Werke hatte er durch Peter Poiret kennengelernt, dessen nachgelassene Bibliothek in seine Hände gekommen war.[72] Auch ein Einfluß von Gottfried Arnolds Schriften ist bei Tersteegen deutlich wahrzunehmen.[73] Unter diesen mannigfachen Einwirkungen begann Tersteegen zunächst seine schriftstellerische Tätigkeit als Übersetzer, indem er Schriften von Albertus Magnus, Tauler, Thomas a Kempis, Philipp Neri, Labadie, Madame von Guyon und andere mehr ins Deutsche übertrug. Diese Übersetzungen wurden schon als «Rettungen» im Sinne Lessings bezeichnet, da Tersteegen sich verkannter Christen annahm und im Gewissen verpflichtet fühlte, deren verborgene Schätze ans Licht zu ziehen. Durch die Übertragungen übte Tersteegen eine wichtige Vermittlertätigkeit zwischen romanischem und deutschem Geistesleben aus; auch hierin zeigte er sich als echter Sohn der Rheingegend. Besonders durch das gewichtige Werk «Lebensbeschreibungen heiliger Seelen» hat Tersteegen als einer der ersten in Deutschland die spanische Mystik eingeführt und eine Pionierarbeit geleistet, die später durch die Görres, Schwab, Diepenbrock, Storck fortgeführt wurde. Mit der Zeit aber drängte es den Heiligen, an Stelle der bloßen Übersetzungsarbeiten auch seine eigenen Gedanken vorzutragen. Am prägnantesten sind sie im «Weg der Wahrheit» zusammengefaßt, einem Buch, das mit Recht bis zum heutigen Tag immer wieder aufgelegt wurde. Tersteegens Werke können nicht in die Reihe der üblichen Erbauungsbücher eingeordnet werden. Hiefür ist ihnen bei aller Innigkeit doch wieder eine zu große Herbheit eigen, und er war sich auch über den «Bruch des Christenvolkes» allzu klar.[74]

Einen Sektor seiner Seelsorge bildete auch die ärztliche Bemühung. Tersteegen hatte das Bandweben bald nach seinem Verzicht auf die Einsamkeit aufgegeben, und er widmete sich der Anfertigung von Medikamenten. Auf welchem Weg er zu dieser Beschäftigung gekommen ist, steht nicht fest. Ob ihn sein eigener, geschwächter Gesundheitszustand[75] auf diesen Gedanken brachte oder eine freilich mit Bestimmtheit nicht nachzuweisende Verbindung mit der bekannten Apotheke von Richter im Waisenhaus zu Halle, kann nicht gesagt werden. Tersteegen soll «schöne Einsichten in die Arzneiwissenschaft» besessen haben, wie die alte Lebensbeschreibung ausführt.[76] Er legte sich ein kleines Laboratorium zu mit Kolben, Gläsern, Flaschen und Schachteln. Bei der Zubereitung von Medikamenten hat er sich auch einmal schwer verbrannt. Die Herstellung von Pillen, Pulvern und Essenzen nach den noch vorhandenen Rezeptbüchern nahm ihm viel Zeit weg. Er selbst gebrauchte im Grunde einfache Hausmittel und wirkte der Praxis der studierenden Ärzte nicht entgegen, auf die er seine Freunde wiederholt hinwies. Seine Medikamente gab er an hilfesuchende Menschen meist unentgeltlich ab, da ihm von befreundeter Seite Zuwendungen zukamen, die ihm ein finanziell unbesorgtes Dasein ermöglichten. Die ärztliche Bemühung steht bei Tersteegen im Zusammenhang mit seiner religiösen Überzeugung, nach welcher unter Umständen körperliche Leiden aus unrichtigem christlichem Verhalten hervorgehen.[77] Tersteegen war ein bescheidener, doch keineswegs unerfahrener Arzt. Seine zunehmende Praxis machte sogar die Anstellung eines Gehilfen notwenig. Es wurde ihm großes Vertrauen entgegengebracht, und es gab Leute, die sich nur von ihm behandeln lassen wollten und von weither zu ihm reisten. Er war kein Quacksalber und ließ sich auch nie auf die Fährte des Wundertäters verlocken, von dessen unangenehmen Begleiterscheinungen er sich stets fernzuhalten wünschte. Tersteegens ärztliche Tätigkeit darf als die letzte Verkörperung des Priester-Arzt-Ideals angesprochen werden, da er diese beiden Tätigkeiten als innerlich zusammengehörend empfand. Es ist wahrscheinlich, daß Tersteegens Bemühung hierin auf Paracelsus zurückging, da er von dessen Dasein durch Weigel und Böhmes Schriften Kenntnis hatte. Aber wenn man sich auch hüten muß, Tersteegens Wirksamkeit als Arzt zu überschätzen, bildet es doch einen ansprechenden Zug seines Wesens, daß es ihm ein Bedürfnis war, dem Menschen auch leiblich und nicht nur seelisch helfen zu wollen. Unbewußt hat er damit auch bezeugt, wie er den Menschen noch als Ganzheit auffaßte, etwas, was in der Geschichte der Heiligen öfters wahrzunehmen ist.

Tersteegens Wortverkündigung, seelsorgerliche Wirksamkeit, Schriftstellerei und ärztliche Tätigkeit erstreckte sich auf weite Gebiete von Nordwest-Deutschland. Ja der Einfluß seiner öffentlichen Wirksamkeit reichte nach Holland, Schweden bis nach Amerika. Als 1814 fremdes Militär durch Mülheim zog, erkundigten sich russische Soldaten nach Tersteegens Haus und beteten an dessen Grab. Nach Jung-Stillings überschwenglicher Aussage hat seit der Apostel Tagen kein Mensch mehr Seelen zu Christo geführt als Tersteegen. Aber das Anziehende an dieser mannigfachen und weitreichenden Tätigkeit war doch, daß Tersteegen sich dadurch selbst nicht untreu wurde. Trotz dieser anstrengenden Beschäftigung verlor er sich nie in eine atemlose Betriebsamkeit. Auch bei aller Beanspruchung durch Menschen blieb er der unsichtbaren Stille verpflichtet, aus der heraus all sein Tun floß und die als das Zeichen seiner Heiligkeit gewertet werden muß.

IV

Wenn Tersteegen auch verschiedene Tätigkeiten ausübte, in seiner öffentlichen Wirksamkeit ging es ihm doch immer nur um eines. Alle seine Berufe waren *ein* Beruf, den er nicht theologisch auffaßte. «Ich bin, wie bekannt, kein zunftmäßiger Theologus und bin nie auf Universitäten gewesen.»[78] Seine Aufgabe verstand er vielmehr als die Ausrichtung einer ihm aufgetragenen Botschaft, die er auf seine Zeitumstände anwandte und nicht allein als ein unbewegliches System vertrat. Die Verkündigung Tersteegens ist einem Licht im dunklen Zimmer zu vergleichen, das alles darin eigenartig zu erhellen vermag. Obschon er sich bemühte, stets nur eines zu sagen, so sagte er es doch nicht stets auf die gleiche Weise. Seine Botschaft entfaltete er je nach der Front, die ihm gegenüberstand. Es findet sich bei ihm eine beachtenswerte Auseinandersetzung mit seiner Zeit, und nur Unkenntnis kann ihn des Mangels an bewußtem Eingehen auf die Spannungen seiner Zeitströmungen bezichtigen.

Das Zeitalter Tersteegens ist durch eine große Uneinheitlichkeit charakterisiert. Deutschland litt damals noch immer unter den Nachwirkungen des Dreißigjährigen Krieges und war im Begriffe, den Barock zu verlassen. Es begann die Auflösung der abendländischen Christenheit, an welchem Prozeß der Protestantismus einen größern Anteil hatte als der Katholizismus. Die innere Lage des Christentums wies keine geschlossene Festigkeit mehr auf, sondern war bereits stark unterhöhlt. Wenn jeweils die Enge jenes Zeitalters betont wird, so stellt sich die geschichtliche Situation doch viel lebendiger dar, als es die Aufteilung in die zwei großen Heerlager der absterbenden Orthodoxie und des sich langsam durchsetzenden Pietismus vermuten läßt. Diese standen sich damals in kämpferischer Stellung gegenüber. Aus deren innerkirchlichen Auseinandersetzungen ging jedoch die heraufsteigende Aufklärung als Siegerin hervor, welche alle andern Bestrebungen zu überschatten vermochte.

Es ist ein Zeichen für die geistige Wachsamkeit Tersteegens, daß er mit feinem Instinkt die Macht der Aufklärung erkannt hat. Deutlich spürte er, worum der Kampf ging. Er besaß ein Gefühl für den Umbruch der Zeiten und die starke Wandlung des Frömmigkeitsbewußtseins, welche er zur Folge hatte. Freilich vermochte Tersteegen nicht wie sein hellsichtiger Zeitgenosse Lessing in der Aufklärung den Anbruch der christlichen Neuzeit zu erblicken. Er sah weder einen neuen Morgen am Horizont aufsteigen, noch begriff er das tiefere Anliegen der rationalistischen Bewegung. Offenbar war es nicht seine Mission zu zeigen, wie auch die Aufklärung im Hinblick auf die Hexenprozesse und die Unduldsamkeit ein göttliches Wort auszurichten hatte. Man kann dies die Schranke Tersteegens nennen, die man ruhig zugeben kann, ohne seiner Bedeutung Abbruch zu tun. Tersteegen war zwar mit der Natur stärker verbunden, als gewöhnlich angenommen wird, und er wußte um das «stille Halleluja in allem, was da gegründet ist». Alles was jedoch Kultur hieß, blieb ihm im Innersten fremd, und er besaß wenig Sinn für die Dinge in ihrer Eigengesetzlichkeit. Die kulturelle Betrachtung des Lebens lag ihm fern, weil er zu stark alles Zeitliche nur im Lichte des Evangeliums sah. Deswegen sah er auch in der Aufklärung zunächst nur den Feind, den es zu bekämpfen galt, zumal deren kalte Verständigkeit ihn fremd anmuten mußte und das Vernunftzeitalter mit seiner rationalistischen Einstellung für das Heilige kein Verständnis aufbrachte. Diese Auffassung Tersteegens von der Aufklärung ist einseitig, doch muß man auch sehen, daß zu jener Zeit ein Widerstand gegen deren allzu mächtiges Überhandnehmen nötig war, hat sich doch die höhnende Vernünftigkeit für das Christentum nachteilig ausgewirkt. Tersteegen hat diese Notwendigkeit wie sein jüngerer Zeitgenosse J. G. Hamann, mit dem er im gleichen Atemzug zu nennen ist, erkannt, und er hat diese ihm aufgetragene Auseinandersetzung nicht blind geführt. Der Kampf gegen die Vernunft ist ein außerordentlich schwieriges Unternehmen, das größte Besonnenheit erfordert. Fanatische Feindschaft gegen den Verstand schießt über das Ziel hinaus und schadet mehr, als sie nützt. Allzu gerne verschanzt sich hinter dem Kampf gegen die Vernunft nur Denkfaulheit, gewöhnlich denken die Menschen zu wenig und nicht zu viel. Letztlich dürfen nur Heilige den Kampf gegen die Vernunft führen, weil nur sie dazu berechtigt sind und eine Position kennen, die darüber hinaus geht.

Der Kampf gegen das Vernunft-Prinzip ist in vielen Ausführungen Tersteegens anzutreffen. Prinzipiell war er der Ansicht, die Vernünftler vor allem «der Erbarmung Gottes zu empfehlen, sich nicht zu viel mit ihnen in ihr Element einzulassen», bis der «gewaltige Wind kommt, der ihr Gebäude über den Haufen wirft.»[79] Gleichwohl hat Tersteegen sich in seinem «Sendschreiben von der Vernunft, deren Fähigkeit, Gebrauch und Mißbrauch im Göttlichen» in eine Auseinandersetzung mit ihnen eingelassen. Er ließ sich zwar in keine Vernunft-Feindschaft hinein manövrieren, sondern war immer der Meinung: «Die Vernunft ist an sich ein edles Vermögen, wenn sie dem Geiste untertänig gemacht ist, aber ein sehr schädlich Ding, wenn sie die Herrschaft über den

Geist führet.»[80] Er wollte sie nicht als Königin dulden, wohnt sie doch in einem andern Land als das Heiligkeitsstreben. Wenn sie den Versuch macht, in das Gottesverhältnis des Menschen hinein zu reden, ruft ihr Tersteegen zu: «O Vernunft, sei stille! Die See ist hier allzu breit und gar zu tief; deine Klugheit und Spekulation kann hier keinen Grund finden.»[81] Für den Mülheimer Heiligen war ein begriffener Gott kein Gott. Auch in seinen Briefen erscheint wiederholt die Warnung vor dem «bösen Nachbarn», worunter er seine «eigene spöttische, listige Vernunft» verstand.[82] Sie gilt ihm als «betrüglicher Advokat», welcher dem Menschen «allerlei Scheinursachen in den Kopf» bringt,[83] ja einmal nennt er sie sogar den Antichristen.

Es verdient Beachtung, wie Tersteegen sich in seinem Kampf gegen die Aufklärung nicht damit begnügte, die Vermessenheit der Vernunft nachzuweisen, ihn vielmehr ins Positive kehrt und der rationalistischen Einstellung gegenüber eine andere Haltung vertrat. «Man muß nicht zu lange mit dem Kopf beschäftigt bleiben, sondern sobald wie möglich sich wieder in sein Herz senken.»[84] Tersteegen unterschied zweierlei Art Gedanken, welche der Mensch in sich hat, Gedanken des Kopfes und Gedanken des Herzens. Wenn der Christ seinen Weg des Herzens durch den Verstand kundtun wolle, müsse er sehr weitläufig werden und habe noch wenig gesagt, wenn er schon viel geäußert habe und vielleicht überhaupt nicht das, was er wollte. «Wandeln wir also dergestalt recht nahe bei unserem Herzen,»[85] war Tersteegens bedeutsames Anliegen, dem es darauf ankam, wie Pascal, dem rationalen Denken gegenüber das Denken des Herzens aufzuzeigen. «Vom Kopf ins Herz hinein», sagte er, «denn nicht im Kopf, sondern im Herzen entdeckt sich der reine und wahre Verstand, um Gott und göttliche Dinge zu erkennen; daselbst ist das Auge des Verstandes, das uns von Gott geöffnet werden muß.»[86] Der Mann aus dem Wuppertal betont immer wieder, «daß man Gott und die Wahrheit nie durch Tätigkeit des Kopfes finden kann, sondern nur durch die des Herzens und der Liebe»,[87] weil nur das Herz symbolisch zu denken fähig ist und sich der Bilder bedient, auf die das Göttliche nicht verzichten kann, wie Tersteegen ausdrücklich bemerkt. Mit dieser fundamentalen Einsicht hat der Heilige des Protestantismus die Grundlage jeglichen religiösen Verständnisses umschrieben. Als die Christenheit den Weg des Denkens mit dem Herzen verließ, verfiel sie dem inneren Siechtum, gab sie dadurch doch die Denkform preis, die dem Religiösen allein entspricht. Es sind einzig die Heiligen gewesen, welche diesem verhängnisvollen Prozeß Widerstand geleistet haben.

Der Gegensatz von Tersteegen zur Aufklärung kommt am anschaulichsten in seinem Verhalten gegenüber Friedrich dem Großen zum Ausdruck. Scheinbar ist es ein unmögliches Unterfangen, den großen, weltberühmten König und den bescheidenen, ehemaligen Bandweber einander gegenüberzustellen. Zwei ungleichere Menschen kann man sich nicht leicht denken: der doppelzüngige Friedrich II., der einen Anti-Machiavelli schrieb und doch nach den Grundsätzen des Italieners handelte; der ein pflichtbewußtes Leben führen wollte und mit seiner Skepsis eine tödliche Kälte ausströmte, und der gemütsinnige Tersteegen, der lautere Ewigkeitsmensch, der eine der wunderbarsten Strahlenbrechungen des Göttlichen darstellt. Doch bildet die Erwähnung der beiden Namen keinen an den Haaren herbeigezogenen Vergleich, da Friedrich der Große tatsächlich der Gegenspieler Tersteegens war. Der Heilige hatte die Schriften des Königs genau gelesen und in einer scharfsichtigen Abhandlung «Über die Werke des Philosophen zu Sanssouci» die Mängel dieser «armen Philosophie» rücksichtslos aufgedeckt, die «so sparsam vom Frieden, hingegen von der Kriegskunst so weitläufig» handeln.[88] Als Friedrich die Kritik Tersteegens zu lesen bekam, war er betroffen und reagierte gegen dessen freimütige Ausführungen nicht unangenehm, was vielleicht als ein Zeichen gewertet werden darf, daß in seinem Innern ein verborgenes religiöses Bedürfnis doch nicht zur Ruhe gekommen war, das er mit seinen aufgeklärten Zweifeln umsonst zu beschwichtigen suchte. Bei einem Besuch in der Rheingegend ließ Friedrich den Kritiker zu sich bitten. Doch kam dieser der Aufforderung nicht nach. Durch das königliche Ersuchen fühlte Tersteegen sich keineswegs geschmeichelt, und er war sich über die Verschiedenheit der Denkweisen allzu klar, als daß er sich von dieser Begegnung eine Klärung hätte versprechen können. Nur Artigkeiten im untertänigsten Sinne zu äußern lag diesem wahrheitsliebenden Menschen nicht, und dem König offen den Kampf anzusagen, wie es der Situation allein entsprochen hätte, verbot die allzu ungleiche Stellung. Diese Überlegung führte Tersteegen zu einer Ablehnung der Aufforderung, die eine Einladung und kein Befehl war. Es ist aber keine Frage, daß Friedrich II. mit seinem aufgeklärten Unglauben jenen Geist verkörperte, der Tersteegen am stärksten entgegengesetzt war und gegen den der Heilige immer angekämpft hatte. Über die Unvereinbarkeit der beiden Auffassungen muß sich die Christenheit stärker klar werden, als es bisher der Fall war, und sie darf nicht um nationaler Vorurteile willen eine Versöhnung von Feuer und Wasser versuchen.

Tersteegen kämpfte noch gegen eine zweite Front an, und das war die erstarrte Kirchlichkeit. Die Orthodoxie kann nicht im Ganzen einfach als totes Gebilde bewertet werden. Gegenüber Bachs Musik verhielt sie sich aufgeschlossener als der Pietismus. Aber es gab bei ihr doch viel hohles Scheinchristentum, und Tersteegen fühlte sich gedrungen, gegen die gemalten und durch den Geist Christi nicht wiedergeborenen Christen aufzutreten, die glauben, es genüge die Kenntnis der Schrift. Überraschend scharf konnte Tersteegen ausfällig werden: «Der Mensch kann bei der allerrichtigsten Lehre doch wohl auf einem unrichtigen Wege sein und ewig verlorengehen.»[89] In seinen Reden hat er sich deutlich gegen die Leute gewendet, welche «mit dem Tun nichts zu tun haben wollen.»[90] Nicht einer neuen Werkgerechtigkeit redete er das Wort, war er sich doch klar über das Unvermögen des Menschen, sich selber zu helfen. Es ging ihm vielmehr auch hierin darum, die erstarrte Christenheit in positiver Weise auf eine übersehene Möglichkeit aufmerksam zu machen. Aus diesem Bestreben heraus sagte er: «War je ein Paulus nötig, der den Juden ihre Werkgerechtigkeit über den Haufen warf, um die Gerechtigkeit in Christo aufzurichten: so ist auch in diesen Tagen wieder ein Petrus und Jakobus nötig, der durch den Geist Gottes anzeige, daß dasjenige, so unser geliebter Bruder Paulus nach der Weisheit, die ihm gegeben ist, hier und da schreibt, nicht allezeit recht verstanden, sondern bisweilen entweder verdreht oder zu hoch getrieben werde, wobei die Wahrheit an sich allezeit ungekränkt bleiben muß.»[91] Dieser Kampf gegen eine allzu bequem aufgefaßte Rechtfertigungslehre, die allmählich zu einem sanften Ruhekissen geworden war, und die Ehrenrettung des Jakobus sind zum Verwechseln ähnlich mit Kierkegaards Ausführungen in seiner Schrift «Zur Selbstprüfung.»[92] Nicht zufällig schrieb der dänische Sokrates, als er die Ausführungen des Mülheimer Heiligen kennengelernt hatte, voll Freude in sein Tagebuch: «In dem Ganzen ist Tersteegen unvergleichlich. Bei ihm finde ich wahre und edle Frömmigkeit und einfältige Wahrheit.»[93] Die geistige Verwandtschaft zwischen Tersteegen und Kierkegaard erstreckt sich vor allem auf die überaus ernste Auffassung des Christseins, über das der Mann aus dem Wuppertal schrieb: «O, nein, Christ zu sein ist etwas Großes, oder es ist gar nichts.»[94] Mit deutlichen Worten hat er sich gegen die oberflächliche Christentums-Auffassung gewandt: «Das einzige Wort: Ich bin ein Christ, ich glaube an Christus, wollte auch in den ersten Jahrhunderten des Christentums viele und große Dinge in einem kurzen Begriff sagen; ja mehr als man heutigen Tages wohl denken sollte. Es konnte dieses einfältige Bekenntnis keiner tun, der nicht entschlossen war, den unvermeidlichen Haß und die Schmach der ganzen Welt, die Verleugnung alles dessen, so der Natur angenehm war, den Verlust von Gut und Blut, bei Erduldung alles dessen, was die unmenschliche Bosheit nur am Schrecklichsten auszudenken wußte, mit Willigkeit auf sich zu nehmen. Es mußte darum schon ziemlich vieles in den Herzen derjenigen vorgegangen sein, die dieses große

Wort sagten: Ich glaube an Christus. Man betrügt sich selbst und andere, wenn man so leichtsinnig über die Dinge hinläuft und sich einbildet, daß in diesen Tagen, da das Christentum auf silbernen Pantoffeln gehet, dies Wort ‚Ich glaube an Christus' so leicht schon dasselbe sagen wollte, was es in den ersten brünstigen Jahrhunderten bedeutete.»[95]

Mit diesen Ausführungen ist Tersteegen sowenig wie Kierkegaard seiner protestantischen Haltung untreu geworden. Vielmehr hat er durch seine Einstellung jene innerprotestantische Kritik weitergeführt, die schon mit einigen Außenseitern des Reformationszeitalters begann. Nach Tersteegen ist die Reformation «wegen vieler Sünden und Undankbarkeiten nicht zum erwünschten Durchbruch und zur Vollendung gekommen», sondern «aufs neue wieder jämmerlich verfallen.»[96] Diese innerprotestantische Kritik, welche die Lebensführung gegen die Lehre ausspielt, darf nicht kurzerhand abgelehnt werden, wenn man nicht gerade dem echt protestantischen Geist untreu werden will. Mit ihr hat Tersteegen sich als einen der treuesten Söhne des Protestantismus erwiesen, der das reformatorische Prinzip als lebendige und immer wieder anzuwendende Haltung auffaßte. An der Bibel gemessen, bringt diese innerprotestantische Kritik — Tersteegen verstand auch Röm. 7 anders als Luther — ein berechtigtes Anliegen vor, das aufgenommen werden muß. Die Reformatoren dürfen nicht als einziger Maßstab betrachtet werden. Bei all ihrer überragenden Größe sind sie doch nur die Bahnbrecher des Protestantismus gewesen. Es gibt aber auch noch andere Möglichkeiten innerhalb des Protestantismus, wie gerade Tersteegens Persönlichkeit beweist, dessen religiöses Wesen anders geartet war als dasjenige Luthers, Zwinglis und Calvins, wenn er auch diese Namen immer mit dem nötigen Respekt nannte. Wer diese andere Möglichkeit nicht zugeben will, ist in Gefahr, die Reformation zu vergötzen, was sich noch immer verhängnisvoll ausgewirkt hat. Diese innerprotestantische Kritik entspringt den gleichen Kräften, welche die Reformation selbst hervorgebracht hat.

Wenn Tersteegen auch seine Meinung, wenn es sein mußte, sehr energisch geltend machen konnte, war er doch alles andere als eine Kämpfernatur. Der Kampfgeist war bei ihm nicht wie bei Luther ein Urelement und konnte es auch nicht sein, wollte er seinem Wesen als Heiliger nicht untreu werden. Heilige kämpfen anders als die übrigen Menschen. Gehässige Streitigkeiten kennen sie grundsätzlich nicht. Ihre größte Wirkung liegt in ihrem bloßen Dasein, das beständig an andere Möglichkeiten gemahnt. Eine falsche Ansicht wird nach Tersteegen weniger beseitigt, indem ihre Unrichtigkeit nachgewiesen wird, als vielmehr durch die Gegenüberstellung der wahren Position. Auf diese kam es ihm allezeit an. Wo er der Vernunft entgegentrat, wies er auf den Weg des Herzens hin, wo er einen einseitig verstandenen Paulus zu korrigieren sich bestrebte, rückte er den Apostel Jakobus in den Vordergrund. Stets aber kam es ihm auf das Positive an. So muß auch in der Darstellung seiner Botschaft vor allem darauf geachtet werden, was er in bejahender Beziehung sagt. Erst dann tritt das verborgene Antlitz Tersteegens hervor.

Da Tersteegen darauf ausging, bilderlos, willenlos und formlos in Gott zu verströmen, hat man sein zentrales Anliegen stets als Mystik charakterisiert. Von seiner mystischen Einstellung, die er keineswegs zur Beruhigung seiner Aktivität brauchte, wie fälschlicherweise schon behauptet wurde, hat er mannigfache Proben gegeben. Es kam ihm auf eine vorbehaltlose Zustimmung zu der Leitung Gottes an, und er hielt es für einen Vorteil, wenn der Mensch dabei sein eigenes Beten verliere, um die Stelle dem Geist Gottes einzuräumen. Er verstand auch die Schrift nicht in der Weise, «als wenn Gott nicht wohl durch andere Mittel, ja gar ohne Mittel wirken könne und wolle.»[97] Geradezu einen Betrug nannte er es, daß Gott dem Menschen «nur die Schrift gegeben habe», und meinte, «wenn wir weiter nichts als die Schrift wüßten und hätten keine andere Gesellschaft auf dem Wege der Gottseligkeit, nimmermehr kämen wir zurecht.»[98] Zuletzt schärfte er dem Leser die überraschende Forderung ein: «Du selber solltest eine heilige Schrift werden.»[99] Mystik, deren verschiedene Formen er gut kannte, war für ihn keine Frage der Gelehrsamkeit, vielmehr eine solche des Lebens. Die mystischen Zustände der Reinigung, der Erleuchtung und der Vereinigung hatte er selber in seiner Seele erfahren und sie nicht nur andern nachgesprochen. Auch war es für Tersteegen eine ausgemachte Sache, «daß auf einem einzigen Blättlein der wahren mystischen Schriften mehr göttliche Substanz, Licht, Rat, Trost und Frieden für ein gottsuchendes Gemüt zu finden sei als manchmal in zehn und mehreren Folianten der kraft- und saftlosen Schultheologie.»[100] Die Frage, was man eigentlich unter Mystik zu verstehen habe, beantwortete Tersteegen aus der mystischen Erfahrung heraus: «Das kann keiner recht sagen, oder er muß selbst ein Mystikus sein, und keiner gebührend verstehen, wo er nicht selbst auf dem Wege ist, ein solcher zu werden.»[101] Mystik besteht nach Tersteegen weder in dem Anspruch, außerordentliche Geheimnisse zu wissen, noch im Erleben seliger Verzückungen. «Ganz für Gott sein ist das wahre Geheimnis des inwendigen oder mystischen Lebens, wovon sich die Leute so seltsame und fürchterliche Bilder machen», schreibt Tersteegen in einem seiner Briefe.[102] Es ist eine ausgesprochen christliche Mystik, der nichts Pantheistisches anhaftet, die sich bei ihm zu Worte meldet. Aber er brachte der evangelischen Christenheit das nicht genug zu preisende große Geschenk der Mystik, dessen sie im Zeitalter der Orthodoxie und der Aufklärung dringend bedurfte. Tersteegen hat in Worten verkündet, was sein Zeitgenosse Joh. Seb. Bach in Musik ausgedrückt hat, der nach Albert Schweitzer auch eine Erscheinung in der Geschichte der deutschen Mystik ist. In beiden Männern findet die protestantisch-mystische Religiosität ihren edelsten Ausdruck, da sie die orthodoxe und pietistische Strömung in einem höheren Dritten zu versöhnen vermochte.

Tersteegens Mystik bewegt sich nicht auf spekulativen Bahnen. Man begegnet bei ihm auch keinen Kühnheiten wie bei Meister Eckhard und Angelus Silesius. Vielmehr kreiste sie ausschließlich um den inneren Menschen, der bei ihm einen solch breiten Raum einnimmt, daß ihm gegenüber der äußerliche nicht aufzukommen vermochte. Insofern ist Tersteegen nicht als das Ideal eines harmonisch gebildeten Menschen anzusprechen. Doch ist es im Leben fast immer umgekehrt, daß viel häufiger der einseitig äußerlich entwickelte Mensch anzutreffen ist und die vollendete Ausbildung des inneren Menschen etwas Ungewöhnliches darstellt. Die deutsche Innerlichkeit hat im Heiligen des Wuppertals eine der reinsten Blüten getrieben. «In uns sind ganze Welten zu finden; in unserem Grunde ist das Geheimnis der Bosheit und das Geheimnis der Gottseligkeit, die Tiefen des Satans und die Tiefen der Gottheit zu entdecken durch den Geist... Alles außer uns ist und muß uns ein Spiegel sein von dem, was innerlich zu finden ist.»[103] Tersteegen war so tief in die Landschaft seines Gemütes versunken, daß nichts von all dem, was außer ihm geschah, seinen inneren Menschen zu beunruhigen vermochte. Alles verlegte er nach innen, auch die Offenbarung vollzog sich bei ihm auf dem Grund des Herzens. Inwendig sitzt die Sünde, und deswegen muß auch inwendig die Erlösung sich ereignen. Der Mensch kennt die Seligkeit nicht, solange sie außerhalb seiner Seele bleibt. Diese Überzeugung führt Tersteegen zu der Aussage: «So will und muß auch Christus wirklich und in der Tat in unserem Herzen geboren werden.»[104] Der Mensch ist leider nicht nur des äußeren Paradieses verlustig gegangen, sondern er hat auch «allermeist das innere Paradies verloren.»[105] Die ausschließliche Richtung nach innen verleiht Tersteegen jene seltene Innigkeit, die wie Musik höherer Sphären ergreift und von der die schönen Worte zeugen: «Die wahre Innigkeit ist Gottes Werk und kein Menschenwerk... Eine innige Seele tut genug, wenn sie gar nichts tut. Ein stilles Niedersinken, eine stumme Einwilligung, ein einfältiges Zusehen ist schon Arbeit genug für eine Seele, in der Gott wirkt.»[106] Der innere Mensch tritt bei Tersteegen als die größte Wirklichkeit des Lebens hervor, mit seiner Seele hat er auf eine Weise Zwiesprache gehalten, die einen aus dem Staunen nicht herauskommen läßt.

Vor allem war Tersteegen bemüht, den inneren Menschen in jene Stille zu führen, in welcher er der Gegenwart Gottes inne wird. Er besaß die wunderbare Gabe, Kunde davon zu geben, was die Gegenwart Gottes, die mehr ist als eine bloße Gottesidee, einem Menschen Unermeßliches bedeuten kann. Das tiefste Bestreben Tersteegens ging dahin, sich in die Gegenwart Gottes zu stellen, ohne etwas zu sagen oder zu tun — einfach bei ihm zu sein. Nur das und nichts anderes erstrebte er. Das genügte ihm vollständig, wie er es in seinem Liede so prachtvoll ausgesprochen hat und welches den Grundton angibt, auf den dieses Leben abgestimmt war:

Gott ist gegenwärtig
Lasset uns anbeten
Und in Ehrfurcht vor ihn treten!
Gott ist in der Mitte
Alles in uns schweige
Und sich innigst vor ihm beuge!
Wer ihn kennt,
Wer ihn nennt,
Schlagt die Augen nieder,
Kommt, ergebt euch wieder.[107]

Die Gottesgegenwart ist der Ausgangspunkt und das Ziel all seiner Bemühungen. Ob er Briefe schrieb, Retorten erhitzte, Menschen beriet, immer war er in dieser wunderbaren Gegenwart Gottes, welche er erstmals in seiner stillen Zurückgezogenheit erlebt hatte und die der große Mittelpunkt seines Lebens blieb. Sie ist in seinem Dasein, was die Nabe des Rades ist, zu der alle Speichen hinführen, und die seinem Leben jene einzigartige Geborgenheit verlieh, die kein Furchtgefühl aufkommen ließ. Aus dieser unaussprechlichen Gegenwart Gottes ist sowohl die Kraft seiner Reden als das Licht seiner Seelsorge geflossen. Sie allein macht die sonst rätselhafte Beeinflussung verständlich, die von diesem Manne ausgegangen ist. Die göttliche Gegenwart bildet das Unantastbare dieser Gestalt, die nicht beschrieben werden kann, weil sich ihr mystisches Wesen jeglicher Schilderung entzieht. Tersteegen hat nie einen Versuch gemacht, die Wirklichkeit der Gottesgegenwart zu beweisen. Wie alle Heilige hielt er keine Bücher für «überflüssiger in der Welt als solche, die beweisen wollen, daß ein Gott sei.»[108] Mit Ausnahme einer Anfechtungsperiode blieb er stets vom Dasein Gottes fest überzeugt. Die Existenz Gottes bildete für ihn kein schweres Problem, blieb er doch von dem Glauben erfüllt, daß Gott auf eine nicht näher auszusagende Weise beständig in seinem Herzen gegenwärtig sei. Das klingt im ersten Moment einfach, ist aber wie alles Einfache das Größte, von dem der Mensch nur mit zitterndem und zugleich jubelndem Herzen reden kann. In diesem Glauben an die beständige Gegenwart Gottes im Herzen des Christen besteht der innerste Kern von Tersteegens Religiosität, die sichtbare Kräfte ausstrahlte. Nach ihr ist «der Glaube an die gnädige, innig-süße Gegenwart Gottes das allerkräftigste Mittel, um eine Seele in kurzer Zeit heilig zu machen.»[109] Da Tersteegen sein ganzes Leben mit großer Folgerichtigkeit in das innere Licht der Gegenwart Gottes stellte, war es ihm beschieden, davon überaus eindrucksvoll zu reden: «Die Luft, worin wir leben, ist uns nahe; die Luft ist in uns, und wir sind in der Luft; Gott ist uns unendlich näher, wir leben und schweben in Gott; wir essen, trinken, arbeiten in Gott; wir denken in Gott; und wer Sünde tut — erschrick nicht, daß ich so rede — der sündigt in Gott. Diese Gegenwart Gottes ist unbegreiflich; wir können und müssen uns kein Bild davon machen, sondern es nur so einfältig glauben... Gott ist uns viel inniger als das Allerinnigste in uns; da ruft er uns; da wartet er auf uns, da will er sich uns mitteilen und uns also selig machen. Auch diese Gegenwart muß man einfältig glauben, ohne sie zu begreifen, ja ohne sie allezeit empfinden zu wollen...»[110] Diese herrliche Aussage war für Tersteegen eine praktische Angelegenheit und keine bloß theoretische Behauptung. Die «alte Lebensbeschreibung» führt denn auch aus: «Gottes Gegenwart schien ihm tief ins Herz geprägt zu sein. Sein ganzer Wandel ward dadurch mit einer

Liebes-Ehrfurcht erfüllt. Er glaubte mit voller Gewißheit, daß Gott auf eine besondere Weise in seinem Herzen gegenwärtig sei. Er wußte, Gott schaut in mich hinein.»[111] Aus diesen Ausführungen ist zu ersehen, wie Tersteegen das Erlebnis der göttlichen Gegenwart nicht als eine Allerwelts-Weisheit betrachtete, sondern als etwas, das auf eine besondere Weise ihm gegeben war und das er als die glückseligste Begnadigung empfand. Die Gegenwart Gottes gilt nicht nur für Kreti und Pleti, die noch keinen Eindruck vom Ewigen empfangen haben. «Die Verborgenheit von Gottes Gegenwart wird von wenigen wahrhaft geglaubt. Aber weißt du auch wohl, daß wenn jeder sie wahrhaft glaubte, die ganze Welt alsdann voller Heiligen und die Erde ein wahres Paradies sein würde?»[112]

Die paradiesische Gottesgegenwart wird nur dem Menschen zuteil, der sich unablässig um sie bemüht. Auch mit dem Gefühl steht sie nur in entferntem Zusammenhang. Ihre Verschiedenheit von aller Empfindung muß betont werden, weil man sie nicht auf einer schwankenden Grundlage aufbauen kann. Man mag sie fühlen oder nicht, an ihrer Tatsächlichkeit ändert es nichts. Tersteegen unterschied eine dreifache Gegenwart Gottes, einmal die Allgegenwart, welche alles erfüllt, dann die Gnadengegenwart Gottes, die an die Türe des menschlichen Herzens pocht, um zur Buße zu mahnen, und schließlich die innewohnende Gegenwart Gottes, welche die Frucht der beiden andern ist. Bei ihm selbst war diese innewohnende Gegenwart Gottes spürbar wahrzunehmen, dessen ganzes Leben nur ein Gott schauen, Gott anbeten, Gott verherrlichen und Gott lieben war. Es ist die unerschütterliche Gewißheit von der Wirklichkeit Gottes, die aus Tersteegens mystischen Ausführungen über die Gegenwart Gottes auf eine überwältigende Weise spricht. Das ewige Geheimnis tritt einem in dieser Stille sichtbar entgegen, und man befindet sich unter Furcht und Zittern auf jenem Boden, wo der Mensch seine Schuhe ausziehen muß. Die ununterbrochene Gegenwart Gottes ist das Geheimnis im Leben Tersteegens, um dessetwillen er als Heiliger anzusprechen ist.

V

Tersteegen hat einmal in einem seiner Briefe geschrieben, daß die Kinder Gottes drei Geburtstage haben. Am ersten Geburtstag kommen sie auf diese Welt und durch den zweiten werden sie stufenweise aus dem finstern Naturstande in das Licht der Gnade versetzt. Als dritten Geburtstag betrachtet Tersteegen, wie die alten Märtyrer, den Tod, welcher «Gottes Kinder aus dieser bangen Welt erlöset, aus dem engen Gefängnis dieses Leibes der Demütigung und aus allem Druck und aller Seelengefahr, da sie recht fröhlich versetzt werden in die Weite der lieben, süßen Ewigkeit. Zwar geht es auch bei dieser letzten Geburt oft sehr unansehnlich und bedrängt her, daß das Gnadenkind wohl gar auch ächzen und weinen muß, bis es durchkommt, aber alles zu seinem Besten.»[113] Wie alle Heiligen besaß Tersteegen eine positive Einstellung zum Tode, die an Sehnsucht grenzte. Sagte er doch einmal in seinen Erweckungsreden: «Wenn ein Frommer stirbt, da sollen wir nicht sagen: er ist gestorben, sondern da sollen wir sagen: er ist gen Himmel gefahren, er hat Himmelfahrtstag gehalten.»[114]

Es ist ein Kennzeichen von Tersteegens Christlichkeit, daß sie als inneres Pilgertum nur eine geringe Anhänglichkeit zum Erdenleben hatte. Der Christ ist nach ihm nicht für die Erde geschaffen, in welcher er nicht gleich einem Maulwurf herumzuwühlen hat. Nur als Pilger hat er sich zu betrachten:

> Kommt Kinder, laßt uns gehen,
> Der Abend kommt herbei.
> Es ist gefährlich stehen
> In dieser Wüstenei;
> Kommt, stärket euren Mut
> Zur Ewigkeit zu wandern,
> Von einer Kraft zur andern,
> Es ist das Ende gut.[115]

Diese Loslösung von der Erde wurde ihm durch den Siebenjährigen Krieg und dessen Folgen, welche seine letzten Lebensjahre beschatteten, wesentlich erleichtert. Zwar ließ er sich durch keine noch so stürmischen Einquartierungen beunruhigen und meinte gegenüber dem politischen Geschehen: «O welch eine große Gnade ist es, wenn die Veränderung der Gegenstände, Staaten und Orte keine Veränderung in unserem Innern verursachen, sondern wir mit unserem Geiste an allen Orten unveränderlich bleiben, nämlich mit Gott und seinem Willen.»[116] Nicht gefühlsarme Gleichgültigkeit gegenüber dem öffentlichen Geschehen spricht aus diesen Worten, wohl aber jene heilige Einsicht, die über alle irdischen Ereignisse hinausgewachsen ist.

Mit heiterer Geduld blickte Tersteegen auf das menschliche Treiben und konnte darüber beinahe sokratische Worte äußern. Diese Gelassenheit entsprach seiner lichtvollen Gottesbeziehung: «Schämen müssen sich alle, die Gott zu einem Tyrannen und Menschenhasser machen wollen. Nein, in Gott ist kein Zorn als nur wider das Böse; nein, Gott hat uns nicht geschaffen, daß er uns wollte hassen, oder von uns gehaßt werden; sondern zu dem Ende allein, daß er uns wollte lieben und in Ewigkeit von uns geliebet werden.»[117] Diese Gewißheit vermochte er auch festzuhalten, als eine Krankheit an ihn herantrat, die ihm große Atemnot verursachte, so daß er manche Nacht außer Bett sitzend zubringen mußte. Doch ist auch der Tod still bei diesem Menschen und steht bei ihm am richtigen Ort. Er erlangte keine allzu selbständige Bedeutung, sondern wurde als Übergang zur Ewigkeit aufgefaßt. Eine der letzten Äußerungen Tersteegens, bevor er auf immer entschlief, war ein kleines Selbstgespräch: «O du armer und unansehnlicher Lazarus! Doch schämen sich die heiligen Engel nicht, dich anzupacken.»

War dieses heiligmäßige Leben Tersteegens in seiner äußern Unbewegtheit nicht eindrucksvoll? Wahrhaftig, es gibt wenig Eindrücklicheres als dieses in die stille Gottesgegenwart aufgenommene Dasein. Sein innerer Glanz und göttlicher Frieden ist freilich nicht von jedermann zu sehen. Es ist die Eindrücklichkeit der Sonnenstrahlen, die so oft scheinen, ohne beachtet zu werden. Das Außerordentliche von Tersteegens Leben liegt gerade im Verzicht auf alles Außerordentliche. Einzig die Konsequenz, mit welcher dieser Mann Gottes den Weg nach innen angetreten hat, ist auffallend. Gewiß, Tersteegen verkörpert nicht den ganzen Protestantismus. Der ewige Protest gegen die Unbedingtsetzung eines Bedingten ist in ihm nicht zum Ausdruck gekommen. Aber den Protestantismus stets nur als protestierende Macht aufzufassen, hieße bloß die eine Seite an ihm sehen. Tersteegen mit seinem Heiligenleben bereicherte den Protestantismus um eine Tiefendimension. Er stellt zweifellos eines der erhabensten Worte des deutschen Protestantismus dar, indem er jene Seele zeigt, welche durch ein unendliches Geöffnetsein gegenüber dem Evangelium charakterisiert ist. Tersteegen ist die erste Ankündigung eines neuen Heiligentypus, der als echt protestantischer Laie in der Welt bleibt, um im alltäglichen Leben das ewige Licht erstrahlen zu lassen.

Vianney, der Pfarrer von Ars

1786—1859

I

In der französischen Literatur der Gegenwart nehmen die Romane Georges Bernanos eine besondere Stellung ein. Beinahe durch alle schreitet die Gestalt des Heiligen, um die das Denken des Autors kreist. Keinem Dichter ist es bis dahin gelungen, den Heiligen mit solch erschütternder Wahrhaftigkeit zu schildern, ohne je ins Leblose abzugleiten, wie Bernanos. Durch seine hintergründige Kunst war es diesem Franzosen beschieden, den religiösen Roman der Gegenwart auf eine geistige Höhe zu heben, der gegenüber die Mehrzahl der literarischen Produktionen abfallen. In Bernanos' unheimlichen Werken wird das innere Gesicht des Heiligen erfaßt, aus dessen Schwachheit der ewige Glanz hervorstrahlt. Aus seiner Darstellung ist für das echte Verständnis des Heiligen ungleich mehr zu lernen als aus all den stilisierten Heiligenleben, die mit ihrer Ruhmredigkeit sich so oft und schwer am Geiste der Demut versündigen. Bernanos zeigt den Heiligen in seiner ganzen Mühsal, doch leuchtet aus seiner Traurigkeit die innere Freude hervor: «Jedes schön verbrachte Leben, o Herr, legt Zeugnis ab für Dich; aber das Zeugnis des Heiligen ist wie mit glühenden Zangen aus lebendigem Leibe herausgerissen.»[1] Wenn man sich fragt, welches Vorbild Bernanos vorschwebte für den Abbé Chévance im «Abtrünnigen», den Abbé Donissan in der «Sonne Satans», den Verfasser des «Tagebuch eines Landpfarrers», wird man gewahr, daß es niemand anderer als der Pfarrer von Ars ist! Nach des Dichters eigenen Worten hat der Abbé

Donissan «den Ruhm eines andern Pfarrers von Ars erreicht.»[2] Er legte ihm denn auch bewußt wörtliche Aussprüche des berühmten Heiligen in den Mund.[3] Die Tatsache bleibt merkwürdig, wie der Pfarrer von Ars, dieser unliterarische Mensch, für den Racine sicher stets ein Name ohne Inhalt blieb und der wohl nie ein belletristisches Buch in die Hand genommen hat, einem Dichter des heutigen Frankreich zum immer wiederkehrenden Modell werden konnte. Es war dies tatsächlich nur bei einer Gestalt wie der des Heiligen von Ars möglich, dessen Größe in keiner Weise hinter der dichterischen Verarbeitung Bernanos zurücksteht.

Johann Maria Baptist Vianney, wie er mit seinem bürgerlichen Namen hieß, war eine religiöse Persönlichkeit von ungewöhnlicher Stärke. Er kannte nicht dies und jenes, sondern wirklich nur *eines*. Mit einer Ausschließlichkeit ohnegleichen war er dem Göttlichen zugewandt. Die Verpflichtung zur Heiligkeit hatte er früh in sich aufgenommen, und sie hatte von ihm völlig Besitz ergriffen. Jedes Wort, das er äußerte, war aus der Welt des Religiösen heraus gesprochen. Er hat eine Leistung vollbracht, die ihm kaum jemand nachmacht. Von diesem Manne ging ein unübersehbarer Einfluß aus, und seine Wirkung kann auch von Spöttern nicht bestritten werden.

Dabei war er, äußerlich betrachtet, alles andere denn eine imposante Gestalt. In seiner abgetragenen Soutane, den ungewichsten Bauernschuhen hatte er nichts Einnehmendes an sich. Die linkische Art seines Wesens wurde von ihm eher unterstrichen als verdeckt. Seiner oft ans Lächerliche grenzenden Figur fehlte jegliche hoheitsvolle Würde. Es ist eine Unmöglichkeit, den Pfarrer von Ars ins Übermenschliche zu steigern. Will man sich keiner Verfälschung schuldig machen, muß er als schlichter Dorfpfarrer gezeichnet werden. Alle anderen Schilderungen entsprechen nicht der Wahrheit. Ja es haftet ihm sogar ein idiotischer Zug an. In den Augen der Welt stand er als Dummkopf da, der sich auf den eigenen Vorteil nicht verstand.

Die beiden Tatsachen, die ungewöhnliche religiöse Begabung und das an Torheit grenzende Verhalten Vianneys muß man bedenken, um den rätselhaften Eindruck zu verstehen, den dieser Mann auf seine Zeitgenossen machte. Sie konnten ihn nicht einordnen, und nach dem Urteil eines Freidenkers «ist es widerlich, daß dieser Pfarrer von Ars das 19. Jahrhundert zu stören sich erkühnt.»[4] Tatsächlich schließt sein Dasein für das aufgeklärte Bewußtsein der Neuzeit ein ärgerniserregendes Element in sich. Dieser Mann hat die Vorstellung, welche die moderne Zeit sich von einem bedeutenden Menschen gemacht hat, über den Haufen geworfen. Vianney ist der unbequeme Störer des selbstbewußten Jahrhunderts, das dem Ideal des metaphysiklosen Menschen gehuldigt hat. Beim Pfarrer von Ars rückt eine andere, unbekanntere Wirklichkeit in die Mitte, für die damals nur wenige einen Sinn hatten. Das nicht leichte Rätsel, vor das er einen stellt, ist einzig aus der Welt der Heiligen heraus zu lösen. Als ein erleuchteter Idiot tritt er aus jenem Hintergrund, welchen das Neue Testament mit den Worten andeutet: «Welcher sich unter euch dünket, weise zu sein, der werde ein Narr in dieser Welt, daß er möge weise sein» (1. Kor. 3, 18).

II

Es trägt zum tiefsten Verständnis von Vianney nichts bei, wenn man auf seine Nationalität und sein Zeitalter hinweist. Die Landschaft als Hintergrund fehlt in diesem Leben, wie schon Ghéon festgestellt hat.[5] Daß Vianney ein Franzose war, wird einem bei der Lektüre seiner Lebensgeschichte gar nicht bewußt. Von der spezifisch französischen Geistigkeit hat er nichts an sich. Ebensogut hätte er in England oder Deutschland leben können, und mit dem etwas jüngeren Bruder Konrad von Parzham, dem immer gleich freundlichen Kapuzinerpförtner aus Bayern, der ebenfalls heiliggesprochen wurde, hat er mehr verwandte Züge als mit den die Marseillaise singenden Franzosen. Sein Zeitalter hat kaum auf ihn abgefärbt. Die Kindheit fällt in die Epoche der Französischen Revolution, von deren Ursachen und Problemen er weder damals noch später je etwas begriffen hat. Ihn zum Gegenspieler derselben zu machen, ist eine unstatthafte Übersteigerung seines Wesens. Vianney ist aber auch nie um einen Freiheitsbaum getanzt, und von dem heißen Atem des Sturmes auf die Bastille wurde er nicht berührt. Nur die Schließung der Kirchen und das Verstummen der Glocken, welches die Revolutionsmänner verfügten, fiel dem kleinen Knaben auf. Die in aller Heimlichkeit gefeierten Gottesdienste machten auf seine empfängliche Seele einen unauslöschlichen Eindruck. Das Bild einer verfolgten Kirche hat sich in ihm aus der Revolutionszeit eingeprägt. Seine reifere Jugendzeit und seine ersten Mannesjahre fielen in die Zeit der napoleonischen Herrschaft. Sie ist an Vianney noch spurloser vorbeigegangen, als es die Revolutionsjahre taten. Der gewalttätige Korse, dessen Erfolge ganz Frankreich berauschten, machte auf ihn keinen Eindruck. Der völkerzerstampfende Kaiser wird von ihm kaum erwähnt. Man kann es sich nur schwer vorstellen, daß Vianney und Napoleon Zeitgenossen waren.

Weit aufschlußreicher für das Wesen Vianneys ist seine bäuerliche Herkunft. Seine sehr kirchlich gesinnte Familie zeichnete sich durch einen starken Wohltätigkeitssinn aus. In seinem großväterlichen Hause wurde einst jener Heilige beherbergt, der unter dem Namen Josef Labre damals noch als unerkannter Bettler an die Türen der Menschen klopfte, eine der wunderbarsten Gestalten des nachtridentinischen Katholizismus. Von tiefer Frömmigkeit war die Mutter Vianneys, die den kleinen Johannes früh im religiösen Sinn erzog. «Ich schulde es meiner Mutter», sagte der Pfarrer von Ars später und fügte hinzu, «die Tugend geht leicht von den Müttern in das Herz ihrer Kinder über, die gerne tun, was sie tun sehen.»[6] Vianney gehört zu den vielen Beispielen von Männern, die das unschätzbare Vorbild einer frommen Mutter vor sich hatten, deren Einfluß oft das ganze Leben lang nachwirkt. Er war ein gutmütiger Knabe mit blauen Augen und braunem Haar. Trotz der Lebhaftigkeit seines Wesens hat er viel später von sich das bedeutsame Geständnis abgelegt: «Als ich jung war, kannte ich nicht das Böse; ich habe es erst im Beichtstuhl aus dem Munde von Sündern kennengelernt.»[7] Eine seelische Unberührtheit hatte er an sich, und das Schlechte kam gar nicht an ihn heran, ähnlich wie bei Fürst Myschkin in Dostojewskijs Roman «Der Idiot». Nie war Vianney in schlimme Jugendstreiche verwickelt. Als ein kleines Mädchen in kindlicher Unschuld ihm eine Andeutung wegen einer späteren Verbindung zwischen ihnen beiden machte, schauderte er erschrocken zurück. Der kleine Johann war ein dienstfertiger Junge, der gerne auch ein neckisches Wort sprach und ein heiteres Gemüt besaß. In der frühesten Kindheit hütete er das Vieh, und später arbeitete er wie ein Knecht vom Morgen früh bis zum späten Abend, alle Arbeiten, die es auf einem Bauerngut gibt, verrichtend. Wie so viele religiöse Gestalten ist auch Vianney aus dem noch in frommer Tradition festverwurzelten Bauernstand hervorgegangen. Intellektuelle Probleme und städtische Manieren blieben ihm zeitlebens fremd. Er war stets der Sohn des Landes, den er schon in seinem Aussehen nicht verleugnete. Als Bauernsohn besaß er auch den unmittelbaren Kontakt mit dem Volk. Von ihm hat er auch jene große Leidensfähigkeit empfangen, die man am einfachen Volk immer wieder bewundert.

In einem für ihn nicht rühmlichen Moment tritt Vianneys Lebensgeschichte aus den sippenmäßigen Umrissen heraus und nimmt persönliche Züge an. Da Napoleon Soldaten brauchte, erhielt der zwanzigjährige Vianney einen Marschbefehl. Es gelang ihm nicht, sich durch einen Ersatzmann freizukaufen, und der junge Mann mußte den Tornister auf den Rücken schnallen. Die gemeinen Späße seiner fluchenden Mitrekruten in der Kaserne stießen ihn sehr bald ab. Bald wurde er in der Richtung nach Spanien abtransportiert. Unterwegs erkrankte er, seine Beine wollten ihn nicht mehr tragen, und er verlor seine Truppen aus den Augen. Bei dem Versuch, sie wieder einzuholen, begegnete ihm ein Mann, der ihn auf ein Versteck in den Cevennen hinwies, und Vianney ging auf diesen Vorschlag zur Fahnenflucht ein. In seiner Dumpfheit hat er sich die Folgen seines Schrittes nicht überlegt und sich nur mit einem tierhaften Instinkt in Sicherheit gebracht. Es war sein erstes idiotisches Verhalten, denn Vianney geriet aus Unwissenheit in eine bedenkliche Situation. Doch machte er später keinerlei Anstrengung, seine Drückebergerei zu korrigieren. Der Fahnenflüchtige verbrachte die ersten Monate in einem Stall verborgen, und nachher versteckte er sich bei allen Kontrollgängen der Polizei sofort in einem Heustock. Zwei volle Jahre hat Vianney unter dem falschen Namen Jérôme Vincent ein unterirdisches Dasein geführt. Sein rechtlich denkender Vater war über seine Fahnenflucht sehr aufgebracht und verlangte von ihm, daß er sich ohne Verzug der Militärbehörde stelle. Doch der Sohn kam der väterlichen Aufforderung nicht nach und zog es vor, ein Fahnenflüchtiger zu bleiben.

Das peinliche Vorkommnis hat begreiflicherweise mehr als einen seiner Biographen in große Verlegenheit gebracht. Der Fall ist in der Tat etwas ärgerlich. Es wäre weit angenehmer, wenn man dartun könnte, wie der Pfarrer von Ars in seinen jungen Jahren auch ein braver Soldat und von jenem edlen Patriotismus erfüllt gewesen war, wie ihn Jeanne d'Arc und der heilige Ludwig zum Ausdruck gebracht hatten. Doch die Wahrheit lautet nun einmal anders. Im Leben Vianneys gibt es diesen dunklen Punkt, der zum Heiligenschein des Mannes nicht recht zu passen scheint. Ihn mit den Worten «alle sind abgewichen, sie sind alle zusammen unnütz geworden» entschuldigen zu wollen, wäre ein billiges Verfahren, und ebenso geht es nicht an, dieses anstößige Verhalten Vianneys abschwächend zu vertuschen. Fahnenflucht bleibt Fahnenflucht. Daran gibt es nichts zu rütteln. Vaterländisch empfindende Menschen werden Vianneys Verhalten stets als eine tadelnswerte Handlung beurteilen müssen. Aber der religiöse Mensch wertet den patriotischen Gesichtspunkt nie als den höchsten, sondern ordnet ihn dem Göttlichen unter. Vianney hat sein ganzes Leben lang dem militärischen Geschehen kein Interesse entgegengebracht. Es lag wie außerhalb seines Blickfeldes. Deswegen kam ihm das Unwürdige seines Tuns nicht zum Bewußtsein, und er hat darüber nie auch nur die geringste Reue empfunden. In all seiner Unbeholfenheit hat dieser Tropf wohl schon damals die Gegensätzlichkeit von Christentum und Kriegshandwerk gespürt, viel deutlicher als jene, die glauben, in dieser Hinsicht doch zwei Herren dienen zu können.

Als sich schließlich sein jüngster Bruder als Stellvertreter beim Militär anbot, wurde Vianney von den Listen gestrichen, und er konnte aus seinem Versteck herauskriechen. Aber auch in den nächsten Jahren kann von ihm nichts Erfreuliches berichtet werden. Schon vor seinem Marschbefehl hatte der Jüngling den Wunsch geäußert, Priester zu werden. Bei seiner ausgeprägten Frömmigkeit war diese Berufswahl nicht überraschend. Doch stieß dieser Gedanke auf schroffe Abweisung von seiten des Vaters, der den tüchtigen Helfer in der landwirtschaftlichen Arbeit nicht verlieren wollte. Es brauchte viel ausdauernde Geduld, bis der harte Sinn des Vaters geändert werden konnte. Erst mit neunzehn Jahren wurde ihm gestattet, bei dem Pfarrer Balley in Ecully in die Vorbereitung zu gehen. Dieser prächtigen Priestergestalt kommt das Verdienst zu, als erster die höhere Berufung Vianneys erkannt zu haben. Er ließ sich an dieser seherischen Erkenntnis keinen Augenblick irre machen, ungeachtet der zahlreichen Hemmnisse, die sich der Durchführung dieses Planes entgegenstellten. Vianney besaß nicht einmal die einfachsten Kenntnisse, welche die Dorfschule vermittelte, noch hatte er die Gabe des leichten Lernens. Die Grammatik bereitete dem armen Jungen unermeßliche Schwierigkeiten, und seine Fortschritte während einiger Monate waren kaum der Rede wert. Sein ungeschultes Gehirn lernte trotz größter Anstrengung nur sehr langsam und behielt das Gelernte noch schlechter im Kopf. Alles, was er in sich aufzunehmen versuchte, rann durch sein Gedächtnis wie Wasser durch ein Sieb. Besonders das Latein — die Sprache der Kirche! — wollte und wollte nicht in seinen harten Bauernschädel, wie sehr auch der vierschrötige Jüngling sich damit abquälte. Die intellektuelle Begabung reichte offenbar nicht, denn Vianney stand hart an der Grenze der Beschränktheit. Es war kein Wunder, daß er den Mut verlor, von einem Ekel gegenüber den Schulbüchern erfaßt wurde und an seiner Berufung zu zweifeln begann. Der junge Mann war nahe daran, seine Bemühungen aufzugeben und zu seinem Pflug zurückzukehren. Nur sein hartnäckiger Lehrmeister hinderte ihn daran. Wenn der Plan, Priester zu werden, durch ein Fünklein Stolz in der Brust Vianneys mitangefacht gewesen wäre, der Leidensweg seines Studiums hätte dasselbe gründlich ausgelöscht. Seine ganze Studienzeit war eine einzige Demütigung. Er selbst suchte den entstandenen Berg von Schwierigkeiten durch asketische Frömmigkeit zu bewältigen. Der Student benahm sich im Pfarrhaus zu Ecully wie ein Diener, indem er mit unterwürfiger Miene in seinen Freistunden Holz sägte und den Garten umgrub. Als das mühsame Lernen seine sehnlichsten Priesterträume zu zerstören drohte, unternahm er in dieser Krise eine größere Wallfahrt zu Fuß, um sich die Gnade der leichteren Aufnahmefähigkeit zu verdienen. Aber diese neue Methode, lateinische Worte durch Frömmigkeitsübungen sich anzueignen, hatte keinen nennenswerten Erfolg.

Auch als Vianney nach seiner Fahnenflucht das Studium wieder aufnahm und nun in ein Seminar eintrat, erging es ihm nicht besser. Seine Hoffnung, in der Zwischenzeit reifer geworden und den geistigen Anforderungen des Lernens besser gewachsen zu sein, wurde bitter enttäuscht. Er machte im Seminar noch betrüblichere Erfahrungen, als sie ihm während des Privatunterrichtes bei Pfarrer Balley beschieden gewesen waren. Nicht an gutem Willen fehlte es ihm, wohl aber an den geistigen Fähigkeiten. Obwohl die damaligen Ansprüche an den Bildungsstand für angehende Priester nicht sehr groß waren — Vianney konnte ihnen nicht Genüge tun. Es fehlte ihm nicht nur die sprachliche Begabung. Die Scholastiker und die Methode Descartes' muteten ihn noch fremder an als die lateinische Sprache. Der Philosophieunterricht kam dem Jüngling kalt vor, und er gewann zu dessen Fragestellung nicht die geringste Beziehung. Vianney vermochte sich die philosophische Grundlage auch dann nicht anzueignen, als man ihm ausnahmsweise den Unterricht in seiner Muttersprache erteilte, da er der lateinischen Vortragsweise nicht zu folgen imstande war. Obschon man ihm die Probleme auf die einfachste Weise zu erklären versuchte, begriff er doch kein Jota davon. Er stolperte bei jeder Lektion und geriet ins Stottern. Oftmals verstand er nicht einmal die Fragen, die seine Lehrer an ihn richteten, geschweige denn, daß er sie sachgemäß zu beantworten vermochte. Vianney starrte jeweils die Professoren mit seinen treuherzigen Augen hilflos an, blökte wie ein Schaf, während auf den Bänken seiner Mitschüler wieherndes Gelächter erscholl und er tief beschämt seine Augenlider senkte. Es war ein erbarmungswürdiger Anblick, wie dieser Blöde dasaß, und seine Dumpfheit brachte die Lehrer oftmals beinahe zur Verzweiflung. Ganz schlimm war, daß er auch für die theologischen Fächer keine größere Fähigkeit besaß. Für das Priesterseminar war er nur eine unerträgliche Last und für die Mitschüler ein Gegenstand des Spottes. Von niemandem wurde ihm in dieser traurigen Situation der geringste Trost zuteil. Vianney gab später zu, daß er im Seminar «ein wenig» zu leiden gehabt habe. «Diejenigen, welche wissen, mit welcher Zurückhaltung er von sich selbst sprach, werden keine Bedenken tragen ‚die Worte, ‚ein wenig' mit ‚grausam' zu übersetzen», schrieb sein erster Biograph.[8] Das Zeugnis des Seminars anerkannte seine Aufführung, seinen Charakter, seine Arbeit als gut, aber seine Kenntnisse umschreibt es mit den Worten «sehr schwach.»[9] Was half gegenüber diesem Ungenügen die unendliche Traurigkeit seines Gesichtes und die herzzerreißende Demut seiner Seele! Sie vermochten seine Studiumsmängel nicht wettzumachen. Die Professoren gaben es schließlich auf, an ihn überhaupt noch weitere Fragen zu richten. Seine weiteren Anstrengungen betrachteten sie als zwecklos und ersuchten ihn, seinen Abschied zu nehmen. Diese Mitteilung wurde ihm nur ungern gemacht — in einer Zeit des stärksten Priestermangels in Frankreich. Aber es bestand keinerlei Aussicht, diesen idiotischen Menschen jemals verwenden zu können. Vianney wurde für unfähig erklärt, unter die Priester aufgenommen zu werden. Die Entlassung war für den nun neunundzwanzigjährigen Mann ein furchtbarer Schlag. Es war eine grausame Prüfung, nach all der mühsamen Arbeit auf diese beschämende Weise vor die Türe gesetzt zu werden. Denn dieser Dummkopf glühte vor Eifer, Seelen zu retten. Die Situation weist eine überraschende Ähnlichkeit mit dem heiligen Josef von Copertino auf, der infolge seiner Schwachbegabtheit nicht einmal weißes von dunklem Brot zu unterscheiden imstande war, in keinem Kloster behalten werden konnte und doch von einer solch überströmenden Gnadenfülle getragen war, die alles weit hinter sich ließ, was in der Neuzeit auf diesem Gebiet erlebt wurde. Bei Vianney war es nur der Unnachgiebigkeit seines väterlichen Freundes Balley zu verdanken, daß es bei diesem Ausschluß nicht endgültig blieb. Auf das Gesuch dieses energischen Pfarrers, der bei dem häuslichen Zusammenwohnen mit seinem Zögling ungleich mehr Gelegenheit gehabt hatte, dessen religiöse Befähigung zu erkennen, wurde Vianney wenigstens die Gunst gewährt, zum Examen zugelassen zu werden. Doch verlor er schon beim Anblick des Prüfungszimmers den Kopf, geriet auf seinem letzten Platz in hoffnungslose Verwirrung und gab in seiner maßlosen Aufregung lauter verkehrte Antworten. Nur weil Vianney von den kopfschüttelnden Examinatoren als ein «Muster der Frömmigkeit» geschildert wurde, gab der anwesende Generalvikar den großmütigen Entscheid: «Gut, dann berufe ich ihn. Die Gnade Gottes wird das übrige tun.»[10] Vianney wurde dem Bischof zur Weihe übergeben, freilich mit der einschränkenden Bedingung, «daß der Neupriester erst später nach dem Gutdünken seines kirchlichen Oberen die Vollmacht erhalte, von Sünden loszusprechen.»[11] Darauf wurde er Pfarrer Balley als Vikar gleichsam noch in die Lehre zurückgegeben, um dann drei Jahre später nach dessen Tod als Pfarrer nach Ars abgeordnet zu werden.

Der Sinn von Vianneys mißlichen Studienjahren wurde noch nie in richtiger Weise erfaßt. Um die Blöße des Heiligen nicht allzusehr dem grellen Sonnenlicht auszusetzen, vertuschte man seinen Mangel an intellektueller Begabung. Man sprach sogar von einer Legende, mit der aufzuräumen es an der Zeit sei. Gewöhnlich wurde sein Mißerfolg dem zu späten Beginn des Lernens zugeschrieben, das seinen Anfang zu einem Zeitpunkt nahm, da andere ihre Studien bereits hinter sich hatten. Doch ist mit dieser entschuldigenden Erklärung nichts gewonnen. Abgesehen davon, daß auch andere noch viel später mit ihrem Studium begonnen und gut abgeschlossen haben, wird durch diese abschwächende Behauptung Vianneys Versagen eine harmlose Deutung gegeben und es damit um seinen tieferen Sinn gebracht. Wer die Blödigkeit dieses Bauernsohnes zu verwischen sucht, wird nie das grandiose Wunder erkennen, das in diesem Leben aufgeleuchtet ist. Denn daß ein kluger Mensch ein großes Werk in der Welt auszuführen fähig ist, hat nichts Wunderbares an sich. Daß aber ein Mensch, dessen intellektuelle Begabung so gering war, daß sie ans Idiotische grenzte, schließlich eine Leistung vollbrachte, vor der man sich verbeugen muß, ist eine Tatsache, die mit natürlichen Gründen schlechterdings nicht erklärt werden kann. Vianney glich wirklich einem Tölpel. Sein Verhalten kann nicht nur als linkische Art hingestellt werden, denn dieser junge Mann war in geistiger Beziehung von idiotischer Unbegabtheit. Vianney selbst hat seine Beschränktheit in aller Offenheit zugegeben: «Was wollen Sie, ich habe keine Studien gemacht» und hinzugefügt: «Inmitten der andern Priester bin ich wie Brodier» — das war der Name eines Idioten in jener Gegend.[12] Vianney hielt sich selbst für einen großen Dummkopf und hat von sich gesagt: «Wahrhaftig, das bin ich! Schaut, wie dumm ich dreinschaue!»[13] Es war keine Maske von Torheit, die er sich zulegte, es war die heilige Einfalt. Die mangelnde Begabung, die Vianney eine so erbärmliche

Figur machen ließ, ist zugleich ein unumstößlicher Beweis dafür, daß Heiligkeit auf einer andern Ebene liegt als intellektuelle Begabung. Es gibt religiöse Eigenschaften, die von der Verstandeskraft gänzlich unabhängig sind. Der intellektuell schwach begabte Mensch kann Leistungen vollbringen, wozu alle Klugheit nichts nützt. Das Religiöse wird nicht auf dem Wege der Vernunft erreicht, sondern auf intuitive Art erfühlt und vor allem dem Menschen geschenkt. Deswegen kann Vianneys einzigartiges Leben in die einfache Formel zusammengefaßt werden: die Vorsehung hat sich dieses Trottels bedient. Das ist das tiefste Geheimnis des Pfarrers von Ars! Aus ihm kann geschlossen werden, daß Gott einen solch schwachen Menschen auswählt um zu zeigen, wie das große Werk nicht der eigenen menschlichen Kraft zuzuschreiben ist. Das Göttliche erscheint in der aufgeklärten Neuzeit in idiotischem Gewand, und Gott ließ es zu, daß ausgerechnet der größte Priester, den Frankreich im 19. Jahrhundert hervorgebracht hat, von der Kirche zuerst des Priesteramtes für unfähig erklärt wurde. Unter diesem Aspekt betrachtet hat die Verherrlichung des Idioten nichts Anrüchiges mehr. Denn wenn Vianney auch ein Blöder war, seine Dummheit besaß ihre eigene Tonart. Dank seiner törichten Geisteshaltung lebte er von einer ganz anderen Voraussetzung aus, die nur schwer namhaft zu machen ist, und die doch durch all sein seltsames Tun immer wieder hindurchschimmert. Diesem Narr in Christo war in seiner Lauterkeit auch nicht das geringste Tüftelchen jener Schlauheit eigen, die alle Christlichkeit notwendig verderben muß. Vianney gehörte vielmehr zu den geistig Armen, denen Jesus erstaunlicherweise in seinen Seligpreisungen das Himmelreich verheißen hat, und über die der Herr in den unfaßlichen Ruf ausgebrochen ist: «Ich preise dich, Vater des Himmels und der Erde, daß du solches den Weisen und Klugen verborgen hast und es den Unmündigen offenbartest» (Mt. 11, 25).

III

Das kleine Dörfchen Ars liegt fünfunddreißig Kilometer nördlich von Lyon auf der Hochebene von Dombes. Damals wohnten darin kaum zweihundertdreißig Einwohner in einigen Backsteinhäusern, die mit Strohdächern bedeckt waren. Nach den Geschehnissen der Französischen Revolution und der napoleonischen Wirren war auch dieses weltabgelegene Nest von einer unerfreulichen Nachkriegsstimmung angesteckt worden. Die Sitten waren gelockert, und das religiöse Leben hatte starke Einbuße erlitten. Die vier Wirtshäuser waren stets überfüllt und die Mädchen leidenschaftlich dem Tanz ergeben. Der damalige moralische Zustand der Gemeinde wurde schon mit den Worten geschildert: «Niemand in Ars hätte zwar seinem Nachbarn einen Groschen aus der Tasche gestohlen; aber nur wenige machten sich Gewissensbisse daraus, beim Verkauf von Tieren zu betrügen oder Hanfbündel so zu packen, daß die schlechten Stücke geschickt versteckt waren. Die Väter lachten, wenn ihre Kinder, die Schürze voll von gestohlenen Rüben, nach Hause kamen.»[14] Die Arser waren, wie die Leute nach zerrüttenden Zeitereignissen zu sein pflegen.

Auf alle Fälle war es keine besondere Ehre, in diesem kleinen Weiler Pfarrer zu sein. Aber für einen wenig begabten Priester fand der Bischof diesen Platz als angemessen, und auch Vianney stieß sich nicht im geringsten an der Unbedeutendheit von Ars. Aber er sollte bald mit diesem Wirkungsfeld dermaßen verwachsen, daß er für die meisten Menschen seinen Geschlechtsnamen verlor und in die Geschichte unter dem Namen «Pfarrer von Ars» einging. Als Bauernsohn hatte er den Kontakt mit der ländlichen Bevölkerung schnell gewonnen. Sobald Vianney die kirchliche Situation seines neuen Wirkungsfeldes erfaßt hatte, war er entschlossen, den Kampf gegen die geistige Verwahrlosung aufzunehmen.

Wie alle jugendlichen Heißsporne trat er den Leuten mit rücksichtsloser Strenge entgegen. Der neue Pfarrer von Ars hatte etwas von einem Eiferer an sich. Er verstand keinen Spaß und nahm in seiner Einfalt die moralische Forderung ganz wörtlich. Auf die Leute von Ars wirkte dieses schroffe Vorgehen zunächst äußerst befremdend. Sogar die frommen Familien des Dorfes hatten Mühe, sich an die strenge Art Vianneys zu gewöhnen. Gegen den häufigen Wirtshausbesuch und die Tanzwut der jungen Leute nahm er einen schonungslosen Kampf auf. Die ländlichen Volksbelustigungen, wie Jeremias Gotthelf sie in seinen Erzählungen mit natürlicher Unvoreingenommenheit schildert, waren Vianney völlig fremd. Er besaß dafür nicht das geringste Verständnis. Ein Wort wie «wer die Menschen liebt, der liebt auch ihre Freuden» ist in seinem Munde undenkbar. Die Heiligung der Freude, wie sie in der Hochzeit zu Kana im Johannes-Evangelium zum Ausdruck kommt, kannte er nicht. Die Notwendigkeit solcher Entspannungen für das ganze Volk sah er nicht ein. Er dachte hierin nicht gleich wie der geniale Jugenderzieher Don Bosco, der auch als Heiliger mit der Jugend auf eine köstliche Art zu spielen wußte. Für den Pfarrer von Ars war das harmloseste Vergnügen eine Verführung zur Sünde, vor der er die ihm anvertrauten Seelen schützen wollte. Wie ein zweiter Savonarola verdammte er das Tanzen als «die parfümierte Sünde» und ruhte in seiner beinahe fanatischen Einstellung nicht, bis er auch die unschuldigste Veranstaltung aus seiner Gemeinde verbannt hatte. Er war imstande, aus seiner eigenen Tasche den Tanzmusikanten den gleichen Lohn zu bezahlen, den sie mit dem Wirt vereinbart hatten, wenn sie nur ihre Instrumente sofort wieder einpackten und das Dorf auf der Stelle verließen. Der Pfarrer von Ars mutet in dieser Hinsicht oft wie ein «Finsterling» an, dem jegliche Weitherzigkeit unbekannt blieb.

Wahrscheinlich wäre Vianney allein mit dieser eifernden Strenge, die er mit vielen jungen Priestern teilt, nicht durchgedrungen. Das Volk empfindet sie mit richtigem Instinkt als eine Übertreibung. Daß beim Pfarrer von Ars die Leute sich nicht einfach abgestoßen fühlten und das anfängliche Murren verschwand, ist zu einem großen Teil auch seinem gütigen Herzen zuzuschreiben. Möglicherweise hing seine verschwenderische Güte auch mit der geistigen Beschränktheit zusammen, die ihn den Wert des Geldes nicht einsehen ließ, und ihn auch der Plünderungssucht der Menschen wehrlos auslieferte. Vianney war von einer selten großen Freigebigkeit. Wenn er sich auch um die soziale Frage im modernen Sinn des Wortes nicht gekümmert hat, so blieb sein Herz der Not seiner Mitmenschen gegenüber allezeit offen. Die Bedrängnis der Armen ging ihm nahe, und er konnte an deren Elend nicht teilnahmslos vorübergehen. Ihn verfolgte die Armut der Leute unablässig. Aus diesem Grunde verschenkte der Pfarrer von Ars alles, was er hatte, und es blieb nichts in seinem eigenen Besitz. Das Wort Jesu «ihr sollt nur einen Rock besitzen» faßte der einfältige Priester ganz wörtlich auf und verteilte deswegen seine wenigen Habseligkeiten, bis er selbst Mangel litt. Er besaß bald nichts anderes mehr als das, was er am eigenen Leib trug. Sein Einkommen, seine Kleider, sein Essen, kurz alles fand Abnehmer. Vianney war imstande, auf der Straße seine Schuhe und Strümpfe auszuziehen, um sie einem armen Schlucker zu verschenken und selbst barfuß nach Hause zu gehen. Sogar seine bessere Hose konnte er mit einem Bettler hinter einer Hecke tauschen. Dieses brennende Mitleidsgefühl, das die vernünftige Gebefreudigkeit weit überflutet, ist ein unmißverständliches Zeichen für Vianneys echte Christlichkeit. Mochten die Neunmalklugen über diese schrankenlose Entäußerung als ein idiotisches Gebaren die Nase rümpfen, sie zeigt doch, welche Liebe in diesem Menschen vorhanden war. Wie Vinzenz von Paul war der Pfarrer von Ars auch von den Leiden der verlassenen Kinderwelt aufs stärkste ergriffen, und um Abhilfe zu schaffen, gründete er ein Waisenhaus, dem er den Namen «Vorsehungsheim» gab. Er hat es ohne jegliche Mittel aus dem Boden gestampft und seine Erhaltung stets von Gott neu erflehen müssen. Diese verströmende Güte verfehlte denn auch ihren Eindruck nicht. Die Leute von Ars ahnten bald, daß durch ihren neuen Pfarrer eine andere Wirklichkeit durchbrechen wollte, als es diejenige war, in der sie bis dahin lebten.

Von dieser Verbindung von Strenge und Güte ging eine unerklärliche Wirkung aus. Ihr wird es zuzuschreiben sein, daß diesem unwissenden Pfarrer, der nur mit Mühe und Not zum Priesteramt zugelassen werden konnte, ein Werk gelungen war, das viele Priester gerne erreichen möchten, und das doch kaum einem beschieden ist. Nicht von einem Tag auf den andern, aber allmählich begann das kleine Dörfchen sich umzuwandeln. Die Leute von Ars konnten sich auf die Dauer der religiösen Ausstrahlung dieser merkwürdigen Persönlichkeit nicht entziehen. Volle zehn Jahre kostete es Vianney, bis er die Erneuerung von Ars durchgeführt hatte, aber die Gemeinde wandelte sich sichtbar und auf eine Weise, die auch für den Außenstehenden wahrnehmbar wurde. Die Sonntagsarbeit verschwand, die Kirche füllte sich von Jahr zu Jahr mehr, und die Trunksucht ging zurück. Die Wirtshäuser mußten zuletzt sogar ihre Türen schließen, weil sie keine Besucher mehr bekamen, und ebenso ließen die häuslichen Streitigkeiten nach. Eine neue Ehrlichkeit hielt ihren Einzug. «Ars ist nicht mehr Ars», wie Vianney selbst sagte, sondern erlebte eine tiefgreifende Änderung. Das kleine Dörfchen wurde unter seiner Leitung zu einer Mustergemeinde, auf die er bewußt hingearbeitet hatte. Es bleibt immer eine erstaunliche Leistung, was Vianney mit einem Stab von herangebildeten Helfern aus dem Dorf in wenigen Jahren mit seiner Gemeinde erreichte. Welche enorme Anstrengung hinter dieser Arbeit steht, ermißt am besten, wer weiß, was es braucht, um nur einen einzigen der Trunksucht ergebenen Menschen zur Umkehr zu bringen. Manchmal scheint es leichter, einen Berg zu versetzen, als einen dem Laster verfallenen Menschen zu ändern. In Ars aber wurde ein ganzes Dorf umgewandelt, und zwar auf eine solch radikale Weise, daß es nachher nicht mehr zweierlei, Gute und Schlimme gab, nein alle zusammen ohne Ausnahme waren von der Erneuerung erfaßt! Dieses gewaltige Werk mutet wie ein Wunder an, und seine Größe mag der aufmerksame Leser von «Lienhard und Gertrud» beurteilen.

An dieser Leistung hatten gewiß die Predigten ihren Anteil,

auf deren Ausarbeitung Vianney sichtliche Mühe verwendete, namentlich in der Wortauswahl, da es ihm ein Anliegen war, von den Leuten verstanden zu werden. Indem er den Zuhörern immer wieder den Tod und das Gericht vor Augen stellte, versuchte er, sie aus dem gedankenlosen Schlendrian aufzuschrecken. Gegen Andersgläubige eiferte Vianney nie. Es war der gleichgültige Katholik, den er vor allem aufs Korn nahm. Um die lauen Christen zu geißeln, gebrauchte er heftige Worte. Es machte ihm nichts aus, von der Kanzel herab seinen Hörern zuzurufen: «Die einen richten ihren Geist auf ihre zeitlichen Geschäfte, die andern auf ihre Vergnügungen, der da schläft und jener dort hat Langeweile; der dreht seinen Kopf, dieser gähnt, jener kratzt sich, wieder einer blättert in seinem Buche umher und andre geben acht, ob der Gottesdienst noch nicht bald zu Ende ist.»[15] Nicht nur einmal hat er seine Gemeinde mit solchen Worten angedonnert, diese leidenschaftlichen Ausfälle finden sich beinahe in jeder Predigt. Sie waren ihm fast zur zweiten Natur geworden und gaben den langen Predigten der ersten Jahre das charakteristische Gepräge. Gleichwohl besitzen diese oft polternden Predigten keine eigene Note, wie aus den Bänden zu ersehen ist, die nach seinem Tode gedruckt herausgegeben wurden. Diese stark moralischen Dorfpredigten enthalten keinerlei neue Formulierungen der alten Wahrheiten. Weder inhaltlich noch sprachlich finden sich in ihnen Sätze, die einen aufhorchen lassen. Was Vianney verkündigt hat, das haben vor und nach ihm unzählige Priester mit genau gleichen Worten gesagt und nichts anderes erreicht, als daß die Leute sich bestenfalls in anerkennender Weise über die ernsten Predigten äußerten. Aus diesem Grunde können es nicht vor allem seine Predigten gewesen sein, welche jene erstaunliche Erneuerung von Ars zustande brachten. Dieses Verdienst kann ihnen allein schon deshalb nicht zugeschrieben werden, weil der Pfarrer von Ars zuweilen auf seiner Kanzel plötzlich versagte. Der schwach Begabte machte sich wieder geltend. Vianney gehörte nicht zu den Großen, die das göttliche Wort als Schwert des Geistes mit jener Kraft zu schwingen verstehen, die unfehlbar trifft. Welch peinlichen Eindruck mußte es doch auf die andächtig lauschenden Zuhörer von Ars gemacht haben, wenn der eifernde Bußprediger während heftiger Gestikulationen ganz unerwartet von seinem Gedächtnis im Stich gelassen wurde und einfach nicht weiter wußte! Solche bloßstellende Vorkommnisse widerfuhren Vianney immer wieder, dem dann zuweilen nichts anderes übrig blieb, als, ohne die Predigt zu beendigen, kleinlaut von der Kanzel herunterzusteigen. Das beschämende Bild des steckengebliebenen Predigers gehört zum Pfarrer von Ars. Doch lähmten diese fatalen Ungeschicklichkeiten seinen heiligen Eifer nicht im geringsten, sondern hatten nur zur Folge, daß Vianney die Anstrengungen für seine Predigtvorbereitung verdoppelte.

Die Lösung für die rätselvolle Umwandlung von Ars muß anderswo gesucht werden. Was die wenigsten Menschen in ihrem Leben auch nur annähernd begreifen, hat merkwürdigerweise dieser einfältige Tropf verstanden: Daß man immer bei sich selbst anfangen muß, und daß auch die religiöse Wiedergeburt einer Gemeinde nur auf dem Weg über die eigene Erfahrung zu erreichen ist. Man darf von den Menschen nichts verlangen, was man nicht selbst in seinem Leben verkörpert. Aus dieser Einsicht heraus arbeitete Vianney in erster Linie an sich selbst, um das Ideal, das er von seinen Pfarrkindern forderte, in seiner Person zu erreichen. Mit seinen eigenen religiösen Pflichten nahm er es ganz ernst; ob die Leute darauf achteten oder nicht, kümmerte ihn nicht. Schließlich sagten die Einwohner von Ars: «Unser Pfarrer tut selber, was er sagt; er übt, was er lehrt. Nie haben wir ihn sich ein Vergnügen gönnen sehen.»[16]

Zu einer Zeit, als das ganze Dorf noch im tiefsten Schlafe lag, pflegte Vianney sich von seinem Lager zu erheben. «Um zwei Uhr nachts stand er auf und betete das Nachtoffizium, dann gab er sich dem betrachtenden Gebete hin. Um vier Uhr war er in der Kirche zur Anbetung des heiligsten Sakramentes. Erst gegen Mittag verließ er die Kirche.»[17] Jeden Tag flehte er zu Gott um die Bekehrung seiner Gemeinde und benetzte die Fliesen der Kirche mit seinen Tränen. Dieses beständige Gebet bewahrte ihn nicht nur vor einer geistlosen Betriebsamkeit, sondern ließ seine ganze Arbeit aus dem Bewußtsein der inneren Vereinigung mit Gott hervorgehen. Die Leute von Ars aber erhielten immer stärker den Eindruck: «Das ist kein Mann wie die andern.»[18]

Neben seinem Gebet pflegte der Pfarrer von Ars eine rücksichtslose Askese. Mit keinem Tun entfernte Vianney sich stärker vom Geist des 19. Jahrhunderts als mit der asketischen Betätigung. Das vergangene Jahrhundert wandte alle nur erdenklichen Mittel an, um den Menschen das Dasein immer bequemer zu machen, wenn es mit diesem Bestreben auch nur ein beständig tieferes Versinken in ein geistloses Wohlleben erreichte. Das neuzeitliche Denken sieht in der Askese bloß noch nutzlose Selbstquälerei oder nimmt gar zur Deutung der Verdrängung seine Zuflucht. Eine solche Auffassung kann der Haltung des Pfarrers von Ars natürlich nicht gerecht werden, denn mit ihr versperrt man sich nur den Zugang zu ihm, in gleicher Weise, wie wenn man von jansenistischen Neigungen redet. Alle diese Äußerungen berühren nicht das Wesentliche, da es auf einer andern Ebene liegt.

Der Pfarrer von Ars befolgte ein starkes Fasten. Zu diesem Zwecke versuchte er seine Lebensbedürfnisse auf das Notwendigste einzuschränken. Er begnügte sich mit einer Mahlzeit für den ganzen Tag, verpönte jeglichen Wein und aß gewöhnlich nur ein wenig Schwarzbrot mit einer oder zwei in Wasser gekochten Kartoffeln, die er in einem irdenen Topf für die ganze Woche selbst zubereitet hatte, und die oft von einer Schimmelschicht überzogen waren. Manchmal legte er sich ein tagelanges Fasten auf, bis er von körperlichen Schwächegefühlen übermannt hinsank. Eine Haushälterin bedurfte er bei dieser Lebensweise in seinem ohnehin fast leerstehenden Pfarrhaus nicht. Da ihm die Kasteiung noch zu wenig war, ließ er sich ein Bußhemd anfertigen, das er auf der bloßen Haut trug, und das infolge der unerträglichen Reibung bald bräunlich-rot gefärbt war. Meistens schlief er nur auf einer Matratze, wenn er sich nicht im Keller unten auf Reisigwellen niederlegte.

Der Höhepunkt dieser asketischen Bemühung vollzog sich in Vianneys armseliger Schlafkammer, in die einzutreten man sich beinahe scheut. Und doch läßt erst der Anblick dieses öden Zimmers den Pfarrer von Ars in seiner ganzen Tiefe verstehen. Von seinem geistlichen Vater Pfarrer Balley hatte er auf dessen Sterbebett noch die Bußgerätschaften erhalten — welche Erbschaft! —, die beim Pfarrer von Ars nicht unbenützt liegen blieben. Mit einer eisenspitzigen Geißel, die er innerhalb von zwei Wochen verbrauchte, pflegte er sich wie ein Mönch des Trappistenordens jeden Tag unbarmherzig auf den nackten Rücken zu schlagen, bis das Blut hervorspritzte, und er unter dumpfem Stöhnen zu Boden sank. Obschon er ängstlich besorgt war, seine ungewöhnlichen Kasteiungen vor aller Welt geheimzuhalten, war das entsetzliche Klatschen der Peitschenhiebe durch die Stille der Nacht in der Nachbarschaft deutlich zu vernehmen. Noch heute zeugen die Blutflecken an den kahlen Wänden des Schlafgemaches im Pfarrhaus zu Ars von den ingrimmigen Kämpfen, die sich in diesem Raume abgespielt haben. Nur mit tiefster Ergriffenheit kann man diese Spuren betrachten und wird vor ihnen unwillkürlich zurückschaudern. Man ist förmlich bestürzt von diesem wilden Kampf, den Vianney gegen den eigenen Körper geführt hat, und der eine atembeklemmende Wirkung ausübt.

Der Eindruck, den man von dieser seltsamsten Stätte des 19. Jahrhunderts empfängt, läßt sich nur schwer in Worte fassen. Der gesunde Menschenverstand fühlt sich vor den Kopf gestoßen und ist sogleich mit einer ganzen Anzahl von Einwänden bereit, daß eine solche Kasteiung viel zu weit gehe, überspannt sei und eine Verletzung der Menschenwürde darstelle. Auch die frommen Biographen des Pfarrers von Ars haben sein Verhalten nicht begriffen und deswegen «seine Abtötung eher zur Bewunderung als zur Nachahmung» hingestellt,[19] weil er damit die äußersten Grenzen überschritten habe. In der Tat, nur ein geistig Armer konnte im 19. Jahrhundert noch auf diesen sonderbaren Weg verfallen. Doch hat diese an Torheit grenzende Übung eine verblüffende Ähnlichkeit mit dem Wort Jesu: «Aber diese Art fährt nicht aus, außer durch Gebet und Fasten» (Mt. 17, 21). Vianney geißelte sich nicht zum Selbstvergnügen; er wollte Buße tun für die Schuldigen. Seine Askese war Sühneleistung für die andern. «Mein Freund, hier mein Mittel: ich gebe Ihnen eine kleine Buße, den Rest leiste ich selber für Sie», sagte der Pfarrer von Ars.[20] Die Sühne für seine Gemeinde ist der tiefste Sinn seiner schrecklichen Selbstgeißelung. Es liegt ihr jener übervernünftige Stellvertretungsgedanke zugrunde, wie er im Lied vom leidenden Gottesknecht im Deuterojesaja seinen unvergänglichen Ausdruck gefunden hat. Wer die blutbefleckten Wände in Vianneys Schlafkammer lange betrachtet und sie immer wieder anschaut, der begreift plötzlich, daß in den phantastischen Bußkämpfen, die sich in diesem denkwürdigen Raum abgespielt haben, die Lösung für das Rätsel der Umwandlung von Ars endgültig zu finden ist. Was in dieser Kammer vor sich gegangen ist, hat die dörfliche Erneuerung bewirkt. Doch kann man diesen Vorgang nicht verständlich machen. Er ist und bleibt ein Geheimnis, das jener Region angehört, von der es heißt: Wer es fassen kann, der fasse es.

Noch ein zweites Ziel wollte der Pfarrer von Ars mit seiner heroischen Askese erreichen. Der einzige Bildungsstoff, den Vianney wirklich in sich aufgenommen hat, war die Heiligenlegende. Sie las er so lange, bis sein Geist ganz mit deren wunderbaren Vorstellungswelt durchtränkt war und er selbst plötzlich aus deren Blättern als eine Verlebendigung der legendären Gestalten heraustrat. Das Ideal der Heiligkeit hatte es ihm angetan. Das bildete im tiefsten Grund das geheime Thema seiner Predigten, wenn er es oft auch ungeschickt formulierte, so daß man meinen konnte, er rede von Moralität statt von Heiligkeit. «Wir müssen die Abtötung üben. Diesen Weg haben alle Heiligen eingeschlagen», sagte Vianney auf der Kanzel.[21] Er stellte sich bewußt in jene große Tradition hinein, welche den Weg zur Heiligkeit über das persönliche Opfer gegangen ist. Die Heiligung galt ihm als eine für alle Christen verbindliche Forderung. «Wenn nun aber wir keine Heiligen sind, so ist das ein großes Glück für uns; wir müssen es dann eben werden. Solange wir aber die Liebe nicht im Herzen haben, werden wir nie Heilige werden.»[22] Der Heilige war für ihn nicht der Ausnahme-Mensch, den man bewundern kann, sondern eine Möglichkeit, die allen Christen offenstand, sogar einem schwachen Landpfarrer, der im Seminar nicht recht mitgekommen war. Unmißverständlich führt Vianney in seinen Predigten aus, «ein Christ sein und in der Sünde leben, das ist ein ungeheurer Widerspruch. Ein Christ soll heilig sein.»[23] Es sind keineswegs gewöhnliche Einsichten, die dem in der Theologie nur schwach bewanderten Vianney über die Heiligkeit zuteil wurden. Offenbar hat er mit seiner echt christlichen Einfalt über diese Dinge nachgedacht und sie mit seinem Herzen intuitiv begriffen, während sie sich bloß wissenschaftlich eingestellten Verstandesmenschen zu verschließen pflegen. Vianney machte ausdrücklich darauf aufmerksam, daß von Johannes dem Täufer, Maria und Josef in der Bibel keine Wunder erzählt werden, die sie getan haben. «Ihr sehet also, daß die Heiligkeit nicht darin besteht, große Dinge zu tun, sondern darin, getreulich die Gebote Gottes zu halten und seine Pflichten in dem Stande zu erfüllen, in welchen uns Gott gesetzt hat.»[24] Für den Pfarrer von Ars gab es nur noch das eine Ziel, den Heiligen nachzufolgen. Alles andere verblaßte vor seinen Augen. «Wir dürfen nie aus den Augen verlieren, daß wir entweder Heilige oder Verworfene sein, für den Himmel oder für die Hölle leben müssen; es gibt hier kein Mittelding.»[25] Vianney selbst näherte sich unaufhaltsam dem Stande der Heiligkeit. Den Leuten von Ars drängte sich immer stärker die Einsicht auf: Unser Pfarrer ist ein Heiliger! Vor diesem Heiligen, und nicht vor dem hitzigen Eiferer beugten sie sich. Der in Vianney verborgene Heilige brachte die Umwandlung des Dorfes zustande, wie es ein Arser Bauer einmal aussprach: «Oh, wir sind nicht besser als die andern. Wir würden uns aber in Grund und

Boden hinein schämen, wollten wir neben einem Heiligen solche Sünden begehen.»[26]

Die Heiligkeit des Pfarrers von Ars hat jedoch nichts mit unnahbarer Erhabenheit zu tun, denn sogar sie vollzog sich bei ihm in großer Schwachheit, wie es bei einem Idioten nicht anders zu erwarten war, und wie es dem Geiste des Evangeliums entspricht. Vianney ist den Weg der Heiligkeit unter Furcht und Zittern gegangen. Das ergreifende Zeugnis für dieses wunderbare Schauspiel, das in seiner Seele vorging, ist die Todesfurcht, die der Siebenundfünfzigjährige an den Tag legte, als ihn eine schwere Krankheit an den Rand des Grabes brachte. Es will wiederum nicht recht zum Bilde des Heiligen passen, und doch kann die Tatsache nicht geleugnet werden, daß der Pfarrer von Ars dem Tode nicht ruhigen Auges entgegenzublicken vermochte. Der Arme wurde, als der Arzt ihm nur noch kurze Zeit zu leben versprach, von einer furchtbaren Angst vor dem Gericht Gottes gepackt. Vianney empfand es als einen entsetzlichen Gedanken, in wenigen Minuten vor Gott zu stehen und vor ihm mit leeren Händen zu erscheinen. Mit diesem schrecklichen Schicksal konnte er sich nicht abfinden und flehte aufs innigste: «O Herr, wenn ich hier noch nützlich bin, so nimm mich noch nicht von dieser Welt.»[27] Vianneys erschütterndes Gebet um Aufschub wurde erhört. Seine unverhüllte Todesangst zeigt die große Schwachheit, in welche das ganze Leben des Pfarrers von Ars eingetaucht war. Er machte die wunderbare Erfahrung: «Denn wenn ich schwach bin, dann bin ich stark» (2 Kor. 12, 10).

IV

Die Umwandlung einer ganzen Gemeinde war ein zu ungewöhnliches Ereignis, als daß es verborgen bleiben konnte. Es mußte die Aufmerksamkeit der Umgebung auf sich ziehen. Nach wenigen Jahren war der Pfarrer von Ars keine bloße Lokalgröße mehr, sein Name drang weit über die Gemeinde hinaus. Fast jedermann spürte irgendwie das Ungewöhnliche dieses Mannes und wurde sich bewußt, daß ein solcher nicht in jeder Soutane stecke. Der Heilige von Ars übte auf die Menschen der umliegenden Dörfer eine starke Anziehungskraft aus, die in immer größerer Anzahl nach Ars kamen. Wo immer in der Kirchengeschichte ein echt religiöser Quell zu sprudeln begann, da strömten alsobald die Leute zusammen, um den Durst ihrer Seelen zu stillen. Vom Jahre 1827 an kam es zu jenen berühmten Pilgerzügen nach Ars, die bis zum Ableben von Vianney nicht mehr aufhören sollten. Die Leute kamen aus allen Gegenden Frankreichs, ja von Belgien, England und sogar Amerika. In Scharen zogen Bauern, Kaufleute, Präfekten, Professoren, Adelige, Priester nach Ars, ohne daß eine Zeitung oder eine Schrift seinen Ruhm verbreitet hätte. Der Strom der Leute wurde von Jahr zu Jahr größer und schwoll schließlich in die Tausende an. Zwei Postwagen verkehrten täglich zwischen Lyon und Ars, einzig zum Zwecke, Pilger zu befördern, und man kann von einer richtigen Wallfahrt reden. Zuletzt pilgerten zwischen achtzig- bis hunderttausend Personen alljährlich in das kleine unscheinbare Dörfchen, wo Vianney lebte. Mochte diesen gewaltigen Zustrom zunächst auch eine gewisse Neugierde mitverursachen, nur als vorübergehende Modesache kann er trotzdem nicht hingestellt werden, da er dreißig Jahre lang andauerte!

Die Beurteilung dieser Pilgerzüge ist nicht eindeutig. Die große Zahl, an der die meisten Biographen sich berauschten, hat an sich nicht viel zu besagen. Die Masse tut es nicht. Es hätten ruhig auch weniger sein können. Wie es an allen Wallfahrtsorten zu geschehen pflegt, entstand auch in Ars das religiöse Geschäft, welches immer unerquicklich ist. Nicht daß dem Pfarrer von Ars daraus ein materieller Gewinn erwachsen wäre. Davon kann keine Rede sein. Er blieb der schlichte Landpfarrer, der gelegentlich mit einem kleinen Milchkrug in der Hand und dem runden Abbéhut auf dem Kopf über den Dorfplatz ging, so daß die weithergereisten Leute im ersten Augenblick enttäuscht waren. Viele konnten es nicht begreifen, daß dieser etwas blöde dreinblickende

Mann mit seinen eiergroßen Brillengläsern und den unförmigen Schuhen, die er immer wieder selber flickte, der berühmte Pfarrer sein sollte, von dem soviel Aufhebens gemacht wurde. Nicht Vianney, wohl aber die Leute von Ars verbanden mit dem Zustrom ein einträgliches Geschäft. Es entstanden Hotels zur Beherbergung der Pilger, und es wurde in den Läden sein Bild zum Verkauf ausgestellt. Der Kultus, der mit seiner Person getrieben wurde und viele sogar zu frommen Diebereien veranlaßte, indem sie heimlicherweise von seiner Soutane ein Stückchen Stoff abschnitten, um sich eine Reliquie zu sichern, war dem demütigen Sinn des Pfarrers von Ars äußerst unangenehm. Doch lag es nicht in seiner Macht, ihn abzustellen. Die überhitzte Atmosphäre des Wallfahrtsortes war da und ließ sich nicht unterdrücken. Man tuschelte von Wundern, die der Heilige verrichtet habe, obschon er selbst dem Gerede entgegentrat.[28] Doch lohnt es sich nicht, bei diesen unerfreulichen, aber unvermeidlichen Begleiterscheinungen allzulange sich aufzuhalten.

Der Beweggrund, der diese unübersehbaren Pilgerscharen zum Pfarrer von Ars führte, war einzig der Wunsch, bei ihm Beichte abzulegen und sich von ihm seelsorgerlich beraten zu lassen. Obschon diese Pilger alle an ihrem Wohnort Gelegenheit zur Beichte hatten, nahmen sie doch eine oft umständliche Reise auf sich, um diese beim Pfarrer von Ars abzulegen, auch wenn sie oft dreißig, fünfzig, ja siebzig Stunden lang warten mußten, bis sie in seinen Beichtstuhl schlüpfen konnten. Das ist um so seltsamer, als Vianney kein Bewußtsein von der modernen Geistigkeit besaß — die vielleicht auch nicht so wichtig ist, wie es dem neuzeitlichen Menschen zuweilen erscheint — und er auch nicht die Zeit zu jener individuellen Seelenführung besaß, die Franz von Sales ausgeübt hatte. Der Zudrang war viel zu stark, als daß Vianney sich mit jedem Einzelnen in der hiefür notwendigen Ausführlichkeit hätte besprechen können. Der Beichtstuhl von Ars war keine Vorwegnahme der psychoanalytischen Sprechstunde. Und doch strömten zu einer Zeit, da Balzac und Stendhal in Frankreich ihre großen psychologischen

Romane schrieben, die Menschen in Scharen zu diesem idiotischen Landpfarrer. Wiederum steht man vor einem Rätsel und dem Unvermögen, die seltsame Anziehungskraft dieses gar nicht klugen Menschen zu erklären. Besaß doch der Pfarrer von Ars nicht einmal eine besondere Aufgeschlossenheit. Für alles Nicht-Religiöse hatte Vianney nicht das geringste Interesse. Er wußte nichts von der Schönheit Hellas, dem Tiefsinn Indiens, noch etwas von den Errungenschaften der Technik, oder was sonst noch den modernen Menschen Eindruck macht. Es ist fraglich, ob er in seiner Insichgekehrtheit je nur den wunderbaren Blütenduft jener Holunderbäume bemerkt hat, die vor seinem Hause standen. Erwiesenermaßen hat er «nicht einmal den Wunsch geäußert, die Eisenbahn zu sehen, die einige Kilometer von Ars vorüberfuhr und ihm jeden Tag eine solche Menge Pilger zuführte.»[29] Trotz dieser unmodernen Einstellung Vianneys hielt der Zustrom nach Ars unentwegt an, nach einem Ort, wo es keine Sehenswürdigkeit zu schauen gab als diesen einfältigen Dorfpfarrer, der in seiner Unscheinbarkeit kaum noch zu übertreffen war. Für diese Tatsache gibt es keine wissenschaftliche Erklärung. Sie wird nur verständlich, wenn man auf den Hintergrund der Heiligkeit achtet, aus dem der Pfarrer von Ars sich heraushebt.

Für Vianney selbst erwuchs aus diesem Andrang zu seinem Beichtstuhl eine schwere Belastung. Über das Beichthören macht sich der Außenstehende gewöhnlich eine falsche Vorstellung. Er verbindet damit die Annahme, daß der Beichtvater hiebei allerlei interessante Mitteilungen, Bekenntnisse und Geheimnisse zu hören bekomme. In Wirklichkeit ist es keine leichte Tätigkeit, das eintönige Gemurmel von auswendig gelernten Sätzen entgegenzunehmen, von dem eine einschläfernde Wirkung ausgeht, und das gewöhnlich recht wenig zur wirklichen Enthüllung des seelischen Zustandes eines Menschen beiträgt. Der einfache Mensch aus dem Volk hat kaum die Fähigkeit, von seinem verborgenen Innenleben eine andere als schattenhafte Vorstellung zu geben. Der Pfarrer von Ars hat diese monotonen Geständnisse unzähliger Menschen mit größter Aufmerksamkeit angehört und allezeit durch sie hindurch auf jenes entscheidende Anliegen geachtet, das sich durch dieses mechanische Gestammel hindurch zu Worte melden wollte. Er hat sich mit jenen langweiligen Schwerenötern abgegeben, deren Skrupel durch kaum eine Antwort zu befriedigen sind, wie mit jenen unsachlichen Naturen, die sich absichtlich ‚interessante Fragen' ausdenken, um noch etwas länger mit ihrem Beichtvater reden zu können. Alle diese Unzulänglichkeiten hat Vianney nicht nur wie viele andere Priester in Kauf genommen, sie steigerten sich bei ihm fast bis zur Unerträglichkeit. Mußte er doch infolge des enormen Zudranges schließlich volle sechzehn bis achtzehn Stunden täglich mit steifen Gliedern in unbeweglicher Haltung im lichtlosen Beichtstuhl eingezwängt zubringen, um all das schmutzige Sündenelend der Menschen über sich ergehen zu lassen. Welch seelische Qual diese Tätigkeit in sich schließt, darüber gibt man sich viel zuwenig Rechenschaft. Man muß sich in diese Situation einmal hineindenken, um ihre Belastung zu empfinden. Wahrhaftig, Vianney war ein Märtyrer des Beichtstuhles, der es auf sich nahm, in der sommerlichen Hitze stundenlang in diesem verhängten Beichtstuhl zu sitzen und im kalten Winter nicht weniger lang in dem ungeheizten Raume zuzubringen. Da seine Kirche von den frühesten Morgenstunden an bis zum späten Abend förmlich belagert war, kam er kaum noch zum Schlaf. Der Pfarrer von Ars brachte fortan den weitaus größten Teil seines Lebens in diesem kleinen Gehäuse zu, um sein Ohr den armen Menschen zu leihen, die wollen und doch nicht wollen, und wenn sie einmal wollen, wiederum nicht können. All diese erbarmungswürdigen Seelen, sie begehrten durch Vianney wenigstens einen Moment zum Lichte Gottes vorzudringen, auch wenn sie nachher wieder vom Strom des Lebens fortgespült wurden.

Was alle diese unbekannten Leute zu dem dicht belagerten Beichtstuhl Vianneys drängte, war die Sehnsucht, endlich einmal einem Priester zu begegnen, der um die Wirklichkeit der Seele Bescheid wußte. Der Pfarrer von Ars besaß die

Fähigkeit, die menschliche Seele in ihrer Nacktheit, gleichsam losgelöst von ihrem Leibe zu sehen. Diese Gnadengabe wird einem Menschen nur ausnahmsweise verliehen. Nie hat Vianney auf täppische Weise im Innern des andern Menschen herumgeschnüffelt. Jegliche Neugierde war ihm fremd. Wie Franz von Sales besaß er die Gabe des «Alles-sehen-und-niemand-Anschauens». Bei seinem Beichthören ließ dieser seltsame Mann, der ein hintergründiges Wissen um die Sünde hatte, sich nur von dem *einen* Bestreben leiten, Seelen zu retten. Das war sein glühender Wunsch, um dessetwillen er all die qualvollen Beschwerlichkeiten auf sich nahm, die das vielstündige Beichthören jeden Tag mit sich brachte. Um Seelen zu retten, bedarf es jener heiligen Liebe zu den Menschen, die den Pfarrer von Ars verzehrte. Er weinte oft im Beichtstuhl, und als er gefragt wurde, warum er weine, gab er zur Antwort: «Mein Freund, ich weine, weil Sie nicht weinen.»[30] Dieses brennende Verlangen, Seelen zu retten, hat den ehemals so strengen Eiferer immer milder im Urteil gemacht. Nach dem Vorbild Christi erkannte er, daß der sündhafte Mensch vor allem der Liebe bedarf. «Die Heiligen waren weichherzig», sagte er, und eine sanfte Milde verklärte das Alter des Pfarrers von Ars. «Vom Menschlichen nichts mehr als nur das Leid zu tragen», war sein Entschluß.[31] Vianney besaß die Gabe, im Nu die Seele eines Menschen zu erfassen und ohne lange Erklärung sofort zu fühlen, welche innere Not sie quälte. Das trotzige und verzagte Menschenherz, wie gut kannte er es! Die angefochtenen Seelen wußte er mit wenig Worten wunderbar zu trösten, beantwortete rasch entschlossen die verwickeltsten Gewissensfälle und gab Ratschläge, die immer von einem völligen Verständnis für die jeweilige Situation getragen waren. Der Pfarrer von Ars drang in das innerste Gefühl seiner Beichtkinder ein und konnte die Gedanken ihrer Seelen lesen. Er besaß einen hellseherischen Blick, der ihn oft auch einem Menschen voraussagen ließ, was ihm in Zukunft noch bevorstehe. Dieses intuitive Verstehen überwältigte die Leute, welche seinen Beichtstuhl aufsuchten, und zu denen er das Wort der Vergebung sprach. Auch an diesem Heiligen ist vor allem sein religiöses Sein das Bedeutsame. Darum ist das Rätsel von Ars nicht wissenschaftlich lösbar. Es liegt nicht auf der intellektuellen Ebene. Man muß vielmehr das Unaussprechliche dieses Menschen spüren. Das Geheimnis steckt in der Atmosphäre, die ihn umgab, die armselig bis zur Traurigkeit war, und von der doch etwas unendlich Tröstendes ausging. Wenn man diese wunderbare Wahrnehmung begriffen hat, ist man auf dem Weg zum richtigen Verständnis.

Es wird immer etwas Unfaßliches bleiben, daß der einfältige Priester, dem die kirchliche Behörde das Beichthören zuerst verboten hatte, weil sie ihm die Fähigkeit der kasuistischen Unterscheidung nicht zutrauen konnte, zum größten Beichtvater Frankreichs im 19. Jahrhundert wurde. Dieses widerspruchsvolle Vorkommnis läßt sich kaum anders erklären als mit den Worten: Der Pfarrer von Ars war ein Erleuchteter! Dieser unmittelbar von Gott erleuchtete Idiot besaß trotz seiner geringen intellektuellen Fähigkeiten ein unendlich tieferes Wissen als jenes, das in den Priesterseminarien gelehrt wurde. Was diese Erleuchtung ist, läßt sich mit Worten nicht beschreiben. Sie ist ein Mysterium, vor dem man sich nur beugen kann. Als einst eine Nonne zu ihm sagte: «Mein Vater, man behauptet, Sie seien ein unwissender Mensch», antwortet er voller Heiterkeit: «Mein Kind, man hat Sie nicht getäuscht; aber das ist eine gleichgültige Geschichte, ich werde Ihnen dessenungeachtet mehr Ratschläge geben, als Sie ausführen werden.»[32] Ihm Nahestehende gestanden, aus seinem Munde Dinge gehört zu haben, die sie sonst nirgends vernommen und auch in keinem Buche gelesen hatten. Diese Erleuchtung und nichts anderes war es, was die Leute nach Ars zog. Diese konnten sie zu Hause bei ihrem Seelsorger nicht haben. Die unmittelbare Erleuchtung ist das Vorrecht der Heiligen.

Der Zulauf zum Pfarrer von Ars wird stets als großer Erfolg unterstrichen. Das christliche Denken hat aber nie den Erfolg als wirklichen Gotteslohn betrachtet, und aller Wahrscheinlichkeit nach sind die großen Pilgerzüge das Fragwürdigste im Leben Vianneys. Daß sich diese unübersehbaren Scharen nicht unangenehm auswirkten, liegt nur an der Persönlichkeit des Heiligen, der inmitten dieser erfolgreichen Tätigkeit unverändert demütig von sich selbst dachte. Einem nicht von Gott erleuchteten Menschen wäre bei der Veranlagung zur Selbstgefälligkeit, die den Adamssöhnen angeboren ist, der enorme Wallfahrtsbetrieb in den Kopf gestiegen und hätte ihn zur Überheblichkeit verführt. Inmitten des beispiellosen Zulaufes blieb der Pfarrer von Ars innerlich mehr als je von seiner eigenen Untauglichkeit bedrängt. Einst hatte er im Gebet Gott angefleht, ihn sein eigenes Nichts schauen zu lassen. Solche Bitten pflegen in Erfüllung zu gehen, aber Vianney bekam etwas zu sehen, auf das er doch nicht gefaßt war. Es war über alle Maßen schrecklich, und er fühlte sich wie zermalmt. Mit bloßen Minderwertigkeitsgefühlen darf dieser Blick in den Abgrund des eigenen Nichts nicht verwechselt werden. Es hat sich dies alles in einer viel größeren Tiefe abgespielt, die nur dem Heiligen zugänglich ist. Er, der andere so wunderbar zu trösten vermochte, blieb ohne jede Tröstung und war erstaunt darüber, daß Gott ihn auf der Erde überhaupt dulde. «Diesen Anblick meines Nichts habe ich achtzehn Monate hindurch gehabt. Weil ich aber in Angst war, er möchte mich schließlich zur Mutlosigkeit führen, so bat ich Gott, ihn mir wieder zu nehmen, was er auch wirklich tat.»[33]

V

Parallel zum starken Zustrom nach Ars verlaufen die seltsamen Anfechtungen, die Vianney zu bestehen hatte. Sie sind von geheimnisvoller Art, nicht ohne weiteres verständlich und machen doch erst das Bild des Pfarrers von Ars vollständig.

Die erste Anfeindung kam von seiten seiner Amtsbrüder. Es ist eine unstatthafte Vereinfachung, den Widerspruch des Klerus gegen den Heiligen von Ars mit bloßem Neid zu erklären, der es nicht über sich brachte, die religiöse Größe

Vianneys bereitwillig anzuerkennen. Sicher wird es an Mißgunst nicht gefehlt haben, aber allein aus diesem Motiv kann das klerikale Verhalten nicht abgeleitet werden. Die Priester jener Gegend standen in Tat und Wahrheit einer Situation gegenüber, die sie noch nie erlebt hatten. Vianneys Persönlichkeit konnte nicht in das übliche Schema eingeordnet werden. Seine Kollegen empfanden die vernachlässigte Kleidung als absichtlich gesuchte Originalität und bezichtigten ihn des überspannten Gebarens. Als der große Pilgerstrom einsetzte, standen sie erst recht vor einem unerklärlichen Faktum. Warum übten die seelsorgerlichen Weisungen des Pfarrers von Ars eine solche Anziehung aus? Konnten die Leute nicht die gleiche Lossprechung im Beichtstuhl ihrer Wohngemeinde empfangen? War Vianney nicht jener Seminarist gewesen, der nur mit größter Mühe ein wenig Latein gelernt hatte, und der infolge seiner intellektuellen Unfähigkeit sogar aus dem Seminar entlassen werden mußte? Und dieser geistige Schwächling wollte sich nun als Heiliger aufspielen! Merkte er denn nicht, daß seine übermäßige Strenge nur spöttisches Achselzucken hervorrief und den guten Ruf des Klerus gefährdete? Man konnte sich nicht genug über Vianney aufhalten, bekrittelte, schmähte, verdächtigte und verleumdete ihn. Seine Amtsbrüder warnten ihre Gemeindeglieder direkt vor den Pilgerzügen nach Ars. Vianney sagte später über die Periode dieser Anfeindungen: «In jener Zeit ließ man das Evangelium auf den Kanzeln in Ruhe, und statt dessen predigte man über den armen Pfarrer von Ars.»[34] Er hat unter diesen Anwürfen schwer gelitten, viel mehr als er sich äußerlich anmerken ließ. Daß sie von seinen Kollegen kamen und nicht jeglichen Anscheins von Berechtigung entbehrten, hat ihn getroffen. Der Pfarrer von Ars war nun einmal ein ungebildeter Priester. Warum es Gott gefallen hatte, sich seiner Nichtswürdigkeit zu bedienen, das konnte er selbst am allerwenigsten sagen. Aber Vianney ließ sich in keine Verbitterung bringen. Er faßte die Anfeindungen als eine Schickung Gottes auf, ihn in der Demut zu erhalten. Er hat sie willig ertragen als ein Los, das ihm auferlegt war, dem gegenüber er sich nicht auflehnen dürfe. Nur die Haltung der Ergebung schöpft aus einer Anfechtung inneren Gewinn und macht ihren Erlebnisgehalt nicht zum voraus unwirksam. Schließlich aber mußten auch seine Amtsbrüder die Grundlosigkeit der üblen Nachrede einsehen, namentlich als der Bischof sich schützend vor den Pfarrer von Ars stellte und in einer Versammlung von Priestern sagte: «Meine Herren, ich wünschte Ihnen ein wenig von dieser Torheit, worüber Sie sich lustig machen; sie würde Ihrer Weisheit nicht schaden.»[35]

Hintergründiger als die verletzenden Sticheleien von seiten der Amtsbrüder waren die Bedrängnisse, welche Vianney vom Teufel zu bestehen hatte, welcher der schändlichste Begleiter seines mühsamen Daseins war. Wie man das Geschehnis auch deuten mag, man kommt um die Wahrnehmung nicht herum, daß im Leben des Pfarrers von Ars der Teufel eine nicht nebensächliche Rolle spielte. Mit dem Satan, dem er den Spitznamen «Grappin» gab, kam er in reale Berührung. Nach seiner Auffassung ist der Christ zu beklagen, der «nicht heftig vom Teufel bekämpft» wird.[36] Vianney hörte in seinem Hause nächtlicherweile seltsame Geräusche. Er mußte eine arge Beeinträchtigung seiner Nachtruhe erleben, indem seine Bettvorhänge zerrissen und die Bilder im Zimmer mit Kot beschmutzt wurden. Er hörte furchtbare Schläge an seine Türe klopfen, unheimliches Geschrei im Pfarrhof widerhallen, das bald wie das Brummen eines Bären, bald wie das Bellen eines Hundes, bald wie das Flattern von Fledermäusen klang. In seinem Zimmer wurde er von unbekannter Stimme «Kartoffelfresser» gescholten, sah wie seine Möbel verschoben wurden, und wie sich dies alles manchmal zu einem wahren Hexensabbat steigerte. «Vianney hat es öfters wie eine Hand über sein Gesicht streichen und wie Ratten über seinen Körper laufen gefühlt.»[37] Der Pfarrer von Ars hat mit dem Satan, der ihn sogar an den Füßen packte und im Zimmer herumzerrte, jahrelang wilde Kämpfe von unheimlichster Art ausgefochten. Diese Teufelskämpfe lassen in einen Abgrund blicken, von dem wenige

Menschen auch nur eine Ahnung haben. Nach Vianneys Ansicht «ist das die schrecklichste Versuchung, nicht versucht zu werden; das ist der Zustand jener, welche der Teufel für die Hölle herrichtet».[38]

Sind diese Erlebnisse Vianneys nicht als minderwertiger Aberglaube zu bewerten, den ein aufgeklärter Mensch kaum ernst nehmen kann? Selbstverständlich sind diese dämonischen Anfechtungen das Unmodernste, das sich denken läßt. Sie wurden denn auch als eine ärgerliche Störung des neuzeitlichen Lebensgefühles empfunden. Schon zu Lebzeiten des Pfarrers von Ars entstand in den benachbarten Pfarrhäusern schallendes Gelächter, als man hörte, Vianney werde vom Teufel heimgesucht. Von seinen Amtsbrüdern wurde ihm gesagt, «daß die Hölle, aus der seine Dämonen kämen, ganz einfach der Fleischtopf sei, in welchem er seine Kartoffeln verschimmeln lasse».[39] Für wissenschaftlich gebildete Theologen war der Satan schon damals nur mehr eine Verlegenheit, der als Wahnvorstellung betrachtet wurde und mit dem man nichts anfangen konnte. War es nicht bezeichnend, daß der Vikar von Vianney trotz angestrengtem Lauschen von diesen seltsamen Geräuschen nicht das geringste vernahm? So war man geneigt, die Sache mit den überreizten Nerven und der geistigen Verschrobenheit Vianneys zu erklären, was bei dem idiotischen Mann nicht weiter verwunderlich sei.

Mit dem Hinweis auf die Nervosität Vianneys, der Erscheinungen für reale Geschehnisse nehme, ist jedoch nicht viel gewonnen. Diese freidenkerische Auffassung übersieht, daß die mittelalterliche Vorstellung vom leibhaftigen Teufel nur das Formproblem berührt, nicht aber das Wesen des Dämonischen selbst. Nach dem Neuen Testament «haben wir nicht mit Fleisch und Blut zu kämpfen, sondern mit Fürsten und Gewaltigen, nämlich mit dem Beherrscher dieser Welt der Finsternis, mit den bösen Geistern unter dem Himmel» (Eph. 6, 12). Die großen Maler Grünewald, Bosch, Breughel haben in ihren Bildern das Dämonische, welches sich in den Kämpfen der alten Wüstenväter zeigt, viel besser erfaßt als die modernen Bestreiter der Teufelsvorstellung. Wie hat auch Luther mit dem «alt bösen Feind» auf eine dramatische Art gerungen, um dessen Machtausübung er wie weni ge Bescheid wußte. Zur gleichen Zeit, da Vianney im Pfarrhaus zu Ars vom Teufel um seinen Schlaf gebracht wurde, hat auch der protestantische Pfarrer Christoph Blumhardt der Ältere im schwäbischen Möttlingen Dämonenkämpfe von unheimlicher Auswirkung bestanden, die zu den abgründigsten Vorkommnissen der Kirchengeschichte des 19. Jahrhunderts gehören. Vielleicht ist auch der Einbruch des Dämonischen in unsere Zeit nur in diesem erschreckenden Ausmaß möglich gewesen, weil der Mensch in seiner hochmütigen Aufgeklärtheit so wenig wachsam geworden war.

Die Seele, die sich ins Lichtreich streckt, kommt auch mit den untern Mächten, die sie zurückhalten wollen, in Berührung. Nur dem lauen Christen bleiben diese überwirklichen Erfahrungen erspart. Fast alle Heiligen, als die Gegenspieler des Nihilismus, haben mit den Dämonen schwere Kämpfe zu bestehen, weil dem Menschen der außergewöhnlichen Begnadigung sich auch außerordentliche Bedrohungen entgegenstellen. Der zu bekämpfende Irrtum beginnt erst dann, wenn der Teufelsglaube zu einer vollständigen Dämonologie ausgebaut wird, welcher den grundsätzlichen Sieg des Evangeliums über die Finsternis verkennt. Die Wirklichkeit der dämonischen Mächte wird durch eine Ablehnung der materialistischen Vorstellung vom leibhaftigen Teufel als einem unzureichenden Bilde nicht beeinträchtigt. Auch Vianneys Kampf mit dem Satan ist letztlich als geistiges, inneres Erlebnis zu verstehen, dem die gleiche Realität zukommt wie dem äußern Geschehen. Ob der Teufel in ihm oder außer ihm war, ist von nebensächlicher Bedeutung, entscheidend allein ist, daß er mit ihm auf reale Weise rang. Das Böse ist als Realität und zugleich als Unrealität aufzufassen, das wohl umschrieben, aber nicht erklärt werden kann. Nur diese Anschauung kommt dem Geheimnis der überpersönlichen Mächte nahe.

Als Mensch des hintergründigen Erlebens besaß der Pfarrer von Ars eine tiefe Abneigung gegen jegliche Betriebsamkeit, gegen das «unchristliche Rennen», wie Paul Gerhardt sich einmal in einem Liede ausgedrückt hat. Das Schweigen und das Sichenthalten erschien dem Heiligen von Ars als höhere Stufe als das ununterbrochene Schaffen und beständige Wirken. Eine heftige Sehnsucht nach Stille bemächtigte sich seiner. Der lebhafte Wunsch, den Rest seines Lebens in der klösterlichen Einsamkeit ausschließlich dem Gebet und der Abtötung zu widmen, ist ein heiligmäßiger Zug. Das Pfarramt von Ars war ihm zu lärmig, und er hätte diese Bürde gerne abgelegt. «Man soll nicht bis zum Ende seines Lebens Pfarrer bleiben, man sollte sich einige Zeit zur Vorbereitung aufs Sterben vorbehalten», meinte Vianney und fügte später einmal zu dieser Äußerung hinzu: «Ich möchte nicht als Pfarrer sterben, weil ich keinen einzigen Heiligen kenne, der auf diesem Posten gestorben ist.»[40] Aus dieser Einstellung erwuchs sein Wunsch, in die Stille zu gehen, sein armes Leben zu beweinen und für den Rest seiner Tage das Dasein eines Büßers zu führen.
Dieses religiöse Verlangen wurde bei Vianney immer stärker. Es nahm allmählich Formen an, die zur schweren Versuchung wurden und eine eigenartige Note in sein Dasein hineinbrachten. Jedes Leben hat seine Versuchung, sie fehlt in keinem Dasein völlig. Es gibt nicht nur die Versuchung, die das anmutige Zerlinchen in Mozarts Oper überkam, als es zitternd dastand und nicht wußte, sollte es dem drängenden Werben Don Juans, ihm auf sein Schloß zu folgen, nachgeben. Das ist die unterste Stufe der Versuchung, die dem sinnlichen Menschen widerfährt. Der Geistesmensch wird von höheren Versuchungen betroffen, aber auch ihm bleiben sie nicht erspart. Sogar Jesus hatte mehrfach Versuchungen zu bestehen. Wie die Evangelien berichten, hatten sie bei ihm verschiedene Formen angenommen, und erst, «da der Teufel alle Versuchungen vollendet hatte, wich er von ihm eine Zeitlang» (Lk. 4, 13). Im Leben der Heiligen nehmen die Versuchungen einen breiten Raum ein. Durch sie bekommt

deren Religiosität das unerwartete Gefälle und gestaltet sich oft zu einem inneren Drama, das man nicht ohne Erschütterung betrachten kann. Beim Pfarrer von Ars nahm die Versuchung — ähnlich wie bei Buddha und Tolstoi — die Gestalt des brennenden Wunsches an, aus der Gemeinde zu entfliehen, um in einem Trappistenkloster sein Leben mit vollständigem Stillschweigen zu beschließen. An sich ist dieses Verlangen begreiflich, wenn man an die ungeheure Last denkt, welche dieser arme Dorfpfarrer jeden Tag allein durch das vielstündige Beichthören zu tragen hatte. Menschlich gesehen besaß er mehr als eine Berechtigung, sich in die Einsamkeit zurückzuziehen und an die Vorbereitung der eigenen Seele zu denken. Aber so naheliegend dieser Gedanke war, beim Heiligen von Ars wirkte er sich als Ungehorsam gegenüber der Aufgabe aus, die Gott ihm gestellt hatte, und um derentwillen ihm die Erleuchtung zuteil geworden war. Den ersten Fluchtversuch unternahm Vianney im Jahre 1840, als er unbemerkt in stockdunkler Nacht auf der Landstraße fortwanderte, bis er plötzlich halt machte und zu sich selbst sprach: «Ist es wohl wirklich Gottes Wille, den ich jetzt erfülle? Ist denn die Bekehrung einer einzigen Seele nicht viel mehr wert als alle Gebete, die ich in der Einsamkeit verrichten könnte?»[41] Es ist seltsam zu sehen, wie der Mann, der ungezählten Beichtkinder in schwersten Gewissenskämpfen beinahe spielend zum richtigen Entscheid verholfen hatte, in seiner eigenen Angelegenheit diese große innere Unsicherheit an den Tag legte. Vianney empfand sein Vorhaben plötzlich als Versuchung, er wurde schwankend, blieb lange stehen und kehrte schließlich mit dem Entschluß um: «Ich will aushalten, bis ich zusammenbreche.»[42] Die Sehnsucht nach Abgeschiedenheit empfand er nun als eine List des Bösen. Der Pfarrer von Ars kam jedoch darüber nicht ganz zur Ruhe. Nach einigen Jahren wiederholte er sein Vorhaben. Wiederum verließ er durch eine Hintertür sein Haus. Aber die Leute von Ars, durch seinen früheren Fluchtversuch argwöhnisch geworden, bemerkten diesmal sein Tun und versuchten, ihn aufzuhalten. Er lief davon, man lief ihm nach, er verdoppelte seine Schnelligkeit, schlug einen Seitenpfad ein und entging endlich glücklich den Menschen, die seine Absicht vereiteln wollten. Vianney floh, seiner selbst nicht mächtig, zuerst in sein väterliches Haus und hielt sich dort in einem Zimmer versteckt. In Ars entstand eine ungeheure Aufregung, die ganze Bevölkerung machte sich auf, um den entflohenen Heiligen wieder einzufangen. Auch der Bischof wurde benachrichtigt, der mit dem eigenwilligen Verlassen seines Sprengels nicht einverstanden sein konnte und den Wunsch aussprach, Vianney möchte zurückkehren. Noch lange schwankte der Heilige unentschlossen, bis er sich zuletzt dem allseitigen Verlangen fügte und nach Ars zurückkehrte, wo er unter unbeschreiblicher Freude der Einwohner wieder empfangen wurde. Doch nur vier Jahre dauerte diese Ruhe, im Jahre 1847 war Vianney plötzlich wieder verschwunden. In aller Heimlichkeit war er nach Lyon gegangen und hatte dort um Aufnahme in ein Kapuzinerkloster gebeten, die ihm aber verweigert wurde! Er mußte abermals zurückkehren, und im Jahre 1853 kam es zum letzten Versuch in dieser Hinsicht, der aber an seiner Unvorsichtigkeit scheiterte. Von da ab dachte Vianney nicht mehr daran, seine seelsorgerliche Tätigkeit aufzugeben, und er verließ Ars nicht mehr. Die schwere Versuchung war überwunden. Wer sich in diese wiederholten, verzweifelten Fluchtversuche Vianneys hineindenkt, wird das Ergreifende in diesem Geschehen spüren. Wenn die Form seiner Versuchung auch selten ist und daher damals kaum von jemandem verstanden wurde, war sie doch der Anlaß zu einem Seelendrama, das an Größe kaum einem andern nachsteht. Der Drang nach der Abgeschiedenheit, wo allein die wahre Seligkeit zu finden ist, war in diesem Menschen zu tief verwurzelt, so hilflose Formen er auch annahm. Aber gerade die Stille war Vianney versagt, und er sollte in seinem Leben kaum eine Stunde des Friedens erleben. Der Verzicht auf Einsamkeit war die Forderung Gottes an ihn.

Inzwischen war der Pfarrer von Ars ins Greisenalter eingetreten. Schon längst war er ein weißhaariger Mann geworden, der durch seine übermäßige Askese früh gealtert aussah. Er fühlte sein Ende nahen, da Erschöpfungszustände überhandnahmen. Nach einer Predigt wurde er ohnmächtig und mußte sich hinlegen. Schlicht wie sein Leben war auch sein Sterben. Jeglichen großartigen Gebärden war dieser einfache Dorfpfarrer bis zum letzten Augenblick abhold. Während eines Gewitters gab er ohne Todeskampf seine Seele dem Schöpfer zurück.

VI

Der Pilgerstrom nach Ars galt nach dem Tode Vianneys seinen Reliquien, die bald zum Gegenstand andächtiger Verehrung wurden. Der zu Beginn des 20. Jahrhunderts eingeleitete Heiligkeitsprozeß führte 1925 zu dem Ergebnis, daß dem demütigen Pfarrer von Ars die höchste kirchliche Ehrung zuteil wurde und man ihn in das Verzeichnis der Heiligen eintrug. Durch Papst Pius XI. wurde Vianney vier Jahre später zum Schutzpatron aller Pfarrer erklärt, und diese Ernennung bietet Anlaß zu einer letzten Betrachtung.

Nach einem Ausspruch des dänischen Pietismus ist «die Hölle mit Stirnen von Pfarrern gepflastert».[43] Wenn diese Äußerung auch eine pietistische Schreckvorstellung ist, bleibt wahr, daß der Beruf eines Pfarrers tatsächlich schwere seelische Gefahren in sich birgt. Wie kann ein Mensch, ohne an seiner Seele selbst Schaden zu nehmen, stets den Belehrenden spielen, der aller Welt beständig von der Kanzel aus sagt, was sie zu tun habe, der fortwährend die größten Worte in den Mund nimmt, die oft gar nicht in ihm leben. Diese Funktion muß notwendig zu einer geistigen Überheblichkeit führen, die sich um so verhängnisvoller auswirkt, als sie merkwürdigerweise den meisten Trägern des geistlichen Amtes nicht zum Bewußtsein kommt. Nur täglich geübte Demut ist imstande, den daraus entstehenden Ungeist des bornierten Pfaffentums abzuwehren. Vianney hat die Klippen, die der Ausübung des geistlichen Berufes drohen, klar gesehen und sie mit aller Umsicht zu umfahren gesucht.

Seine Ausführungen über das Thema des Landpfarrers entbehren jeglichen angriffigen Charakters und können niemanden verletzen. Gerade wegen ihrer Anspruchslosigkeit sind sie jedoch bedeutsamer als alle gepfefferten Anklagen und vertreten Einsichten, die man nie mehr vergessen kann. An Einfachheit kaum zu überbieten sind seine Worte, und doch, welche Wahrheit liegt in ihnen: «Es gibt auf der Welt nichts Unglücklicheres als einen Seelsorger! Womit bringt er die Zeit zu? Damit, anzusehen, wie Gott beleidigt wird; wie stets sein heiliger Name mißbraucht wird, wie seine Gebote übertreten werden; wie seine Liebe mißachtet wird! Der Priester sieht nur das, er hört nur das... Ach, wenn ich gewußt hätte, was ein Seelsorger ist, dann wäre ich, statt ins Seminar einzutreten, eiligst zu den Trappisten gegangen.»[44] Als ein «armer, unglücklicher Priester» unterschrieb Vianney sich, und dieses Gefühl schützte ihn vor der unangenehmen Selbstsicherheit vieler Geistlicher. Mit seiner intellektuellen Unbegabtheit wäre Vianney nie imstande gewesen, ein Buch zu schreiben, aber die wenigen Äußerungen, die er über den Pfarrerberuf getan hat, wiegen mehr als dickleibige Lehrbücher über praktische Theologie. Sind sie doch einem Thema gewidmet, dem wissensmäßig nie restlos beizukommen ist. Aus dem Leben und den Worten Vianneys ist für jeden Priester unendlich viel zu lernen, denn man kann sich kaum einen bessern Grundsatz denken als die Lösung: «Ein Pfarrer darf niemals sich einreden, er könne in seiner Pfarrei nichts leisten, so unfruchtbar auch lange Zeit seine Anstrengungen gewesen sein mögen; sodann darf er niemals denken, mag er auch noch so sehr gearbeitet haben, er hätte genug getan.»[45] Vor allem aber hat der Pfarrer von Ars über das Priestertum groß gedacht, ohne dabei einem eingebildeten Selbstbewußtsein das Wort zu reden: «Was Priester sein bedeutet, wird man erst im Himmel recht erfassen... Würde man es schon auf Erden verstehen, man würde sterben, nicht vor Entsetzen, sondern vor Liebe.»[46] In einem Geistlichen muß eine merkwürdige Änderung vor sich gehen, wenn er jeden Tag diese Worte des unwissenden Pfarrers von Ars sich vergegenwärtigt. Es teilt sich ihm die Beunruhigung Vianneys mit, daß aus den Pfarrhäusern keine Heiligen hervorgehen, und diese Wahrnehmung wirkt sich als heilsamer Ansporn aus: «Wie viele Pfarrer sind denn heiliggesprochen worden? Fast keiner; vielleicht kein einziger! Der eine Heilige war Mönch gewesen, ein anderer Missionar, andere waren Laien, viele waren Bischöfe, und doch gibt es seit vielen Jahrhunderten weit weniger Bischöfe als Pfarrer! Weder Vinzenz von Paul noch Franz Regis wollten bis an ihr Ende Pfarrer bleiben. Was für eine schwere Aufgabe hat auch ein solcher! Die Betrachtung, das Gebet und die innige Vereinigung mit Gott tun dem Priester not! Nun aber lebt der Pfarrer in der Welt; er redet, er treibt Politik, er liest die Zeitungen und füllt mit dem Gelesenen sein Gedächtnis. Er betet sein Brevier, liest die heilige Messe, und er tut das wie etwas Alltägliches. Und dann die Spendung der Sakramente! Ach, wie erschreckend ist es doch, Pfarrer zu sein!»[47] Vianney blieb sich in seiner Sorge um das Pfarrer-Dasein bewußt, eine andere Welt zu vertreten, als diejenige es ist, in welcher die Alltagsmenschen leben. Ihm war es von Gott beschieden, der Heilige zu werden, der aus dem Pfarrerstande hervorgegangen ist. «Bei den Menschen ist es unmöglich, aber bei Gott sind alle Dinge möglich» (Mt. 19, 26).

DAS GÖTTLICHE LÄCHELN

Therese von Lisieux
1873—1897

I

Kann einen eine Nonne geistig ernsthaft interessieren? Eine Klosterfrau, wie man sie zuweilen im Eisenbahnwagen begegnet, die mit gesenkten Augenlidern dasitzt, in ein Gebetbüchlein schaut, neben sich ein vorsintflutliches Köfferchen mit altmodischem Regenschirm? Was kann ein Mensch, dessen Dasein sich in einem geschlossenen Kloster vollzieht, erlebt haben, mit dem zu beschäftigen es sich lohnt?

Diese Frage ist noch mehr berechtigt, wenn es sich um eine Karmeliterin des 19. Jahrhunderts handelt, deren Schönheitsgefühl durch die Geschmacklosigkeit jener trostlosen Zeitepoche bestimmt worden war. Was Therese Martin an Gedichten und Malereien gemacht hat, ist ganz der Anschauung jener Jahre verhaftet und ragt nirgends über das kleinbürgerliche Milieu der französischen Provinz hinaus. Sogar in ihrer berühmten Autobiographie finden sich allzu viele Seufzer und Herzensergüsse. Von den Blumenvergleichen macht sie einen reichlichen Gebrauch, und die Art, wie sie von ihrem «lieben, kleinen Jesus» schreibt, streift oft die Grenze des Erträglichen. Von einer «Luft aus geschonten, bürgerlichen Stuben voller Nippsachen» sprach man schon im Hinblick auf ihre Selbstdarstellung. Nach ihrem Ableben wurde diese sentimentale Aufmachung zunächst noch unterstrichen. Man liebte es, Therese als ein schwärmerisches, mit Tränenperlen umflortes Nonnenantlitz darzustellen, eine gezierte «Rosenheilige» von klebriger Süßlichkeit. Die Rührseligkeit eines urteilslosen Publikums machte sich der überall anzutreffende Krämergeist bereitwilligst zu Nutzen, bis aus den Reihen der Katholiken selbst der Protest kam. «Um der großen Masse eine so bittere Medizin schmackhaft zu machen, war gewiß eine Portion Sirup notwendig. Therese hat selber dafür gesorgt. Vielleicht hat ihr Kloster zuviel nachgeholfen. Das war gut gemeint und hat ohne Zweifel gut gezogen. Sonst hätten sich bestimmt nicht so viele Leute zu diesem Heiltrunk bewegen lassen.»[1] Dieser Öldruck hat gewiß in der Vorkriegszeit viel zu ihrer Verbreitung beigetragen. Heute dagegen steht er nach der entschiedenen Abkehr von jenem unechten Lebensgefühl Therese von Lisieux hemmend im Wege. Dieser zuckersüße Abguß, der aus Entgegenkommen an die Geschmacklosigkeit der Jahrhundertwende gemacht wurde, hat sich zu einem wahren Ärgernis entwickelt, das nach einer Biographie in dem Verdacht besteht, «die kleine Heilige sei in Wahrheit so gewesen, wie der Kitsch sie darstellt».[2]

All dies ist jedoch nur die Vorderseite, hinter der sich ein ganz anderer Mensch verbirgt. Wer sich durch die braune, abgetragene Nonnentracht samt Kreuz und Rosenkranz nicht kopfscheu machen läßt, steht vor einer Gestalt, der im innersten Kern ihres Wesens der Geist der zweiten Hälfte des 19. Jahrhunderts völlig fremd geblieben ist. Therese hat kaum eine geistige Beziehung zur modernen Welt und kann in keiner Weise aus ihr erklärt werden. Zu ihrem tieferen Verständnis trägt es nichts bei, wenn die Geschichte des zu Ende gehenden 19. Jahrhunderts ausführlich erzählt wird, da sie den Pulsschlag ihrer Zeit nicht gespürt hat. Man braucht von ihrer Zeit nichts zu wissen, um ihr innerstes Wollen zu begreifen. Sie hätte ebensogut im Mittelalter leben können, und sie ragt mit ihrem Sein wie der Pfarrer von Ars in eine andere Welt hinein. Kein neuzeitliches Geschehen vermochte sie gefangen zu nehmen. Ihre innere Unberührtheit vom Jugendstil der neunziger Jahre spürt jedermann, der durch die widerliche Dunstschicht zu ihrem wahren Antlitz vorzudringen versucht. Dann steht man vor dem

Bild eines Menschen, der eindrücklich beweist, daß, wie unfruchtbar und öde auch immer eine Zeitepoche sein mag, der in ihr lebende Mensch stets zum Ewigen durchbrechen kann. In jeder Geschichtsperiode besteht die Möglichkeit, der Aufforderung des Angelus Silesius nachzukommen: Mensch, werde wesentlich! Nie ist ein Christ durch den Leerlauf seiner Zeit entschuldigt, denn auch im oberflächlichsten Jahrzehnt kann er im Göttlichen verwurzelt sein.

Man begegnet in Thereses engem Dasein keinen romanhaften Erlebnissen. Ihr Lebenslauf wird von keiner einzigen Persönlichkeit gekreuzt, die ein größeres Interesse beanspruchen kann. Gleichwohl verfügt diese Nonne über eine seelische Anziehungskraft, die viel stärker ist, als sie von all den mondän gekleideten Damen ausgeht. Während diese nach der neuesten Mode angezogenen Frauen nur eine äußere Eleganz zur Schau tragen, hinter deren hochmoderner Kleidung sich gewöhnlich eine erschreckende Hohlheit verbirgt, erlebt man bei Therese gerade das Umgekehrte. Bei ihr tritt aus einer unscheinbaren Hülle ein Mensch mit seltenen religiösen Qualitäten hervor, der, je länger man sich mit ihm beschäftigt, immer mehr gewinnt. Gehört doch Therese nicht zu jenen verbitterten Jungfern, die den Schleier nur deshalb genommen haben, weil sie im Leben der Welt zu kurz gekommen sind. Therese war hübsch und bekam bereits als kleines Mädchen wegen ihres anmutigen Aussehens zahlreiche Schmeicheleien zu hören. Mit ihrem prächtigen blonden Haar, den stahlblauen Augen, den feingeschnittenen Gesichtszügen und ihrem hohen Wuchs war Therese schön, sogar ungewöhnlich schön, wie das noch heute aus ihrem Bilde zu ersehen ist. Aber es war keine zurechtgemachte Schönheit, welche mit allerlei künstlichen Mitteln unterstützt werden mußte. Diese Nonne verkörperte jene Schönheit, von der ein russischer Dichter einmal gesagt hat: «Schönheit wird die Welt erlösen.» Es ist dies ein im ersten Moment phantastisch erscheinendes Wort, aber nichtsdestoweniger wahr. Aus Thereses Antlitz blickt jene innere Schönheit, die in der überirdischen Welt beheimatet ist. Die

Philokalia, wie die Griechen die Liebe zur geistigen Schönheit nannten, spielte von alters her auf religiösem Gebiet eine bedeutsame Rolle, und sie bildet auch die Türe zum Innern dieser altmodisch gekleideten Klosterschwester. Therese verwirklichte jene adelige Schönheit der Seele, die unergründlich wie das Meer ist. Ihre Seele strömte einen Duft aus, der förmlich berauscht, und ihr Wesen ist von einem Licht umstrahlt, das einen immer wieder gefangen nimmt, sooft man nur in ihre Nähe kommt. Als Verfasserin der berühmten «Geschichte einer Seele» macht diese junge Karmeliterin klar, daß Seele nicht nur psychische Stauung ist, sondern das Offene, das mit dem Göttlichen Verbundene, das Ewige im Menschen. Bei der Beschäftigung mit Therese wird man von maßlosem Staunen erfaßt über das wunderbare Gebilde der menschlichen Seele, die eines Aufschwunges ins Ewige fähig ist und in ihrer Unermeßlichkeit nur mit der Sternenwelt verglichen werden darf. Es gibt in der modernen Zeit Frauenleben, die tief beeindrucken, wenn an Eleonore Duse, an Vera Figner und andere gedacht wird. Aber von der früh vollendeten Therese von Lisieux geht eine seelische Kraft aus, wie von kaum jemand anderem. Diese Seelenschönheit verleiht dem scheinbar unbewegten Lebenslauf Thereses eine innere Macht, der gegenüber kein äußeres Spannungselement aufzukommen vermag. Sie hat das Lebendige nicht in sensationellen Erlebnissen verausgabt, es vielmehr ganz nach innen gewendet und unaufhaltsam zur seelischen Bereicherung verarbeitet. In ihrem Innern hat sie das Kleinste mit einer glühenden Bereitschaft erlebt, sich jedem seelischen Vorkommnis restlos hingegeben, gerade weil sie nach innen und nicht nach außen lebte. Ihr Dasein ist daher alles andere als ein Leben ohne Geschichte. Aber es ist der innere und nicht der äußere Ablauf, welcher das Gefälle aufweist. Seelisch hat diese Nonne unendlich mehr erlebt, als all die lebensgierigen Menschen in ihrer atemlosen Jagd nach abwechslungsreichen Abenteuern; überragt doch das Innere an Nachhaltigkeit bei weitem das Äußere.

II

Über die Kindheit von Therese Martin ist eine leise Wehmut ausgebreitet. Sie hängt mit dem kaltnebligen Städtchen Lisieux in der Normandie zusammen, das mit seinen spitzgiebeligen Häusern einen melancholischen Eindruck hinterläßt und ein Teil jener langweiligen Provinz ist, welche die französischen Romanschriftsteller der Gegenwart gleich einem bedrückenden Alb zu schildern vermochten. Verstärkt wurde diese unausgesprochene Traurigkeit durch den frühen Verlust ihrer Mutter, der durch das innige Verhältnis der kleinen Therese zu ihrem Vater wie auch zu ihren älteren Schwestern nicht wettgemacht werden konnte. Es gab nicht viele geistige Anregungen in diesem frommen Haus außer dem eifrig gepflegten Kirchenbesuch und den erbaulichen Gesprächen. Von all dem, was Frankreich damals geistig bewegte, drang kaum eine Nachricht in diese kleinbürgerliche, wohlsituierte Familie, die trotz ihrer Frömmigkeit keineswegs in jeder Beziehung als vorbildlich hingestellt werden darf.[3] Ein weniger energischer Mensch hätte in dieser sorgsam behüteten Umgebung leicht an unbefriedigter Sehnsucht verkümmern können.

Noch schwerere Schatten senkten sich auf Therese herab, als sie in das Pensionat zu den Benediktinerinnen geschickt wurde. Die nüchternen Schulzimmer hinter den grauen Mauern dieser Klosterschule waren für das junge Mädchen wenig zuträglich, das sich in ihnen sehr unglücklich fühlte. Bei ihrer Andersartigkeit fand sie nur schwer Kontakt mit den übrigen Mitschülerinnen. Therese war ein Mensch von großer seelischer Verschlossenheit, die sie folgerichtig in eine innere Einsamkeit führte. Schon im Pensionat war sie innerlich allein, und sie ist auch später nicht mehr aus der geistigen Vereinsamung herausgekommen. Schrieb sie doch von ihrer frühesten Kindheit: «Mit niemandem sprach ich von den tiefen Gefühlen, die mein Herz erfüllten. Schweigend sah und hörte ich alles, auch gar manches, das man mir verbergen wollte.»[4] Wegen dieser schweigsamen Verschlossenheit war ihr, wie so vielen edlen und stolzen Menschen, auch die Möglichkeit der Freundschaft versagt. Außer ihren Angehörigen lernte sie nie einen Menschen kennen, welcher das Vertrauen ihres Herzens gewann. Therese gehörte immer zu den Einzelnen. Noch qualvoller wirkte sich der Skrupulantismus aus, dem sie wie so viele fromme Menschen verfiel. Sie litt Unsägliches durch diese religiöse Seelenkrankheit: «Jeder Gedanke, jede Handlung wurde mir eine Quelle von Angst und Verwirrung.»[5] In ihrer Selbstquälerei machte sie in ihrer Jugend aus jeder Verfehlung deren zwei.

Auf der Suche nach dem Schlüssel zu diesem Lebenslauf wurde schon auf eine kleine Begebenheit in ihrer Jugendzeit hingewiesen, da sie noch «halb Gott, halb Kinderspiel im Herzen» hatte. Als man ihr damals einen Korb voll Flitterkram brachte und sie daraus wählen konnte, was sie wollte, bemächtigte sich nach einem Augenblick der Besinnung die kleine Therese des ganzen Inhaltes, indem sie triumphierend sagte: «Ich wähle alles.» In diesem Zug ihrer Kindheit sah sie selbst «gleichsam den Inhalt ihres ganzen Lebens» abgebildet.[6] Gewiß kommt in diesem kindlichen Ausruf «ich wähle alles» bereits der erste Ganzheits-Anspruch ihrer ungewöhnlichen Natur zum Vorschein, der einen Hang zum Unbedingten hatte und sich nie mit einer Halbzeit zufrieden gab. Mit dieser Veranlagung fühlte sie sich aufs stärkste von der Gestalt der Jeanne d'Arc angezogen, zu einer Zeit, als die Heldenjungfrau noch nicht heiliggesprochen war, über die Therese später einmal ein geistliches Theaterstück schrieb. Gleichwohl darf dieses Vorkommnis nicht zum Ausgangspunkt der religiösen Erklärung dieses Lebens gemacht werden, sowenig wie der «fast nicht zu brechende Eigensinn», dem mit keiner Drohung beizukommen war.[7] Ein eigenwilliges Köpfchen gehörte diesem kleinen Persönchen, das seinen starken Willen durchzusetzen verstand, der auch in ihrer Schrift noch deutlich wahrzunehmen ist. Ob man ihre übertriebene Empfindlichkeit, ihren Mangel an Geduld oder den nur mühsam gemeisterten Ehrgeiz erwähnt, immer sind es lediglich Charaktereigenschaften, die sich in frühester Jugend zeigten und die nur einen Teil, nie aber das ganze Wesen Thereses enthüllen.

Die wichtigste Wendung in diesem jugendlichen Leben ereignete sich vielmehr, als die zehnjährige Therese von jener rätselvollen Krankheit befallen wurde, die man nachträglich als Veitstanz festzustellen versuchte.[8] Ausgebrochen war die Krankheit anläßlich des Klostereintrittes ihrer älteren Schwester, die bis dahin Mutterstelle an ihr vertreten hatte. Dem Abschied von dieser über alles geliebten Schwester war das Kind in seelischer Beziehung nicht gewachsen. Sie wurde von langen Ohnmachtsanfällen heimgesucht und lag auf den Tod krank. Die Ärzte konnten der Krankheit nicht beikommen. Bereits zweifelte man an Thereses Aufkommen, als ihr eine Vision zuteil wurde. In ihrem Zimmer stand eine Statue der Maria, die sich plötzlich belebte und auf sie zuschritt. «Die allerseligste Jungfrau war schön, daß ich nie Worte finden werde, diese himmlische Schönheit wiederzugeben. Ihr Antlitz strahlte in unaussprechlicher Milde, Güte und Zärtlichkeit. Was mich aber bis ins Innerste der Seele ergriff, war ihr entzückendes Lächeln.»[9] Therese geriet durch diese Vision in einen überglücklichen Zustand, der sie auf der Stelle ihre Krankheit überwinden ließ. Im Hause war eine begreifliche Aufregung über die plötzliche Heilung entstanden, die man nicht anders als ein Wunder empfand.

Es ist dies scheinbar eine recht harmlose Sache, von der viel Aufhebens zu machen sich nicht lohnt. Daß ein fieberkrankes Kind in seinem Delirium die allerseligste Jungfrau lächeln sieht, ist kein übernatürliches Ereignis — zumal auch Therese selbst später manchmal an der Wirklichkeit der Erscheinung zweifelte.[10] Doch nicht das Wunder der Genesung ist das Bedeutsame an diesem Geschehen, auf das Lächeln der Himmelskönigin muß vielmehr das Hauptgewicht gelegt werden. Merkwürdigerweise wurde dieses Vorkommnis noch nie in seiner entscheidenden Bedeutung für Thereses religiöse Entwicklung gewürdigt, während es doch dieses Erlebnis war, welches sie davor bewahrte, in eine weltschmerzlerische Stimmung zu versinken. Es war der erste religiöse Eindruck, dem für Thereses Entwicklung entscheidender Charakter zukommt, und in welchem sich bereits die spätere religiöse Einstellung kundtat. Obschon sie noch ein zehnjähriges Kind war, als sie das Lächeln der Maria sah, deutete sie dasselbe völlig richtig. Nach ihrer Aussage hat Maria still gelächelt und nicht laut gelacht. Diese Bemerkung scheint von Geringfügigkeit zu sein, aber in ihr verrät sich mehr als ein feines Unterscheidungsvermögen. Sie besagt nichts Geringeres, als daß sich ihr das Göttliche im seligen Lächeln geoffenbart hat. Diese erstaunliche Tatsache läßt sich nicht aus Thereses französischem Naturell erklären. Es hat auch nichts mit romanischer Grazie zu tun. Sein Ursprung reicht in religiöse Tiefen. Für das innere Wesen der Therese ist kein Ereignis dermaßen aufschlußreich wie die Stunde, da sie das Göttliche in dieser Form erlebte. Nicht das Gefühl, eine große Sünderin zu sein, war ihr erstes religiöses Bewußtsein. Auch nicht als Blitz und Donner, die sie zu Boden streckten, trat das Göttliche in ihr Leben. Viele der Großen haben in der Religionsgeschichte das Ewige in solch schreckhafter Weise erlebt. Bei Therese jedoch tat sich das Göttliche auf eine unaussprechlich milde Art kund, als etwas Sonnenhaft-Gütiges, das kaum in Worte zu fassen ist. Wie schön, wie unsagbar schön, daß sie das Christliche als eine himmlische Freundlichkeit erlebte, und zwar gerade beim erstenmal, da es sie besuchte. Ein solches Erlebnis gräbt sich unauslöschlich in die Seele ein. Obschon das Lächeln das Leichteste zu sein scheint, was es gibt, gehört es doch zum Ausdrucksmächtigsten des Menschen. An der Frage, wie man das Lächeln im Leben der Therese deutet, entscheidet es sich, wie tief man diese Gestalt verstanden hat.

Das Bedeutsamste an diesem Erlebnis besteht jedoch darin, daß sich das unvergleichliche Lächeln Therese mitteilte, auf sie überging und sie veranlaßte, auch alle Dinge anzulächeln. Ihr Lächeln wurde zum Widerschein des göttlichen Lächelns. Fortan stand sie unter dem Eindruck, «alles lächelte mir auf Erden entgegen».[11] Therese hat aufs unnachahmlichste gelächelt, das wird von ihren Zeitgenossen immer wieder betont. Mit dem nichtssagenden Höflichkeitslächeln vieler Menschen besaß ihr Lächeln keine Ähnlichkeit. Auch darf es nicht als bloße Tarnkappe aufgefaßt werden, unter der sie vieles verbarg. Es war ein stummes Lächeln, das gleichwohl mehr als alle Worte besagte. Vorbildlicher Wert muß ihm zuerkannt werden, wenn es auch nicht einfach nachgemacht werden darf. Die geringste Gewolltheit hierin würde unnatürlich und gekünstelt wirken. Bei Therese beruhte das Lächeln auf einem göttlichen Erlebnis und stellt den Sieg dar über eine entgegengesetzte, absinkende Lebensstimmung. Ihre depressive Neigung, die man bis dahin übersehen hat geht aus ihren Aufzeichnungen deutlich hervor. Musikklänge stimmten ihr «Herz leicht melancholisch»,[12] der Sonntag hatte für sie «einen Anflug von Schwermut»,[13] und der Nachhall von frohen Ereignissen war für sie mit «Wehmut umschleiert.»[14] Eine edle Traurigkeit, die sie immer begleitete und bei ihrem Lebensschicksal auch nicht weiter verwunderlich ist, kann auf Thereses Antlitz deutlich wahrgenommen werden. Aber sie hat diese depressiven Anwandlungen, die wie die dunklen Paukenschläge in Beethovens Musik immer wieder hörbar sind, mit einem wahrhaft königlichen Lächeln besiegt und sie mit einer heroischen Anstrengung niedergerungen. Nach ihrer Auffassung zielt der letzte Wille Gottes auf die Freude, und Therese hat auch jene «tiefe, unaussprechliche Freude» gefühlt, und zwar in einem solchen Maße, daß sie ihr zitterndes Herz nicht ertragen konnte, ohne sich in Strömen von Freudentränen aufzulösen. Ein Ausdruck dieser überirdischen Freude, die sich nach ihren Worten «nicht in den uns umgebenden Dingen findet, sondern die ihren Sitz im Innersten der Seele hat»,[15] ist dieses köstliche Lächeln Thereses. Das unter Tränen lächelnde Angesicht Thereses muß als ein Triumph über die Macht der Finsternis gewertet werden.

Als eine Ausstrahlung dieses feinen Lächelns ist auch die Kindlichkeit Thereses aufzufassen, die sie zu einer solch lieblichen Gestalt macht. Das kindliche Wesen ist einer der Züge, der bei dieser Französin zuerst auffällt, und der auch von allen

Biographen hervorgehoben wurde. Ist sie doch nicht umsonst mit dem Namen «Therese vom Kinde Jesu» in die Geschichte eingegangen, im Unterschied zu der großen Spanierin Theresia von Jesu. Zweifellos besaß Therese eine kindliche Seele, die wie ein blauer Bergsee offen dalag. Alle Hinterhältigkeit und Schlauheit war ihr fremd. Eine große Arglosigkeit kennzeichnet ihr Wesen. Ihr Herz war völlig rein, und man ist versucht zu sagen, sie lebte im paradiesischen Unschuldszustand. Es war jedoch eine christliche Kindlichkeit, von der auch ihre Gelöstheit stammt, die frei von aller Verkrampfung war, und die sie die Probleme des Lebens einfach und nie kompliziert sehen ließ. Doch darf man diese durch das himmlische Lächeln verursachte Kindlichkeit nicht mit Harmlosigkeit verwechseln. Eine solche Deutung ist bei ihr sowenig am Platze wie bei Matthias Claudius. Denn auch das, was der Herausgeber des «Wandsbecker Boten» schrieb, erweckt zunächst den Eindruck von kindlicher Einfältigkeit. Dieselbe ist aber nur Einfassung, hinter der eine andere Einstellung steht. Sieht man tiefer in sie, statt sich einfach an die Vorderseite zu halten, so spürt man, wie die scheinbar harmlosen Schrullen Claudius' ein ungeahntes Gewicht besitzen, ähnlich wie bei Hermann Kutters zu wenig beachtetem «Bilderbuch Gottes für Groß und Klein». Die gleiche Wahrnehmung trifft für Thereses Kindlichkeit zu, die nichts mit dem Bestreben, alles in Verkleinerungsform zu setzen, zu tun hat. Ihre Kindlichkeit ist eine eindringliche Illustration zu dem schwer erfüllbaren Wort Jesu: «Wenn ihr nicht werdet wie die Kinder, so werdet ihr nicht in das Reich Gottes kommen» (Mt. 18, 3). Dieses selten verstandene Wort Jesu hat Therese wie wenige Christen in ihrem Leben neu zu buchstabieren versucht und den Gedanken des geistigen Kindseins später zum Leitgedanken ihres Lebens gemacht. Eine evangelische Kindlichkeit strahlt aus ihren Augen, deren völlige Unschuld betroffen macht. Dieser Mensch wußte offenbar nicht, was dunkle Schuld ist, die mit Zentnergewicht auf ein belastetes Gewissen drückt. Wie duftig sie diese neue Kindlichkeit auffaßte, hat sie selbst aufs anmutigste erzählt: «Seit einiger Zeit hatte ich mich dem Jesuskind als sein kleines Spielzeug angeboten. Ich hatte es gebeten, mich nicht als einen kostbaren Gegenstand zu behandeln, den die Kinder nur ansehen dürfen, ohne ihn zu berühren, sondern als einen wertlosen kleinen Ball, den es zu Boden werfen, mit den Füßen stoßen, durchbohren, in einem Winkel liegen lassen oder an sein Herz drücken könne. Mit einem Wort, ich wollte das Jesuskind ergötzen und mich seinen kindlichen Einfällen überlassen.»[16] Welch entzückender Gedanke liegt doch diesem Wunsche zugrunde, der nur in einem französischen Mädchenkopf entstehen konnte, und der eine Musik des Herzens verrät, über die nur eine angehende Heilige verfügt. Niemals wird man diesem Ausspruch gerecht, wenn man ihm nur spielerische Bedeutung zuerkennen will. Selbstverständlich ist das Spielmotiv in ihm enthalten, aber in jenem unergründlich tiefen Sinn Salomons, nach welchem die ewige Weisheit auf dem Erdboden spielt (Sprüche 8, 31). Auch Mechthild von Magdeburg redet in ihrem «fließenden Licht der Gottheit» von einem Spiel, das Gott allein mit der Seele spiele, und von dem der Leib nichts wisse.[17] Das Bild vom Ball findet sich in der mystischen Literatur, doch ist Therese ohne deren Kenntnis darauf gekommen. Sich nur als kleinen Spielball in der Hand des Jesuskindes zu fühlen, macht sich keiner unehrerbietigen Kameradschaft schuldig, da im Bilde der Unterschied unmißverständlich gewahrt bleibt. Vielmehr zeigt der «Weg der geistigen Kindheit»[18] die tiefe Demut Thereses, die ein Ausdruck ihrer Seelenschönheit ist. Er ging «tatsächlich in einem seltsam wörtlichen Sinn von einer Kindheit aus und mündet in eine neue Gestalt lauterster Kindheit».[19]

Auch Thereses ungewöhnliches Verhältnis zur Natur ist als Widerschein ihres verhaltenen Lächelns zu verstehen. Die Normandie mit ihren Wiesen und Wäldern, mit ihren Gärten und Obstbäumen war von mächtigem Einfluß auf ihre kindliche Seele. Besonders geliebt hat sie die Blumen, die sie mit Hingabe pflegte. «Noch fühle ich die tiefen, poetischen Eindrücke, die mein Herz beim Anblick der mit Kornblumen, Klatschrosen und Maßliebchen durchsäten Felder bewegten. Damals schon liebte ich die weiten Fernen, die hohen Bäume. Mit einem Wort, die ganze herrliche Natur entzückte mich und versetzte meine Seele in den Himmel.»[20] Nach Bernovilles prächtiger Darstellung kannte Therese die «Trunkenheit der Wiese»,[21] die für sie einen unaufhörlichen Gesang bildete und ihr Gemüt in eine schrankenlose Begeisterung versetzte. Auch die Sterne betrachtete sie mit sprachlosem Entzücken, wie sie auch den Schnee innig liebte. Als sie das Meer zum erstenmal sah, konnte sie sich von dem Anblick nicht losreißen. Bis in die Träume hinein verfolgte sie diese zauberhafte Naturinnigkeit, indem sie meistens «von Wäldern, Blumen, Bächen und vom Meer träumte. Fast immer sehe ich hübsche kleine Kinder, fange Schmetterlinge und locke Vögelein von nie geschauter Schönheit.»[22] Diese Naturfreude erfüllte ihr Unterbewußtsein! Therese erlebte nicht das Dämonische und Rätselvolle der Natur. Die quälende Nachtseite der Schöpfung blieb ihrem lichtvollen Wesen fremd, da sie sich ausschließlich an die freundlichen, dem Menschen zugewandten Naturerscheinungen hielt und gerade das Unscheinbare an ihr liebte, wie der oft übersehenen Feldblumen. Ebenso unbekannt blieb ihr der gefährliche Eroberungswille, der darauf ausgeht, sich die Natur mit allen Mitteln untertan zu machen, und der sich in der Geschichte der Menschheit verheerend ausgewirkt hat. Therese war einzig auf bereitwillige Begegnung eingestellt, beinahe möchte man sagen, auf Heimholung jener seufzenden Kreatur, von der Paulus sagt, daß sie auf das Offenbarwerden der Kinder Gottes harre. Aus dieser geöffneten Einstellung erwuchs ihrer Seele jenes mitfühlende Verhältnis zur Natur, das in seiner Übernatürlichkeit rational nicht zu erklären ist und ganz der Welt der Heiligen angehört. Danach war «bei allen Ereignissen meines Lebens die Natur das Spiegelbild meiner Seele. Weinte ich, so weinte der Himmel mit mir. Freute ich mich, so war auch der Himmel blau und wolkenlos.»[23] Mannigfache Beweise führt sie in ihrer Selbstbiographie über dieses wunderbare Wechselverhältnis an, das nur einem Menschen offenbar wird, der in einer geschwisterlichen Beziehung zur Natur steht. Es ist mehr als religiöse Ehrfurcht, mit der Therese die Natur betrachtete, welche für sie vor allem die Schöpfung Gottes war, und die sie voller Symbole fand. Vielmehr stand sie in einem ganz innigen Vertrauensverhältnis zur Natur, das eine einzigartige Leuchtkraft ausstrahlt. Sie hat das göttliche Geheimnis der Kreatur mit ihrem Herzen erlauscht. Aus diesem Grunde lag das Buch der Natur vor ihr geöffnet, so daß sie deren geheime Zeichen mit einer Leichtigkeit lesen konnte, als hätte sie nie etwas anderes getan. Diese neue Naturvertrautheit war nur möglich, weil sie sich selbst wie Franziskus als Teil der Natur empfand. Nicht nur geliebt hat sie die Blumen, sondern sich selbst hat sie als eine «Blume des Feldes» im Garten Gottes verstanden, indem sie ihren autobiographischen Aufzeichnungen ursprünglich den Titel gab «Frühlingsgeschichte einer kleinen weißen Blume» und ihren Namen im Sternbild am Himmel geschrieben fand.[24] Mit Naturschwärmerei hat diese neue Vertrautheit nichts zu tun, wohl aber muß Therese, wie vielen Heiligen, in der Geschichte des Naturgefühles ein bedeutsamer Platz eingeräumt werden. Ihre Naturverbundenheit bringt eine in der abendländischen Geistesgeschichte tief verschüttete Möglichkeit wieder zum Vorschein, die in der reichhaltigen Literatur über Therese sonderbarerweise noch kaum erwähnt wurde. Sie suchte nicht wie der moderne Mensch für seine religiöse Entwurzelung in der Natur einen Ersatz, der ihm auf seiner abgleitenden Bahn Halt böte, und den er begreiflicherweise nicht finden kann, weil die Schöpfung ihm nicht mehr Symbol für das Ewige bedeutet. Therese stand in einem Liebes-Verhältnis zur Natur. Mit der Treffsicherheit eines Kindes, ohne das intellektuelle Problem zu kennen, hat sie das neue Naturverhältnis gefunden. Diese unscheinbare Nonne hat so nebenbei den liebenden Weg zur Schöpfung Gottes aufgespürt, um den im 19. Jahrhundert größere Geister als sie vergeblich rangen.

Schließlich ist aus dem göttlichen Lächeln, das sie sehen durfte, auch die erstaunliche Zielstrebigkeit abzuleiten, die Thereses Jugend auszeichnete. Auffallenderweise fehlt das Entwicklungsalter im Leben dieses jungen Menschen. Therese machte jene Gärungszeit nicht durch, in welcher der heranwachsende Mensch seelischem Niemandsland angehört und in seiner Unausgeglichenheit oft sowohl sich selbst als den andern unerträglich ist. Keine Stunde ihres Lebens war sie der blasierte Backfisch, der kichernd sich über alles lustig macht oder die Nase rümpft und in seinem Egoismus nur stets an sich selber denkt. Immer war sie das Gegenteil jenes ungeordneten Menschen, der planlos im Leben steht und in diesen unglückseligen Entwicklungsjahren von einem Berufe zum andern wechselt. Therese kannte eine Richtlinie, sie wußte, was sie wollte und ließ sich durch nichts von ihrem Ziel abbringen. Eine ihrer frühesten Erinnerungen ist der Ausspruch: «Auch ich werde Klosterfrau», und diesem Vorsatz blieb sie unwandelbar treu, auch wenn man ihr bedeuten mußte, daß neunjährige Anwärterinnen unmöglich aufgenommen werden können. Aber bereits in ihrem vierzehnten Altersjahr brach dieser mehrfach geäußerte Gedanke mit elementarer Wucht durch und ließ sich nicht mehr aufhalten. Sie äußerte den bestimmtesten Wunsch, mit fünfzehn Jahren in den Karmeliterorden einzutreten. Man vergegenwärtige sich einen Augenblick die Situation: Ein vierzehnjähriges Mädchen ist von dieser religiösen Instinktsicherheit erfüllt, daß es nur mit dem einen Gedanken beschäftigt ist, direkt in die Ewigkeit hineinzuspringen! Dieses frühreife Kind strebte mit einer sich steigernden Sehnsucht dem Kloster zu, die einem modernen Menschen in seiner Diesseitigkeitseinstellung ganz unverständlich ist. Mache er keinen Versuch, ein Verlangen gewaltsam zu begreifen, das er seinem eigenen Wesen nach doch nicht verstehen kann! Nur das Eine muß festgehalten werden: Therese schied nicht in müdem Verzicht aus der Welt. Sie war keine enttäuschte Ophelia, zu der Hamlet immer wieder sagen mußte: Geh in ein Kloster! In ihr selbst lebte der ge-

radezu stürmische Drang zur klösterlichen Abgeschiedenheit, weil ihr schon damals die Erde als ein Ort der Verbannung erschien, und sie von einer ganz unmodernen Himmelssehnsucht gelockt wurde.
Freilich stand ihrem frühzeitig geäußerten Vorhaben ein schweres Hemmnis entgegen, das in ihrer allzu großen Jugendlichkeit begründet war. Ihre starke Willensnatur, die von unbeugsamer Zähigkeit war, empfand jedoch Schwierigkeiten nicht als Anlaß zum Nachgeben, sondern als Antrieb, sie zu überwinden. Wenn auch der fromme Vater bald einverstanden war, so lehnte zunächst ihr einflußreicher Onkel strikte ab, nachher noch bestimmter der von sich selbst eingenommene Pfarrer des Klosters, und schließlich winkte auch der Bischof, den sie zu diesem Zwecke aufsuchte, entschieden ab. Es handelt sich nicht um eine förmliche Verschwörung gegen sie, wie es schon gesagt wurde, der Widerstand richtete sich vielmehr lediglich gegen ihre allzu große Jugendlichkeit. Es wäre ungerecht, diesen Menschen wegen ihrer ablehnenden Einstellung einen Vorwurf zu machen. Wenn sie anders gehandelt hätten, müßte man sie der Pflichtversäumnis beschuldigen. Grenzte es doch wirklich an Unverantwortlichkeit, einem vierzehnjährigen Mädchen, das noch mit herabhängendem Haar umherlief und die Tragweite eines über das ganze Leben entscheidenden Schrittes nicht zu überblicken vermochte, ohne weiteres zu gestatten, sich für immer in ein strenges Kloster einschließen zu lassen. Mit Recht sagten diese Erwachsenen: «Es wäre eine Tollheit, ein Skandal, der die Kritik ganz Frankreichs herausfordern würde.»[25] Nur ein Mensch beugte sich diesen vernünftigen Überlegungen nicht, und das war die kleine Therese. Allzu gebieterisch hörte sie den Ruf vom andern Ufer. Für ihre entschlossene Seele gab es nur eines, dieser Stimme von oben unter allen Umständen zu folgen. Sie ließ sich durch kein Verbot wegen des noch nicht erreichten kirchlich geforderten Mindestalters entmutigen. Von Instanz zu Instanz appellierte sie. Zuletzt begab sich Therese zu diesem Zweck mit einem Pilgerzug nach Rom. Bei der

Segnung des Papstes faßte ihr zum Zerspringen klopfendes Herz den ganzen Mut zusammen, und sie warf sich, entgegen den ausdrücklichen Anweisungen, Leo XIII. zu Füßen. Sie erbat sich vom Papst die Erlaubnis, mit fünfzehn Jahren in das Kloster eintreten zu dürfen. Dieses unbotmäßige Ansprechen des Papstes war eine offenkundige Verletzung der vatikanischen Vorschriften. Im übrigen erscheint dieses Knien Thereses vor dem Papst als eine recht unscheinbare Begebenheit, der im stolzen 19. Jahrhundert kaum Bedeutung zukommt. Und doch ist auch diese kleine Szene von einem eigentümlichen Reiz, der nicht nur dem romantischen Herzen Thereses entsprach. Zwar ist es mehr als fraglich, ob Leo XIII. mit seinem durchdringenden Blick wirklich die zukünftige Heilige in dem vor ihm knienden vierzehnjährigen Mädchen erkannt hat, wie schon behauptet wurde. Sonst hätten die Schweizergardisten wohl nicht mit Gewalt die arme, nachher in Tränen aufgelöste Therese vom päpstlichen Stuhl wegschleppen müssen. Diese Vorausschau konnte keinem Menschen zugemutet werden, und auch ihrem offiziellen Biographen Laveille kann kein Vorwurf gemacht werden, daß er als Begleiter jenes Pilgerzuges von dem kleinen Mädchen keine Notiz genommen hatte. Therese selbst war vom Verhalten des Papstes schwer enttäuscht und erwähnte es später mit keiner Silbe mehr. Sehr gedrückt über ihre verfehlte Romreise kehrte sie nach Lisieux zurück, wo sie nachträglich wider alles Erwarten die Zustimmung zu ihrem Gesuch erhielt!

Nachdem das noch unerwachsene Mädchen seinen festen Willen durchgesetzt hatte, kam der schwere Tag, wo sie von ihrem geliebten Vater Abschied nehmen und für immer auf die Freude, durch die blühenden Wiesen zu streifen, verzichten mußte. Wiederum schritt sie mit pochendem Herzen, aber diesmal ohne Tränen, auf die Klausurtüre zu. «Welcher Augenblick! Welche Todesangst! Man muß solches durchgemacht haben, um es zu begreifen», schrieb sie selbst.[26] Dann fiel die Türe zur Welt hinter ihr ins Schloß, um sich nie mehr zu öffnen. Nach einigen Monaten kam die Stunde, wo sie in einem kostbaren Kleid aus weißem Samt, mit Schwanenpelz und Alençonspitzen geziert, umgeben von weißen Lilien, für immer eine Braut Christi wurde, die fortan das rauhe Habit des strengen Karmeliterordens trug.

III

Die zweite Hälfte von Thereses kurzem Leben kann mit den Worten überschrieben werden: Der Aufstieg einer Seele. Um dieses große Thema drehte sich fortan ihr ganzes Denken und Tun. Die eingekleidete Klosterschwester kannte kein anderes Interesse mehr als dieses Ziel. Es war kein leichter Aufstieg, der vor ihr lag. Er hat sie nicht in beschwingter Weise von Stufe zu Stufe geführt, ihr Weg wurde ihr vielmehr so schwer als nur möglich gemacht. Man könnte auch sagen, die entzückenden Gottesgaben, wie das unnachahmliche Lächeln, die innige Naturliebe, die unbeirrbare Zielsicherheit, sie alle mußten gleichsam unter Probe gestellt werden. Sie waren das reiche Material, das ihr gegeben war, und woraus sie nun den Bau ihres Lebens zu vollenden hatte. Den unvergänglichen Wert haben diese köstlichen Ausdrucksformen ihrer Seele erst durch die ungeheure Bewährung erlangt, die sie nach dem Abschluß ihres weltlichen Lebens an den Tag legte.

Das notwendige Mittel für ihren Aufstieg war das Kloster. Das Phänomen des Klosters kann von verschiedenen Gesichtspunkten aus bewertet werden. Oft wurde schon in romantischer Art vom stillen Klostergarten geschwärmt, wo zwischen blühenden Rosensträuchern ein idyllisches Brünnlein plätschert. Andere haben das Unnatürliche des Klosterlebens betont, wo Menschen hinter Mauern versauern müssen. Für Therese kommen beide Betrachtungen gleicherweise nicht in Frage, da sie das Kloster als eine religiöse Einrichtung erfaßte, in der die christliche Erfahrung vieler Jahrhunderte ihren Niederschlag gefunden hat. Als sie in blutjungen Jahren an der Klosterpforte klopfte, hat sie dasselbe als die Möglichkeit betrachtet, welche ihr Gott gegeben habe. Gewiß ist Heiligkeit nicht nur im Kloster zu erreichen, aber für sie war es der vorgezeichnete Weg. Ihr Eintritt ins Kloster war unstreitig das einzig Richtige, weil ihre Seele mit unfehlbarem Instinkt ahnte, daß das klösterliche Leben die unumgängliche Voraussetzung für ihren ersehnten Aufstieg bilde. Ohne das Karmeliterkloster von Lisieux wäre Therese nicht zu jener Heiligen geworden, als die sie zu Tausenden gesprochen hat.

Von diesem Gesichtspunkt aus sind einzig die schweren Erfahrungen zu betrachten, die Therese im Kloster begegneten. «Im Kloster entzückte mich alles», erzählt sie in ihrer Autobiographie. In ihm habe sie eine neue Familie gefunden, «von deren Hingebung und zarter Liebe die Welt nichts ahnt.»[27] Diese Bemerkung bildet eine der wenigen Stellen in ihrer Selbstbiographie, der gegenüber ein Fragezeichen angebracht ist. Sicher war Therese bei der Abfassung ihrer Autobiographie zur Wahrheit verpflichtet, und sie besaß auch eine glühende Liebe zur Wahrheit. «Man muß doch immer die Wahrheit sagen... Und jetzt sage ich sie auch immer... Wenn ich deshalb weniger geliebt werde, was macht es! Wenn man die Wahrheit nicht hören will, so soll man sich nicht an mich wenden.»[28] Es steht aber fest, daß trotz ihrer ausgeprägten Wahrheitsliebe Therese in ihrer Darstellung gewisse Dinge verschwiegen hat, und zwar aus Liebe zum Orden, dem sie nicht schaden wollte. Sie hat über manches gleichsam einen Schleier gebreitet, dessen dichtes Gewebe einigen Biographen äußerst willkommen war. Wer sich aber durch die Selbstbeherrschung Thereses nicht täuschen läßt, also auch das bemerkt, was zwischen den Zeilen steht, der begegnet bei aller Zurückhaltung, die sie sich auferlegt hat, einer indirekten Kritik, die sachlich von schwerwiegenderer Art ist als viele grobschlächtige Angriffe auf das Mönchtum. Therese war ein viel zu feinfühliger Mensch, um der Enttäuschung ihrer Seele offen Ausdruck zu geben. Aber diese Enttäuschung kann ernsthafterweise nicht bestritten werden. Es war ein schlimmes Milieu, das ihr im Kloster zu Lisieux begegnete. Nicht die kleine Zelle

— drei auf drei Meter — mit ihrer armseligen Einrichtung bedrückte sie, sondern vor allem die menschlichen Beziehungen, die zu ihrem Wesen in schärfstem Widerspruch standen. «Lächelnd geht Therese durch ihre Klosterjahre, freundlich, harmlos, sonnig lächelnd. Aber dieses Lächeln ist das strengste Werkzeug ihrer körperlichen und seelischen Buße.»[29] Hinter diesem sieghaften Lächeln hat sie alle ihre Tränen verborgen. Der Klosterweg mit seiner Zucht und Ordnung, welche den Menschen formt, ist der Weg der Außergewöhnlichkeit. Aber es gehen ihn zu viele mittelmäßige Naturen, die den hohen Anforderungen auf die Dauer innerlich nicht gewachsen sind. Durchschnittsmenschen sind nicht fähig, die streng geregelte Lebensweise zu ertragen, bei der ein Tag dem andern gleicht und es nicht die geringste Abwechslung gibt. Aus diesem Grunde begegnet man in den Klöstern viel angestautem Leben, dem der natürliche Abfluß fehlt. Innerhalb der klösterlichen Mauern findet sich erschreckend viel Eifersucht und Mißgunst. Nicht zufällig tröstete auch Therese sich mit dem Gedanken «im Himmel wird auch kein neidischer Blick uns treffen.»[30] Es geschehen im Kloster viele Ungerechtigkeiten, Unterdrückungen, gegen die sich die Betroffenen kaum zur Wehr setzen können. Ghéons Ausspruch besteht zu Recht: «Auch ein Kloster gehört noch zur ‚Welt'. Überall, wo Menschen sind, ist noch die ‚Welt'. So hat es Gott nun einmal eingerichtet.»[31] An diese Wahrheit muß man denken, will man der Situation gerecht werden, die Therese im Kloster zu Lisieux antraf. Es war weder ein im Aufschwung sich befindliches noch dem Verfall entgegentreibendes Kloster, sondern ist als bloßer Durchschnitt zu bezeichnen. Kanonikus Delatroitte, der Seelsorger des Klosters, war ein mürrischer Soutanenträger, der für Therese nicht den geringsten Blick besaß. Seine taktlose Unfreundlichkeit hat sie wahrscheinlich nicht allzu sehr überrascht, da sie schon auf ihrer Italienreise eingesehen hatte, daß «die Priester schwache, gebrechliche Menschen bleiben.»[32] In einem ihrer Klosterbriefe finden sich die verräterischen Worte: «Wieviel schlechte Priester gibt es, wieviel

Priester, die nicht heilig genug sind! Beten, leiden wir für sie..., verstehst du den Schrei meines Herzens?»[33] Schwerer wurde Therese durch die zerfahrene Seele der Priorin des Klosters, Maria von Gonzaga, getroffen. Wenn man nicht einer unstatthaften Schwarz-Weiß-Malerei verfallen will, muß man sich davor hüten, Maria von Gonzaga als teuflische Frau hinzustellen und ihr nur die Bedeutung der Widersacherin der Heiligen zuzuerkennen. Unzweifelhaft war sie ein innerlich völlig unausgeglichener Mensch, der mit seiner krankhaften Eifersucht in keiner Weise das Ideal einer Klosterfrau darstellte. Das schlimmste war, daß sie an einem führenden Posten stand, wo sie nicht hingehörte. Wie viele Psychopathen war die Unglückliche von einem Drang zur Leitung erfüllt und in ihrem ehrgeizigen Machttrieb darauf bedacht, die ihr untergebenen Nonnen zu beherrschen. Therese stand sie mit abweisender Verständnislosigkeit und argwöhnischem Mißtrauen gegenüber. Unaufhörlich quälte sie die junge Novizin mit großer Herzlosigkeit. Die Priorin tadelte sie fortwährend und machte beständig hämische Bemerkungen über die ungenügenden Leistungen von fünfzehnjährigen Kindern im Kloster. Wenn Therese im Garten Unkraut jäten mußte, stellte sie diese Arbeit als Spazierengehen hin. Dabei durfte Therese sich nach der Klosterregel nicht einmal rechtfertigen, sondern mußte den Tadel mit gesenktem Haupt schweigend hinnehmen. Nie begegnete ihr die Priorin, ohne sie zu rügen, geschweige denn schenkte sie ihr je einmal ein aufmunterndes Wort. Diese feindselige Haltung mußte für das zu Hause so verwöhnte Kind doppelt schwer zu ertragen sein. Leider wurde ihr für diese erniedrigende Behandlung nicht der geringste Ausgleich bei den übrigen Nonnen zuteil. Diese waren ins Kloster eingetreten, um ein engelgleiches Leben zu führen und konnten in Wirklichkeit ihre Gehässigkeit oft nur notdürftig verbergen. «Was sie fand, war eine Schar sehr durchschnittlicher, zum Teil sonderbarer und verschrobener, zum Teil kranker und belasteter, zum Teil lauer und bequemer Klosterfrauen.»[34] Mit Ausnahme der beiden leiblichen Schwestern fand sich bei keiner das geringste religiöse Verständnis. Dieser Mangel an religiöser Höhe hatte beständige Reibereien unter den Schwestern zur Folge, ausgelöst durch übersteigerte Empfindlichkeit und giftige Tadelsucht. Vor allem hatte Therese unter dem kleinlichen, boshaften Geist zu leiden. Wie Schulmädchen spritzten die Schwestern in der Waschküche absichtlich Therese beständig schmutziges Wasser ins Gesicht, die diese Schikane ruhig über sich ergehen ließ. Man könnte noch viele solcher Nadelstiche erwähnen, die Therese empfing, und auch dann ergäbe sich noch nicht eine genügende Vorstellung von dieser unerfreulichen Atmosphäre innerhalb des Klosters, welche durch die Priorin mehr geschürt als abgestellt wurde. Tat die Heilige doch einmal die vielsagende Äußerung, daß die von ihr niedergeschriebenen Quälereien bei weitem nicht die härtesten gewesen seien. Es ist «das Martyrium von Gänsen, zu Tode getrampelt zu werden» (Kierkegaard), das ihr beschieden war.

Ein unmißverständliches Zeichen für diese bedauerliche Situation war die Kälte, unter der Therese nach ihrem eigenen Geständnis im Ordensleben am meisten gelitten hat. Am ganzen Leibe zitternd, hat sie viele Nächte schlaflos auf ihrem Strohsack zugebracht. «Ich litt so sehr darunter, daß ich fast gestorben wäre.»[35] Bei dem rauhen Klima der Normandie, in diesen feuchten Gängen und eiskalten Zellen mußte der Gedanke: Heute frieren, morgen frieren, den ganzen Winter hindurch frieren, als ein überaus schweres Schicksal vor einem stehen. Doch ist ihre Klage über das unaufhörliche Frieren nicht nur buchstäblich zu verstehen, sie hat noch einen verborgenen Sinn. Das körperliche Kältegefühl über das feuchtkalte Kloster erscheint als Ausdruck des inneren Frierens über das lieblose Milieu, das dieses liebebedürftige Wesen umgab, dem von Natur aus eine beinahe russische Zärtlichkeit anhaftete. Es fehlte ihr die seelische Wärme und das schwesterliche Mitgefühl. Aber all dies wollte man im Kloster absichtlich vermeiden, weil man Freundschaften zwischen Nonnen zu verhindern wünschte. Dadurch entstand jedoch jene innere Kälte, die sich schlimmer als die

Geschmacklosigkeit der Klostereinrichtung auswirkte. Die Lieblosigkeit wurde auf diese Weise den angeblich tugendsamen Schwestern zur zweiten Natur. Therese ist unter dem Mangel der vernachlässigten Nächstenliebe verblutet.

Noch schwerer als alle diese menschlichen Erfahrungen war für Therese die religiöse Trockenheit zu ertragen, mit der sie es nach dem Klostereintritt zu tun bekam. Wie es gerne nach religiösen Hochspannungen zu geschehen pflegt, stellte sich nachher eine Reaktion ein, die sich in einer furchtbaren Verlassenheit bemerkbar machte. Es schien ihr plötzlich ihr Beruf «als ein Traum, ein Wahngebilde»,[36] der sich in ein Nichts auflöse. Eine schreckliche, unheimliche Vorstellung überkam sie, die ihr das Gefühl geben mußte, als versinke ihr der Boden unter den Füßen. Therese wurde in die Finsternis geführt, und das nicht nur vorübergehend, sondern für lange Zeit. Das Lächeln der Himmelskönigin zeigte sich ihr nicht mehr. Allein mit sich selbst war sie ihren traurigen Stimmungen überlassen, und aus dieser Zeit stammt ihr Wort: «Mein Trost ist hienieden, keinen Trost zu genießen.»[37]

Wie bitter auch alle diese bedrückenden Erlebnisse waren, von entscheidender Bedeutung war allein die Einstellung, welche Therese zu ihnen einnahm. Immer bleibt es ausschlaggebend, was ein Mensch aus der Situation macht, in der er sich befindet. Wenn Therese auch eine vollständige Verkennung im Kloster über sich ergehen lassen mußte, so hat sie sich doch nicht als «unverstandene Frau» aufgespielt. Von dieser unfruchtbaren Haltung war diese Nonne völlig frei. Therese hat sich nie gegen ihr Schicksal aufgelehnt. Sie war eine zu gehorsame Tochter der Kirche, um die Gebärde der Auflehnung auszuführen. Die in jeder Beziehung unerquickliche Situation hat sie vielmehr als eine ihr vom Himmel gesandte Möglichkeit des Aufstiegs zu Gott erfaßt und war entschlossen, diesen Weg zu gehen. War sie doch ins Kloster eingetreten, um sich zu opfern, und um für die Seelen Sühne zu leisten. Sie besaß den ausgesprochenen Willen, «eine große Heilige zu werden.»[38] Als sie einst zu Pater Blino den Entschluß äußerte, den Weg der Heiligen zu gehen und Gott deswegen zu lieben, wie ihn die große Theresia geliebt habe, verwies er ihr solch vermessene Wünsche. Aber in ihr lebte ein zu ungebändigtes Verlangen nach Größe, als daß sie sich auf leichte Art abfertigen ließ. Therese sehnte sich nach Heiligkeit, und immer blieb es ihr heißer Wunsch, heilig zu werden.[39] Nie fühlte sie sich bereits im Stande der Vollkommenheit. Als man später einmal zu ihr sagte: «Wahrhaftig, Sie sind eine Heilige», antwortete sie sogleich: «Nein, ich bin keine Heilige; nie habe ich die Taten der Heiligen vollbracht. Ich bin ein gar geringes Wesen, das der Herr mit Gnaden überhäuft.»[40] Sie dünkte sich nicht schon eine Heilige zu sein, aber sie wollte eine werden. Dieses Streben stand bei ihr von nun an im Mittelpunkt. Nach Therese ist die Heiligkeit wohl eine Begnadigung, die dem Menschen geschenkt und ihren Grund in der Berufung Gottes und nicht in der eigenen Würdigkeit hat. Gleichwohl muß der Mensch um sie ringen, da sie ihm nicht von selbst in den Schoß fällt. Therese gehörte zu den wenigen Menschen, die das Ziel der Heiligkeit und nichts anderes sonst vor Augen haben. Die Heiligkeit, nach der es sie verlangte, bestand nicht in der Bewirkung von Wundertaten. Therese muß zu den Heiligen gezählt werden, die bei ihren Lebzeiten kein einziges Wunder vollbracht haben. Für sie war Heiligung innere Formung, war Gestaltung des Lebens nach dem Willen Gottes und erstreckte sich in unablässigem Streben nach der höchsten Vollendung. Von dieser Erkenntnis beseelt, zürnte sie ihrer ungerechten Priorin nicht im geringsten. Vielmehr erfaßte sie deren harte Behandlung als eine ihr von Gott gegebene Möglichkeit, um zur Heiligkeit aufzusteigen. Für die schwere klösterliche Erziehung dankte sie ausdrücklich als für eine unschätzbare Gnade. «Was wäre aus mir geworden, hätte man mich, wie die Weltleute glaubten, als das Spielzeug der Klostergemeinde behandelt.»[41] Um dieser erstrebten Heiligkeit willen begrüßte Therese auch die ihr zuteil gewordene Mißachtung. Sie wollte unerkannt bleiben. «Man muß sich vor fremden Augen und auch vor sich selbst verbergen», schrieb sie und fügte hinzu, «das einzige begehrenswerte Königtum besteht darin, unbekannt zu sein und für nichts geachtet werden zu wollen.»[42] In ihrer Betrachtung über Jesu Einkehr bei Zachäus hob Therese besonders den Umstand hervor, wie der Zöllner eilends vom Baume herabsteigen mußte. Demgemäß faßte sie jede wirkliche Begegnung mit Jesus als ein unablässiges Herabsteigen auf. Therese war von dem Geist der Losschälung ergriffen. Sie wollte sich keinerlei Freiheiten erbitten, das klösterliche Leben angenehmer zu machen. Jedes Ausnahmerecht verunmöglicht den Aufstieg zu Gott, den sie erstrebte.

Auf diesem Weg zur Heiligkeit betrachtete sie die mannigfachen Leiden als willkommene Gelegenheit. In der Einstellung zum Leidensproblem erweist Therese sich als eine viel herbere Gestalt, als die sie gemeinhin dargestellt wird. Es wohnte ihr eine Strenge inne, die im ersten Augenblick fast überraschend wirkt. Da in ihrem Denken das Opferbringen eine große Rolle spielte, hat sie sich zum Leiden hingezogen gefühlt. Während beinahe alle Menschen versuchen, Schmerzen auszuweichen, war Therese entschlossen, dieselben ohne Murren auf sich zu nehmen. Auch als sie Leiden in überreichlichem Maße erfuhr und sie schließlich von sich sagen konnte, kein Tag sei vergangen ohne Qualen, kein einziger, machte sie keinen Versuch, ihnen auszuweichen. Mit einer Leidensbereitschaft ohnegleichen war sie gewillt, alles zu erdulden, und sie steht mit dieser Haltung so unmodern als nur möglich vor den Augen des heutigen Menschen. Schon früh übte sie sich mit Ertragen von Leiden und bemühte sich, stets all die kleinen Unannehmlichkeiten wie Kopfschmerzen, Magenweh usw. mit Gelassenheit und lächelnd auszuhalten. In ihrem Herzen entbrannte ein lebhaftes Verlangen nach Leiden. «Der Zug meines Herzens ging nun mehr nach dem Leiden. Ich fand Reize an ihm, die mich entzückten, obwohl ich sie nicht klar erkannte.»[43] Sie dürstete nach dem Leiden und «bat um die Gnade, auch eine Märtyrerin zu werden.»[44] Es kann aus ihrem Leben nichts berichtet werden, das nicht zeigen würde, wie vorbehaltlos sie sich vor dem, was über sie beschlossen war, beugte. Sie erstrebte nur die

Einswerdung mit dem schmerzvollen Schicksal. Dieses Ziel hat sie auch in einer gewaltigen seelischen Leistung erreicht, und dies sollte einem davor bewahren, in rührseliger Gedankenlosigkeit von dem «niedlichen Thereschen» zu reden. In ihrer Bemühung, das Leiden liebend willkommen zu heißen, erhob sie sich zu heroischer Größe und befand sich unzweifelhaft auf dem Aufstieg zu Gott. In Therese war eine reiche Veranlagung zum Außergewöhnlichen, die sie davor bewahrte, sich in einer Alltagsexistenz zu vertrödeln. Sie weckte in ihr vielmehr die Entschlossenheit, bis zur Bewußtlosigkeit zu leiden. Wie eine zweite Veronika hat sie am Leiden Christi teilgenommen und in ihrem Schweißtuch ein neues Bild Jesu empfangen. Man steht oft sprachlos vor dieser unersättlichen Willigkeit, alles Leiden auf sich zu nehmen, das sich bei ihr unbegreiflicherweise bis zur Freude steigerte. «Ich finde nur noch eine Freude, nämlich zu leiden, und diese Freude, die so gar nicht im Gefühl liegt, übersteigt jede andere.»[45] Diese Leidensfreudigkeit verstand sie vor ihren Mitschwestern im Kloster geschickt zu verbergen, indem sie sich stets fröhlich gab und dadurch den Anschein erweckte, als ob sie immer zu Späßen aufgelegt sei. Als man sie während der letzten Tage ihrer Krankheit naiverweise einmal fragte, ob ihr Schmerzen unbekannt geblieben seien, lächelte sie wieder, «und auf ein Gläschen deutend, das eine glänzend rote Flüssigkeit enthielt, erwiderte sie: ‚Sehen Sie dieses Gläschen! Man sollte meinen, es enthielte einen köstlichen Likör. In Wirklichkeit ist es die bitterste Arznei, die ich bekomme. Das ist ein Bild meines Lebens. In den Augen anderer war es stets in die schönsten, heitersten Farben getaucht. Sie meinten, ich trinke den köstlichsten Likör, und es war nichts als Bitterkeit. Ich sage Bitterkeit, dennoch war mein Leben kein bitteres, denn ich wußte mir aus jeder Bitterkeit eine Freude und Süßigkeit zu machen‘.»[46] Diese Äußerung entspricht einer ihrer tiefsten Einsichten: die Umwandlung des Leidens in Freude! Dieses nicht faßbare Verhalten bietet eines ihrer wesentlichsten Geheimnisse. Therese hat die Freude gekannt, aber es war die dem Leiden abgerungene Freude, und sie stellt eine der höchsten Steigerungen in ihrem Leben dar. Überraschenderweise taucht auch in diesem Moment das göttliche Lächeln wieder auf: «Leide ich viel, begegnet mir Unangenehmes, so begrüße ich es mit einem Lächeln, statt eine traurige Miene anzunehmen.»[47] Nie hat sich Therese als eine Kreuzträgerin gebärdet, sondern sie zeigte auch im Leiden ihr unvergeßliches Lächeln. Es war freilich nicht mehr das gleiche Lächeln wie in der ersten Hälfte ihres Lebens. Durch die Schule des Leidens hindurchgegangen, hatte es die Bewährung bestanden und darf als das göttliche Lächeln bezeichnet werden. Man ist genötigt von einer singenden Seele zu reden, und dieses Lächeln im Leiden ist jene Stufe, über die hinaus es keine Entwicklung mehr gibt. Weder mit dem Lächeln der ostasiatischen Völker kann es verglichen werden, noch hat diese lächelnde Leidensfähigkeit das geringste mit Krankhaftigkeit zu tun. Sie ist wie alle Leidensmystik nur aus der inneren Welt der Heiligen zu verstehen, nach welcher es ohne Leiden keinen Aufstieg der Seele gibt. Nur aus diesen Zusammenhängen findet man das wahre Verständnis für dieses Phänomen. Die christliche Weisheit hat immer das seelisch verarbeitete Leiden als den kürzesten Weg zu Gott bezeichnet. Diese erlebte Wahrheit veranlaßte Therese, alles Leiden vorbehaltlos zu bejahen. Darum auch muß sie zu den ganz großen leiderfahrenen Menschen gerechnet werden, welche die letzte Vollendung erreicht haben.

Damit dem Menschen das Leiden zur Heiligkeit verhelfen kann, muß er aus Liebe leiden und im Leid lieben. Das Schönste an Thereses Gestalt, mit ihrem Verhalten zum Leiden in engstem Zusammenhang stehend, ist ihre grenzenlose Liebesfähigkeit, die sie in einem ihrer besten Gedichte mit den Worten besungen hat:

Ihm, den ich liebe, soll mein Lächeln strahlen,
Auch wenn Er, mich zu prüfen, sich verhüllt —
Sein harr ich, lächelnd auch in Nacht und Qualen,
Das ist der Himmel, der mein Herz erfüllt.[48]

Dieses unberührte Wesen, das wie Maria sagen konnte, «da ich von keinem Manne weiß», besaß ein Herz, das von Liebe beinahe zersprang. Ihr war beschieden, was Rilke versagt blieb, und woran dieser Dichter innerlich verblutete — lieben zu können. Man kann nur in der Liebe wirklich leben. Den meisten Menschen ist diese Wahrheit nur als kurzes erotisches Erlebnis zugänglich, während Therese die Gottesliebe zu einer dauernden Haltung gemacht hat. Freilich verstand sie Liebe nicht als bloßes Gefühl, das gerne in Illusionen endet. Für sie wird die «wahre Liebe vom Opfer genährt»,[49] und nur jene völlige Hinopferung des eigenen Ichs war für sie die Liebeshaltung, die keine Enttäuschung erlebt. Daß die Liebe das einzige Mittel ist, das den Menschen zur Vollkommenheit führt, diese Einsicht ist die Türe, die das innerste Wesen dieser Nonne erschließt. Therese hat über die Liebe nichts gesagt, was vor ihr nicht auch schon Gertrud die Große, Katharina von Genua, Maria Magdalena Pazzi und andere Mystiker ausgesprochen haben. Aber sie hat die Liebe in ihrem Leben auf eine neue Art verkörpert, die ergreifend wirkt und zeigt, wie sie auf ihrem Aufstieg in immer höhere Regionen gelangte. Gleich auf den ersten Seiten ihrer Autobiographie preist sie Gott, dem es gefallen habe, den Geist der Liebe in ihr kleines Herz zu geben. Nach ihrem Dafürhalten «wiegt die Liebe ein langes Leben auf.»[50] Diese Einstellung führte Therese zur Betätigung der Liebe im alltäglichen Leben. «Die Nächstenliebe zog in mein Herz ein, und mit ihr das Bedürfnis, mich stets selbst zu vergessen. Von da an war ich glücklich.»[51] Das Gebot der Nächstenliebe — dessen Befolgung sie im Kloster schmerzlich vermißte — wollte sie verwirklichen. Sie versuchte das große Gebot in seinem ganzen Umfang zu verstehen, bis sie ahnte, «daß die wahre Liebe darin besteht, alle Fehler des Nächsten zu ertragen, sich nicht über seine Schwächen zu wundern, sich an seinen geringsten Tugenden zu erbauen. Besonders aber lernte ich, daß die Nächstenliebe nicht im Herzen verschlossen bleiben darf.»[52] Noch mehr Eindruck als diese schönen Worte über die Nächstenliebe macht die Art, wie

Therese sie selbst verwirklicht hat. Es gab im Kloster eine Schwester, die niemand recht mochte und die auch Therese denkbar unsympathisch fand. Aber die Heilige bezwang ihre Abneigung und gab sich weitaus am meisten mit dieser unbeliebten Schwester ab. Ihr schenkte sie die knapp bemessene freie Zeit, da sie untereinander reden durften, sie beglückte sie stets mit ihrem schönsten Lächeln. Niemand in ihrer Umgebung, nicht einmal ihre leiblichen Schwestern kamen auf den Gedanken, daß sie sich in dieser Beziehung innerlich Zwang antat, und mehr als eine gab ihrer Verwunderung darüber Ausdruck, daß Therese ausgerechnet diese aufgeblasene, dumm schwatzende Person am meisten zu lieben scheine.

Vor allem aber erstreckte Thereses Liebe sich auf Gott, der ihr seit dem Klostereintritt immer bedeutsamer geworden war. Die Gottesliebe, die nach Jesus das vornehmste Gebot ist, wurde bei ihr zu einer wahren Flammenglut. Sie liebte, wie sie sich wiederholt ausdrückte, Gott «bis zur Torheit.»[53] Mit ungebändigter Leidenschaft liebte Therese Gott, sie wurde förmlich hingerissen und erlitt wahre Liebesverzükkungen. Das Bewußtsein der Liebe steigerte sich bei ihr zu der Äußerung: «Komme ich ins Fegfeuer, nun gut, ich werde in Flammen lustwandeln gleich den drei Jünglingen im Feuerofen, und das Lied der Liebe singen.»[54] Als es ihr einmal schmerzlich bewußt wurde, daß aus den Tiefen der Hölle niemals ein Akt der Liebe zu Gott emporsteige, rief sie im Überschwang ihres Herzens aus: «Gerne willigte ich ein, an diesen Ort der Qual und der Gotteslästerung verbannt zu werden, damit auch dort der Herr ewig geliebt werde.»[55] Das Törichte solcher Aussagen war ihr selbst klar, und sie wollte damit auch nicht zum Ausdruck bringen, als begehrte sie nicht nach dem Himmel, wohl aber ihre Bereitschaft, Gott unter allen Umständen zu lieben. «Lieben, geliebt werden und auf die Erde wiederkommen, um zu bewirken, daß die Liebe geliebt werde»,[56] faßte sie als ihre Sendung auf. Gott muß «vor allem bis zum Übermaß geliebt werden»,[57] dermaßen geliebt werden, wie er nie zuvor geliebt wurde. Man hat in dieser Haltung eine Vermessenheit gesehen und darin Therese nicht verstanden. Wenn sonst Maßhalten das Größte ist, was dem Menschen aufgetragen ist, bei der Gottesliebe und nur bei ihr ist Maßlosigkeit die entscheidende Probe. Bei ihr kommt es tatsächlich auf das Übermaß an. Diese alle Schranken durchbrechende Liebesglut ist das Herrlichste an Thereses ekstatischer Seele. Das Christentum sinkt zu einer langweiligen Sache herab, wenn es sich in den üblichen Geleisen bewegt, und es erhebt sich in dem Augenblick zum Größten, wenn es sich auf seine göttliche Trunkenheit besinnt. Bei Therese nahm es wieder brennende Form an, und darum besteht ihre Behauptung zu Recht: «Nur in dem Maße wird man von der Liebe verzehrt, als man sich ihr überläßt.»[58] Diese Nonne hegte zuletzt «keinen großartigeren Wunsch mehr außer den, so zu lieben, daß ich den Tod der Liebe sterbe»...[59] Mit diesem kühnen Verlangen nach dem Liebestod begann die Heilige das neue Lied zu singen, das in ihrem Mund kein anderes sein konnte als jenes Hohelied der Liebe, das schon Paulus im ersten Korintherbrief angestimmt hatte, und das bei Therese einen neuen Klang fand. Ohne sich einer Überheblichkeit schuldig zu machen, durfte sie das Wort schreiben: «Endlich fand ich meinen Beruf! Mein Beruf ist die Liebe.»[60] Dieser Ausruf entsprach bei ihr der Wirklichkeit. Als sie auf dem Sterbebett lag, äußerte sie mehrmals: «Ich bereue nicht, mich der Liebe hingegeben zu haben.»[61] Eine dermaßen überströmende Liebe konnte sich kaum auf einen menschlichen Partner richten. Sie mußte sich auf ein überirdisches Wesen erstrecken, weil nur das Ewige diesem unendlichen Verlangen völlig entspricht. An Thereses Gestalt wird man aufs neue inne, daß über die Christlichkeit eines Menschen einzig seine Liebesfähigkeit entscheidet, die ihm wohl von Gott geschenkt sein muß, die aber auch im Alltag ständig geübt sein will.

Es trägt wenig zur Erhellung dieser Liebesglut bei Therese bei, wenn man den Bildungselementen nachgeht, die ihr Wesen geformt haben. Ihre vorklösterliche Bildung kommt trotz ihrem Wissenshunger ohnehin nicht in Frage. Zwar wurde schon darauf hingewiesen, daß Therese Paris und Italien gesehen habe. Aber damit ist nicht viel gesagt, zumal sie den Museen bewußt aus dem Wege ging und sie damals erst vierzehnjährig war. Jedenfalls hat sie von der künstlerisch-literarischen Geistigkeit Paris' nichts erfaßt. Ihre Malereien beweisen, daß sie auch den Impressionismus nicht gesehen hat. Was an Thereses Bildung erwähnenswert ist, verdankt sie dem Kloster und besteht in der Kenntnis einer Anzahl mystischer Schriften. Von den geistlichen Werken war Therese vor allem der unvergänglichen «Nachfolge Christi» von Thomas a Kempis verpflichtet, die sie zuletzt auswendig wußte. Mit größtem Eifer hat sie während zwei Jahren die Werke von Johannes vom Kreuz gelesen, von dessen Ausführungen sie sich in ihrer Trockenheitsperiode begreiflicherweise sehr angesprochen fühlen mußte. Die Schriften der großen Theresia von Avila machten auf sie dagegen nicht den gleichen Eindruck. Die überraschende Entdeckung, die ihr in ihrem Klosterleben widerfuhr, war vor allem die Bibel, die ihr immer bedeutsamer wurde und zuletzt ihr einziges Buch bildete. In der Heiligen Schrift waren ihr besonders die Evangelien teuer. Es bedrückte sie aufrichtig, als sie «den Unterschied zwischen den einzelnen Übersetzungen» wahrnehmen mußte, ohne jedoch diesem Problem nachzugehen.[62] Schließlich standen ihr auch die Bücher im Weg, genau wie «sie sich durch die Gebetsformeln beengt fühlte, und die Andachtsbücher, auf die ihr Blick in der Kapelle beständig gerichtet sein mußte, waren ihr nur lästige Hemmung, keine Hilfe.»[63] Mit ihrer Einstellung, ohne Worte zu beten, behauptete sie, alle Erbauungsbücher und vorgeschriebenen Gebete würden ihr nur Kopfweh verursachen. «Ich muß einen Rosenkranz zum Zählen der Überwindungen gebrauchen, ich tue es einer unserer Mitschwestern zuliebe, aber ich bin da in einem recht lästigen Netze gefangen», schrieb sie.[64] Als religiös schöpferischer Mensch lebte sie aus einem unmittelbaren Verhältnis heraus. «Jesus ganz allein hat mich unterwiesen, nicht ein einziges Buch, nicht ein Theologe hat mich belehrt.»[65] Zwar hat sie in ihrer Autobiographie einmal bemerkt, daß «sie keineswegs mystisch» sei.[66] In einem gewissen Sinne ist das richtig, da die Visionen in ihrem Leben einen verschwindend kleinen Raum einnahmen. Es ergibt ein falsches Bild, wenn auf ihre Mystik das Hauptgewicht gelegt wird und die Worte in ein mystisches System hineingepreßt werden.[67] Aber vollständig fehlt die mystische Neigung trotzdem nicht. Therese kannte Liebesverzückungen, nach ihrem eigenen Zeugnis «fühlte ich mich plötzlich von einem so heftigen feurigen Strahl verwundet, daß ich glaubte sterben zu müssen. Ich weiß nicht, wie ich diesen Zustand beschreiben soll; es gibt keinen Vergleich, der die Macht dieser Flammen veranschaulichen könnte. Es schien mir, als ob eine unsichtbare Gewalt mich ganz und gar ins Feuer tauchte. Ach, was für ein Feuer, was für eine Süßigkeit!»[68] Wie alle großen religiösen Naturen besaß auch Therese eine mystische Ader, ohne die ihr Aufstieg zu Gott nicht denkbar ist. Sie wird bereits sichtbar in der Erzählung von ihrer ersten Kommunion: «Schon lange hatten Jesus und die kleine Therese einander angeblickt und verstanden... An diesem Tag jedoch war unsere Begegnung kein einfaches Anblicken mehr zu nennen. Es war ein Aufgehen ineinander. Wir waren nicht mehr zwei getrennte Wesen. Therese war verschwunden, wie sich ein Wassertropfen im weiten Ozean verliert — Jesus allein war zurückgeblieben.»[69] Therese glaubte «die Umarmungen Jesu zu fühlen.»[70] Aber wesentlich für ihre Eigenart sind nicht die Verzückungszustände. Sagte sie doch selbst: «Ohne sich zu zeigen, ohne seine Stimme vernehmen zu lassen, belehrt mich Jesus insgeheim.»[71] Über ihre innerste Beziehung zu Gott hat Therese trotz ihrer ausführlichen Autobiographie in scheuer Zurückhaltung geschwiegen. «Ich kann und will nicht alles erzählen. Es gibt Dinge, die ihren Duft verlieren, sobald sie der Luft ausgesetzt werden. So gibt es auch Gedanken und Empfindungen, die sich nicht in Worte kleiden lassen, ohne sogleich ihren tiefen himmlischen Sinn einzubüßen.»[72]

Dieser Zurückhaltung entsprach auch ihr Heiligkeitsideal,

das sie gleichwohl mit leuchtender Klarheit zum Ausdruck gebracht hat. Weder durch wunderbare Anschauungen noch durch außerordentliche Bußübungen wollte sie zu Gott aufsteigen. Zwar geißelte sich gemäß den strengen Vorschriften des französischen Karmeliterordens Therese wie alle Schwestern dreimal in der Woche und trug ein gezahntes Kreuz auf der bloßen Haut.[73] Aber nicht die Züchtigungen des Leibes waren ihr wichtig. Solche Gewaltsamkeiten schienen ihr mehr für die religiösen Heroen passend zu sein. Sie selbst fühlte sich berufen, den kleinen Weg zu gehen, mit dem sie wiederum ein Anliegen aus der ersten Hälfte ihres Lebens, die Kindlichkeit, aufnahm und es nun in einem höheren Sinn durchführte. Die treue Verrichtung unscheinbarer Pflichten im Alltag strebte sie an, nicht unähnlich Franz von Sales, dessen Fußstapfen sie hierin folgte, ohne es zu wissen. «O glauben Sie mir, schöne heilige Sachen denken, Bücher schreiben, Heiligenleben schildern — das alles wiegt es nicht auf, einem Anruf lieb Antwort zu geben. Ich habe das geübt, und ich habe den Frieden erfahren, der daraus strömt.»[74] In der Bemühung, das Große mit einem kleinen Namen zu verhüllen, verbirgt sich das wahre «Geheimnis von Lisieux»! Auf die «Übung der Kleinigkeiten»[75] kam es ihr an, da sie sich als eine unbedeutende Seele fühlte, die Gott «nur ganz kleine Dinge darzubringen» imstande sei.[76] Das nannte sie den kleinen Weg, den sie gekommen sei, die Seelen zu lehren, und der das Göttliche inmitten der gewöhnlichsten Dinge ausübe. Alles, was sie tue, müssen auch die kleinen Seelen tun können. «Es ist der Weg der geistigen Kindheit, der Pfad des Vertrauens und der vollständigen Hingabe. Ich will ihnen die kleinen Mittel angeben, die sich bei mir so gut bewährten, will ihnen sagen, daß es hienieden nur eines zu tun gibt: Jesus die Blumen der kleinen Opfer zu streuen, ihn durch Liebe zu gewinnen.»[77] Das Thema der Kleinheit versuchte Therese in allen Möglichkeiten abzuwandeln. «Klein bleiben heißt, sein Nichts erkennen, alles von Gott erwarten und sich über seine Fehler nicht allzu sehr betrüben, denn kleine Kinder fallen oft, doch sind sie zu klein, um sich sehr wehe zu tun; es heißt ferner, sich keine Verdienste aufspeichern, sich über nichts beunruhigen wollen.»[78] Nicht Kleinlichkeit ist dieser Kleinheit eigen, und noch weniger darf man sie als viel Lärm um nichts bezeichnen. Sie birgt ungeahnte Möglichkeiten in sich, wie die Befreiung von aller Höllenfurcht, von der Therese bewahrt blieb. «Nein, diese Furcht kann ich nicht teilen; ich bin zu klein und unbedeutend, um verdammt zu werden; ganz kleine Kinder kommen nicht in die Hölle.»[79] Der Gedanke der Kleinheit enthält ihr religiöses Bekenntnis, und ausdrücklich wünschte sie «die kleine Therese» genannt zu werden.[80] Aber man täusche sich nicht. Dieser kleine Weg, den sie lehrte, ist nur scheinbar klein, und man macht sich keiner geistlichen Taschenspielerei schuldig, wenn man ihn als sehr groß bezeichnet. Diese Darbringung der kleinen Opfer ist schwer, sogar sehr schwer, und zu ihrer Erfüllung bedarf es unendlicher Anstrengungen. Nicht jedermann ist es gegeben, das Gewöhnliche auf außergewöhnliche Weise tun zu können. Allzu viele Menschen versagen gegenüber diesem kleinen Weg, der nur ein anderer Ausdruck ist für die mittelalterliche Gelassenheit. Von ihm gilt das Wort Hölderlins: «Oft offenbart sich im Kleinsten das Größte.»[81] Mit ihrer Lehre vom kleinen Weg hat Therese eine neue Art von Heiligkeit gefunden, die den Heroismus in das Gewand des Unscheinbaren kleidet. Eine neue Bahn hat sie eröffnet, der für die moderne Heiligkeit ungeahnte Bedeutung zukommt. Diese Haltung des geistigen Kindseins war mit schuld, daß Therese in ihrem Kloster so lange verkannt wurde. Alles war bei ihr bis zur Unkenntlichkeit verhüllt und nur für Augen wahrnehmbar, die nicht an der Oberfläche haften bleiben. Man sagte es ihr offen ins Gesicht, daß sie im Kloster nicht geschätzt würde. Eine ihrer Mitschwestern hat es deutlich ausgesprochen: «Ich kann nicht verstehen, warum man so ein Wesen um Schwester Therese macht, sie tut doch nichts Bemerkenswertes, man sieht sie nicht die Tugend üben, und man kann deshalb nicht einmal behaupten, daß sie eine wirklich gute Ordensfrau ist.»[82] Noch kurz vor ihrem Tode sagte eine Nonne draußen vor dem offenstehenden Fenster der Zelle, in welcher die sterbende Therese lag: «So liebenswürdig diese kleine Schwester auch ist, so hat sie doch sicherlich nie etwas Nennenswertes geleistet»,[83] und eine andere meinte: «Schwester Therese wird bald sterben, was wird unsere Mutter Priorin in ihrem Totenbrief schreiben können? Sie trat bei uns ein, lebte und starb — mehr ist wirklich nicht zu sagen.»[84]

Aus der Verkennung, die sie während der ganzen Klosterzeit traf, trat Therese erst in ihrer letzten Phase heraus, als jene unheilbare Krankheit über sie hereinbrach und sie noch die schwerste Bewährung zu bestehen hatte. Die menschliche Natur erträgt eine solche ekstatische Verschwendung, wie Therese sie ausübte, auf die Dauer nur schwer. Das Feuer der Gottesliebe verbrannte ihre Kräfte vorzeitig. Für solche Seelen scheint die Welt nicht geschaffen, sie berühren sie nur flüchtig und gehen darüber hinweg. Therese blieb immer von der Ahnung eines frühen Todes erfüllt. Eine große Todessehnsucht lebte in ihr. Als ihre Tuberkulose in das Stadium trat, da sie des Nachts Blut brach und ihr Taschentuch sich rot färbte, sagte sie davon niemandem ein Wort. Es überkam sie eine sichtliche Freude, erkannte sie darin doch ein erstes Zeichen ihres baldigen Eintrittes in das ewige Leben. Lange versuchte sie ihren elenden Gesundheitszustand zu verheimlichen. Sie wollte mit dem «großen Gesetz des Sterbens» allein fertig werden. In dunklen Nächten rang sie fiebernd mit dem stillen Würgen auf dem einsamen Lager, ohne sich am Morgen das Geringste anmerken zu lassen. Spät, viel zu spät, wurde ihre klösterliche Umgebung auf die rapid fortschreitende Krankheit aufmerksam. Erst als sie vor heftigem Schüttelfrost zähneklappernd dasaß und bereits an Atemnot litt, konnte sie sich hinlegen. Aber auch dann erhielt sie noch keine gute Pflege. Man verschaffte ihr kaum irgendwelche Erleichterungen, obwohl sie von furchtbaren Schmerzen gepeinigt wurde, die sie an den Rand des Selbstmordes drängten. Der Arzt erklärte, diese Krankheit noch nie in solcher Form auftreten gesehen zu haben. Obschon

ihr die Knochen bald durch die Haut drangen und sich zahlreiche Wunden bildeten, gestattete die Priorin bis zuletzt die Anwendung von schmerzbetäubenden Mitteln nicht.
Diese entsetzlichen Schmerzen, welche ihr das körperliche Leiden verursachten, waren noch nicht das Schwerste, was sie zu tragen hatte. Viel mehr quälten sie die seelischen Leiden, die sie in diesen letzten Monaten noch durchzumachen hatte. Therese wurde nochmals von der Finsternis eingehüllt und erlitt schwere Anfechtungen. «Sehen Sie da unten neben den Kastanienbäumen die schwarze Stelle, wo man nichts mehr unterscheidet ?... Auch ich befinde mich an einem solchen dunklen Ort, der Seele und dem Leibe nach : O diese Finsternis !»[85] Schwarze Gedanken schreckten sie gleich Nachtgespenstern. Dieses weltunkundige Mädchen, dem alle modernen Zweifel unbekannt geblieben waren — Therese hatte früher die Gottesleugnung nicht einmal für möglich gehalten — mußte in ihrem Endstadium auch noch mit diesen Dämonen zu streiten beginnen. Ihre Glaubensgrundlage begann zu wanken. Die Nacht von Gethsemane senkte sich auf sie herab. Die Gottverlassenheit, die Jesus am Kreuz durchgemacht hatte, bekam auch sie zu kosten. «Wenn Sie wüßten, was für schreckliche Gedanken mich quälen», flüsterte sie auf dem Sterbebett; «die Scheingründe der gottlosesten Materialisten drängen sich meinem Geiste auf»,[86] und sie wußte ihnen keine Antwort zu geben. Die schrecklichsten Argumente kamen aus ihrem Innern, denn sie war in ihrem Leben zu sehr behütet gewesen, als daß sie dieselben vom Hörensagen hätte übernehmen können. Ihre leiblichen Schwestern standen in verständnisloser Überraschung vor diesen Anfechtungen. «Ich möchte ausdrücken können, was ich erlebe — aber es ist unmöglich ! Man muß durch diesen finsteren Tunnel gewandert sein, um seine Dunkelheit zu begreifen», stöhnte sie auf[87] und fügte ein andermal hinzu : «Als ich das blaue Firmament betrachtete, dachte ich an nichts anderes, als daß der irdische Himmel schön ist, der andere verschließt sich mir mehr und mehr.»[88] Das Stillschweigen Gottes bedrängte sie dermaßen, daß sie das

schwindelnde Gefühl überkam, ins Nichts zu versinken. Auf ihrem Krankenbett mußte sie die schlimmsten Qualen der geistigen Trockenheit erleben. Aus ihrem Innern kamen die furchtbaren Worte: «Der Teufel ist um mich herum. Ich sehe ihn nicht, aber ich fühle ihn... Er quält mich und hält mich wie mit eiserner Hand fest, um mich zu hindern, mir die mindeste Erleichterung zu verschaffen. Er steigert mein Übel, damit ich verzweifle... Und ich vermag nicht zu beten.»[89] Die Angst, welche sich auf diese seraphische Seele legte, ist ein Zeichen dafür, wie Gott seinen Heiligen nicht ein leichtes Abscheiden als Belohnung schenkt. Aber inmitten dieser furchtbaren Zustände «umspielte stets ein sanftes Lächeln ihre Lippen»,[90] und noch an ihrem Sterbetag hat sie die in das Zimmer eintretende Schwesternschaft mit dem «liebenswürdigsten Lächeln begrüßt».[91]

Es war ein qualvoller, fast kein Ende nehmender Todeskampf, wie man ihn sich kaum grauenhafter vorstellen kann. Wenigen Heiligen war ein Sterben, das sich mit dem ihrigen vergleichen läßt, beschieden. Der würgende Griff der Schwindsucht ließ sie den Todeskampf in seiner ganzen Bitterkeit durchkosten. «Es ist die reine Todesangst, ohne irgendwelche Beimischung von Trost», hauchte sie selbst.[92] Während fast zweier Monate mußte sie alles erbrechen und konnte nicht einmal mehr die Kommunion empfangen. «Zweifellos ist es eine große Gnade, die Sakramente zu empfangen, aber wenn es der liebe Gott nicht zuläßt, ist auch das gut... Alles ist Gnade»,[93] versicherte sie und hat mit diesen drei letzten Worten die entscheidende Botschaft des Evangeliums mit einprägsamer Kraft zusammengefaßt. Therese litt unbeschreiblich während des langen und furchtbar harten Sterbens, das über sie verhängt war. Mit glühend roten Wangen und eiskalten Füßen lag sie da, schweißgebadet am ganzen Körper, und konnte kaum noch atmen. Nie ist Therese stärker über sich hinausgewachsen als in dieser grausamen Todesnot, da die kleine Heilige ganz groß wurde. Mit bewundernswerter Gefaßtheit ertrug sie dieses schauerliche Sterben und verklärte es durch ihre lächelnde Haltung, der sie bis zum letzten Moment treu blieb. «Wohlan denn... wohlan... wohlan, oh, ich wollte nicht weniger leiden.»[94] Auf die Frage, was sie in dieser bedrängten Situation noch Gott sage, erwiderte sie: «Ich sage ihm gar nichts, ich liebe ihn.»[95] Die allerletzten Worte, welche sie hervorbrachte, waren: «O ... ich liebe ihn... mein Gott, ich ... liebe ... dich!»[96] Durch die kostbaren Worte, die sie sich in diesen schwersten Stunden abrang, gingen auch der Klostergemeinde schließlich die Augen auf für die Tatsache, welch wunderbare Heiligengestalt in ihrer Mitte lebte. Doch war es eine allzu späte Erkenntnis, unmittelbar vor dem Ende. Erst beim Nahen des Todes trat Therese aus ihrer Unerkanntheit heraus und wurde ihre Heiligkeit auch für ihre Mitmenschen sichtbar. Am Abend des 30. September 1897 leuchtete nach qualvollen Tagen in den Augen der vierundzwanzigjährigen Nonne plötzlich eine Seligkeit auf, die alle ihre Hoffnungen überstieg. Dann schloß sie die Augen, und sie hatte ihr Ziel erreicht. «Kaum war sie gestorben, so prägte sich das Glück des letzten Augenblickes ihren Zügen auf, süßes Lächeln verklärte ihr Antlitz.»[97] Das göttliche Lächeln behielt das letzte Wort, es prägte auch ihr ewiges Angesicht!

IV

Der Tod stellt den Menschen vor eine der schwersten Fragen, mit der er nie zu Ende kommt. Für den modernen Menschen ist das Todesproblem in einem noch stärkeren Maße zu einer seelischen Qual geworden, da er dasselbe nicht mehr sinnvoll in sein Dasein einzuordnen vermag. In seiner Lebensgier ist es dem Menschen der Neuzeit nicht mehr gegeben, wie einst Hiob «alt und des Lebens satt» zu sterben. Er wehrt sich gegen das Todesschicksal und kann sich mit ihm nicht abfinden. Die Frage von Tolstois Iwan Iljitsch bedrängt ihn: «Ich werde nicht mehr sein, was wird aber dann sein? Nichts wird sein. Wo werde ich sein, wenn ich nicht mehr sein werde?»[98] Die ewige Frage des Nachher läßt auch den modernen Menschen nicht zur Ruhe kommen. Die Annahme, mit dem Tod ins Nichts zu versinken, stellt eine Sinnlosigkeit dar, gegen die er sich gefühlsmäßig sträubt. Meistens wird diese Auffassung nicht mit nackter Offenheit vertreten, sondern mit vornehmem «wir wissen nicht» überklebt, welche Einstellung jedoch die Blöße nur notdürftig zuzudecken vermag. Die traditionelle Vorstellung vom christlichen Himmel ist dem modernen Menschen durch das neuzeitliche Weltbild zerbrochen. Nicht weniger erfährt angesichts der naturwissenschaftlichen Verwandtschaft von Mensch zu Tier die Unsterblichkeitshoffnung auch im Hinblick auf das Schicksal der stummen Kreatur eine schwere Belastung. Aus diesen und ähnlichen Gründen drückt das Todesproblem in seiner ganzen quälenden Dunkelheit auf den modernen Menschen.

Therese von Lisieux beantwortet die Frage nach dem Nachher überaus eindrucksvoll. Bildete doch das Problem des ewigen Lebens den Hauptinhalt ihrer schweren Zweifelsanfechtungen, die sie auf ihrem Krankenlager heimsuchten. Die Gewißheit der persönlichen Unsterblichkeit brach ihr damals zusammen. «Nur zu! nur zu! freu dich auf den Tod, der dir nicht das, was du erhoffst, sondern noch tiefere Nacht, die Nacht des Nichts, bringen wird», flüsterte sie in jener schweren Glaubensprüfung und gestand es einmal ganz offen: «Ich glaube nicht mehr an das ewige Leben; mir scheint, daß es nach diesem sterblichen Leben nichts mehr gibt, alles ist verschwunden, es bleibt nur mehr die Liebe.»[99] Man kann es kaum ermessen, was diese Aussage im Munde einer Nonne bedeutet, die ihrem Leben nur das eine Ziel der Heiligkeit gestellt hatte. Nur wenn man vermag, sich in diese finstere Situation hineinzudenken, versteht man ein wenig die Qualen, die Therese in den letzten Monaten ihres Lebens auszuhalten hatte. Aber ungeachtet dieser Finsternis verharrte sie in einem umwandelbaren Gehorsam gegenüber Gott. Dieser unerschütterlichen Treue verdankte sie, daß sie sich mitten in dieser schwersten Anfechtung zu einer Antwort über das zermürbende Problem hindurchzuringen vermochte, die an Gnadenfülle alles übertrifft, was sie bis dahin geäußert hatte.

Wie bei allen Heiligen ist auch bei Therese auf das Sein und nicht auf die gedanklichen Äußerungen das größte Gewicht zu legen. Es war nicht ihre Aufgabe, die Unsterblichkeitsfrage in religionsphilosophischer Weise zu erörtern. Sie hat sich in keinerlei phantasiereichen Ausmalungen ergangen und auch nichts theoretisch Erhellendes darüber ausgesagt. Aber Therese hat sie nach qualvollem Ringen schließlich praktisch beantwortet, und das ist die einzig sinnvolle Art, wie der Frage des Nachher überhaupt begegnet werden kann. Ihren Klosterschwestern hat sie versprochen «vom Himmel aus werde ich Ihnen das vergelten.»[100] Aufs bestimmteste erklärte Therese: «Ich will meinen Himmel damit zubringen, Gutes auf Erden zu tun.»[101] Keine egoistische Seligkeit begehrte sie zu genießen. Dieser sich früher so stark nach dem Himmel sehnende Mensch wünschte in seiner peinvollen Endphase nach dem Tode auf die Erde zurückkehren zu dürfen, um neue Liebestaten zu wirken. Nach Thereses eigener Aussage beginne ihre Mission, von der sie am Ende ihres Lebens plötzlich felsenfest überzeugt war, erst nach ihrem Tode. Darum sehnte sie sich danach zu sterben, weil sie den Menschen vom jenseitigen Leben aus das zu verstehen geben werde, was sie auf Erden nicht aussprechen konnte. Als eine ihrer Mitschwestern wissen wollte, ob sie vom Himmel auf sie herabschauen werde, antwortete Therese in überraschender Weise, nein, nicht herunterblicken, sondern herniedersteigen werde sie. Zuletzt aber tat sie die berühmt gewordene Äußerung: «Nach meinem Tode werde ich einen Rosenregen fallen lassen.»[102] Mit diesem kühnen Wort, das sich in alten Heiligenlegenden findet, hat Therese die Frage nach dem Weiterleben in der Art der Heiligen beantwortet und das Todesproblem in die christliche Beleuchtung gerückt, nach welcher aus dem Tode das Leben hervorgeht. Therese hoffte fortzeugende Kräfte auszustrahlen und damit die übersinnliche Wirklichkeit der Toten zu beweisen. Nur wenn von der unsichtbaren Gegenwart der Toten reale Zeichen ausgehen, ist deren Existenz aller Diskussion enthoben.

Wenn schon die gewöhnlichen Toten oft «ihre Weise wohlzutun» haben, wie der Dichter sagt, wieviel mehr ist dies bei den Heiligen der Fall. Therese ließ tatsächlich Rosen regnen, die diese unbekannte Nonne mit einem Schlag zu einer der bekanntesten Gestalten der neueren Kirchengeschichte machten, und das ist vor allem in der unübersehbaren Wirkung begründet, die von ihrer Autobiographie «Geschichte einer Seele» ausging. Therese hat diese Aufzeichnungen auf Befehl ihrer Oberin aus Gehorsam geschrieben. Sie auf eigenen Antrieb zu verfassen, wäre nach ihrer Meinung ein Verstoß gegen die Demut gewesen. «Es ist demütiger, nichts über sich selbst zu schreiben», war ihre Auffassung, nach welcher es keinen Wert hat, sich selbst zu betrachten.[103] Als sie den Befehl empfangen hatte, schrieb sie in einem Zug ohne jede Korrektur auf so schlechtem Papier, daß es jedem Schulmädchen zuwenig gut gewesen wäre. Den letzten Teil kritzelte sie noch mit Bleistift satzweise unter mühsamen Anstrengungen im Rollstuhl. Sie hat ihre Autobiographie ohne vorgefaßten Plan und ohne nachträgliche Berichtigung verfaßt und zuletzt das Urteil über sie gefällt: «Jetzt spüre ich es klar, was ich gesagt und geschrieben habe, ist alles wahr.»[104] Nach ihrem Tode wurden diese Blätter zunächst für die Nonnen des Karmeliterordens dem Druck übergeben. Sie riefen einen Sturm von Begeisterung hervor. Später machte man sie auch der Öffentlichkeit zugänglich, und die «Geschichte einer Seele» trat einen wahren Siegeszug an, indem sie in fast sämtliche Sprachen der Welt übersetzt und in Millionen von Exemplaren verbreitet wurde. Begreiflich, denn in dieses Buch hat Therese nach eigenem Zeugnis ihre ganze Seele hineingelegt. Religiös veranlagte Leser werden sich in diese Selbstbiographie kaum vertiefen können, ohne daß ihr Inneres in Schwingung gerät. Diese Prosa wirkt, als hätte man Feuer in Händen. Das Buch hat eine Sendung ohnegleichen erfüllt, indem dasselbe sogar Menschen erreichte, die sonst kaum eine religiöse Schrift zur Hand nahmen. Therese wurde zu der «petite sœur de France», welche durch diese Autobiographie auch die Nachwelt noch mit ihrem göttlichen Lächeln beglückte. Fürwahr, Thereses Rosenregen ist in reichlichem Maße niedergegangen, und vielleicht ist auch in diese Darstellung eine ihrer duftenden Rosen gefallen.

QUELLENNACHWEIS

Einleitung: Die Erscheinung des Heiligen

[1] Pascal, Pensées, Fragment 793; [2] Nietzsche, Werke (Klassiker-Ausgabe Bd. 2, S. 228; [3] S. Smolitsch, Leben und Lehre der Starzen, 1936, S. 209; [4] R. Kapp, Heilige und Heiligenlegenden in England, 1934, S. 212; [5] Karl Hase, Franz von Assisi, 1856, S. IV; [6] Ernst Troeltsch, Glaubenslehre, 1925, S. 21; [7] H. Kutter, Not und Gewißheit, 1927, S. 126; [8] Arnold Rademacher, Das Seelenleben der Heiligen, 1916, S. 99; [9] G. Bernanos, Der heilige Dominikus, 1935, S. 14; [10] S. Kierkegaard, Die Tagebücher (ed. Haecker) 1923, Bd. 2, S. 407; [11] Legenda aurea (ed. Benz), 1925, S. II; [12] Pascal, Vermächtnis eines großen Herzens (ed. Rüttenauer), 1938, S. 36; [13] M. Baumgarten, Ein aus 45jähriger Erfahrung geschöpfter Beitrag zur Kirchenfrage (ed. Stud) 1891, Bd. 1 Titelblatt.

Das Christus-Symbol im Mittelalter: Franz von Assisi

[1] Blütenkranz des heiligen Franz von Assisi (ed. Otto von Taube), 1908, S. 27; [2] Thomas von Celano, Das Leben des heiligen Franz von Assisi (ed. Ph. Schmidt), 1919, S. 8; [3] ibid. S. 120; [4] Legenda trium sociorum (ed. Hamburger), 1923, S. 49 und S. 96; [5] Celano: a.a.O. S. 46: [6] ibid. S. 60 und S. 42; [7] Die symbolische Franziskuslegende (ed. Lützeler), 1929, S. 108; [8] Dante, Das Paradies, XI, 50; [9] Paul Sabatier, Leben des heiligen Franz von Assisi, 1909, S. 79; [10] Blütenkranz, a.a.O. S. 20; [11] Celano, a.a.O. S. 87; [12] ibid. S. 87; [13] ibid. S. 62; [14] Spiegel der Vollkommenheit (ed. Rüttenauer), 1935, S. 243/44; [15] Die Schriften des heiligen Franz von Assisi (ed. Bonmann), 1940, S. 48; [16] Celano, a.a.O. S. 4; [17] ibid. S. 4; [18] H. Tögel, Völkische Ausprägungen des Christentums, 1933, S. 47; [19] Celano, a.a.O. S. 14; [20] ibid. S. 119; [21] ibid. S. 78; [22] ibid. S. 118; [23] ibid. S. 118; [24] ibid. S. 121; [25] Bonaventura, Franz von Assisi, 1918, S. 17; [26] Schriften a.a.O. S. 48; [27] Celano, a.a.O. S. 120; [28] ibid. S. 120; [29] ibid. S. 13; [30] ibid. S. 32; [31] E. Kantorowicz, Kaiser Friedrich II., 1928, S. 150; [32] Sabatier, a.a.O. S. 58; [33] Spiegel, a.a.O. S. 72; [34] Celano, a.a.O. S. 150; [35] D. Mereschkowski, Franz von Assisi, 1938, S. 180/184; [36] Legenda a.a.O. S. 82; [37] Celano, a.a.O. S. 13; [38] ibid. S. 11; [39] Spiegel, a.a.O. S. 130; [40] Schriften a.a.O.; [41] G. Schnürer, Franz von Assisi, 1907, S. 131; [42] Celano, a.a.O. S. 18; [43] Schriften, a.a.O. S. 49; [44] Spiegel, a.a.O. S. 145; [45] E. Benz, Ecclesia spiritualis, 1934, S. 175 f.; [46] Celano, a.a.O. S. 25; [47] Spiegel, a.a.O. S. 130; [48] ibid.

S. 56; [49]Celano, a.a.O. S. 29; [50]Legenda, a.a.O. S. 67; [51]Schriften a.a.O. S. 10 und S. 18; [52]Celano, a.a.O. S. 155; [53]Schriften, a.a.O. S. 19; [54]Celano, a.a.O. S. 124; [55]Gogols sämtliche Werke (ed. Buek), Bd. 5, S. 198; [56]W. Götz, Franz von Assisi und die Entwicklung der mittelalterlichen Religiosität im «Archiv für Kulturgeschichte», 1927, S. 137; [57]Schriften, a.a.O. S. 50; [58]Chesterton, Der heilige Franz von Assisi, 1927, S. 151; [59]Celano, a.a.O. S. 22 und S. 48; [60]Bonaventura, a.a.O. S. 50; [61]Legenda, a.a.O. S. 71; [62]Celano, a.a.O. S. 127 und S. 23; [63]Legenda, a.a.O. S. 77; [64]Schriften, a.a.O. S. 54; [65]Legenda, a.a.O. S. 70; [66]vgl. K. Müller, Die Anfänge des Minoritenordens und die Bußbrüderschaften, 1885; [67]Legenda, a.a.O. S. 70; [68]Spiegel, a.a.O. S. 250; [69]Celano, a.a.O. S. 254; [70]Schriften, a.a.O. S. 49; [71]ibid. S. 45; [72]Celano, a.a.O. S. 153 und S. 170; [73]vgl. Gemelli, Das Franziskanertum, 1936; [74]K. Wenk, Franz von Assisi in «Unsere religiösen Erzieher» (ed. Beß), o. J., S. 233; [75]vgl. Fritz Kuhn und Heinrich Federer, Der heilige Franz von Assisi, 1908, S. 15; [76]Schriften, a.a.O. S. 48; [77]Celano, a.a.O. S. 129; [78]Spiegel, a.a.O. S. 94; [79]Schriften, a.a.O. S. 49; [80]Spiegel, a.a.O. S. 89; [81]Celano, a.a.O. S. 226; [82]Spiegel, a.a.O. S. 33 und 132; [83]Celano, a.a.O. S. 226; [84]Lippert, Der heilige Franz von Assisi in «Stimmen der Zeit» 1927, S. 7; [85]Schriften, a.a.O. S. 51; [86]Spiegel, a.a.O. S. 12; [87]Heiler, der heilige Franz von Assisi und die katholische Kirche in «Una sancta», 1926, S. 33; [88]Celano, a.a.O. S. 39; [89]ibid. S. 128; [90]ibid. S. 184; [91]ibid. S. 10; [92]Legenda, a.a.O. S. 28; [93]Schriften, a.a.O. S. 17; [94]Legenda, a.a.O. S. 53 und S. 63; [95]Spiegel, a.a.O. S. 179; [96]ibid. S. 181; [97]Blütenkranz, a.a.O. S. 22 bis 24; [98]Celano, a.a.O. S. 184; [99]ibid. S. 213/214; [100]ibid. S. 59/60; [101]vgl. J. Görres, Der heilige Franz von Assisi, 1828; [102]Celano, a.a.O. S. 13; [103]Spiegel, a.a.O. S. 192; [104]vgl. Erzählungen eines russischen Pilgers, 1944; [105]L. Junge, die Tierlegende bei Franziskus (Diss.) 1933, S. 124; [106]H. Thode, Franz von Assisi, 1934, S. 14/15 und Sabatier, a.a.O. S. 173; [107]J. Bernhard, Heilige und Tiere, 1937, S. 21; [108]Celano, a.a.O. S. 215; [109]ibid. S. 148/49; [110]M. Scheler, Wesen und Formen der Sympathie, 1931, S. 103; [111]Kurzer Begriff des wunderlichen Lebens der seligen Schwester Rosa, 1668, S. 60/61; [112]Celano, a.a.O. S. 173; [113]Bonaventura, a.a.O. S. 61; [114]H. Tielemann, Studien zur Individualität des Franz von Assisi, 1914, S. 182; [115]J. Merk, Die Wundmale des heiligen Franz von Assisi, 1910, S. 22; [116]Celano, a.a.O. S. 235; [117]Spiegel, a.a.O. S. 233; [118]Celano, S. 243; [119]ibid. S. 241; [120]ibid. S. 241; [121]ibid. S. 177; [122]Spiegel, a.a.O. S. 18.

Der Engel Frankreichs: Jeanne d'Arc

[1]Jeanne d'Arc, die Akten der Verurteilung (ed. Bütler), 1943, S. 185; [2]R. Schneider, Macht und Gnade, 1940, S. 149; [3]Akten, a.a.O. S. 64; [4]ibid. S. 77; [5]ibid. S. 81; [6]ibid. S. 120; [7]ibid. S. 81; [8]ibid. S. 82; [9]ibid.

S. 103; [10]ibid. S. 66; [11]J. Zürcher, Jeanne d'Arc, vom psychologischen und psychopathologischen Standpunkt aus, Diss. 1895, S. 57; [12]Anatole France, Das Leben der heiligen Johanna (ed. M. Zweig), 1926, S. 55; [13]vgl. R. Mahrenholtz, Jeanne d'Arc, 1890; Hans Brutz, Studien zur Geschichte der Jeanne d'Arc, 1913; [14]S. Sackville-West, Jeanne d'Arc, 1937, S. 405; [15]Akten, a.a.O. S. 158; [16]Max Pribilla, Die Stimmen der Johanna in «Stimmen der Zeit», 1927, S. 375; [17]Akten, a.a.O. S. 81 und 99; [18]ibid. S. 147; [19]ibid. S. 91; [20]ibid. S. 132; [21]ibid. S. 119; [22]ibid. S. 83; [23]Sackville-West, a.a.O. S. 156; [24]bei A. France: a.a.O. S. 118; [25]Akten, a.a.O. S. 115; [26]ibid S. 86; [27]G. Görres, Die Jungfrau von Orléans, 1834, S. VI; [28]Akten, a.a.O. S. 172; [29]bei A. France, a.a.O. S. 279; [30]Akten, a.a.O. S. 143; [31]Eduard Jan, Das literarische Bild der Jeanne d'Arc, 1928, S. 6 und 7; [32]Akten, a.a.O. S. 25; [33]Kierkegaard, Tagebücher (ed. Haecker), 1923, Bd. 2, S. 406 und 409; [34]vgl. Emmanuel Propst, Der Prozeß der Jungfrau von Orléans, 1895; [35]K. Ch. Lea, Geschichte der Inquisition im Mittelalter, 1905, Bd. I, S. 341; [36]Bernard Shaw, Die heilige Johanna, 1925, S. 43; [37]G. Bernanos, Johanna, Ketzerin und Heilige, 1934, S. 25; [38]J. Huizinga, Wege der Kulturgeschichte, 1930, S. 200; [39]Akten, a.a.O. S. 69; [40]ibid. S. 112; [41]ibid. S. 131; [42]ibid. S. 60; [43]ibid. S. 62; [44]ibid. S. 71; [45]ibid. S. 83; [46]ibid. S. 73; [47]ibid. S. 72; [48]ibid. S. 73; [49]ibid. S. 171; [50]ibid. S. 141; [51]ibid. S. 141; [52]ibid. S. 141; [53]ibid. S. 161; [54]ibid. [55]S. 221; ibid. S. 222; [56]ibid. S. 194/95; [57]ibid. S. 190; [58]ibid. S. 159; [59]ibid. S. 230; [60]ibid. S. 269; [61]ibid. S. 271; [62]B. Shaw, a.a.O. S. 212; [63]Benno Hilliger, Jeanne d'Arc, Das Geheimnis ihrer Sendung, 1940, S. 242; [64]Akten, a.a.O. S. 120; [65]ibid. S. 173; [66]ibid. S. 185; [67]ibid. S. 286.

Der schweizerische Staretz: Niklaus von Flüe

[1]vgl. Walther ab Hohlenstein, Schweizer Heiligenlegende, 1939; [2]Heinrich Federer, Niklaus von Flüe, 1928, S. 17; [3]Robert Durrer, Bruder Klaus, Die ältesten Quellen über den seligen Niklaus von Flüe, 1917—1921, Bd. 1, S. 83; [4]ibid. Bd. 1, S. 533; [5]ibid. Bd. 1, S. 39; [6]vgl. Federer, a.a.O.; [7]Durrer, a.a.O. Bd. 1, S. 468, [8]ibid. Bd. 1, S. 462; [9]ibid. Bd. 1, S. 469; [10]ibid. Bd. 1, S. 463; [11]ibid. Bd. 1, S. 464; [12]ibid. Bd. 1, S. 469; [13]ibid. Bd. 1, S. 546; [14]ibid. Bd. 1, S. 469; [15]ibid. Bd. 1, S. 535; [16]ibid. Bd. 1, S. 39; [17]ibid. Bd. 1, S. 538; [18]ibid. Bd. 1, S. 40; [19]ibid. Bd. 1, S. 61; [20]ibid. Bd. 1, S. 538; [21]ibid. Bd. 1, S. 232; [22]Rochholz, Die Schweizerlegende vom Bruder Klaus, 1895, S. 12; [23]Eduard Herzog, Bruder Klaus, 1917, S. 27 und Durrer a.a.O. Bd. 2, S. 1066; [24]Durrer a.a.O. Bd. 1, S. 463; [25]ibid. Bd. 1, S. 540; [26]Federer, a.a.O. S. 121; [27]Durrer, a.a.O. Bd. 2, S. 1068; [28]A. Stöckli, Die Visionen des seligen Bruder Klaus, 1933, S. 45; [29]W. Oehl, Bruder Klaus und die deutsche Mystik in «Zeitschrift für schweizerische Kirchengeschichte»,

1917, S. 162; [30]Durrer, a.a.O. Bd. 1, S. 84; [31]ibid. Bd. 1, S. 462; [32]ibid. Bd. 1, S. 542; [33]ibid. Bd. 1, S. 64; [34]ibid. Bd. 1, S. 49; [35]ibid. Bd. 2, S. 729; [36]ibid. Bd. 2, S. 708; [37]ibid. Bd. 1, S. 228; [38]ibid. Bd. 1, S. 64; [39]ibid. Bd. 1, S. 347; [40]ibid. Bd. 1, S. 468; [41]ibid. Bd. 1, S. 347; [42]ibid. Bd. 1, S. 203; [43]ibid. Bd. 1, S. 203; [44]Herzog, a.a.O. S. 26; [45]Durrer, a.a.O. Bd. 1, S. 62; [46]ibid. Bd. 1, S. 352; [47]ibid. Bd. 1, S. 63; [48]ibid. Bd. 1, S. 582 und 587; [49]ibid. Bd. 1, S. 61; [50]ibid. Bd. 1, S. 404; [51]ibid. Bd. 1, S. 86; [52]Bd. 1, S. 397; [53]ibid. Bd. 2, S. 653 und 611; [54]ibid. Bd. 1, S. 547; [55]ibid. Bd. 1, S. 87; [56]ibid. Bd. 1, S. 587; [57]ibid. Bd. 1, S. 584; [58]ibid. Bd. 1, S. 404; [59]ibid. Bd. 1, S. 407; [60]ibid. Bd. 1, S. 586; [61]ibid. Bd. 1, S. 68; [62]ibid. Bd. 1, S. 586; [63]ibid. Bd. 1, S. 582; [64]ibid. Bd. 1, S. 89; [65]ibid. Bd. 1, S. 209; [66]ibid. Bd. 1, S. 228; [67]ibid. Bd. 1, S 115ff.; [68]Walther Hutzli, Bruder Klaus, 1945, S. 31; [69]G. Spinner, Niklaus von Flüe in evangelischer Sicht, 1944, S. 20; [70]Durrer, a.a.O. Bd. 1, S. 58 und 65; [71]ibid. Bd. 1, S. 351; [72]ibid. Bd. 2, S. 628 und 794; [73]A. Mojonnier, Niklaus von Flüe, 1942, S. 246.

Die Glut des Seraphen: Katharina von Genua

[1] Franz von Sales: Werke, ed. Reisinger, 1957, Bd. III, S. 282; [2] Peter Lechner: Leben und Schriften der heiligen Katharina von Genua, 1859, S. 28; [3] Hello: Heiligengestalten, 1934, S. 247; [4] Lechner: a. a. O., S. 39; [5] Hedwig Michel: St. Caterina von Genua, 1925, S. 31; [6] Friedrich von Hügel: Religion als Ganzheit, ed. M. Schlüter, 1948, S. 293; [7] Michel, a. a. O., S. 41; [8] Lechner, a. a. O., S. 48; [9] Michel, a. a. O. S. 71; [10] Lechner: a. a. O., S. 54; [11] L. Sertorius: Katharina von Genua, 1939, S. 93; [12] Michel: a. a. O., S. 69; [13] Sertorius: a. a. O., S. 92; [14] ibid., S. 29; [15] Julien Green: Tagebücher, 1952, Bd. I, S. 235; [16] Jakob Bergmann: Läuterung hier oder im Jenseits, 1958, S. 8; [17] Sertorius: a. a. O., S. 143 ff.; [18] ibid., S. 85; [19] Hello: a. a. O., S. 253; [20] Sertorius: a. a. O., S. 122; [21] ibid., S. 131; [22] Hello: a. a. O., S. 256; [23] Dostojewskij: Die Brüder Karamasoff, 1920, S. 651; [24] Sertorius: a. a. O., S. 101; [25] Lechner: a. a. O., S. 87; [26] Michel: a. a. O., S. 64; [27] Sertorius: a. a. O., S. 34; [28] Lechner: a. a. O., S. 142; [29] Sertorius: a. a. O., S. 27; [30] Lechner: a. a. O., S. 151; [31] Sertorius: a. a. O., S. 35; [32] Lechner: a. a. O., S. 111/12; [33] Hügel: a. a. O., S. 285/86; [34] ibid., S. 286 und 294; [35] Sertorius: a. a. O., S. 100; [36] ibid., S. 230; [37] ibid., S. 97; [38] ibid., S. 239; [39] ibid., S. 264; [40] Lechner: a. a. O., S. 119; [41] Sertorius: a. a. O., S. 29; [42] ibid., S. 100; [43] ibid., S. 11; [44] Görres: Die christliche Mystik: 1837, Bd. II, S. 275; [45] Michel: a. a. O., S. 75.

Das große Gespräch: Theresia von Avila

[1]Emil Lucka, Inbrunst und Düsternis, 1927, S. 8; [2]Ortéga y Gasset, Stern und Unstern, o. J. S. 93; [3]L. Pfandl, Spanische Kultur und Sitte

des 16. und 17. Jahrhunderts, 1924, S. 210; [4]Reinhold Schneider, Philipp II., 1935, S. 335; [5]Dostojewskij, Tagebuch eines Schriftstellers, 1921, 2. Bd. S. 165; [6]M. Wieser, Deutsche und romanische Religiosität, 1919, S. 3; [7]Helmut Hatzfeld, Die spanische Mystik und ihre Ausdrucksmöglichkeiten, in «Deutsche Vierteljahresschrift für Literatur und Geistesgeschichte», 1932, S. 597; [8]Sämtliche Schriften der heiligen Theresia von Jesu, 1912—22, Bd. 1, S. 529 und 598; [9]ibid. Bd. 1, S. 194/195; [10]ibid. Bd. 3, S. 155; [11]Briefe der heiligen Theresia von Jesu, 1936—39, Bd. 1, S. 388; [12]H. Bechmann, Evangelische und katholische Frömmigkeit im Reformationsjahrhundert, dargestellt an Martin Luther und Theresia von Jesu, 1922, S. 21; [13]Schriften, a.a.O. Bd. 1, S. 3; [14]ibid. Bd. 1, S. 12; [15]ibid. Bd. 1, S. 22; [16]ibid. Bd. 4/2, S. 196 bis 198; [17]Louis Bertrand, Die heilige Theresia, 1928, S. 50; [18]Schriften, a.a.O., Bd. 1, S. 24; [19]ibid. Bd. 1, S. 67; [20]ibid. Bd. 1, S. 53; [21]ibid. Bd. 1, S. 62; [22]ibid. Bd. 1, S. 80; [23]ibid. Bd. 1, S. 89; [24]ibid. Bd. 1, S. 87; [25]ibid. Bd. 1, S. 86; [26]ibid. Bd. 4/1, S. 408; [27]ibid. Bd. 1, S. 96 und 97; [28]ibid. Bd. 1, S. 309; [29]ibid. Bd. 1, S. 3; [30]ibid. Bd. 1, S. 115; [31]ibid. Bd. 4/1, S. 399; [32]ibid. Bd. 4/2, S. 90; [33]ibid. Bd. 1, S. XII—XIV; [34]W. Pingsmann, Santa Teresa de Jesu, 1886, S. 66; [35]Schriften, a.a.O. Bd. 4/1, S. 93; [36]ibid. Bd. 1, S. 98; [37]ibid. Bd. 1, S. 292; [38]Walter Völker, Teresa de Jesu in ihrer inneren Entwicklung, in «Theologischen Blättern», 1926, S. 283 und W. Völker, Das visionär-ekstatische Erleben der Terese de Jesu in seiner Entwicklung, in «Zeitschrift für Kirchengeschichte», 1926, S. 433; [39]Schriften, a.a.O. Bd. 1, S. 117; [40]ibid. Bd. 1, S. 120; [41]ibid. Bd. 3, S. 171 und 172; [42]ibid. Bd. 1, S. 72; [43]ibid. Bd. 1, S. 90; [44]ibid. Bd. 1, S. 314; [45]ibid. Bd. 1, S. 283; [46]ibid. Bd. 1, S. 366; [47]ibid. Bd. 1, S. 273; [48]ibid. Bd. 1, S. 392/93; [49]ibid. Bd. 1, S. 189; [50]ibid. Bd. 1, S. 190; [51]ibid. Bd. 4/1, S. 450; [52]ibid. Bd. 1, S. 241; [53]ibid. Bd. 4/2, S. 80; [54]ibid. Bd. 1, S. 579; [55]R. Schneider, Philipp II., 1935, S. 144; [56]Hugo Kehrer, Die Kunst des Greco, 1920, S. 42; [57]Schriften, a.a.O. Bd. 4/1, S. 272; [58]ibid. Bd. 1, S. 248; [59]ibid. Bd. 4/1, S. 442; [60]ibid. Bd. 4/1, S. 243; [61]ibid. Bd. 2, S. 52; [62]ibid. Bd. 4/1, S. 283; [63]Briefe, a.a.O. Bd. 1, S. 373; [64]Schriften, a.a.O. Bd. 4/2, S. 90; [65]Dostojewskij, Der Idiot, 1920, Bd. 1, S. 439; [66]ibid. S. 439; [67]Schriften, a.a.O. Bd. 4/1, S. 177 und 96; [68]Briefe, a.a.O. Bd. 1, S. 344; [69]Schriften, a.a.O. Bd. 1, S. 228; [70]ibid. Bd. 1, S. 330; [71]ibid. Bd. I, S. 258; [72]ibid. Bd. 3, S. 48; [73]ibid. Bd. 4/2, S. 216; [74]ibid. Bd. 4/2, S. 214; [75]ibid. Bd. 1, S. 569; [76]ibid. Bd. 4/1, S. 70; [77]ibid. Bd. 1, S. 428; [78]ibid. Bd. 4/1, S. 266; [79]ibid. Bd. 4/1, S. 21; [80]Max Freiherr von Waldberg, Zur Entwicklungsgeschichte der schönen Seele bei den spanischen Mystikern, 1910, S. 58; [81]Schriften, a.a.O. Bd. 4/1, S. 130; [82]ibid. Bd. 4/1, S. 302; [83]ibid. Bd. 4/2, S. 86; [84]ibid. Bd. 3, S. 12; [85]ibid. Bd. 3, S. 12; [86]ibid. Bd. 4/1, S. 415; [87]ibid. Bd. 1, S. 68; [88]ibid. Bd. 4/1, S. 462; [89]R. Schneider, Philipp II., S. 172; [90]Schriften, a.a.O. Bd. 1, S. 445; [91]ibid. Bd. 3, S. 313; [92]ibid.

Bd. 4/2, S. 4; [93] ibid. Bd. 2, S. 76/83; [94] ibid. Bd. 2, S. 95; [95] ibid. Bd. 1, S. 220; [96] ibid. Bd. 2, S. 50; [97] ibid. Bd. 4/1, S. 77; [98] ibid. Bd. 4/1, S. 341; [99] ibid. Bd. 2, S. 493; [100] ibid. Bd. 2, S. 479; [101] Briefe, a.a.O. Bd. 1, S. 518; [102] ibid. Bd. 1, S. 470; [103] M. R. Virnich, Teresa von Avila, 1934, S. 101; [104] ibid. S. 102; [105] ibid. S. 101; [106] Tersteegen, Lebensbeschreibungen heiliger Seelen, 1784, Bd. 1, S. XVI; [107] Briefe, a.a.O. Bd. 1, S. 147; [108] Schriften, a.a.O. Bd. 2, S. 182; [109] ibid. Bd. 4/2, S. 204; [110] Briefe, a.a.O. Bd. 1, S. 245; [111] ibid. Bd. 1, S. 246; [112] ibid. Bd. 2, S. 116; [113] Schriften, a.a.O. Bd. 4/2, S. 193; [114] ibid. Bd. 4/2, S. 253.

Der Dichter der Mystik: Johannes vom Kreuz

[1] Des heiligen Johannes vom Kreuz sämtliche Werke, 1924—29, Bd. 5, S. 120; [2] ibid. Bd. 4, S. 106; [3] Sämtliche Schriften der heiligen Theresia von Jesu, 1919, Bd. 2, S. 131; [4] Briefe der heiligen Theresia, 1936, Bd. 2, S. 105; [5] ibid. Bd. 1, S. 573; [6] Werke, a.a.O. Bd. 5, S. 41; [7] ibid. Bd. 5, S. 49; [8] ibid. Bd. 5, S. 67; [9] ibid. Bd. 5, S. 55; [10] ibid. Bd. 5, S. 135; [11] ibid. Bd. 5, S. 61; [12] Peter Lechner, Leben und Werke des heiligen Johannes vom Kreuz, 1858, Bd. 1, S. 108; [13] Theresia von Jesu, Briefe, a.a.O. Bd. 1, S. 574; [14] ibid. Bd. 2, S. 69; [15] Alban Goodier, Sünder und Heilige, o. J., S. 103; [16] J. Mumbauer, in «Menschen und Heilige» (ed. Moor), 1930, S. 231; [17] M. Diepenbrock, Geistlicher Blumenstrauß, 1829, S. 8; [18] Werke, Bd. 4, S. 7; [19] ibid. Bd. 5, S. 199; [20] Helmut Hatzfeld, Die spanische Mystik und ihre Ausdrucksmöglichkeiten, in «Deutsche Vierteljahresschrift für Literatur und Geistesgeschichte», 1932, S. 625; [21] Werke, a.a.O. Bd. 5, S. 184; [22] R. Schneider, Philipp II., S. 191; [23] Werke, a.a.O. Bd. 1, S. 11; [24] ibid. Bd. 1, S. 173; [25] ibid. Bd. 1, S. 176; [26] ibid. Bd. 1, S. 178; [27] ibid. Bd. 1, S. 11; [28] ibid. Bd. 4, S. 48; [29] ibid. Bd. 4, S. 33; [30] ibid. Bd. 4, S. 85; [31] ibid. Bd. 3, S. 29; [32] ibid. Bd. 5, S. 183; [33] ibid. Bd. 1, S. 42; [34] ibid. Bd. 1, S. 65; [35] ibid. Bd. 4, S. 59; [36] ibid. Bd. 2, S. 138; [37] ibid. Bd. 5, S. 108; [38] ibid. Bd. 2, S. 17 und 25; [39] P. Stanislaus, Der heilige Johannes vom Kreuz, 1928, S. 215; [40] Werke, a.a.O. Bd. 2, S. 78; [41] ibid. Bd. 2, S. 78; [42] ibid. Bd. 1, S. 79; [43] ibid. Bd. 1, S. 109; [44] ibid. Bd. 1, S. 113; [45] R. Garrigou-Lagrange, Der Sinn für das Geheimnis und das Hell-Dunkel des Geistes, 1937, S. 116; [46] Werke, a.a.O. Bd. 5, S. 195; [47] ibid. Bd. 1, S. 127; [48] ibid. Bd. 1, S. 83 und 106; ibid. [49] Bd. 1, S. 109; [50] ibid. Bd. 5, S. 202; [51] ibid. Bd. 1, S. 133; [52] ibid. Bd. 1, S. 266; [53] ibid. Bd. 1, S. 383; [54] ibid. Bd. 1, S. 387 und 389; [55] ibid. Bd. 1, S. 102; [56] ibid. Bd. 1, S. 416; [57] ibid. Bd. 1, S. 193; [58] ibid. Bd 5, S. 195; [59] Lechner, a.a.O. S. 181; [60] Stanislaus, a.a.O. S. 113 und 157; [61] R. Schneider, Macht und Gnade, 1940, S. 306; [62] Werke, a.a.O. Bd. 3, S 85; [63] ibid. Bd. 5, S. 216; [64] ibid. Bd. 3, S. 42; [65] ibid. Bd. 2, S. 116; [66] ibid. Bd. 5, S 77; [67] ibid. Bd. 4, S. 35; [68] ibid. Bd. 4, S. 227; [69] ibid. Bd. 4, S. 208; [70] ibid. Bd. 4, S. 251;

[71]ibid. Bd. 5, S. 238; [72]ibid. Bd. 4, S. 87; [73]ibid. Bd. 4, S. 75; [74]ibid. Bd. 4, S. 90; [75]ibid. Bd. 2, S. 127; [76]ibid. Bd. 2, S. 151; [77]ibid. Bd. 4, S. 215; [78]ibid. Bd. 5, S. 189; [79]ibid. Bd. 4, S. 179; [80]ibid. Bd. 4, S. 97; [81]ibid. Bd. 1, S. 91; [82]ibid. Bd. 3, S. 1; [83]ibid. Bd. 3, S. 51; [84]ibid. Bd. 4, S. 291; [85]ibid. Bd. 4, S. 217; [86]ibid. Bd. 4, S. 300; [87]ibid. Bd. 2, S. 57; [88]ibid. Bd. 5, S. 196; [89]Lechner, a.a.O. S. 118; [90]Goodier, a.a.O. S. 115; [91]Werke, a.a.O. Bd. 5, S. 70.

Der wunderbare Fischzug: Franz von Sales

[1]L. Burgener, Leben und Wirken des heiligen Franz von Sales, 1858, S. 134; [2]H. Federer, Von Heiligen, Räubern und von der Gerechtigkeit, 1930, S. 122; [3]E. Hello, Heiligengestalten, 1934, S. 58; [4]Religiöse Erzieher der katholischen Kirche (ed. S. Merkle und B. Beß), 1920, S. 89; [5]bei F. Strowski, Vom Wesen des französischen Geistes, 1937, S. 87; [6]T. Boulanger, Studien über den heiligen Franz von Sales, 1861, Bd. 1, S. 124 und vgl. H. Heppe, Theodor Beza, 1861, S. 311; [7]Boulanger, a.a.O. Bd. 1, S. 168/71; [8]Burgener, a.a.O. S. 81; [9]Boulanger, a.a.O. Bd. 2, S. 57; [10]Franz von Sales, Philothea, 1925 (ed. O. Karrer), S. 34; [11]ibid. S. 16; [12]ibid. S. 113; [13]Boulanger, a.a.O. Bd. 2, S. 220; [14]Philothea, a.a.O. S. 159; [15]ibid. S. 285; [16]ibid. S. 342; [17]Franz von Sales, Briefe der Seelenführung, 1928 (ed. O. Karrer), S. 45; [18]Philothea, a.a.O. S. 35; [19]Seelenführung, a.a.O. S. 96; [20]Philothea, a.a.O. S. 356; [21]Briefe des heiligen Franz von Sales an die heilige Johanna Franziska Fremyot von Chantal (ed. Heine), 1929, S. 148; [22]Philothea, a.a.O. S. 283; [23]J. Martin, Theologisch-kritische Untersuchung über die Existenz eines Systems bei Franz von Sales, Diss. 1933, S. 84; [24]Franz von Sales, Geistliche Unterweisungen und Vorträge, 1927 (ed. O. Karrer), S. 31; [25]Franz von Sales, Theotimus, 1926 (ed. O. Karrer), Bd. 2, S. 32; [26]Religiöse Erzieher, a.a.O. S. 114; [27]H. Bremond, Histoire littéraire du Sentiment religieux en France, 1921, Bd. 1, S. 68ff.; [28]H. W. Rüssel, Gestalt eines christlichen Humanismus, 1940, S. 161; [29]W. Schamoni, Das wahre Gesicht der Heiligen, 1938, S. 190; [30]Emil Bougaud, Die heilige Johanna Franziska von Chantal, 1924, S. 81; [31]Michael Müller, Die Freundschaft des heiligen Franz von Sales und der heiligen Johanna Franziska von Chantal, 1937, S. 15; [32]ibid. S. 30; [33]ibid. S. 43; [34]Bougaud, a.a.O. S. 44; [35]Briefe an Chantal, a.a.O. S. 9; [36]ibid. S. 267; [37]Seelenführung, a.a.O. S. 158 und 159; [38]Briefe an Chantal, a.a.O. S. 204; [39]M. Heimbucher, Die Orden und Kongregationen der katholischen Kirche, 1933, Bd. 1, S. 641ff.; [40]Müller, a.a.O. S. 77; [41]Briefe an Chantal, a.a.O. S. 130; [42]Müller, a.a.O. S. 234; [43]Briefe an Chantal, a.a.O. S. 322; [44]Müller, a.a.O. S. 231; [45]Seelenführung a.a.O. S. 173; [46]Müller, a.a.O. S. 232; [47]Briefe der heiligen Johanna Franziska von Chantal an den heiligen Franz von Sales (ed. Heine), 1929, S. 10; [48]ibid. S. 10; [49]ibid. S. 10; [50]Briefe an Chantal,

a.a.O. S. 103; [51] Philothea, a.a.O. S. 220; [52] Nietzsches Werke, Klassiker-Ausgabe, Bd. 5, S. 54; [53] Seelenführung, S. 79; [54] Unterweisung a.a.O. S. 12 und 50; [55] Seelenführung, a.a.O. S. 34; [56] Philothea, a.a.O. S. 42; [57] Seelenführung, a.a.O. S. 31; [58] Unterweisung, a.a.O. S. 70; [59] Philothea, a.a.O. S. 347; [60] Theotimus, a.a.O. Bd. 1, S. 186; [61] ibid. Bd. 1, S. 233; [62] ibid. Bd. 2, S. 54; [63] Briefe Chantal an Sales, a.a.O. S. 150; [64] Seelenführung, a.a.O. S. 60; [65] Theotimus, a.a.O. Bd. 1, S. 201 und vgl. L. Sertorius, Katharina von Genua, 1939, S. 68; [66] Unterweisung, a.a.O. S. 235; [67] ibid. S. 155; [68] Briefe Chantal an Sales, a.a.O. S. 124; [69] Theotimus, a.a.O. Bd. 1, S. 222 und 220; [70] ibid. Bd. 1, S. 144; [71] H. Heppe, Geschichte der quietistischen Mystik in der katholischen Kirche, 1875, S. 47; [72] Briefe der Chantal an Sales, a.a.O. S. 121; [73] ibid. S. 12.

Der einfältige Charismatiker: Joseph von Copertino

[1] Ernst Hello: Heiligengestalten, 1934, S. 267; [2] Marie Noël: Erfahrungen mit Gott, 1961, S. 238; [3] Angelo Pastrovicchi: Kurzer Inbegriff des Lebens und der Tugenden und Wunder des sel. Joseph von Copertino, 1753, S. 70; [4] ibid., S. 10; [5] ibid., S. 23; [6] Hello: a. a. O., S. 261; [7] Noël: a. a. O., S. 79; [8] Pastrovicchi: a. a. O., S. 12; [9] A. Goodier: Sünder und Heilige, 1937, S. 158; [10] 2. Sam. 6, 21; [11] Herbert Thurston: Die körperlichen Begleiterscheinungen der Mystik, 1956, S. 33; [12] ibid., S. 33/34; [13] Anonymus: Das wundervolle Leben des hl. Joseph von Copertino, 1843, S. 51/2; [14] Thurston: a. a. O., S. 33; [15] ibid., S. 35; [16] J. Görres: Die Christliche Mystik, 1837, Bd. II, S. 540; [17] Anonymus: a. a. O., S. 116; [18] Pastrovicchi: a. a. O., S. 52; [19] ibid., S. 83; [20] ibid., S. 50; [21] Anonymus: a. a. O., S. 107; [22] ibid., S. 110; [23] ibid., S. 111; [24] ibid., S. 112; [25] ibid., S. 125; [26] Pastrovicchi: a. a. O., S. 77; [27] Anonymus: a. a. O., S. 66; [28] ibid., S. 66; [29] ibid., S. 67; [30] ibid., S. 82/83; [31] Pastrovicchi: a. a. O., S. 17; [32] ibid., S. 18; [33] Goodier: a. a. O., S. 162; [34] Matth. 5, 15; [35] Anonymus: a. a. O., S. 143; [36] Pastrovicchi: a. a. O., S. 136; [37] Matth. 11, 25; [38] Pastrovicchi: a. a. O., S. 82; [39] H. U. von Balthasar: Verbum caro, 1960, S. 224; [40] Anonymus: a. a. O., S. 88; [41] Pastrovicchi, a. a. O., S. 54; [42] Anonymus: a. a. O., S. 165; [43] Simone Weil: Schwerkraft und Gnade, 1952, S. 72; [44] Psalm 55, 7.

Der Heilige im Protestantismus: Gerhard Tersteegen

[1] N. Söderblom, Der lebendige Gott im Zeugnis der Religionsgeschichte, 1942, S. 374; [2] Tersteegen, Weg der Wahrheit, 1926, S. 27; [3] M. Goebel, Geschichte des christlichen Lebens in der rheinisch-westphälisch-evangelischen Kirche, 1860, Bd. 3, S. 434; [4] Tersteegen, Auswahl aus seinen Schriften (ed. Klein), 1925, S. 49; [5] G. Kerlen/Tersteegen, Leben und Auswahl seiner Schriften, 1864, S. 6; [6] Auswahl, a.a.O. S. 19;

[7] R. Zwetz, Die dichterische Persönlichkeit Tersteegens, Diss. 1915, S. 21; [8] Goebel, a.a.O. S. 333; [9] W. Nelle, Tersteegens geistliche Lieder, 1897, S. 242; [10] Tersteegen, Auserlesene Lebensbeschreibungen heiliger Seelen, 3. Aufl., 1784—86, Bd. 3, S. 4; [11] ibid. Bd 1, S. XIV; [12] ibid. Bd. 1, S. III; [13] ibid. Bd. 1, S. IX und Bd. 3, S. IV; [14] ibid. Bd. 1, S. XI; [15] ibid. Bd. 1, S. XIII; [16] Kerlen, a.a.O. S. 3; [17] A. Ritschl, Geschichte des Pietismus, 1880, Bd. 1, S. 492; [18] Tersteegens gesammelte Schriften o. J. Bd. 8, S. 245; [19] F. Winter, Die Frömmigkeit Tersteegens in ihrem Verhältnis zur französisch-quietistischen Mystik in «Theologische Arbeiten aus dem wissenschaftlichen Prediger-Verein der Rhein-Provinz» 1927, S. 7 und 8; [20] Weg, a.a.O. S. 173; [21] Schriften, a.a.O. Bd. 8, S. 76; [22] Tersteegen, Geistliche Brosamen von des Herrn Tisch, 1780, Bd. 2, S. 235; [23] ibid. Bd. 3, S. 421; [24] ibid. Bd. 3, S. 422; [25] Schriften, a.a.O. Bd. 8, S. 186; [26] Brosamen, a.a.O. Bd. 1, S. 136; [27] Schriften, a.a.O. Bd. 7, S. 271; [28] Auswahl, a.a.O. S. 24; [29] Goebel, a.a.O. S. 419; [30] Schriften, a.a.O. Bd. 8, S. 292; [31] Auswahl, a.a.O. S. 25; [32] ibid. S. 23 und 24; [33] Schriften, a.a.O. Bd. 7, S. 39; [34] Auswahl, a.a.O. S. 26; [35] Tersteegen, Geistliches Blumengärtlein inniger Seelen, nebst der frommen Lotterie, 1921, S. XIX; [36] Nelle, a.a.O. S. 290; [37] Blumengärtlein, a.a.O. S. 239; [38] ibid. S. 400; [39] Schriften, a.a.O. Bd. 7, S. 322; [40] Tersteegens Briefe in Auswahl, 1889, S. 58; [41] Weg, a.a.O. S. 115 und 173; [42] Brosamen, a.a.O. Bd. 2, S. 291; [43] ibid, Bd. 2, S. 78; [44] ibid. Bd. 3, S. 436; [45] ibid. Bd. 2, S. 77; [46] ibid. Bd. 3, S. 172 und 184; [47] ibid. Bd. 3, S. 13; [48] Goebel, a.a.O. S. 426; [49] Schriften, a.a.O. Bd. 8, S. 203 und 283; [50] Weg, a.a.O. S. 272; [51] Schriften, a.a.O. Bd. 8, S. 173—175; [52] Auswahl, a.a.O. S. 40; [53] ibid. S. 55; [54] Schriften, a.a.O. Bd. 7, S. 198 und 292; [55] ibid. Bd. 8, S. 103; [56] ibid. Bd. 7, S. 318; [57] Auswahl, a.a.O. S. 51; [58] ibid. S. 50; [59] Schriften, a.a.O. Bd. 7, S. 210; [60] ibid. Bd. 8, S. 166; [61] ibid. Bd. 7, S. 205—206; [62] ibid. Bd. 8, S. 328; [63] ibid. Bd. 8, S. 98/99; [64] ibid. Bd. 7, S. 171; [65] ibid. Bd. 8, S. 89/90; [66] ibid. Bd. 8, S. 182; [67] ibid. Bd. 7, S. 74; [68] Ritschl, a.a.O. S. 492; [69] Goebel, S. 440; [70] Winter, a.a.O. S. 51, 87, 109 und 113; [71] H. Heppe, Geschichte der quietistischen Mystik in der katholischen Kirche, 1875, S. 502; [72] Max Wieser, Peter Poiret, Der Vater der romanischen Mystik in Deutschland, 1932, S. 23; [73] E. Seeberg, Gottfried Arnold, 1923, S. 545; [74] Weg, a.a.O. S. 194; [75] Schriften, a.a.O. Bd. 8, S. 235; [76] Auswahl, a.a.O. S. 29; [77] Blumengärtlein, a.a.O. S. 95; [78] Goebel, a.a.O. S. 292; [79] Schriften, a.a.O. Bd. 8, S. 157; [80] Brosamen, a.a.O. Bd. 3, S. 77; [81] ibid. Bd. 1, S. 65; [82] Schriften, a.a.O. Bd. 8, S. 157; [83] ibid. Bd. 7, S. 85; [84] Weg, a.a.O. S. 94; [85] Brosamen, a.a.O. Bd. 3, S. 435; [86] Weg, a.a.O. S. 112 und 111; [87] Briefe, a.a.O. S. 194; [88] Auswahl, a.a.O. S. 360; [89] Brosamen, a.a.O. Bd. 3, S. 338; [90] ibid. Bd. 3, S. 344; [91] Weg, a.a.O. S. 168; [92] Kierkegaard, Angriff auf die Christenheit (ed. Dorner und Schrempf), 1896, S. 35; [93] Kierkegaard, Die Tagebücher (ed. Haecker), 1923, Bd. 2, S. 175; [94] Weg, a.a.O.

S. 142; [95]ibid. S. 175; [96]Schriften, a.a.O. Bd. 2, S. 325; [97]Weg, a.a.O. S. 26; [98]Brosamen, a.a.O. Bd. 4, S. 17; [99]Weg, a.a.O. S. 75; [100]ibid. S. 252; [101]ibid. S. 270; [102]Schriften, a.a.O. Bd. 8, S. 202; [103]ibid. Bd. 7, S. 21; [104]Brosamen, a.a.O. Bd. 1, S. 36; [105]ibid. Bd. 3, S. 124; [106]Briefe, a.a.O. S. 141; [107]Blumengärtlein, a.a.O. S. 234; [108]Schriften, a.a.O. Bd. 8, S. 297; [109]Brosamen, a.a.O. Bd. 4, S. 25; [110]Schriften, a.a.O. Bd. 8, S. 222/23; [111]Auswahl, a.a.O. S. 41; [112]Briefe, a.a.O. S. 180; [113]ibid. S. 220; [114]Brosamen, a.a.O. Bd. 2, S. 140; [115]Blumengärtlein, a.a.O. S. 328; [116]Kerlen, a.a.O. S. 25; [117]Brosamen, a.a.O. Bd. 4, S. 404.

Der erleuchtete Idiot: Vianney, der Pfarrer von Ars

[1]G. Bernanos, Die Sonne Satans, 1937, S. 355; [2]ibid. S. 247; [3]ibid. S. 122 und 134; [4]Francis Trochu, Der heilige Pfarrer von Ars, 1929 (ed. Widloecher), S. 401; [5]H. Ghéon, Der heilige Pfarrer von Ars, 1930, S. 35/36; [6]Joseph Vianey, Leben und Wirken des seligen Johannes Baptista Vianney, Pfarrers von Ars (ed. Sleumer), 1908, S. 6; [7]ibid. S. 11; [8]ibid. S. 30; [9]Trochu, a.a.O. S. 68; [10]ibid. S. 74; [11]ibid. S. 76; [12]ibid. S. 237; [13]ibid. S. 238; [14]Vianey, a.a.O. S. 42; [15]Johann Baptist Vianney, Predigten auf die Sonn- und Festtage (ed. J. Firnstein), 1884/85, Bd. 1, S. 96/97; [16]Trochu, a.a.O. S. 128; [17]Vianey, a.a.O. S. 60; [18]Trochu, a.a.O. S. 100; [19]ibid. S. 430; [20]ibid. S. 265; [21]Predigten, a.a.O. Bd. 2, S. 36; [22]ibid. Bd. 3, S. 206; [23]ibid. Bd. 4, S. 132; [24]ibid. Bd. 4, S. 134; [25]ibid. Bd. 4, S. 143; [26]Trochu, a.a.O. S. 188; [27]Vianey, a.a.O. S. 92; [28]ibid. S. 161 und 163; [29]Trochu, a.a.O. S. 433; [30]ibid. S. 259; [31]ibid. S. 394; [32]Vianey, a.a.O. S. 177/78; [33]ibid. S. 186; [34]ibid. S. 75; [35]ibid. S. 84/85; [36]Predigten, a.a.O. Bd. 1, S. 269; [37]Trochu, a.a.O. S. 212; [38]Predigten a.a.O. Bd. 1, S. 269; [39]Vianey, a.a.O. S. 78; [40]Trochu, a.a.O. S. 309/10; [41]Vianey, a.a.O. S. 90; [42]ibid. S. 90; [43]O. P. Monrad, Sören Kierkegaard, Sein Leben und seine Werke, 1909, S. 25; [44]Vianey, a.a.O. S. 183; [45]ibid. S. 35; [46]Trochu, a.a.O. S. 78; [47]Vianey, a.a.O. S. 183/84.

Das göttliche Lächeln: Therese von Lisieux

[1]H. Ghéon, Das Geheimnis von Lisieux (ed. Schmal), 1935, S. 27; [2]Ida Friederike Görres, Das verborgene Antlitz, 1944, S. 17; [3]ibid. S. 511ff.; [4]Geschichte einer Seele, Selbstbiographie der heiligen Theresia vom Kinde Jesu, 1938, S. 18; [5]ibid. S. 62; [6]ibid. S. 14; [7]ibid. S. 11, [8]Görres, a.a.O. S. 513ff.; [9]Geschichte, a.a.O. S. 46; [10]Laveille, Das Leben der heiligen Theresia vom Kinde Jesu, 1926, S. 122; [11]Geschichte, a.a.O. S. 16; [12]ibid. S. 22; [13]ibid. S. 27; [14]ibid. S. 57; [15]ibid. S. 107; [16]ibid. S. 105; [17]Deutsche Mystiker, 2. Bd., Mechthild von Magdeburg (ed. Oehl), o. J. S. 46; [18]Geschichte, a.a.O. S. 245; [19]Gör-

res, a.a.O. S. 34; [20]Geschichte, a.a.O. S. 16; [21]Caetan Bernoville, Die heilige Therese vom Kinde Jesu, 1928, S. 29; [22]Geschichte, a.a.O. S. 136; [23]ibid. S. 82; [24]ibid. S. 1 und 28; [25]Die heilige Theresia vom Jesuskind, Ihr Leben beschrieben von einer Karmeliterin des Klosters der heiligen Maria Magdalena von Pazzi, 1927, S. 84; [26]Geschichte, a.a.O. S. 112; [27]ibid. S. 113; [28]Theresia vom Kinde Jesu, Gedanken und Aussprüche, 1918, S. 273/74; [29]Görres, a.a.O. S. 378; [30]Gedanken, a.a.O. S. 64; [31]Ghéon, a.a.O. S. 126; [32]Geschichte, a.a.O. S. 91; [33]Görres, a.a.O. S. 358; [34]ibid. S. 234 und 522; [35]Geschichte, a.a.O. S. 230; [36]ibid. S. 129; [37]ibid. S. 205; [38]ibid. S. 51; [39]ibid. S. 150; [40]Gedanken, a.a.O. S. 83; [41]Geschichte, a.a.O. S. 115; [42]ibid. S. 50, 118 und 140; [43]ibid. S. 58; [44]ibid. S. 100; [45]Gedanken, a.a.O. S. 259; [46]Geschichte, a.a.O. S. 233/34; [47]ibid. S. 246; [48]Görres, a.a.O. S. 384; [49]Gedanken, a.a.O. S. 10; [50]ibid. S. 10; [51]Geschichte, a.a.O. S. 71; [52]ibid. S. 163; [53]ibid. S. 62, 143 und 219; [54]Gedanken, a.a.O. S. 177; [55]Geschichte, a.a.O. S. 84; [56]ibid. S. 244; [57]ibid. S. 145; [58]Gedanken, a.a.O. S. 18; [59]Geschichte, a.a.O. S. 159 und 256; [60]ibid. S. 213; [61]ibid. S. 254; [62]Gedanken, a.a.O. S. 300; [63]Karmelitin, a.a.O. S. 56; [64]Laveille, a.a.O. S. 292; [65]Görres, a.a.O. S. 432; [66]Geschichte, a.a.O. S. 136; [67]Theodor vom heiligen Josef, Aufstieg einer Seele, Die heilige Theresia vom Kinde Jesu als Mystikerin, S. 17ff.; [68]Laveille, a.a.O. S. 384/85; [69]Geschichte, a.a.O. S. 55; [70]ibid. S. 66; [71]ibid. S. 205; [72]ibid. S. 55; [73]Ghéon, a.a.O. S. 168/69; [74]Görres, a.a.O. S. 305; [75]Geschichte, a.a.O. S. 111; [76]ibid. S. 194; [77]ibid. S. 245; [78]Gedanken, a.a.O. S. 205; [79]ibid. S. 204; [80]ibid. S. 312; [81]Hölderlins sämtliche Werke, Insel-Ausgabe, S. 616; [82]Görres, a.a.O, S. 380; [83]Geschichte, a.a.O. S. 233; [84]Görres, a.a.O. S. 8; [85]Laveille. a.a.O. S. 417; [86]Karmelitin, a.a.O. S. 164; [87]Görres, a.a.O. S. 446; [88]Laveille, a.a.O. S. 114; [89]Geschichte, a.a.O. S. 237; [90]ibid. S. 251/52; [91]ibid. S. 254; [92]ibid. S. 254; [93]Görres, a.a.O. S. 473; [94]Geschichte, a.a.O. S. 255; [95]ibid. S. 252; [96]ibid. S. 255; [97]ibid. S. 256; [98]Tolstoi, Der Tod des Iwan Iljitsch, Insel-Ausgabe, S. 51; [99]Görres, a.a.O. S. 447 und 452; [100]Geschichte, a.a.O. S. 243; [101]ibid. S. 244; [102]ibid. S. 244; [103]Laveille, a.a.O. S. 333; [104]Görres, a.a.O. S. 483.